白话资治通鉴

第五册

卷第一百一至卷第一百二十二
（晋纪二十三至宋纪四）

〔宋〕司马光　著
萧祥剑　主编

团结出版社

目录

资治通鉴卷第一百一　晋纪二十三

起庚申（公元 360 年），止戊辰（公元 368 年），共九年。

【题解】本卷记录了公元360年至368年共九年间的东晋及各国大事，正当晋穆帝升平四年至海西公太和三年。主要记录了前燕国主慕容俊驾崩，幼子慕容暐继位，任命太原王慕容恪为太宰，慕容恪虽然总揽朝政，然而从未独断专行；写了前秦国主苻坚命令地方官员推举孝悌、廉直、文学、政事等方面的人才，并且每月都会亲自去太学测试学生的经义水平，和博士们讲学论道；写了晋穆帝司马聃驾崩，成帝长子司马丕继位，史称晋哀帝，晋哀帝吃丹药以求长生不老，后来因为药性发作而崩逝，他的弟弟海西公司马奕即位；写了凉州的权臣宋混去世，他的弟弟宋澄即其位，之后张邕杀宋澄，与张天锡同时辅政，张天锡又杀张邕，之后又杀主上张玄靓，自立为西平王；此外还写了代王拓跋什翼犍的种种英明举动，以及其势力日益强大等等。

孝宗穆皇帝下

升平四年（庚申，公元360年）

春季，正月，癸巳日（二十日），前燕君主慕容俊在邺城大规模地阅兵，想要命令大司马慕容恪和司空阳骛率领大军入侵东晋；恰好这时病情加重，就召慕容恪、司空阳骛和领军将军慕舆根、司徒慕容评等接受遗诏，辅佐朝政。甲午日（二十一日），慕容俊去世。戊子日（十五日），太子慕容暐继承皇位，[按《长历》这一年正月，甲戌是朔日（初一）。现在慕容俊在甲午日（二十一日）去世，则戊子日（十五日）在甲午日（二十一日）前，太子就位恐怕是在戊戌日（二十五日）。]当时太子才十一岁，在太子继承皇位之日，诏令大赦，改年号为建熙。

前秦国君苻坚分司、隶设置雍州，封他的弟弟苻忠为河南公，派遣原河南公苻双为都督，掌管雍、河、凉三州诸军事，雍州刺史，征西大将军，改封为赵公，镇守当地的安定。

在仇池公杨俊去世之后，他的儿子杨世即位。

二月，前燕的人都尊称可足浑氏为皇太后。派太原王慕容恪做太宰，专权管理朝廷的政事；司空阳骛做太保，上庸王慕容评做太傅，慕舆根做太师，参与辅佐朝廷的政事。

慕舆根的本性质朴刚强，心里不服从慕容恪，又自恃是先朝有功勋的老臣，平时举动骄倨傲慢。当时太后可足浑氏也趁机干预朝廷的政事，慕舆根想要作乱，就向慕容恪建议说：“现在的君王年纪幼小，他的母后又干预朝廷的政事，你应该防备发生意外的变乱，想一个能够保全自己的方法，而且天下能够如此安定大部分是你的功劳。哥哥死了，他的儿子又年纪幼小，弟弟继承君王的王位，是古今的规定，等到皇上安葬完毕，你应该废掉现在的君王立自己为王，只有你自己登上君主的尊位，你才能更方便地替大燕国的百姓谋取无穷的幸福。”慕容恪说：“为什么说出这样大逆不道的话？我和你共同接受先帝的遗诏，为什么你竟然有如此的建议？你喝醉了吗？”慕舆根感到非常惭愧，然后谢罪退下了。慕容恪把这件事情告诉吴王慕容垂，慕容垂劝慕容恪杀了他，慕容恪说：“现在国家刚刚举办了先帝的丧事，晋国、秦国两个邻国在窥伺衅隙，如果太宰和三公互相诛杀甚至是灭族，那恐怕会使我们国家的人非常失望，所以我们要暂且忍耐。”秘书监皇甫真向慕容恪建议说：“慕舆根本来是一个平凡的小人，因为过去蒙受先帝的厚恩，所以才召他参与辅佐朝政。然而小人没有见识，自从先帝去世以来，一天比一天骄傲狠戾，如果这样下去将来一定会造成祸乱。您现在居周公之位（辅佐幼主之位），就应当早日处置他为国家做长远的谋划。”慕容恪不肯听从皇甫真的建议。

慕舆根又对可足浑氏和前燕君主慕容暐建议说：“太宰和太傅想要谋叛，我请求率领宿卫禁省的士兵去诛杀他们。”可足浑氏将要听从他的建议，前燕国君慕容暐说："他们两个人是国家的亲贵贤良，先帝选拔他们并且把我们孤儿寡母托付给他们，一定不会做出如此之事，我们又怎么知道不是太师想要作乱呢？"他们没有听从慕舆根的建议。慕舆根又恋念邺城东北的龙城，就向可足浑氏和前燕国君慕容暐建议说："当今天下乱世纷纷，我们国土广大，外寇敌国不止一国，所以忧患极大，我们不如回到东土。"慕容恪听到了他这番话，就和太傅慕容评计划，秘密上奏慕舆根犯罪的情况，命右卫将军傅颜在宫内诛杀慕舆根和他的妻子、同党以及与他关系极好的人，然后诏令大赦。因为当时刚刚举行完君主的丧事，被诛杀灭族的人的骸骨都没有埋葬而散落在街道上，朝廷内外的人士都畏惧不安，太宰慕容恪的举止动静像平常一样，每一次出入府门，只有一个人步行跟随着他，人们看不出他有忧虑的脸色。有人劝他自己应当严密地保护自己，慕容恪说："我应当安详稳重以镇抚他们，人们心里正在恐惧，如果我自己还要惊恐不安，众人又将要仰赖谁呢？"

慕容恪虽然拥有朝政大权，而朝廷的一切礼仪，他都没有一样不谨慎严谨地奉守，每一件朝政大事必定和慕容评商量讨论，从来没有独揽大权、擅自决断过。他谦虚地对待士人，询问求取治国的正确方法，挑选才干，并授予宫中的职位，使人人都居适当的职位，官吏部属和朝廷大臣们，有时候犯了过错，他不会四处张扬，而是挑选一个与他的才干品德相适的职位，让他迁到那个职位，这样不会使他失去原来的等级，只是让人认为是被降官了。当时的人认为这是极大的耻辱，所以没有人敢再犯罪。有时有点小过失，就会自己责备自己说："你还想要让宰公慕容恪降自己的官职吗！"晋朝的人刚听到前燕君主慕容儁去世的消息后，都以为中原终于可以收复了。只有桓温说："慕容恪还在，我们的忧虑还是很大。"

三月，己卯日（初六），在龙城的龙陵埋葬了前燕君主慕容儁，谥号为景昭皇帝，庙号为烈祖。因为前燕多灾多难，它所征召的各郡国的士兵，常常不遵守命令，自行离散归去，互相惊扰，从邺城向南的道路都被堵塞得不能正常通行。太宰慕容恪派吴王慕容垂为使持节、征南将军、监督管理河南诸军事、兖州牧、荆州刺史，镇守梁国的蠡台，任命孙希为并州刺史，任命傅颜为护军将军，率领骑兵两万人，在黄河以南的地方展示他们的兵士很多，炫耀他们兵强马壮，直到淮水岸边才回来；这时候境内才算安定下来。孙希是孙泳的弟弟。

匈奴的刘卫辰派遣使者向前秦投降，请求到内地耕种田地，春季到来秋季回去；前秦国君苻坚答应了他们。夏季，四月，云中护军贾雍派遣司马徐赟去袭击他们，获得大胜而回。前秦国君苻坚发脾气说："这是为什么呢？我正用恩泽诚信的德行，来感怀那些匈奴人，而你们却因贪图小利而破坏了。"把贾雍贬为平民兼理职务，派遣使者送还徐赟劫回来的财物，以抚慰他们。于是刘卫辰迁入塞内居住，贡奉相继不绝。

夏季，六月，代国君王拓跋什翼犍的妃子慕容氏去世。秋季，七月，为会合诸国使者和公卿大臣，刘卫辰到代国参加葬礼，借机向代国君王求婚，代王拓跋什翼犍就把女儿嫁给他做妻子。

八月，辛丑朔日（初一），发生日全食。

谢安年轻时就享有盛名，以游山玩水和读书写文章自娱自乐，前后几次受到朝廷征召，都没有前去赴任。他寄居在会稽，虽然是平民，但当时的人都期望他做公卿宰辅，士大夫之间甚至相互说："安石（谢安字安石）不肯出来治理国事，天下的百姓该怎么办呢？"司徒司马昱听到谢安每一次游览东山的时候，常常让歌伎和艺伎跟随着自己的消息，就说："他一定会来朝中的，谢安石既然肯和人一同游乐，必定不能够不和百姓一同忧苦。"谢安的妻子也就是刘惔的妹妹，看到家人显贵隆盛，而谢安却自甘寂寞不思进取，就对他说："大丈夫不可以如此！"谢安掩着鼻子（安有鼻疾）说："恐怕我不能避免像众兄弟一样要做官了。"等到他的弟弟谢万被废以后，谢安才有出来做官的心意，征西大将军桓温请他做司马，谢安就应召前往，桓温非常高兴且对他也是十分礼遇和器重。当时他的年纪已经四十多岁了。

冬季，十月，乌桓人独孤部和鲜卑人没弈干各自率领了数万人向前秦投降，前秦国君苻坚让他们居住在塞南。阳平公苻融极力劝止说：“戎狄之人只是具有人的面貌，根本不知道什么叫仁义道德，而所怀的是禽兽的心肠。他们现在叩头向我们归附，而不侵犯边境，事实上是贪求耕稼的利益，也并不是感激我们的恩泽，事实上是畏惧我们军队的威势。现在让他们和我们的百姓生活在一起居住在塞内，他们可以窥察郡县虚实的情形，以后一定会成为侵扰我们边境的祸患，不如把他们迁徙到塞外，这样可以防止发生祸患。”前秦国君苻坚遵从了他的建议。

十一月，东晋朝廷封桓温为南郡公，桓温的儿子桓济为临贺县公，桓温的弟弟桓冲为丰城县公。

前燕太宰慕容恪想要派遣李绩做右仆射，前燕君主慕容暐不答应。慕容恪好几次替李绩请求，前燕国君慕容暐说：“朝廷所有的政事，都任叔父处理，只有伯阳（李绩字）一个人，我请求自行裁决。”前燕国君慕容暐派遣李绩出去做章武太守，他因此忧郁而死。

升平五年（辛酉，公元361年）

春季，正月，戊戌日（初一），东晋诏令大赦。

匈奴刘卫辰掠夺前秦边境的百姓五十多口做奴婢来献给秦国；前秦国君苻坚责备他，然后又命令他送回所有掠夺的百姓。刘卫辰因此背叛了前秦，专心依附于代国。

东安简伯郗昙去世。二月，朝廷派东阳太守范汪掌管徐、兖、冀、青、幽五州诸军事，兼徐、兖两州刺史。

张平的部下让平阳全郡人投降了前燕国。前燕国派遣督护韩苞率领士兵，派遣建威将军段刚做太守共同守卫平阳。

方术之士丁进受到前燕君主慕容暐的宠幸，又想求得太宰慕容恪的宠幸，劝慕容恪杀死太傅慕容评；慕容恪非常生气，上奏章抓捕他然后把他杀了。

高昌去世之后，前燕河内太守吕护吞并了他的士众，派遣使者到东晋投降；朝廷任命吕护为冀州刺史。吕护想要带领东晋士兵去袭击邺城。三月，前燕太宰慕容恪率领五万士兵，任命将军皇甫真率领一万士兵，共同去讨伐吕护。前燕国的军队到达野王，吕护派兵在四面的城墙上防守。护军将军傅颜为了节省庞大的军事费用，请求赶快进攻。慕容恪说："我们要观察他的防守和戒备，不能急促攻犯，否则士兵会被杀伤很多，因为老贼经历的变故很多。最近进攻黎阳的精锐士兵被杀伤很多，但最终没有能够攻下，却只是为自己招来了困窘和耻辱。吕护城内没有蓄积的粮草，外面没有前来救援的军队，我们停止战争，筑高壁垒，挖深水沟，静坐而围困他们，在此期间离间他们的同党，在围困他们的时候培养士气，这样我们就不觉得劳苦，而贼人的势力会一天天减缩，不超过一百天，一定可以攻下的，我们为什么要牺牲这么多的士兵来求得急速的功劳呢？"于是他们就修筑很长的围墙围困对方。

夏季，四月，桓温派遣他的弟弟黄门郎桓豁管理沔中七郡（魏兴、新城、上庸、襄阳、义成、竟陵、江夏）的军事，兼任新野和义成两郡的太守，率领军队打败了前燕国的将领慕容尘，占据了许昌。

凉州的骠骑大将军宋混病得很严重，凉州牧张玄靓和他的祖母马氏前去看他说："将军万一不幸去世，我们寡妇孤儿将要托付给谁呢？想要让宋林宗继承将军的职务可以吗？" 宋混说："我的儿子宋林宗尚且年幼而且还体弱多病，不能够承担重大的任务。我的弟弟宋澄办理政事的能力比我强，但是恐怕他优柔寡断，当机立断的能力不与将军的职务相符合。倘若不弃我家里的人，殿下还可以监督鼓励而派用他。"宋混告诫宋澄和他的几个儿子说："我们家蒙受国家的大恩，不要仗着权势和地位骄傲，应当以死报效国家。"他又接见朝廷的大臣，都告诫他们要忠贞于国家。等到他死了以后，路上不相识的行人都为他挥泪送行。之后凉州牧张玄靓派宋澄做领军将军，辅佐朝政。

五月，丁巳日（二十二日），晋穆帝司马聃驾崩，没有子嗣。皇太后下令说："琅邪王司马丕，是朝廷中兴以来王室的正统嫡传，所以无论德望、名义、人情和地位，都没有人能够和他相比，应该让他继承天子之位。”于是百官就准备天子的车乘，到琅邪王的府第去迎接他。庚申日（二十五日），司马丕登上皇位同时诏令大赦。壬戌日（二十七日），改封东海王司马弈为琅邪王。秋季，七月，戊午日（二十三日），在永平陵安葬了穆帝司马聃，庙号为孝宗。

前燕人把野王包围了几个月，吕护派遣他的将领张兴出城和前燕军队交战，傅颜攻击且斩杀张兴，城中的局势一天比一天急迫。皇甫真告诫他部下的将领们说：“现在是吕护势力穷竭的时候，他一定会选择长围有间隙的地方而突围冲出去；我们所率领的士兵大多数身体瘦弱，兵器和铠甲不够尖锐锋利和坚固，应该更加谨慎地防备他们。”于是他征收了很多大的盾牌，每天亲自察看巡夜的士兵。吕护的粮食吃完了，果然想在夜里率领所有精锐的士兵奔向皇甫真部队所包围的部分，实施突围，但是没能够出去；太宰慕容恪带领军队攻打他，吕护在他的士兵快要死伤完了的时候，丢妻弃子，逃到荥阳。慕容恪留下来把公家的粮食送给百姓并且问候和安抚投降的百姓，他又把士兵和将帅迁徙到邺城，其余的人各随他们所愿而去。派遣吕护的参军广平人梁琛做中书著作郎。

九月，戊申日（十四日），晋哀帝司马丕立他的妃子王氏为皇后，皇后是王濛的女儿。穆帝的何皇后被称穆皇后，居住在永安宫。

凉州的右司马张邕厌恶宋澄专权独揽朝政，于是发兵攻打宋澄，把他杀了并且诛灭他的宗族。凉州牧张玄靓任命张邕做中护军。任命自己的叔父张天锡做中领军，一同辅佐朝政。

张平袭击前燕平阳的时候，杀死了段刚和韩苞，又去进攻雁门，杀死了那里的太守单男。没过多久，他反而被前秦国士兵攻打，张平又向前燕国谢罪以请求援救。前燕人因为张平反复无常，没有去救援，张平被前秦士兵消灭了。

乙亥日（九月无此日），前秦国君主诏令大赦。

徐、兖两州刺史范汪一直以来被桓温所厌恶，桓温想要北伐的时候，命令范汪率领士兵由梁国出发。冬季，十月，范汪因为误了期限而被定罪，被免除了官职降为平民，于是就被废黜，之后死在了家里。

范汪的儿子范宁喜欢儒家的学说，是一个性情质朴耿直的人，他常常说王弼、何晏的罪过比夏桀、商纣还要深重。有人认为他对王弼、何晏贬损得太过分，范宁辩解说："王弼、何宴两人不仅遗弃典制文章，而且不遵循仁义礼法，说一些游移浮泛而不切实际的言辞，以拨动激荡年轻人的思想，使仕宦们改变了原来的行为，以至于让礼乐崩坏，导致了中原覆没，遗留余存的风俗到现在还是祸患。桀、纣一时的恣肆暴虐，只是使他们自己丧失了生命，败亡了自己的国家，成为后世的戒鉴，怎么能够转移百姓们所看到的、所听到的呢？所以，我认为影响后代一世人的祸患是轻的，影响后世很多年的祸患才是严重的；自己死亡的罪恶小于迷乱大众视听的罪恶。"

吕护又背叛了东晋，逃到前燕国，前燕赦免了他，派他做广州刺史（燕国没有广州，只是用刺史的名义授予吕护罢了）。

凉州的张邕傲慢而自负，淫乱而恣肆妄为，独揽政权，树立私党，用刑罚杀了很多人，凉州的人都害怕他。张天锡的亲信敦煌人刘肃，感慨地对张天锡说："国家大事要动荡不安了。"张天锡疑惑地说："这怎么说呢？"刘肃解释说："现在护军（张邕）的出入行为，很像那时候的长宁侯（张祚）的专横跋扈。"张天锡吃惊地说："我本来就怀疑他软禁了天子，只是不敢说出来。那我们要怎么办呢？"刘肃说："应该赶快除掉他！"张天锡说："我到哪里才能够找到可以除掉他的人啊？"刘肃说："我就是那个人。"刘肃当时的年纪还不到二十岁。张天锡说："你还太年轻，我要再找一个人来帮助你。"刘肃说："赵白驹和我就足够了。"十一月，张天锡和张邕一起上朝，张肃和赵白驹跟着张天锡，（其他版本此句下有"值邕于门下"五字）第一次张肃砍杀张邕没有砍中，赵白驹又继续砍，又没有砍中。因为两人和张天锡都进入宫中，才使得张邕能够脱身逃出宫，率领披甲士兵三百多人又攻进宫门。张天锡登上屋顶大声喊叫着说："张邕凶狠叛逆不守法度，虽然消灭了宋氏王朝，但他又想颠覆我们的家。我们的将士世世代代都是凉州的臣子，怎么忍心我们干戈相对呢？现在我想消灭的，只有张邕一个人而已，其他的人一概不追究。"于是张邕的士兵全部散去，张邕自杀而死，他的宗族和同党也全部被消灭了。张玄靓任命张天锡为使持节、大将军、掌管中外的军事，辅佐朝政。在十二月改为建兴四十九年，尊奉使用晋朝的年号升平。朝廷下令派张玄靓做大都督、掌管陇右诸军事、凉州刺史、护羌校尉、西平公。

前燕国大赦境内。

前秦国君苻坚命令各州牧、方伯、郡守、县宰推举孝悌、廉直、文学、政事等科目的人才，并且考察他们所推举出来的人，如果合适的话就奖赏他们，不合适就惩罚他们。因此，没有人敢随便地推举，就算是请求拜托也没有用，读书人都自我勉励；无论是宗室还是外戚，没有才能的人也都废弃不用。这时朝廷内外任命的官吏，都是才干和职位相称的；对田亩进行修整并且开辟新的田亩，仓库里储蓄充实，盗贼也都销声匿迹了。

这一年，归义侯李势去世。

哀皇帝

隆和元年（壬戌，公元362年）

春季，正月，壬子日（二十日），诏令大赦，改年号为隆和。

甲寅日（二十二日），又削减田租，每一亩收租米两升。

前燕国的豫州刺史孙兴请求攻打洛阳，他说："晋国的将领陈祐独守在没有外援的孤城，又只有一千多名疲敝的士卒，很容易被攻取。"前燕王听从了他的建议，就派遣宁南将军吕护驻扎在河阴地区。

二月，辛未日（初十），朝廷派遣吴国内史庾希做北中郎将、徐兖两州刺史，镇守在下邳，龙骧将军袁真做西中郎将,监护豫、司、并、冀四州的全部军事，豫州刺史，镇守在汝南，都持有符节。庾希是庾冰的儿子。

丙子日（十五日），封晋哀帝司马丕的母亲周贵人为皇太妃，仪式、衣服都与太后的规格等同。

前燕国的吕护进攻洛阳。三月，乙酉日（三月无此日），河南太守戴施逃到宛城，陈祐告急。五月，丁巳日（二十七日），桓温派遣庾希和竟陵太守邓遐率领三千人的水军帮助陈祐守卫洛阳。邓遐是邓岳的儿子。

桓温上奏折请求迁都洛阳，也让从永嘉之乱以后漂泊流亡到长江以南的将士和百姓，全部迁徙回归北方，来充实河南的民户。朝廷畏惧桓温，不敢持异议；然而河南经济萧条、土地贫瘠，虽然都知道不可以这样做，但因为畏惧桓温却没有人敢劝止。散骑常侍兼著作郎孙绰上奏书说："从前晋元帝司马睿在位的时候，不只是他的诚信和顺吻合于天意人心，事实上是依赖万里长江的阻隔和严密的防守。自从中原丧失以来，国家发生混乱，到现在已经六十多年了，黄河、洛水一带已变为废墟，中原地区萧条寂寥。漂泊流亡到长江以南的将士和百姓，已经过了几代了，活着的人的儿子、孙子也都大了，死去的人也已经坟墓成行，他们虽然把怀念北土的思绪常常存在心中，但是眼前的哀痛实际上更为真切。如果迁都回到原来的地方，中兴五陵（元帝建平陵、明帝武平陵、成帝兴平陵、康帝崇平陵、穆帝永平陵），就成为远域（在江南）。以理看来，迁都洛阳难以保全人们生活安定幸福，而使天下人幸福的思想，又怎能够不萦绕于圣主的心间呢？虽然桓温现在有这样的举动，事实上是想要综观事情的始末，为国家做久远的谋划；然而百姓们却感到震动恐骇，全都产生了不安和恐惧，这难道不是因为返回故土的快乐还遥远，而走向死亡的忧虑紧迫吗？为什么这样说呢？他们已经在江南安家生根几十年了，一旦立刻要把它拔掉，驱赶逼迫他们扶着老人带着小孩、行走万里远路、逾越险阻的高山、浮渡绝深的河川到穷困荒凉的地方，让他们离开亲人的坟墓，抛弃赖以生存的产业和不可以卖掉的田地房屋，又没有办法买来舟车乘坐；让他们舍弃安定快乐的家园，去到久经丧乱的地方，贫困会把他们扑倒在路途上，漂泊会让他们沉溺在江水中，这样能到达的人很少。这是仁德的人所应该哀怜的事，朝廷所应该谨慎而再三考虑的事！我认为应当暂且派遣有威望、有资历、有名声、有才干的将帅，先去镇守洛阳，扫荡且平定梁国和许昌一带，清除一切不安定的因素并且统一黄河以南的地方。让运粮的水路畅通无阻，等中原河南一带稍微安定，开垦的田地有丰富的收获和储蓄，使像豺狼一样凶狠的狄族人逃到远方，然后才可以商讨迁都的问题。为什么要舍弃百胜的大道，把全天下作为孤注一掷的筹码呢？”孙绰是孙楚的孙子。在年少的时候就非常仰慕高士的节操，曾经为表示他的志向而著《遂初赋》。桓温看到孙绰的表奏之后，心里非常不高兴，就说：“请向兴公（孙绰字兴公）问好，为什么他不去探讨他的《遂初赋》（此赋乃述得遂隐遁初衷之意）却要管人家的国事呢！”

当时朝廷上下都忧虑恐惧，想要派遣侍中劝止桓温，扬州刺史王述说：“桓温并不是真的想这么做，只是想用空话威吓我们而已，只要我们依从他，他就绝不会再实行了。”晋哀帝司马丕诏令桓温说：“从国家丧乱到现在，忽然之间已经过了六十年，戎狄纵肆暴虐，后继者承袭着他们凶狠的恶迹，每次向西面望去，感慨叹息充满了我的心怀。我知道你想要亲自率领三军，扫荡并洗涤掉北方的凶气和污秽，清除王畿野蛮的狄族人和胡人，使京都恢复原来的模样；只有视生命为身外之物、真心为国家着想的人才会这样做，否则谁能够做到如此呢？各方面所做的安排，都依靠于你的多谋深算。但是河南城和洛阳城已经空虚很久了，所以需要经营的很多，开始经营的事情虽然没有实行但要让你多操心了。”迁都的事情果然没有实行。

桓温又建议迁移洛阳的钟和钟架，扬州刺史王述说：“永嘉之乱失利，暂时定都在江左，正可以扫荡平定天下，然后回到旧京都。如果不能如此，也应该改迁先帝的陵墓，不应该先迁移钟和钟架。”桓温才停止了这个建议。

朝廷因为交、广两州地处遥远，改授桓温都督并、司、冀三州；桓温上表辞谢不肯接受。

前秦国君苻坚亲自到太学测试每一个学生的经义水平，评定等第的高下，和博士们讲学论道。从此之后每一个月都会去一次。

六月，甲戌日（十五日），前燕国征东参军刘拔在信都刺杀了征东将军、冀州刺史、范阳王慕容友。

秋季，七月，吕护退守小平津，中飞箭而死。前燕国将领段崇整顿军队，向北渡过黄河，驻扎在野王。邓遐进军而驻守在新城；八月，西中郎将袁真进军而驻守在汝南，运送五万斛米到洛阳。

冬季，十一月，代国君王拓跋什翼犍把女儿送到前燕国，前燕人也把女儿嫁给代王什翼犍做妻子。

十二月，戊午朔日（初一），发生日食。

庾希从下邳撤退而驻守在山阳，袁真从汝南撤退而驻守在寿阳。

兴宁元年（癸亥，公元363年）

春季，二月，己亥日（二月无此日），东晋诏令大赦，改年号为兴宁。

三月，壬寅日（十七日），皇太妃周氏死于琅邪府第。癸卯日（十八日），晋哀帝司马丕下令司徒会稽王司马昱管理朝廷内外各种事务，自己就在府第为皇太妃办理丧事。晋哀帝司马丕想要替太妃服丧三年，仆射江彪禀告说："按照礼制应该服缌麻。"晋哀帝司马丕又想降低一等，服丧一年。江彪劝说道："压抑自己的感情是对祖先尊敬的考验。"于是晋哀帝司马丕就穿缌麻（按《晋书·礼志中》"缌麻"下，又有"三月"两字，以说明服缌麻的日期）。

夏季，四月，前燕宁东将军慕容忠攻打荥阳太守刘远，刘远逃到鲁阳去了。

五月，加封征西大将军桓温做侍中、大司马、都督中外的军事、录尚书事，持金斧。桓温派遣抚军司马王坦之做长史。王坦之是王述的儿子。又派遣征西掾郗超做参军，派遣王珣做主簿，每一件事情都和他们两人商讨。府中的人替他们编了一句顺口溜说："髯参军，短主簿，能令公喜，能令公怒。"（因为郗超多髯，王珣身材矮。）桓温为人高傲豪迈，很少有他推崇的人，和郗超谈话的时候，常常自己说我们不能互相猜测，要诚心诚意地对待彼此；郗超也真诚地和他结交。王珣是王导的孙子。王珣和谢玄都做桓温的掾吏（佐治的官吏），桓温都很器重他们，说："谢掾四十岁的时候，一定拥旗持符节，王掾壮年的时候也会到达三公的高位，都是不容易得到的人才。"谢玄是谢奕的儿子。

朝廷派西中郎将袁真掌管司、冀、并三州诸军事，北中郎将庾希掌管青州诸军事。

癸卯日（十九日），前燕攻下了密城，刘远逃到江陵。

秋季，八月，有异星出现在角宿、亢宿。

张玄靓的祖母马氏去世后，尊庶母郭氏为太妃。因为张天锡专擅朝政，郭氏就和大臣张钦等人谋划杀掉他，事情败露后，张钦等人都被杀死。张玄靓因为恐惧就要把自己的王位让给张天锡，但是张天锡不肯接受。右将军刘肃等劝张天锡自立为王。闰月，张天锡命令刘肃等人在夜里率领士兵进入禁卫军防守的宫中，杀死了张玄靓。对外宣布说他暴病而死，谥号叫冲公。当时张天锡的年纪是十八岁，他自称使持节、大都督、大将军、凉州牧、西平公，奉他的母亲刘美人为太妃。派遣司马纶骞奉奏章前往建康，要求按朝廷的命令来任用官吏，并且把御史俞归东送回建康。

癸亥日（闰八月无此日），东晋诏令大赦。

冬季，十月，前燕镇南将军慕容尘到长平攻打陈留太守袁披；汝南太守朱斌乘虚袭击占领了许昌。

代国君王拓跋什翼犍攻击高车（敕勒，古赤狄的余种），俘获了一万多人和一百多头马、牛、羊，大获全胜。

朝廷派遣征虏将军桓冲做江州刺史。十一月，姚襄的旧将张骏杀了江州督护赵毗，然后又率领他的士兵在北方叛变，桓冲讨伐并斩杀了张骏。

兴宁二年（甲子，公元364年）

春季，正月，丙辰日（初六），前燕诏令大赦。

二月，前燕太傅慕容评、龙骧将军李洪巡查黄河以南。

三月，庚戌朔日（初一），朝廷大规模地核查户口，凡是从西北流亡或迁徙到东南来的，现在居住在哪个郡县的百姓，便把他们规定为哪个郡县百姓，并记录在该郡县百姓的户籍中。这种被严厉执行的法令制度，被叫作《庚戌制》。

晋哀帝司马丕相信方术之士的言论，专门服用调补身体的药，不吃饭，以求长生不死。侍中高崧规劝阻止说："这不是您贵为万乘之尊的天子所应该有的行为；陛下此事做得不合适，生死就像日食月食，是人人都知道的。"晋哀帝司马丕不肯听从。辛未日（二十二日），晋哀帝司马丕因为药性发作，不能亲自治理国家大事，褚太后又亲自上朝代理朝政。

夏季，四月，甲辰日（二十五日），前燕国的李洪攻打许昌和汝南，在悬瓠这个地方打败了东晋的军队，颍川太守李福战死，汝南太守朱斌逃到寿春，陈郡太守朱辅退守在彭城。大司马桓温派遣西中郎将袁真等前去抵御燕国的进攻，桓温率领水军驻守在合肥。于是前燕的军队攻取了许昌、汝南和陈郡一带，把一万多户百姓迁徙到幽、冀两州，然后派遣镇南将军慕容尘驻守在许昌。

五月，戊辰日（二十日），朝廷派遣扬州刺史王述做尚书令。加封大司马桓温为扬州牧、录尚书事。壬申日（二十四日），命侍中召桓温入朝参与朝政，桓温推辞没有入朝。

王述每一次接受新的官职，从不做虚假的谦让，凡是他所推辞的，那一定是他不愿意接受的。在他做到尚书令的时候，他的儿子王坦之告诉他说："按照惯例应当谦让一下。"王述说："你认为我不能够胜任这个职务吗？"王坦之说："我不是这个意思，如果你能够谦让一下那自然是美事。”王述说：“既然认为能够胜任，为什么还要再谦让呢？人家都说你比我强，我看你事实上比不上我。”

六月，前秦国君苻坚派遣大鸿胪任命张天锡为大将军、凉州牧、西平公。

秋季，七月，丁卯日（二十日），朝廷下令再次征召大司马桓温回朝。八月，桓温到达赭圻，朝廷又命令尚书车灌阻止桓温回朝。于是桓温就居住在赭圻城，坚决推辞录尚书事的职务，只在名义上接受了扬州牧。

前秦国汝南公苻腾因为阴谋造反而被杀死了。苻腾是前秦国主苻生的弟弟。这时，苻生的弟弟们还有晋公苻柳等五个人，王猛向前秦国君苻坚建议说：“不除掉这五人，将来必定会造成祸患。”前秦国君苻坚没有听从他的建议。

前燕侍中慕舆龙前往龙城，把宗庙以及留守宗庙的百官，全都迁到邺城。

前燕太宰慕容恪想要攻占洛阳，就先派遣人前去招致和接纳当地的百姓，远近各村落都归顺服从了他；于是命司马悦希驻扎在盟津，豫州刺史孙兴驻扎在成皋。

起初，沈充的儿子沈劲，因为他的父亲叛逆作乱而死，就确定自己的志向一定要为国家建功立业，以洗雪父亲留下的耻辱；他三十多岁的时候，因为家里有受过刑的人，所以不能够做官。吴兴太守王胡之做司州刺史，上奏折称赞沈劲的才干和德行非常罕有，请求解除他们家人不能做官的禁令，让沈劲参与他府里的事务；朝廷同意了。恰好赶上了王胡之生病，所以没能够实行。等到燕国人逼近洛阳，冠军将军陈祐守卫洛阳，兵将不到两千。沈劲自己上表奏，请求把自己配置在陈祐的部属中，以便为国效力；朝廷下令派遣沈劲补冠军长史，命令他自己广招壮士，招到了一千多人以后就前往洛阳。沈劲屡次以少胜多。而洛阳城的外面又没有援兵，粮食也已经用完。陈祐自己估计不能守住洛阳，就借着援救许昌的名义，九月，把五百人留给沈劲防守洛阳，自己率领着士兵向东而去。沈劲高兴地说："我以前就立志要为国家效命，现在终于得到机会了。"途中陈祐听说许昌已经沦陷，就逃到了新城。燕国的司马悦希带领军队攻打河南各城池，把所有的城池都占据了。

前秦国君苻坚命令凡是公爵封国，都要各自设置郎中令、中尉、大农三卿，其余的官吏也都任由他们自己选拔任命，朝廷只为他们设置郎中令一官。富商赵掇所用的车乘，所穿的服饰，可以和王公贵族相比，每一位公爵都争着让他做自己的客卿；黄门侍郎安定人程宪请求前秦国君苻坚下令处理这件事情。前秦国君苻坚就下令说："本来想要使诸位公爵博览甄选英明而有学问的人，你们竟然令我如此失望，下令任命主事的官吏检查追究公爵任命官员这件事，凡是没有征召到适当的人选的公爵，全部降爵位为侯位，从现在开始公爵国的官吏全部交给吏部尚书选拔征召。除君王所任命的士人以上的官吏，其他人都不能够乘坐车马；距离京都一百里以内的地方，凡是从事工商业和卑贱职业的人，都不能够佩戴金银的饰物，凡是穿着锦绣的衣服，违犯这个禁令的人，都要处以斩刑，还要把尸体丢弃在公共场所，给众人以警戒。"于是，平阳、平昌、九江、陈留、安乐五公都降低爵位为侯位。

兴宁三年（乙丑，公元365年）

春季，正月，庚申日（十六日），东晋皇后王氏去世。

刘卫辰又叛变了代国，代国君王拓跋什翼犍向东渡过黄河，一直攻击最后赶走了刘卫辰。

代王拓跋什翼犍本性宽大忠厚，他知道郎中令许谦偷取了两匹绢却没有对外宣布，而是对左长史燕凤说："我不忍心看许谦的脸，假若许谦感到惭愧自杀而死，那就是我因为爱财物而杀死了我的士臣。"拓跋什翼犍曾经在讨伐西部叛变者的时候，被敌人的飞箭射中了眼睛。不久之后，捉到了那个射箭的人，群臣想要把他千刀万剐，拓跋什翼犍却说："他有什么罪呢？他只不过是为自己的主上而战斗罢了。”于是就下令释放了他。

大司马桓温从赭圻迁到姑孰镇守在那里。二月，乙未日（二十一日），派遣他的弟弟右将军桓豁监管荆州、扬州的义城、雍州的京兆诸军事，兼荆州刺史；让江州刺史桓冲监管江州及荆、豫八郡诸军事，并且全都持有符节。

司徒司马昱听说陈祐放弃了洛阳，就到洌洲和大司马桓温会师，共同商量征战讨伐的大事。丙申日（二十二日），晋哀帝司马丕在太极殿的西堂驾崩，事情就被搁置下来了。

晋哀帝司马丕没有子嗣，丁酉日（二十三日），皇太后下诏令任命琅邪王司马奕承继帝位。就在这一天，文武百官就到琅邪王的府第迎接，司马奕登上帝位，诏令大赦。

前秦国大赦境内，改年号为建元。

前燕国的太宰慕容恪、吴王慕容垂共同进攻洛阳。慕容恪对各位将领说：“你们常常忧虑我不思进攻，现在的洛阳，城墙虽然高但兵力却很弱，很容易被攻下，我们不要再畏惧怯懦而懈怠懒惰了。”于是他们就全力进攻。三月，攻进了洛阳城，逮捕了扬武将军沈劲，沈劲的神情气度像平时一样，慕容恪想要宽赦他。中军将军慕舆虔（《晋书·忠义·沈劲传》，“舆”字作“容”）说：“沈劲虽然是一个不平凡的人，但是看他的志向和气度，终究会被别人所用，如果我们现在赦免了他，那必定会成为以后的祸患。”于是就杀了沈劲。慕容恪一路攻到了崤谷和渑池，关中人都很震惊，前秦国君苻坚亲自率领军队驻守在陕城以防备慕容恪的袭击。

前燕国派左中郎将慕容筑做洛州刺史，镇守在金墉；吴王慕容垂为都督荆、扬、洛、徐、兖、豫、雍、益、凉、秦十州的军事，征南大将军、荆州牧，配给他兵士一万人，镇守在鲁阳地。

太宰慕容恪回到邺城，对他的僚属们说：“在我从前平定广固的时候，不能够救下辟闾蔚；现在平定洛阳的时候，又使沈劲被杀，这虽然都不是我本来的意思，但是身为元帅，我实在是有愧于天下的人。”东晋朝廷嘉勉沈劲的忠贞，在他死后赠给他东阳太守的官衔。

◆臣司马光说：沈劲可以说是一个贤能的子弟了！只是由于对他父亲的叛逆行为感到可耻，就发誓以死来孝忠自己的国家以洗雪父亲背叛国家带来的耻辱，使自己的家族变为忠义之家。《易经·蛊卦》六五爻辞说：“干父之蛊，用誉。”（奉承父事，应当用中和之德，不可以用武力。）《尚书·周书·蔡仲之命》说：“尔尚盖前人之衍，惟忠惟孝。”（你要想掩盖前人的罪过，只有自己尽忠尽孝。）大概就是这个意思吧！◆

前燕国太宰慕容恪在做将领的时候，不用威严管束他人，专门用恩德和诚信来对待他人，安抚士卒；阅览规章制度的大纲，没有制定细微苛刻的政令，都是使人人都能得到方便和安适的政令。平常军营看上去比较松懈，好像随时可以侵犯的样子；然而却是警戒防备得非常严密，即使敌人到达这里，也没有人能够接近，所以从来没有失败过。

壬申日（二十九日），在安平陵安葬了晋哀帝司马丕和静皇后。

夏季，四月，壬午日（初九），前燕国的太尉武平匡公封弈去世。派遣司空阳骛做太尉，让侍中、光禄大夫皇甫真做司空，兼中书监一职。司空阳骛经历廆、皝、俊、暐四朝，虽然年事已高，但也是德望隆重之人，太宰慕容恪以下都非常尊敬他。司空阳骛的谦虚恭敬、忠厚谨慎，超过了他幼年还没有做官的时候；他还经常告诫约束自己的子孙，虽然他的子孙成为显贵的人很多，却没有人敢违背他定的戒律。

六月，戊子日（十六日），益州刺史建城襄公周抚去世。周抚在益州已经有三十多年了，是一个很有威望的人，当地受过他恩惠的人也很多。朝廷下令派他的儿子周楗为太守，周楚代替他的职位。

秋季，七月，己酉日（初七），会稽王司马昱又被封为琅邪王。

壬子日（初十），晋废帝司马奕立自己的妃子庾氏为皇后。皇后是庾冰的女儿。

甲申日（七月无此日），东晋朝廷立琅邪王司马昱的儿子司马曜做会稽王；司马昱再三谦让，而且仍然称自己为会稽王。

匈奴右贤王曹毂、左贤王刘卫辰都背叛了前秦国。曹毂率领两万人入侵杏城，前秦国君苻坚亲自率领军队前往讨伐，命令卫大将军李威和左仆射王猛，辅助太子苻宏留居镇守长安。八月，前秦国君苻坚去攻击匈奴右贤王曹毂并且把他打败了，而且还斩杀了他的弟弟。曹毂最终请求投降，把他的六千多户富豪显贵迁徙到长安。建节将军邓羌去讨伐匈奴左贤王刘卫辰，在木根山捉住了他。

九月，前秦国君苻坚在前往朔方的途中巡视和安抚见到的每一个胡人。冬季，十月，征北将军、淮南公苻幼率领杏城的士卒趁着前秦国君苻坚不在的时机袭击长安，李威去迎击并且把他斩杀了。

鲜卑的首领秃发椎斤去世，享年一百一十岁，他的儿子思复鞬代替他率领他的士兵。秃发椎斤是树机能的堂弟务丸的孙子。

梁州刺史司马勋，有治理政事残酷暴虐的名声，在同州里的豪强讲话的时候，有豪强违背了他的意思，他立刻就在座位上把他们的头斩下来悬挂在木桩上，或者是亲自射杀他们。他常常有占据四川的志向，但因害怕周抚所以不敢发兵。等到周抚去世以后，司马勋就举兵叛变；别驾雍端和西戎司马隗粹恳切地劝谏，司马勋把他们全都杀死了，然后自称梁益两州牧、成都王。十一月，司马勋带兵攻入剑阁，然后又攻打涪城，西夷校尉毌丘暐弃城逃走。乙卯日（十五日），司马勋带兵攻到成都包围了益州刺史周楚。大司马桓温上书推荐鹰扬将军、江夏相义阳人朱序为征讨都护，带兵前往益州援救。

前秦国君苻坚回到长安，派遣李威暂时代理太尉之职，加封侍中之职。派遣刘卫辰做夏阳公，曹毂做雁门公，命令他们各自率领自己的部落。

十二月，戊戌日（二十九日），东晋朝廷封尚书王彪之做仆射。

海西公上

太和元年（丙寅，公元366年）

春季，三月，荆州刺史桓豁命令督护桓罴进攻南郑，讨伐司马勋。

前燕国太宰、大司马慕容恪，太傅、司徒慕容评，想告老还乡，奉上自己的印章、官服，请求回到自己私有的宅子；前燕国君慕容暐不答应。

夏季，五月，戊寅日（十两日），东晋皇后庾氏去世。

朱序和周楚一起攻打司马勋并且打败了他，捉住了司马勋和他的同党，然后把他们全部送给了大司马桓温；桓温把他们全部斩杀，并把他们的头传送到建康。

代国君王拓跋什翼犍派遣左长史燕凤向前秦进贡。

秋季，七月，癸酉日（初八），东晋在敬平陵安葬了庾皇后。

前秦国的辅国将军王猛、前将军杨安、扬武将军姚苌等率领士兵两万人入侵荆州，然后进攻南乡郡；荆州刺史桓豁前去荆州救援，八月，驻军在新野。前秦的士兵掠夺安阳一万多户百姓的财物而回。

九月，甲午日（二十九日），桓温对梁、益两州司马勋的同党和胁从者进行处罚，本来不应该赦免的但也都赦免了。

冬季，十月，东晋加封给司徒司马昱丞相、录尚书事，并且允许他入朝晋见皇帝的时候，不必小步行走；在跪拜而赞呼的时候，不用必须称自己的名字；在上殿的时候，可以佩带剑，可以不脱鞋。

张天锡派遣使臣到前秦国的边境，告诉前秦国，他要和前秦国断绝邦交。

前燕国的抚军将军下邳王慕容厉率人入侵兖州，攻取了鲁和高平数郡，在那设置了郡守、县宰然后回去了。

起初，陇西人李俨率他所统辖的郡投降了前秦国，没过多久，又和张天锡暗中通好。十二月，羌族人敛岐带领略阳的四千家民众叛变了前秦国，向李俨称臣；李俨于是任命和设置州牧、郡守，和前秦国、凉州断绝邦交。

南阳督护赵亿占据宛城投降了前燕国，太守桓澹为了自保逃到新野；燕国人派遣南中郎将赵盘从鲁阳去驻守宛城。

徐、兖两州刺史庾希，因为他是皇后家族之人的缘故，兄弟均居显贵的地位，大司马桓温因此非常忌恨他们。

太和二年（丁卯，公元367年）

春季，正月，庾希因为不能救援鲁郡和高平郡而获罪，被免去官职。

二月，前燕国的抚军将军下邳王慕容厉和镇北将军宜都王慕容桓共同袭击敕勒。

前秦国的辅国将军王猛、陇西太守姜衡、南安太守南安人邵羌、扬武将军姚苌等率领一万七千名士兵去讨伐敛岐。三月，凉州牧张天锡派遣前将军杨遹向金城方向出发，征东将军常据向左南方向出发，游击将军张统向白土方向出发，张天锡亲自率领三万人驻扎仓松，等待讨伐李俨。敛岐的部落早先属于姚弋仲，听说姚苌来到后，士兵们就都向他投降了。于是王猛就攻克了略阳，敛岐被迫逃到白马。前秦国君苻坚派姚苌做陇东太守。

夏季，四月，前燕国的慕容尘入侵竟陵，太守罗崇把他打败了。

张天锡攻打李俨的大夏和武始两郡，获胜取得了两郡。常据在葵谷击败了李俨的军队，然后张天锡进军驻扎在左南地区。李俨因恐惧而撤退驻守在枹罕，派遣他哥哥的儿子李纯向前秦国请罪同时请求救援。前秦国君苻坚命令前将军杨安、建威将军王抚率领骑兵两万人和王猛一起去救援李俨。

王猛派遣邵羌追击敛岐，王抚驻守在侯和，姜衡驻守在白石，王猛和杨安带兵去援救枹罕。张天锡派遣杨遹率兵到枹罕东迎战，王猛把他们打得大败，俘虏和斩杀的共有一万七千多人，王猛和张天锡相持在枹罕城下。邵羌在白马捉住了敛岐，把他送给了王猛。王猛在送给张天锡的信里面说："我只是受命救援李俨，没有受命和凉州交战，现在我也是建好堡垒固守，来听候上级的命令。而现在你、我在这耗费时日，长久相持，恐怕秦国、凉州都要疲惫不堪，这实在不是良策。如果将军能后退一步，让我逮捕李俨然后东去，将军把百姓迁回西方，这样对我们双方都有好处，不是吗？”张天锡对众将领说：“就按王猛信上说的来做，我原本就是来讨伐叛逆，不是来和秦国作战的。”于是就带领军队回去了。

李俨还没有让前秦国的军队进城，王猛就穿着白色的衣服坐着车子，后面跟着几十个人，请求和李俨相见，李俨打开城门请他进去，将士们在李俨还没有来得及防备的时候，就直接进去逮捕了他。王猛派遣立忠将军彭越做平西将军、凉州刺史，镇守在枹罕。

当初张天锡要返回西方的时候，李俨的将领贺肫对李俨说：“明公您本就像神一样英勇神武，又有如此骁猛强悍的将士，为什么要束缚双手被别人所控制呢？王猛率领一支军队远道而来，士卒们肯定已经疲惫不堪，而且又因为是我们请求他们援救，他们必定不会防备，如果我们趁着他们懈怠的时候去攻击他们，一定可以成功。”李俨说：“为了免除祸难而向别人请求援救，祸难免除了反而又去攻击别人，天下人将会如何评论我们呢？不如严密地防守让他们因疲蔽而丧失斗志，这样他们将会自动地撤退。”王猛愤怒地责备李俨没有立即出城迎接，李俨就把贺肫的计划告诉他；于是王猛斩杀了贺肫，带着李俨回到了长安，前秦国君苻坚派李俨做光禄勋，赐给他归安侯的爵位。

前燕国太原桓王慕容恪向前燕国主慕容暐建议说：“吴王慕容垂出将入相的才干是我的十倍，先帝因为重视长幼的次序，所以我才能够居在他的上位。我死了以后，希望陛下处理国家政事的时候，能够听从吴王的建议。”五月，壬辰日（五月无此日），慕容恪病重，前燕国主慕容暐亲自去看他，并且询问他以后的国事该怎样处理。慕容恪说：“我听说报答恩德没有比推荐贤能更重要的了，贤能的人虽然在市井中，却能做贤能的相国，更何况骨肉至亲呢？吴王具备的文才武略，仅次于管仲和萧何，陛下如果把朝廷大政交给他处理，可保国家安全；如果不这样做的话，秦国、晋国必定会有攻打燕国的谋划。”说完慕容恪就死了。

前秦国君苻坚听说慕容恪死了后，感到非常高兴，私下就有了进攻前燕国的计划。前秦国君苻坚想要去观察一下计划是否可以实行，就命令匈奴右贤王曹毂遣派使者去前燕国朝贡，派遣西戎主簿冯翊、郭辩做他的副使。前燕国司空皇甫真的哥哥皇甫腆和他的侄子皇甫奋、皇甫覆都在前秦国做官，皇甫腆做散骑常侍。郭辩到了前燕国，依次拜访前燕国的公卿后又对皇甫真说："我本来就是燕国人，因为家里的人被秦国人杀了，所以我寄托性命在曹王的帐下，你的哥哥散骑常侍皇甫腆以及你的侄子皇甫奋和皇甫覆都已经和我相知相交很久了。"皇甫真非常生气地说："做臣子的没有私人的境外交谊，你这些话为什么对我说？你好像是奸邪的人，不可能没有任何原因或缘故，你是借此来冒充吗？"于是皇甫真把这些事告诉了前燕国主慕容暐，请求追究和讯问他这么说的原因；太傅慕容评不答应。郭辩回到长安对前秦国君主苻坚说："燕国政事乱无纲纪，确实是可以设法图谋了，燕国朝中能够洞知变故明见时机的，只有皇甫真一个人而已。"前秦国君苻坚说："以六州（幽、并、冀、司、兖、豫）的民众，哪里能够不让他有一个明白人呢？"

曹毂不久就去世了，前秦国把他的部落分为两部分，命他的两个儿子各自统领一个部分，号称为东曹、西曹。

荆州刺史桓豁和竟陵太守罗崇进攻宛城，攻取了宛城；赵亿逃走，赵盘撤退回鲁阳，桓豁乘胜追击赵盘到雉城，捉住了他，然后就留下士兵驻守宛城而自己回去了。

秋季，七月，前燕国下邳王慕容厉等攻破了敕勒，得到了几万头牛马。

起初，慕容厉的军队经过代国，侵犯他们的穄田；代国君王拓跋什翼犍很气愤。前燕国平北将军武强公慕容埿用幽州的士兵驻守在云中。八月，代王拓跋什翼犍进攻云中，慕容埿弃城逃走，振威将军慕舆贺辛战死。

九月，东晋朝廷派遣会稽内史郗愔为都督掌管徐、兖、青、幽、扬州的晋陵诸军事和徐、兖两州刺史，镇守在京口。

前秦国淮南公苻幼反叛的时候，征东大将军、并州牧、晋公苻柳，征西大将军、秦州刺史、赵公苻双，都和他一起谋划；前秦国君苻坚因为苻双是同母弟，具有骨肉之亲，苻柳是苻健的爱子，所以将此事隐埋在心里而让他们没有被收捕问罪。苻柳和苻双又与镇东将军、洛州刺史、魏公苻庾，安西将军、雍州刺史、燕公苻武计划作乱，镇东将军的主簿南安人姚眺劝谏说："明公，你应该以周公、邵公一样至亲的身份，接受独当一面的重任，国家有了祸难，应当竭尽所有的心力除掉它，怎能自己为国家制造祸难呢？"苻庾不肯听取他的劝谏。前秦国君苻坚听到了这个消息后，就征召苻柳前往长安。冬季，十月，苻柳占据蒲阪，苻双占据上邽，苻庾占据陕城，苻武占据安定，一起起兵发动叛乱。前秦国君苻坚派遣使者告诉他们说："我对你们的恩德已经到极点了，你们为什么要自寻死路反叛自己的国家呢？现在我停止征召你们，如果你们停止发兵，各人安于自己的职位，那么一切依然如旧。"他又把咬过的梨交给每个使者，赐给苻柳等人作为信约（胡三省注："梨肉脆，而啮之易入，以喻亲戚离叛，则国力脆弱，将为敌人所乘，故啮梨付使者，赐柳等以为信也。"或谓此乃系羌氏明誓所用之物，不知其意义何在，疑与折节以为信相类似，即如后违信，有如此被啮之梨，不能获全）。但是他们都不肯听从。

代国君王拓跋什翼犍攻打刘卫辰，黄河里的冰还没有冻结在一起，代王拓跋什翼犍就命令士兵用苇草拧结成粗大的绳索放在河面上，来拦积冰屑使河里的冰早点冻结。果然没过多久，冰就冻结在一起，但还是不够坚硬；他们命令士兵把苇草散放在冰上，让冰和草互相冻结在一起，像是漂浮的桥梁一样，代国的士兵就借着它渡过了黄河。刘卫辰没有料到代国的士兵突然袭击过来，只能和宗族向西逃走，代王拓跋什翼犍没收他部落留下的财物十分之六七之后退回去。刘卫辰逃到前秦国，前秦国君苻坚送刘卫辰回朔方，并且派遣士兵驻守在那儿。

十二月，甲子日（十二月无此日），前燕国的太尉建宁敬公阳骛去世。于是派遣司空皇甫真做侍中、太尉，光禄大夫李洪做司空。

太和三年（戊辰，公元368年）

春季，正月，前秦国君苻坚派遣后将军杨成世和左将军毛嵩分别讨伐上邽和安定这两个地方，又派遣辅国将军王猛和建节将军邓羌共同进攻蒲阪，命令前将军杨安和广武将军张蚝共同进攻陕城。前秦国君苻坚命令，蒲阪和陕城的军队都在距离城三十里的地方坚守营垒，不要和他们交战，等到秦州、雍州平定了以后，再合力进攻。

起初，前燕国太宰慕容恪有病，因为前燕国主慕容暐年幼体弱，朝政大权不在他手里，太傅慕容评生性多疑，恐怕大司马的职务任用不适当的人选，就对前燕国君慕容暐的哥哥乐安王慕容臧说："现在，南方有遗留下来的晋朝，西方有强大的秦国，这两个国家常常怀着进犯和攻取我们的想法，只是我们没有松懈罢了。一个国家的兴盛和衰败，依赖于辅佐国家的丞相。大司马率领全国的军队，这个职务不可以任用不适当的人，我死了以后，依照亲疏远近的关系来说，承担大司马职务的人应当由你和慕容冲担任。虽然你们都是很有才干和见识的，也都决断迅速敏捷，但是你们的经历还是太少，不能克服的困难还是很多的。吴王慕容垂天赋资质都异于常人，是一个非常杰出的人，他的智慧谋略也超越一般的人，你们如果能够推举他出任大司马，燕国必定能统一天下，更不用畏惧外来的敌寇了；你们一定不要贪图因做大司马掌握的权力和利益而忘记了可能产生亡国败家的祸患，不以国家安危为己任。"他又把这些话告诉了太傅慕容评。等到慕容恪死了以后，慕容评不采用他的建议。二月，派车骑将军中山王慕容冲做大司马。慕容冲，是前燕国君慕容暐的弟弟。又派荆州刺史、吴王慕容垂做侍中、车骑大将军、仪同三司。

前秦国魏公苻廋带着陕城投降了前燕国，请求派兵前来接应；前秦国人感到非常恐惧，大规模地聚集士兵防守在华阴。

前燕国魏尹（以魏郡太守为魏尹）范阳王慕容德上奏书，认为："先帝应该接受上天注定的命，要立定志向平定天下；陛下继承了帝位，应当继续达成这个目标。现在苻氏兄弟，乘国家危机背叛国家，把国家分成五个部分（蒲阪、陕城、上邽、安定和长安），派出请求援救的使者并诚心来归顺我们，前后相接，这是上天把秦国赐给我们燕国啊！上天所给予的如果我们不要，反而会受到上天的惩罚，观察古代吴、越两国的事情，就可以明白了。应当命令皇甫真带领并州、冀州的士卒，直接去往蒲阪；吴王慕容垂带领许昌、洛阳的兵卒，快速前去解除苻廋的围困；太傅慕容评总领京师如虎熊一样勇猛的师旅，分成两军作为后继，把有关战争状况的公文传送到三辅地区，告知他们国家未来的祸福，明确订立悬购和奖赏的标准，他们一定会纷纷前来响应，统一天下的日期就在这时了。”当时燕国人多数请求去救援陕城，以试图谋取关中，太傅慕容评说：“秦国本来就是一个大国，现在虽然遭遇到祸难，也不是轻易可以图谋的。我们现在的君王虽然英明神武，但比不上先帝；我们的智慧谋略也不能和太宰慕容恪相比，只要能够掩闭关塞之门，保卫自己的国境，已经足够了，平定秦国不是我们要做的事情。”

魏公苻廋送给吴王慕容垂和皇甫真的书信说：“秦王苻坚、王猛，都是人中的豪杰之士，计划制造燕国的祸患已经很久了；如果现在不借这个机会攻取秦国，恐怕将来燕国的君臣都会有春秋时吴王居于甬东那样的悔恨了！”慕容垂对皇甫真说：“现在造成人们祸患的人一定在秦国，我们的君王年纪尚轻，再看太傅慕容评的见识和气度，哪里能够对抗秦王苻坚和王猛呢？”皇甫真说：“是的，我虽然也知道这个道理，但是我的建议不被采用我又能如何？”

三月，丁巳朔日（初一），发生日食。

癸亥日（初七），东晋大赦天下。

前秦国杨成世被赵公苻双的将领苟兴打败，毛嵩也被燕公苻武打败，都逃了回来。前秦国君苻坚又派遣武卫将军王鉴、宁朔将军吕光、将军冯翊人郭将和翟傉等率领士兵三万人前去讨伐他们。夏季，四月，苻双、苻武乘胜抵达榆眉，派苟兴做前锋。王鉴想要迅速和他们交战，吕光说：“苟兴最近得到胜利，他的士兵们现在气势正高，我们应该保持稳重来等待他们士气消退。等到他们粮食吃完后，他们必定撤退，当他们撤退的时候就去追击他们，这样一定会成功的！”二十天后苟兴真的撤退了。吕光说：“我们可以对苟兴进行追击了。”于是他们就去追击，苟兴失败了，他们就乘势去攻打苻双、苻武，也战胜了苻双、苻武，斩下了一万五千个将士的首级，苻武放弃了安定，和苻双一起逃到上邽，王鉴等又进一步攻击。

晋公苻柳屡次出城挑战，王猛每次都不理会他。苻柳以为王猛害怕他，五月，苻柳留下他的长子苻良防守蒲阪，自己率领士兵两万人向西赶往长安。在距离蒲阪一百多里的地方，邓羌率领精锐的骑兵七千人，在夜里去突袭他的军队，打败了苻柳。苻柳带着军队回去，王猛又在半路拦击他，俘虏了他所有的士兵。然后苻柳带几百名骑兵逃进蒲阪城，王猛和邓羌联合进兵攻击蒲阪城。

秋季，七月，王鉴等人攻取了上邽，杀了苻双、苻武，但宽赦他们的妻子儿女。前秦国君苻坚派左卫将军苻雅做秦州刺史。八月，派长乐公苻丕做雍州刺史。

九月，王猛等人攻取了蒲阪，杀了晋公苻柳和他的妻子儿女。王猛驻兵蒲阪，派遣邓羌和王鉴等人会合攻打陕城。

前燕国的许多王公贵戚都占用民间的田地，庇护他们的亲属以及他们的食客和佃客，却不负担国家的赋税和徭役，国家纳税的户口比私人拥有的户口还少，因此国家仓库空竭，钱财不够用。尚书左仆射广信公悦绾说：“现在燕国、晋国、秦国三方鼎足而立，各方均怀吞并其他两国的野心。而我们国家的政治制度和法令至今都没有订立，豪强显贵们恣肆纵横，以致民间农户非常穷困，也没有上交来的粮食纳入仓库，使小吏们断了正常的俸禄，战士们也断绝了米粮，官员们都借贷米粟、布匹来满足自己的基本生活；像这种情形，既不能让邻近的敌国知道，也不是治理国家的办法，凡是受到庇护而不负担国家赋税和徭役的人，都应该罢免官职和断绝他们的收入，他们所拥有的应全部归还郡县成为国家所有。”前燕国主慕容暐听从了他的意见。并命令悦绾专权治理这件事情，相互举报和揭发匿藏的奸人，结果没有人敢隐瞒和藏匿，于是就多出了二十多万户，全朝廷的大臣们都怨恨愤怒。悦绾以前就有病，因为亲自努力厘订校核户口籍簿，病情就加重了。冬季，十一月，去世。

十二月，前秦国王猛等攻取了陕城，捉住了魏公苻廋，并且把他送到了长安。前秦国君苻坚问他为什么要反叛，他回答说："我本来并没有反叛的心意，但是因为弟兄们屡次计划叛逆作乱，我怕我会和他们一起被处死，所以就谋划反叛了。”前秦国君苻坚哭泣着说："你一向是一个忠厚的长者，我就知道这不是你真正的心意，而且秦高祖苻健也不可以没有后代。”于是就赐苻廋一死，宽恕了他的七个儿子，并且让他的长子继承魏公，把他其余的儿子都封为县公，来继承越厉王苻生和那些没有后代的弟弟们的职位。苟太后说："苻廋和苻双全都反叛，为什么唯独苻双一个人不能安置其后代呢？”前秦国君苻坚回答说："天下是高祖苻健的天下，高祖苻健的儿子不可以没有后代。至于仲群（苻双字），不顾念太后，他计划危害国家，违背天下通行的法令，我不可以徇私枉法。”前秦国君苻坚派遣范阳公苻抑做征东大将军、并州刺史，镇守在蒲阪；邓羌做建武将军、洛州刺史，镇守在陕城。提拔姚眺做汲郡太守。

东晋加赐大司马桓温特殊的礼节，地位在诸侯王之上。

这一年，东晋朝廷派仇池公杨世做秦州刺史，杨世的弟弟杨统做武郡太守。杨世也向前秦国自称臣子，前秦国派杨世做南秦州刺史。

资治通鉴卷第一百二　晋纪二十四

起己巳（公元369年），止庚午（公元370年），共二年。

【**题解**】本卷记录了公元369年、370年两年间的东晋及各国大事，正当海西公太和四年、五年。主要记录了桓温率军伐前燕，被前燕军大破于枋头、襄邑、谯县，损失了晋军三万多人，桓温为掩盖真相，归罪于袁真；写了慕容垂攻破晋兵后威名大振，慕容评与前燕国太后相互勾结，忌恨并想要杀死慕容垂，逼得慕容垂只好率子侄亲信投靠前秦国；写了秦将王猛两次率军讨伐前燕国，第一次占领洛阳，第二次在潞川打败慕容评的军队，最后包围邺城，前燕国主慕容暐被俘，率文武百官投降了前秦国，至此前燕灭亡等等。

海西公下

太和四年（己巳，公元369年）

春季，三月，大司马桓温请求和徐、兖两州刺史郗愔，江州刺史桓冲，豫州刺史袁真等共同去讨伐前燕国。起初，郗愔在北府的时候，桓温就常常说："京口的酒可以喝，兵也可以用。"他很不想郗愔身居北府，而郗愔不明白事情所带来的机会，就写了一封书信给桓温，想要和他共同协助天子，请桓温允许他监督领导所率领的军队在黄河的上游出征。郗愔的儿子郗超是桓温的参军，拿来书信看过之后，就把信撕得粉碎，又另外替郗愔写一封给桓温的书信，信中说自己不是将帅的人才，不能够胜任军旅的事情，又因为年老多病，所以请求改授闲散的职务以度完残余的年岁，希望桓温能够统领自己所率领的军队。桓温接到书信非常高兴，立刻调郗愔为冠军将军、会稽内史。桓温亲自兼管徐、兖两州刺史的职务。夏季，四月，庚戌日（初一），桓温率领步兵和骑兵共五万人从姑孰出发。

甲子日（十五日），前燕国主慕容暐立可足浑氏为皇后，可足浑氏是太后堂弟尚书令、豫章公可足浑翼的女儿。

大司马桓温从兖州去讨伐前燕国。郗超说：“道路遥远，汴河的水又浅，恐怕由水路转运粮食很难通行。”桓温不肯听从。六月，辛丑日（六月无此日），桓温到达金乡县，因干旱所以水路断绝不通，桓温命领军将军毛虎生在巨野开凿河道三百多里，引导汶水汇流到清水。毛虎生是毛宝的儿子。桓温率领水军从清水进入黄河，船只前后相接，有几百里长。郗超说：“从清水进入黄河都是逆流，路程又远还是很难通行。如果敌人不迎战，运输粮食的道路又断绝，要想从敌人那里取得积蓄的粮食，我想是不会有什么收获的，这是一条危险的道路。不如现在率领所有的士兵直接去往邺城，他们畏惧您的威势和声名，必定闻风而逃使军队溃散，逃回到北方辽、碣（《晋书·郗超传》称幽、朔）之地。如果他们能够出城应战，那么胜败立刻就可以决出。如果他们想要紧闭邺城而防守，那么在此炎热的夏天，他们的士兵很难能够尽全力，我们一样可以取胜，那些散布在田野之间的百姓，全都为官府所控制，易水以南的人，必定会束手就擒向我们请求指令。但是恐怕您认为这个计划太轻率，胜败很难料定。如果您想保持慎重，那就不如使军队停顿在黄河和济水一带，控制水路的运输，等到来年夏季，物资和粮食储存得已经充足完备再进兵，虽在时间上似乎是长远和迟慢的，但是成功的概率会大很多。如果舍弃了这两种策略，联结军队大举北上进攻，这不仅不能快速地决出胜败，最后撤退的时候，我们必定会有很大的损失，资源也会匮乏。现在贼人借着这个情势拖延时间，慢慢地到了秋冬季节，河水更是不畅流了，而且北方天气早寒，三军将士能御寒的衣服又少，恐怕到那个时候，我们所忧虑的就不仅仅是没有食物了。”桓温又不肯听从他的建议。

桓温派遣建威将军檀玄进攻湖陆，攻取了湖陆并捉住了前燕国的宁东将军慕容忠。前燕国君慕容暐派遣下邳王慕容厉做征讨大都督，率领两万名步兵和骑兵到黄墟迎战，慕容厉的部队大败，他自己单独骑着马逃了回去。高平太守徐翻带领着全郡来投降桓温。前锋邓遐、朱序在林渚打败了前燕国的将领傅颜。前燕国君慕容暐又派遣乐安王慕容臧率领诸路军队去抵御桓温，慕容臧不能战胜桓温，于是就派遣散骑常侍李凤向前秦国请求救援。

秋季，七月，桓温驻兵武阳，前燕国前兖州刺史孙元率领他的宗族和同党发兵响应桓温。桓温到了枋头，前燕国君慕容暐和太傅慕容评非常恐惧，计划逃到和龙。吴王慕容垂说："我愿意去攻击他们；如果不能够取得胜利，再逃走也不晚。"前燕国君慕容暐就派慕容垂代替乐安王慕容臧为使持节、南讨大都督，率领征南将军范阳王慕容德及五万名士兵去抵御桓温的攻击。慕容垂上奏表推荐黄门侍郎封孚、司徒左长史申胤、尚书郎悉罗腾都跟随军队前去。申胤是申钟的儿子；封孚是封放的儿子。

前燕国君慕容暐又派遣散骑侍郎乐嵩到前秦国请求援救，并且答应前秦国把虎牢以西的地方送给他们。前秦国君苻坚召集群臣在东堂商议，大家都说："从前桓温攻打我们到了灞上，燕国不来救我们；现在桓温攻打燕国，我们怎么能去救它呢？而且燕国不向我们自称藩属，我们为什么要去救它呢？"王猛私下向前秦国君苻坚建议说："燕国的国势虽然强大，但是慕容评不是桓温的对手。如果桓温攻取了太行山以东的部分，进军驻扎在洛邑，再召集幽州、冀州的军队运来并州、豫州的米粟，向崤谷、渑池一带地方的人炫耀他的兵威，那么陛下想统一天下的大业就完了。现在不如和燕国的军队联合起来以击退桓温；桓温退了以后，燕国也疲敝了，然后我们趁着它疲敝的时候去攻取它，不也很好吗？"前秦国君苻坚听从了他的建议。八月，前秦国派遣将军苟池、洛州刺史邓羌率领步兵、骑兵两万人，从洛阳出发去救前燕国，驻扎在颍川。又派遣散骑侍郎姜抚为使者到前燕国报告。派遣王猛做尚书令。

太子太傅封孚向申胤问道："桓温的士兵强盛，士卒整齐，可以乘着河流一直进攻，但是现在大军只是退守在高岸，士兵不交战，看不出能克服殄灭我们的理由，事情将会是怎么样呢？”申胤说：“凭着桓温现在的声名和势力，似乎是能够有所作为，然而我观察他，必定不能成功。为什么呢？晋朝皇室衰弱，桓温专制他的国家，晋国朝廷的大臣们，不一定都和他一心。所以桓温取得战争的胜利，是众人所不希望的，他们必定要趁机阻止以败毁他的事业。同时，桓温骄傲却依赖众人，弱于应付突变。大军深入敌人的国境，正是可利用的机会，反而却在中流一带优游自得，不出兵以抓住有利的时机，想要盼望能维持长久，静待以取得全面的胜利；如果运送的米粮过期不到而断绝，那么实情显露，他的气势就会衰竭，必定不用交战他自己就失败，这是自然的道理。”

桓温派投降的燕国人段思做向导带路，悉罗腾和桓温交战的时候，活捉了段思。桓温命前赵的将领李述巡行并宣令赵、魏一带的地方，悉罗腾又和虎贲中郎将染干津攻击并斩杀了李述。桓温军队因此丧失了士气。

起初，桓温命豫州刺史袁真进攻谯郡和梁国，冲开石门以疏通水上的运输通道，袁真攻占了谯郡和梁国，但不能冲开石门，水上运输的路线便被阻塞，运输粮食的船只不能航行。

九月，前燕国范阳王慕容德率领一万名骑兵、兰台治书侍御史刘当率领五千名骑兵驻扎在石门，豫州刺史李邽率领五千名本州士兵断绝桓温运输兵粮的路线。刘当是刘佩的儿子。慕容德命将军慕容宙率领一千名骑兵做前锋，和晋朝的军队相遇，慕容宙说：“晋国人虽剽悍英勇，但性子暴躁，在敌人进攻时，你要冲陷敌阵，但在敌人退却时，你不要勇于乘机追击，应该设置利益以引诱他们。”于是就命两百名骑兵去向他们挑战，其余的骑兵布置在三处埋伏。挑战的骑兵还没有和晋兵干戈相接就逃走了，晋国士兵便从后面追击他们；慕容宙率领埋伏的骑兵来攻击，晋国士兵战死了很多。

桓温的军队和前燕国士兵交战，屡次不能得到胜利，储积的兵粮又已用完，而且听说前秦国的援军将要到达，丙申日（十九日），丢弃了装备、武器、铠甲以及仪仗等，烧毁了舟船从陆路逃回去了。派遣毛虎生督东燕等四郡诸军事，兼东燕太守。

桓温从东燕出了仓垣，一路开凿水井以饮用，走了七百多里。前燕国的众将领争着想要去追击他，吴王慕容垂分析说："现在还不可以，桓温开始撤退的时候，心里惊慌恐惧，必定选择精锐的士兵，严密地设置警戒防备，防御从后面追击的敌人，现在我们去追击他们不一定能够成功，不如过些时间再追。他们一定会庆幸我们没有追来，必定不分昼夜地急速赶路，等到他们的士兵力气衰竭的时候，再去追击，我们一定会取得胜利！"于是派人率领八千名骑兵慢慢地追随在他们后面。桓温带领士兵果然不分昼夜地加速赶路前进。过了几天以后，慕容垂告诉众将领说："现在可以追击桓温了。"他们就急速地去追击，等桓温到达襄邑的时候，范阳王慕容德首先率领强有力的四千名骑兵埋伏在襄邑以东的山涧中，和慕容垂前后夹击桓温，把桓温打得大败，斩杀了三万人。前秦国派遣的援军将领苟池又率军在谯郡截击桓温，又把桓温打败了，死亡的人数可以以万计。孙元就据守武阳以抵御前燕国的士兵，前燕国左卫将军孟高讨伐并捉住了他。

冬季，十月己巳日（二十二日），大司马桓温招集失散逃亡的士兵，驻扎在山阳。桓温深以失败为耻，就把失败的罪过归于袁真，上奏章免去袁真的官职，把他降为平民；又免去了领军将军邓遐的官职。袁真心里不服，认为桓温冤枉自己，上奏表陈述桓温的罪状。因为朝廷没有回音，他就占据寿春叛变，然后投降了前燕国，并且请求援救；也派遣使者前往前秦国。桓温派遣毛虎生驻守在历阳，同时兼任淮南太守。

前燕国与前秦国交好以后，两方屡次派遣使者往来。前燕国的散骑侍郎郝晷和给事黄门侍郎梁琛相继来到了前秦国。郝晷和王猛有故旧之谊，王猛就以平生故旧之谊接待他，问他前燕国的情形。郝晷看到前燕国的政治不修明，而前秦国却治理得非常好，暗中想要自托于王猛，于是泄露了不少前燕国的实情。

梁琛到了长安，前秦国君苻坚正在万年打猎，王猛想要引领梁琛来这儿见他，梁琛说："秦国的使者到了燕国，燕国把宫庭洒扫干净，燕国的君臣准备好一切的礼仪，穿着上朝的礼服，然后才敢接见。现在秦王苻坚想要在田野中见我，我不敢听从这个命令！"尚书郎辛劲对梁琛说："宾客进入我国的国境，应由主人来安置，你哪里能够自己制定进见的礼仪呢？而天子所到的地方叫作行在之所，所乘坐的车子叫作乘舆，没有一定的居处啊！再说《春秋》也有不先约定日期而相会的礼遇，这为什么不可以呢？"梁琛说："晋朝皇室朝纲不振，是神明的惩罚，归德于我们燕国、秦国，我们燕国、秦国两方，都接受了神明的命令，恭承天运。而桓温窥视我们的疆域，恣纵狂妄，如果燕国遭到危险，秦国在形势上也不能够单独存在，便会陷入孤立，秦国君主和我们共同担忧此时的祸患，所以我们要交结为友好之邦然后互为援助。燕国的君臣惭愧于自己的不强大，引长颈项向西殷切盼望，使邻国替我们担忧，所以当秦国的使者莅临敝国的时候，我们诚敬地用胜过平常的礼仪招待他。现在强大的敌人已经败退，我们两国的友好互问才刚刚开始，我认为应该尊重道义，崇尚礼节以稳固两国的友好往来；如果秦国疏忽怠慢使臣，那就是轻视燕国，这哪里是修好的道理呢？天子是以四海为家，所以停留的地方叫作行在，出外坐的车子叫作乘舆。现在日月星辰分别照耀，天下分裂，怎么能够用乘舆、行在来说呢？礼所说的不约定日期而相见叫作遇。那是因为事情必须要权宜而行，它的礼节才简陋疏略，哪是平常从容之时所应遵循的行为呢？异国的使者在人数上、在权势上确实是比不上主人，然而如果不依照礼节进见，他们是不敢从命的。"前秦国君苻坚替他设置行幸所停留的宫殿，文武百官侍立在左右，一切礼仪都像前秦国的使者去进见前燕国主时一样，然后才宴请贵客。

进见的事情结束以后，前秦国君苻坚仿照古代的礼节，为梁琛摆下私宴，问他说："东朝（指燕国）的名臣是哪一个？"梁琛说："太傅上庸王慕容评分位至亲，道德盛明，足以辅佐王室把燕国发扬光大；

车骑大将军吴王慕容垂是一个有雄才大略，足够抵御敌人的侵侮、冠盖当世的人；其余有的是具备文才而被任用，有的是因为武功而被任用，官吏们都能做好分内的工作，各尽自己的职责，即使是在岩穴草野之间，也没有被遗弃而不用的贤士。”

梁琛的堂兄梁奔是前秦国的尚书郎，前秦国君苻坚命令他主管接待宾客，他招待梁琛住在梁奔的官舍。梁琛说：“从前诸葛瑾替吴王到蜀国去访问，和诸葛亮在大庭广众的地方相见，我心里很仰慕他们，他们退下的时候，并没有私自相见。现在让我居住在私人的家里，这是我所不敢服从的。”结果他就没有住在梁奔的家里。梁奔几次来到梁琛所住的馆舍和梁琛一同饮食，一同睡眠，偶尔问问梁琛燕国的事情。梁琛说：“现在秦国、燕国各据一方，我们兄弟都蒙受两国的荣禄尊宠，现在我们各有各的目的，这是就我们的本心而论。梁琛要是说东国（燕国在关东，秦国在关西，两方分据，故称燕国为东国，秦国为西国）的盛大完美，恐怕不是西国所愿意听到的；要是说东国的缺点，又不是使臣所能够评论的。兄弟之间为什么要问这些呢？”

前秦国君苻坚命太子去邀请梁琛见面。前秦国人想让梁琛跪拜太子，事先含蓄地暗示他说：“邻国的国君就像自己的国君；邻国的储君又有什么分别呢？”梁琛回答说：“天子的儿子和上士的地位相等，想要他从卑贱之位升登到显贵之位，那还不敢让父亲的臣子对自己行臣子之礼，何况是其他国家的臣子呢！如果没有真诚的敬意，那么要按照礼节往来，我心里岂能忘记恭敬？只是怕降屈答拜惹出许多麻烦来。”梁琛始终不肯跪拜。

王猛劝前秦国君苻坚留下梁琛，苻坚不答应。

前燕国君慕容暐派遣大鸿胪温统任命袁真为使持节、都督淮南诸军事、征南大将军、扬州刺史，封宣城公。结果温统没有过淮水就死了。

吴王慕容垂从襄邑回到邺城，威望、名声越发高涨，太傅慕容评也就更加忌恨他了。慕容垂上奏说：“我所召募的将士，不顾生命危险，将军孙盖等直捣敌锋，攻陷敌阵，为国家建立功劳，应该蒙受特别的赏赐。”慕容评全都压着而不施行。慕容垂屡次和慕容评在朝廷上争论这个问题，所以他们两个人之间的怨恨嫌隙，就越来越深了。太后可足浑氏一向厌恶慕容垂，也想毁损他作战的功劳，于是就和慕容评秘密谋划把他诛杀。太宰慕容恪的儿子慕容楷和慕容垂的舅舅兰建知道了他们的阴谋，就把这件事情告诉了慕容垂，并且建议他说：“应该先发制人，只要除掉慕容评和乐安王慕容臧，其余的人就不能有所作为了。”慕容垂说：“骨肉之间相互残杀而为首的人仍在国中作乱，我只有一死而已，不忍心那样做。”没过多久，两人又告诉慕容垂说：“太后可足浑氏的心意已经确定，我们不能不早日发动政变。”慕容垂说：“一定不能补合间隙变为完好吗？我宁愿到国外去，以避免这次的祸乱，其余的计划，都不是我所想要提出和考虑的。”

慕容垂在心里担忧着这件事情，却不敢告诉他的几个儿子。长子慕容令恭敬地问他：“父亲近来似乎有所忧虑，难道不是因为现在主上年纪幼小，太傅嫉妒贤者，而父亲劳苦功高又德高望重，越来越被猜忌吗？”慕容垂说：“是的。我不顾生命危险打败强大的敌人，本来就是想要竭尽心力保全国家，哪知道成功了以后，反而使自己都没有了容身之地。你既然知道了我的心事，你又怎样替我谋划？”慕容令说：“现在的主上愚昧懦弱，把朝政大权都委托给太傅，一旦发生祸乱，我们会比受震骇而骤发的机辟还要快，现在想要不违背君臣之间的大义，又保全宗族和自身，你不如逃避到龙城，然后言辞谦逊地向主上告发太傅的罪行，以等待君主的明察，这就像古代的周公，暂时居住到东方为了避免管叔等人的流言，希望主上醒悟然后能够让您回来，这是最大的幸运。如果君主不能够如此，您就对外夷实行怀柔政策，对内安抚燕国、代国一带的百姓，派遣士兵防守肥如的要塞，以求保卫自己，也是次一等的幸运。”慕容垂说：“好！”

十一月，辛亥朔日（十一月无此日），慕容垂请求到广河泽的田园狩猎，因此就脱去礼服，换穿平民的衣服，出了邺城，想要赶去龙城。在到达邯郸的时候，他的小儿子慕容麟，因为平常不被慕容垂所宠爱，就逃回邺城告发他的父亲，说出了他父亲的计划，慕容垂左右的人大多数都逃走或叛变了。太傅慕容评告知了前燕国君慕容暐，并派遣西平公慕容强率领精锐的骑兵去追击慕容垂，等到了范阳，长子慕容令在后面阻止来追击的士兵，慕容强不敢逼近。当时正好太阳落山，慕容令对慕容垂说："我本来想要保卫东都（龙城）以求自身的安全，现在事情已经泄露，即使有其他的谋划也来不及安排。前秦国君苻坚正在招揽天下的英雄豪杰，我们不如前去归附他。"慕容垂说："现在的计划已经失败了，如果舍弃了这条路，我们还有什么地方可以去呢？"于是他就让人马散开，然后消失踪迹，沿着南山又回到邺城，隐匿在后赵国君主石虎的葬处显原陵。没过多久，有几百个打猎的人骑着马从四面八方而来，想抵抗他们但不能取得胜利，逃避他们又没有路可以走，慕容垂不知道该怎么办。正好那时打猎者的鹰都飞起来了，众骑士就分散而去，慕容垂感激上天就杀了白马用来祭祀上天，并且和跟随来的人对天盟誓。

长子慕容令向慕容垂建议说："太傅忌恨贤能之人，自从设计杀掉您以来，人们非常气愤和怨恨。现在邺城之中，没有人知道您在什么地方，人们就好像婴儿思念母亲一样思念着您，无论是蛮夷还是华夏之人，都是怀着如此的心情，如果您顺从众人的心意，趁太傅没有防备对他进行袭击，成功就是非常容易的事。等事情定了以后，再改革政策弊端，选拔贤能的人才，全面校正朝廷的政事，以辅佐现在的君主安定国家，是最大的功劳。今天的好机会实在是不可以失去，希望您能给我数名骑兵，这就足够办好事情了。"慕容垂说："像你所说的计谋，事情成功了，那就是最大的幸运，如果不成功就算是后悔也来不及了！不如我逃到西方，那样可以得到万全。"慕容垂儿子的马奴暗中计划着逃回去，慕容垂把马奴杀了然后向西走。但是到达河阳的时候，掌管津渡的官吏禁止他们通行，他们就斩杀了官吏然后渡河。于是，慕容垂和段夫人、长子慕容令、慕容令的弟弟慕容宝、慕容农、慕容隆、哥哥的儿子慕容楷、舅舅兰建、郎中令高弼都从洛阳逃到了前秦国，把妃子可足浑氏留在了邺城。戍卫乙泉的首领吴归追到阌乡，长子慕容令击退了他。

起初，前秦国君苻坚听说燕太宰慕容恪去世，暗中有图谋前燕国的心志，但是恐惧慕容垂的威名，不敢发动战争。当前秦国君苻坚听说慕容垂来到秦国，非常高兴，亲自到郊外去迎接他，握着慕容垂的手说："你是天生的贤能俊杰，我们必定能共同完成伟大的功业，这是自然的道理。我要和你共同安定天下，向泰山诉说我们的成功，然后我将归还你本来的国土，世世代代封在幽州，让你离开秦国回到故土，以尽人子之孝，而你归服我的时候，能够尽最大的忠心为我出谋划策，不也是很好吗？"慕容垂答谢说："寄居在外的人能够免罪，已经是最大的荣幸了；我不敢奢望世世代代封在本土的荣幸！"前秦国君苻坚也爱慕其长子慕容令和慕容楷的才华，都以重礼对待他们，赏赐的钱财有数万，每一次他们来进见，前秦国君苻坚都注目端详。关中的士民们早已听说过慕容垂父子的威名，都非常向往仰慕他们。王猛向前秦国君苻坚建议说："慕容垂父子就像蛟龙猛虎一样，不是可以驯顺的人物，不如我们早一天除掉他们，如果他们得到适当的机会，将不可能再制服。"前秦国君苻坚说："我为何要杀了他们？现在正在招揽天下的英雄以平定四海，而且他们刚来的时候，我已经真诚地接纳了他们，平常的人还不可以言而无信，更何况是万乘之尊的国家君主呢！"于是就派慕容垂做领军将军，封为宾徒侯，慕容楷做积弩将军。

燕国的魏尹范阳王慕容德一向和慕容垂很要好，与车骑从事中郎高泰等人，都因慕容垂而被判罪，免去了官职。尚书右丞申绍向太傅慕容评建议说："现在吴王逃亡到他国，外面议论纷纷，我们应当征召吴王幕僚中贤能的人，明显地晋封而任用他们，基本上可以阻止谤人的议论。"慕容评说："哪一个人可以呢？"申绍说："高泰是其中的领袖。"于是派高泰做尚书郎。高泰是高瞻的侄子；申绍是申胤的儿子。

前秦国把梁琛留了一个多月才遣他回去。梁琛不分昼夜地加速赶路，等他回到了邺城，吴王慕容垂已经逃到了前秦国。梁琛对太傅慕容评说："秦国人每天都检阅军队，在陕州以东聚积了很多粮食，依我看，我们两国的和好必定不能长久。现在慕容垂又前往归附他们，秦国一定有窥图燕国的谋划，我们应该早日防备他们。"慕容评说："秦国难道肯接受叛乱的臣子吗？"梁琛说："现在燕国、秦国两国分别占据中原，常常有彼此互相并吞的心志。他们因为计算利害关系，在桓温入侵的时候，才来援救我们，并不是因为爱护我们燕国而来援救我们；如果燕国内部有了嫌隙，他们难道会忘记他们本来的心志吗？"慕容评说："秦国君主是一个怎么样的人？"梁琛说："是精明睿智而善于决断的人。"慕容评问王猛如何，梁琛说："名不虚传。"慕容评对这些说法全都不以为然。梁琛又把自己在前秦国看到的一切告诉前燕国君慕容暐，慕容暐也不重视这件事情。他又告诉皇甫真，皇甫真非常担忧，上奏折说："秦王苻坚虽不断派遣使者前来访问，事实上可能有窥图燕国的野心，并不是不忘记原有的信约而能够仰慕和喜欢道德仁义。前些时候，秦国派兵到洛川来然后又有使者相继来到，是想探察我们国家的险阻、平夷和虚实的地势情形，现在他们都已经了解了。现在吴王慕容垂又前去归从他们，做他们国家君主的谋划之人。像春秋时代的伍员离开楚国逃到吴国，然后借吴国的军队报复楚国进入郢都一样。吴王慕容垂借秦国的军队报复燕国，进入邺城造成邺城的祸患，我们不可以不防备。洛阳、太原、壶关等地方，都应该选拔将领，增派士兵，防患于未然。"前燕国君慕容暐召见太傅慕容评谋划对付前秦国的策略，慕容评说："秦国的国土小，兵力弱，依靠我们去援助；而且秦王苻坚希望能以最好的方法，达到邻国和睦的目的，终究不会采纳叛臣的建议以断绝两国的友好往来；不应当轻妄地下结论引起自己国家的人的震惊骚动，以诱发敌人侵扰的野心。"于是前燕国最终没有做出任何防备。

前秦国派遣黄门郎石越出使前燕国，太傅慕容评向他显示自己的奢豪，想要借此夸耀前燕国的富裕和强盛。高泰和太傅参军河间人刘靖向慕容评说道："石越的言语诡诞，眼睛远视，并不是求与我们和好，而是来观察我们的衅隙。我们应当展示军队来向他显示军威，以使他的计谋能停止。现在我们却向他显示奢侈，那会更加被他所轻视。"慕容评不肯听从。高泰于是以生病为托词，辞去官职回故乡去了。

这时太后可足浑氏摄略前燕国的政事，太傅慕容评贪财昧利却不知足，大量的钱财货物流入官位高者的手中，官吏不是因才干而被举用，所以群臣感到非常愤怒。尚书左丞申绍上奏折发表自己的看法说："每一个地方的郡守县宰都是使国家安定的根本。现在的郡守县宰们大多数不是适当的人选，有的是出身军旅的武臣，有的是生长在富贵人家的贵族皇戚，他们既不是乡里所共同推选的，也没有担任过朝廷的职务。再加上升迁和黜降没有一定的法令制度，贪图财物、懈怠职务的县官不惧怕刑罚的惩处；清廉修身的县官也没有得到该有表扬赏赐的勉励。所以现在百姓们感到困乏疲敝，盗匪贼人遍布各地，法度废弛没有人督察和治理。而且官吏的人数超过了前代，使朝廷变得十分烦乱和扰杂。大燕国的户口数目众多，是晋、秦两国的总和，弓箭战马的强劲四方都比不上；而近来的战争，却屡次败北，都是由于太守县宰征敛田赋户税不公平，平时对百姓剥削严重，以至于作战的和留守的人的生活都非常窘困，没有人肯为国家效命的缘故。除侍候君王的男子仆役这些人之外，后宫的婢女还有四千多人，一天的消费都需要万金以上；有钱的士民们也仿效这种风尚，争着过奢侈华靡的生活。像秦国僭越封号而吴偏处在一隅，还能够把他们所属的地方，治理得井然有序，且有兼并他国的意思；而我们燕国君臣上下因循苟且，不思考振作和革新国家的方法就算了，还让秩序一天比一天差。我们的政治混乱正是他们所希望的。我认为应当精心地选择太守和县宰，合并官职，裁减冗员，慰问和赈济有当兵之人的家庭，使他们无论在官在私都能够完成责任，制止人们浮华和奢靡的生活，让他们爱惜日常的用度，赏赐要和做出的功劳相当，惩罚要和犯下的罪过相当。如果能够如此，那桓温、王猛的首级就可以被斩下来挂在木上示众，晋国、秦国两方的国土都可占据，岂止是保全国境内百姓的安定而已呢？同时索头人拓跋什翼犍因为过于疲惫而卧病在床，我们虽然缺乏朝贡和进献，他们却没有能力引起祸患，而让士兵戍守在远方使他们变得疲惫不堪，那样只有损失而且没有任何益处。不如把士兵迁移到并州，以控制西河，并且对南可使壶关的防守更加坚固，对北可使晋阳的实力加大，即使西方敌人来侵扰的时候，也可以抵御和防守，大军经过的时候，则可以截断他们的尾部，胜过远戍孤城防守无用的地方。”疏奏上了，但没有得到回答。

辛丑日（二十五日），丞相司马昱和大司马桓温在涂中相会以计划以后的行动，派桓温的长子桓熙做豫州刺史、假节。

起初，前燕国人答应割虎牢以西的地方贿赂前秦国，东晋军队失败撤退了以后，前燕国人感到后悔，就对前秦国人说：“使者说错了话，凡是有国有家的彼此都会分担灾害拯救祸患，这是不变的大道理。”前秦国君苻坚听了之后就非常愤怒，于是派遣辅国将军王猛、建威将军梁成、洛州刺史邓羌率领三万名步兵和骑兵前去攻打前燕国。十二月，进军攻打洛阳。

大司马桓温想迁都广陵，于是发动徐、兖两州的百姓修筑广陵城，然后迁移到那儿镇守。当时疫病蔓延，再加上征伐劳役很多，死亡的人十有四五，百姓们也都嗟叹怨恨，秘书监孙盛（其他各本“孙”上有“大原”两字）著作了《晋春秋》，直接叙述当时发生的一切事情。大司马桓温看到孙盛写的《晋春秋》后很愤怒，就对孙盛的儿子说：“在枋头的一战确实是失败了，但也不至于像你父亲所说的那样！如果这段历史能流传于世，那自然会关系到你家一门的生死存亡！”他的儿子立刻向桓温跪拜告罪请求回去修改。当时孙盛年纪大住在家里，虽然已经头发斑白，但性情方正严厉，有自己做事的原则和法度，对待他的子孙们也愈加严格。他的几个儿子回来后就共同号哭悲泣跪地叩头，请求他为全家上下百口人的安危做打算，不能让这段历史流传于世。孙盛非常愤怒最终也没有答应，于是他的几个儿子就偷偷地改写了这段历史，但是孙盛早先已经写好了另一本，而且已经把它传送到其他国家（按《晋书·孙盛传》，孙盛写两定本，寄给慕容俊）。等到东晋孝武帝司马曜购买珍本图书的时候，在辽东人那儿得到和现在的本子不同的另一本书，于是两种书本都保存了下来。

太和五年（庚午，公元370年）

春季，正月，己亥日（二十四日），袁真因为梁国内史沛郡人朱宪和弟弟汝南内史朱斌私通大司马桓温，于是就把他们杀了。

前秦国王猛送给前燕国荆州刺史武威王慕容筑一封书信说："我们国家现在已经堵塞了成皋的天险，阻绝了盟津的道路，我们拥有像猛虎一样精锐的一百万人的军队，从轵关去攻取邺都，金墉戍守的人内部物资匮乏，外面又没有前来救援的军队，城下的大军是将军所亲眼看见的，这哪里是三百名疲敝的士兵所能抵抗的！"慕容筑心里害怕，带着洛阳向前秦国投降；王猛陈列卒伍接受他的投降。前燕国卫大将军乐安王慕容臧移师新乐城，在石门击败了前秦国的士兵，捉住了前秦国将领杨猛。

王猛发兵长安时，请求慕容令做他的向导参与他的军事行动。在将要出发的时候，慕容令到慕容垂住的地方喝酒，从容不迫地对慕容垂说："现在要分别到远处去，你要送给我什么东西呢？使我看到这个东西就能思念起东西的主人。"于是慕容垂解下佩刀赠送给他。王猛到了洛阳贿赂慕容垂的亲信金熙，命他装作慕容垂的使者对慕容令说："我们父子是因为逃避死亡而来到这儿的。现在王猛对我们的谗害和毁谤一天比一天深，现在对我们像仇敌一样嫉恨；秦国君王虽然表面上对待我们非常友善，但是我们很难预知到他心里的真实想法。大丈夫这一次本是为了避免死亡才到此地的，而结果竟不能够避免，那将要被天下人所耻笑。我听说东朝（燕国）近来开始改革，深深地悔悟自己的过错，燕国君主慕容暐和太后可足浑氏相互检讨自己的过错。我现在要回到东朝，我之所以派遣使者告诉你，是因为我已经走了，你乘车便可以赶快出发了。”慕容令怀疑这件事情的真假，犹豫了一整天，但又不可以去核实。最终决定率领从前燕国逃到前秦国时所带的骑兵，假装出去打猎的样子，等到了石门后就去投奔乐安王慕容臧。王猛上表说明慕容令反叛的情况，慕容垂因恐惧而逃走，但是在到了蓝田的时候就被追来的骑兵捉住了。前秦国君苻坚在东堂接见慰劳他说：“你的家庭和国家不和睦，才托身而投靠于我。你的儿子心里还怀念着自己的故国，不能忘记根本，这也是人各有自己志向的表现，不能够深加责备。然而燕国现在将要灭亡了，可惜他回去也是空入虎口而送死罢了，燕国不是慕容令所能够保存的。父子兄弟之间的罪过不能互相牵连，你为什么过度忧惧而如此进退不得呢？”前秦国君苻坚对待他还像以前一样。燕国人因为慕容令反叛了回来，他的父亲受到前秦国优厚的待遇，怀疑慕容令是回来做间谍的，就把他迁徙到龙都东北六百里的沙城。

◆臣司马光说：往昔周朝因得到微子而灭掉了殷商；秦国得到了由余而称霸西戎；吴得到了伍员而克服了强大的楚国；汉得到了陈平而战胜了项籍；魏得到了许攸而击败了袁绍。那些都是敌国有才能的臣子前来被自己任用所取得的成果，可以说是向敌国进军攻取的良好凭借。王猛很久以前就知道慕容垂的心意，却不能相信他，难道没有想到前燕国还没有灭亡，慕容垂是因为才能高、功劳大，穷迫困窘，没有罪却被怀疑而归附了前秦国，他不会有二心，要是因为猜疑忌恨而急遽地杀了他，这是帮助前燕国做不合道理的事情啊，而且还会使前来的归附者们产生巨大的担忧，这怎么可以呢！所以前秦国君苻坚礼遇他，以得到前燕国人的仰望；亲厚他，以满足前燕国人的心情；宠幸他，以使得前燕国人向往；信任他，以结交前燕国人的诚心，这是多么正确的做法啊！王猛为了想快速地杀死慕容垂竟做出市井鬻卖的行为，这哪里是大雅有德的君子所应该做的事情？这种做法好像是嫉妒他受宠信而要谗害他呢！◆

乐安王慕容臧进军驻守在荥阳，王猛派遣建威将军梁成、洛州刺史邓羌打跑了他。留下邓羌镇守金墉，派遣辅国司马桓寅代替邓羌驻守陕城，封作弘农太守，然后就回去了。

前秦国君苻坚派王猛做司徒、录尚书事（官名指大臣兼管尚书之意），封平阳郡侯。王猛坚持推辞说："现在燕国、吴国没有平定，兵车正在行驶而且才攻取了一座城，就接受三公的赏赐，如果消灭了两寇，那将再加封什么爵位！"前秦国君苻坚说："如果不暂时抑止我的心意，如何显得出你谦让的美德呢？你就暂且听从主管其事者的安排，加封爵位酬答功绩，我已经颁下命令，希望你能顺从我的命令！"

二月，癸酉日（二十八日），袁真去世。陈郡太守朱辅为了保卫寿春就立袁真的儿子袁瑾做建威将军、豫州刺史，于是派遣自己的儿子朱乾之和司马爨亮前往邺城请求颁布命令。前燕国人派朱辅做荆州刺史，袁瑾做扬州刺史。

三月，前秦国君苻坚派吏部尚书权翼做尚书右仆射。夏季，四月，又派王猛做司徒、录尚书事。王猛坚持推辞才不让他做。

前燕国、前秦国都派遣军队援助袁瑾，大司马桓温派遣督护竺瑶等前去抵御他们。前燕国的军队先到，竺瑶等在武丘和前燕国军队交战然后击败了他们。南顿太守桓石虔收复了南顿郡的寿春南城。桓石虔是桓温弟弟的儿子。

前秦国君苻坚再派遣王猛亲自督率镇南将军杨安等十位将领和六万名步兵骑兵，前去攻打前燕国。

慕容令自己思索着自己终究不能够被免罪，于是他就秘密计划发兵反叛，沙城中因罪革职而派遣到这儿驻守的士兵有数千人，慕容令都厚待和抚慰他们。五月，庚午日（五月无此日），慕容令杀死了牙门孟妫。城主涉圭非常恐惧，自己请求为他效力。慕容令相信他，就把他安置在自己的左右。然后率领戍守的士兵向东袭击威德城，占据了威德城，杀死城主慕容仓后，分别处理各种事务，派遣人招来在东西两面驻守的士兵，他们都纷纷响应他。镇东将军渤海王慕容亮镇守在龙城，慕容令想要去袭击他，他的弟弟慕容麟把这个消息告知了慕容亮，慕容亮严密地防守紧闭城门。癸酉日（五月无此日），涉圭趁着轮值时攻击慕容令，慕容令一个人骑着马逃走了，他的同党全都溃散。涉圭追慕容令追到薛黎泽，捉住他把他杀了，就前往龙城告知慕容亮。慕容亮替慕容令杀了涉圭，收了慕容令的尸体而埋葬了他。

六月，乙卯日（十二日），前秦国君苻坚送王猛到灞上说："现在把攻伐关东的重大责任委托给你，你应当就像通常所说的以'疾雷不及掩耳'的速度攻下壶关再平定上党，然后长驱直入以攻取邺城。我要亲自率领万名士兵，随着你在黑夜出发，由水陆两路同时用舟车运送兵粮，你不必因粮草有任何忧虑。"王猛说："我依仗你的威严得到神灵的庇护，奉行已设成的计谋，扫荡平定残余的胡夷之人，就像风吹落叶一样简单，但是不希望麻烦你亲自冒着尘埃和霜雾前来看望，只希望你快速下令所有主管的官吏，为了在归降的人到来的时候能够好好地休息，预先为他们修建房舍。"前秦国君苻坚听了之后非常高兴。

秋季，七月，癸酉朔日（初一），发生日食。

前秦国王猛攻打壶关，杨安攻打晋阳。八月，前燕国君慕容暐命令太傅上庸王慕容评率领三十万名精锐士兵，以抵抗前秦国士兵。前燕国君慕容暐因为前秦兵的入侵而忧虑，召见黄门侍郎梁琛、散骑侍郎李凤、中书侍郎乐嵩，问他们："秦国的士兵有多少？现在大军已经出发，秦国能够应战吗？"李凤说："秦国国家小士兵弱，不值得我们忧虑，它一定不是我们大军的对手；景略（王猛字）的才能不是能和我们的太傅相比的。"梁琛和乐嵩说："战争的胜利和失败不仅仅在于士兵的多少还在于谋略，秦国从远地前来入侵，哪里会有不能应战的能力呢！我们怎么可以寄希望于他们不应战而停止呢？我们应当用计谋以求得胜利。"前燕国君慕容暐听了后很不高兴。王猛捉住了上党太守南安王慕容越，攻取了壶关，凡是他所经过的郡县，那些郡县都已经向他投降请求归附了。前燕国人听说了以后感到非常震骇。

黄门侍郎封孚问司徒长史申胤说："战争的事情怎么样了？"申胤叹息着说："恐怕邺城一定要灭亡了，我们到时也将被秦国俘虏。岁星在越，像春秋时期一样，越国应该有福德，而吴国却去攻伐它，终于遭受到祸殃。现在岁星在燕国，燕国应该有福德，秦国虽然战胜得志，但燕国不会超过十二年就会再行建国的。"

大司马桓温从广陵率领两万名士兵前去讨伐袁瑾，派遣襄阳太守刘波做淮南内史，带领五千名士兵镇守在石头城。刘波是刘隗的孙子。癸丑日（十一日），桓温在寿春击败了袁瑾，于是就把他包围起来。前燕国的左卫将军孟高率领骑兵前去救援袁瑾，他刚到了淮水以北，还没有渡过淮水，正好赶上前秦国的士兵来攻打前燕国，前燕国就征召孟高回去了。

广汉妖贼李弘欺骗人们说自己是汉归义侯李势的儿子，自称为圣王聚集了士兵一万多人，年号为凤凰。陇西人李高欺骗人们说自己是成主李雄的儿子，逐出了梁州刺史杨亮，攻占了涪城。九月，益州刺史周楚派遣自己的儿子周琼去讨伐李高，又命周琼的儿子梓潼太守周虓去讨伐李弘，最后把他们都平定了。

前秦国杨安去进攻晋阳，因为晋阳军队众多粮食又充足，所以很久都不能攻下。王猛自己带兵去协助杨安攻打晋阳，留下屯骑校尉苟长驻守在壶关，秘密挖掘地道，地道挖好后就命令虎牙将军张蚝率领几百名壮士从地道秘密地进入城中，大声叫着打开关门，让前秦国的士兵进入。辛巳日（初十），王猛和杨安进入晋阳城，逮捕了前燕国并州刺史东海王慕容庄。太傅慕容评因害怕王猛所以不敢进军，就驻扎在潞川。冬季，十月，辛亥日（初十），王猛留下将军武都人毛当驻守晋阳，自己进兵潞川和慕容评相对峙。

壬戌日（二十一日），王猛派遣将军徐成去侦察前燕国军队的布阵要略，以中午为约定的时限。结果将军徐成到了黄昏才回来，王猛很生气所以想要斩杀他。邓羌请求他说："明天平明的时候又要作战，现在的情况又是贼人众多我们兵力少；徐成是一名将领，您应该暂且宽恕他。”王猛说：“如果不杀死徐成，那么军法的威严就不能被确立。”邓羌再三请求说：“徐成是邓羌本郡的太守，虽然误了期限应当斩首，邓羌愿意和徐成共同效力决战以赎其罪。”王猛不肯答应。邓羌大怒，回到军营，急忙地击鼓以部署他的士兵，将要攻击王猛。王猛问他原因，邓羌说：“我接受命令讨伐远地的贼人，现在我想要先除掉在近处就想自己互相残杀的贼人！”王猛认为邓羌讲道义而且有勇气，就派遣使者告诉他说：“我现在赦免他，请将军停止吧。”徐成被赦免了以后，邓羌前去向王猛道谢。王猛握着他的手说：“我只是试验将军罢了，将军对于本郡的太守尚且如此爱护，更何况是国家呢！有将军在我也不用再忧虑贼人了！”

太傅慕容评因为王猛孤军深入，想要利用长久相持的战术来制服他。慕容评为人贪婪、吝啬鄙陋，阻塞山泉水下流，使军士们不能采薪和汲水而必须向他购买柴薪和泉水，他借此牟取利益，积聚了像丘陵一样高的钱和绢帛。士卒们都非常怨恨他，因此没有战斗的意志。王猛听到了这个消息笑着说：“慕容评即使有亿万的士兵也不足以令我畏惧，因为他是一个奴才，何况现在他只有数十万的士兵呢！我现在击败他是必定的事了。”于是就派遣游击将军郭庆率领五千骑兵，在夜里从小路到达慕容评的军营后面，烧毁慕容评的机械、兵仗、粮食等，在邺城中都可以望见火光。前燕国君慕容暐非常恐惧，派遣侍中兰伊责备慕容评说：“你是高祖慕容廆的儿子，为什么不抚慰战士而以求得货财生殖繁息为心志而专卖柴薪和泉水呢？国府库里储积的财货，我可以和你共同享用，你何必忧愁贫穷呢！您应当以宗庙社稷的安危为忧虑，如果敌兵进入我们的国境，我们的家国都要丧失灭亡了，你想要把金钱和绢帛放置到什么地方呢？”于是就下命令让慕容评把他所有的金钱和绢帛全部散发给军士们，命令他们赶快去迎战。慕容评非常恐惧就派遣使者向王猛求和。

甲子日（二十三日），王猛在渭源列阵向军士们宣誓说：“我王景略蒙受国家深厚的恩泽，身兼朝廷内外的重大责任，现在竭尽心力为国效死，当要和诸位深入敌人的国境，只有前进没有后退，我们共同建立伟大的功勋以报答国家；等到战争胜利的时候，就是我们在朝廷接受爵位封赏的时候，如果受爵后回到父母面前，给他们举酒祝寿不也是很好吗？”于是军士们都跳跃欢呼，丢弃兵粮，打破锅子，大声喊着争先前进。

王猛远远望见前燕国士兵多就对邓羌说：“今天的战争，除了将军谁也不能够战胜强大的敌人，成败的机运就在此一战了，将军要多出力！”邓羌说：“如果能把司隶校尉的职务给我，你就不必忧虑这些了。”王猛说：“这不是我职位的权力所能够做到的。我必定会把安定太守、万户侯给予你。”邓羌不高兴地退下。不久之后，双方的士兵交战，王猛召邓羌来应战，邓羌睡在那里不接受命令。王猛骑马赶来答应了他，邓羌就和部属们在营帐中痛饮，然后和张蚝、徐成等跨上马，舞着矛驰往前燕国的兵阵，像四周没有人一样，出入了好几次，所杀伤的有数百人。到中午的时候被俘获和斩杀的有五万多燕国的士兵，又乘着战胜的情势前去追击，前燕国的士兵被杀死和投降的又有十万多，前燕国大败，只有慕容评一个人骑着马逃回邺城。

◆崔鸿说：邓羌请求赦免本郡太守的罪过以阻挠法令的实行是徇从私情的行为；部署士兵想要攻击王猛是目无上司的行为；临作战时预先请求给予司隶校尉的职务是要挟上司的行为。没有比这三种行为所犯下的罪过更大的了！王猛采用他的长处而且还能容忍他的短处，就好像驾驭强悍的战马、驯顺凶猛的老虎，以建立伟大的功劳一样。《诗经·邶风·谷风》中说：“采葑采菲，无以下体。”（采葑和菲这两种菜的时候，不要因为它的根坏了就连它的叶子一起丢弃）说的就是王猛吧！◆

前秦国的军队一直向东行去，丁卯日（二十六日），围攻邺城。王猛上奏折称：“我在甲子日（二十三日）那一天，基本上可以歼灭丑恶的敌人。顺从陛下仁爱的心意，使六州士民们平静无扰，不会觉得他们的君主更换了，只要不是执迷不悟、违抗命令的百姓都不会有所伤害的。”前秦国君苻坚用书信回答说：“将军出师没有超过三个月，就能够拔除首恶之人，功勋高过了古人。我现在亲自率领六军，在早上星辰还没有落下时就开始出发，一路上像闪电一样快速前往。将军先使将士们休养等我到来，然后再合力攻取邺城。”

王猛还没有来邺城的时候，邺城附近剽夺抢劫都是公然而行的，等到王猛来了以后，无论远近的士民竟然都得到了安服；王猛军令严厉，赏罚分明，政令简略而宽大，士兵们不敢私自侵犯前燕国的国民，前燕国国民各自安于自己的工作，而且互相之间说：“没有想到今天又看到了太原王了（慕容恪的封号）！”王猛听到了这句话，叹息着说：“慕容玄恭（玄恭是恪的字）可以说有古人爱民的遗风了，他确实是一个奇异的士人。”于是就设置牛、羊、豕三牲的祭品来祭祀他。

十一月，前秦国君苻坚亲自率领精锐的军士十万人前往邺城，留下李威辅助太子防守在长安，阳平公苻融镇守在洛阳，前秦国君苻坚在七天后到达了安阳并设宴款待了当年和祖父（苻洪）往还的故老。王猛暗地里到安阳见前秦国君苻坚，苻坚说：“从前周亚夫不迎接汉文帝，现在将军面临敌人时为什么离开军队呢？”王猛说：“周亚夫拒天子以成就个人的声名，我颇不满意他的这种作风，而我奉行陛下的威严和圣明，攻击将要灭亡的敌人，他们就好像锅子里的鱼一样快要毙命，哪里值得您忧虑呢？陛下远来此地，太子年纪又幼小，如果有不可预料的事情发生，后悔都来不及了！陛下难道忘记了我在灞上所说的话了吗？”

起初，前燕国宜都王慕容桓率领一万多士兵驻扎在沙亭，做太傅慕容评的后援，听到慕容评失败的消息，慕容桓就带领士兵驻扎在内黄。前秦国君苻坚命令邓羌进攻信都。丁丑日（初六），慕容桓率领五千鲜卑人逃到龙城。戊寅日（初七），前燕国的散骑侍郎徐蔚，率领扶馀、高句丽和驻守在上党的留在邺城作为人质的子弟共五百多的士兵，在夜晚的时候，打开邺城的北门让前秦国士兵进入，前燕国君慕容暐和上庸王慕容评、乐安王慕容臧、左卫将军孟高、定襄王慕容渊、殿中将军艾朗等逃到龙城。辛巳日（初十），前秦国君苻坚进入邺城的王宫。

慕容垂看到前燕国的公卿大夫和以前的僚属、官吏们都非常愤怒。高弼向慕容垂建议说："你具有英明俊杰高出世人的谋略，凭借着祖宗们累积的资质，遭受到困厄而寄居在他国。现在虽然国家倾败覆灭，又怎么知道这不是复兴的机运的开始呢？我认为你应该以像江海一样恢宏的度量，来对待以前的僚属官吏们，去抚慰他们的心灵并且和他们结交，先建立自覆一篑的根基以便以后像堆山一样，进而成就九仞高的大山，为什么因为一怒的缘故而捐弃了他们？我私下对你的这种行为颇不赞同。"慕容垂很高兴就听从了他的建议。

前燕国君慕容暐出邺城的时候，还有一千多名骑兵卫士，出了城以后只有十几骑继续跟着他走，其余的都自行散去了。前秦国君苻坚命令游击将军郭庆去追击他。当时道路很难行走，孟高不仅要扶持着前燕国君慕容暐，而且还要随时保护着乐安王慕容臧和定襄王慕容渊，非常辛苦和劳瘁，他们所在之处又遇到盗贼，往往辗转战斗而向前行进。几天后才走到福禄，依着墓冢解下马鞍，让马休息的时候，有二十多个强盗挟着弓箭突然来到，孟高拿着刀和他们交战，杀死了几个强盗。孟高身体疲惫到了极点，料定自己必定死亡，就冲向前抱住一个贼人，把他击倒在地上，大声喊着："我所能够做的，已经达到我的极限了。"其余的贼人，从旁边射击孟高，最后把他射死了。艾朗看到孟高独自一个人和贼人交战，也返回来冲向贼人，结果也被射死了。前燕国君慕容暐失去了马，只能徒步而行，郭庆直到高阳才追上他，郭庆部下的将领巨武将要捆绑他，前燕国君慕容暐说："你是什么小人，竟敢捆绑天子！"巨武说："我只是接受命令追击贼人，怎能成了追击天子了呢？"于是就捉住了他去见前秦国君苻坚，苻坚质问他不投降而逃走的原因，慕容暐回答说："狐狸即使是死了，它的头还向着山丘的窟穴，我也只是想要回去死在先人的坟墓上罢了。”前秦国君苻坚因为哀怜他而释放了他，让他回到宫里率领文武大臣出来投降。慕容暐向苻坚称赞孟高、艾朗的忠贞，苻坚下令要对他们优厚地装殓和安葬，并任命他们的儿子为郎中。

太傅慕容评逃到高句丽，高句丽人捉住慕容评并把他送到前秦国。郭庆到达龙城，宜都王慕容桓杀死了镇东将军渤海王慕容亮，把他的士兵合并到自己的军队里然后逃到了辽东。辽东太守韩稠，早先就已经投降了前秦国，慕容桓到了以后发现不能够进入城中，于是率领士兵攻打，但又不能够攻下。郭庆派遣将军朱嶷去攻击他，慕容桓丢弃了士兵，一个人骑着马逃走，曹嶷捉住他并把他杀死了。

诸州的州牧、郡守以及六夷的大帅都投降了前秦国，前秦国共得到一百五十七个郡，两百四十六万户，九百九十九万人。前秦国把前燕国的宫人和珍宝分赐给将士们，然后颁布大赦的命令说："我承蒙上天之命，因为寡德鲜能所以不能够用德行怀柔远人使四方服从，以至于屡次引起战争伤害到百姓，因此导致百姓们的财产损失，这也是我的罪恶。现在我要诏令大赦和百姓们共同革新。"

先前梁琛出使前秦国的时候，派遣侍辇官苟纯做他的副使。到了前秦国梁琛每一次的应对，都没有事先告诉苟纯。苟纯非常怨恨他，回到前燕国以后就向前燕国君慕容暐说："梁琛在长安的时候，和王猛很亲密友善，怀疑他有二心。"梁琛又屡次称赞前秦国君苻坚和王猛的才干，而且说前秦国将要发动军队，应该防备他们。不久之后，前秦国果然来攻打前燕国，一切都像梁琛所说的，前燕国君慕容暐就怀疑梁琛知道前秦国的实情。等到慕容评失败就收捕了梁琛，把他拘押在狱中。前秦国君苻坚进入邺城的时候，释放了他，任命他为中书著作郎，命官吏引见他，对他说："你从前说上庸王（慕容评）、吴王（慕容垂）都具有良将贤相的优异才干，为什么不能够谋略计划而使自己的国家灭亡了呢？"梁琛回答说："天命的废弃和兴隆，哪里是他们两个人所能够左右的！"前秦国君苻坚说："你虚赞燕国的盛美，不能够看出细微的征兆而有所行动，虽然忠心却不能够防护自己，反而使自身遭受到祸患，可以说是聪明的行为吗？”梁琛回答说：“我曾听说‘几者动之微，吉之先见者也’。（《易大传》之词，意思是：几的意思就是一切细微的行动，都是吉凶最先显现的征兆）像我这愚昧无知之人，确实是不能事先看出细微的征兆。但是做儿子的没有比孝顺更重要的了，虽然不是时时都有如此心意的人，但能够始终如一地保持忠孝，当然做臣子的也没有比忠贞更重要的了。所以遭遇危险而不改变节操，古代重道义轻生死的士人，才能够不顾生命以殉君亲之难，才能够面临死亡而不苟且逃避。那些明白细微征兆的人，心里了解什么是危险，什么是安全，身体便会不由自主地不顾念自己家国的危险而选择该离开何处，该前往何处，而我即使是事先能够看出细微的征兆，还是不忍心如此去做，更何况是我的智慧还不够能看出那细微的征兆呢！”

前秦国君苻坚听说了悦绾的忠贞表现，很遗憾没有亲眼看到他，就任命他的儿子为郎中。

前秦国君苻坚派遣王猛为使持节、都督关东六州诸军事、车骑大将军、开府仪同三司、冀州牧，进封爵位为清河郡侯，把慕容评府第中所有的财物全部赐给他，镇守在邺城。封杨安的爵位为博平县侯；然后派遣邓羌为使持节、征虏将军、安定太守，封爵位为真定郡侯；郭庆为持节、都督幽州诸军事、幽州刺史，封爵位为襄城侯，镇守在蓟城。其余将士的封爵、赏赐也都各有差别。

前秦国君苻坚派遣彭豹做阳平太守，京兆人韦钟做魏郡太守。其余的州牧、郡守、大县的县长、小县的县令还都是本来的官职，但授给他们印绶。派遣前燕国的常山太守申绍做散骑侍郎，命令他和散骑侍郎京兆人韦儒都做绣衣使者（绣衣使者，即使者穿着绣衣，表示受国家的尊宠），巡行函谷关以东的各州各郡，勉励教导农民们耕种和种植桑麻等各种农作物，赈救穷苦困难的百姓的同时观察各地的风俗习惯，收殓葬埋无人顾及的死亡的人，旌表显扬有节操行为的人，前燕国的政令有不便民利民的都被加以改革或除去了。

十二月，前秦国君苻坚把前燕国君慕容暐和前燕国的后妃、王公、百官以及鲜卑人四万多户迁到长安。

王猛上奏表留下梁琛做主簿并且让他兼领记室督。有一天，王猛和僚属们宴饮，谈到前燕国朝廷的使者，王猛说：“人的心意各不相同。从前梁琛来到长安，只说些赞美燕国王朝的事；乐君（乐嵩）只说桓温军士盛多；郝君（郝晷）稍微说明燕国的弊端。”参军冯诞说：“现在三位先生都是我们秦国的大臣，请问用臣之道应该以哪一位为先呢？”王猛说：“郝君能看出细微的征兆应该被先选用。”冯诞说：“那么你和汉高祖刘邦的用臣之道有什么不同呢，那不是要奖赏丁公而诛杀季布了？”王猛只是大笑。

前秦国君苻坚从邺城到枋头又宴请当地的父老乡亲们，改枋头名为永昌，免除田赋和丁役，一直到前秦国君王之世终了。甲寅日（十四日），到达长安，封前燕国君慕容暐为新兴侯；派遣前燕国的旧臣慕容评做给事中，李洪做驸马都尉，皇甫真做奉车都尉，都奉朝会请召；封李邽做尚书，封慕容德做张掖太守，让封衡做尚书郎，封燕国平睿做宣威将军，封悉罗腾做三署郎；其余的封赏任命也都各有差别。封衡是封裕的儿子。

前燕国的旧太史黄泓叹息着说：“燕国必定中兴，大概是因为吴王在吧！遗憾的是我已经来不及看到了，我的年纪已经老了。”汲郡人赵秋说：“岁星在燕国的分界，不到十五年，秦国一定再为燕国所有。”

慕容桓的儿子慕容凤十一岁。鲜卑和丁零族中有气度、有干才的人都一心一意和他结交，因此他暗中有复仇的志向。权翼看到他后对他说：“你正以才情声望自我显扬，不要效法你父亲不知上天的大命！”慕容凤脸色严厉地说：“这是人臣应该有的节操，我的父亲只是想要建立忠贞的气节而没有成而已，你所说的话哪里是奖励劝勉我的将来的呢？”权翼改变了脸色向他告罪，然后向前秦国君苻坚说：“慕容凤虽然意气激昂，有才干又有气度；但是心意放纵而很难控制，性情凶暴，恐怕终究不会被人所用。”

前秦国把雍州的建制撤销了。

这一年仇池公杨世去世，他的儿子杨篡继位后就开始和前秦国绝交。因为他的叔父武都太守杨统和他争国，所以发兵互相攻伐。

资治通鉴卷第一百三　晋纪二十五

起辛未（公元371年），止乙亥（公元375年），共五年。

【题解】本卷记录了公元371年至375年共五年间的东晋及各国大事，正当简文帝咸安元年至孝武帝宁康三年。主要记录了前秦国主苻坚器重王猛，命王猛管理东方六州的军政大事，之后又加授王猛都督中外诸军事，王猛在临死前嘱咐苻坚不要图谋晋朝；写了前秦国主苻坚尊崇儒家学说，下令前秦国官民读经，并建立听讼观以访求隐没在民间的人才；写了桓温因枋头之败而威望大减，于是废掉皇帝司马奕，另立会稽王司马昱为帝，简文帝司马昱在位二年后病死，临死前想把晋国大权拱手让给桓温，多亏王坦之、王彪之的大力支持，才让简文帝的儿子司马曜即帝位；写了桓温死前让他的弟弟桓冲代替他统领部众，桓冲让桓温的小儿子桓玄继承桓温的爵位，他从旁辅佐等等。

太宗简文皇帝

咸安元年（辛未，公元371年）

是年十一月海西公，晋太宗简文皇帝司马昱即位始改年号为咸安。春季，正月，袁瑾和朱辅向前秦国请求援救，前秦国君苻坚派袁瑾做扬州刺史，朱辅做交州刺史，派遣前将军张蚝、武卫将军武都人王鉴率领两万名步兵和骑兵前去救援。大司马桓温派遣南顿太守桓石虔、淮南太守桓伊等到石桥攻击王鉴和张蚝，并把他们打得大败，前秦国士兵退守在慎城。桓伊是桓宣的儿子。丁亥日（十七日），桓温攻取了寿春然后捉住了袁瑾和朱辅，他们两人和他们的宗族一起被送到建康斩杀了。

前秦国君苻坚把函谷关以东的十五万户的英雄豪杰和杂夷迁徙

到关中（今陕西省之地），把丁零族和翟斌族安置在新安和渑池，乌桓族安置在冯翊和北地。那些现在想要回到原来的地方因为战乱流离迁移的人，也全部任由他们去做决定。

二月，前秦国派遣魏郡太守韦钟做青州刺史，射声校尉徐成做并州刺史，武卫将军王鉴做豫州刺史，中垒将军梁成做兖州刺史，左将军彭越做徐州刺史，扶风内史王统做益州刺史，屯骑校尉天水人姜宇做凉州刺史，太尉司马皇甫覆做荆州刺史，秦州刺史、西县侯苻雅为使持节、都督秦国晋凉雍州诸军事、秦州牧，吏部尚书杨安为使持节、都督益梁州诸军事、梁州刺史。又设置雍州，并且把雍州的州政府设在蒲阪，派遣长乐公苻丕为使持节、征东大将军、雍州刺史。王统是王擢的儿子；徐成是徐平老的儿子。前秦国君苻坚认为函谷关以东的地方刚刚平定，郡太守和县令应该慎重挑选比较合适的人担任，命令王猛就以事情的方便为准则，简单选拔征召具备英俊之才的士人，补充授职六州各郡的太守和各县的县令，授职完毕后告知尚书台，就把他们任命为正式官吏。

三月，壬辰日（二十三日），益州刺史建成定公（定为谥号）周楚去世。

前秦国后将军金城人俱难在桃山攻打兰陵太守张闵的儿子，大司马桓温派遣士兵击退了他。

前秦国西县侯苻雅、徐成、杨安、王统以及扬武将军姚苌、羽林左监朱彤率领共七万名步兵和骑兵去攻伐仇池公杨纂。

代国的将领长孙斤计划杀死代国君王拓跋什翼犍，世子拓跋寔和他搏斗伤到了他的腋下，最后就捉住了长孙斤，把他杀死了。

夏季，四月，戊午日（二十日），东晋诏令大赦。

前秦国军队到达鹫峡，仇池公杨纂率领五万名士兵来抵御。梁州刺史弘农人杨亮派遣督护郭宝和卜靖率领一千多骑兵前去和前秦国军队在峡中作战，以援助杨纂。杨纂的军队大败，士兵战死的有十分之三四，郭宝等也都战死，杨纂收罗逃散的士兵逃了回去。西县侯苻雅进军攻打仇池，杨纂率领武都的士兵投降了前秦国。杨纂因为害怕把双手捆绑在背后出城投降，苻雅送杨纂去长安。派遣杨统做南秦州（秦国置秦州于上邽，仇池在其南，故置南秦州）刺史并让杨安监督南秦州诸军事，镇守在仇池。

王猛在枹罕击败凉王张天锡的时候，俘获了他的将领敦煌人阴据和五千名穿戴盔甲的士兵还有兵器。前秦国君苻坚收复了杨纂以后命令著作郎梁殊和阎负送阴据，又派遣阴据率领他的甲士回凉州去，因此命王猛写信告诉凉王张天锡说：“从前贵祖先张骏向石勒自称藩属，张茂向刘曜自称藩属的原因，是因为他们明白地知道局势的强弱。何况就现在凉州的物资财力而论，更比不上从前；就我们大秦国的德泽来说，则不是两赵（指刘曜和石勒所建之赵）所能够比得上的，而你却幡然改变和我们秦国断绝交往，这恐怕不是你们宗庙的福祚吧！以我们秦国已经远播四方的强大威势，就是向西流的弱水，我们也可以使它掉回头来向东流；就是向东流的长江、黄河，我们也可以使它们反过来向西流，现在函谷关以东的地方已经平定，我将要率领军队出发平定黄河以西的地方，我率领的士兵恐怕不是你们凉州六郡（武威、张掖、酒泉、敦煌、西郡、西海）的士兵民众所能够抵抗的吧。你认为河西是安全的，像当初刘表认为汉南可以保住，是吉是凶完全在于你们自己的选择，元龟所显示的征兆也不远，你应该精密地考虑再深切地计算一下，不要使你们凉州六世（自张轨保据西河，至张天锡共九主。今说六主，是不以曜灵、祚、玄靓为世数）所建立的基业毁于一旦，为自己追求多方面的福运。”凉王张天锡十分恐惧就派遣使者向前秦国告罪，请求自称藩属。前秦国君苻坚任命张天锡为使持节、都督河右诸军事、骠骑大将军、凉州刺史、开府仪同三司、西平公。

吐谷浑王辟奚听说杨纂失败后，五月，派遣使者向前秦国献上一千匹马，五百斤的金银。前秦国派遣辟奚做安远将军、漒川侯。辟奚是叶延的儿子，从小喜欢读书，性情仁慈忠厚，但是缺乏威严和果断，他的三弟专横恣纵，国人都害怕他的三弟。长史钟恶地是西强地方羌人的豪杰领帅，对司马乞宿云说："三弟恣肆纵横，滥用的权力都在吐谷浑王辟奚之上了，现在国家几乎将要灭亡了，我们两个人身为首要辅弼之臣怎么能够坐视不管呢！明天十五日平旦，文武官员相会的时候，我要讨伐他们。吐谷浑王辟奚左右的人都是我们羌人的子弟，只要我转眼示意一下，立刻就可以捉住他们。" 司马乞宿云请求先告知吐谷浑王辟奚，钟恶地说："吐谷浑王辟奚仁慈而且没有果断决定的能力，如果告知了他，他也一定不肯依从，万一事情泄露，要被杀戮而没有后人了的就是我们了。事情既然说出来了，怎么可以中途改变呢？"于是第二天就在座位上收捕了三弟并且杀了他。吐谷浑王辟奚因此惊骇恐惧地从座椅上坠落了下来，钟恶地和司马乞宿云快步走上前扶他起来说："我们昨天夜里做了同样的梦，都梦到先王命令我们说：'三弟想要叛逆，不可以不讨伐。'所以我们今天才突然诛戮了他。"吐谷浑王辟奚由此染上精神恍惚的病症，命令世子视连说："我死了以后有什么面目在地下看到三弟，我害死了同胞兄弟啊！国家的事情无论大小都任由你去治理，我虽剩下的几年残余生命，但只是苟且地生活在人世间罢了。"最后因为忧虑而死。

吐谷浑王视连即位有七年的时间了，他不出游，不狩猎，不饮酒，把军国大事都交给将领和辅佐的大臣们处理。钟恶地劝说他，认为："做主君的人应当自己娱乐，建立自己的威势，在国家广布德泽。"吐谷浑王视连流着眼泪说："自从祖先以来我们都是以仁爱、孝顺、忠贞和宽恕相继承。先王（辟奚）因为不能保全兄弟之间友爱的情谊，悲伤忧愤而死。我虽然承继了大业，但是我只是行尸走肉而已，我的心志早已颓丧，至于那些声色娱乐，哪里是我所适意的！而威势德行的建立也只能托付于将来的人了。"

代国世子拓跋寔因为在三月的时候与长孙斤搏斗而受伤，因伤口发炎而死。

秋季，七月，前秦国君苻坚前往洛阳。

代国世子拓跋寔娶东部大人贺野干的女儿做妻子，没过多久就有了孩子，甲戌日（初七），生了一个男孩，代国君王拓跋什翼犍因为他的出生赦免境内，给男孩取名叫涉圭。

大司马桓温因为梁、益两州多贼寇，周氏在那儿又世代都有威势和名望，八月，就派宁州刺史周仲孙监益、梁两州诸军事同时兼任益州刺史。周仲孙是周光的儿子。

前秦国派光禄勋李俨做河州刺史，镇守在武始。

王猛因为潞川的战功，请求派邓羌做司隶校尉。前秦国君苻坚颁下诏令说："司隶校尉责任非常重大，治理的是王畿的事务，不能用来优厚礼遇有名的将领。汉光武帝刘秀不让已经建立功劳的臣子处理官吏的事务，事实上是看重他们啊！邓羌具有古代名将廉颇、李牧的才干，我正要把向北平定匈奴，向南扫荡扬、越的征伐大事托付给他，这才是邓羌该做的事，怎么能够拿司隶校尉的事务去劳累他！可晋封他为镇军将军，位特进。"

九月，前秦国君苻坚回到长安。归安元侯（元为谥号）李俨死在上邽，苻坚又派遣李俨的儿子李辩做河州刺史。

冬季，十月，前秦国君苻坚前往邺城，到西山打猎，去了十几天还没有回来。伶官王洛拉住前秦国君苻坚的马头，劝他说："陛下是天下人的依靠，现在却长久出来打猎而不回去，一旦发生不可猜测的祸患，您使太后和天下人怎么办呢？"前秦国君苻坚因为他的劝说停止打猎回到王宫。王猛借机向苻坚进言说："打猎确实不是急切的事情，王洛所说的话不可以忘记。"前秦国君苻坚任命王洛为官箴左右，又赐给他一百匹帛，从此以后再也不去打猎了。

大司马桓温依仗他的谋略、才干、势位和声望，暗怀篡位的心意，曾经抚摸着自己的枕头叹息说："男子汉如果不能把美名流传于后代，那么就把恶名流传万年吧！"听说术士杜炅能够预先知道人的贵贱的事情，桓温就去问杜炅自己最高的爵禄和职位是什么。杜炅说："你的职位尽于人臣，功勋至于宇宙。"桓温听了后非常不高兴。

桓温想要得到美好的声望，所以想先在河朔建立功劳，然后回到京城接受九锡的赏赐。在枋头失败了以后，他的威势和声名立刻受到了严重的毁坏。攻取寿春以后，桓温对参军郗超说：“这一次的胜利能够洗雪在枋头战败的耻辱吗？”郗超说：“恐怕不能。”过了很久，郗超去和桓温一同住宿，在半夜的时候对桓温说：“你都没有什么考虑吗？”桓温说：“你想要说什么话？”郗超说：“现在你已到六十岁的年龄，你一直担当天下的重责大任，只是大规模地举兵（指枋头之败）失败了，但是如果您不能再建立更高的功勋，您就不能够镇抚和满足百姓的愿望啊！”桓温无奈地说：“那么我该怎么办？”郗超说：“如果你不能做到伊尹和霍光的举措，就不能树立声威权势，安定天下。”桓温一向有这个心意，认为他说得很对，于是和他定下谋略。因皇帝一向行事谨慎，没有过失，而男女之间的事情容易诬陷，于是就说：“晋废帝司马奕早就患有阳痿的毛病，他宠信的臣子相龙、计好、朱炅宝等人，参与服侍起居床笫的事情，和田氏、孟氏两个美人生下了三个男孩，将要册封他们为储嗣，继立为王，来倾败和转移大晋的基业。”并且把这些话秘密地传播到民间，当时的人都不能够明确地分辨是真是假。

十一月，癸卯日（初九），桓温准备从广陵回到姑孰，在白石驻扎军队。丁未日（十三日），到达了建康，含蓄地劝说褚太后，请求把晋废帝司马奕废黜，改立丞相会稽王司马昱，同时还预先草拟好了褚太后诏令的草稿，呈献给褚太后。褚太后当时正在佛屋（建屋于宫中以奉佛，所以称为佛屋）里面烧香，内侍向她报告：“外面有紧急的奏疏。”褚太后出来以后，倚靠着门户看奏疏，看了几行字，就说：“我自己本来就怀疑是这样的。”看到一半的时候，就停了下来，向内侍要来笔加上了这样的话：“我不幸遭受了这样的种种忧患，想到活着的和死去的，心里面痛苦得就像是被刀子割了一样。”

己酉日（十五日），桓温把文武百官召集到朝堂。废立皇帝的事情既然是历代都没有过的事情，没有人知道它过去的典则，百官都震惊恐惧。桓温也神色紧张，不知道应该怎么办。尚书左仆射王彪之知道这件事不可以半途而废，就对桓温说："你废立皇帝，是对皇家做伊尹曾经做过的事情（伊尹为商朝师保，放太甲于桐宫），应当效法前代的成规。"然后就命令人把《汉书·霍光传》（用霍光废昌邑王旧事）拿来，礼法制度以及一切的仪节，在片刻之间就决定好了。王彪之穿着上朝的礼服，站在台阶上，面对朝廷百官，神情沉着，一点恐惧的脸色也没有，文武仪规典则，全部都由他决定；朝廷百官因此很佩服他。于是就宣布了褚太后的命令，将晋废帝司马奕废黜为东海王，让丞相、录尚书事、会稽王司马昱总理大事，继承皇位。文武百官进入太极前殿，桓温让督护竺瑶、散骑侍郎刘亨把废帝司马奕的印玺绶带收取上来。废帝司马奕戴着白色的便帽，穿着大臣的仅次于朝服的盛装，从西堂走下来，坐着用牛犊驾驶的车子，出了神虎门，群臣向他叩拜辞别的时候，没有一个不叹气哽咽的。侍御史、殿中监率领一百多名士兵，护送废帝司马奕到达了东海王的宅第。桓温率领百官，准备好天子的车乘，前往会稽王的府第去迎接会稽王司马昱。会稽王司马昱在朝堂上更换了服装，戴着平巾帻（平顶的头巾），穿着单衣，面向东方流着眼泪，叩拜以后，接受了印玺绶带，就在这一天，即皇帝位，把年号更改为咸安。桓温临时在中堂居住，分别派遣士兵屯驻守卫。桓温的脚有毛病，晋简文帝司马昱下令他可以坐车进入大殿。桓温预先准备好了言辞，想要在入宫晋见晋简文帝司马昱的时候，陈述他黜废晋废帝司马奕的本意，但是晋简文帝司马昱一引见他，眼泪就不断地流了下来，桓温战战兢兢，始终没能够说出一句话就出来了。

太宰武陵王司马晞，喜欢习武练兵，被桓温所忌恨，桓温想要把他废黜掉，就把此事告诉了王彪之。王彪之说："武陵王也是晋元帝司马睿的儿子，出继为武陵王司马哲的后代，是皇室的亲族尊者，没有明显的罪过，不可以因为猜忌嫌疑的间隙，便要随便地把他废黜。你扶立圣明的君主，应当尊崇和辅佐王室的子弟，和伊尹、周公具有同样的美德。这是国家的大事，应该更加深切周详地考虑一下。”桓温说：“这已经是我决定好了的事情，你不要再说了。”乙卯日（二十一日），桓温向晋简文帝司马昱呈上奏表说：“司马晞聚集结纳轻佻彪悍的人，他的儿子司马综矜傲狠忍；袁真叛逆朝廷的事情，也和他有所牵连和沾染。近日他猜疑恐惧，将会成为祸乱的缘由。我请求您可以把司马晞的官职罢免，让他以王的封号返回藩国。”晋简文帝司马昱同意了他的请求，并且还把司马晞的世子司马综、梁王司马𤩽等人的官职罢免了。桓温命令魏郡太守毛安之率领他所统领的士兵，在值宿殿中担当宿卫皇宫的任务。毛安之，是毛虎生的弟弟。

庚戌日（十六日），尊奉褚太后为崇德太后。

起初，殷浩去世的时候，大司马桓温派人带了书信前去祭吊他。殷浩的儿子殷涓没有答复，也没有到桓温居住的地方，而是和武陵王司马晞游玩。广州刺史庾蕴，是庾希的弟弟，和桓温一直就有隔阂。桓温厌恨殷涓、庾蕴的宗族的强大，就想要把他们除掉。辛亥日（十七日），桓温派遣他的弟弟桓祕前去逼迫新蔡王司马晃（司马晃的父亲司马邈，本来是汝南王司马祐的儿子，承继父亲延袭司马确一脉的爵位，官至散骑常侍，后被桓温免为庶人），前往太极殿西堂去叩头自己陈述事情的经过，说自己和司马晞以及司马晞的儿子司马综、著作郎殷涓、太宰长史庾倩、掾曹秀、舍人刘强、散骑常侍庾柔等人阴谋反叛。晋简文帝司马昱面对他流下了眼泪，桓温把他们全部都收捕了送交廷尉治罪。庾倩、庾柔，都是庾蕴的弟弟。癸丑日（十九日），桓温把东海王司马奕的三个儿子和他们的母亲（田氏、孟氏和他们所生的三个男孩）都杀死了。甲寅日（二十日），御史中丞谯王司马恬遵奉桓温的旨意，请求依照律令把武陵王司马晞诛杀。晋简文帝司马昱下达诏令说：“我心里悲痛惋惜，惊恐不安，这不是我能够忍心听到的，更何况是要我诉说呢！还是再仔细商议一下吧！”司马恬，是司马承的孙子。乙卯日（二十一日），桓温再一次向晋简文帝司马昱呈上奏表坚持请求把司马晞杀死，言辞非常激烈恳切。晋简文帝司马昱于是就亲手写下诏令赐给桓温，说：“如果晋王朝的神灵悠长，你就不必请示，遵奉执行以前的诏令；如果晋王朝的大运已经去了，我就请求避让贤人的道路。”桓温看完了以后，惊慌失色，汗流满面，脸色改变，于是就向晋简文帝呈上奏疏请求可以把司马晞和他的三个儿子废黜，把他的家属全部迁徙到新安郡。丙辰日（二十二日），把新蔡王司马晃的官职罢免了，将他贬为平民，把他迁徙到了衡阳，殷涓、庾倩、曹秀、刘强、庾柔都被诛杀，并且祸及他们的亲族也遭到诛杀，庾蕴喝下毒酒死了。庾蕴的哥哥东阳太守庾友的儿媳妇，是桓豁的女儿，所以桓温特别把她赦免了。庾希听说家人遭遇了这样的灾难，就和弟弟会稽参军庾邈以及儿子庾攸之逃到了海陵县的湖泽中。

桓温把殷氏和庾氏的人诛杀了以后，威严权势都极为盛大显赫，侍中谢安看到桓温，在很远的地方就开始叩拜。桓温吃惊地说：“谢安，你为什么要这样做呢？”谢安说：“没有国君首先向你叩拜，而臣子之后才拱手还礼的道理。”

戊午日（二十四日），东晋下令大赦天下，加增文武百官品位二等。

己未日（二十五日），桓温到达了白石，向晋简文帝司马昱上书请求可以返回姑孰，庚申日（二十六日），晋简文帝司马昱颁下诏书升桓温为丞相，大司马的职位照旧，留在京师辅佐朝政。桓温固执地辞让，不肯接受任命，并且向晋简文帝司马昱请求可以回到镇所。辛酉日（二十七日），桓温从白石返回姑孰。

前秦国君苻坚听说了桓温废立皇帝的事情，就对群臣说：“桓温先是在灞上战败，后在枋头战败，不能够深刻地反思自己的过失，自我贬降，来向百姓们谢罪，反而要把国君废黜了来求取自己的解脱，六十岁的老头，做出这样子的事情，将怎么样在天下自容呢！谚语说：‘怒其室而作色于父。’（对自己的妻子气愤，却要向父亲发怒）说的大概就是桓温吧。”

前秦的车骑大将军王猛，考虑到都督六州的责任重大，就向前秦国君苻坚请求将这个重任改授给和苻坚亲近而又贤明的人。至于受命相机选拔贤俊来补六州郡县官吏的工作，也已经停止了，王猛向苻坚请求可以让自己去镇守一州以效力。前秦国君苻坚回答说："我和你的关系，从道义上讲属于君臣，从亲情上讲则超过同胞兄弟、骨肉，虽然这就像齐桓公拥有管仲，燕昭王拥有乐毅，刘玄德拥有诸葛孔明，但是我认为我要超过他们。身为君主的人，在寻求有才能的人的时候辛劳费力，但是得到适当的人才以后，就很省力放心了。既然我把六州托付给了你，那么我就解除了对于东方的忧虑，并不是利用这个来表示对你的优待尊崇，而是我自己想要求取消闲安逸。取得六州不容易，守住六州也困难，如果任用的官员不是适当的人选，祸患往往就会出乎我们的意料，这哪里仅仅只是我的忧虑，也是你的责任，所以我宁愿让三公的职位空着也要首先分职陕东。你没有对照我的心，曲解了我对你的期望。刚刚建立的政权急需人才，应该尽快选拔充实官吏。等到东方政教融洽以后，我理当让你身着上公礼服回到西边。"于是前秦国君苻坚派遣侍中梁谠前往邺城，传达苻坚的诏令，王猛也就像从前一样地处理政事。

十二月，大司马桓温向晋简文帝司马昱上奏说："废黜放逐的人，应该把他屏弃到遥远的地方，不可以让他接近黎民百姓。对东海王司马奕，应该按照过去废黜汉昌邑王刘贺的办法进行处理，让他到吴郡建筑宅第居住。"褚太后颁下诏令说："把东海王贬为平民，在心里面有所不忍，可以特别地册封他为王。"桓温又向晋简文帝司马昱上奏说："可以册封他为海西县侯。"庚寅日（二十六日），册封司马奕为海西县公。

桓温的权威震动了朝廷内外，晋简文帝司马昱虽然身处尊贵的地位，实际上也只是拱手缄默罢了，常常恐惧自己会被废置罢黜。此前，荧惑星守在太微垣的南门（天文志：太微垣即天庭），过了一个月，海西县公就被废黜了。辛卯日（二十七日），荧惑星倒着运行而进入太微星座，晋简文帝司马昱对此十分讨厌。中书侍郎郗超在宫中当班，晋简文帝对郗超说："寿命的长短，本来就不是可以计较的，所以前不久废黜皇帝那样的事情应该不会再出现了吧？”郗超说：“大司马桓温，正在对内稳固国家的基业，对外开拓封疆的经略，对于废立皇帝的事情，我愿意用我百余口的家人来担保不会发生这种不正常的事变。”等到郗超急于请假回去看望他父亲的时候，晋简文帝司马昱说：“请告诉令尊大人，宗族国家的事情，最终竟然到了这种地步，都是由于我不能够用道德去匡正守卫的缘故，我内心深切地惭愧和叹惋，怎么能用语言来表达！”接着就吟咏了庾阐的诗句说：“志士痛朝危，忠臣哀主辱。”（有志的人士，为朝廷的危险而痛心；忠贞的臣子，为君主的受辱而悲哀）吟诵得潸然泪下，把衣襟都打湿了。晋简文帝司马昱有风度仪表堂堂，言谈举止得体，在典籍方面十分用心，就是翻阅典籍常常弄得满席尘土，也是一派湛然自得的样子。虽然神情恬淡，见识通达，但是没有济世的伟大谋略，谢安认为他是晋惠帝司马衷那一类的人物，只是清谈方面比晋惠帝司马衷略胜一筹罢了。

郗超因为桓温的缘故，朝廷里面的大臣们都害怕事奉他。谢安曾经和左卫将军王坦之一起到郗超那里去，但是等到太阳快要落山了还是没被召见，王坦之想要离去，谢安说：“你难道就不能为了性命忍耐片刻吗？”

前秦国君苻坚任命河州刺史李辩兼任兴晋太守，回去镇守枹罕。把凉州的州政府迁移到了金城。凉王张天锡听说前秦有兼并自己国家的志向，非常恐惧，就在姑臧城南设立了祭坛，宰杀了牛、羊、豕三牲，率领他的官吏僚属们遥望东晋，和晋三公致意起誓结盟（张天锡先人曾为东晋臣子，所以自己也以臣自居）。派遣从事中郎韩博去向东晋奉上奏表，送去盟约，并且给大司马桓温送去了书信，约定明年夏季在上邽这个地方会合。

这一年，前秦的益州刺史王统前往度坚山进攻陇西的鲜卑族乞伏司繁，乞伏司繁率领三万骑兵前往苑川抵御王统。王统暗中前去袭击了度坚山，乞伏司繁的五万多部众全部都向王统投降了。他的士兵们听说自己的妻子、子女都已经向前秦的军队投降了，还没有交战就已经溃散了。乞伏司繁没有地方可以去，只好也前去向王统投降了。前秦国君苻坚任命乞伏司繁为南单于，把他留在了长安；任命乞伏司繁的堂叔乞伏吐雷为勇士护军，借此来安抚他们的部众和士兵。

咸安二年（壬申，公元372年）春季，二月，前秦国君苻坚任命清河人房旷为尚书左丞，征召房旷的哥哥房默以及清河人崔逞、燕国人韩胤为尚书郎，北平人阳陟、田勰、阳瑶为著作佐郎，郝略为清河相。这些人全部都是函谷关以东享有声望的人士，由王猛所举荐。阳瑶，是阳鹜的儿子。

冠军将军慕容垂对前秦国君苻坚说："我的叔父慕容评，是燕国像商代的恶来那样的人（恶来因为力气大事奉商纣，商纣宠幸他因而亡国），不应该让他再玷污圣朝，我希望陛下可以为燕国把他杀死。"于是前秦国君苻坚就派遣慕容评去出任范阳太守，前燕的诸王全部都被任命为边境州郡的太守。

◆臣司马光说：上古时候的人，有时他们的国家被消灭了，他们反而高兴，这是为什么呢？这是为他们铲除了祸害的缘故。慕容评那个人，蒙蔽君上，专擅朝政，猜忌贤能，嫉恨功臣，愚顽暗昧，贪婪暴虐，最终丧失了他的国家，国家灭亡了，他本人还不死，在逃跑躲避的时候被敌人擒获。前秦国君苻坚不把他列为第一个要杀死的人，又对他放纵并且给以宠信，授予他相当的官秩，这是爱他一个人，而不爱前燕一个国家的人，肯定要丧失很多的人心。所以向别人施与恩德，但是别人并没有以恩德相报；诚心诚意地对待别人，但是别人并不以诚心诚意来回报，最终导致不能成就功名，没有地方可以容身，这正是由于不得要领的缘故。◆

三月，戊午日（二十五日），晋简文帝司马昱派遣侍中王坦之征召大司马桓温入朝辅佐政事，桓温又一次推辞没有前去就任。

前秦国君苻坚颁下诏令："函谷关以东的百姓，凡是有学问能够精通一经、才能具有一技之长的人，所在的地方的官府应该按照礼仪把他们送到朝廷。享受一百石以上俸禄的在职官吏，学问没有精通一经、才能没有一技之长的人，就要罢免他们的官职遣送回去，恢复普通百姓的身份。”

夏季，四月，把海西县公司马奕迁徙到了吴县的西柴里，敕令吴国内史刁彝负责防卫，又派遣御史顾允前去监察。刁彝是刁协的儿子。

六月，癸酉（十二日），前秦国君苻坚任命王猛为丞相、中书监、尚书令、太子太傅、司隶校尉，其特进、常侍、持节、将军、侯爵则仍旧保留。任命阳平公苻融为使持节、都督六州诸军事、镇东大将军、冀州牧。

庾希、庾邈与过去的青州刺史武沈的儿子武遵聚集士兵，趁夜进入了京口城，晋陵太守卞眈翻越出城逃奔到了曲河。庾希谎称自己接受了海西公司马奕的秘密旨令，要把大司马桓温诛杀。建康城里面震惊混乱，内外都加强了戒备。卞眈派遣各县的两千士兵攻击庚希，庾希被打败了，就把城门紧紧地关上自我固守。桓温派遣东海内史周少孙前去讨伐庚希。秋季，七月，壬辰（初一），把京口城攻了下来，擒获了庾希、庾邈以及他们的亲信同党，然后把他们全部都杀死了。卞眈是卞壶的儿子。

甲寅（二十三日），晋简文帝司马昱身体不适，于是紧急征召大司马桓温入朝辅政，在一天一夜之内接连颁下了四道诏令，桓温推辞不肯前来。当初，晋简文帝还是会稽王的时候，娶了王述的堂妹作为自己的妃子，生下了长子司马道生以及弟弟司马俞生。司马道生粗鲁急躁，品行不端，因此母子全部都被囚禁废黜而死。其他的三个儿子司马郁、司马朱生、司马天流，全部都早年夭折了。众姬妾将近十年都没有一个人怀孕，会稽王让会相面的人前来观察她们，那些会相面的人都说：“这些人都不能够生下儿子。”会稽王又让那些会相面的人前去观察女仆女佣。其中有一个叫李陵容的，在纺织作坊里面，长得又高又黑，宫女们都叫她“昆仑”。会相面的人见到她以后吃惊地说：“这个人是能够生下儿子的人。”于是会稽王就让她来服侍自己的起居，她生下了儿子司马昌明（司马曜，字昌明）以及司马道子。己未（二十八日），晋简文帝司马昱册立司马昌明为皇太子，这时，司马昌明已经十岁了。任命司马道子为琅邪王，兼领会稽国，来尊奉帝母郑太妃的祀位。晋简文帝颁下遗诏：“大司马桓温根据周公的旧例，代理皇帝摄政。”又说：“对于年轻的儿子，可以辅佐就辅佐，如果不能够辅佐，你就自己取而代之。”侍中王坦之自己手持诏书进入皇宫，当着晋简文帝的面把诏书撕掉了。晋简文帝说：“天下，得自意外的命运，你有什么不满意的啊！”王坦之说：“天下，是宣帝司马懿、元帝司马睿的天下，陛下怎么能够独断专行呢！”于是晋简文帝就让王坦之把诏书修改了，说：“宗族国家的事情，一概听命于大司马桓温，就像诸葛亮、王导辅政的时候的做法一样。”就在这一天，晋简文帝司马昱驾崩。

群臣疑惑不解，没人敢确立新皇。有的人说：“这件事应当让大司马桓温来处理。”尚书仆射王彪之脸色严厉地感叹说：“天子驾崩，太子代立，大司马怎么能够有资格提出异议呢！如果事先当面向他进行询问，一定会被他责备的。”于是经过朝臣的讨论就决定了。太子即皇帝位，实行大赦。崇德太后颁下诏令，因为晋孝武帝司马曜年纪幼小，再加上他需要服丧，所以命令桓温根据周公摄政的旧例行事。诏令已经颁布，王彪之说：“这件事责任重大，大司马桓温一定会坚决辞让，从而导致政务停顿，延误了先帝陵墓的修筑，我不敢遵奉命令，谨将诏书密封起来归还。”于是这件事也就没有能够实行。

桓温希望晋简文帝司马昱在临终前可以把皇位禅让给自己，即使不这样做的话，也应当让他代为处理政事。此后这个愿望没有能够实现，于是桓温非常怨恨愤怒，就给弟弟桓冲写信说：“简文帝司马昱颁下遗诏让我根据诸葛亮、王导的旧例辅佐政事。”桓温怀疑这件事是王坦之、谢安做的，于是就对他们怀恨在心。东晋朝廷颁下诏令派遣谢安前去征召桓温入朝辅政，桓温又一次推辞了。

八月，前秦的丞相王猛到达了长安，前秦国君苻坚又加封他为都督中外诸军事。王猛推辞说："丞相职务重要，太子太傅地位尊贵，尚书令政务纷繁，司隶校尉责任重大，再加上总领督察军务，上传下达皇帝的命令，文武的重任，都集于我一身，大小的事情，都向我禀告，都要亲自去处理，就是像伊尹、吕望、萧何、邓禹那样的贤能人士，尚且不能够同时兼任，何况是臣王猛这样的不肖之人呢！"表示辞让的表章进上了三四次，前秦国君苻坚都没有答应，说："我正要统一天下，除了你再也没有人可以委以重任了。你不能推辞宰相的职务，正如我不能够推辞天下一样。"

王猛出任了宰相以后，苻坚敛手无为于其上，百官统属其下，军队以及国家内政外交事务，没有一件不是由王猛决定的。王猛刚正贤明，清廉严肃，褒贬鲜明，放逐黜免尸位素餐的官员，重用拔擢有才而不得志的士人，劝勉百姓农耕桑蚕，训练军队熟习军事，他所任命的官吏所担任的职务，必定都符合他的才干，奸人所受到的刑罚，必定依据他犯下的罪过。因此，国家富裕，军队强大，凡是和敌人交战没有不能够获得胜利的，前秦的一切都治理得很好。前秦国君苻坚敕令太子苻宏和长乐公苻丕等人说："你们侍奉王猛，要像侍奉我一样。"

阳平公苻融在冀州，以严格的标准选择州府官吏，任命尚书郎房默、河间相申绍为治中别驾，清河人崔宏为州从事，管理记室。苻融年纪轻，处理政事喜欢新奇，推崇以苛刻烦琐的方式体现精明。申绍多次向他进谏劝他改正，转向实行宽容和缓的政策，苻融虽然尊敬申绍，却不能够完全听从申绍的劝谏。后来申绍被调出任济北太守，苻融因为多次犯了过错失去了声望，多次导致被谴责，这才悔恨自己没有采纳申绍的谏言。

苻融曾经因为擅自建造学舍触犯了律令，被官府举发弹劾，苻融派遣主簿李纂前往长安去陈述理由。李纂忧虑恐惧，半路上就死了。苻融问申绍："还可以派遣谁前去呢？"申绍说："燕国的尚书郎高泰，头脑清晰善于言辞，有胆识，有谋略，您可以派遣他前去。"此前，丞相王猛和苻融多次征召高泰，高泰都不肯就任，到了这时候，苻融对高泰说：“君子应该拯救他人于危急，你不能够再推辞了！”于是高泰就听从了他的命令。到达长安以后，王猛看到了他，就笑着说：“高子伯（高泰，字子伯）到今天才来，怎么这么晚啊？”高泰说：“犯了罪的人前来接受刑罚，还问什么迟早啊！”王猛说：“你为什么要这样说呢？”高泰说：“从前鲁僖公因为在泮水建立泮宫（诸侯之学叫泮宫）而受到了颂扬（《诗经·鲁颂·泮水》即颂扬僖公能修泮宫），齐宣王因为在稷下建立学宫而声名远扬，现在阳平公建立学宫，来追从齐宣王和鲁僖公，不但没有听说朝廷颁布圣明的诏令，加以褒扬和赞美，反而还烦请有司举发和罗织他的罪名加以弹劾。你是圣朝的宰辅，辅佐朝政，如此惩罚劝勉，下面的官吏到什么地方能逃避罪责呢？”王猛说：“这都是我的过失啊！”于是事情就圆满解决了。王猛因而感叹着说：“高子伯怎么能够是阳平公可以任命为官吏的呢？”就把这话告诉了前秦国君苻坚。前秦国君苻坚召见高泰，很喜欢他，向他询问治理国家的根本。高泰回答说：“治理国家的根本在于得到人才，得到人才在于审慎地选拔，审慎地选拔在于调查实情，没有得到适当的人才并且进行任命，就不能够治理好国家。”前秦国君苻坚说：“这话真的可以说是言辞简要而道理博深呀。”任命高泰为尚书郎。高泰固执地向苻坚请求可以返回冀州，苻坚答应了他的请求。

九月，甲寅日，追尊过去的会稽王妃王氏（王述的堂妹）为顺皇后，尊奉晋孝武帝司马曜的生身母亲李氏为淑妃。

冬季，十月，丁卯日（初八），东晋在高平陵安葬了简文帝司马昱。

彭城妖人卢悚自称为大道祭酒，有八百多人对他效忠。十一月，卢悚派遣他的弟子许龙前往吴县，早晨的时候，许龙到达了海西公司马奕的门口，称褚太后秘密地颁下诏令，奉迎海西公复兴大业，重新当天子。海西公刚开始想要听从他所说的话，后来采纳了抚养子女的乳母的劝告没有那样做。许龙说：“大事将要成功了，您怎么能听取儿童女人所说的话呢？”海西公说：“我犯了罪被派遣到这个地方，有幸承蒙朝廷的赦免原谅，哪里敢轻举妄动呢！而且如果太后颁下了诏令，就应该派遣公卿等官属前来，为什么会只派遣你前来呢？你必定是准备作乱！”然后就大声并且愤怒地喝令左右的人把他捆起来，许龙害怕了，转身逃走。甲午日（初五），卢悚率领三百个士兵，在早晨的时候，攻打广莫门（建康城北门），谎称海西公回来了，从云龙门（建康宫门）突然进入宫殿的庭院，把武器库里面的铠甲武器夺走，守卫云龙门的官吏士兵十分恐惧惊愕，不知道应该怎么办。游击将军毛安之听说发生了祸难，就率领士兵直接进入云龙门，亲自奋勇搏击；左卫将军殷康、中领军桓秘进入止车门，和毛安之合力一起攻击卢悚并且把卢悚斩杀了，几百个卢悚的同党贼人被打死。海西公司马奕深切地忧虑会发生没有理由就降下的祸患，因此只顾喝酒，恣意音乐美色，有儿子也不养育，当时的人都很怜悯同情他。朝廷知道了他安于屈辱的情况，所以对他就不再防备了。

前秦的都督北蕃诸军事、镇北大将军、开府仪同三司、朔方桓侯梁平老去世。梁平老在朔方镇守了十几年，鲜卑人和匈奴人都既畏惧他，又敬爱他。

三吴地区发生了大旱，很多人都饿死了。

烈宗孝武皇帝上之上

宁康元年（癸酉，公元373年）

春季，正月，己丑朔日（正月无此日），东晋下令大赦天下，把年号更改为宁康。

二月，大司马桓温前来晋见晋孝武帝司马曜。辛巳日（二十四日），晋孝武帝颁下诏令派遣吏部尚书谢安、侍中王坦之到新亭前去迎接。这时，都城里面人心浮动，有人说桓温要把王坦之和谢安都杀死，接着晋王室的天下就要转落他人之手。王坦之非常恐惧，但是谢安的神色却毫无改变，说：“晋朝国运的存亡，就取决于这一次的行动。”桓温到达了朝廷以后，文武百官在道路两旁叩拜迎接。桓温部署重兵守卫，接待会见朝廷的官员，凡是有地位、有名望的公卿大臣，全部都战栗慑惧，面无血色。王坦之惧怕得汗水直流，连衣服都被汗水沾湿了，连手版都拿倒了。谢安从容地就座，坐定了以后，对桓温说：“我听说身为诸侯的责任，就是防守四邻的入侵，明公哪里需要在墙壁的后面安排士兵进行防守呢？”桓温笑着说：“正是因为不能不这样做。”于是就命令左右的人让墙壁后面的人都撤走，和谢安谈笑了很长时间。郗超常常作为桓温重要的参谋，谢安和王坦之前去拜见桓温，桓温命令郗超藏在帷帐里面，偷听他们的谈话。一阵风吹过来把帷帐吹开了，谢安笑着说：“郗先生可以说是‘入帐之宾’（甚为亲昵）。”当时天子年幼体弱，外面又有势力强大的臣子，谢安和王坦之竭尽忠心辅佐护卫，最终使晋王室得以安稳。

桓温对卢悚攻入宫殿的事情进行处理，把尚书陆始拘捕了以后交给廷尉定罪，把桓秘的官职罢免了，受到这件事牵连而坐罪的人有很多。擢升毛安之为左卫将军。桓秘从此开始怨恨桓温。

三月，桓温生病了，因此在建康停留了十四天，甲午日（初十），返回了姑孰。

夏季，代王拓跋什翼犍派遣燕凤到前秦去进献贡物。

秋季，七月，己亥日（十四日），南郡宣武公桓温去世。

起初，桓温病重，曾经暗示朝廷，请求朝廷给他加九锡的礼遇，多次派遣人前去催促。谢安和王坦之故意拖延这件事情，让袁宏草拟诏令。袁宏把草拟好的草稿拿去给王彪之审阅，王彪之赞叹他文辞优美，接着就说：“你本来是杰出的人才，固然是有很高的才华，但是怎么能够写这样的文章让他人看呢！”谢安看到了袁宏写的草稿，就对其加以修改，因此前后经历了十几天也没有最后定稿。袁宏暗地里和王彪之商量，王彪之说：“听说他的病情日益加重，应当也不能支持多长时间了，自然可以再稍稍延迟一段时间再回复。”

桓温的弟弟江州刺史桓冲，向桓温询问谢安和王坦之应该出任什么官职，桓温说："他们不需要你来进行安排。"桓温的意思是，自己活着的时候，他们必定不敢公开抗衡，自己死了以后，就不是桓冲所能够控制的了；如果这时谋害了他们，对桓冲什么益处也没有，反而会因为这个失去了自己的声望。

桓温考虑到世子桓熙的才能不足，就让桓冲代替他率领他的士兵。因为桓秘和桓熙以及桓熙的弟弟桓济（根据《晋书·桓温传》以及《桓彝附秘传》里面都说桓熙曾经参加计谋，虽然《通鉴》记载不详，但是此处也记入）计划共同去把桓冲杀死，桓冲私底下知道了他们的计划，就不敢进入府内。过了不久，桓温去世，桓冲先派身强力壮的士兵，把桓熙和桓济都逮捕了，然后才前去祭奠。于是桓秘也被罢黜，把桓熙和桓济都迁徙到了长沙。朝廷颁下诏令根据汉朝的霍光以及安平献王的旧例把桓温安葬了。桓冲说这是桓温留下来的遗命，册封小儿子桓玄为继承人，当时桓玄刚刚五岁，承袭了南郡公的爵位。

庚戌日（二十五日），东晋朝廷加任右将军荆州刺史桓豁为征西将军、都督荆杨雍交广五州诸军事（"杨"当为"梁"，因此句下有桓冲"都督扬、豫、江三州诸军事"，故"荆、杨"当为"荆、梁"）。桓冲为中军将军，都督扬豫江三州诸军事，扬州、豫州两个州刺史，镇守姑孰；竟陵太守桓石秀为宁远将军、江州刺史，镇守寻阳。桓石秀，是桓豁的儿子。桓冲代替桓温承担了重任以后，竭尽心力，效忠王室。有人劝桓冲把那些当时有声望的大臣全部都诛杀和除掉，独自执掌当时的大权，但是桓冲没有听从。当初，桓温在任的时候，判处囚犯死罪，全部都是擅自决定，不向朝廷请示批准。桓冲认为生杀大权，关系重大，应当由朝廷核准，于是凡是死罪全部都要事先向朝廷上报，等到朝廷做出批准，然后再去执行处决。

谢安因为太子年纪幼小，辅佐首臣（指桓温）又刚刚去世，就想要请崇德太后临朝处理国政。王彪之说："前代人主年幼尚在襁褓之中，母子不能分离，所以可以让太后临朝听政。但是太后也不能擅自决定朝政的大事，还需要征求大臣们的意见。现在晋孝武帝司马曜的年纪，已经超过了十岁，快要到了加冠结婚的年龄了，反而让堂嫂临朝听政（孝武帝司马曜是晋元帝司马睿的孙子，晋康帝司马岳的堂弟，所以太后是堂嫂），来显示人主年幼体弱，这难道是用来发扬光大圣德的做法吗？如果你们必定要这么做，那也不是我所能够制止的，我所痛惜的是丧失了伦理大义而已。”谢安不想把朝政大权交付给桓冲，所以让太后临朝听政，自己能够专擅国家的权力，自行裁夺决断朝廷的大事，于是就没有听从王彪之的进言。八月，壬子日（八月无此日），太后又临朝代替国君主持处理政事。

梁州刺史杨亮派遣他的儿子杨广袭击仇池，和前秦的梁州刺史杨安交战，杨广的军队被打败了，沮水一带负责戍守的士兵，全部都把城池丢弃奔逃溃散了。杨亮十分恐惧，就撤退到磬险进行防守。九月，杨安率领士兵进攻汉川。

丙申日（十二日），东晋朝廷任命王彪之为尚书令，谢安为仆射，兼领吏部，共同执掌朝廷的大事。谢安每每感叹地说：“朝廷的大事，众臣所不能够决断的，只要是前去询问王公（指王彪之），没有什么不能够立刻决断的！”

晋孝武帝司马曜任命吴国内史刁彝为徐州、兖州两个州刺史，镇守广陵。

冬季，前秦国君苻坚派遣益州刺史王统和秘书监朱肜率领两万士兵从汉川出发，前禁将军毛当和鹰扬将军徐成率领三万士兵从剑门出发，入侵梁州、益州两个州。梁州刺史杨亮率领了一万多巴獠人前去进行抵御，双方在青谷交战。杨亮的军队被打得失败，逃到了西城县固守。于是朱肜就把汉中攻了下来。徐成进攻剑阁，也把剑阁攻取下来了。杨安进攻梓潼，梓潼太守周虓严密地防守涪城，派遣几千步兵和骑兵护送母亲和妻子从汉水前往江陵，朱肜半路截击，把他们擒获了，于是周虓就向杨安投降了。十一月，杨安把梓潼占据了。荆州刺史桓豁派遣江夏相竺瑶前去援救梁州、益州两个州；竺瑶听说广汉太守赵长已经战死了，就率领士兵撤退了。益州刺史周仲孙率领军队前往绵竹抵御朱彤，听说毛当将要到达成都了，周仲孙就率领五千骑兵逃到了南中。于是前秦就把梁州、益州两个州占领了，邛、莋、夜郎等地都归附了前秦。前秦国君苻坚任命杨安为益州牧，镇守成都；毛当为梁州刺史，镇守汉中；姚苌为宁州刺史，驻守垫江；王统为南秦州刺史，镇守仇池。

前秦国君苻坚想要任命周虓为尚书郎，周虓说："我蒙受了晋朝深厚的恩泽，只是因为年老的母亲被俘获，才失气节，落身秦国。母子能够获得安全，这是秦国给予我的恩惠。即使给我以公、侯的高贵地位，我都不会以为光荣，更何况是一个郎官呢？"于是就拒绝就任。每次当他看到前秦国君苻坚的时候，就傲慢地叉开双腿一坐，喊苻坚为氐贼（坚本氐族）。有一次刚好遇到正月一日的朝会，仪仗隆重，卫士众多，前秦国君苻坚询问他说："晋朝正月初一的朝会，和我们这里的比起来怎么样呢？"周虓愤怒地捋起袖子并且厉言正色地说："犬羊（苻坚君臣都是六夷，所以骂为犬羊）相聚在一起，怎么敢和天朝（指晋朝）相比！"前秦的百姓因为周虓不恭顺，多次请求苻坚把他杀死，苻坚对待他愈加优厚。

周仲孙因为没有守住益州坐罪而被罢免了官职。桓冲任命冠军将军毛虎生为益州刺史，兼领建平太守，任命毛虎生的儿子毛球为梓潼太守。毛虎生和毛球前去讨伐前秦，已经到达了巴西，但是因为粮食缺乏，只好率领士兵撤退到巴东驻扎进行防守。

晋孝武帝司马曜任命侍中王坦之为中书令，兼领丹杨尹。

这一年，鲜卑人勃寒攻掠了陇右，前秦国君苻坚派遣乞伏司繁前去讨伐，勃寒请求向前秦投降，于是，就命令乞伏司繁镇守勇士川。

有彗星在尾九星和箕四星一带出现，长达十几丈，经过了太微星，扫向东井八星；从四月就开始出现，一直到了秋冬之际仍然没有消失。前秦的太史令张孟对前秦国君苻坚说："尾星、箕星，是燕国的分野；东井星，是秦国的分野。现在彗星从尾星、箕星一带起来，扫向东井星，十年以后，燕国将会把秦国消灭；二十年以后，代国将会把燕国消灭。慕容暐的父子兄弟，是我们的仇敌，然而却布满了朝廷，尊贵显赫，没有人能够比得上，我私下里为此感到很担忧，您应该把他们的首领杀死，来消除上天的灾变。”前秦国君苻坚没有听从。

阳平公苻融向前秦国君苻坚呈上奏疏说：“东胡人（鲜卑是东胡的余种）占据的领土横跨了六州的土地，面向南边自称为皇帝，陛下兴师动众这么多年，然后才把他们制服了，他们本来就不是因为仰慕仁义才前来归附我们的。现在，陛下亲近他们，宠信他们，让他们的父兄子弟林立整个朝廷，掌握政权，行使职责，权力威势超过了有功勋的大臣。我愚昧地认为具有狼虎之心的人，终究是不可以收罗豢养的，星象的变化如此，希望您能够稍加注意一些！”苻坚回复说：“我正要统一天下为一家，把夷狄视为天真忠诚的小孩子，你应当停止这种忧虑，不要心怀不安。只要修养德行，就可以禳除灾祸，如果能够对内完善自己，又何必惧怕什么外来的祸患呢！”

宁康二年（甲戌，公元374年）

春季，正月，癸未朔日（初一），东晋下令大赦天下。

己酉日（二十七日），刁彝去世。二月，癸丑日（初一），任命王坦之为都督徐州、兖州、青州三个州诸军事，徐州、兖州两个州刺史，镇守广陵。诏令谢安总领中书职事。谢安喜欢音乐，即使是在居期、大功、小功的服丧期间（期为一年，大功服丧为九个月，小功服丧为三个月。一说大功九月，小功五月），也不停止演奏各种乐器，士大夫们都效仿他，以至于成为一种时尚。王坦之多次用书信恳切地劝谏他说：“礼仪法度是天下的珍宝，您应当为天下而爱惜它。”谢安没有听从劝告。

三月，前秦的太尉建宁烈公李威去世。

夏季，五月，蜀人张育、杨光起兵攻打前秦，拥有两万名士兵，派遣使者来东晋请求援兵。前秦国君苻坚派遣镇军将军邓羌率领五万名甲士前去讨伐他们。益州刺史竺瑶、威远将军桓石虔率领三万名士兵前去进攻垫江，姚苌的军队被打败了，率领士兵撤退到五城驻守。竺瑶、桓石虔在巴东驻扎军队。张育自称为蜀王，和巴獠族的酋长张重、尹万等一万多人进军包围了成都。六月，张育把年号更改为黑龙。秋季，七月，张育和张重等人争夺权势，起兵互相攻打，前秦的杨安、邓羌攻打张育，把他打败了，张育和杨光率领士兵撤退到绵竹驻扎。八月，邓羌在涪西打败了东晋的军队。九月，杨安在成都以南打败了张重、尹万，张重战死，士兵被斩首的有两万三千人。邓羌前往绵竹攻击张育和杨光，把他们全部都斩杀了。益州又被纳入到前秦的疆域。

冬季，十二月，有人进入前秦的明光殿大声叫喊着说："甲申日（初七）、乙酉日（初八），鱼羊要吃人（鱼羊合起来是称"鲜卑"），悲惨啊！没有人能够活着剩下来。"前秦国君苻坚命令把那个人捉起来，但是没有抓获。秘书监朱肜、秘书侍郎略阳人赵整坚持请求诛杀鲜卑人，前秦国君苻坚不肯听从。赵整，是一名宦官，见闻广博，记忆力很强，善于写文章，喜欢直言，上书以及当面劝谏，前前后后有五十多次。慕容垂的夫人（段夫人）深受前秦国君苻坚的宠信，苻坚和她共同乘坐一辆车，在后庭里面游玩，赵整作歌唱道："没有看到鸟雀飞进燕的窝，只看到浮云遮蔽了白日。"苻坚听到以后脸色一变，向赵整道歉，并且命令这位夫人下车。

这一年，代王拓跋什翼犍前去攻击刘卫辰，刘卫辰向南逃走了。

宁康三年（乙亥，公元375年）

春季，正月，辛亥日（初五），东晋下令大赦天下。

夏季，五月，丙午日（初二），蓝田献侯王坦之去世；临终的时候给谢安、桓冲写信，书信里面只是对国家的事情表示忧虑，没有谈及私人的事情。

桓冲考虑到谢安一直就有很高的声望，就想要把扬州让给他，自己则请求到外地任职。桓氏的宗族亲党，都认为这不是一个好的办法，全部都扼腕痛惜，苦苦地劝谏桓冲，郗超也竭力地劝阻他，但是桓冲都不肯听从，只是恬静地对待此事。甲寅日（初十），朝廷下达诏令任命桓冲都督徐、豫、兖、青、扬五州诸军事，徐州刺史，镇守京口；任命谢安兼领扬州刺史，并且加侍中。

六月，前秦清河武侯王猛生病卧床不起，前秦国君苻坚亲自为他到南、北郊以及宗庙和社稷坛祈求神灵，并且分别派遣侍卫大臣前往黄河、华岳遍祈诸神。王猛的病情稍微有所好转，前秦国君苻坚又为他对判处殊死刑（身首异分的死刑）以下的罪犯实行赦免。王猛向苻坚呈上奏疏说："没有想到陛下因为我的生命，而损害了天地的大德，这是从开天辟地以来，从来没有过的事情。我听说报答恩德，没有什么能够比得上把自己所知道的全部都说出来更好的了，我恭敬地以我将要完结的生命，私下里向陛下进献剩下的一点忠诚。我低头想到陛下，威德功业震动了八方，声望教化照耀天地，九州百郡的土地，也得到了十分之七，平定燕国和安定蜀地，就像俯身从地上拾起小草一样容易。善于开创的人，不一定善于完成；善于开始的人，不一定善于结束。所以古代的先圣贤王，知道建立功业的艰辛，时时刻刻都是战战兢兢，就像靠近深渊一样。我盼望陛下能够追随前代的圣哲帝王，实在是天下人的幸运。"前秦国君苻坚看了王猛的奏疏以后，心里非常悲伤哀痛。秋季，七月，苻坚亲自到王猛的府第察看他的病情，并且向他询问将来的国事。王猛说："晋朝虽然偏居长江以南，但是他们是正宗相沿，君臣上下，安定和睦，我死了以后，希望不要把晋朝作为图谋的对象。鲜卑、西羌，是我们的仇敌，最终还是会成为我们的祸患，应当把他们慢慢地除掉，来使江山安定，有利于国家。"说完这些话王猛就死了。前秦国君苻坚亲自参与装殓王猛，从王猛去世到入殓的期间，三次亲临痛哭，并且对太子苻宏说："是上天不想让我平定统一天下吗？为什么这样快就把我的王猛夺走了呢！"按照汉朝安葬霍光的礼仪把王猛安葬了。

八月，癸巳日（二十日），晋孝武帝司马曜册立王氏为皇后，下令大赦天下。皇后，是王濛的孙女。任命皇后的父亲晋陵太守王蕴为光禄大夫，兼领五兵尚书，册封他为建昌县侯。王蕴坚决推辞，不肯接受晋孝武帝的任命。

九月，晋孝武帝司马曜讲习《孝经》，开始阅览经典书籍，延聘邀请儒士。谢安向晋孝武帝举荐东莞人徐邈补为中书舍人，他每一次被晋孝武帝询问的时候，常常都有所匡正和补益。晋孝武帝有的时候会和群臣宴饮集会，在酣饮歌乐之后，喜欢自己随手写一些诗篇和文章，拿来赏赐给侍臣，有的诗章文辞草率不够精练，内容污秽芜杂。徐邈按时把所有的文章和诗篇搜集起来，带回中书省，加以修改之后，使文辞和内容都适宜观览，再经过晋孝武帝重新审阅，然后再赏赐给侍臣，传播出去。当时的百姓，都因此而赞美徐邈。

冬季，十月，癸酉朔日（初一），发生了日食。

前秦国君苻坚颁下诏令说："刚刚丧失了贤能的宰辅，百官当中或许有不符合我心意的地方，可以在未央宫以南设置听理诉讼的台观（听狱讼之馆），我每五天亲临一次，来访求隐没在民间的人才。现在天下虽然还没有完全平定，但暂时可以停息武备，修习文德，以便实现武侯（王猛谥武侯）高雅的旨趣。应该进一步地尊崇儒家学说，禁止老子、庄子及宣扬符命占验的学说，违犯的人将会在集市上被斩杀示众。"适宜地选择学生，太子以及公、侯、百官的子弟全部都进入学校，接受课业；朝廷内外的四禁、二卫、四军当中长期宿卫的将士（秦有中军、外军将军；前禁、后禁、左禁、右禁将军，是为四禁；左卫、右卫将军，是为两卫；卫军、抚军、镇军、冠军将军，是为四军；长上将士，即长上宿卫将士），命令他们全部都参加学习。每二十个人配备一名经生，负责教授诵读字的发音和文章的句读，在后宫设置学官用来教授后宫的妃嫔，从宦官以及女隶当中选出聪敏而有智慧的人，前往博士那里去学习经书。尚书郎王佩阅读宣扬谶纬符命的书籍，前秦国君苻坚把他杀死了，从此学习谶纬的人也就绝迹了。

资治通鉴卷第一百四　晋纪二十六

起丙子（公元376年），止壬午（公元382年），共七年。

【题解】本卷记录了公元376年至382年共七年间的东晋及各国大事，正当晋孝武帝太元元年至七年。主要记录了前秦国主苻坚派将军苟苌、毛盛等消灭了凉州的张天锡政权，又征服了西障地区的氐、羌二族，又派将军苻融、俱难、邓羌等打败了代王拓跋什翼犍，又在内部平定了苻洛、苻重与苻阳、王皮等内乱后，西攻襄阳、竟陵，东攻彭城，中攻淮南等，多路军队对晋王朝发动进攻；写了晋军在多条战线上取得一系列胜利，西线上桓冲指挥桓石虔、桓石民打败了秦将阎振、吴仲，东线上谢玄指挥田洛、何谦等在盱眙、淮阴大破秦兵，之后又在淮北打败了秦将俱难、彭超等等。

烈宗孝武皇帝上之中

太元元年（丙子，公元376年）

春季，正月，壬寅朔日（初一），晋孝武帝司马曜加冠。皇太后颁下诏令将朝政归还给晋孝武帝，自己恢复崇德太后的称号。甲辰日（初三），下令大赦天下，把年号更改为太元。丙午日（初五），晋孝武帝开始临朝主持国政。任命会稽内史郗愔为镇军大将军、都督浙江东部五个郡（会稽、东阳、临海、永嘉、新安）诸军事；徐州刺史桓冲为车骑将军，都督豫州、江州两个州的六个郡（豫州之历阳、淮南、庐江、安丰、襄城及江州之寻阳）诸军事，从京口迁移到姑孰镇守。谢安想要任命王蕴为地方长官，所以就先把桓冲徐州刺史的官职解除了。乙卯日（十四日），任命谢安为中书监，录尚书事。

二月，辛卯日（二十一日），前秦国君苻坚颁下诏书说："我听说作为君王的人，应该在搜求贤能的人的时候很勤劳，但是得到适当的人才以后，就省心省力了，这句话是多么符合实际呀！从前我得到了丞相王猛，常常认为帝王非常容易做。但是自从丞相去世以后，我已经操劳得胡须头发都斑白了，每一次当我想到王猛，酸楚悲痛就油然而生。现在天下既然已经失去了丞相，政事教化或许会陷于沦亡衰废，可以分别派遣侍臣到各郡县去周游巡视，查访询问民间的疾苦。”

三月，前秦的士兵入侵南乡，把南乡占领了，山蛮的三万户百姓都向前秦投降了。

夏季，五月，甲寅日（十五日），东晋下令大赦天下。

起初，凉王张天锡把张邕杀死的时候，刘肃和安定人梁景都有功劳，他们两个人也因此受到了张天锡的宠信，被赐姓张氏，张天锡把他们当作自己的儿子，让他们参与政治大事。凉王张天锡过度地沉湎于酒色，不亲自处理政务，把世子张大怀罢黜了，改立宠妾焦氏的儿子张大豫为世子，册封焦氏为左夫人，人们的心里都很愤怒怨恨。他的堂弟从事中郎张宪用车载着棺材前来以死劝谏，但是张天锡不肯听从。

前秦国君苻坚颁下诏书说：“凉王张天锡虽然对我们称藩，接受我们授予的官职，但是他为臣之道不纯，可以派遣使持节武卫将军苟苌、左将军毛盛、中书令梁熙、步兵校尉姚苌等人率领军队前去西河驻扎；尚书郎阎负、梁殊遵奉诏令，征召张天锡前来朝廷，如果他有违背王命的地方，就立刻进军讨伐。”这时，前秦的步兵和骑兵一共有十三万人，军司（司马）段铿对周虓说：“用这么多的士兵前去出战，有哪一个能够抵挡的呢？”周虓说：“在戎狄之人这里，确实是从来也没有过的。”前秦国君苻坚又派遣秦州刺史苟池、河州刺史李辩、凉州刺史王统率领三州的士兵作为苟苌的后继军队。

秋季，七月，阎负、梁殊到达了姑臧。凉王张天锡召集手下的官员们商量说：“现在前往朝廷，就必定回不来了。但是如果不听从征召，前秦的士兵又一定会来到，我应该怎么办呢？”禁中录事席仂说：

“把您心爱的儿子送去作为人质，再奉送贵重的宝物去贿赂，来让他们的军队撤退，然后再慢慢地商议，这是以屈求伸的方法。”众人听了以后都愤怒地说：“我们世世代代事奉晋朝，忠义志节在海内显扬闻名。现在一旦委身于秦贼的门下，耻辱殃及祖宗，再也没有比这更大的羞耻了！而且河西是天然险要之地，凭仗河西的天险，永远没有忧患，如果我们出动境内所有精锐的士兵，再向右边延请西域，向北边延请匈奴的兵力，共同前去抵抗他们，怎么就知道无法取得胜利呢？”凉王张天锡捋起袖子露出手臂大声地说：“我的主意已经决定了，说投降的人就把他斩首！”张天锡派遣使者对阎负、梁殊说：“你们是想活着回去呢，还是死着回去呢？”梁殊等人回答的语气言辞慷慨，丝毫不肯屈服，张天锡发怒，把他们捆绑在军营的门柱上面，命令士兵乱箭把他们射死，并且说：“射击但是没有射中的，就是和我不同心的。”他的母亲严氏哭泣着说：“秦国的君主凭借一州的土地起家，纵横并且制服了天下，向东把鲜卑平定了，向南把巴、蜀攻取了下来，军队丝毫没有被阻滞。如果你向他投降了，还可以延长几年的寿命。现在用我这小小的一隅之地，和大国抗衡，又把他们的使者杀死了，距离灭亡的时间就不会有几天了。”凉王张天锡派遣龙骧将军马建率领两万名士兵前去抵抗前秦的军队。

前秦的人听说凉王张天锡把阎负和梁殊杀死了，八月，梁熙、姚苌、王统、李辩从清石津渡过西河，在河会城攻打前凉的骁烈将军梁济，梁济向他们投降了。甲申日（十七日），苟苌从石城津渡河，和梁熙会合前去攻打缠缩城，把缠缩城攻了下来。马建感到恐惧，就率领士兵从杨非撤退到了清塞驻扎。凉王张天锡又派遣征东将军掌据率领三万名士兵，驻扎在洪池，张天锡亲自率领剩余的五万名士兵，驻扎在金昌城。安西将军敦煌人宋皓对张天锡说：“我白天观察人际表现，夜晚观察天文星象，秦国的军队无法抵挡，不如向他们投降。”张天锡听了以后发怒，把宋皓降职为宣威护军。广武太守辛章说：“马建出身于军旅，必定不为国家效力。”苟苌派遣姚苌率领三千甲士作为前锋部队。庚寅日（二十三日），马建率领一万名士兵迎接前秦的军队，并且向前秦的军队投降了，其余的士兵全部都逃散了。辛卯日（二十四日），苟苌和掌据在洪池交战，掌据的军队被打败了，战马被乱兵杀死了，他的部属董儒交给他一匹马，掌据说："我三次督领各路军队，两次持节旄、黄钺，八次率领宫中的卫队，十次在外率领士兵，受到的宠信和重用，可以说达到了顶点。现在终于受困于这个地方，这就是我死亡的地方，怎么还能安身活命呢？"于是就进入军帐，在营帐里面把头盔甲胄脱了下来，面向西方恭敬地叩拜，然后用剑刎颈而死。前秦的士兵杀死了军司席仂。癸巳日（二十六日），前秦的士兵进入了清塞，凉王张天锡派遣司兵赵充哲率领士兵前去进行抵御。前秦的士兵和赵充哲在赤岸交战，赵充哲被前秦的士兵打得大败，被俘虏和被斩杀的一共有三万八千人，赵充哲也战死了。凉王张天锡出城亲自迎战，城内又发生了叛乱。张天锡和几千骑兵逃回了姑臧。甲午日（二十七日），前秦的士兵到达了姑臧，张天锡乘坐着用白马驾驶的白车，双手被反绑在背后，载着棺材，到前秦的军营门前投降。苟苌为他解开了捆绑的绳子，烧毁了棺材，把张天锡送到了长安，凉州郡县全部都投降了前秦。

九月，前秦国君苻坚任命梁熙为凉州刺史，镇守姑臧。把七千多户的豪强世族迁徙到了关中，其余的全部都让他们在原地安居。册封张天锡为归义侯，任命他为北部尚书。起初，前秦军队出征的时候，就预先为张天锡在长安建造了宅第，张天锡到达长安以后就住了进去。任命张天锡的晋兴太守陇西人彭和正为黄门侍郎，治中从事武兴人苏膺、敦煌太守张烈为尚书郎，西平太守金城人赵凝为金城太守，高昌人杨干为高昌太守；其余的人全部都依据他们的才干进行拔擢任用。

梁熙清廉节俭，爱护百姓，黄河以西在他的治理下因此非常安定。任命张天锡的武威太守敦煌人索泮为别驾，宋皓为主簿。西平人郭护起兵攻击前秦，梁熙任命宋皓为折冲将军，前去讨伐并平定了他们。

桓冲听说前秦进攻凉州，于是就派遣兖州刺史朱序、江州刺史桓石秀与荆州督护桓罴率领士兵在沔水、汉水流域一带巡游，用来作为凉州声势方面的支援；又派遣豫州刺史桓伊率领士兵前往寿阳，淮南太守刘波的水军乘船在淮水、泗水巡游，想要把前秦的士兵分散开，来援救凉州。当他听说凉州败亡覆没以后，就把士兵都撤走了，停止了一切行动。

起初，晋哀帝司马丕减少田地的租税，每一亩收租两升。乙巳日（初八），废除了按照田亩收取租税的制度，王公以下的人，每人缴纳三斛米的赋税，对服兵役、劳役的人实行蠲免。

冬季，十月，晋孝武帝司马曜把淮河以北的百姓迁徙到了淮河以南。

刘卫辰被代国逼迫，向前秦请求援救，前秦国君苻坚任命幽州刺史行唐公苻洛为北讨大都督，率领幽州、冀州两个州的军队一共十万人前去攻击代国；派遣并州刺史俱难、镇军将军邓羌、尚书赵迁、李柔、前将军朱肜、前禁将军张蚝、右禁将军郭庆率领步兵和骑兵一共二十万人，东出和龙，西出上郡，全部都前去和苻洛会合，任命刘卫辰为向导。苻洛，是苻菁的弟弟。

苟苌攻打凉州的时候，派遣扬武将军马晖、建武将军杜周率领八千骑兵西出恩宿，截断张天锡逃走的道路，并让他们在一定的期限内在姑臧会合。马晖等人行进到水泽，刚好遇到了大水，延误了约定的期限，按照军法应当斩首，有关部门呈上奏章请求召回投入牢狱。前秦国君苻坚说："河水在春季冬季的时候干涸，秋天夏天的时候暴涨，这是苟苌估计上的失误，并不是马晖等人的罪过。现在天下刚好有战事，应当宽恕原谅他们的过失，责求他们建立功劳。命令马晖等人掉头奔赴北军，攻击索虏（他本是鲜卑索头种，所以称索虏）以便自己赎罪。"众人都认为相距万里征召将领，难以迅速响应，前秦国君苻坚说："马晖等人对免于一死感到高兴，不可以按照寻常的规则去怀疑他们。”马晖等人果然日夜兼程，加速行路迅速前往，于是赶上了东军（马晖等人从西方回，所以称讨伐代国的军队为东军）。

十一月，己巳朔日（十一月无此日），发生了日食。

代王拓跋什翼犍派遣白部、独孤部联合起来向南抵抗前秦的士兵，但是都没有获得胜利，又派遣南部大人刘库仁率领十万骑兵前去抵抗。刘库仁这个人，和刘卫辰是同族，代王拓跋什翼犍的外甥，和前秦的士兵在石子岭交战，刘库仁被前秦的士兵打得大败。代王拓跋什翼犍生病，不能亲自率领军队上阵和前秦的军队交战，就率领各部族逃到了阴山以北。高车（赤狄的余种）的各部族全部都叛变了，从四面攻劫掠夺，由于无法牧养牲畜，代王拓跋什翼犍又到了沙漠以南的地方。听说前秦的士兵逐渐撤退，十二月，代王拓跋什翼犍回到了云中。

起初，代王拓跋什翼犍把国土的一半授予他的弟弟拓跋孤，拓跋孤死了以后，拓跋孤的儿子拓跋斤失去了继承的职位，因而心怀不满。世子拓跋寔和他的弟弟拓跋翰早就已经去世，拓跋寔的儿子拓跋珪年龄还小，慕容妃的儿子拓跋阏婆、拓跋寿鸠、拓跋纥根、拓跋地干、拓跋力真、拓跋窟咄都已经长大了，由谁来继位还未确定。当时，前秦的士兵还在君子津，慕容妃的几个儿子每到夜里就要手拿兵器戒备守卫。代王拓跋斤乘机劝说拓跋什翼犍的庶长子拓跋寔君说：“大王将要册立慕容妃的儿子为继承人，想要先把你杀死，所以最近慕容妃的几个儿子每到夜里就都穿着军服，拿着兵器，率领士兵环绕庐帐，等到窥探到合适的时机就要动手了。”拓跋寔君相信了他说的话，于是杀死了几个弟弟，并且把代王拓跋什翼犍也杀了。当晚，慕容妃儿子们的妻子以及部属跑去把这件事报告给了前秦的军队，前秦的李柔、张蚝率领士兵前往云中，代国士兵溃逃，国内大乱。拓跋珪的母亲贺氏带着拓跋珪前去投靠贺讷。贺讷，是贺野干的儿子。

前秦国君苻坚召见了代国的长史燕凤，向他询问导致代国大乱的原因，燕凤把当时的情形原原本本地告诉了前秦国君苻坚。前秦国君苻坚说："天下的丑恶都是一样的。"然后就把拓跋寔君以及拓跋斤抓了起来，把他们押解到了长安，用车裂的酷刑把他们都处死了。前秦国君苻坚想要把拓跋珪迁移到长安，燕凤再三向他请求说："代王拓跋什翼犍刚刚去世，群臣、部属背叛离散，留下来的孙子年纪幼小，没有人能够统治代国。代国的别部大人刘库仁，勇敢而有智谋，而铁弗卫辰（刘卫辰本匈奴铁弗种，故称铁弗卫辰）却狡猾而多变，他们都不适合单独担任这样的重任。应当将众部族分为两个部分，让他们两个人分别治理。他们两个人一直就有很深的仇恨，按照情势一定没有人敢首先发难。等到代王的孙子拓跋珪逐渐长大了，再将他册立为代王，这样陛下就对代国有存亡继绝的恩德，从而使他的子子孙孙永远成为不侵犯、不叛乱的臣子，这才是安定边疆最好的策略。"前秦国君苻坚采纳了他的意见。把代国的百姓划分成了两部分，自黄河以东属于刘库仁，自黄河以西属于刘卫辰，各自任命官吏，赐封爵位，让他们统领各自的部众。贺氏带着拓跋珪返回了独孤部，和南部大人长孙嵩、元佗等人都前去依附了刘库仁。行唐公苻洛因为代王拓跋什翼犍的儿子拓跋窟咄的年龄已经大了，就把他迁移到了长安。前秦国君苻坚让拓跋窟咄进入太学读书。

前秦国君苻坚颁下诏书说："张天锡承继了先辈遗留下来的成果，凭借着延续百年的功业，擅自在黄河以西发号施令，偏居一隅飞扬跋扈。索头部族世代跨踞朔北，在中部，分割地域，在东部，和秽貊结交，在西部，召引了乌孙，拥有一百万挽弓的勇士，处在云中正在像猛虎一样雄视四方。因此就命令苟苌、苻洛两路军队，分别前去讨伐狡猾奸诈的敌虏，征战不到一年的时间，就已经彻底消灭了这两个顽凶，被俘虏的以及向我们投降的多达一百万人，开辟了九千里的疆土，五帝所没有结交的百姓，周朝、汉朝所没能够到达的地方，全部都经过几次辗转翻译而前来朝拜，感念我们的恩德，恪尽职守。主管的官吏应该迅速依照序次功绩来授予爵禄，军中的将士们全部都免除五年赋税，赐爵三级。"于是册封行唐公苻洛为征西将军，任命邓羌为并州刺史。

阳平国常侍慕容绍私底下对他的哥哥慕容楷说："秦国凭借他们国家的强大，不休不止地追求交战的胜利，在北边戍卫云中，在南边驻守蜀、汉，转运粮草经常要行驶万里的路途，在道路上面饿死的人，他们的坟冢前后可以相望，士兵在境外疲劳，百姓在国内困穷，危亡的那一天已经不远了。冠军叔父（前秦任命慕容垂做冠军将军，是慕容绍、慕容楷的叔父）无论是智识、仁爱还是气度，都可以说是出类拔萃的，必定能够弘扬光复燕国的国统，我们只需要多多保重来等待时机了。"

起初，前秦的士兵攻取了凉州以后，商议讨伐西方边境上的氐族、羌族人，前秦国君苻坚说："他们不同种族部落混杂而居，没有互相统一，不能构成中原之国的大患，应当先去对他们进行安抚晓谕，向他们征收田租和赋税，如果他们不服从命令，然后再派遣士兵前去讨伐。"于是前秦国君苻坚就派遣殿中将军张旬先去进行安抚慰问，庭中将军魏曷飞率领两万七千名骑兵紧紧地跟随在他的后面。魏曷飞对他们凭借险要的地势不肯向前秦投降，而感到非常气愤，就率领士兵对他们展开了攻击，劫掠了大量的财物之后回来了。前秦国君苻坚因为他违抗命令而感到气愤，抽打了他两百鞭，并且斩杀了前锋督护储安，向氐族、羌族人谢罪。氐族、羌族人非常高兴，于是有八万三千多个部落前来向前秦投降归附进献贡奉。雍州的士族之前因为战乱而流落寄居在河西的那些人，全部都听凭他们返回故土。

刘库仁招纳安抚流离失散的百姓，恩泽威信都很显著，侍奉拓跋珪恩勤周到，不会因为自己废兴的缘故而改变想法，常常对他的几个儿子说："这个孩子有高出于天下人的志向，必定能够弘扬昌隆祖先的基业，你们应当谨慎小心地对待他。"前秦国君苻坚奖赏他的功劳，任命他为广武将军，并且赐予他旌旗、战鼓、伞盖等物品。

刘卫辰对于位居刘库仁之下感到耻辱，愤怒地杀死了前秦的五原太守以后叛变了。刘库仁前去攻击刘卫辰，把他打败了，一直追击到阴山西北一千多里的地方，俘获了他的妻子、子女。又向西攻击库狄部，迁徙他们的部落，安置在了桑乾川。过了很长时间，前秦国君苻坚任命刘卫辰为西单于，监督统摄河西的各个部族，驻守在代来城。

这一年，乞伏司繁去世，他的儿子乞伏国仁继位。

太元二年（丁丑，公元377年）

春季，高句丽、新罗、西南夷全部都派遣使者来向前秦进献贡奉。

原来后赵的将作功曹熊邈多次对前秦国君苻坚讲述石氏宫室、器物古玩的华丽丰盛，前秦国君苻坚任命熊邈为将作长史，兼领将作丞，大规模地修整舟舰、兵器，用金银进行装饰，十分精美巧妙。慕容农私底下对慕容垂说："自从王猛死了以后，前秦的法令制度，一天比一天荒废混乱，现在再加上奢侈，灾祸就快要降临了，图谶里面的言辞，将要有所验证了。大王应该结交招纳英雄豪杰，来秉承上天的意旨，不可以错过这个时机！"慕容垂笑着说："天下的大事不是你所能够预知的！"

桓豁向晋孝武帝司马曜呈上奏表举荐兖州刺史朱序出任梁州刺史，镇守襄阳。

秋季，七月，丁未日（七月无此日），晋孝武帝司马曜任命尚书仆射谢安为司徒，谢安谦让不肯接受晋孝武帝授予的官职。又任命谢安为侍中，都督扬州、豫州、徐州、兖州、青州五个州诸军事。

丙辰日（七月无此日），征西大将军、荆州刺史桓豁去世。冬季，十月，辛丑日（十一日），任命桓冲都督江、荆、梁、益、宁、交、广七州诸军事，兼领荆州刺史；任命桓冲的儿子桓嗣为江州刺史。又任命五兵尚书王蕴都督江南诸军事，兼领徐州刺史；任命征西司马兼南郡相谢玄为兖州刺史，兼任广陵相，监察江北诸军事。

桓冲考虑到前秦威势强盛，想要转移军队固守长江以南的地区，于是向晋孝武帝司马曜呈上奏章请求从江陵迁移到上明镇守，派遣冠军将军刘波在江陵驻守，谘议参军杨亮在江夏驻守。

王蕴坚决推辞兼管徐州刺史的职务，谢安说：“你身居皇后父亲的尊贵地位，不应当妄自菲薄，来损害一时的恩遇。”王蕴这才接受了朝廷的任命。

起初，中书郎郗超自认为他的父亲郗愔的职位待遇都应该在谢安之上，但是谢安入朝掌握了国家的枢要大权，郗愔却在一些闲散的职位上悠闲无事（郗愔自徐州、兖州两个州刺史移镇会稽），所以郗超常常将愤恨和抑郁的心情表现在言辞和神色当中，也因此和谢氏产生了隔阂。这时，朝廷正因为前秦的侵扰深以为忧，颁下诏书在文武良将中寻求可以镇守戍卫北方领土的人，谢安举荐了他哥哥的儿子谢玄应诏。郗超听到了这个消息，慨叹说：“谢安贤明，才能够违背凡俗，不管众人的议论，举荐自己的亲人；谢玄的才干，足以不辜负谢安的举荐。”众人都认为并非如此。郗超说：“我曾经和谢玄共同在桓公（桓温）的府上做事，看到他施展才能，虽然是布衣徒步之间的小事，也从来不失职，所以我了解他啊。”

谢玄召募骁健勇敢的人，得到了彭城刘牢之等几个人。任命刘牢之为参军，他常常率领精锐的士兵作为前锋出战，每一次交战没有不能够取得胜利的。当时的人称他们为“北府兵”，敌人对他们也感到很害怕。

壬寅日（十二日），护军将军、散骑常侍王彪之去世。起初，谢安想要增建宫室，王彪之说：“朝廷中兴的初期，就把东府（在建康台城之东）作为宫廷，十分俭朴鄙陋。苏峻作乱的时候，成帝司马衍就住在御史台官员办公的地方，几乎连寒风酷暑也不能够遮挡，所以才会另外建造了新的宫殿。这和汉、魏时代的宫殿比较起来，固然是俭朴了一些，但是和刚刚渡过长江时的宫殿比较起来，已经算是奢侈的了。现在正是敌寇力量强大的时候，怎么可以大规模地兴建土木，劳苦侵扰百姓呢？”谢安说：“宫室破旧简陋，将来的人会说住在这里的人没有能力。”王彪之说：“凡是承担国家重大责任的人，应当保全国家安定百姓，使政事光明显赫，怎么能以修建宫室来衡量能力呢？”

谢安没有办法改变他的意见，所以王彪之在世期间，什么宫室也没有修筑和营造。

十二月，临海太守郗超去世。起初，郗超和桓氏结为同党，因为父亲郗愔忠心于王室，所以没有让父亲知道。等到他病重的时候，他就拿出一箱子书信交给他的门生说："父亲的年龄已经大了，我死了以后，如果父亲因为悲痛惋惜的缘故，而妨害到饮食和睡眠，你可以把这个箱子呈献给他；如果没有出现这种情况，你就把它烧掉。"后来，郗愔果然因为悲痛惋惜而生病了，门生把箱子呈献给他，箱子里面全部都是郗超与桓温的往返信件，而这些信件里面所说的，大抵都是反叛朝廷的秘密计划。郗愔大怒说："这个小子死得已经太晚了！"于是就不再为他悲痛流泪了。

太元三年（戊寅，公元378年）

春季，二月，乙巳日（十七日），建筑新的宫殿，晋孝武帝司马曜迁到会稽王府邸居住。

前秦国君苻坚派遣征南大将军、都督征讨诸军事、暂时代理尚书令、长乐公苻丕和武卫将军苟苌、尚书慕容暐共同率领七万名步兵和骑兵进攻襄阳，派遣荆州刺史杨安率领樊州、邓州的士兵作为前锋，征虏将军始平人石越率领一万名精锐的骑兵从鲁阳关出发，京兆尹慕容垂和扬武将军姚苌率领五万名士兵从南乡出发，领军将军苟池和右将军毛当、强弩将军王显共同率领四万名士兵从武当出发，会合起来进攻襄阳。夏季，四月，前秦士兵到达了沔水以北的地区，梁州刺史朱序认为前秦的军队没有舟楫，就没有进行防备。不久，石越率领五千名骑兵顺流渡过了汉水，朱序惶恐害怕，固守中城。石越攻取了他的外城，缴获了一百多艘船，用来接运其余的士兵。长乐公苻丕率领众将领前去进攻中城。

朱序的母亲韩氏听说前秦的士兵将要到达，亲自登上城墙察勘是否坚固，到了西北角，认为这里不够坚固，于是就率领女仆以及城里面的一百多个成年女子，在城墙里面又斜着修筑了一道城墙。等到前秦士兵到达的时候，西北角的城墙果然被攻破了，士兵们就转移到新城墙上面进行防守，襄阳人把这段城墙称为夫人城。

桓冲在上明拥有七万名士兵，但是由于畏惧前秦士兵的强大，不敢进攻。

苻丕想要快速把襄阳攻取下来，苟苌说："我们士兵的人数十倍于敌人，储备的粮食堆积得像山一样高，只要逐渐地把汉水、沔水一带的百姓迁徙到许昌和洛阳，把他们转运粮食的道路堵塞，把他们前来援救的军队阻断，他们就会如同坠入网中的禽鸟一样，还需要忧愁不能把他们抓到吗？何必要以将士们过多的伤亡为代价，急切地求取成功呢？"苻丕采纳了他的建议。慕容垂把南阳攻取了下来，擒获了太守郑裔，然后和苻丕在襄阳会合。

秋季，七月，新的宫殿修筑完成；辛巳日（二十五日），晋孝武帝司马曜迁入新宫居住。

前秦的兖州刺史彭超请求率领士兵前往彭城攻击沛郡太守戴逯，并且说："希望可以另外派遣将领进攻淮河以南的几个城，以便和征南大将军苻丕形成围棋劫争之势（用棋势比喻兵势。下围棋时，攻对方右边而对方应之，则攻左边以取之，曰劫），东西同时发起进攻，丹阳（晋都建康，是汉丹阳秣陵县地）很容易就可以被平定了。"前秦国君苻坚采纳了他的意见，派遣他都督东讨诸军事。后将军俱难和右禁将军毛盛、洛州刺史邵保共同率领七万名步兵和骑兵，进攻淮阳和盱眙。彭超，是彭越的弟弟；邵保，是邵羌的堂弟。八月，彭超进攻彭城。晋孝武帝司马曜派遣右将军毛虎生率领五万名士兵镇守姑孰来抵御前秦的士兵。

前秦的梁州刺史韦钟在西城包围了魏兴太守吉挹。

九月，前秦国君苻坚和群臣一起喝酒，任命秘书监朱肜为酒正，让人们都喝到烂醉如泥的程度。秘书侍郎赵整编了一首《酒德之歌》说："地列酒泉，天垂酒池（依照《天文志》及天垂酒池的"垂"字观之，"池"当作"旗"），杜康妙识，仪狄先知。纣丧殷邦，桀倾夏国，由此言之，前危后则。”（地上列有酒泉郡，天上挂着酒旗星；杜康能精准地辨别酒的香醇美妙，帝女仪狄早就已经知道酒能够亡身。商纣因为长夜饮酒，丧失了殷商之邦；夏桀为了纵酒骄淫，使夏国倾覆了，由此说来，前人的危亡，是后人警戒自己的法则。）前秦国君苻坚听了以后非常高兴，命令赵整把它书写下来，来作为对饮酒的禁戒，从此以后，前秦国君苻坚再宴饮群臣的时候，只是遵照礼节，喝一点酒而已。

前秦的凉州刺史梁熙派遣使者进入西域，宣扬前秦的声威和仁德。冬季，十月，大宛向前秦进献汗血马。前秦国君苻坚说：“我曾经仰慕汉文帝刘恒的为人，使用千里马做什么呢！于是命令群臣作《止马之诗》，然后将汗血马送了回去。

巴西人赵宝在凉（他本作“梁”）州起兵，自称为晋西蛮校尉、巴郡太守。

前秦的豫州刺史北海公苻重镇守洛阳，谋划造反；前秦国君苻坚说：“长史吕光忠贞正直，必定不会和他同流合污。”于是命令吕光逮捕苻重，用囚车把他送到长安，前秦国君苻坚赦免了他，让他以公爵的身份回家。苻重，就是苻洛的哥哥。

十二月，前秦的御史中丞李柔向前秦国君苻坚呈上弹劾罪状的奏书说：“长乐公苻丕等人拥有十万名士兵，进攻并且包围了一座小城，每天要耗费数万金，但是已经围攻了很长时间还是没有见到功效，我请求您征召他回来送交廷尉加以追究。”前秦国君苻坚说：“苻丕等人大量耗费，但是不见成效，确实是应该被贬职或者斩杀；只是军队出征的时间已经很久了，不可以无功而返，不如特别地宽恕原谅他们一次，让他们用成就战功来赎罪。”前秦国君苻坚派遣黄门侍郎韦华持着天子的符节，严切地斥责苻丕等人，并且赐给苻丕一把剑说：“如果明年春季还不能够取得胜利的话，你就可以自杀了，不要再厚着脸皮来见我了！”

周虓在前秦，秘密地给桓冲写信，报告前秦的密谋计策。后来又逃到了汉中，前秦的人把他抓获了以后却又赦免了他。

太元四年（己卯，公元379年）

春季，正月，辛酉日（初八），东晋下令大赦。

前秦的长乐公苻丕等人接到诏令以后心里十分恐惧，就命令各路军队合力进攻襄阳。前秦国君苻坚想要亲自率领士兵前去攻打襄阳，颁下诏令命令阳平公苻融率领函谷关以东的六个州的军队在寿春和自己会合，命令梁熙率领黄河以西的军队作为后继军队。阳平公苻融劝谏前秦国君苻坚说："陛下想要攻取长江以南的地区，本来应当广泛征求意见，深思熟虑，不可以仓促行事。如果只是为了把襄阳攻取下来，又哪里值得亲自劳您的大驾呢！从来没有过为了区区一座城，而调动整个天下士兵的事情，正如《吕氏春秋》里面所说的'以随侯之珠弹千仞之雀'啊！"（意思是说所耗费的很多，而所得到的很少，而且也不一定能得到。）梁熙劝谏前秦国君苻坚说："晋朝皇上的暴虐，比不上孙皓，山河险峻坚固，容易进行防守，但是很难进攻。陛下一定想要统一长江以南的地区，也不过是分别派遣将帅，率领函谷关以东的士兵，向南前往淮水、泗水一带，派遣梁州、益州一带的士兵，东出巴山、三峡就可以了，又何必亲自坐着车子，远远地前往低洼潮湿的地方呢？从前汉光武帝刘秀诛杀公孙述，晋武帝司马炎擒拿孙皓，没有听说两位帝王亲自率领六军，亲自拿着鼓槌击战鼓，冒着遭受箭、石的危险。"前秦国君苻坚这才停止。

晋孝武帝司马曜颁下诏书派遣冠军将军南郡相刘波率领八千名士兵前去救援襄阳，刘波畏惧前秦的士兵，不敢前进。朱序多次出城迎战，把前秦的军队打得大败，前秦的士兵渐渐远退，朱序不再设置防备。二月，襄阳督护李伯护秘密地派遣他的儿子到前秦去表示忠诚，请求作为前秦的内应。长乐公苻丕命令各路军队一齐进攻襄阳。戊午日（二月无此日），终于攻克了襄阳城，擒获了朱序，将他送到了长安。前秦国君苻坚因为朱序能够固守节义，于是就任命他为度支尚书；因为李伯护做了不忠不义的事情，就把他斩杀了。

前秦的将军慕容越攻取了顺阳，并且擒获了太守谯国人丁穆。前秦国君苻坚想要授予他官职，但是丁穆坚决推辞，不肯接受任命。前秦国君苻坚任命中垒将军梁成为荆州刺史，给他分配了一万名士兵，镇守襄阳，选拔当地有才能和声望的人，给予礼遇，并且加以任用。

桓冲因为襄阳沦陷覆没，向晋孝武帝司马曜呈上奏疏请求送还官印和符节，并罢免他的官职；晋孝武帝没有答应。晋孝武帝颁下诏令罢免了刘波的官职，不久又任命他为冠军将军。

前秦任命前将军张蚝为并州刺史。

兖州刺史谢玄率领一万多名士兵，前去援救彭城，驻扎在泗口，想要派遣伺机行事的使者，向戴逯报告这件事，但是一直找不到适合的人。军中将领田泓请求潜入水中秘密地前往彭城，于是谢玄派他去了。但是田泓被前秦的人擒获了，前秦的人送给他很多财物想要贿赂他，让他报告说南军（晋军）已经失败。田泓假装答应了他们的请求，到达以后却告诉城里面的人："南军将要到达，我独自前来向你们报告这个消息，但是被敌人擒获了，你们多多努力吧！"于是前秦的人就把他杀死了。彭超把准备好的轻重装备放置在了留城，谢玄扬言将会派遣后军将军何谦前去进攻留城。彭超听到了这个消息以后，放弃了对彭城的包围，率领军队回去保护轻重装备。戴逯率领彭城的士兵，跟随何谦投奔了谢玄，于是彭超占据了彭城，把兖州治中徐褒留在那里进行防守，自己则向南进攻盱眙。俱难攻取了淮阴，把邵保留在那里进行戍守。

三月，壬戌日（初十），晋孝武帝司马曜颁下诏书，认为："边境经常发生患难，谷物的收成也不好，供奉天子所需要的物品，一律都应该节俭；九族的供给，百官的粮俸，暂时可以减去一半。各种徭役的费用，如果不是关系到军队和国家事务的关键，全都应该停止支出以求节省。"

癸未日（三月无此日），晋孝武帝司马曜派遣右将军毛虎生率领三万名士兵前去进攻巴中，用来援救魏兴。前锋督护赵福等人到达了巴西以后，被前秦的将领张绍等人击败，损失了七千多人。毛虎生率领士兵撤退到巴东驻扎。蜀人李乌聚集了两万名士兵，包围了成都来响应毛虎生，前秦国君苻坚派遣破虏将军吕光前去攻击并消灭了他。夏季，四月，戊申日（二十六日），韦钟攻取了魏兴，吉挹正准备拔刀自杀，周围的人把他的刀夺走了。刚好这时前秦的士兵到达了，擒获了他，吉挹一言不发，粒米不进而死。前秦国君苻坚感叹地说："前有周孟威不肯向我们屈服，后有丁彦远洁身自好，现在吉祖冲又不言不食而死，为什么晋朝有这么多忠贞的臣子呢？"（周虓，字孟威；丁穆，字彦远；吉挹，字祖冲。）吉挹的参军史颖逃了回去，晋孝武帝司马曜因此得到了吉挹临终时亲自撰写的奏疏，颁下诏令追封他为益州刺史。

前秦的毛当和王显率领了两万名士兵，从襄阳东进，与俱难和彭超会合以后共同进攻淮河以南的地区。五月，乙丑日（十四日），俱难和彭超攻取了盱眙，并且捉住了高密内史毛璪之。前秦的六万名士兵前往三阿包围了幽州刺史田洛，离广陵只有一百里。东晋朝廷上下非常震惊，沿着长江布置了戍守的士兵，派遣征虏将军谢石率领水军在涂中驻扎。谢石，是谢安的弟弟。

东晋的右卫将军毛安之等人率领四万名士兵在堂邑驻扎。前秦的毛当、毛盛率领两万名骑兵，袭击了堂邑，毛安之等人惊惶溃逃。兖州刺史谢玄从广陵率领士兵前去援救三阿。丙子日（二十五日），俱难和彭超都战败了，率领士兵撤退到盱眙进行防守。六月，戊子日（初七），谢玄和田洛率领五万名士兵前去进攻盱眙，俱难和彭超又都战败了，率领士兵撤退到淮阴驻扎进行防守。谢玄派遣何谦等人率领水军趁着潮水上涨的时候沿河而上，夜间焚烧了淮桥（前秦在淮河上面修筑了一座桥，用来方便士兵渡河）。邵保战死，俱难和彭超率领士兵撤退到淮河以北的地方驻扎。谢玄和何谦以及戴逯、田洛共同追击他们，双方在君川交战，又把他们打得大败，俱难和彭超向北逃走，仅仅逃脱了性命。谢玄回到广陵，晋孝武帝司马曜颁下诏命晋升他的封号为冠军将军，并且另外授予他兼领徐州刺史的官职。

前秦国君苻坚知道军队战败的消息以后，非常生气。秋季，七月，用囚车前去征召彭超，把他送交廷尉治罪，彭超自杀而死。削去俱难的爵位，将他贬为平民。

前秦国君苻坚任命毛当为徐州刺史，镇守彭城；毛盛为兖州刺史，镇守湖陆；王显为扬州刺史，戍守下邳。

谢安出任宰相的时候，前秦的士兵多次入侵东晋，边境的军队失利，但是谢安每一次都用沉着、平和的态度使众人镇静下来。他处理政事的方法，是特别注重重大的事情，不拘泥于小事。当时的人都把谢安和王导相提并论，但是都认为他的斯文雅正超过了王导。

八月，丁亥日（初七），晋孝武帝司马曜任命左将军王蕴为尚书仆射，不久，又把王蕴升迁为丹阳尹。王蕴认为自己是皇后的父亲，不想在朝廷里面任职，苦苦请求到外地去，晋孝武帝任命他为都督浙江东五郡诸军事、会稽内史。

这一年，前秦发生了严重的饥荒。

太元五年（庚辰，公元380年）

春季，正月，前秦国君苻坚又任命北海公苻重为镇北大将军，镇守蓟城。

二月，前秦在渭城修筑了教武堂，派遣太学生当中熟悉阴阳兵法的人，教授众位将领，秘书监朱肜劝谏前秦国君苻坚说："陛下无论是向东征讨，还是向西攻伐，所到达的地方都没有敌手，四海之内的土地，十分当中得到了八分，虽然长江以南的地区还没有征服，但是也不值得一说。所以应该逐渐地偃息武事，增加修习文德。但是才刚刚开始设立学堂，就指导人们征战的技术，这大概不是招致天下升平的办法。况且众位将领，都是经历过上百次战争还能够活下来的，为什么还要担心他们不熟悉军事，反而让他们去接受书生的教导？这不是足以使他们的志气强大起来的办法。此事没有实际的好处，反而会对名声有所损害，我希望陛下可以仔细考虑一下！"前秦国君苻坚这才停止了这种做法。

前秦的征北将军、幽州刺史行唐公苻洛，勇猛并且力大无比，能够坐着就把奔跑的牛制服，射穿厚实并且坚硬的铁犁耳；自认为有消灭代国的功劳，要求获得开府仪同三司的资格，但是没有得到许可，因此心里就非常怨恨气愤。三月，前秦国君苻坚任命苻洛为使持节、都督益宁西南夷诸军事、征南大将军、益州牧，派遣他从伊阙赶往襄阳，沿着汉水逆流而上。苻洛对他手下的官吏部属们说："我，是王室的至亲（苻洛是前秦景明帝苻健哥哥的儿子），却不能够进入朝廷拜将称相，反而一直被摈斥在边远的地方；现在又把我外派到西边的边界，还不让我路经京城，这里边必定有阴谋诡计，是想要让梁成（时梁成守襄阳）把我葬身在汉水里面啊！"幽州治中平规说："逆取顺守，商汤、周武王就是这样的；把坏事变成好事，齐桓公、晋文公就是这样的。主上虽然还没有做昏庸暴虐的事情，但是穷兵黩武，滥行攻伐，百姓盼望可以不要拿着干戈作战，安身休息一下的，十家里面就有九家。如果明公您能够把神旗一立，境域之内的百姓，必定会像云涌似的纷纷前来跟从。现在您占据了燕国所有的土地，就连东海也囊括了，在北边统领着乌桓和鲜卑，在东边统领着高句丽和百济，引弓射箭的士兵不下五十多万，为什么要束手服从征召，迈向深不可测的祸患呢？"苻洛捋起衣袖，露出手臂，高声地说："我已经做出决定了，反对这个决定的人就斩首！"于是，苻洛自称为大将军、大都督、秦王。任命平规为幽州刺史，玄菟太守吉贞为左长史，辽东太守赵赞为左司马，昌黎太守王组为右司马，辽西太守王琳、北平太守皇甫杰、牧官都尉魏敷等人为从事中郎。分别派遣使者前往鲜卑、乌桓、高句丽、百济、新罗、休忍各国征调士兵，派遣三万名士兵前去协助北海公苻重戍守蓟城。各国都说："我们为天子防守藩地，不能跟从行唐公苻洛去做叛逆的事情。"苻洛感到恐惧，想要停手不干，但是又犹豫不能决定。王组、王琳、皇甫杰、魏敷知道他最终不会成功，想要向前秦国君苻坚告发他，苻洛把他们全部都杀死了。吉贞、赵赞说："现在各国都不肯跟从，事情和我们本来的计划相违背，明公您如果是因为害怕前往益州会发生什么不能预测的变故，也应当派遣使者进封表章乞求可以留下来，主上也不会不加考虑地拒绝。”平规说：“现在事情的行迹已经败露，怎么能够半途而废呢？您应该扬言接受了诏令，实际上率领幽州所有的军队，向南经由常山出发，阳平公苻融（苻融以冀州牧镇守邺城）一定会出城远道迎接，就趁这个机会把他擒获，进军占据冀州。率领函谷关以东的士兵，来图谋西边的领土，天下就会在你的旌旗指挥之下弹指间就可以安定了！”苻洛采纳了平规的意见。夏季，四月，苻洛率领七万名士兵从和龙出发。

前秦国君苻坚召集群臣商议这件事情，步兵校尉吕光说：“行唐公苻洛凭借王室至亲的身份作乱，这是天下百姓所共同痛恨的。愿您可以调配给我五万名步兵和骑兵，把他擒获就像俯身捡拾地上的物品一样容易。”前秦国君苻坚说：“苻重和苻洛是兄弟，占据着整个东北地区，士兵和赋税全部都有所依凭，不可以轻视。”吕光说：“他的士兵是迫于凶狠的威势，才会一时之间像蚂蚁一样聚集在一起的。如果派遣大军前去，在情势上必定会瓦解，不值得忧虑。”于是前秦国君苻坚派遣使者前去责备苻洛，说如果他返回和龙，许诺将会把幽州作为他世代承袭的封地。苻洛对使者说：“你回去告诉东海王苻坚（苻坚本封东海王），幽州地域褊隘狭窄，不足以容纳万乘之主，我必须在秦中称王来承继高祖苻健的大业（苻健庙号高祖）。如果他能够亲自到潼关来迎接大驾的话，我就让他居上公之位，封爵之后再回归本国。”前秦国君苻坚听了这些话以后非常生气，派遣左将军武都窦冲以及吕光率领四万名步兵骑兵前去讨伐他；右将军都贵驰马急行到达了邺城，率领冀州的三万名士兵作为前锋；任命阳平公苻融为征讨大都督。

北海公苻重率领蓟城所有的士兵前去和苻洛会合，驻扎在中山，一共有十万名士兵。五月，窦冲等人和苻洛在中山交战，苻洛的军队被打得大败，苻洛也被活捉，送到了长安。北海公苻重逃回了蓟城，吕光前去追击并斩杀了他。屯骑校尉石越从东莱率领一万名骑兵，渡海前去袭击和龙，斩杀了平规，幽州全部被平定。前秦国君苻坚赦免了苻洛，没有诛杀他，把他迁移到了凉州的西海郡。

◆臣司马光说：如果有了功劳但是没有奖赏，有了罪过但是没有诛罚，即使是尧、舜也不能治理得很好，更何况是其他的人呢！前秦国君苻坚每一次擒到造反的人，往往马上就宽宥赦免了他，从而使他的臣下对叛逆作乱习以为常，干险恶的勾当还心存侥幸，即使是力量不足被擒获了，也不用担心会被诛杀，这样祸乱怎么能够停止呢？《尚书·胤征篇》上面说："威克厥爱，允济；爱克厥威，允罔功（用严明胜过姑息，相信事情必定能够成功；用姑息胜过严明，相信事情必定不能成功）。"《诗经·大雅·民劳篇》上面说："毋纵诡随，以谨罔极；式遏寇虐，无俾作慝（不要听信狡诈欺骗的话，而应当警惕为恶无穷、两面三刀的人；要遏止暴虐和劫掠，不要使作恶把人欺）。"现在前秦国君苻坚违背了这些道理，怎么能够不灭亡呢？◆

东晋朝廷认为前秦士兵的撤退，是谢安、桓冲的功劳，于是任命谢安为卫将军，和桓冲都是开府仪同三司（开设府署，礼仪同于三公）。

六月，甲子日（十九日），东晋下令大赦天下。

丁卯日（二十二日），晋孝武帝司马曜任命会稽王司马道子为司徒；但是司马道子坚决辞让，不肯拜谢接受任命。

前秦国君苻坚征召阳平公苻融为侍中、中书监、都督中外诸军事、车骑大将军、司隶校尉、录尚书事；任命征南大将军、守（代理）尚书令、长乐公苻丕为都督关东诸军事、征东大将军、冀州牧。前秦国君苻坚考虑到众氐族种族滋长繁杂，秋季，七月，把三原、九嵕、武都、汧、雍氐的十五万户氐族人划分开来，让自己的各个亲属分别统领，分散在各个地方居住，就像古代的诸侯国一样。长乐公苻丕统领了三千户氐族人，任命仇池氐族的酋长射声校尉杨膺为征东左司马，九嵕氐族的酋长水校尉齐午为右司马，让他们每个人各自统领一千五百户，作为长乐世代承袭的卿大夫（为长乐公丕的世卿）。任命长乐郎中令略阳人垣敞为录事参军，侍讲扶风人韦干为参军事，申绍为别驾。杨膺，是苻丕妻子的哥哥；齐午，是杨膺妻子的父亲。八月，把幽州分割，设置了平州，任命石越为平州刺史，镇守龙城。中书令梁谠为幽州刺史，镇守蓟城。抚军将军毛兴为都督河州、秦州两个州诸军事、河州刺史，镇守枹罕。长水校尉王腾为并州刺史，镇守晋阳。河州、并州两个州各自分配了三千户氐族人。毛兴和王腾全部都与苻氏有婚姻之谊，在氐族里面具有崇高的声望。任命平原公苻晖为都督豫州、洛州、荆州、南兖州、东豫州、扬州六个州诸军事，镇东大将军，豫州牧，镇守洛阳。调动洛州刺史前去镇守丰阳。任命巨鹿公苻叡为雍州刺史，镇守蒲阪。各自分配了三千两百户氐族人。

前秦国君苻坚把苻丕送到灞上，众氐族人在辞别他们的父亲、哥哥的时候，全部都伤心地痛哭，悲哀的气氛，连行路的人都被感动了。赵整借着陪同宴饮的机会，弹着琴歌唱说："阿得脂，阿得脂，博劳鸟的舅父是仇绥，尾长翼短不能飞。远徙种人留鲜卑，一旦出现缓急应当告诉谁！"（阿得脂是声词，无义。仇绥，《广雅》云：不知何物。鲜卑，指慕容氏。阿得脂，阿得脂，伯劳鸟的舅父是仇绥，尾巴长，翅膀短，不能飞。把同种族的氐人迁徙到远方，留下了鲜卑，如果一旦有急难的事情发生，应当告知谁？）前秦国君苻坚对此只是微笑，但是并没有理会他的劝谏。

九月，癸未日（初十），东晋皇后王氏去世。

冬季，十月，九真太守李逊占据了交州造反。

前秦国君苻坚任命左禁将军杨壁为秦州刺史，尚书赵迁为洛州刺史，南巴校尉姜宇为宁州刺史。

十一月，乙酉日（十三日），东晋在隆平陵安葬了定皇后王氏（隆平是孝武帝陵名）。

十二月，前秦任命左将军都贵为荆州刺史，镇守彭城。

前秦设置东豫州，任命毛当为刺史，镇守许昌。

这一年，前秦国君苻坚遣送高密太守毛璪之等两百多人返回东晋。

太元六年（辛巳，公元381年）

春季，正月，晋孝武帝司马曜刚刚开始遵奉佛教的法度，在宫殿里面设置了精舍（释家研习内典之所），用来让那些僧徒居住。尚书左丞王雅向晋孝武帝呈上奏表劝谏，但是晋孝武帝不肯听从。王雅，是曹魏时王肃的曾孙。

丁酉日（二十六日），晋孝武帝司马曜任命尚书谢石为仆射（仆射上当加“尚书”二字）。

二月，东夷、西域六十二国向前秦进贡。

夏季，六月，庚子朔日（初一），发生了日食。

秋季，七月，甲午日（二十五日），交趾太守杜瑗斩杀了李逊，交州这才得以平定。

冬季，十月，原来的武陵王司马晞在新安去世，晋孝武帝司马曜追封他为新宁郡王，任命他的儿子司马遵继嗣王位。

十一月，己亥日（十一月无此日），晋孝武帝司马曜任命前会稽内史郗愔为司空。郗愔坚决推辞，不肯拜谢接受任命。

前秦的荆州刺史都贵派遣他的司马阎振、中兵参军吴仲率领两万名士兵入侵竟陵，桓冲派遣南平太守桓石虔、卫军参军桓石民等人率领两万名水军和陆军前去抵抗。桓石民，是桓石虔的弟弟。十二月，甲辰日（初八），桓石虔袭击了阎振和吴仲，把他们打得大败，阎振和吴仲率领士兵撤退到管城进行防守。桓石虔率领士兵前去进攻，癸亥日（二十七日），攻取了管城，擒获了阎振和吴仲，有七千名士兵被斩首，一万名士兵被俘虏。晋孝武帝司马曜颁下诏书册封桓冲的儿子桓谦为宜阳侯；任命桓石虔兼领河东太守。

这一年，长江以南的地区发生了严重的饥荒。

太元七年（壬午，公元382年）

春季，三月，前秦的大司农东海公苻阳和员外散骑侍郎王皮、尚书郎周虓计划造反，事情被发觉，他们被抓捕以后送交廷尉奉诏审讯治罪。苻阳，是苻法的儿子；王皮，是王猛的儿子。前秦国君苻坚询问他们造反的情况以及原因，苻阳说："我的父亲哀公苻法没有犯罪却被杀死了，我只是为我的父亲报仇罢了。"前秦国君苻坚流着眼泪说："哀公苻法的死，责任不在我身上，难道你不知道吗？"王皮说："我的父亲身为丞相，有辅佐君王创立大业的功勋，我却没能够避免贫穷卑贱，所以我想要图谋富贵罢了。"前秦国君苻坚说："丞相临死的时候，把你托付给我，嘱咐我给你十头牛作为耕种田地的资本，未曾为你求取官位；没有谁能比父亲更了解儿子的，丞相是多么英明啊！"周虓说："我世代蒙受晋朝的恩惠，活着的时候是晋朝的臣子，即使死了也是晋朝的鬼魂，还有什么需要问的！"此前，周虓多次计划造反，周围的人都请求前秦国君苻坚把他杀死。前秦国君苻坚说："周虓是一个重义轻生的士人，是一个刚烈之士，他秉持着如此坚定的志节，哪里会畏惧死亡呢？我把他杀死刚好能够成就他忠义的名声。"于是将他们全部都赦免了，没有诛杀，把苻阳迁移到了凉州的高昌郡，把王皮和周虓迁移到了朔方以北。周虓最后死在了朔方。苻阳的勇敢力气都超过了一般的人，没有经过多久，苻坚又把苻阳迁移到了鄯善。等到建元（苻坚的年号）末年（建元十九年，苻坚伐晋失败，前秦因此大乱。二十年，苻坚死。这时可能是建元十八年）的时候，前秦国内大乱，苻阳劫持了鄯善国的丞相，想要请求返回东方，结果鄯善王把他杀死了。

前秦国君苻坚把邺城的铜驼、铜马、神禽飞廉像、巨人翁仲像迁移到了长安。

夏季，四月，前秦国君苻坚任命扶风太守王永为幽州刺史。王永，是王皮的哥哥。王皮凶暴险恶，行为不善，没有德行，而王永却清正修明，好学不倦，所以被前秦国君苻坚任用。任命阳平公苻融为司徒，苻融坚决推辞，不肯接受任命。前秦国君苻坚正在计划讨伐晋朝，就任命苻融为征南大将军、开府仪同三司。

五月，幽州发生了蝗虫的灾害，遍及了一千里的地区。前秦国君苻坚派遣散骑常侍彭城人刘兰发动幽州、冀州、青州、并州四个州的百姓，消灭了蝗虫。

秋季，八月，癸卯日（十一日），东晋下令大赦天下。

前秦国君苻坚任命谏议大夫裴元略为巴西、梓潼两个郡的太守，命令他秘密地准备水军。

九月，车师前部王弥窴和鄯善王休密驮前往前秦谒见前秦国君苻坚，请求出任向导，来讨伐西域那些拒绝臣服的部族，然后顺势效法汉朝设置总监督的督护的办法，来对他们进行统领管辖。前秦国君苻坚任命骁骑将军吕光为使持节、都督西域征讨诸军事，和凌江将军姜飞、轻车将军彭晃、将军杜进、康盛等人一起率领十万士兵，五千强悍的骑兵，前去攻打西域。阳平公苻融劝谏他说："西域地方荒凉偏远，即使得到了那里的百姓，也无法役使，得到了那里的土地，也无法进行耕种，汉武帝刘彻派遣士兵前去讨伐他们，结果得不偿失。现在您让军队艰辛地出征到万里以外，重蹈汉武帝刘彻错误的举措，我私下里为此感到痛惜。"前秦国君苻坚没有听从苻融的意见。

桓冲派遣扬威将军朱绰到襄阳攻打前秦的荆州刺史都贵，把沔水以北用来征收军饷的屯田全部都焚烧毁坏，掠夺了六百多户百姓的财物之后回去了。

冬季，十月，前秦国君苻坚在太极殿会见群臣，和他们商议说："自从我承继大业，已经有三十年了，四方之地，已经都大致平定，只有东南一角，尚且没有蒙受到君王的教化。现在粗略地计算了一下我们的士兵，一共有九十七万人，我想要亲自率领他们前去讨伐晋朝，你们觉得怎么样呢？"秘书监朱彤说："陛下恭敬地奉行上天的惩罚，大军一旦出动，必定不用开战，晋朝国君不是在军营门前口含璧玉来向我们表示投降，就是仓皇出逃葬身于江海，陛下可以让中原之国的士人百姓返回故土，让他们重建自己的家园，然后回车向东巡视，在岱宗泰山封禅祭告成功，这是千载难逢的时机。"前秦国君苻坚高兴地说："这正是我的志向！"

尚书左仆射权翼说："过去商纣王的作为不符合君道，但是他有微子、箕子、比干三位仁人在朝，周武王姬发尚且因为他们而掉转军队。现在晋朝虽然衰微软弱，但是还没有很大的罪恶；谢安、桓冲又都是长江以东的地区才识卓越的人才，他们君臣上下和睦，朝廷内外同心，根据我的观察，我们不可以谋取。"前秦国君苻坚沉默了很长时间，然后说："诸位分别发表一下自己的意见。"

太子左卫率石越说："现在木星、土星位于斗星和牵牛星、织女星的地方（斗、牛、女，是吴、越、扬州的分野），福德运祚正好位于吴地，如果我们讨伐晋朝，必定会遭到天灾。而且他们凭借着长江的天险，百姓又为他们所使用，恐怕不可以前去讨伐！"前秦国君苻坚说："从前周武王姬发讨伐商纣的时候，就是逆太岁运行的方向而进，也违背了占卜的结果。天道隐微幽远，不容易确切地知道。夫差、孙皓全部都据守江湖，但是也不能避免灭亡。现在凭借我们兵马的众多，就是把鞭子投掷到江水里面，也能够把江水堵塞住，使它不能够流动，他们又有什么天险能够凭借呢？"石越回答说："这三个国家的国君（指商纣、夫差和孙皓）全部都是荒淫暴虐而没有君道的，所以敌对的国家攻取他们的时候，就像俯身捡拾地上的物品一样容易。现在晋朝的国君虽然缺乏仁德，但是也没有很大的罪恶，我希望陛下可以暂时按兵不动，积聚谷粮，等待他们灾祸的降临。"于是群臣都各自说明了攻打晋朝的利害，很长时间都不能够做出决定。前秦国君苻坚说："这正是所说的在道路的旁边修筑房子，看到过路的人就和他进行谋划，路人的意见没有相同的，所以房子没有能够建成的时候。我要自己进行决断了！"

群臣都出去了，只有阳平公苻融留了下来，前秦国君苻坚对他说："自古参与决定大事的人，不过是一两个大臣罢了。现在众人议论纷纭，只是白白地扰乱人的心意，我要和你来决定这件事。"苻融回答说："现在攻打晋朝有三件困难的事情：没有顺应上天的道理，这是其一；晋国自身没有灾祸，这是其二；我们频繁征战，士兵疲敝，百姓怀有畏惧敌人的心理，这是其三。群臣当中说不可以攻打晋朝的人，全部都是忠贞的臣子，我希望陛下能够听从他们的意见。”前秦国君苻坚改变了脸色说：“就连你也这么说，我还能寄希望于谁呢！我们有一百万强悍的士兵，资材兵器，堆积如山；我虽然不是一个完美的君主，但也不是昏昧庸劣之辈。乘着多次取得胜利的威势，攻击一个即将灭亡的国家，何必忧虑不能攻取下来呢？怎么可以还把这个残余的敌人留下来，让他们长久地成为国家的忧患呢？”苻融哭泣着说：“我们无法把晋朝消灭，这是很明显的事情。现在大规模地出动疲劳的军队前去讨伐，恐怕不会获得万无一失的战功。况且我所忧虑的，还不仅仅是此事。陛下宠爱养育鲜卑族、羌族、羯族等族人，让他们布满了京城内外，这些人都是和我们有很深的仇恨的人。太子单独和数万个弱小的士兵在京城留守，我担心会有不测的变乱，发生在我们的心腹地区，到了那个时候就连后悔都来不及了。我冥顽愚蠢，我所说的这些话，确实不值得采纳；王猛是一时的英明杰出的人，陛下常常将他比作诸葛武侯，为什么唯独不记得他临死的时候所说的话呢？”前秦国君苻坚依然没有听从。于是，朝廷的大臣们向苻坚进言劝谏的有很多，前秦国君苻坚说：“以我们的力量前去攻打晋国，如果比较双方力量强弱的形势，就好像狂急的风扫落秋天将要脱落的黄叶一样轻松，但是朝廷内外的人士都说不可以前去进攻，这确实令我百思不得其解！”

太子苻宏说：“现在木星（岁星）在吴地的分野，再加上晋朝的国君没有做罪大恶极的事情，如果我们大规模地起兵发起进攻，却不能够获得胜利，恐怕在国家之外无论威严、声名都要遭受挫折，而在国家之内则资财力量耗尽，这就是导致群臣产生疑惑的原因！”前秦国君苻坚说：“从前我消灭燕国的时候，也是违背了木星的征兆，但是取得了胜利，天理本来就是很难确知的。秦国消灭六国的时候，那六国的国君，难道全部都是暴虐无道的君主吗？”

冠军将军、京兆尹慕容垂对苻坚说：“势力强的吞并势力弱的，国土大的吞并国土小的，这是自然的道理和趋势，并不是很难理解的。陛下如此神明英武，又顺应了天命期运，声威远播到海外，拥有百万勇猛的士兵，像韩信、白起那样的良将，布满了朝廷，但是小小的江南，单独敢违背君王的命令，怎么可以再把他们留下来，交给子孙后代成为忧患呢？《诗经·小雅·小旻》篇里面说：‘谋夫孔多，是用不集。’（出谋划策的人太多，所以所谋划的事情不能够成功。）陛下自己在心里面做出决断就已经足够了，何必广泛地征询朝廷众大臣的意见呢？晋武帝司马炎平定了东吴，所倚仗的也只有张华、杜预这两三个臣子罢了，如果依从了朝廷众大臣的言论，难道能有统一天下的功业？”前秦国君苻坚非常高兴地说：“和我共同平定天下的人，就只有你罢了。”赏赐给慕容垂五百匹绢帛。

前秦国君苻坚专注于想要攻取长江以东的地区，就连睡觉也不到天亮就起来了。阳平公苻融劝谏他说：“‘知足不辱，知止不殆。’（见《老子》第四十四章。意思是说：知道满足，就不会感到污辱；知道适可而止，就不会出现危险。）自古以来穷兵黩武的国家，没有一个不灭亡的。况且，我们的国家本来是属于戎狄之人所建立的，天下的正宗嫡传大概不会归于像我们这样的外族人。长江以东的地区虽然衰微软弱，残喘生存，但是他们承继了中华的正统，天意必定不会把他们灭绝。”前秦国君苻坚说：“帝王的更替之道，怎么会有一成不变的呢？只是看道德在哪里罢了。刘禅难道不是汉王室的子孙吗？但是最终还是被曹魏所消灭。你之所以不如我的原因，毛病就在于不明白顺应时势而有所改变的道理罢了。”

前秦国君苻坚一向信任重视僧人道安，群臣请道安寻找一个适当的时机，向苻坚进言劝说。十一月，前秦国君苻坚和道安乘坐同一辆辇车前往东苑游赏，苻坚说：“我将要和你一起南游吴、越之地，泛舟长江，亲临沧海，不也是很快乐的事情吗？”道安说：“陛下顺应天命来治理天下，身居中原但是能够控制四方，自身的昌隆就足以与尧、舜相比；何必冒着风侵雨淋的风险，经营谋划远方呢？而且东南地区地势低洼潮湿，容易造成灾害不祥之气，虞、舜前去南方游猎的时候，就死在了苍梧的郊野再也没有返回；大禹前去东边游猎的时候，去了一趟就再也没有第二趟，有什么值得劳您大驾呢？”前秦国君苻坚说：“上天生育了百姓，并且为他们树立了君王，是让君王统治教育他们，我哪里敢害怕辛劳，唯独使那一方土地单独不蒙受恩泽呢？如果一定像你所说的那样，古代的帝王就全部都没有征战攻伐的事情了！”道安说：“一定要做的话，陛下应当在洛阳停驻，派遣使者先去给他们送去书信，接着众将领率领六军跟随在后，他们就一定稽首称臣，不一定要亲自渡过长江、淮河。”前秦国君苻坚没有听从。

前秦国君苻坚所宠爱的张夫人劝谏他说：“我听说天地滋生万物，圣王统治天下，全部都是顺从它的自然之理从而使它能够顺遂，所以功业才会没有不成功的。黄帝之所以能够驯服牛马，是因为顺应了它们的禀性；夏禹之所以能够疏浚九川，挡住九泽，是因为顺应了它们的地势；后稷之所以能够播种和繁殖各种谷类，是因为顺应了上天的时令；商汤、周武王姬发之所以能够率领天下的军队前去攻打夏桀、商纣，是因为顺应了百姓厌弃他们的心愿。全部都是有所顺应才能够成功，没有顺应就不能够成功。现在在朝在野的人士，都说不可以讨伐晋朝，陛下却一意孤行下定决心要去讨伐，我不知道陛下是顺应了什么。《尚书·皋陶谟》里面说：‘天聪明自我民聪明（上天的聪慧明察来自民众的聪慧明察）。’上天尚且需要顺应民意，更何况是人呢！我又听说君王出兵，必定对上观察天理，对下顺应人心。现在人心既然不同意讨伐晋朝，请您再与天道验证一下。谚语说：‘鸡夜鸣的时候不利于出师，犬群嗥的时候宫室将空，兵器响动，战马厩惊，军败难以归来（鸡在夜里鸣啼，对于行军不利；狗成群地嗥叫，宫室里的人将尽丧亡；兵器摇动，战马惊恐，军队便会失败，不能归来）。’自从秋季、冬季以来，众多的鸡都在夜里发出鸣叫，成群的狗都发出悲哀的嗥叫，马厩里面的战马，大多数都变得很惊恐，武器库里面的兵器，自己摇动发出声音，这些都是不能出兵的预兆。”前秦国君苻坚说：“行军打仗的事情，不是妇人所应当参与、干预的！”

前秦国君苻坚的小儿子中山公苻诜，最受苻坚宠爱，他也劝谏苻坚说：“我听说国家的兴盛和衰亡，完全在于对贤明人士的任用和舍弃。现在阳平公苻融，是国家最重要的谋臣，陛下却不采纳他的意见；晋朝有谢安和桓冲，陛下却要去讨伐它，我私下里感到大惑不解。”前秦国君苻坚说：“天下的大事，小孩子能够知道什么！”

前秦的刘兰从事扑杀蝗虫，经过了秋季和冬季，仍然不能够消灭。十二月，有司上奏请求把刘兰送交廷尉进行审讯处理。前秦国君苻坚说：“灾害自上天降下，不是人的力量所能够消除的，这是由于我的政治混乱导致的，刘兰又有什么罪呢？”

这一年，前秦大丰收，上等的农田每一亩可以收获七十石的谷子，下等的农田每一亩可以收获三十石的谷子，蝗虫不飞出幽州的州境，而且不吃麻豆五谷，这里的上等农田每一亩可以收一百石的豆子，下等的农田每一亩可以收五十石的豆子。

资治通鉴卷第一百五　晋纪二十七

起癸未（公元383年），止甲申（公元384年），共二年。

【题解】本卷记录了公元383年、384年共两年间的东晋及各国大事，正当东晋孝武帝太元八年、九年。主要记录了前秦国主苻坚带领八十七万大军讨伐东晋，东晋以谢石为大都督，以谢玄为前锋都督，率兵八万人的军队抵抗前秦国的进攻；写了谢玄的部将刘牢之率兵在洛涧大破前秦将梁成，谢石、谢玄率东晋军与苻坚大军在淝水交战，前秦军惨败，死者十分之七八，苻融被晋军射死，苻坚被流箭射伤，只有慕容垂部单独完整保全；写了依附于前秦国的姚苌、乞伏国仁脱离苻坚，各自独立，自立为王；写了东晋将乘胜收复了黄河以南以及巴、蜀、梁州的部分地区等等。

烈宗孝武皇帝上之下

太元八年（癸未，公元383年）

春季，正月，前秦的吕光率领士兵从长安出发，派遣鄯善王休密驮、车师前部王弥窴作为向导。

三月，丁巳日（二十八日），晋孝武帝司马曜下令大赦天下。

夏季，五月，桓冲率领十万名士兵前去讨伐前秦，进攻襄阳；派遣前将军刘波等人进攻沔北各城；辅国将军杨亮进攻蜀地，攻下了五座城池，又率领士兵前去进攻涪城。鹰扬将军郭铨进攻武当。六月，桓冲的别将前去进攻万岁和筑阳，也把这些城池都攻了下来。前秦国君苻坚派遣征南将军巨鹿公苻叡、冠军将军慕容垂等人率领五万名步兵和骑兵，前去援救襄阳，兖州刺史张崇前去援救武当，后将军张蚝和步兵校尉姚苌前去援救涪城。苻叡驻扎在新野，慕容垂驻扎在邓城。桓冲率领士兵撤退驻扎在沔南。秋季，七月，郭铨和冠军将军桓石虔在武当打败了张崇，劫夺了两千户百姓的财物以后返回了。巨鹿公苻叡任命慕容垂为前锋，进军到达了沔水。慕容垂在夜里命令士兵们每人手持十个把束苇系在树枝上做成的火把，光亮可以照耀到数十里之外的远处。桓冲害怕了，撤退回到了上明。张蚝率领士兵出了斜谷；杨亮率领士兵返回。桓冲向晋孝武帝司马曜呈上奏表推荐他哥哥的儿子桓石民兼领襄城（一作阳）太守，戍守夏口；桓冲向晋孝武帝司马曜请求让自己兼领江州刺史，晋孝武帝颁下诏令答应了他的请求。

前秦国君苻坚下达诏令，大规模地出兵入侵东晋，百姓当中每十个成年男子里面派遣一个人充军；将那些勇敢、有才能，年龄在二十岁以下的家世清白的子弟，全部都任命为羽林郎（皇上的禁卫军军官）。又说："任命东晋皇帝司马昌明为尚书左仆射，谢安为吏部尚书，桓冲为侍中，依照这个形势来看，凯旋的时间不会太远，而这些人也必定会被俘虏和我们一起回来，可以先行起身于家，出任官职。"家世清白的子弟们前来应征骑兵的有三万多，前秦国君苻坚任命秦州主簿赵盛之为他们的都统。这时，朝廷的大臣们都不想让苻坚出征，只有慕容垂、姚苌和那些家世清白的子弟们支持他做这件事。阳平公苻融劝前秦国君苻坚说："鲜卑族的慕容垂和羌族的姚苌，都是我们的仇敌，常常盼望着可以乘着变乱的时机，来达到他们的目的，他们所呈献的策略计划，怎么可以听从呢？那些少年全都是富贵饶裕的子弟，不熟悉军队的事情，只不过随便地进上谄媚阿谀的话，来迎合陛下的心意。现在陛下听信并且采纳了他们的话，轻率地进行这样大规模的军事行动，我担心不但不能成就战功，随之还会产生后患，到了那个时候即使后悔也来不及了！"前秦国君苻坚没有采纳他的意见。

八月，戊午日（初二），前秦国君苻坚派遣阳平公苻融率领张蚝、慕容垂等人部下的步兵、骑兵一共二十五万人为前锋；任命兖州刺史姚苌为龙骧将军，指挥益州、梁州的军事事务。前秦国君苻坚向姚苌说："过去我是依龙骧将军的官位建立大业的，从来没有轻易地把这个官位授予别人，今天把它给了你，希望你好好勉励自己，努力干吧！”左将军窦冲说：“君王从来不可以说开玩笑的话，这话是不吉祥的征兆啊！”前秦国君苻坚沉默着什么也没有说。

慕容楷、慕容绍对慕容垂说：“秦王苻坚的骄傲自大已经非常严重，叔父建立中兴燕国的大业，就在此行了！”慕容垂说：“是的，但是除了你们，还有谁能够和我共同成就这种大事呢！”

甲子日（初八），前秦国君苻坚从长安出发，率领了六十多万名士兵，二十七万名骑兵，旌旗战鼓遥遥相望，前后连起来，有一千里路那么长。九月，前秦国君苻坚到达了河南的项城，甘肃凉州的军队才刚刚到达咸阳，蜀、汉地区的军队正沿着长江顺流东下，幽州、冀州的军队已经到达了彭城，从东到西全长一共有一万多里，水陆两路同时前进，运输军粮的船只多达一万艘。阳平公苻融等人率领了三十多万人的军队，首先到达了安徽的颍口。

晋孝武帝司马曜任命尚书仆射谢石为征虏将军、征讨大都督，任命徐州、兖州二州刺史谢玄为前锋都督，与辅国将军谢琰、西中郎将桓伊等人共同率领八万名士兵，前去抵抗前秦国君苻坚；派遣龙骧将军胡彬率领五千名水军，前去援助寿阳。谢琰，是谢安的儿子。

这时，前秦的军队已经非常强盛，声势浩大，东晋京城里面人人都很震惊恐惧。谢玄入朝向谢安询问应对敌人的策略，谢安一副平静的样子，回答说：“朝廷已经另外有打算了。”说完就一言不发了。谢玄不敢再问，就派遣张玄重新请求指令。于是谢安就命令准备车子，要到山林间的别墅里面游玩，亲戚朋友们也都跟着全部聚集在那里，与谢玄在别墅玩围棋赌博。谢安的棋术平时一直不如谢玄，但是这天，谢玄由于心里恐惧，在有利的形势下投子打劫，反而不能够取胜。下完棋，谢安就登山游玩，一直到深夜才回来。桓冲对国家的根基大业深以为忧，派遣了三千名精锐的士兵入城保卫京城。谢安固执地阻拦他，说：“朝廷的处理办法已经决定了，兵器和军队都不缺少，你应当把这一部分士兵留着，用来加强西边的防御力量。”桓冲对藩府参佐叹息说："谢安有身居朝廷的宽大气量，但是不熟悉带兵打仗的方法。现在强大的敌人就要到来了，自己却一天到晚忙着游山玩水和朋友们闲谈，高谈阔论不止，只是派遣那些未经战事的年轻人前去抵抗敌人，再加上士兵数量不足，力量软弱，天下的结局已经可以知道了，我们将要被秦王苻坚这些夷狄捉走，跟着他们穿左衽的衣服，被外族统治了。"

晋孝武帝司马曜任命琅邪王司马道子为录尚书六条事。

冬季，十月，前秦的阳平公苻融等人围攻寿阳；癸酉日（十八日），攻取了寿阳城，并且捉住了平虏将军徐元喜等人。苻融任命他的参军河南人郭褒为淮南太守。慕容垂也攻取了郧城。胡彬听说寿阳被攻取了，于是撤退到硖石进行防守，苻融又向他发起进攻。前秦的卫将军梁成等人率领五万名士兵驻扎在洛涧，沿淮河用木头竖着编成栅栏设置障碍，来遏制东晋的士兵从东面前来进攻。谢石、谢玄的军队驻扎在距离洛涧二十五里的地方，因为害怕梁成，不敢继续前进。这时，胡彬军队的粮食已经吃完了，于是就暗地里派遣使者告诉谢石他们说："现在贼人的气势很强盛，我军队里面的粮食又已经吃完了，恐怕再也不能见到你们了！"但是没有想到前秦的士兵捉住了胡彬的使者，并且把使者送到了阳平公苻融那里。苻融立刻派遣使者骑着快马前去把这件事报告给前秦国君苻坚，说："敌人的士兵人数少，容易擒获，只是担心他们会逃走，应当率领士兵迅速前来！"前秦国君苻坚收到这个报告以后，就把大军留在了项城，亲自率领八千名轻装的骑兵，日夜兼程加速赶赴寿阳和苻融会合。前秦国君苻坚派遣尚书朱序到东晋的军营里面，以"双方强弱的形势差得很远，不如赶快投降"为理由，劝说谢石等人。朱序却私底下告诉谢石他们说："如果秦国的百万大军全部都到达了，实在是难以和他们抗衡。不如趁着各路军队现在尚未会集，应当赶快前去攻击他们；如果能够打败他们的前锋部队，那么他们的士气就丧失了，最终就可以借此完全打败他们。"

谢石听说前秦国君苻坚在寿阳，非常害怕，想要用不交战的方式，使前秦的军队自己丧失斗志，拖垮前秦的军队。谢琰劝说谢石采纳朱序的建议。十一月，谢玄派遣广陵相刘牢之率领五千名精锐的士兵赶往洛涧，在距离洛涧还有十里路程的地方，前秦的将领梁成扼守山涧，在洛涧对岸部署兵阵以等待刘牢之。刘牢之径直向前渡过涧水，攻击梁成，把梁成的军队打得大败，并且杀死了梁成和弋阳太守王咏（曹魏分西阳、蕲春，置弋阳郡；前秦未能有其地，王咏只是兼领太守罢了）。又另外分派一部分士兵前去截断他们撤退的渡口，前秦的步兵、骑兵全部都溃败分散，争着跳入淮水希望可以渡过淮水，淹死了一万五千名士兵，俘虏了前秦的扬州刺史王显等人，把他们的武器和军粮全部都收缴了。这时，谢石等各路大军，由水陆两路相继进发。前秦国君苻坚和阳平公苻融登上寿阳城瞭望，看到东晋军队部署的阵势，非常整齐，又远远地望到了八公山上的一草一木，以为那也是东晋的士兵，前秦国君苻坚回过头来对苻融说："这也是强有力的敌人，怎么能够说他们软弱呢？"茫然若失，脸上这才开始表现出恐惧的神色。

前秦的军队紧靠着淝水摆下了阵势，东晋的士兵不能够渡过。谢玄派遣使者向阳平公苻融说："您孤军深入，然而却紧靠着淝水部署军阵，这是打算长时间相互僵持的策略，而不是想要快速交战的办法。如果能够把阵势稍微向后移动撤退一些，让晋朝的士兵能够渡过河，双方的军队一决胜负，不也是很好的事情吗？"前秦军队的将领们都说："我们的士兵人数多，他们的士兵人数少，不如就这样遏制他们，使他们不能够过河上岸，这样我们就可以万无一失了。"前秦国君苻坚说："只要率领军队稍微地向后移动撤退一些，让他们渡河渡到一半的时候，我们再出动精悍的骑兵接近并且杀过去，没有不能够取胜的道理。"苻融也认为可以这么做，于是挥舞战旗，指挥士兵后退。前秦的士兵一退就不可收拾，没有办法再停止下来，谢玄、谢琰、桓伊等人趁着这个机会率领军队渡过淝水，前去攻击前秦的军队。苻融驰马巡视军阵，打算率领退逃的士兵，不料战马摔倒了，他自己也摔在了地上被东晋的士兵杀死了，于是前秦的军队就全部溃散了。谢玄等人就乘着胜利进行追击，一直追到了青冈。前秦的军队被打得大败，互相践踏凌压而死的士兵，尸骸遮蔽了山野，堵塞了山川。那些逃走的士兵，听到刮风的声音和鹤鸣叫的声音，都以为是东晋的军队将要来到了，白天黑夜都不敢休息，也不敢走大路，只敢从荒草间的小路逃走，慌不择路；走累了也不敢在百姓的家里面借住，只能在野外露宿，再加上饥饿和寒冷，有十分之七八的士兵都死了。起初，前秦的军队向后稍微撤退的时候，朱序在军阵的后面大声喊叫："秦国的军队失败了！"士兵们听到了以后就争着向后狂奔乱逃。朱序趁着这个机会和张天锡、徐元喜投奔到了东晋的军队。缴获了前秦国君苻坚所乘坐的装饰着云母的车乘。又占据了寿阳，捉住了前秦的淮南太守郭褒。

前秦国君苻坚中了流箭，一个人骑着马逃到了淮河以北的地区，非常饥饿，有的百姓把盛在壶里的热汤泡饭和猪骨头送来给他吃，苻坚吃了以后，赏赐给他们十匹布帛、十斤绵。这些人推辞说："陛下厌倦困苦而安于享乐，自取危难。我是陛下的儿子，陛下是我的父亲，哪里有做儿子的供给父亲食物还要求取报偿的呢？"他们看也不看那些赏赐的布帛和绵就离开了。前秦国君苻坚对张夫人说："我现在还能用什么脸面去治理天下呢？"说着，眼泪就不断地流了下来。

这时，前秦的各路军队都已经溃散了，只有慕容垂所率领的三万名士兵，单独完整保全，前秦国君苻坚率领一千多名骑兵到了他那儿。慕容垂的长子慕容宝对慕容垂说："宗族国家覆灭（指燕被秦国所灭）以后，无论是上天的大命，还是人心的倾向，都归附极其尊贵的帝王，只是时机还没有到来，所以应该掩饰形迹躲藏起来罢了。现在秦国国君苻坚的军队战败了，他把自己的安全和命运都交给了我们，这是上天赐予我们的有利时机，让我们恢复燕国的福祚，我们不可以失去这个机会，希望您不要因为受到过他给予我们的微小恩惠，而忘记了复兴国家的重大责任！”慕容垂说：“你说得很对。但是他以一片赤诚之心将自己的安全和命运都交给了我们，我们怎么可以去伤害他呢？如果上天要把他抛弃，不用担心他不灭亡。我们不如在他危险的时候保护他，以报答他对我们的恩德，慢慢地等到他有灾祸的时候，再对他采取计划，进行图谋，这样的话，既不违背往日的心愿，而且可以用道义来征服天下。”奋威将军慕容德说：“秦国强大的时候把燕国吞并了，秦国弱小的时候就去图谋它，这是报复仇恨，洗雪耻辱，并不是违背了往日的心愿；哥哥你为什么得到了却不去占取，把数万名士兵的军队放弃转而授予别人呢？”慕容垂说：“我从前不被太傅慕容评所容，没有地方可以安身，为了躲避死亡的灾祸，而来到了秦国，秦国国君苻坚对待我就像对待秦国人当中那些才能出众的人一样，恩惠礼遇，至为完备。后来我又被王猛所出卖，自己没有办法让别人明白，只有秦国君主苻坚能够明察，这样的恩情怎么能够忘记呢？如果氐族（苻坚即氐族人）人的命运，必定穷尽，我应当安抚招纳函谷关以东地区的士兵，来光复祖先的基业罢了，函谷关以西的地方，必定不会归我所有。”冠军行参军赵秋说：“明公您应当继承光复燕国的国统，这已经明显地表现在星图谶文里面了；现在上天给予的时机已经来到，您还要再等到什么时候呢！如果我们把秦国的国君杀死了，把邺城占领了，打着军鼓向西进军，三秦（指函谷关以西地方）的地区也就不会归苻氏所有了。”慕容垂的亲信和同党，大多数都劝说慕容垂杀死前秦国君苻坚，但是慕容垂一个也没有听从，命令把军队都交给前秦国君苻坚。平南将军慕容暐驻扎在郧城，听说前秦国君苻坚失败的消息以后，抛弃他的士兵逃走了；到达荥阳，慕容德又劝说慕容暐起兵以恢复前燕的国统，但是慕容暐没有听从。

谢安接到了驿站传递的书信，知道前秦的军队已经战败了，当时他正在和客人下围棋，就把书信收起来放在了床上，脸上没有露出一点高兴的神色，继续下围棋。客人问他信件里面写的是什么消息，他慢条斯理地回答：“小孩子们已经最终攻破了贼人。”下完围棋以后，他返回内室，越过门槛的时候，心里高兴得竟然连木屐底上的木齿被折断了都没发觉。

丁亥日（初二），谢石等人回到了建康，由于捉回了前秦的音乐工匠，熟悉过去的音乐，于是从此宗庙里面开始设置金钟、石磬等乐器来演奏音乐（金钟、石磬是八音的前两种，所以讲雅乐的人常常称作金石。前秦的乐工原本是从前燕俘虏去的，此次，谢石捉回建康的有杨蜀等一共四人）。乙未日（初十），晋孝武帝司马曜任命张天锡为散骑常侍，朱序为琅邪内史。

前秦国君苻坚召集流散逃亡的士兵，等到达洛阳的时候，士兵人数已经达到了十几万人，文武官吏、仪仗器物、军队阵容，也都已经粗略具备。

慕容农对慕容垂说："父亲不在他人（指苻坚）危险的时候加以迫害，这种仁义的名声，足以使天地都感动。我听说秘记（图谶之类）里面记载：'燕国的复兴，应当在河阳。'在果实还没有成熟的时候就把它采摘下来，和在它掉落下来的时候拾取，两者之间在时间上，不过是十来天的差距，然而摘取和拾取的困难和容易，果实的美好和不美，就相差很多了！"慕容垂心里面很赞同他说的话，行进到渑池的时候，慕容垂就向前秦国君苻坚说："位于北方边远之地的百姓，听说朝廷的大军没有获得胜利，轻率地相互煽惑作乱，我请求您准许我遵奉诏书前去镇抚宣慰和招纳他们，顺便路过去拜谒先帝的陵庙。"前秦国君苻坚答应了他的请求。权翼劝止前秦国君苻坚说："国家的军队才刚刚失败，四方的人全部都有离散的倾向，您应当征召聚集有名的将领，把他们安置在京城，来稳固根基，安定枝叶，并且镇压京城以外的地方。慕容垂的勇敢智略，都超过了一般的人，世世代代都是中原以东的豪杰（时燕在中国东方，故称东夏），前一段时间是因为逃避祸乱前来归附秦国，他的本心难道仅仅是想做一个冠军将军就算了吗？就好像饲养老鹰，它饥饿的时候就依附人，但是每当暴风刮起的时候，就常常有冲上霄汉的志向，正应该紧系它的绳子和关住它的笼子，怎么可以解脱放纵它，听任它为所欲为呢？”前秦国君苻坚说：“你说得很对。但是我已经答应了他的请求，一般人尚且不可以说话不算话，更何况是一个国家的国君呢！如果天命要有一定的衰废和兴盛的事情发生，本来也就不是依靠人的智慧和能力所能够改变的。”权翼说：“陛下重视个人的小的信义而轻视国家政权的安危，依我之见，他一定是去而不返，函谷关以东的祸乱，从此就要开始了。”但是前秦国君苻坚没有听从，派遣将军李蛮、闵亮、尹国率领三千名士兵前去为慕容垂送行。又派遣骁骑将军石越率领三千名精锐的士兵，前去戍守邺城，骠骑将军张蚝率领五千名羽林军前去戍守并州，镇军将军毛当率领四千名士兵前去戍守洛阳。权翼秘密地派遣勇士邀请慕容垂到河桥以南的空仓房中，慕容垂因此心里感到怀疑，从凉马台乘坐用芦苇、高粱秆等编结成的小筏渡过了河，派遣典军程同穿着自己的衣服，骑着自己的马，和僮仆一起奔赴河桥。权翼在那里埋伏的士兵发起进攻，程同骑马奔驰而过，这才得以逃脱。

十二月，前秦国君苻坚回到了长安，哭祭了阳平公苻融之后才进入宫殿，给苻融定谥号为哀公。下令大赦，恢复征收战死者家属的赋税和徭役。

庚午日（十五日），晋孝武帝司马曜下令大赦天下。任命谢石为尚书令。进封谢玄的爵位为前将军；谢玄坚决推辞，不肯接受册封。

谢安的女婿王国宝，是王坦之的儿子；谢安厌恶他的为人态度，常常压制他不对他加以任用，任命他为尚书郎。王国宝自以为出身于有声望的氏族，依照惯例，只需要担任吏部的曹务，一概不出任其他官署（汉以来尚书分曹，担任曹务的叫作尚书郎。晋制尚书分三十五曹，置郎二十三人，而以吏部最为清选）的曹务，因此对于任职坚决推辞，不肯拜谢接受任命，并且因此怨恨谢安。王国宝的堂妹是会稽王司马道子的妃子，晋孝武帝司马曜和司马道子都喜欢喝酒，互相亲昵并且互相谄媚，王国宝就向司马道子说谢安的坏话，让他趁机挑拨晋孝武帝司马曜和谢安的关系。谢安的功劳和声名已经非常显赫，然而那些行为邪恶、追求晋升的人，却大多数都毁谤谢安，晋孝武帝司马曜从此渐渐地和谢安疏远了，并且开始猜忌谢安。

东晋开始放开禁酒的戒令，增加百姓用来纳税的米粮数量，每人纳粮五石。

前秦的吕光率领士兵穿过了三百多里的沙漠，焉耆等国全部都向吕光投降了。只有龟兹王帛纯对他们进行抵抗，围绕城池进行严密的防守，于是吕光进军攻打他们。

前秦国君苻坚入侵东晋的时候，任命乞伏国仁为前将军，率领作为先锋的骑兵；恰好这时乞伏国仁的叔父乞伏步颓在陇西反叛，前秦国君苻坚就派遣乞伏国仁返回去讨伐（国仁，代司繁镇的勇士）。乞伏步颓听到了这个消息以后，感到非常高兴，就到半路去迎接乞伏国仁。乞伏国仁在摆设酒菜感谢他们的时候，大声地说："苻氏使百姓疲劳而炫耀军队，大概就快要灭亡了，我应该和各位共同建立一方的大业。"等到前秦国君苻坚失败了以后，乞伏国仁就逼迫威胁各部族服从自己，对于不服从自己的，就加以攻击，然后吞并，士兵达到了十几万人。

慕容垂到达了安阳，派遣参军田山给长乐公苻丕写了一封信。苻丕听说慕容垂从北方过来，怀疑他要作乱，但还是亲自前去迎接他。赵秋劝慕容垂在座位上把苻丕擒获，顺势占据邺城起兵，但是慕容垂没有听从。苻丕计划趁着慕容垂没有防备的时候去偷袭他，侍郎天水人姜让劝谏说："慕容垂反叛的迹象，还没有表露出来，但是如果明公您要擅自把他杀死，这不是作为臣子应该有的行为；不如用对待上宾的礼节来对待他，再派遣一些士兵严密地看守他，秘密地呈上奏表说明他最近的表现，等到接到君王的诏令以后，再对他做出处置。"苻丕采纳了他的意见，招待慕容垂在邺西的馆舍里面居住。

慕容垂暗中和前燕的旧臣谋划恢复燕国的国统，刚好碰到丁零人翟斌举兵反叛前秦（丁零部落，本来在中山，前秦国君苻坚把前燕消灭以后，迁到了新安），计划前往洛阳攻击豫州牧平原公苻晖，前秦国君苻坚通过驿站送信派遣慕容垂率领军队前去讨伐他。石越向苻丕说："朝廷的军队刚刚遭遇失败，百姓内心尚且没有安定，那些犯罪以及逃亡藏匿的人，渴望祸乱的人有很多，所以丁零人一带头，十天的时间，已经有几千人起来响应了，这就是证明。慕容垂，是燕国德高望重的人，有振兴恢复燕国基业的心志，现在又把军队交给他，这就好比替老虎加上羽翼一样，更加勇猛无敌了。"苻丕说："慕容垂在邺城，我们就好像是睡在猛虎和蛟龙的旁边一样，常常害怕祸乱就发生在肘腋之间，现在让他远行到外面去，不是似乎更好一些吗？而且翟斌凶残悖逆，一定不肯屈居在慕容垂之下，让他们这两只老虎相互拼命，我借机跟着去控制他们，这是卞庄子的策略啊！"（卞庄子，春秋时鲁国卞邑大夫，卞庄子刺虎事，见《史记·陈轸传》。）于是苻丕给了慕容垂两千名老弱的士兵以及一些残次的铠甲兵器，又派遣广武将军苻飞龙率领一千名氐族的骑兵，让他出任慕容垂的副将。苻丕秘密地告诉苻飞龙说："慕容垂是三军的主帅，你是图谋慕容垂的将领，去吧，好生努力地去做吧！"

慕容垂请求进入邺城拜谒祖庙，苻丕没有答应，于是慕容垂把衣服换了暗地里进入邺城。守卫宗庙的官吏（邺城的门亭长）禁止他进入，慕容垂因此很生气，斩杀了官吏，烧毁了亭子以后离开了。石越向苻丕说："慕容垂胆敢轻视侮辱一方长官（指苻丕），杀死亭吏，烧毁庙亭，反叛的形迹已经显露了出来，可以借这个理由把他除掉。"苻丕说："在淮南失败的时候，慕容垂在主上车前马后侍奉守卫天子（指苻坚），这个功劳是不可以忘记的。"石越说："慕容垂对他自己的燕国尚且不忠，又怎么可能会对我们尽忠呢？错过了今天的这个机会以后就没有把他除掉的机会了，必定会成为以后的祸患。"但是苻丕没有听从他的意见。石越退下以后，告诉别人说："主公父子喜欢施行小恩小惠，不顾全国家大计，终究将会被他人擒获啊。"

慕容垂把慕容农、慕容楷和慕容绍都留在了邺城，当慕容垂行进到安阳汤池的时候，闵亮、李毗从邺城赶了上来，把苻丕和苻飞龙的计划告诉了慕容垂。慕容垂借机激怒他的士兵说:"我对苻氏竭尽忠诚,他们却专门想要算计我们父子,我虽然想要善罢甘休,但是可以吗?"于是慕容垂就以士兵人数太少为借口,在河内停留招募士兵,十天的时间,就已经聚集了八千名士兵。

平原公苻晖派遣使者责备慕容垂,督促他率领士兵前进。慕容垂对苻飞龙说:"现在寇贼离我们的距离不远,应当白天休息,晚上行军,趁他们不注意的时候前去偷袭。"苻飞龙认为慕容垂的话很有道理。壬午日(二十七日),夜里,慕容垂派遣长子慕容宝率领士兵走在前面,小儿子慕容隆率领士兵跟着自己,命令氐族的士兵,每五个人为一个编制单位;他暗地里已经和慕容宝有了约定,等听到敲战鼓的声音以后,前后合击一同攻击氐族的士兵和苻飞龙,把他们全部都杀死了,参佐当中有家在西方的人,慕容垂让他们全部都还乡,并且给前秦国君苻坚写信,陈述要杀死苻飞龙的原因。

起初,慕容垂跟随前秦国君苻坚进入邺城的时候,因为他的儿子慕容麟曾经很多次向前燕的慕容评密告他叛变,所以慕容垂立刻杀死了慕容麟的母亲,然而尚且不忍心杀死慕容麟,只是安排他在城外的屋舍里面居住,慕容麟很少能够见到慕容垂。等到他把苻飞龙杀死了以后,慕容麟多次向慕容垂进献策略和计划,对慕容垂有很大的启发,慕容垂转而认为他不一般,于是对他的宠爱和待遇就和其他的几个儿子一样了。

慕容凤和前燕旧臣的儿子燕郡人王腾、辽西人段延等人,听说了翟斌起兵作乱的消息以后,各自率领自己的部曲家兵前去归附他。平原公苻晖派遣武平武侯毛当前去讨伐翟斌。慕容凤说:"我今天将要洗去先王的耻辱(燕亡的时候,凤父桓死难),请求让我为将军(指慕容垂)斩杀这个氐奴。"于是慕容凤穿上铠甲,一直前进,丁零族的士兵,紧紧地跟随在他的后面,把前秦的士兵打得大败,斩杀了毛当;接着他又率领士兵进攻在陵云台戍守的士兵,攻下了凌云台,缴获了一万多人的铠甲和兵器。

癸未日（二十八日），慕容垂渡过黄河以后，焚毁了桥梁，他拥有三万名士兵，把辽东的鲜卑人可足浑谭留在河内的沙城会集士兵。慕容垂派遣田山前往邺城，秘密地告诉慕容农等人让他们起兵响应。当时天色已晚，慕容农和慕容楷留在邺城里面过夜，慕容绍先行出城，到蒲池盗窃了几百匹苻丕的骏马来等待慕容农和慕容楷。甲申晦日（二十九日），慕容农和慕容楷率领了几十个骑兵，穿着平民的衣服出了邺城，于是他们就和慕容绍一起逃去了列人县（在邺城东北）。

太元九年（甲申，公元384年）

春季，正月，乙酉朔日（初一），前秦的长乐公苻丕大规模地宴请宾客，邀请了慕容农但是在宴席上并没有见到他，这才发觉出现了变故。派遣人出城到各地去寻找，三天以后，才知道他在列人县，已经起兵叛变了。

慕容凤、王腾和段延都劝翟斌担任盟主的职位，翟斌听从了他们的建议。慕容垂想要袭击洛阳，而且不知道翟斌是否有诚意，就拒绝他说："我是来援救豫州的（秦国平原公苻晖以豫州牧镇守洛阳），不是来投奔你的。你想要建立丰功伟业，成功了就是你的幸运，失败了就是你的灾难，这些都与我无关。"丙戌日（初二），慕容垂到达了洛阳，平原公苻晖听说他把苻飞龙杀死了，就把城门紧紧地关上，不让他进城。翟斌又派遣长史郭通前去劝说慕容垂，但是慕容垂还是不答应。郭通说："将军您拒绝郭通的原因，是不是因为翟斌兄弟和你不是同一宗族的（翟斌为丁零种，慕容垂为鲜卑人），而且是身居山野间不开化的百姓，没有过人的才能和远大的谋略，必定不会有什么作为的缘故吗？为什么唯独不考虑将军今天凭借他们，就可以成就大业呢？"听了这话，慕容垂就同意了。于是翟斌率领他的士兵前来和慕容垂会合，劝慕容垂称帝王的尊号。慕容垂说："新兴侯（秦俘获慕容暐，册封他为新兴侯），是我们的国君，应当迎接他回来，重归正统。"

慕容垂考虑到洛阳四面都会遭到敌人的攻击，想要把邺城攻取下来作为自己的根据地，于是率领军队东进。原来的扶馀王馀蔚出任荥阳太守，和昌黎的鲜卑人卫驹，各自率领自己的士兵向慕容垂投降。慕容垂到达了荥阳，他的部下全部都坚持请他进上帝王之号，慕容垂依照晋中宗（晋元帝司马睿）的遗规，自称为大将军、大都督、燕王，秉承君主的旨意，执行国家的政事，称为统府。部下都向慕容垂称臣，一切的文表奏疏，封拜官位爵号，全部都和君王一样。任命他的弟弟慕容德为车骑大将军，册封他为范阳王；哥哥的儿子慕容楷（慕容恪的儿子）为征西大将军，册封他为太原王；翟斌为建义大将军，册封他为河南王；馀蔚为征东将军、统府左司马，册封他为扶馀王；卫驹为鹰扬将军，慕容凤为建策将军。率领二十多万名士兵，从石门渡过了黄河，长驱直入，直接到达邺城。

慕容农逃到列人县的时候，在乌桓人鲁利的家里居住，鲁利为他准备了食物，慕容农报之一笑，但是没有吃。鲁利对他的妻子说："恶奴（骂他妻子的话），君郎是贵人，我们家贫穷，没有什么可以给他吃的，怎么办呢？"妻子说："他有超人的才干，远大的志向，无缘无故地到来，必定是将要有不寻常的事情，不是为了吃东西而来的。你赶快出去，远远地眺望，防备不寻常的事情。"鲁利听从了他妻子的话。慕容农对鲁利说："我想要在列人县召集士兵，准备复兴燕国，你能够和我一起做吗？"鲁利说："不管死生，我都会跟随你。"于是慕容农就去乌桓人张骧那里，劝他说："家王（指慕容垂，因为慕容农是慕容垂的儿子，故称家王）已经发动了复兴旧业的大事，翟斌等人全部都推举尊奉他，远近的百姓全部都纷纷响应，所以我前来告诉你这件事。"张骧叩头两拜，说："能够得到过去的君主并且尊奉他，哪里敢不尽死效忠呢？"于是慕容农就把在列人县居住的百姓作为士兵，把桑树、榆树的枝条砍下来作为兵器，把衣服的前襟撕下来作为军旗，派遣赵秋前去劝说屠各（匈奴的贵族）人毕聪。毕聪和屠各人卜胜、张延、李白、郭超以及东夷人馀和，敕勃、易阳县的乌桓人刘大，各自率领自己部下的几千名士兵前去归附慕容农。慕容农暂时任命张骧为辅国将军，刘大为安远将军，鲁利为建威将军。慕容农亲自率领士兵攻取了馆陶，并且把那里的军用物资和器械全部都收缴了，派遣兰汗、段赞、赵秋、慕舆悕夺取了康台的几千匹牧马。兰汗，是后燕国君慕容垂的堂舅；段赞，是毕聪的儿子。于是步兵、骑兵像云涌似的聚集过来，士兵的人数多达几万人，张骧等人共同推举慕容农为使持节、都督河北诸军事、骠骑大将军，对于众将领，根据他们的才能进行任用，上上下下，恭敬顺从。慕容农因为后燕国君慕容垂还没有到达，不敢擅自封爵和赏赐将士们。赵秋说："军队里面没有赏赐作为奖励，将士们就不会勇往赴战，现在前来归附我们的，全部都是想要建立一时的功勋，来图谋长远的利益，您应该秉承国王的旨意，对他们封爵拜官，来加强中兴大业的根基。"慕容农采纳了他的意见，于是，前来投效的人络绎不绝；后燕国君慕容垂听到了这个消息以后，对此加以赞扬。慕容农派遣使者前往上党招纳库（一作"厍"）傉官伟，向东延引东阿的乞持归，向北到后燕招纳光烈将军平叡以及平叡的哥哥汝阳太守平幼，库傉官伟等人全部都响应他。慕容农又派遣兰汗攻打顿丘，把顿丘攻取了下来。慕容农的军队号令森严，军士们都不敢把居民的财物夺取过来占为已有，男女老幼都感到很高兴。

前秦的长乐公苻丕派遣石越率领一万多名步兵和骑兵，前去讨伐慕容农。慕容农说："石越有智谋和勇敢兼备的名声，现在不去南边抵抗大军，而来到这里，这是畏惧王（指慕容垂）而来欺负我，他们一定没有做防备，我们可以使用计谋战胜他们。"士兵们请求慕容农据守列人城，慕容农说："善于用兵的人，凝聚兵众靠的是赢得人心，不依靠别的什么东西。现在兴起义兵，只要是敌人就攻击，应当以高山大河作为城池，一个小小的列人城哪里值得据守呢？"辛卯日（初七），石越到达了列人城西，慕容农派遣赵秋以及参军綦毋滕攻击石越的前锋，打败了他们。参军太原人赵谦向慕容农进言说："石越的铠甲和兵器虽然精良，但是士兵们心里惊恐畏惧，所以很容易攻破，您应当赶快前去攻击他们。"慕容农说："他们军士的铠甲是在身上，我们军士的铠甲在心里面，白天作战，士兵们看见他们表面上的精良装备，就会对他们感到畏惧，不如等到晚上再去攻击他们，必定可以打败他们。”慕容农命令士兵们严加戒备来等待时机，不要轻举妄动。石越修建了栅栏来进行防守，慕容农笑着对众将领说：“石越武器精良，士兵众多，不乘着刚刚到来的锐气前来攻击我们，反而在修建栅栏进行防守，我知道他们是没有能力进攻。”等到天黑了以后，慕容农击鼓呼喊出发，在城西摆开战阵，牙门刘木向慕容农请求作为先锋前去攻击石越的栅栏，慕容农笑着说：“凡人看到美味的食物，哪一个不想得到，怎么能够让你独自一个人请求先去呢？然而你的勇猛精锐值得嘉勉，应该把先锋的角色优待给你。”于是刘木就率领四百个健壮的士兵，越过栅栏冲入敌阵，前秦的士兵惊慌溃败；慕容农率大队兵马跟在他的后面进行追击，把前秦的士兵打得大败，砍下了石越的头颅，送到了慕容垂那里。石越和毛当都是前秦骁勇的将领，所以前秦国君苻坚派遣他们协助他的两个儿子（苻晖和苻丕）镇守（洛阳和邺城）；此后，相继失败死亡，人们的心情骚动不安，他们所在的地方盗贼成群地起来抢夺百姓的财物。

庚戌日（二十六日），后燕国君慕容垂到达了邺县，把前秦建元二十年更改为后燕元年，官员服饰的颜色，朝廷的礼仪，全部都还依照以前的制度。任命以前的岷山公库傉官伟为左长史，前尚书段崇为右长史，荥阳人郑豁等人为从事中郎。慕容农率领士兵前去邺城和慕容垂相会，后燕国君慕容垂把他自称的官职正式授予了他们。册立世子慕容宝为太子，册封堂弟慕容拔等一共十七个人，以及外甥宇文输（输一作翰）、舅舅的儿子兰审都为王；其余的宗族亲属以及功臣，一共有三十七人被册封为公，一共有八十九个人被册封为侯、伯、子、男。可足浑谭聚集到了两万多名士兵，攻打野王，把野王攻取了下来，又率领军队和后燕国君慕容垂的士兵会合一同攻打邺城。平幼和他的弟弟平叡、平规，也率领几万个士兵前往邺城和后燕国君慕容垂会合。

长乐公苻丕命姜让谴责后燕君王慕容垂，并且劝说他："犯了过失但是能够改正，现在还不晚。"后燕君王慕容垂说："我承受了主上非常深厚的恩惠，所以想要保全长乐公，让他率领所有的士兵，平安地返回长安，然后我修整恢复国家的大业，和秦国永远结为友好的邻国，为什么他不明白天机和时运，不把邺城归还给我们呢？如果他始终执迷不悟，我将要动用所有的兵力攻打，到了那个时候，恐怕他想要剩下一匹马来骑着逃跑求生，也没有可能了！"姜让厉言正色地责备后燕君王慕容垂："将军在自己的国家无处容身，逃命到我们国家，燕国狭小的土地，难道能有将军你的份吗？主上和将军风俗不同，种族别异（秦属氐族，处关西；燕属鲜卑族，在东北），然而一看到你心里面就很向往，亲切得像自己的宗族亲戚一样，对你的宠信甚至超过了有功勋的老臣，自古以来君臣之间的相遇，有像这样亲厚的吗？因为朝廷的军队一时遭受了小小的失败，你即刻就有其他的图谋。长乐公，是主上的嫡传长子，接受了分治一方辅佐君王的重任，他的地位就像周朝的周公和召公一样尊崇，承担了镇守邺城的重任，他难道可能把百城之大的土地拱手送给你吗？将军想要背弃君主，进攻我们长乐公，自然可以大动军威，调用你所有兵力，哪里还用得着说那么多话呢？只可惜将军以七十岁的高龄，被斩下头颅，就像被周武王姬发杀掉商纣王一样把头颅悬挂在白旗上面，往日超越世俗的忠诚，反而要因为叛逆而成为被处死的鬼魂了！"后燕国君慕容垂默默地一句话也不说。后燕国君慕容垂周围的人都请求杀死姜让，慕容垂说："那也不过是各为其主罢了，有什么罪过呢？"对他以礼相待，送他回去了，并且给苻丕写的信件里，以及给前秦国君苻坚呈上的奏表里，把利害关系都说明了，请求把苻丕送回长安。前秦国君苻坚和苻丕都很生气，回信痛切地责备了后燕国君慕容垂。

东晋的鹰扬将军刘牢之攻打前秦的谯城，把谯城攻了下来。桓冲派遣上庸太守郭宝攻打前秦的魏兴、上庸以及新城三郡，把这些城池全部都攻了下来。将军杨佺期进军占据了成固，攻击前秦的梁州刺史潘猛，潘猛逃走了。杨佺期，是杨亮的儿子。

壬子日（二十八日），后燕国君慕容垂攻打邺城，把邺城的外城攻了下来，长乐公苻丕退守中城。关东六州的郡县，大多数都把和自己亲近的人送去作为人质，向后燕请求投降。癸丑日（二十九日），后燕国君慕容垂任命陈留王慕容绍兼领代理冀州刺史，驻扎在广阿。

丰城宣穆公桓冲听说谢玄等人建立了战功，自认为之前说错了话，因此羞惭恼恨，酿成疾病；二月，辛巳日（二十七日），桓冲去世。朝廷大臣们议论想要任命谢玄为荆州、江州两个州的刺史。谢安自认为自己父子的名声职位太引人注目，又害怕桓氏家族的人因为丢失了职位而怀恨在心，就任命梁郡太守桓石民为荆州刺史，河东太守桓石虔为豫州刺史，豫州刺史桓伊为江州刺史。

后燕国君慕容垂率领丁零、乌桓的二十多万名士兵，架设云梯，开挖地道，用来攻打邺城，但是没有攻取下来；于是就修筑了很长的围墙用来进行防守，把老弱的士兵分别安置在肥乡，修筑新兴城，用来放置器械、仪仗、粮草等物品。

前秦征东府的官吏僚属们怀疑参军高泰是前燕的旧臣（高泰先在前燕任官，慕容垂任命他为从事中郎），怀有二心，高泰害怕了，和同郡人虞曹从事吴韶逃回了渤海。吴韶说："燕国的军队就在很近的肥乡，我们应该前去归附他们。"高泰说："我们的目的只是逃避灾祸罢了；离开一个君主，又去事奉另一个君主，这是我所不愿意做的！"申绍见到他以后，感叹地说："离开与归附全都依循一定的道理，可以称得上是君子了！"

后燕的范阳王慕容德攻击前秦的枋头，把枋头攻取了下来，派遣士兵在那里戍守，然后就回来了。

东胡人王晏占据了馆陶，声援邺中，鲜卑、乌桓以及各郡县的百姓占据了坞壁（筑土为壁障，以防备盗贼，也有单称坞或壁的），不肯归附后燕的百姓尚且还有很多；后燕国君慕容垂派遣太原王慕容楷，和镇南将军陈留王慕容绍前去讨伐他们。慕容楷对慕容绍说：

"鲜卑、乌桓以及冀州的百姓，本来都是后燕的臣民，现在大业才刚刚开始，人们的心尚且还没有融洽，这就是导致小有不同的原因；您应该用恩德来使他们安定，不可以依靠威势来使他们震惧。我应当在一个地方停留，作为军队声威的根基；你去巡视安抚后燕的鲜卑人和汉民，以及鲜卑族以外的异族，明白地向他们展示大义，他们就必定会听命服从。"慕容楷于是驻扎在辟阳。慕容绍率领几百名骑兵，前去游说王晏，向他说明避祸求福的道理，因此王晏跟随慕容绍到慕容楷那里投降，于是鲜卑、乌桓以及在坞壁里面守卫的百姓一共有几十万人向慕容楷投降。慕容楷把其中的老弱者留了下来，设置郡守和县宰来安抚他们，派遣其中十几万名身强力壮的成年人，和王晏一起前往邺城。后燕国君慕容垂十分高兴地说："你们兄弟的才干，文武兼备，足以继承先王的事业！"（先王指慕容恪。）

三月，东晋任命卫将军谢安为太保。

前秦北地长史慕容泓听说后燕国君慕容垂攻打邺城，就逃奔到了关东，收拢聚集鲜卑人，士兵人数多达几千，返回的时候驻扎在华阴，把前秦将军强永打败了以后，他的士兵人数就更多了；慕容泓自称为都督陕西诸军事、大将军、雍州牧、济北王，推举后燕国君慕容垂出任丞相、都督陕东诸军事、兼领大司马、冀州牧、吴王。

前秦国君苻坚对权翼说："我没有采纳你的忠言，反而派遣了慕容垂，才使鲜卑人到了这种地步。关东这个地方，我不再和他们争夺，但是该拿慕容泓怎么办呢？"于是任命广平公苻熙为雍州刺史，镇守蒲坂。征召雍州牧巨鹿公苻叡为都督中外诸军事、卫大将军、录尚书事，分配给他五万名士兵；任命左将军窦冲为长史，龙骧将军姚苌为司马，前去讨伐慕容泓。

平阳太守慕容冲也在平阳起兵，拥有两万名士兵，进军攻打蒲坂；前秦国君苻坚派遣窦冲前去讨伐他。

库傉官伟率领屯营的几万名士兵到达邺城，后燕国君慕容垂任命库傉官伟为安定王。

前秦冀州刺史阜城侯苻定戍守信都，高城男苻绍在高城，高邑侯苻亮和重合侯苻谟戍守常山，固安侯苻鉴戍守中山。后燕国君慕容垂派遣前将军、乐浪王慕容温督率各路军队攻打信都，但是没有攻下来。夏季，四月，丙辰日（初三），派遣抚军大将军慕容麟增加士兵前去协助他们。苻定、苻鉴，是前秦国君苻坚的堂叔；苻绍、苻谟，是他的堂弟；苻亮，是他的侄子。慕容温，是后燕国君慕容垂弟弟的儿子。

慕容泓听说前秦的军队将要到达，心里感到害怕，准备率领士兵逃到关东去。前秦巨鹿公苻叡鲁莽勇猛，轻视敌人，想要率领士兵尽快赶去在半路截击慕容泓。姚苌劝止苻叡说："鲜卑人全部都有思念故国、想要返回的心情，所以才会起兵作乱，您应该驱使他们出关（指函谷关），不可以阻拦他们。即使抓住了鼷鼠的尾巴，它还能反过来咬人一口。慕容泓自己知道已经陷于穷途末路，就一定会和我们一拼死活，万一失败，后悔又怎么来得及？我们只可以敲着鼓紧紧地跟随在他们的后面，他们将会连奔逃都来不及，全部溃逃，自然就没有时间来抵御我们了。"但是苻叡没有听从姚苌的忠告，在华泽交战，苻叡的士兵被打败了，他自己也被慕容泓杀死。姚苌派遣龙骧长史赵都、参军姜协向前秦国君苻坚谢罪；前秦国君苻坚十分生气，把他们两个人都杀死了。姚苌心里感到害怕，逃到渭北牧马的地方，于是天水人尹纬、尹详、南安人庞演等人，纠集煽动羌族的豪强，率领他们的族人前去归附姚苌的一共有五万多家，推举姚苌担任盟主。姚苌自称大将军、大单于、万年秦王，下令大赦，把年号更改为白雀（自此以后，姚苌系之后秦），任命尹详、庞演为左、右长史，南安人姚晃以及尹纬为左、右司马，天水人狄伯支等人为从事中郎，羌训等人为掾属（佐治之吏，正叫掾，副叫属），王据等人为参军，王钦卢、姚方成等人为将帅。

前秦的窦冲在黄河以东的地区攻击慕容冲，把他打得大败；于是慕容冲率领八千名鲜卑的骑兵逃到慕容泓那里。慕容泓部下的士兵已经多达十几万人，他派遣使者对前秦国君苻坚说："吴王慕容垂已经把关东平定了，可以赶快就此准备车驾，恭送家兄慕容皇帝（指其兄慕容暐），慕容泓要率领关中的燕国人，守卫车乘，返回邺城，和秦以虎牢作为边界，永远结为友邻。”前秦国君苻坚听了以后非常愤怒，把慕容暐传召来责备他说：“现在慕容泓的信中把话说到了这种地步，等到你想要离开的时候，我将会为你提供帮助。你的宗族亲戚可以说是具备了人的面貌，却包含着禽兽的心肠，无法把他们作为国士来寄予期望！”慕容暐叩头叩得流了血，哭泣着表示谢罪。过了很长时间，前秦国君苻坚说：“这件事情是这三个竖子（指慕容垂、慕容泓、慕容冲三人）所做的，不是你的过失。然后恢复了慕容暐的官职，对待他仍然像当初一样。让慕容暐写信招纳劝谕慕容泓、慕容冲以及慕容垂。慕容暐秘密地派遣使者对慕容泓说：“我是被困在笼子里面的人，必定没有活着回去的道理；况且我还是燕王室的罪人，不值得你们再顾念。你好好努力建成大业，任命吴王为相国，中山王为太宰、兼领大司马，你可以出任大将军、兼领司徒，承奉我的旨意，封爵拜官，听到我死了的消息以后，你就可以即皇帝的尊位了。”于是慕容泓向长安进军，把年号更改为燕兴。

后燕国君慕容垂因为邺城仍然很坚固，召集僚属、佐吏们商议攻打的策略。右司马封衡向后燕国君慕容垂请求把漳水引进来灌注到邺城里面，慕容垂采纳了他的意见。后燕国君慕容垂巡行到了打猎场，顺便在华林园饮酒，前秦的人秘密地派遣士兵对他突然进行袭击，乱箭像下大雨一样射了过来，慕容垂几乎不能够冲出敌军的包围，冠军大将军慕容隆率领骑兵冲击敌人，慕容垂才幸免于难。

东晋竟陵太守赵统攻打襄阳，前秦荆州刺史都贵逃到了鲁阳。

五月，前秦洛州刺史张五虎占据了丰阳，前去向东晋投降。

东晋梁州刺史杨亮率领五万名士兵，攻打蜀，任命巴西太守费统率领三万名水、陆士兵作为前锋。杨亮驻扎在巴郡，前秦益州刺史王广派遣巴西太守康回等人抵抗他们。

前秦的苻定、苻绍都向后燕投降了；后燕的慕容麟率领军队向西攻打常山。

后秦国君姚苌率领士兵在北地驻扎，前秦的华阴、北地、新平、安定等地的羌胡有十几万户都向姚苌投降。

六月，癸丑朔日（初一），东晋崇德太后褚氏去世。

前秦国君苻坚亲自率领两万名步兵和骑兵，驻扎在赵氏坞，让护军将军杨璧等人分路攻打。后秦的士兵多次被打败，斩杀了后秦国君姚苌的弟弟镇军将军尹买。后秦军队驻扎的地方没有水井，前秦的士兵又堵塞了安公谷，并且拦截了同官水，来围困后秦的士兵。后秦的士兵都感到惊恐害怕，有人干渴而死。恰巧天下大雨，后秦的军营里面积水有三尺那么深，环绕军营一百步以外的地方，积水仅仅一寸多深而已，后秦的军队又振奋了起来。前秦国君苻坚叹息着说："难道就连上天也保佑贼兵吗？"

慕容泓的谋臣高盖等人认为慕容泓的德行和威望都比不上慕容冲，而且执行法律苛刻严峻，于是把慕容泓杀死了，册立慕容冲为皇太弟，秉承国君的旨意，处理事务，设置了百官；慕容冲任命高盖为尚书令。后秦国君姚苌派遣他的儿子姚嵩（《姚苌载记》，"嵩"作"崇"），作为人质到慕容冲那里，请求议和。

东晋将军刘春攻打鲁阳，都贵逃回了长安。

后秦国君姚苌率领七万名士兵攻击前秦，前秦国君苻坚派遣杨璧等人进行抵抗，却被后秦国君姚苌打败了；把杨璧以及右将军徐成、镇军将军毛盛等几十个将领和官吏都俘虏了，后秦国君姚苌对他们全部都以礼相待，然后放他们回去了。

后燕的慕容麟把常山攻取了下来，前秦的苻亮、苻谟都向慕容麟投降了。慕容麟进军围攻中山，秋季，七月，慕容麟攻取了中山，擒获了苻鉴。慕容麟的威势和名声大振，在中山停留并且驻扎在那里。

前秦幽州刺史王永、平州刺史苻冲率领两个州的士兵攻击后燕。后燕国君慕容垂派遣平（平一作宁）朔将军平规攻击王永，王永派遣昌黎太守宋敞在范阳迎战，宋敞的军队被打败，平规进军占据了蓟南地区。

前秦平原公苻晖率领洛阳、陕城的七万名士兵回到了长安。

益州刺史王广遣将军王虬率领三万名蜀汉士兵向北救长安。

前秦国君苻坚听说慕容冲和长安的距离越来越近，就率领军队回去，派遣抚军大将军高阳公苻方戍守骊山，任命平原公苻晖为都督中外诸军事、车骑大将军、录尚书事，配备五万名士兵用来抵抗慕容冲。慕容冲和苻晖在郑西交战，把苻晖打得大败。前秦国君苻坚又派遣前将军姜宇和小儿子河间公苻琳一起率领三万名士兵，在灞上抵抗慕容冲；苻琳、姜宇全部战败而死，于是慕容冲占据了阿房城。

前秦康回的军队多次被打败，于是撤退回了成都。梓潼太守垒袭用涪城向东晋投降。荆州刺史桓石民占据了鲁阳，派遣河南太守高茂去北方戍守洛阳。

己酉日（二十八日），东晋在崇平陵安葬了康献皇后。

后燕的翟斌依恃自己的功劳，傲慢无忌，贪得无厌，又因为围攻邺城很长时间也没有攻下来，私底下产生了背叛的想法。太子慕容宝请求后燕国君慕容垂把他除掉，后燕国君慕容垂说："我们在河南结的盟约，不可以违背；如果他起来发难，罪过就都由他承担。现在事情尚且没有发生就把他杀死了，人家必定会说我忌惮他的功劳，畏惧他的才能；我正在收罗招揽英雄豪杰，以使大业兴隆，不可以向人们显露出狭隘，失去天下人的期望。如果他有什么阴谋，我可以用智慧来防范他，使他不能有什么作为。"范阳王慕容德、陈留王慕容绍、骠骑大将军慕容农都说："翟斌兄弟依恃自己的功劳而傲慢骄横，必定会成为国家的祸患。"后燕国君慕容垂说："骄横必然导致迅速的失败，怎么能够成为祸患呢？他立有大功，应当听凭他自取灭亡。"后燕国君慕容垂对翟斌的礼遇越发优厚。

翟斌暗示丁零人以及自己的同党，请求让他出任尚书令。后燕国君慕容垂说："翟王的功劳，应当居上辅之位的尚书令；但是尚书台尚且没有建立，就不可以仓促设立这个官职。"翟斌听了以后很生气，暗地里和前秦长乐公苻丕私自互通计谋（按《通鉴》凡苻秦事，均写为秦；所以此“前”字衍），命令丁零人开决输引漳水的堤防，把水放走，事情被后燕国君慕容垂发觉了，慕容垂把翟斌以及他的弟弟翟檀和翟敏都杀死了，但是把其余的人都赦免了。

翟斌哥哥的儿子翟真，趁夜率领军营里面的士兵，向北逃向邯郸，中途又率领士兵掉头前往后燕围攻邺城的包围圈，想要和苻丕形成内外呼应的形势；太子慕容宝和冠军大将军慕容隆打败了他。翟真又掉头逃向邯郸。

太原王慕容楷、陈留王慕容绍向后燕国君慕容垂进言：“丁零人并没有很大的志向，只是因为过分地宠待了他们，所以才会背叛作乱罢了。如果我们现在要迅速地消灭他们，那么他们就会聚集起来，成为寇贼；如果我们暂时不理睬他们，他们自然就会离散，等到他们离散了以后，我们再去攻击他们，一定不会不成功的！”后燕国君慕容垂采纳了他的意见。

龟兹王帛纯处境困窘危急，重重地贿赂狯胡，以向他们请求救援；狯胡王派遣他的弟弟呐龙和侯将馗共同率领二十多万名骑兵，同时率领温宿、尉头等各国的士兵，合计七十多万人救援龟兹；前秦的吕光和他们在城西交战，把他们打得大败。帛纯逃走，有三十多个国家的王侯都向吕光投降。吕光进入龟兹人的城里；城里如同长安的市、邑一样，宫室建筑得很华丽。吕光抚慰安宁西域地区，威势和恩德十分明显，远方的许多国家，前代所未能臣服的，全都前来归附，并且把汉朝时赐给他们的符节凭证（类似现在商品出口的凭证和过往的文书）都献了上去。吕光全都呈上奏表给前秦国君苻坚，请求为他们进行更换，册立帛纯的弟弟帛震为龟兹王。

八月，翟真从邯郸向北逃跑，后燕国君慕容垂派遣太原王慕容楷、骠骑大将军慕容农率领骑兵追击他，在下邑追上了他。慕容楷想要和翟真交战，慕容农说：“士兵们饥饿疲倦，而且在敌人的军营中看不见身强力壮的成年人，恐怕他在其他地方设置了埋伏。”慕容楷没有听从，进军交战，后燕的士兵被打得大败。翟真向北赶往中山，驻扎在承营。

邺城里面用来喂牛马的刍草，和供人吃的粮食，全部都吃完了，只能把松树枝砍下来喂马。后燕国君慕容垂对众将领说："苻丕已经是穷途末路的敌人，必定没有向我们投降的道理；我们不如把军队撤退在新城驻扎，为苻丕让开西返长安的道路，以此来感谢秦王从前的恩情，而且也可以作为讨伐翟真的计策。"丙寅日（十五日）的夜里，后燕国君慕容垂解除了对邺城的包围，前往新城。派遣慕容农率领士兵巡行清河、平原，监督田租赋税的征收。慕容农明确地公布了条令，使有无资产的人分担恰当，军队纪律森严整饬，没有人敢侵犯暴虐，因此，交纳米谷和绢帛的人，络绎不绝，军队的给养丰富充足。

戊寅日（二十七日），东晋南昌文穆公郗愔去世。

东晋太保谢安向晋孝武帝司马曜呈上奏表，请求趁苻氏倾覆败亡的时机，开辟拓展中原地区，晋孝武帝司马曜任命徐州、兖州两个州的刺史谢玄为前锋都督，率领豫州刺史桓石虔讨伐前秦。谢玄到达下邳以后，前秦徐州刺史赵迁放弃彭城以后逃走了，谢玄进军占据了彭城。

前秦国君苻坚听说吕光把西域平定了的消息以后，任命吕光为都督玉门以西诸军事、西域校尉。但是因为道路被阻绝，任命无法通达。

前秦幽州刺史王永向振威将军刘库仁请求救援，刘库仁派遣他妻子的哥哥公孙希率领三千名骑兵前去救援他，在蓟南把平规的军队打得大败，乘着胜利，长驱直入，进军占据了唐城，与慕容麟相对持。

九月，谢玄派遣彭城内史刘牢之，进攻前秦兖州刺史张崇。辛卯日（十一日），张崇放弃了鄄城逃到了后燕。于是刘牢之占据了鄄城，河南各城邑村堡里面的百姓都前来归附东晋。

东晋太保谢安向晋孝武帝司马曜呈上奏疏，请求准许自己亲自率领士兵出征北伐；晋孝武帝司马曜册封谢安为都督扬州、江州等十五个州诸军事（按《孝武纪》太元九年文，十五州为扬州、江州、荆州、司州、豫州、徐州、兖州、青州、冀州、幽州、并州、梁州、益州、雍州、凉州），并且赐予他黄钺让他代替天子前去征伐。

慕容冲率领士兵逼临长安，前秦国君苻坚登上城墙观望，感叹地说："这些敌虏是从哪里出来的呢？"接着大声呼喊责备慕容冲说："你小子何苦来送死！"慕容冲说："我厌倦了我的困苦，只是想要捉拿你，想要代替你罢了！"慕容冲年少的时候深受前秦国君苻坚的宠幸，苻坚派遣使者带着锦袍宣称是皇帝诏令送给慕容冲的。慕容冲派遣詹事宣称皇太弟回答他说："我现在的志向在于夺取天下，哪里看得上一件锦袍这样的小恩小惠！如果你能够知道天命所在，君臣就应该停止抵抗，把双手绑住，早日把皇帝（指慕容暐）送来，自然就可以宽恕苻氏，来报答过去的恩好。"前秦国君苻坚非常生气地说："我没有听从王景略（王猛）、阳平公（苻融）的忠言，竟然使白虏（按《苻坚载记》，秦人称鲜卑为白虏）胆敢放肆到这种地步！"

冬季，十月，辛亥朔日（初一），发生了日食。

乙丑日（十五日），东晋实行大赦。

谢玄派遣阴陵太守高素去进攻前秦青州刺史苻朗，军队到达琅邪以后，苻朗前去向高素投降。苻朗，是前秦国君苻坚的侄子。

翟真驻在承营，和公孙希、宋敞首尾遥相呼应。长乐公苻丕派遣宦官冗从仆射清河人光祚率领几百个士兵前往中山，和翟真相互勾结。又派遣阳平太守邵兴，率领几千名骑兵去招纳会集冀州过去的郡县，和光祚约定日期在襄国会合。这时，后燕的军队疲敝，而前秦的兵势又重新振作，冀州各郡县全部都在观望双方的成败，来决定自己的去留，赵郡人赵粟等人在柏乡起兵来响应邵兴。后燕国君慕容垂派遣冠军大将军慕容隆、龙骧将军张崇，率领军队迎击邵兴，派遣骠骑大将军慕容农从清河率领军队和他们会合。慕容隆和邵兴在襄国交战，慕容隆把邵兴打得大败；邵兴逃到广阿，遇到了慕容农，慕容农把他捉住了。光祚听到这个消息以后，沿着西山逃回邺城。于是慕容隆就攻击赵粟等人，把他们全部都打败了，冀州的各郡县又都归附了前燕。

刘库仁听说公孙希已经打败了平规的军队，想要大规模地派遣士兵前去救援长乐公苻丕，他出动了雁门、上谷、代郡的士兵，驻扎在繁畤。前燕太子太保慕舆句的儿子慕舆文、零陵公慕舆虔的儿子慕舆常，当时都在刘库仁所在的地方，他们知道三郡的士兵不愿意到遥远的地方征伐，因此就起兵反叛作乱，趁夜攻打刘库仁，把他杀死了，偷了他的骏马，逃到了后燕。公孙希的士兵听说了发生变乱的事情以后，都自行溃逃了，公孙希逃到了翟真那里。刘库仁的弟弟刘头眷代替刘库仁率领刘库仁的部下和士兵。

前秦的长乐公苻丕派遣光祚以及参军封孚，前往晋阳去征召骠骑将军张蚝、并州刺史王腾救援自己；张蚝和王腾因为士兵人数少无法前去救援。苻丕进退无路，就和他的僚属、佐吏们商量。司马杨膺请求自动归附晋朝，但是苻丕没有答应。恰好这时谢玄派遣龙骧将军刘牢之等人占据碻磝，济阳太守郭满占据滑台，将军颜肱、刘袭驻扎在黄河以北的地区，苻丕派遣将军桑据驻扎在黎阳，用来抵抗东晋的军队。刘袭趁夜袭击桑据，桑据逃走了，于是刘袭占据了黎阳。苻丕心里感到害怕，就派遣堂弟苻就和参军焦逵向谢玄请求救援，给他写了一封信说："我想要借一条道路，乞求粮草，向西挽救秦国的祸难，等到援助的军队到达了以后，就把邺城拱手交给你们。如果向西的道路被阻断了，长安沦陷，请求您率领您所有的士兵来保全守卫邺城。"焦逵和参军姜让秘密地对杨膺说："今天惨败到这种地步，长安的音讯又阻隔断绝，无法知道存亡的情况。丧失气节，竭尽款诚，前去请求粮草和援军，仍然担心不能够得到，而公（指苻丕）如果不肯把感情义气去掉，态度左右摇摆，事情最终也不会成功。您应该把书信的名称更改为奏表，答应他君王的军队到达的时候，就将投身向南归附晋朝。如果他不听从，可以逼迫捆绑他把他交给晋朝。"杨膺自以为自己的力量能够控制苻丕，于是就把书信更改了以后派遣使者送了过去。

谢玄派遣晋陵太守滕恬之渡过黄河戍守黎阳。滕恬之，是滕脩（吴将）的曾孙。东晋朝廷认为兖州、青州、司州、豫州四个州已经被平定，就加封谢玄为都督徐州、兖州、青州、司州、冀州、幽州、并州七个州诸军事。

后秦国君姚苌听说慕容冲攻打长安，就召集众僚属商议是继续进军，还是停止前进，群臣都说："大王应该先攻取长安，建立根基，然后再筹划占据经营四方。"后秦国君姚苌说："不能这样做。燕人是因为他们的士兵有急切地想要归返故国的心意才起兵进攻的，如果他们的志向达成了，必定不会在关中长时间地停留，我想要把军队迁移到岭北驻扎，广泛地储备物资粮食，以等待秦国的灭亡和燕兵的离去，然后就可以拱手获取关中。"说完就把他的大儿子姚兴留下来防守北地，派遣宁北将军姚穆防守同官川，自己则亲自率领士兵攻打新平。

起初，新平人杀死了本郡的将领，前秦国君苻坚把他们的城墙去掉一个角来羞辱他们，新平郡的贤俊豪杰都觉得这是一桩心病，深以此为羞耻，想要建立忠义，来洗雪这个耻辱。等到后秦国君姚苌到达新平，新平太守南安人苟辅想要向姚苌投降，本郡人辽西太守冯杰、莲勺县令冯羽、尚书郎赵义以及汶山太守冯苗劝阻他说："从前田单凭借着一座城的力量保全了整个齐国。现在秦国的州府方镇，相连的郡县，还有一百多个，为什么要这么匆忙地去做叛逆的臣子呢？"苟辅高兴地说："这正是我的心愿啊！只是我担心时间长了，没有人前来救援，郡中的百姓横遭无辜之祸。诸位能够如此地坚决防守，难道我还会顾惜我的生命，苟且偷生吗？"于是他们就凭借着城池，严密地进行防守。后秦的军队在城外修筑土山，挖地道，苟辅在城里面也同样修筑土山，挖地道，双方有的时候在地道里面交战，有的时候在土山上面交战，后秦有一万多士兵都战死了。苟辅谎称投降来引诱姚苌，姚苌正准备进城，发觉以后就返回了，苟辅预先埋伏的士兵半路对他进行迎击，差一点就俘虏了他，又斩杀了他一万多人。

陇西处士王嘉，在倒虎山隐居，有奇异的方术，能够预知未来的事情，秦国人都把他当作神仙。前秦国君苻坚、后秦国君姚苌以及慕容冲全部都派遣使者前去迎接他。十一月，王嘉进入长安城，众人知道了这个消息以后，都以为前秦国君苻坚有福祚，所以圣人（指王嘉）才会去协助他，三辅地区的村镇军营以及四方山谷间依山而居的氐族、羌族，一共有四万多人前来归附苻坚。前秦国君苻坚把王嘉和僧人道安安置在外殿，行动与否全部都要向他们询问。

后燕的慕容农从信都向西到鲁口攻击丁零人翟辽，打败了他。翟辽撤退到无极县驻扎，慕容农驻扎在藁城来威逼他。翟辽，是翟真的堂兄。

在长安城里面的鲜卑人还有一千多人，慕容绍的哥哥慕容肃，和慕容暐暗中计划聚集鲜卑人作乱。十二月，慕容暐告诉前秦国君苻坚，因为他的儿子刚刚结婚，请苻坚到他的家里面去，置酒招待，实际上是想要埋伏士兵把他杀死。前秦国君苻坚答应了，刚好天上降下大雨，没有去成。事情泄露了出去，前秦国君苻坚召见慕容暐和慕容肃，慕容肃说："事情必定是泄露了出去，如果我们进去就会一起被处死。现在城内已经严密布防，不如杀了使者以后，骑快马冲出去，逃出城门以后，我们的兵众就可以立刻聚集起来。"慕容暐没有听从他的话，于是就一起入宫去见前秦国君苻坚。前秦国君苻坚说："我对待你们怎么样，你们反而产生了这样的意图？"慕容暐遮遮掩掩地搪塞回答。慕容肃说："宗族国家事关重大，还谈论什么你对我们的感情义气呢？"于是前秦国君苻坚先杀死了慕容肃，再把慕容暐和他的宗族亲属都杀死了，城内的鲜卑人无论老幼、男女，全部都被杀死。后燕国君慕容垂的小儿子慕容柔，被收养在宦官宋牙的家里，作为宋牙的儿子，所以没有受到牵连坐罪而被杀，和太子慕容宝的儿子慕容盛，乘机逃了出来，投奔了慕容冲。

后燕的慕容麟、慕容农会合军队，趁翟辽不备袭击了他，把他打得大败，翟辽一个人骑着马投奔翟真。

后燕国君慕容垂因为前秦长乐公苻丕还在据守邺城不肯离去，就又率领军队包围了邺城，同时为他放开了向西逃跑的道路。焦逵拜见谢玄，谢玄想要征召苻丕的儿子为人质，然后再派遣士兵救援。焦逵再三恳切地陈说苻丕的真诚，并且诉说了杨膺的心志，于是谢玄派遣刘牢之、滕恬之等人率领两万名士兵援救邺城。苻丕向谢玄报告粮食断绝，请求可以输送粮草，谢玄通过水陆两路给他运送了两千斛米粮。

前秦梁州刺史潘猛放弃了汉中，逃到了长安。

资治通鉴卷第一百六　晋纪二十八

起乙酉（公元385年），止丙戌（公元386年），共二年。

【题解】本卷记录了公元385年至386年共两年间的东晋及各国大事，正当晋孝武帝太元十年、十一年。主要记录了慕容冲在阿房城即帝位，史称西燕，与苻坚争夺长安城及周边地区，慕容冲围攻苻坚，苻坚逃到五将山被姚苌擒获，最后被吊死在新平佛寺，而慕容冲被部下杀死，接着西燕政权又进行了一系列的杀主更立，最后拥立慕容永为西燕主，进驻长子县；写了姚苌在西燕人离开长安后，进据长安称帝，史称后秦；写了苻坚之子苻丕与慕容垂争夺邺城，之后失败被杀，苻坚的族人苻登打败姚苌后，在陇上称帝，继续苻坚的前秦王朝；写了慕容垂在中山称帝，史称后燕；写了秦将吕光自西域龟兹率军东归，占据姑臧，自称凉州牧；写了贺兰部拥立拓跋珪，拓跋珪即代王位，后迁都盛乐，推广农耕，让百姓休养生息；此外还写了东晋名臣谢安病死等。

烈宗孝武皇帝中之上

太元十年（乙酉，公元385年）

春季，正月，前秦国君苻坚祭祀太庙，宴请群臣。当时长安正在发生饥荒，许多人靠吃人肉度日。那些参加宴飨的将军，都把肉偷偷地含在嘴里，回家以后，再把肉吐出来给自己的妻子儿女们吃。

慕容冲在阿房登上了皇位，把年号更改为更始。西燕君主慕容冲踌躇满志，赏罚完全随着心情的好恶来决定。慕容盛当时只有十三岁，告诉慕容柔说："即使是在十个人当中居首位，也必须是才能超过其他九个人，然后才可以胜任他的职位。现在中山王慕容冲的才华不及别人，还没有建立战功，但是骄奢傲慢已经非常严重，恐怕很难成功啊！”

后秦国君姚苌留下众将领攻打新平，自己则率领军队去攻打安定，擒获了前秦安西将军渤海公苻珍，岭北各城全部都投降了后秦国君姚苌。

甲寅日（正月无此日），前秦国君苻坚与西燕君主慕容冲，在仇班渠交战，西燕军队被打得大败。乙卯日（正月无此日），双方在雀桑交战，西燕的军队又一次被打得大败。甲子日（正月无此日），双方在白渠交战，前秦的士兵被打败了。西燕的军队包围了前秦国君苻坚，殿中将军邓迈奋力阻击，打退了西燕的军队，前秦国君苻坚这才幸免于难。壬申日（正月无此日），西燕君主慕容冲派遣尚书令高盖趁夜偷袭长安，进入了南城，结果被前秦左将军窦冲、前禁将军李辩等人打败了，斩首了八百人，士兵们把他们的尸体分割以后，当成食物吃掉了。乙亥日（正月无此日），高盖率领军队攻打渭北的各个城垒，太子苻宏在成贰壁与他交战，大败高盖，斩杀了三万人。

前燕带方王慕容佐与宁朔将军平规共同攻打蓟城，王永的军队屡战屡败。二月，王永派遣宋敞烧毁了和龙以及蓟城的宫室，率领三万名士兵逃奔到了壶关。慕容佐等人进入蓟城。

慕容农率领军队在中山和慕容麟会合，与他一起攻打翟真。慕容麟、慕容农首先率领数千名骑兵到达承营，察看当地的地势。翟真远远地看见了，就部署军队出动。将领们都想要撤退，慕容农说：“丁零人并不是不强劲勇敢，可是翟真却很懦弱。现在我们应该去选拔精锐的士兵，看准翟真所在的位置发起冲锋，翟真一逃走，他的士兵一定会四处溃散奔逃，如果我们堵截城门围歼他们，对他们加以逼迫，就可以把他们全部消灭了。”于是派遣骁骑将军慕容国率领一百多骑兵冲击翟真。翟真战败逃跑，他的士兵争夺城门溃逃，互相践踏跌倒，一大半的人都死了。于是就攻取了承营的外城。

癸未日（二月无此日），前秦国君苻坚与西燕君主慕容冲在长安城的西边交战，苻坚把慕容冲打得大败，一直追击到了阿房城。众将领向前秦国君苻坚请求可以乘胜进攻阿房城，苻坚担心被慕容冲的伏兵包围，率领军队返回了。

乙酉日（二月无此日），前秦益州刺史王广任命蜀人江阳太守李丕为益州刺史，驻守成都。己丑日（二月无此日），王广率领他的士兵逃回了陇西。跟随他的蜀人，一共有三万多人。

刘牢之到达枋头。杨膺、姜让的阴谋泄露了以后，被长乐公苻丕捉住并且杀死了他们。刘牢之听说了以后，就盘桓犹豫，不敢继续前进。

前秦平原悼公苻晖多次被西燕君主慕容冲打败。前秦国君苻坚责备他说："你是我有才能的儿子，率领众多的士兵，与西燕国稚嫩的小孩子作战，却多次被打败，活着还有什么用呢！"三月，苻晖因为忧愤自杀而死。

前禁将军李辩、都水使者陇西人彭和正担心无法守住长安，召集西方各州人在韭园驻扎军队。前秦国君苻坚征召他们，他们却没有到。

西燕君主慕容冲在骊山攻打前秦高阳愍公苻方，杀死了苻方，并且捉住了前秦尚书韦钟，任命他的儿子韦谦为冯翊太守，让他去招抚三辅地区的百姓。冯诩垒主邵安民等人责备韦谦说："你是雍州的望族，现在反而跟从了贼兵，与他们一起做不忠不义的事情，还有什么脸面见世人呢！"韦谦把这些话告诉了韦钟，于是韦钟自杀了，韦谦投奔了东晋。

前秦左将军苟池、右将军俱石子与西燕君主慕容冲在骊山交战，结果打了败仗。西燕将军慕容永斩杀了苟池，俱石子逃奔到了邺城。慕容永是慕容廆的弟弟慕容运的孙子；俱石子是俱难的弟弟。前秦国君苻坚派遣领军将军杨定攻打西燕君主慕容冲，大败慕容冲，俘虏了一万多鲜卑人回去以后，把他们全部都活埋了。杨定是杨佛奴的孙子，苻坚的女婿。

荥阳人郑燮举郡向前秦投降。

后燕国君慕容垂攻打邺城，但是很长时间都没有攻下来，于是他准备向北前往冀州，命令抚军大将军慕容麟驻扎在信都，乐浪王慕容温驻扎在中山，传召骠骑大将军慕容农返回邺城。这个消息传了出来，远近的人们听说了以后，都认为后燕威势已经不振，都在考虑归附还是离去的问题。

慕容农到达高邑，派遣从事中郎眭邃到附近外出，但是眭邃超过了约定的期限仍然没有回来。长史张攀告诉慕容农："眭邃是您身边的部将，竟然敢欺骗蒙蔽您，逾期不归，我请求您能够把军队掉转回去讨伐他。"慕容农没有答应他的请求。敕令准备借国王名义下达的诏书，任命眭邃为高阳太守，僚属部下中凡是家在赵国以北的人，让他们全部都回去暂时代理官职，一共推举补充了三个太守，二十多个长史。慕容农退下去以后对张攀说："你的见解极为错误，当前的情况下，怎么可以自相残杀呢？等我从北边返回的时候，眭邃等人自然应当在道路两旁迎接，你只管等着看吧！"

乐浪王慕容温在中山，兵力很弱，四周又布满了丁零人，分别占据着各个城邑。慕容温告诉众将领说："以我们士兵的人数，进攻的话，力量就不足；防守的话，力量就绰绰有余。骠骑将军、抚军将军，兵力汇集起来，应该能够消灭敌人，只是需要积聚粮草、训练军队、磨砺兵器，来等待时机。"于是他就安抚以前的部属，招纳新的士兵，并且劝导百姓努力耕种。因此前来归附的百姓络绎不绝，其他的郡县村落也争先恐后地把军粮运送过来，仓库里面都装得满满的。翟真曾经趁夜偷袭中山，但是被慕容温击败，从此翟真再也不敢去了。于是慕容温派遣了一万名士兵去给后燕国君慕容垂运送粮食，而且在中山修筑了宫室。

刘牢之在孙就栅这个地方攻打后燕黎阳太守刘抚，后燕国君慕容垂把慕容农留了下来防守邺城的外围，自己亲自率领士兵救援刘抚。前秦长乐公苻丕听说了以后，率领士兵趁机在夜里偷袭了后燕的军营，结果却被慕容农打败了。刘牢之与后燕国君慕容垂交战，被慕容垂打败了，退守黎阳。后燕国君慕容垂又回到了邺城。

吕光因为龟兹富饶康乐，就想要在这个地方长时间地居住下去。天竺和尚鸠摩罗什告诉吕光："这里是一个凶险的地方，不值得久留；将军只要返回东边，半路上自然就会有美好的地方可以居住。"吕光于是就大肆宴飨将士，商议是否停留的问题，众人都想要回去。于是，吕光就用两万多头骆驼载着境外国家的珍宝奇玩，驱赶了一万多匹骏马返回东边。

夏季，四月，刘牢之率领士兵到达邺城，后燕国君慕容垂迎战，结果被刘牢之打败了，于是就解除了对邺城的包围，退守到新城驻扎军队。乙卯日（初八），从新城向北逃亡。刘牢之没有把这件事告诉前秦长乐公苻丕，就率领士兵追击。苻丕听说了以后，也紧跟着率领士兵追击。庚申日（十三日），刘牢之在董唐渊这个地方追上了慕容垂。后燕国君慕容垂说："前秦与晋朝只是像瓦砾相合，互相依恃才显得强大，一国取胜，则两国全部都威风，一国打败，则两国也全部都溃散。双方并不是同心同德，现在他们两国的军队相继而来，既然兵力尚未结合，我们就应该迅速对他们进行猛烈的攻击。"刘牢之的军队急速行进了两百里的路程，到达了五桥泽，争夺后燕的辎重物资。后燕国君慕容垂迎头攻击，把刘牢之打得大败，斩杀了数千人。刘牢之一个人骑着马逃走了，恰好这时前秦的救兵赶到，才得以幸免于难。

后燕冠军将军宜都王慕容凤，每次作战都奋不顾身，前后参与了大小两百五十七次战役，没有不建立战功的。后燕国君慕容垂告诫他："现在建国的大业才刚刚有所成就，你应当首先自爱。"然后任命他为车骑将军慕容德的副将，来抑制他的锐气。

邺城里面的饥荒很严重，长乐公苻丕率士兵到枋头求取晋朝的粮谷。刘牢之进入邺城以后，把逃散的士兵都召集起来，士兵又稍微有所振作。刘牢之因为军队失败坐罪，被朝廷征召了回去。

后燕与前秦相持了一年多的时间，幽州、冀州发生了严重的饥荒，人与人相食，城邑村落都十分荒凉。后燕的很多士兵都被饿死了，后燕国君慕容垂禁止百姓养蚕，然后用桑树的果实来作为军粮。

后燕国君慕容垂准备向北前往中山，任命骠骑大将军慕容农为前锋，以前暂时设置的官吏眭邃等人全部都前去迎接恭候，君臣的关系和当初一样。李攀于是对慕容农的远见卓识表示折服。

会稽王司马道子喜好专权，又被奸邪谄谀的人挑拨煽动，因此和太保谢安有了嫌隙隔阂。谢安想要避开他，正巧前秦国君苻坚请求救援，于是谢安就向晋孝武帝司马曜请求允许自己率领士兵去救援他。壬戌日（十五日），谢安率领士兵去镇守广陵郡的步丘，修筑了一个叫作新城的营垒，后来居住在这里。

蜀郡太守任权攻下了成都，斩杀了前秦益州刺史李丕，又夺取了益州。

新平城里面的粮食已经吃完，弓箭也已经用尽，外面救援的士兵还没有到达。后秦国君姚苌派人告诉苟辅说："我正在以道义夺取天下，又怎么能够仇恨忠臣呢？你只要能率领城里面的百姓返回长安就可以了，我的目的只是想要得到这个城邑而已。"苟辅相信了他说的话，就率领民众五千人出了城，后秦国君姚苌却把他们包围了，然后活埋了他们，男女老少一个活口都没有留下来，只有冯杰的儿子冯终得以脱险，逃到了长安。前秦国君苻坚给苟辅等人都追赠了官爵，全部都定谥号为节愍侯。任命冯终为新平太守。

翟真从承营转移到行唐驻扎军队。翟真的司马鲜于乞杀死了翟真以及他的亲属，自己册立自己为赵王。军营里面的人又一起杀死了鲜于乞，然后拥立翟真的堂弟翟成为王，他的士兵大部分都向后燕投降了。

五月，西燕君主慕容冲攻打长安。前秦国君苻坚亲自督战，被飞来的乱箭射得遍体鳞伤，流了很多血。西燕君主慕容冲放任士兵在关中残暴抢掠，关中的士人百姓流离失所，道路被阻绝不通，千里之地不见人烟。后来有三十几个堡寨营垒一同推举平远将军赵敖为领袖，彼此互相结盟，冒着危难派遣士兵运送粮食去帮助前秦国君苻坚，但是大部分的士兵都被西燕的军队杀死了。前秦国君苻坚告诉他们说："听说前来救助的人大都不能顺利到达，这确实表现了忠臣的大义。但是现在敌寇不是依靠一个人的力量就能解决的，只能是白白地相继落入虎口，这有什么好处呢？你们这些人应该为了国家珍重自爱，储存粮食，训练军队，磨砺兵器，来等待良好的时机。也许为善的人不会长久地困顿，还会有时机否极泰来吧！"

三辅地区被西燕君主慕容冲掠夺的百姓，派人秘密地向前秦国君苻坚报告，请求苻坚可以派遣士兵来攻打慕容冲，他们想要在里面放火作为内应。前秦国君苻坚说："我非常怜悯你们的忠诚！可是我猛勇的战士就像虎豹一样勇敢，锐利的兵器像霜雪一样发光，却被没有组织的敌人所围困，这难道不是天意吗？恐怕白白地让你们无缘无故被戮灭，我实在不忍心这样干呀！"三辅地区的百姓派来的人不停地固执请求，于是前秦国君苻坚派遣七百名骑兵前往。在西燕君主慕容冲的军营里面放火的人，反而被乘风的火势所烧，能够得以幸免的只有十之一二，前秦国君苻坚为他们进行了祭祀，并且为他们伤心地哭泣。

卫将军杨定与西燕君主慕容冲在长安城的西边交战，结果被慕容冲擒获。杨定，是前秦勇猛的战将。前秦国君苻坚非常恐惧，因为谶书里面说："国君离京前往五将山才能够得到长久的命运。"于是把太子苻宏留下来防守长安，告诉他："上天的意思或许是想要指导我外出，你一定要好好地守住城池，不要和敌人争锋，我准备离开陇州，召集士兵，运送粮食供给你。"于是前秦国君苻坚率领数百名骑兵与张夫人以及中山公苻诜、两个女儿苻宝、苻锦奔往五将山。向各州郡公开宣布，约定在初冬的时候拯救长安。前秦国君苻坚顺路袭击了韭园，李辩逃奔到了后燕，彭和正自觉惭愧，自杀而死。

闰月，晋孝武帝司马曜任命广州刺史罗友为益州刺史，镇守成都。

庚戌日（初四），后燕国君慕容垂到达常山，在行唐围攻翟成。命令带方王慕容佐镇守龙城。六月，高句丽进犯辽东，慕容佐派遣司马郝景率领士兵援救，结果被高句丽打败。于是高句丽攻占了辽东和玄菟。

前秦太子苻宏没有坚守长安，率领几千名骑兵和母亲、妻子、宗室亲属，一起向西逃奔到了下辨。官吏们四处逃亡，司隶校尉权翼等数百个人投奔了后秦。西燕国君慕容冲攻占了长安，放任士兵到处大肆抢掠，城里面死亡的人多得数都数不完。

秋季，七月，东晋发生干旱、饥荒，就连水井都干涸了。

后秦国君姚苌从过去的安定县到达新平。

前秦国君苻坚到达五将山，后秦国君姚苌派遣骁骑将军吴忠率领骑兵包围了苻坚。前秦的士兵全部都溃散逃走了，只有十几个侍从官还留在苻坚的身边，苻坚的神色非常自如，坐在那里等待吴忠军队的到来，并且传召掌管膳食的官吏把食物呈送上来。没有多长时间，吴忠就到了，然后拘捕了前秦国君苻坚，送到新平后幽禁在特设的房间里。

前秦太子苻宏到达下辨，南秦州刺史杨璧拒绝接纳他。杨璧的妻子，是苻坚的女儿顺阳公主，她抛弃了丈夫，跟随苻宏离开了。苻宏逃奔到了武都，投靠氐族的豪杰强熙，然后借道投奔到了晋朝，东晋朝廷下达诏令，把他安置在江州。

长乐公苻丕率领三万名士兵准备从枋头回到邺城，龙骧将军檀玄向他发起进攻，两军在谷口进行交战，檀玄的军队被苻丕的军队打得大败，苻丕又进入了邺城。

后燕建节将军馀岩叛乱，从武邑向北前往幽州。后燕国君慕容垂派遣使者敕令幽州将军平规说："加强固守，不要与他交战，等我把丁零攻破了以后，我再率领士兵亲自去讨伐他。"但是平规却出兵迎战，结果被馀岩打败了。馀岩进入蓟州，掠夺了一千多户人家后离去，于是占据了令支。癸酉日（二十八日），翟成的长史鲜于得斩杀了翟成以后，出城向后燕国君慕容垂投降，慕容垂在行唐大肆屠杀，把翟成的士兵全部都活埋了。

太保谢安生病了，向晋孝武帝司马曜上表请求回建康，晋孝武帝司马曜颁下诏令允许了他的请求。八月，谢安回到了建康。

甲午日（十九日），东晋实行大赦。

丁酉日（二十二日），建昌文靖公谢安去世。晋孝武帝司马曜颁下诏命，按非常的礼仪把他安葬了，仿照大司马桓温的遗规。庚子日（二十五日），晋孝武帝司马曜任命司徒琅邪王司马道子兼领扬州刺史、录尚书事、都督中外诸军事；任命尚书令谢石为卫将军。

后秦国君姚苌派遣使者向前秦国君苻坚索取传国玉玺，说："姚苌按照顺序，已经继承了天命，应该成为天子，请把传国玉玺交给他。"前秦国君苻坚怒目斥责姚苌的使者说："小小的羌人竟然敢威逼天子，五胡的次序，没有你们羌人的名字。我已经把传国玉玺送给了晋朝，你们已经不可能得到它了！"后秦国君姚苌又派遣右司马尹纬游说前秦国君苻坚，要求苻坚把帝王之位禅让给他。前秦国君苻坚说："禅让帝位，是圣贤的事情，姚苌是叛逆的贼子，怎么能够把帝王之位禅让给他，让他继位呢？"苻坚与尹纬谈论了一番，询问他："你在我的朝廷里面担任的是什么官职？"尹纬说："是尚书令史。"前秦国君苻坚叹息着说："你是王猛那一类的人才，具有宰相的才干，但是我却不知道你，没有重用你，也难怪我的国家会灭亡了。"苻坚自认为平时对待姚苌有恩德，对姚苌越发感到愤恨，好几次都痛骂姚苌以求一死。前秦国君苻坚对张夫人说："我怎么可以让羌奴有机会侮辱我的孩子呢？"于是就先杀死了他的女儿苻宝、苻锦。辛丑日（二十六日），后秦国君姚苌派遣使者把苻坚吊死在新平的佛寺，张夫人、中山公苻诜等人全部都自杀了，后秦的将士全部都为他们感到哀恸。后秦国君姚苌想要隐埋苻坚的名字，赐给苻坚谥号为壮烈天王。

◆臣司马光说：谈论这段历史的人都认为前秦国君苻坚的灭亡，是由于没有把慕容垂、姚苌杀死的缘故，唯独我认为不是这样的。许劭说魏武帝曹操是太平盛世贤能的臣子，混乱时代奸邪的才雄。如果苻坚治

理国家能够不违背治国之道，那么慕容垂、姚苌都会是前秦贤能的臣子，又怎么能够起来作乱呢？苻坚之所以会灭亡，是因为多次获胜之后变得骄傲的缘故。魏文侯问李克吴国之所以会灭亡的原因，李克回答说："因为他多次征战又都多次获得了胜利。"魏文侯说："多次征战又都多次获得胜利，这是国家的福气，为什么国家会灭亡了呢？"李克回答说："多次征战，百姓就会感到疲乏劳累；多次取得胜利，国君就会变得骄傲狂妄，用骄傲的国君来统治疲乏的百姓，国家没有不灭亡的道理。"前秦国君苻坚就和这个很相似。◆

长乐公苻丕在邺城准备向西前往长安的时候，幽州刺史王永在壶关派遣使者招揽苻丕，于是苻丕率领邺城里的六万余名百姓向西来到潞川，并州刺史王腾、骠骑将军张蚝迎接他进入晋阳。他这才知道苻坚已经死了，长安也已经失守，于是发出丧闻，然后自己登上帝位，追谥苻坚为宣昭皇帝，庙号为世祖，诏令大赦，改年号为大安。

后燕国君慕容垂任命鲁王慕容和为南中郎将，镇守在邺城。派遣慕容农出师蠮螉塞，经过凡城后直往龙城，会合军队征讨馀岩，慕容麟、慕容隆从信都出发，带兵巡行渤海、清河。慕容麟攻击渤海太守封懿并且抓住了他，因此屯驻在历口。封懿是封放的儿子。

鲜卑人刘头眷在善无击破贺兰部士兵，又在意亲山击破柔然的士兵。刘头眷的儿子罗辰告诉刘头眷："近来我们用兵都是所向无敌，但是也要早一点清理内部的主要祸患。"刘头眷问他："内部的主要祸患是谁呢？"罗辰说："应该是堂兄刘显，他是一个狠毒的人，如果现在不除掉他，将来他一定会作乱的。"刘头眷不肯听罗辰的建议。刘显是刘库仁的儿子。

可是没过多久，刘显果然杀了刘头眷自立为王，然后又准备杀死拓跋珪。刘显的弟弟刘亢埿的妻子是拓跋珪的姑妈，于是就去告诉拓跋珪的母亲贺氏。为刘显出谋划策的人是梁六眷，梁六眷是代王拓跋什翼犍的外甥，他也派遣他的部属穆崇、奚牧向拓跋珪告密，而且还把他喜爱的妻子和骏马交给穆崇说："万一事情泄露出去，你就拿这个当作自白的理由。”贺氏在晚上请刘显喝酒，又故意让他喝醉，然后让拓跋珪和旧臣长孙犍、元他、罗结等人轻装骑马快速逃走。第二天早晨，贺氏故意惊动马厩中的马群，让刘显起来察看。贺氏伤心地哭着说：“我的儿子刚刚还在这里，现在却不见了，到底是哪一个人把他杀了呢？”刘显因此不急着追赶。拓跋珪奔往贺兰部依附他的舅舅贺讷。贺讷十分高兴地说：“将来你复国以后，一定要想念老臣啊！”拓跋珪笑着说：“如果事情像舅舅所说的那样，我一定不敢忘记。”

刘显怀疑是梁六眷泄露了他的计划，正准备要把他关起来的时候，穆崇公开地说：“梁六眷不顾道义恩德帮助刘显叛逆，我夺取他的爱妻和骏马来消解我心中的愤怒。”所以刘显才没有把梁六眷关起来。

贺氏的堂弟外朝大人贺悦率领部属事奉拓跋珪。刘显因此很愤怒，准备杀害贺氏。贺氏被迫逃到刘亢埿家，藏在他家安置神位的车里过了三天。刘亢埿全家人替她求饶，她才免于一死。

以前的南部大人长孙嵩率领他所领导的七百多户人家背叛了刘显，逃奔到五原。当时拓跋寔君的儿子拓跋渥自立为王，也正在聚集兵众，长孙嵩想要去跟随他。乌渥告诉长孙嵩说：“叛逆的父亲（拓跋寔君弑拓跋什翼犍）所生的儿子不值得我们去跟从，我们不如去归附拓跋珪。”长孙嵩听取了他的话，决定去归附拓跋珪。日子一久，刘显所领导的部队有了很大的纷乱，以前的中部大人庾和辰护送贺氏也投奔了拓跋珪。

贺讷的弟弟贺染干十分嫉妒拓跋珪能够得到众人的爱戴，于是派遣他的同党侯引七突去杀拓跋珪；代国人尉古真知道这事后，赶快告诉了拓跋珪，侯引七突因此不敢去杀了。贺染干怀疑是尉古真泄露他的阴谋，于是把他抓起来严刑拷问，先是用两个车轮夹住他的头，然后又弄伤了他的一只眼睛，因为尉古真不肯服罪招供，最后才把他放了。于是贺染干带兵去围攻拓跋珪，贺氏出来告诉贺染干：“你们杀死我的儿子要如何安置我呢？”贺染干听了后惭愧地离开了。

九月，前秦国君苻丕任命王腾为中军大将军、司隶校尉，任命王永为侍中、都督中外诸军事、车骑大将军、尚书令，任命张蚝为侍中、司空，任命苻冲为尚书左仆射，封为西平王；又封右长史王亮为护军将军，封左长史杨辅为右仆射。册封妃子杨氏为皇后，又把儿子苻宁封为皇太子，把儿子苻锵封为平原王，把儿子苻懿封为渤海王，把儿子苻寿封为长乐王，把儿子苻昶封为济北王。

吕光从龟兹回到宜禾，前秦凉州刺史梁熙计划关闭边境拒绝他入境。高昌太守杨翰告诉梁熙说：“吕光兵力强大，刚刚击破西域，现在士兵一定是气势勇锐，他又听说中原发生大乱，我想他一定会有别的意图。河西有万里之大的地方，有十万之多身披铠甲的士兵，足够用自己的力量保全自己。如果吕光出了流沙，那么他的势力就很难被抵挡了。高梧谷口这个关隘是险阻的要塞，我们应该先守住这关隘，然后控制住它的水源，如果敌人来到这里就会变得又穷又渴，那就可以被我们牵制住了。如果您认为高梧谷口太远，伊吾关也是可以抵挡的。如果敌人过了这两个险扼的地方，就算是有张良的计策也没有用了！”梁熙不听他的建议。美水县令犍为人张统告诉梁熙说：“现在关中发生大乱，京师的存亡也不可得知，吕光这次前来一定有他的目的，但是我们很难预测得到，将军准备如何抵抗他呢？”梁熙着急地说：“我也正在担忧这件事，不知该如何处理。”张统说：“吕光的聪明才智本来就超过一般的人，现在又拥有想要回乡的战士，乘着战胜的气势，他们的锋锐是不容易被抵挡的。将军因为世代受到朝廷的大恩大德，所以忠诚的心一直很显著，如果想要对王室建立功劳，那就要看现在的表现了。行唐公苻洛是前秦国君苻丕的堂弟，领导士兵勇猛果敢，盛名一时。我替将军想的计策是奉迎他为盟主，以获得众人的拥戴，然后推举服从命令的忠义之士来统率群豪。那么吕光即使来了，也不敢存有二心。然后再利用他精锐的部队，在东边与毛兴兼合，再联结王统、杨璧和纠合四州的士民，一同扫除那凶恶的叛逆之人，使王室获得安宁，这是我最好的计策了，这也是像齐桓公、晋文公那样的举动啊！”梁熙又不听他的话并且在西海杀死了苻洛。

吕光听说了杨翰的计策，感到很害怕，于是不敢再向前行进。杜进劝谏说：“梁熙是一个文雅有余而机灵不足的人，他一定不会采用杨翰的计策，所以不值得我们忧虑。我们应该趁他们现在上下不能同心协力的时候，赶快进军把他们打败。”吕光听取他的劝谏。命令军队快速前进到高昌，还没有攻打杨翰就投降了。等吕光到了玉门的时候，梁熙以檄文责备吕光擅作主张把军队调回来，又任命他的儿子梁胤为鹰扬将军，让梁胤与振威将军南安人姚皓、别驾卫翰一起率领五万人的军队在酒泉抵抗吕光。敦煌太守姚静、晋昌太守李纯各自带着自己的郡城投降了吕光。吕光向凉州回复檄文责备梁熙没有奔赴救助君王危难的意思，反而遏止回国救助的军队；吕光派遣彭晃、杜进、姜飞为前锋，与梁胤等人在安弥交战，不仅大败梁胤并且还把他擒住了。因此四山的胡、夷之人也都归附了吕光。武威太守彭济拘押着梁熙投降，吕光杀掉了梁熙。

吕光进入姑臧亲自担任凉州刺史，上表奏请把杜进封为武威太守，其余的副将也都安排了相应的职位。凉州的郡县也都向吕光投降了，只有酒泉太守宋皓、西郡太守索泮仍然守住城池不肯投降。吕光发起攻击，抓获了他们，责备索泮说：“我接受诏命平定西域一带，而梁熙这个朝廷的罪人竟然断绝我的归路，你为什么要依附他呢？”索泮说：“将军虽然接受诏命平定西域但并没有接受诏命扰乱凉州，梁熙犯了什么罪而致使将军你要把他杀死呢？我不能为君父报仇罢了，只是苦于力量不足，又怎会像叛逆的氐人彭济那样做呢？人主被灭，人臣跟着死，这本来就是人之常情。”最后吕光杀死了索泮和宋皓。

因为主簿尉祐为人奸邪谄佞、倾诈阴险，和彭济一同抓到梁熙，所以吕光十分宠幸信任他；但是尉祐诬陷杀害了名士姚皓等十多人，凉州人因此对吕光非常不满。吕光不得已降尉祐为金城太守，尉祐到了允吾就侵袭并占据该城发动叛乱。姜飞打败了尉祐后，尉祐又逃奔占据了兴城。

乞伏国仁自称为单于、大都督、大将军、统领秦河两州的州牧，改年号为建义，任命屋引出支为右相，任命乙旃童埿为左相，封武群勇士为右辅，又封独孤匹蹄为左辅，还封他的弟弟乞伏乾归为上将军，又建筑勇士城作为都城，又把领有的土地分置武城等十二郡。

前秦尚书令、魏昌公苻纂从关中奔往晋阳。前秦国君苻丕任命苻纂为太尉，封他为东海王。

冬季，十月，西燕国君慕容冲派遣尚书令高盖率领五万人的军队攻伐后秦国，在新平的南方交战，高盖惨遭大败，被迫向后秦国投降。当初高盖认杨定为义子，等到高盖失败后，杨定逃奔陇右又召集他先前拥有的部属。

苻谟、苻定、苻绍、苻亮听说前秦国君苻丕登上帝位，都从河北派遣使者前来认罪。本来中山太守王兖是新平的氐人，为前秦国抵抗燕国而固守在博陵。十一月，前秦国君苻丕任命王兖为平州刺史，任命苻定为冀州牧，任命苻绍为冀州都督，任命苻谟为幽州牧，任命苻亮为幽、平两州的都督，任命都进爵位为郡公。左将军窦冲拥有数万人的军队占据在兹川，与秦州刺史王统、益州刺史王广、河州刺史毛兴、南秦州刺史杨璧、卫将军杨定都从陇右派遣使者邀请前秦国君苻丕，一同攻击后秦国。前秦国君苻丕任命杨定为雍州州牧，任命窦冲为梁州州牧，加封王统为镇西大将军，毛兴为车骑大将军，杨璧为征南大将军，并且为他们开建府署，对待他们的礼仪如同对待三司，又加封王广为安西将军，都给他们进爵位为州牧。

不久杨定把自己所治理的地方迁到历城，在百顷储存粮食，自称为龙骧将军、仇池公，派遣使者到前秦国请求成为藩属国；前秦国君苻丕下诏令把他自封的称号加封给他。杨定后来又取得天水、略阳的领地，自称为秦州刺史、陇西王。

绎幕人蔡匡背叛后燕国据守城池。后燕的慕容麟、慕容隆共同攻打他。泰山太守任泰暗中派军队救助蔡匡，直到军队到达蔡匡城垒南边八里的地方，后燕的慕容麟、慕容隆才发觉。众将士都因还没有攻下蔡匡，又有突然而来的敌人而非常担心。慕容隆肯定地说："蔡匡是依仗有来救援的士兵，所以才不肯马上投降。现在我料想任泰的兵力应该不过是几千人而已，我们应该趁他们还没有联合之前，先予以攻击。如果我们把任泰打败了，蔡匡自然就会投降。"于是他们决定先放下蔡匡而攻击任泰，他们斩杀了任泰千余人，并且把任泰打得大败。蔡匡随后也就投降了，于是后燕国君慕容垂把他杀了并且屠灭了他的城垒。

慕容农到了龙城，让士兵马匹休息了十几天。众将都说："这次殿下出征一直赶路，很快到了现在这地方，为什么现在却停留在这里很久而不前进呢？"慕容农说："我很快赶来的原因是怕馀岩过山窃盗、偷袭、侵扰当地的百姓。馀岩的才能并不超过一般人，只是诳骗诱惑那些饥饿得像乌鸦一样群集而没有纪律可言的人。我已经控制住了他的咽喉，时间一久他的军队就将离散，不能再有所作为。现在这里的稻谷已经成熟了，如果不等割取我们就离开，那不是空自耗损粮食吗？我们应当等到收成完毕后，再去枭斩馀岩，也不出十日而已。"不久，慕容农率领三万名步兵和骑兵到达令支，馀岩的部属都感到震惊害怕，于是偷偷地爬过城墙去归附慕容农。馀岩计策已穷尽，被逼无奈只能出城投降，于是慕容农把他杀了。他们又进兵高句丽，收复辽东、玄菟两郡。然后又回到龙城，上书请求整修燕国的陵庙。

后燕国君慕容垂任命慕容农为使持节，都督幽、平两州、北狄诸军事以及幽州牧，镇守在龙城。改调平州刺史带方王苻佐镇守平郭。慕容农开始创立法制，要求处理事情要崇尚宽厚简明，因此触犯刑法的人减少了很多，也使监狱变得平静了很多，他又下令减少赋税徭役，劝导百姓努力耕田种桑。在他的领导下百姓变得十分富足，四方流亡的百姓前来归附的有几万人。刚开始的时候，幽、冀两州流亡的百姓多到高句丽，然后慕容农又任命骠骑司马范阳人庞渊为辽东太守，招待安抚流亡的百姓。

慕容麟在博陵攻打王兖，城里的粮食吃完了，箭也射光了，功曹张猗翻越城墙逃出去纠集兵众一起响应慕容麟。王兖登上城楼大声地责备他说："我是你的长官，你是秦国的臣民，你竟然起兵响应寇贼而且还自称为'义兵'，你怎么能够名实互相违背呢？古人都是从孝子之中去找忠臣，现在你的母亲还在城里，你竟然抛弃不管，对我有何损害呢！今天的百姓虽然看见你一时的功劳，难道百姓就会忘记你曾做过那不忠不孝的事吗？我没有想到在中州这样的礼仪之邦，竟会有像你这样的人！"十二月，慕容麟攻下博陵，抓获了王兖和苻坚并且把他们杀死了。昌黎太守宋敞率领乌桓、索头的部属去救助王兖，因为已经来不及所以就又回去了。前秦国君苻丕任命宋敞为平州刺史。

后燕国君慕容垂向北赶往中山，告诉众将说："乐浪王慕容温不仅招待安抚流亡的百姓，还充实仓库的粮食，对内营建宫室，对外供应军队的食粮，虽然萧何的功劳很大，但也不比慕容温啊！"丙申日（二十三日），后燕国君慕容垂把都城定在了中山。

前秦的苻定据守信都抵抗后燕，后燕国君慕容垂任命他的堂弟北地王慕容精为冀州刺史，率领军队攻打苻定。

拓跋珪的叔伯曾祖父拓跋纥罗和他的弟弟拓跋建以及各部的大人一同请贺讷推举拓跋珪为代国的君主。

太元十一年（丙戌，公元386年）

春季，正月，戊申日（初六），拓跋珪在牛川会见各部族的大人后，登上代国君王的王位，改年号为登国。任命叔孙普洛为北部大人，任命长孙嵩为南部大人，分别统领他们的部众。任命许谦为右司马，任命上谷人张兖为左长史，让代国人和跋、叔孙建、庾岳、广宁人王建为外朝大人，任命奚牧为治民长，全都掌管宫中警卫以及参与军国之事的谋议。任命长孙道生、贺毗等人在代王拓跋珪左右侍从，传递命令。王建娶了代王拓跋什翼犍的女儿。长孙道生是长孙嵩的侄子；庾岳是庾和辰的弟弟。

后燕国君慕容垂登上帝位。

后秦国君姚苌到安定。

南安人秘宜率领五万多名羌、胡人攻打乞伏国仁，乞伏国仁带领五千名士兵进行反击，秘宜最后惨败逃回南安。

鲜于乞杀死翟真的时候，翟辽逃往黎阳，黎阳太守滕恬之非常宠信他。滕恬之非常喜欢打猎但是不爱护士兵，翟辽暗中施用奸巧的恩惠，在他的士兵中悄悄地收揽民心。滕恬之向南攻打鹿鸣城，翟辽却在后面关闭城门不让他返回，滕恬之往东奔向鄄城，翟辽追赶过去把他抓住，把黎阳据为己有。豫州刺史朱序派遣将军秦膺、童斌和淮河、泗水一带的各郡一同讨伐翟辽。

前秦益州州牧王广从陇右带兵在枹罕攻打河州州牧毛兴。在晚上毛兴派遣建节将军卫平率领一千七百名同族人去偷袭王广，把王广打得大败。二月，秦州州牧王统派兵帮助王广攻打毛兴，毛兴据城自守。

后燕君王诏令大赦，改年号为建兴，修缮宗庙和供奉土神、谷神的庙，设置公卿尚书百官。

西燕君主慕容冲喜欢住在长安，但是因为害怕后燕国君慕容垂的强盛所以不敢回到东边，于是督察考核农事，建筑宫室做长久安定的计划，鲜卑人因此都埋怨他。左将军韩延利用众人内心的不满，攻击西燕君主慕容冲并且把他杀死，拥立慕容冲的将领段随为西燕君王，改年号为昌平。

起初，张天锡逃奔到南方的时候，前秦长水校尉王穆把他的长子张大豫藏了起来，和他一起奔往河西依附秃发思复鞬，秃发思复鞬又把他们送到魏安。魏安人焦松、齐肃、张济等聚合几千名士兵拥立张大豫为君主，然后攻打吕光占据的昌松郡，并且把昌松郡攻了下来，抓住了太守王世强。吕光又派遣辅国将军杜进攻打他们，结果杜进的兵也被打败了，张大豫想继续向前逼迫姑臧。王穆劝谏他说：“吕光的城池很坚固，武器很精锐，粮食也很丰富，如果我们向他逼近，那对我们没有任何利处，不如我们先统领岭西，积聚粮食，磨治兵器，然后不必等到一年就可以向东和他一争高下，到那时候吕光也会被我们擒住的。”但是张大豫不听取他的意见，自称为抚军将军、凉州牧，然后又改年号为凤凰，任命王穆为长史，传达军令到各郡县，派遣王穆游说晓谕岭西各郡，祁连都尉严纯、建康太守李隰都起兵响应他，拥有三万名士兵据守在杨坞。

代国君王拓跋珪迁居于定襄的盛乐，安抚百姓又在农事方面做了很多努力，国人都很喜欢他。

三月，东晋朝廷诏令大赦天下。

泰山太守张愿带领本郡背叛投降了翟辽。起初，谢玄想要任命朱序屯守在梁国，他自己屯守在彭城，使他能够在北面稳固黄河沿岸，在西面援助洛阳。朝廷的臣议认为战争已经很久了，想让谢玄安置好防卫后就回来。正巧翟辽、张愿相继背叛，北方又发生扰乱，谢玄谢罪，请求免职，朝廷下诏令安慰他并且让他回到淮阴。

后燕国君慕容垂追尊他的母亲兰氏为文昭皇后；想要迁移文明段后的灵位，把兰氏的灵位和太祖慕容皝的灵位供奉在一起，诏令百官商议此事，百官都认为应当如此。博士刘详、董谧则认为：“尧的母亲为帝喾的妃子所以排位第三，不因为母以子贵，就让她的陵墓超越姜原的。君主要以至大公正为先来表现英明。臣认为文昭皇后应该设立别的庙。”后燕国君慕容垂非常生气而且还威胁他们，刘详、董谧说：“那主上想要做的事，就不要问臣下了。臣下不仅依据经典又遵奉礼制，不敢认同异于经典礼制的事情。”慕容垂因此不再询问儒者的意见，最后仍然迁移段后的灵位，而让兰后代替她的地位。又因为景昭可足浑后曾经让国家倾覆，慕容垂追究她的罪过，随意就把她废除了，然后又尊奉烈祖慕容儁的昭仪段氏为景德皇后，与烈祖的灵位供奉在一起。

◆崔鸿说：齐桓公命令诸侯不要把妾当作妻子。丈夫对于妻子尚且不可用妾代替，身为儿子又怎能改易他的母亲呢！《春秋》所说母以子贵的道理是，如果国君的生母已经死了，可以让他父亲的妾转而为正。

至于享后代受祭祀宗庙的事，成风（庄公妾，僖公母）始终不能鲁庄公供奉在一起。君主的任何作为，臣子一定会犹如形体之于影子，声音之于回响一样地学习效法。慕容宝逼杀他的母亲，是由慕容垂的所作所为引起的。尧、舜的禅让，尚且造成燕国相子之与燕国王哙之间的祸乱，更何况这是违背礼制而放纵私欲的事情呢！文姜曾经得罪了鲁桓公，《春秋》也没有把她废除。虽然可足浑氏在前朝犯有不小的罪过，可是对待她这样的皇后的礼法已有成规；慕容垂怎么可以因为私人的怨恨而废掉她，又把哥哥没有生儿子的妾立为妻呢？这些都是非礼法所允许的行为。◆

刘显从善无向南逃到马邑，他的族人刘奴真率领他的部族向代国投降。刘奴真告诉代国君王拓跋珪，他有个居住在贺兰部的哥哥名叫刘奴犍，请求拓跋珪招纳安抚刘奴犍，并且请他允许把自己所率领的部族让给他，代王拓跋珪答应了。刘奴犍统领部族之后，派遣弟弟刘去斤给贺讷送去金玉和骏马。贺染干对刘去斤说："我对待你们兄弟一直很宽厚，你们现在统领部族应该来归附我。"刘去斤答应了服从贺染干。刘奴真知道后愤怒地说："从我祖父以来世代都是代国的忠臣，我是想要行道义所以才把部族让给你们呀！现在你们不仅没有好的表现而且还竟想叛国，你们的道义在哪里！"于是杀死了刘奴犍和刘去斤。贺染干听说了之后，派遣兵将攻打刘奴真，刘奴真奔往代国。代王拓跋珪派遣使者责备贺染干，贺染干才作罢。

西燕尚书慕容永、左仆射慕容恒偷偷地袭击段随并且把他杀死了；然后拥立宜都王的儿子慕容顗为燕国王，改年号为建明，率领鲜卑的男女四十余万人离开长安向东走。慕容恒的弟弟护军将军慕容韬诱骗慕容顗，在临晋杀死了他，慕容恒知道后很生气，就离开了慕容韬。慕容永和武卫将军刁云率领军队攻打慕容韬，最后慕容韬被打败，被迫奔往慕容恒的军营。慕容恒拥立西燕君主慕容冲的儿子慕容瑶为帝，给慕容冲定谥号为威皇帝，改年号为建平。许多人都离开慕容瑶而投奔慕容永。后来慕容永逮捕了慕容瑶并且把他杀死了，又拥立慕容泓的儿子慕容忠为帝，改年号为建武。慕容忠任命慕容永为太尉同时代理尚书令的职务，又把他封为河东公。慕容永执法宽大公平，鲜卑人在心里都很佩服他。到了闻喜之后，听说后燕国君慕容垂已经自称帝号，他们不敢前进，修筑了燕熙城居住。

鲜卑人东行以后，长安城便变得很空虚。前荥阳太守高陵人赵穀等人招纳杏城卢水胡郝奴，胡郝奴率领四千户百姓进入长安，渭北的人都附应说，应该以赵穀为丞相。扶风人王驎有部属数千人，占据马嵬，胡郝奴派遣弟弟胡郝多攻打他。夏季，四月，后秦国君姚苌从安定讨伐胡郝奴，王驎奔往汉中。后秦国君姚苌抓住胡郝多后又向前进军，胡郝奴因为害怕所以请求投降，后秦国君姚苌任命他为镇北将军、六谷大都督。

癸巳日（二十二日），东晋任命谯王司马恬为右仆射，任命尚书仆射陆纳为左仆射。陆纳是陆玩的儿子。

毛兴袭击王广并且打败了他，王广被迫奔往秦州；陇西鲜卑匹兰抓住王广后，又把他送给了后秦国。毛兴又想要攻打上邽的王统，由于枹罕的许多氐人都讨厌作战，于是一同杀死毛兴，决定推举卫平为河州刺史，派遣使者向后秦国请示命令。

后燕国君慕容垂封他的儿子慕容农为辽西王，封慕容麟为赵王，封慕容隆为高阳王。

代王拓跋珪开始改称魏王。

张大豫从杨坞进兵屯驻在姑臧城的西边，王穆和秃发思复犍的儿子秃发奚于率领部属三万人屯驻在城的南边。吕光出兵攻击，把他们打得大败并且斩杀了秃发奚于等两万多人。

前秦诏令大赦，封吕光为车骑大将军、凉州牧，封卫平为抚军将军、河州刺史。由于传达任命的使者都被后秦国俘虏了，因此任命不能传达给卫平。

后燕国君慕容垂任命太原王慕容楷为左仆射，任命范阳王慕容德为尚书令，任命乐浪王慕容温为司隶校尉。

后秦国君姚苌在长安登上帝位，追尊他的父亲姚弋仲为景元皇帝，诏令大赦，改年号为建初，国号为大秦。把他的妻子虵氏立为皇后，把儿子姚兴立为皇太子，设置百官。姚苌和群臣举行酒宴，在酒喝得十分酣畅的时候对群臣说："现在忽然变成君臣的关系不觉得可耻吗？你们都曾与我朝北面向秦国称臣。"赵迁说："上天不以你是他的儿子为耻，我们又怎么会以做你的臣子为耻呢？"姚苌听了之后满意地大笑。

北魏国君拓跋珪向东到了陵石，护佛侯部主帅侯辰、乙佛部主帅代题都背叛他逃走了。众将士请求把他们追回来，拓跋珪对众将士说："侯辰等人世代为我们效劳，现在他们犯了罪应该原谅他们。因为现在国家才开始创建，所以人心还不能归一，那些愚昧的人当然会进退无常，那些叛服无常的人不值得我们去追啊！"

六月，庚寅日（二十日），东晋任命前任辅国将军杨亮为雍州刺史，镇守在卫山陵。荆州刺史桓石民派遣将军晏谦攻击弘农，把它攻了下来，开始设置湖、陕两县的戍卫。

西燕国刁云等人杀死西燕国君慕容忠后，一致推举慕容永为使持节、大都督中外诸军事、大将军、大单于、雍秦梁凉四州牧、录尚书事、河东王，然后向后燕国称藩属。

后燕国君慕容垂派遣太原王慕容楷、赵王慕容麟、陈留王慕容绍、章武王慕容宙攻打前秦的苻定、苻绍、苻谟、苻亮等。慕容楷先写信给他们，向他们陈述其中的祸福关系，苻定等人听了之后都自觉地投降了。后燕国君慕容垂把苻定等人封为侯，说："这是为了报答前秦国君苻坚的恩德。"

前秦国君苻丕任命都督中外诸军事、司徒、录尚书事王永为左丞相，任命尚书令咸阳人徐义为司空，任命司空张蚝为太尉，任命太尉、东海王苻纂为大司马，任命司隶校尉王腾为骠骑大将军、开府的礼仪如同三司。让王永传达军书给四方的垒主、公侯、牧守、民豪，命令他们各自率领所统有的部属共同讨伐姚苌、慕容垂，在孟冬十月的上旬在临晋与前秦国主苻丕会合。因此天水的姜延、河东的王昭、冯翊的寇明、京兆的杜敏、扶风的马朗、新平的张晏、建忠将军高平牧官都尉扶风人王敏等都接受这个军书共同起兵，各自拥有兵众数万人，派遣使者到前秦，前秦国君苻丕都把他们任派为将军、郡守，封为列侯。领军将军邓景率领部属五千人占据彭池，与窦冲一前一后，准备前后夹击后秦国。前秦国君苻丕任命邓景为京兆尹。邓景是邓羌的儿子。

后秦国君姚苌把迁徙到安定的五千余户百姓又迁徙到长安。

秋季，七月，前秦平凉太守金熙、安定都尉没弈干和后秦左将军姚方成在孙丘谷城交战。姚方成惨败。后秦国君姚苌任命他的弟弟征虏将军姚绪为司隶校尉，镇守在长安；自己亲自率领军队到安定攻击金熙等人，把他们打得大败。没弈干是鲜卑多兰部的统帅，金熙本来是东胡的种族。

枹罕许多氐人商量把卫平废掉，因为他年老体衰很难再有所作为，但又害怕他强大的宗族，经过了几天都没能对这件事做出最终的决定。氐人啖青告诉众将说："这件事应该尽快决定，不然随时都有可能发生变化。诸位只要请卫公参加聚会，然后看我的作为就可以了。"正逢七夕举办大宴会，啖青拔剑向前说："现在天下大乱，我们这些人是祸福与共的，如果没有贤明的君主就无法完成大事。现在卫公年纪已经很大了，应该是让位给贤者自己恢复平民身份。虽然狄道的长官苻登只是王室的远亲，可是他的志气雄壮，决策也非常英明而且又有深谋远略，请大家一同拥立他以便响应前秦王苻丕。各位如果有不同意的，请提出不同的意见。"于是卷起袖子用力举剑，准备斩杀与自己有不同意见的人。众人全都服从他，没有人敢仰头观望。于是推举苻登为使持节、都督陇右诸军事、抚军大将军、雍河两州牧、略阳公，率领五万名部属，向东直下陇州，攻打南安。他们把南安攻下后，派遣使者快马加鞭地赶到前秦，向前秦请示命令。苻登是前秦国君苻丕同族的子弟。

祕宜和莫侯悌眷率领部属三万多户人家投降乞伏国仁，乞伏国仁任命莫侯悌眷为梁州刺史，任命祕宜为东秦州刺史。

己酉日（初十），北魏国君拓跋珪回到盛乐，代题带领他的部落前来投降，但是在十几天后，他又带领他的部落投奔了刘显。北魏国君拓跋珪让代题的孙子倍斤代替他领导他的部属。刘显的弟弟刘肺泥率领部属投降魏国。

八月，后燕国君慕容垂留下太子慕容宝防守中山，任命赵王慕容麟为尚书右仆射，掌管留台之事。庚午日（初一），后燕国君慕容垂亲自率领范阳王慕容德等人向南扩展领土，派遣高阳王慕容隆向东开辟平原地区。丁零人鲜于乞据守在曲阳西面的山岭，听说后燕国君慕容垂到南方讨伐，离开营地驻扎在望都，强抢掠夺居民的财物。赵王慕容麟亲自出兵讨伐。众将都说：“你空虚军营的防守而远去征伐，万一没有成功，那一定会损害你的威名和地位，不如派遣部将去讨伐。”慕容麟确定地说：“鲜于乞听说君主在外面，就没有了畏惧和顾忌，一定不会有防备，所以不必担忧，我们一定一战就可成功。”于是声称要到鲁口，但是在夜晚就回头赶往鲜于乞所在的地方，到了天亮的时候到达了他的营地，进行突击，抓住了鲜于乞。

翟辽进犯谯郡，朱序击退了他。

前秦国君苻丕任命徐义为右丞相；又任命苻登为征西大将军、开府仪同三司、南安王，持节、州牧、都督等，都是依他原有的称呼而授的官职。留下王腾防守晋阳，右仆射杨辅驻守壶关，率领部属四万人进兵屯驻平阳。

起初，后秦国君姚苌的弟弟姚硕德率领所领导的羌人住在陇上，听到姚苌起兵的事，就自称为征西将军，聚集部属在冀城响应他；任命哥哥的孙子姚详为安远将军，让他据守陇城，任命堂孙姚训为安西将军，让他据守南安的赤亭和前秦秦州刺史王统相对抗。后秦国君姚苌从安定带兵会合姚硕德攻打王统，天水的屠各人、略阳的羌胡人有两万多户人家响应他们。前秦略阳太守王皮不得已只能向他们投降。

起初，前秦灭掉代国，把代王拓跋什翼犍的幼子拓跋窟咄迁移到长安，又让他跟随慕容永向东迁徙，慕容永任命拓跋窟咄为新兴太守。刘显派他的弟弟刘亢埿，带领军队跟随着他一起去迎接拓跋窟咄，在逼近魏国南边边境的时候，许多部族都受到惊动。北魏国君拓跋珪的身边侍从于桓等人和同部族的人正在计划用什么阴谋抓住拓跋珪以便附应拓跋窟咄，幢将代国人莫题等也暗中和拓跋窟咄联络。于桓的舅父穆崇告发了他们，拓跋珪杀死于桓等五人，对莫题等七人则都原谅了，不再追问这件事。北魏国君拓跋珪因为害怕内部的灾难，所以向北越过阴山，又依附了贺兰部，派遣外朝大人辽东的安同向后燕求救。后燕国君慕容垂派遣赵王慕容麟去救他。

九月，王统以秦州向后秦投降。后秦国君姚苌任命姚硕德为使持节、都督陇右诸军事、秦州刺史，镇守在上邽。

吕光得到前秦国君苻坚死亡的坏消息，命令全军都要穿白色的丧服，给苻坚定谥号为文昭皇帝。冬季，十月，诏令大赦，改年号为大安。

西燕慕容永派使者到前秦国君苻丕那里请求借路回到东方，苻丕不答应，与慕容永在襄陵交战，前秦军队被打得大败，左丞相王永、卫大将军俱石子都战死了。当时东海王苻纂从长安来投奔前秦，他的部下有三千多名勇士，前秦国君苻丕非常忌恨他，等到苻丕失败以后，非常害怕自己被苻纂杀害，最后决定率领数千名骑兵向南奔往东垣，谋划袭击洛阳。扬威将军冯该从陕州半途拦截杀死了苻丕，又抓住他的太子苻宁、长乐王苻寿，把他们送到建康，朝廷下诏令宽赦不杀他们，把他们交给了苻宏。苻纂和他的弟弟尚书永平侯苻师奴率领几万名前秦人流亡到杏城，其余的王公百官都被慕容永俘虏了。

慕容永进兵据守在长子，登上帝位，改年号为中兴。想要立前秦王后杨氏为上夫人，杨氏拿剑刺慕容永，最后被慕容永杀死了。

甲申日（十六日），海西公司马奕在吴郡去世。

后燕宦官吴深据守清河起兵造反，后燕国君慕容垂攻打他，但是没有取得成功。

后秦国君姚苌回到安定。

前秦南安王苻登已经攻下南安，归附他的夷人、夏人有三万多户，于是他在秦州又进攻姚硕德，后秦国君姚苌亲自前往救援。苻登与姚苌在胡奴阜交战，苻登大败姚苌而且杀死了他两万多人，将军啖青用箭射中姚苌，姚苌受重伤逃到上邽自保，姚硕德代替他统领部属。

后燕赵王慕容麟的军队还没有到达魏国，拓跋窟咄稍微向前逼近魏国君王拓跋珪，贺染干侵入魏国的北部接应他。魏国的民众十分惊乱，北部大人叔孙普洛投奔刘卫辰。慕容麟听说了之后，赶快派遣安同等人回去。魏国人知道后燕的军队就在附近，众人的心里稍微安定了点。拓跋窟咄进兵屯驻高柳，北魏国君拓跋珪和慕容麟带兵一起攻击他，把他打得大败，被迫投奔刘卫辰，但是刘卫辰却把他杀死了。北魏国君拓跋珪收留了他的部属，任命代人库狄干为北部大人，然后慕容麟带兵回中山去了。

刘卫辰军力很强盛，住在朔方。后秦国君姚苌任命刘卫辰为河西王、大将军、大单于、幽州牧，西燕君主慕容永任命刘卫辰为大将军、朔州牧。

十一月，前秦尚书寇遗奉送济北王苻昶、渤海王苻懿从杏城奔往南安。南安王苻登穿着丧服给前秦国君苻丕发丧，并且给苻丕定谥号为哀平皇帝。苻登提议拥立苻懿为君主，众人劝说道："渤海王虽然是先帝的儿子，但是年纪太小，没承受过那么多的灾难。现在西燕君主慕容永、后秦国君姚苌、后燕国君慕容垂三个大敌正在等待可以袭击我们的机会，我们应该拥立年长的君主，所以非你不可！"于是苻登在陇东设立祭坛登上帝位，诏令大赦，改年号为太初，设置百官。

慕容柔、慕容盛和慕容盛的弟弟慕容会都在长子，慕容盛告诉慕容柔、慕容会说："主上慕容垂已经使幽、冀两州从衰落中复兴起来了，但是东西两主尚未合一，我们还是处在遭人猜疑的地方，无论我们表现聪明还是愚昧都不能免除我们所处的危险，我们不能坐着等待被人宰割，不如及时回到东边！”于是他们一起逃到后燕。一年多以后，西燕君主慕容永把后燕国君慕容俊和慕容垂的子孙全都杀掉，不论男女，无一遗漏。

张大豫从西郡进入临洮，不仅抢夺五千多户人家的财物还占据了俱城。

十二月，吕光自称为使持节、侍中、大将军、凉州牧、酒泉公、中外大都督、都督陇右河西诸军事。

前秦国君苻登在军中设立世祖苻坚的牌位，把它放在四面有屏障的车子上，又为它建立了青色的车盖、黄色的旗帜，而且还让三百个勇士来保护它，凡是想要做的事一定先禀告世祖苻坚然后才去做。前秦国君苻登带领五万名士兵向东攻击后秦，将士们的头盔、铠甲都刻上“死”“休”两字，表示为了复仇直到战死才罢休；每逢作战的时候，士兵们用剑和长矛结成方圆大阵，知道了力量分布不均后，再从中分配，所以人人各自为战，敌人挡都挡不住。

起初，慕容冲在长安将要打败前秦国君苻坚冲出困境的时候，屯骑校尉胡空和中垒将军徐嵩分别聚集五千名部属建筑城垒自我固守，后来接受了后秦的官爵。后秦国君姚苌在两个城垒之间以君王的礼节埋葬了前秦君主苻坚。等到苻登到达，徐嵩和胡空率领部属投降了苻登。苻登封胡空为京兆尹，封徐嵩为雍州刺史，又以天子的礼节改葬前秦君主苻坚。

乙酉日（十八日），后燕国君慕容垂攻打吴深的城垒，最后把城垒攻下来，只有吴深一个人骑着马逃走了。慕容垂进兵屯驻聊城的逢关陂。起初，后燕太子洗马温详投奔过来，被任命为济北太守，驻扎东阿。后燕国君慕容垂派遣高阳王慕容隆、范阳王慕容德攻打他，温详派遣堂弟温攀守在黄河南岸，儿子温楷守在碻磝以抵抗他们。

后燕国君慕容垂任命魏国君王拓跋珪为西单于，又封他为上谷王；但是北魏国君拓跋珪不肯接受。

资治通鉴卷第一百七　晋纪二十九

起丁亥（公元387年），止辛卯（公元391年），共五年。

【题解】本卷记录了公元387年至391年共五年间东晋与各国的大事，正当晋孝武帝太元十二年至十六年。主要记录了后燕主慕容垂在慕容农、慕容隆、慕容楷等人的辅佐下南破东晋兖州、青州境内的郡县；写了匈奴刘显不仅拥有广大的土地而且还拥有强大的兵力，一直在北方称雄，但内部矛盾尖锐，被慕容楷、慕容麟等打败，刘显逃到西燕；写了后秦主姚苌与前秦主苻登在陕、甘邻近地区的反复较量，姚苌斩杀秦将徐嵩，并挖出苻坚的尸体鞭尸；写了吕光集团打败张天锡之子张大豫，平定境内叛乱，在凉州日益强大；写了乞伏国仁攻破邻近的鲜卑部落，又击破秦将没弈干，吐谷浑部落前来归附；写了北魏国君拓跋珪大破柔然、大破刘卫辰，从此黄河以南的各部全都投降，魏国的经济财力因此非常丰饶；写了东晋皇帝司马曜沉迷酒色，会稽王司马道子、王国宝专权，朝纲日益腐败等等。

烈宗孝武皇帝中之下

太元十二年（丁亥，公元387年）

春季，正月，乙巳日（初八），晋烈宗孝武皇帝司马曜任命朱序为青、兖两州刺史，让他代替谢玄镇守彭城；但是朱序请求镇守淮阴，晋孝武帝司马曜同意了他的请求。任命谢玄为会稽内史。

丁未日（初十），东晋诏令大赦天下。

后燕国君慕容垂在黄河之上阅兵，高阳王慕容隆知道后说：“温详那些人都是白脸孔的读书人，所聚集的都是像乌鸦一样的一点也不团结的贫民群众，他们更多的只是依靠长河之险保卫自己而已；如果我们的大军渡过河去，他们看见军队的军旗一定就会被吓垮了，根本就不必等到交战就把他们吓败了。”后燕国君慕容垂听取了他的话。戊午日（二十一日），慕容垂派遣镇北将军兰汗、护军将军平幼在碻磝以西四十里的地方渡河，慕容隆让很多的部属布阵在北岸。温攀、温楷果然逃往东阿城，平幼加紧追赶他们，追上后把他们打得大败。温详在晚上带着妻子儿女逃奔彭城，他的部属三万多人都投降后燕。后燕国君慕容垂任命太原王慕容楷为兖州刺史，镇守在东阿。

起初，后燕国君慕容垂在长安的时候，前秦国君苻坚曾经和他握手交谈，冗从仆射光祚偷偷地告诉苻坚：“陛下很怀疑慕容垂吗？我觉得慕容垂不是长久做别人部下的人。”苻坚把这话告诉了慕容垂。等到前秦国君苻丕从邺城逃奔晋阳后，光祚和黄门侍郎封孚、巨鹿太守封劝都来投靠。封劝是封弈的儿子。当后燕国君慕容垂第二次围攻邺城的时候，前秦旧臣西河人朱肃等人分别带领他们的部属前来投靠。朝廷下诏命令光祚等人为河北各郡的太守，让他们都驻扎在济北、濮阳，他们受到了温详的牵制领导；等到温详失败以后，他们都向后燕投降。后燕国君慕容垂不仅宽赦安抚他们，而且还像从前一样对待他们。后燕国君慕容垂看见光祚后，眼泪流湿了衣襟，悲伤地说：“前秦国君苻坚平时待我很宽厚，我事奉他的时候也是尽心尽力；但是长乐公苻丕、平原公苻晖却猜忌我有谋害他的心思，我也是怕被他们害死才不得已背叛他，现在当我每次想到这件事的时候，我还是半夜都睡不着。”光祚听了也很悲痛。后燕国君慕容垂赏赐给光祚许多黄金和丝帛，光祚坚决推辞不接受，慕容垂说：“你还怀疑我吗？”光祚说：“我从前只知道忠心地对待我的主人，从来没有想到陛下到今天还把以前的事挂在心上，我犯下了大错又岂敢逃过死罪？”后燕国君慕容垂说：“你的忠心正是我所希望求得的，前面的话是开玩笑的。”后燕国君慕容垂任命他做中常侍，从此对待他更加宽厚。

翟辽派遣他的儿子翟钊侵入陈、颍两地，朱序派遣将军秦膺击退翟钊。

前秦国君苻登封渤海王苻懿为皇太弟，册立他的妃子毛氏为皇后。皇后是毛兴的女儿。又派遣使者传送皇命封东海王苻纂为使持节、太师、都督中外诸军事、领大司马，再加封他为鲁王；封苻纂的弟弟苻师奴为抚军大将军、并州牧，再加封他为朔方公。苻纂很生气地对使者说："渤海王才是先帝苻丕的儿子，南安王为什么自立为天子而不立渤海王为天子呢？"长史王旅劝谏说："南安王已经把自己立为天子了，按道理说也没有中途改变君主的；况且现在入侵我们国家的仇敌还没有消灭，我们现在不可以在宗室之间互相成为仇敌。"苻纂这才接受命令。因此屠各人董成、张龙世、卢水的胡人彭沛谷、新平的羌人雷恶地等都归附苻纂，苻纂现在也有十余万名部属。

后秦国君姚苌把秦州三万户的豪杰迁徙到安定。

起初，安次人齐涉聚集民众八千多家据守新栅，然后投降后燕，后燕国君慕容垂封齐涉为魏郡太守。后来齐涉又背叛后燕去联合张愿，张愿亲自率领一万多人进兵屯驻在祝阿的瓮口，又招引翟辽一同响应齐涉。

高阳王慕容隆告诉后燕国君慕容垂："新栅的城池很不容易攻破，因为防守很坚固。如果我们长久把军队停顿在城下，张愿所统率的流亡百姓，从西边又引进丁零人翟辽，这样所造成的祸患就会很大了。我们应该在张愿自己前来的时候先攻打他，因为他的部属虽然有很多，但都是刚刚归附的和不能够奋力战斗的百姓。张愿父子自恃他们骁勇善战，一定不肯躲避离去，我们可以一战就把他们擒住。如果张愿被打败，那么齐涉就不能自保了。"后燕国君慕容垂听取了他的计策。

二月，后燕国君慕容垂派遣范阳王慕容德、龙骧将军张崇、陈留王慕容绍率领两万名步兵和骑兵会合慕容隆一起攻击张愿。军队离开瓮口二十多里路程后到了斗城，解下马鞍停下来休息。张愿带领军队突然到达，因此后燕士兵十分惊慌失措，慕容德的军队赶快退走，慕容隆则按兵不动。张愿的儿子张龟带领士兵冲出阵地，慕容隆派遣身边将领王末带领士兵前去迎击，他们不但战胜了张龟而且还把他杀死了。慕容隆慢慢地进兵作战，张愿的兵不得已才后退。慕容德走了一里多后，又整顿军队回来和慕容隆会合，告诉慕容隆："寇贼的气势还很勇猛强锐，我们应该暂且缓和一下。"慕容隆说："张愿是趁我们不防备的时候来袭击，所以才会获得大胜；而我们的士兵都被隔绝在黄河渡口，我们现在是前有强敌，如果后退则会溺死，形势十分险迫，现在人人都想要各自为战，所以才能把张愿打退。现在寇贼不能得到有利的局面，气势已经衰竭，不能齐心奋发，而且都有退却的意思了，我们应该赶快攻击他们。"慕容德想了想说："我只有照你所说的做了。"于是进兵与张愿在瓮口大战，张愿惨遭大败，杀死七千八百人，只有张愿脱身逃到了三布口自保。后燕军队进军历城，青、兖、徐州郡县与一些民堡大多数都投降了。后燕国君慕容垂任命陈留王慕容绍为青州刺史，镇守在历城。慕容德等人把军队调回去，新栅人冬鸾逮捕齐涉送给慕容垂。后燕国君慕容垂杀死了齐涉父子，其余的人都获得了他的原谅。

三月，前秦国君苻登封窦冲为南秦州牧，封杨壁为司空、梁州牧，封杨定为益州牧，封乞伏国仁为大将军、大单于、苑川王。

后燕上谷人王敏杀死太守封戢，代郡人许谦又赶走太守贾闰，分别带领着他们的郡城归附了刘显。

后燕乐浪王慕容温担任尚书右仆射。

夏季，四月，戊辰日（初三），晋孝武帝司马曜尊封他的母亲李氏为皇太妃，所用的礼仪服饰和太后的一样。

后秦征西将军姚硕德被杨定所逼，退守在泾阳。杨定和前秦鲁王苻纂一同在泾阳攻击他，姚硕德惨遭大败。后秦国君姚苌从阴密带兵前来救援，苻纂退守屯驻敷陆。

后燕国君慕容垂从碻磝回到中山，慕容柔、慕容盛、慕容会也从长子回来。庚子日（四月无此日），后燕国君慕容垂为此诏令大赦。后燕国君慕容垂问慕容盛："长子那地方的情况如何，能够得手吗？"

慕容盛说:“西燕国君慕容永的军队长期扰攘不安定,人心都有回到东边的意思,陛下只需要修治仁政来等待他们就可以了。只要大军一到,他们必然丢下兵器如同孝子归附慈父一样地归附我国。”后燕国君慕容垂听了后非常高兴。癸未日(十八日),后燕国君慕容垂封慕容柔为阳平王,封慕容盛为长乐公,封慕容会为清河公。

高平人翟畅抓住太守徐含远后,带领全郡投降了翟辽。后燕国君慕容垂告诉众将:“翟辽带领一个城的民众,在晋国、燕国及西燕国三国之间反复不定,不能不去讨伐他。”五月,后燕国君慕容垂任命章武王慕容宙监领中外诸军事并且辅助太子慕容宝防守中山;慕容垂自己率领各军从南面攻打翟辽,又任命太原王慕容楷为前锋都督。翟辽的部属都是燕国、赵国的人,听说慕容楷到达后都说:“太原王的儿子是我们的父母呀!”(慕容楷的父亲慕容恪曾经做过燕国的宰相,因为燕国、赵国的人都很怀念他,所以这么说。)于是互相带领着归降慕容楷。翟辽很害怕,于是派遣使者请求投降;后燕国君慕容垂任命翟辽为徐州牧,封河南公,军队前进到黎阳时,接受了翟辽的投降然后回去了。

井陉人贾鲍召集带领北山丁零部落翟遥等五千多人,利用夜晚偷袭中山,攻陷了它的外城。章武王慕容宙从外面出兵偷袭,太子慕容宝在城里叫众人大喊厮杀的声音,与章武王慕容宙里应外合不仅把他们打得大败,而且还把他们的部属都俘虏了,只有翟遥、贾鲍各自骑着马逃走了。

匈奴首领刘显不仅拥有广大的土地而且还拥有强大的兵力,所以一直在北方称雄。正巧遇到他们兄弟意见不合发生争执,魏国长史张兖告诉北魏国君拓跋珪:“刘显志在吞并别人,如果现在不趁着他内部溃散而把他攻打下来,将来一定会有后患。但是我们无法单独打败他,所以应该请求与燕国一同攻击他。”北魏国君拓跋珪听从了他的意见,又派遣安同向后燕请求派遣军队。

晋孝武帝司马曜下诏征调会稽郡的隐士戴逵,戴逵每次都推辞不肯接受；因为郡县一直在催促，所以戴逵就逃躲到吴郡去了。谢玄上奏书说："戴逵自己的愿望是希望获得隐逸的机会，如果王命现在没有收回，他将会一直遭受着奔波躲藏的愁苦。陛下既然很喜欢他而且很器重他，就应当使他的身名同时留存，所以请您收回征召他的命令吧。"于是晋孝武帝答应了他的请求。戴逵是戴逯的哥哥。

前秦国君苻登任命自己的哥哥苻同成为司徒、守尚书令，封为颍川王；任命弟弟苻广为中书监，封为安成王；任命儿子苻崇为尚书左仆射，封为东平王。

后燕国君慕容垂从黎阳回到中山。

章武人王祖杀死了太守白钦，吴深杀死了后燕清河太守丁国，渤海人张申占据高城发动叛乱；后燕国君慕容垂命令乐浪王慕容温前去讨伐。

苑川王乞伏国仁率领三万名骑兵在六泉袭击鲜卑大人密贵、裕苟、提伦三个部族。秋季，七月，乞伏国仁与没弈干、金熙在渴浑川交战，没弈干、金熙惨遭大败，三个部族都投降了。

前秦国君苻登在瓦亭驻军，后秦国君姚苌攻打彭沛谷的堡垒，没过多久堡垒就被攻了下来，彭沛谷不得已奔往杏城。姚苌回到阴密后任命太子姚兴镇守长安。

后燕赵王慕容麟在上谷讨伐王敏并且杀死了他。

朔方部落首领刘卫辰给后燕献马，但在途中被刘显抢走。后燕国君慕容垂非常生气，于是派遣太原王慕容楷带兵帮助赵王慕容麟攻击刘显，把刘显打得大败。刘显被迫逃到了马邑西边的山上。北魏国君拓跋珪带兵会合慕容麟在弥泽攻打刘显，又把他打败。刘显最后逃到西燕国，慕容麟接收了刘显残留下来的全部兵马，获得了马牛羊上千万只。

吕光的部将彭晃、徐炅在临洮攻打张大豫并且把他打败了。张大豫被迫逃往广武，王穆被迫逃往建康。八月，广武人抓住了张大豫并且把他送到姑臧之后斩首了。王穆突袭占据了酒泉，在那里自称为大将军、凉州牧。

辛巳日（十八日），东晋诏令大赦天下，又册立皇子司马德宗为太子。

后燕国君慕容垂封刘显的弟弟刘可泥为乌桓王，来安抚他的部属，又把八千多个部落迁移到中山。

前秦冯翊太守兰椟率领两万人从频阳进入和宁和鲁王苻纂商讨攻打长安的计谋。苻纂的弟弟苻师奴劝苻纂自称帝王的尊号，但是苻纂不肯听从；最后苻师奴杀死苻纂而自己取而代之，于是兰椟和苻师奴断绝关系。西燕君主慕容永攻打兰椟，于是兰椟向后秦请求援助，后秦国君姚苌想要亲自带兵前去救助。尚书令姚旻、左仆射尹纬劝说："前秦王苻登在附近的瓦亭，可能会趁我们空虚从后面偷袭。"后秦国君姚苌说："苻登不是短期间可以制服的，因为他的部属很多。但是苻登为人反应迟缓滞重，做事不能快速决断，所以一定不会轻易地指挥大军迅速深入袭击我们。等到过了两个月，我一定会打败敌人回来的，那时苻登即使到达了也没有用了。"九月，后秦国君姚苌在泥源驻军。苻师奴迎战但是打了败仗，不得已逃亡到了鲜卑。后秦收容了他的全部部属，屠各人董成等也都投降了。

前秦国君苻登进兵据守胡空堡，有十多万的戎人、夏人都归附了他。

冬季，十月，翟辽又一次背叛了后燕，派遣士兵和王祖、张申侵略抢劫清河、平原地区。

后秦国君姚苌在河西进兵攻击西燕君王慕容永，慕容永被迫退走。兰椟又出兵防守抵抗，姚苌加以攻击；十二月，姚苌抓住了兰椟，于是进入杏城。

后秦姚方成攻打前秦雍州刺史徐嵩的城垒并且把城垒攻打了下来，然后抓住徐嵩，历数他的罪恶。徐嵩高声骂着说："你们的君王姚苌犯了很大的罪过，苻黄眉想要把他杀死，但是先帝苻坚不仅禁止苻黄眉那么做，而且还任命徐嵩担任朝廷和地方的重要官职，可以说对他是非常宠幸啊！但是姚苌还不如狗和马，它们还识得养主的恩德，你们却亲自做出如此大逆不道的事。你们羌人哪里可以拿做人的道理来要求呢？何不快点把我杀死！”姚方成很生气，分三次斩杀徐嵩，并且把他的士卒全都活埋了，还把他们的妻子、儿女奖赏给自己的军队。后秦国君姚苌挖出前秦国君苻坚的尸首，鞭挞了尸首许多次，而且还把他的衣服剥下来，让他的形体裸露在外，用荆棘给他当草席，又挖土把他埋到地下。

凉州发生大饥荒，一斗米价格竟然能卖到五百个钱，还出现了人吃人的状况，百姓死了大半。

吕光的西平太守康宁自称为匈奴王，杀死了河湟太守强禧后发动叛乱。张掖太守彭晃也发动叛乱，彭晃东边与康宁结合，西边又沟通王穆。吕光想要亲自攻打彭晃，众将都说：“现在康宁在南边等待机会，只要有机会就会发动士兵，如果彭晃、王穆还未被诛灭，康宁又来了，我们进退都会感到困难，面临的形势一定有很大的危险。”吕光想了想说：“确实是像你们所说的那样。但是如果我今天不去打他们，那我们就是坐着等他们来攻打啊！如果康宁、王穆、彭晃三个敌寇联合兵力，从东西两面前后夹击我们，那么城外的地方就都不是我们所有的了，我们所计划的大事也就无法挽救了。现在彭晃刚刚叛乱，所以和康宁、王穆的情谊契合还没有多么密切，如果现在趁他不备的时候出兵攻打他，还是比较容易攻取啊。”于是吕光亲自率领三万名骑兵日夜加速前进，到达以后稍作休息，连续攻打了二十天，才终于攻下了城池，并且杀死了彭晃。

起初，王穆起兵的时候，派遣使者招请敦煌的隐士郭瑀，郭瑀叹息着说：“现在百姓将被夷人统治，我怎能忍心不救助他们呢？”于是和同郡的索嘏一起起兵附应王穆，运送三万石米粟作为军粮。王穆任命索嘏为敦煌太守，任命郭瑀为太府左长史、军师将军。后来王穆听信坏人的谗言决定带兵攻打索嘏，对郭瑀的劝谏也不肯听取，郭瑀走出城门大哭，然后举手向城门辞别说：“我不会再看见你了。”

回去以后，拿被子覆盖在脸上，从此不再和别人说话，也不吃食物，最后饿死了。吕光听了以后说："两个敌人互相攻打，这是我们一举成功的机会啊！我们绝不可以因为害怕经常打仗的辛苦而错失永久得到安逸的机会。"于是率领两万名步兵和骑兵攻打酒泉，把酒泉攻下来后，又进兵屯驻凉兴，王穆带兵回到东边，但在他还没到达的时候，他的士兵们就已经溃散了，只有王穆一个人骑着马逃走了，骍马县令郭文斩下了王穆的头，然后把他的头送给了吕光。

太元十三年（戊子，公元388年）

春季，正月，东晋康乐献武公谢玄去世。

二月，前秦国君苻登在朝那驻军，后秦国君姚苌在武都驻军。

翟辽派司马眭琼到后燕请罪；后燕国君慕容垂因为他屡次反复不定，杀死了司马眭琼，拒绝他的请罪。翟辽因此自称为魏天王，改年号为建光，设置百官。

后燕青州刺史陈留王慕容绍受到东晋平原太守辟闾浑的逼迫，所以退兵屯守在黄巾固。后燕国君慕容垂把慕容绍改封为徐州刺史。辟闾浑是辟闾蔚的儿子，因为苻氏内部作乱，所以占据齐国的地域投降东晋。

三月，乙亥日（十五日），后燕国君慕容垂任命太子慕容宝领尚书事并且把政事交付给他，自己只是总体上把握而已。

后燕赵王慕容麟攻打许谦，没过多久就打败许谦，许谦被迫逃往西燕。于是后燕废掉了代郡，把百姓全都迁徙到龙城。

吕光之所以能够平定凉州，其中杜进的功劳是最多的，于是吕光任命他为武威太守。他不仅手握大权而且又获得吕光非同一般的宠幸，吕光其他的幕僚都比不上。吕光的外甥石聪从关中过来，吕光高兴地问他："中州那里的人说我治理朝政怎么样？"石聪说："我在那里只听说有杜进这个人，根本就没有听说舅舅的名字。"吕光因此常常猜忌杜进，怕他有谋反之心，最后把他杀死了。

吕光和他的幕僚们举行酒宴，在他们谈到政事的时候，参军京兆人段业建议说："明公用法太严峻苛刻了吧！"吕光说："吴起从不重视恩德却使楚国变得非常强大，商鞅也因为使用严酷的刑罚而使秦国变得兴盛。"段业反驳说："吴起最终使自己丧命，商鞅最终让自己的国家灭亡，那都是因为他们对百姓太残酷而造成的。明公刚刚开创出来的大业，如果效仿尧、舜的行为举措，还怕不能成功吗？怎么能羡慕吴起、商鞅的方法，这哪是州里老百姓所希望的呢？"吕光改变脸色向段业道歉，从此不再效仿吴起、商鞅的方法。

夏季，四月，戊午日（二十九日），东晋任命朱序为都督司雍梁秦四州诸军事、雍州刺史，戍守在洛阳，又让谯王司马恬代替朱序为都督兖冀幽并等州诸军事、青兖两州刺史。

苑川王乞伏国仁在平襄打败鲜卑越质叱黎并且俘获了他的儿子越质诘归。

丁亥日（四月无此日），后燕国君慕容垂册立夫人段氏为皇后，让太子慕容宝接领大单于。现在的段氏是右光禄大夫段仪的女儿；她的妹妹嫁给了范阳王慕容德。而段仪是慕容宝的舅舅。后燕国君慕容垂追尊前妃段氏为成昭皇后。

五月，前秦皇太弟苻懿去世，赐谥号为献哀。

翟辽徙兵屯驻滑台。

六月，苑川王乞伏国仁去世，赐谥号为宣烈，赐庙号为烈祖。因为他的儿子乞伏公府年纪还非常小，所以他的部属们都推举乞伏国仁的弟弟乞伏乾归为大都督、大将军、大单于、河南王，乞伏乾归上位后诏令大赦，改年号为太初。

北魏国君拓跋珪在弱落水的南边打败库莫奚，秋季，七月，库莫奚又举兵袭击魏国军营，拓跋珪又打败了他。本来库莫奚这个人属于宇文部，和契丹同属东胡但是支派不同，又因为他的祖先都被前燕国君慕容皝打败，所以迁徙居住在松漠之间。

前秦国和后秦国，从春季开始就相持不下，所以平时经常作战，但是互有胜败，因此各自罢兵回去了。关西的很多壮士因为后秦很长时间没有获得胜利，就离开后秦归附前秦了。

河南王乞伏乾归册立他的妻子边氏为王后；模仿汉族的制度，设置百官，任命南川侯出连乞都为丞相，任命梁州刺史悌眷为御史大夫，任命金城人边芮为左长史，任命东秦州刺史秘宜为右长史，任命武始人翟勍为左司马，任命略阳人王松寿为主簿，任命堂弟乞伏轲弹为梁州牧，任命弟弟乞伏益州为秦州牧，任命乞伏屈眷为河州牧。

八月，前秦国君苻登册立他儿子苻崇为皇太子，苻尚为北海王，苻弁为南安王。

后燕护军将军平幼会合章武王慕容宙讨伐吴深，把吴深打败了，吴深被迫逃到绎幕自保。

北魏国君拓跋珪暗中就有图谋后燕的想法，于是派遣九原公拓跋仪出使中山，后燕国君慕容垂生气地责问他说："魏王为什么不自己来呢？"拓跋仪回答说："我们的先王和燕国世代都像兄弟一样一起尊奉晋朝，我现在奉魏王的命令出使，在道理上并没有任何的不合适吧！"后燕国君慕容垂愤怒地说："我现在威武强大，四海之内无人不知，你怎么可以拿过去的燕国和现在来相比呢？"拓跋仪平静地说："燕国如果不讲求道德礼仪，想要拿兵力的威武来表现自己的强大，这是将帅之间的事情，不是我这使者所能知道的。"拓跋仪回去以后告诉北魏国君拓跋珪："后燕国君年老体衰，太子是一个昏昧懦弱之人，范阳王慕容德自恃才气很高不是太子可以驾御的。后燕国君慕容垂死后，后燕一定会发生内乱，现在还不可以，到那个时候我们才能有所作为。"北魏国君拓跋珪觉得他的话很有道理。拓跋仪是拓跋珪舅父贺翰的儿子。

九月，河南王乞伏乾归迁都到金城。

后燕张申攻打广平，王祖攻打乐陵；壬午日（二十五日），后燕高阳王慕容隆带兵讨伐他们。

冬季，十月，后秦国君姚苌回到安定；前秦国君苻登在新平率领一万多人围攻姚苌的军营以谋取食物，在四面大哭，姚苌命令营中的人以哭来回应，苻登才退兵。

十二月，庚子日（十五日），东晋尚书令、南康襄公谢石去世。

后燕太原王慕容楷、赵王慕容麟带兵在合口与高阳王慕容隆会合之后攻击张申；王祖率领各城垒一同救助张申，趁夜袭击后燕的军队，后燕士兵加以迎击，没过多久他们就败走了。慕容隆想要追击，慕容楷、慕容麟说：“王祖是个老奸巨猾的人，他可能是假装逃走引诱我们陷入他设下的埋伏，不如我们等到天亮看情形再去追他。”慕容隆说：“这些都是全无训练的成群的像乌鸦一样聚合而来的盗匪，他们只是希望能够在这一次的决战中侥幸获得胜利，并不是平常富有纪律能够统一军队进退的。现在他们失败而逃走，群众也不能为其所用，我们乘着战胜的优势追击，不到数里路一定可以全部把他们俘获。张申所依恃的只是王祖，如果王祖被打败了，那张申就一定会投降。”于是留下慕容楷、慕容麟防守张申的城垒，慕容隆和平幼分路追击他们，等到天亮的时候，俘获了很多逃兵回来，把所俘获的尸首悬挂给张申看。甲寅日（二十九日），张申被逼无奈出城投降，王祖也回来投降请罪。

前秦任命颍川王苻同成为太尉。

太元十四年（己丑，公元389年）

春季，正月，后燕命令阳平王慕容柔镇守在襄国。

辽西王慕容农驻守在龙城五年，把那个地方治理得非常好，于是上表说：“臣最近因为出征而镇守在龙城，所率领的将士在这里也得到了多年安逸，青州、徐州、荆州、雍州遗留的贼寇还有很多，希望很快能派人接替我的职务，让我回去竭尽微薄的能力，在有生之年尽力地奉献自己，到死的时候能没有什么遗憾，这是臣的愿望。”庚申日（初五），后燕国君慕容垂下召任命高阳王慕容隆为都督幽平两州诸军事、征北大将军、幽州牧；任命慕容农做侍中、司隶校尉；在龙城建留台，任命慕容隆为留台录尚书事。任命散骑常侍封孚为司马，而且让他同时兼任留台尚书，又任命护军将军平幼担任征北长史。慕容隆利用慕容农原有的规模加以整治扩充，辽水、碣石一带因此很安定。

后秦国君姚苌因为后秦屡次打胜仗，说是得到前秦国君苻坚神灵的帮助，所以也在军中设立苻坚的神像，而且常常向他祈祷说："臣的哥哥姚襄命令臣替他复仇，对于新平的灾祸（指姚苌杀害苻坚），那不是臣的罪过，臣也只是执行姚襄的命令而已。苻登是陛下疏远的部属，而且还想要报仇，臣又怎敢忘了自己的哥哥呢？而且陛下曾经命令臣以龙骧将军的身份创立基业，臣敢违背吗？现在我替陛下在军中设立神像，陛下不要再追究计较臣以前的过失了。"前秦国君苻登登上城楼，从远处告诉后秦国君姚苌："当臣子的却杀死了国君，之后又设立国君的神像请求保佑，这会有什么用处呢？"因此大声叫喊："杀死国君的恶贼姚苌，你怎么不自己出来，我要和你一决胜负！"姚苌不敢应答。又因为在交战时没有占优势，他自己在军营中每个晚上都要受几次惊扰，所以，后秦国君姚苌斩下苻坚神像的头送给了前秦。

前秦国君苻登任命河南王乞伏乾归为大将军、大单于、金城王。

甲寅日（正月无此日），北魏国君拓跋珪袭击高车并且打了胜仗。

二月，吕光自称为三河王，诏令大赦，改年号为麟嘉，设置百官。吕光的妻子石氏、儿子吕绍、弟弟吕德世都从仇池来到姑臧，吕光册立石氏为妃，吕绍为世子。

癸巳日（初九），北魏国君拓跋珪在女水袭击吐突邻部，把他们打得大败之后又强行把他们的部落全部迁移到别的地方，然后才带领自己的将士回去。

前秦国君苻登把军队的一些需要搬运的笨重物资留在大界，自己带领一万多名轻装的骑兵攻打安定的羌人密造保并且打了胜仗。

夏季，四月，翟辽带兵入侵荥阳，抓住了荥阳太守张卓。

后燕让长乐公慕容盛镇守在蓟城，整修旧的宫殿。

五月，清河人孔金杀死吴深并把他的首级送到后燕的都城中山。

金城王乞伏乾归攻击侯年部并且大败他们。因此秦州、凉州的百姓以及鲜卑人、羌人、胡人等大多数归附乞伏乾归，乞伏乾归全部授给他们相应的官爵。

后秦国君姚苌和前秦国君苻登作战。姚苌战败了好几次，于是就派遣中军将军姚崇偷袭大界，苻登在安丘迎击并且又一次把他打败。

后燕赵王慕容麟、范阳王慕容德攻打贺讷，把他追赶到勿根山，贺讷穷途末路，被迫请求投降，并把他的部众迁移到上谷，把他的弟弟贺染干送到中山去当人质。

秋季，七月，东晋任命骠骑长史王忱为荆州刺史、都督荆益宁三州诸军事。王忱是王国宝的弟弟。

前秦国君苻登在平凉攻打后秦右将军吴忠等人并把他们打败了。八月，苻登占据苟头原，以此威逼安定。众将劝谏后秦国君姚苌与他决一死战，姚苌说："和穷途末路的贼寇比胜负是兵家最忌讳的事情；我准备用计谋打败他。"于是留下尚书令姚旻防守在安定，他在夜晚亲自率领三万名骑兵，偷袭前秦等待搬运的粮草等笨重物资，最后获得胜利，杀死了毛皇后及南安王苻弁、北海王苻尚，俘虏十多个有名的部将并抢掠五万多名男女，然后才回去。毛皇后长得很漂亮而且还很勇敢，又很会骑马射箭，后秦的军队进攻她的营帐的时候，她还弯弓骑马率领数百名壮士与敌人作战，因为众寡悬殊所以才不是敌人的对手，最后被后秦的军队抓住。后秦国君姚苌想要纳她为妾，毛氏边骂边哭说："姚苌，你先前已经杀死天子，现在又想要侮辱皇后，在这天地之间，哪里还能容纳你？"最后姚苌把她杀死了。众将想要利用前秦军队惊骇惶乱的时机加以攻击，后秦国君姚苌说："我们不可以轻视苻登的军队，苻登的军队虽然惶乱，但愤怒之气还很盛。"于是没有让士兵加以攻击。前秦国君苻登招收剩余的部属屯驻胡空堡。后秦国君姚苌把安定的一千多户人家迁往阴密，派他的弟弟征南将军姚靖镇守在那里，又派遣姚硕德镇守在安定。

九月，庚午日（十九日），东晋任命左仆射陆纳为尚书令。

前秦国君苻登东行以后，后秦国君姚苌派遣姚硕德设置后秦各州的守宰，任命堂弟姚常驻守陇城，姚详驻守略阳，邢奴驻守冀城。杨定攻打陇、冀，打了胜仗，杀死姚常又抓住了邢奴；姚详放弃略阳逃奔到阴密。杨定自称为秦州牧、陇西王，前秦依照他的称号授他相应的爵位。

冬季，十月，前秦国君苻登任命杨定为左丞相、都督中外诸军事、秦梁两州牧，又任命窦冲为大司马、都督陇东诸军事、雍州牧，约定共同攻打后秦；又约了都督河东诸军事、冀州刺史杨楷，监河西诸军事、并州刺史杨政分别率领他们的军队在长安会合。杨政、杨楷都是河东人。前秦国君苻丕失败以后，杨政、杨楷召集几万户流民，杨政据守河西，杨楷据守于湖县、陕城之间，派遣使者向前秦请求任命官职，因此前秦国君苻登按照他们的功劳分别授给官职。

后燕乐浪悼王慕容温当冀州刺史，翟辽派丁零人故堤假装投降到慕容温帐下。乙酉日（初四），故堤行刺慕容温，把他杀死了，并且还杀死了他的长史司马驱，然后率领驻守的军队两百人逃奔西燕。后燕辽西王慕容农在襄国迎击刺杀慕容温的人，把他们全都俘获，最后只有故堤逃走了。

十一月，枹罕的羌人首领彭奚念请求依附西秦王乞伏乾归的王朝，乞伏乾归任命彭奚念为北河州刺史。

起初，晋烈宗孝武皇帝司马曜已经亲自处理政事，在天下也有权力和威望，也有成为好的主君的气量。但后来沉迷于酒色，因此把政事都委交给琅邪王司马道子；司马道子也是一个喜欢喝酒的人，于是他每天早晚都和孝武帝以喝酒唱歌为乐事。孝武帝平时就极为奢侈浪费，又崇拜佛教，平时所亲近的人都是年老的女师及和尚、尼姑。他左右亲近的人都争相夺取权柄，都是以私事请托互相往来，甚至公然以财物贿赂官员，官员授官赏赐也都是杂乱无章，对犯人的刑罚讼狱也都是谬误错乱。尚书令陆纳望着宫阙叹息说："这么好的一个家室，小孩子想要把它毁坏吗？"左卫领营将军会稽人许营向孝武帝司马曜上奏书说："现在台省、公府及各局的官吏、直卫的武官以及仆隶奴婢，从母姓的人（指官婢私合所生的子女，不知谁是他们的父亲，所以从母姓）未受到过郡县中正的品第荐举，但是都能够担任郡守县令之职或在朝廷里做官，至于和尚、尼姑、乳母，竟接受财物的贿赂又竞相引进自己的亲戚朋党；和尚、尼姑、乳母还常常到官署治理庶民；现在政教不公平总是对无辜的人滥施暴虐，法令不够明确以至于抢劫盗窃的人公然犯法。陛下往年下命令要群臣尽量规谏，群臣的议论都已齐集可是却没有一个建议被采用。臣听说佛是一个清淡、玄妙虚旷的神，现在的和尚、尼姑往往虽穿着僧服却不遵教规，连佛的五戒（指不淫、不盗、不杀、不妄语、不饮酒）都还不能遵守，又怎能理解精妙的佛法呢？而且那些受流行的歪风迷惑侵侮夺取百姓的财物作为他们私人的实惠的人，竟然也争相从事敬佛，这与佛家布施的道理一点也不相符。"奏章递上以后，没有回音。

晋孝武帝司马曜渐渐感到不安，因为司马道子的势力已经倾覆内外，远近的人都跑来投靠他，但是在表面上对他还是多加优待尊崇。侍中王国宝因为会谄媚逢迎而得到司马道子的宠幸，劝八座尚书奏启孝武帝和煽动朝里的众官上奏书，请求擢升司马道子为丞相兼任扬州牧，赐给黄钺（金斧，天子用以征伐），并加以特别尊崇的礼节等。护军将军南平人车胤说："这是周成王姬诵用来尊敬周公姬旦的礼节。现在主上在南面称王，和周成王不一样；相王（指琅邪王司马道子）处在这地位岂能和周公一样呢！"于是声称自己有病无法在奏书呈上签名。奏书呈上去后孝武帝很生气，看到只有车胤没有在上面签名，因此嘉勉车胤有自己的节操。

晋孝武帝司马曜所亲近信任的中书侍郎范宁、徐邈，屡次向孝武帝进献忠言，指责奸邪的党人并补充修正朝中职位的各种缺失。王国宝虽然是范宁的外甥，但是范宁劝说孝武帝罢免革除他的官职，因为范宁尤其厌恶他奉承巴结别人的个性，一直认为他的个性不适合做官。陈郡人袁悦之得到司马道子的宠幸，王国宝叫袁悦之请尼姑妙音写信给太子司马德宗的母亲陈淑媛，说："王国宝这个人非常忠心谨慎，应该受到陛下的亲近信任。"孝武帝司马曜知道这事后大发脾气，以别的事为理由杀死了袁悦之。王国宝非常害怕，于是和司马道子一同毁谤范宁，把他出调到豫章当太守。范宁在出发的时候上书说："现在边疆虽然平静但是国库却很空乏；从前使用民力一年不超过三天，现在给百姓几乎都没有三天的休息时间，百姓一直处在劳苦骚扰之中，以至于鳏夫寡妇不敢谈嫁娶的事，有的生下男孩也不再抚养，把火放在一堆木柴的下边都不足以形容现在局势的危险。"范宁又上书说："时间已经过了很久，中原的读书人和一般的老百姓慢慢地流亡到了江左，现在人人都安居乐业。凡是天底下生活的人，追溯他们的先祖，我想都是随着时局而迁徙，到今天怎么就不能这样了呢？臣以为应该确定国土的范围，以现在所居的郡县作为划定户籍的根据。还有就是现在性情是没有任何约束的，奢侈或节俭全都是由于所处的形势所决定；现在，那些曾经兼并过别人财产的豪门大族，也已大多数不能维持，不是他们的财力不够，主要是因为他们花销没有节制，争相以奢靡豪华来比试高下，没有限制的缘故。古礼十九岁而死的人称为长殇（年长而夭折的意思），因为他还没有成人。现在却是以十六岁的人为完全丁壮，以十三岁的人为一半丁壮，让他们所担任的不再是童幼所能做的事，这岂不是伤害天理，虐待人民吗？臣认为应该以二十岁的人为完全丁壮，十六岁的人为一半丁壮，那么就不会有小小年纪就夭折，生儿育女的人也会越来越多的。"孝武帝司马曜采纳了他的许多意见。

范宁在豫章的时候，派遣十五位议曹下到属城，查看当地风俗政教的得失；询问休假期满而回到城府的官吏，他们各个官长的好坏。徐邈写信给范宁说："您听断讼狱明正公允，众事都没有停顿。官吏怕犯错办事就会更加谨慎，百姓的听闻就不致迷惑，哪里需要深入每一个邑里，这不是装饰虚浮您的声名吗？这不但不能获得益处，可能会成为蚕食鱼肉百姓的借口；哪里有善良的人、品德好的人会干预不是他分内的事而向上告发的呢？自古以来想要替别人在旁边打听消息的人，不是品德不好的小人，就是先以小的忠心最后做出大的不忠的人，先利用小的诚信最后做出大逆不道的事，于是使得谗害别人和谄媚别人的人一起导致善恶颠倒，这能不戒慎吗？您很谨慎地选用僚佐，我想一定能够得到全国推崇仰望的人士，让他们去治理各个部门，各部门都能够得到好的官吏来掌管主持事务，又选拔贤明公正的人担任监督的官职，那么能做事不能做事，清白混浊，由他所做的事就看得很清楚了；您又何必借用耳目呢？您只要以公平的心来处理就可以了。从前汉明帝刘庄的皇后明德马后从来没有管左右的人的意见，可以说是见识高远的人，难道大丈夫不能避免如此吗？”

十二月，后秦国君姚苌派遣他的东门将军任瓮假装投降前秦国君苻登，任瓮被允许开门接纳。前秦国君苻登准备听他的话，在外面带领军队的征东将军雷恶地听了这消息后，骑快马来见苻登说：“姚苌这个人诡计多端，所以任瓮的话不可听信！”前秦国君苻登这才没有听任瓮的话。后秦国君姚苌听到雷恶地拜见苻登后，告诉众将说：“这个羌人去见苻登，那么事情一定没法成功！”前秦国君苻登因为雷恶地勇敢谋略超过一般人，于是就暗中忌惮他。雷恶地因为担心自己被害所以就向后秦投降，后秦国君姚苌任命雷恶地为镇军将军。

前秦任命安成王苻广为司徒。

太元十五年（庚寅，公元390年）春季，正月，乙亥日（二十六日），东晋谯敬王司马恬去世。

西燕君主慕容永带兵向洛阳进发，朱序从河阴向北渡过黄河打败了他。朱序追赶西燕君主慕容永的军队到白水，正巧了解到翟辽计划向洛阳进兵的消息，朱序又带兵回去打跑了翟辽；朱序派遣他儿子朱略监督防护在洛阳，让参军赵蕃辅佐朱略，又留下鹰扬将军朱党驻守在石门，然后自己回到襄阳。

琅邪王司马道子依恃宠幸而骄傲恣肆，在陪同晋孝武帝司马曜宴饮时，喝得大醉，平时对晋孝武帝司马曜也常常缺少礼节和敬意。晋孝武帝不能平复自己想要整治司马道子的心情，想要选用当时有名望的人为藩王，以暗中节制司马道子。晋孝武帝司马曜问太子左卫率王雅："我想要重用王恭、殷仲堪，你认为怎么样？"王雅说："王恭是一个风度神态优雅高贵，志向气质十分方正严谨的人；殷仲堪是一个对小节非常谨慎，以文章义理驰名的人。但都心胸狭窄又自以为是，而且缺乏才干谋略；在天下太平的时候他们可以忠于职守，如果天下有事的话，他们一定会成为祸乱的根源！"晋孝武帝司马曜不听他的意见。殷仲堪是殷融的孙子，王恭是王蕴的儿子。二月辛巳日（初二），晋孝武帝司马曜任命中书令王恭为兖青两州刺史、都督青兖幽并冀五州诸军事，镇守在京口。

三月戊辰日（二十日），东晋诏令大赦天下。

后秦国君姚苌在新罗堡攻打前秦扶风太守齐益男获得胜利，但是齐益男逃走了。前秦国君苻登在陇东攻打后秦天水太守张业生，后秦国君姚苌前去救援，最后前秦国君苻登带兵退去。

夏季，四月，前秦镇东将军魏揭飞自称为冲天王，率领氐人、胡人在杏城攻打后秦安北将军姚当成；镇军将军雷恶地背叛后秦响应他，在李润攻打镇东将军姚汉得。后秦国君姚苌想亲自去攻打雷恶地，群臣都说："陛下不担心在六十里外的苻登却担心六百里外的魏揭飞，这是为什么呢？"后秦国君姚苌解释说："我的城不是苻登一下子攻得下来的，苻登也不是一下子可以灭亡的。雷恶地有智慧谋略，如果他南边接应魏揭飞，东边结合董成，就会得到杏城，然后再把李润守住，长安的东北边就不是我所有的了。"于是暗中带领一千六百名精锐军队赶去。魏揭飞、雷恶地拥有几万名部属，氐、胡人赶来归顺的人前后不断。后秦国君姚苌每看见一个军队到达心里就很高兴。群臣觉得很奇怪就问他："陛下为什么为敌人的士兵增加而高兴呢？”后秦国君姚苌说：“魏揭飞等人煽惑引诱共同为恶的人，各式各样的人都有，我虽然能够打败他们的首领，但剩余的党羽想一下子平定却不容易。现在他们像乌鸦一样群集而来，我就可以一网打尽而无遗漏，利用优势尽情地击败他们。”魏揭飞等人看见后秦的兵力很少，于是倾尽所有的部属去攻打；后秦国君姚苌表现出很懦弱的样子，固守壁垒不与他们作战，但是暗中派遣他的儿子中军将军姚崇率领数百名骑兵从后面出去。魏揭飞的军队受到扰乱，变得一片混乱，然后后秦国君姚苌派遣镇远将军王超等人出师迎击，把魏揭飞和他的将士杀了一万多。雷恶地被迫请求投降，后秦国君姚苌还像从前一样对待他。雷恶地告诉别人：“我自认为智慧勇气超过一般人，但是每次遇到姚公就往往被困而失败，实在是命中注定如此呀！”

后秦国君姚苌命令姚当成在所驻营的地方，每一个栅孔里都种一棵树来旌表战功。一年多后，后秦国君姚苌问姚当成，姚当成说：“营地以前太小，现在已经扩大了。”后秦国君姚苌说：“我自二十岁束发以来就和别人作战，从来没有做出以一千多名士兵击败三万多个敌人的事，没有这样称心如意过。营地因为狭小才算神奇，营地大了就不为珍贵了！”

吐谷浑汗国可汗慕容视连派遣使者进见金城王乞伏乾归呈献物品，乞伏乾归封慕容视连为沙州牧、白兰王。

丙寅日（四月无此日），北魏国君拓跋珪和后燕赵王慕容麟在意辛山会合，攻打贺兰、纥突邻、纥奚三部并把他们都打败了，纥突邻、纥奚最终都向魏国投降。

秋季，七月，冯翊人郭质在广乡起兵响应前秦，向三辅的百姓发布檄文说：“姚苌这个人非常凶恶暴虐，神灵及士民都被他毒害得很苦。我们家世代蒙受先帝苻坚的宽仁，不是做常伯（侍中）、纳言（尚书）的儿子，就是做公卿、将校、州牧、郡守的孙子，现在与其含着羞耻而活着，不如为实践正道而死。”因此三辅一带所有的民堡都响应他；只有郑县人苟曜聚集数千名部属归附了后秦。后秦任命苟曜为豫州刺史。前秦任命郭质为冯翊太守。

匈奴部落首领刘卫辰派遣他的儿子刘直力鞮攻打贺兰部，贺讷因处境窘急，请求向魏国投降。丙子日（三十日），北魏国君拓跋珪亲自带兵去救他，最后刘直力鞮退兵回去。北魏国君拓跋珪迁移贺讷的部落，把他们安置在东边的边境。

八月，东晋刘牢之在鄄城攻击翟钊，翟钊被迫逃往河北；最后又在滑台打败翟辽，张愿到晋朝投降。

九月，北平的吴柱聚集一千多名部属，攻破北平郡拥立沙门法长为天子，转向又侵略广都进入白狼城。后燕幽州牧高阳王慕容隆正在安葬他的夫人，各郡县的太守宰官都会合在一起，众人听说吴柱造反，纷纷请求慕容隆回城，派遣大兵前去讨伐他。慕容隆说："现在的百姓安居乐业，并不愿意战乱，吴柱等人只会以诱惑威胁而聚合没有什么作为的人，用欺骗的方法迷惑愚昧的人。"于是停留到安葬结束，派遣广平（当作北平）太守、广都县令先回去，又派遣安昌侯带领一百多名骑兵赶往白狼城，吴柱的部下听到这消息后都溃散逃走，在安昌侯尽心竭力追捕之下，他们都被杀了。

东晋任命侍中王国宝为中书令，没过多久又让他兼中领军。

丁未日（初一），东晋任命吴郡太守王珣为尚书右仆射。

吐谷浑汗国可汗慕容视连去世，他的儿子慕容视罴继位。慕容视罴认为他的父亲、祖父做人仁慈，所以才会被四邻的人侵略欺侮，于是用建立功业来督责激励将士们。冬季，十月，金城王乞伏乾归派遣使者封慕容视罴为沙州牧、白兰王；但慕容视罴不肯接受。

十二月，郭质和苟曜在郑东交战，郭质被打败后逃奔到了洛阳。

鲜卑部落首领越质诘归占据平襄之后背叛金城王乞伏乾归。

太元十六年（辛卯，公元391年）

春季，正月，后燕在蓟城设置行台并加封长乐公慕容盛录行台尚书事。

金城王乞伏乾归攻击越质诘归，越质诘归投降后，乞伏乾归把本族的女子嫁他为妻。

贺兰部落的贺讷知道了弟弟贺染干计划杀害自己后就派兵攻打贺染干。北魏国君拓跋珪告诉后燕，愿意做前导去讨伐他们。二月，甲戌日（二月无此日），后燕国君慕容垂派遣镇北将军兰汗带领龙城的军队攻打贺染干，赵王慕容麟带兵攻打贺讷。

三月，前秦国君苻登从雍城到范氏堡攻打后秦安东将军金荣，得到了胜利；于是又渡过渭水，在段氏堡攻打京兆太守韦范但是没有取得胜利；前秦国君苻登因此进入并占据曲牢。

夏季，四月，后燕兰汗在牛都打败贺染干。

苟曜有一万名部属，暗中答应前秦国君苻登愿意做他的内应；前秦国君苻登从曲牢转向繁川，让军队驻守在马头原。五月，后秦国君姚苌带兵迎战，前秦国君苻登把他打败后杀了他的右将军吴忠。后秦国君姚苌收集部属军队准备再战，姚硕德说："陛下以前很谨慎不轻易作战，常常要用计谋取胜，现在向前逼近敌人和他们作战对我们非常不利，您为什么还要这样做呢？"后秦国君姚苌说："苻登不了解敌人的虚实所以调用军队十分缓慢。现在却轻快地调用部队直接前进，远据我的东面，这一定是苟曜那小子和他暗中通谋。如果我太慢，他们的计谋就会得逞，所以我要打散他们的阴谋，在他们还没有接触的时候赶快攻击他。"于是快速地进兵把前秦国君苻登打败，前秦国君苻登被迫退守到郿城。

前秦兖州刺史强金槌占据新平，把他儿子强逵送到后秦做人质。后秦国君姚苌带领数百名骑兵进入强金槌的营区。群臣劝谏，后秦国君姚苌说："强金槌已经离开苻登，如果要对我不利，他又怎么会来到我们这里呢？而且他刚刚来归附，怎么可以不相信而怀疑他呢？我应该坦诚地和他结交。"没过多久，许多氐人想要抓后秦国君姚苌，强金槌坚决不答应。

六月，甲辰日（初三），后燕赵王慕容麟在赤城打败贺讷，不仅抓住了他而且还降服他的数万人的部落。后燕国君慕容垂命令慕容麟将贺讷送回他的部落，并把贺染干迁移到中山。慕容麟回去告诉后燕国君慕容垂："臣从拓跋珪的行为来看，他最后一定会成为国家的祸患，不如让他弟弟监领国事，把他召令回朝中。"后燕国君慕容垂不答应。

西燕君主慕容永侵略河南，太守杨佺期把他打败。

秋季，七月，壬申日（初二），后燕国君慕容垂到范阳。

北魏国君拓跋珪派遣他弟弟拓跋觚到后燕去进贡晋见；后燕国君慕容垂年纪已老，他的子弟专揽朝政大权，扣留拓跋觚要求北魏国君拓跋珪用精良的马匹作为交换。北魏国君拓跋珪不给，于是和后燕国断绝关系，派长史张衮向西燕表示友好。拓跋觚千辛万苦逃回去，后燕太子慕容宝又把他追回来，后燕国君慕容垂像从前一样对待他。

前秦国君苻登攻打新平，后秦国君姚苌去救援，最后前秦王苻登带兵离去。

前秦骠骑将军没弈干把自己的两个儿子给金城王乞伏乾归做人质，请他一起攻打鲜卑的大兜。乞伏乾归和没弈干在鸣蝉堡攻打大兜并且把大兜打败。大兜穿着便服偷偷地逃走了，乞伏乾归收纳他的部属班师回朝，回去后送回了没弈干的两个儿子。但是没弈干不久背叛了他，在东面联合刘卫辰。八月，金城王乞伏乾归带领一万名骑兵讨伐没弈干，没弈干被迫逃到他楼城，乞伏乾归用箭射他，射中了他的眼睛。

九月，癸未日（十四日），东晋任命尚书右仆射王珣为左仆射，太子詹事谢琰为右仆射。太学博士范弘之叙说桓温不合臣道的事迹，他主张殷浩应该追加谥号。当时王珣是桓温的旧属官，桓氏的力量还很强大。王珣认为桓温废除昏君拥立有忠贞节操的明君；贬范弘之为余杭县令。范弘之是范汪的孙子。

冬季，十月，壬辰日（十月无此日），后燕国君慕容垂回到中山。

起初，柔然部的人世代听命于代国，它的大人郁久闾地粟袁死了之后部落分为两部分：长子郁久闾匹候跋继承父亲的职位住在东边，次子郁久闾缊纥提另外住在西边。前秦国君苻坚消灭代国后，柔然归附了刘卫辰。

等到北魏国君拓跋珪登上帝位，攻打高车等部落的时候，大多数人都已服从魏国，只有柔然不听魏国的命令。戊戌日（十月无此日），北魏国君拓跋珪带兵攻打他们，柔然部以为无法抵御他的攻击所以全都逃走，北魏国君拓跋珪追赶了六百里。众将通过张衮向北魏国君拓跋珪建议说："贼兵已经跑远了，我们的粮食也吃完了，应该早一点回去。"北魏国君拓跋珪问众将："如果杀了副马（北人骑兵，各乘一马，又一马为副马），作为三日的食粮，能够我们吃吗？"众将都点头说："够了。"于是杀了副马又开始加快速度追赶，终于在大碛的南床山下把他们打败，俘虏了他们一半的人，郁久闾匹候跋和别部的统帅屋击各自收拾剩下的部属逃走了。北魏国君拓跋珪派遣长孙嵩、长孙肥前去追赶。北魏国君拓跋珪告诉部将们说："你们知道我前几日问三天的粮食是否够吃的用意吗？"部将们都说："不知道。"北魏国君拓跋珪说："柔然人驱赶牲畜奔走了好几天了，到了有水的地方一定会停留下来；我们以轻装的骑兵追赶，计算路程不超过三天就一定可以赶上他们。"部将们都说："这不是我们这些庸人的智慧比得上的。"长孙嵩在平望川追上屋击并把他杀死。长孙肥在涿邪山追到了郁久闾匹候跋，郁久闾匹候跋带领部属投降。北魏国君拓跋珪又俘获了郁久闾缊纥提的儿子郁久闾曷多汗、侄子郁久闾社仑、郁久闾斛律等宗族数百人，只有郁久闾缊纥提逃走了。在郁久闾缊纥提准备投靠刘卫辰的时候，北魏国君拓跋珪又追上了他，郁久闾温纥提也投降了，最后北魏国君拓跋珪把柔然部落的居民部众全部迁徙到云中。

翟辽死后他儿子翟钊继位，改年号为定鼎。攻打后燕邺城，后燕辽西王慕容农把他打退。

三河王吕光派兵趁金城王乞伏乾归国内空虚攻打他；乞伏乾归

听了这消息后带兵赶回，吕光把自己的军队也退走了。

刘卫辰派遣儿子刘直力鞮率领八九万人攻打魏国南部。十一月，己卯日（初十），北魏国君拓跋珪带领五六千名士兵抵抗，壬午日（十三日），在铁岐山南边大败刘直力鞮的军队，最后刘直力鞮一个人骑着马逃走了。北魏国君拓跋珪乘胜追击，戊子日（十九日），从五原金津的南边渡过黄河直接进入刘卫辰的国土，刘卫辰的部落因此变得惊骇纷乱。辛卯日（二十两日），北魏国君拓跋珪直接到达刘卫辰居住的悦跋城，最后刘卫辰父子只能离城逃走。壬辰日（二十三日），北魏国君拓跋珪分别派遣将领率领轻装骑兵前去追击，将军伊谓在木根山捉住刘直力鞮，刘卫辰也被他自己的部下杀死。十二月，北魏国君拓跋珪杀死刘卫辰的宗党五千多人，把他们的尸体都投到河里，驻军于盐池。从此，黄河以南的各部全都投降，缴获三十多万匹马和四百多万头牛羊，魏国的经济财力因此非常丰饶。

北魏国君拓跋珪派人捉拿的刘卫辰的小儿子刘勃勃逃亡到薛干部。薛干部首领太悉伏带出刘勃勃给使者看，说："刘勃勃国破家亡，因为困穷而归附我，我宁愿和他一起灭亡也不忍心抓他送去给魏国。"于是又把刘勃勃送到了没弈干那里，没弈干把女儿嫁给了他。

戊申日（初十），后燕国君慕容垂到达鲁口。

前秦国君苻登攻打安定，后秦国君姚苌到阴密抵抗，走之前告诉太子姚兴说："苟曜听到我到北边去，一定会来见你，如果他来你就抓住并杀掉他。"苟曜果然来长安见姚兴，姚兴派遣尹纬责备苟曜并且把他杀死。

后秦国君姚苌在安定城以东打败前秦国君苻登，前秦国君苻登被迫退守到路承堡。后秦国君姚苌设置酒席举行庆功宴，众将都说："陛下您太过于稳健保守了，如果是魏武王（指姚苌的哥哥姚襄），他不会让这个贼寇留到今天。"后秦国君姚苌笑着说："我有四点比不上死去的哥哥：第一点是他的身高八尺五寸，手臂下垂超过膝盖，别人看了就怕他；第二点是他带领十万人的军队和天下豪杰争高下，士卒看他的旌旗指挥而奋勇向前所向无敌，没有人能够抵挡；第三点是他经常温习旧的学问，学习新的知识，讲解论说道理和艺文，网罗天下的英才；第四点是他统领大军能使上上下下都心悦诚服，人人愿意尽心效命。这都是我所不能及的，我之所以能够建立功业、驾御群贤，正是因为在谋略上有那么一点长处罢了。”群臣都高呼万岁表示对他的佩服。

资治通鉴卷第一百八　晋纪三十

起壬辰（公元392年），止丙申（公元396年），共五年。

【题解】本卷记录了公元392年至396年共五年间的东晋与各国大事，正当晋孝武帝太元十七年至二十一年。主要记录了慕容垂出兵讨伐慕容永，杀死慕容永，西燕灭亡；写了后燕讨伐魏国，在参合陂和平城先败后胜，后燕国君慕容垂死在路上，慕容宝继位，后燕政权内部出现重重矛盾；写了北魏国君拓跋珪即帝位，进攻晋阳、并州、常山；此外还写了后秦主姚苌去世，太子姚兴即位，在废桥击败前秦主苻登，之后苻登之子苻崇被乞伏乾归所杀，前秦灭亡；写了晋王朝司马道子奢侈腐化、结党专权，与孝武帝司马曜、藩镇势力王恭等矛盾尖锐，孝武帝起用殷仲堪，朝廷派系对立；写了晋孝武帝沉迷酒色，因戏言被张贵人所杀，呆傻的太子司马德宗即帝位；写了后秦与凉州、西秦相互攻战，以及湟中地区秃发乌孤势力的兴盛等等。

烈宗孝武皇帝下

太元十七年（壬辰，公元392年）

春季，正月，己巳朔日（初一），东晋诏令大赦天下。

前秦国君苻登册立昭仪陇西李氏为皇后。

二月，壬寅日（初五），后燕国君慕容垂从鲁口到河间、渤海、平原。翟钊派遣他的部将翟都入侵馆陶，然后屯守在苏康垒。三月，后燕国君慕容垂带兵向南攻击翟钊。

前秦骠骑将军没弈干率领部属向后秦投降，后秦任命他为车骑将军并封他为高平公。

后秦国君姚苌卧病不起，命令尹纬镇守在长安，姚硕德镇守在李润，又召见太子姚兴到他临时屯驻的营地。征南将军姚方成告诉姚兴："现在陛下卧病在床，敌人也还没有消灭，王统等人都有私人的军队，终究是一个祸患，他们应该被完全除去。"姚兴听取了他的意见，杀死了王广、苻胤、徐成、王统、毛盛。后秦国君姚苌非常生气地说："王统兄弟确实没有其他的意图，他们和我是同一州里的人；徐成等人也都是前朝的名将，你为什么把他们都杀了？我正要重用他们呢！"

后燕国君慕容垂进兵逼近苏康垒。夏季，四月，翟都向南逃到滑台。翟钊向西燕请求救助，西燕君主慕容永与群臣商量，尚书郎渤海人鲍遵说："卞庄子的计策是让敌人两败俱伤，我们跟在后面获取最大的利益。"中书侍郎太原人张腾说："慕容垂的力量强，翟钊的力量弱，怎么能承受慕容垂的攻击呢？不如我们赶快去救援，把局面变成三国鼎立的形势。现在我带兵奔袭中山，如果白天多布置令人猜疑的士兵，晚上点燃很多令人疑惧的火把，慕容垂一定会害怕而先救自己。我冲向他的前面，翟钊攻击他的后面，这是天赐的不可失去的良机呀！"西燕君主慕容永没有听从他的意见。

后燕大赦境内。

五月，丁卯朔日（初一），发生日食。

六月，后燕国君慕容垂驻军在黎阳，到了黄河岸边准备渡河，看到翟钊把军队陈列在南岸准备拼死抵抗。辛亥日（十六日），后燕国君慕容垂把军营迁徙到西津，距离黎阳四十里，又做了一百多艘牛皮船，沿着河流上行假装陈列军队。翟钊立刻带兵赶往西津，后燕国君慕容垂暗中派遣中垒将军桂林王慕容镇等人，在晚上从黎阳津渡河然后扎营在河的南岸，等到天亮的时候，军营就已经扎好。翟钊听了这消息后就赶快回去，攻打慕容镇等人的军营，后燕国君慕容垂命令慕容镇等人不要与他们主动作战，只要坚守城池就好。翟钊的兵来往都很疲累又多中暑，始终不能攻下慕容镇的军营。在翟钊准备要带兵回去的时候，慕容镇等人带兵出城作战，骠骑将军慕容农从西津渡河和慕容镇等人两面夹击翟钊，最后把翟钊打得大败。翟钊逃回滑台带领妻子儿女和剩下的士兵向北边渡河，登上白鹿山，依靠山上险要的地势来防守，后燕的军队无法前进。慕容农说："翟钊没有粮食所以不能久住在山里。"于是他带兵回去却留下骑兵守候。翟钊果然没过多久就下山了，慕容农调回军队正面迎击他，俘获了他的全部部属，最后只有翟钊一个人骑着马逃到长子。西燕君主慕容永任命翟钊为车骑大将军、兖州牧，封他为东郡王。过了一年多，翟钊又阴谋造反，西燕君主慕容永把他杀了。

起初，郝晷、崔逞和新兴的张卓、辽东的夔腾、清河的崔宏、阳平的路纂都在前秦做官，为了逃避前秦的灾乱才跑来晋朝，晋朝下诏命令他们在冀州各郡各自带领自己的军队，在黄河南岸扎营；他们接受翟氏的官爵没多久，翟氏失败后，他们又都向后燕投降，后燕国君慕容垂依照他们的才能分别任用他们。翟钊所领导的七个郡三万多户也都安居如常。后燕国君慕容垂任命章武王慕容宙为兖、豫两州刺史，让他镇守在滑台；迁移徐州的百姓七千多户到黎阳，任命他的侄子彭城王慕容脱为徐州刺史，让他镇守在黎阳。后燕国君慕容垂让崔荫做慕容宙的司马。

起初，陈留王慕容绍为镇南将军，乐浪王慕容温为征东将军，太原王慕容楷为征西将军，后燕国君慕容垂让崔荫做他们的幕僚。崔荫是一个精明强干、刚强正直、善于规劝主上过失的人，因此四个王都很害怕他；凡是他所到的地方都简省刑法、减轻赋税劳役，流亡的百姓都来归附，人口愈来愈多。

秋季，七月，后燕国君慕容垂到邺城封右光禄大夫馀蔚为左仆射，封太原王慕容楷为冀州牧。

前秦国君苻登听说后秦国君姚苌生病的消息后非常高兴，于是向世祖苻坚的神位祭祀报告，然后诏令大赦，让百官都晋升两级爵位，让士兵喂饱马匹，磨砺兵器，统领大军逼近安定，距离城池仅九十多里。八月，后秦国君姚苌的病稍微好一点就出兵抵抗。前秦国君苻登准备要迎战所以就带兵离开营区，于是后秦国君姚苌派遣安南将军姚熙隆从别的地方攻打前秦的营区，前秦国君苻登因为害怕，连忙撤退。后秦国君姚苌在晚上带兵偷偷地从旁边跟在他的后面离开，到天亮的时候，探候的骑兵告诉前秦国君苻登：“不知道贼兵去了哪里，他们的各个营区都已经空了。”前秦国君苻登惊奇地说：“他是怎样的一个人呢？来的时候使我不知道他从哪里来，离开的时候使我不知道他的去处，说他快要死了但忽然又来了。我真是太不幸了，竟然和这个羌人同一个时代！”于是前秦国君苻登回到雍城，后秦国君姚苌也回了安定。

三河王吕光派遣他弟弟右将军吕宝等人攻打金城王乞伏乾归，吕宝和一万多名将士都战死了。又派遣他儿子虎贲中郎将吕纂攻打南羌彭奚念，但是吕纂打了败仗回来。最后吕光亲自在枹罕攻打彭奚念，最终把他打败，彭奚念被迫逃到甘松。

冬季，十月，辛亥日（十八日），东晋荆州刺史王忱去世。

雍州刺史朱序因为自己年老多病，请求免去职务，于是晋孝武帝司马曜下诏，命令以太子右卫率郗恢为雍州刺史代替朱序镇守在襄阳。郗恢是郗昙的儿子。

在关中的巴蜀人都背叛后秦，占据弘农以响应前秦。前秦国君苻登任命窦冲为左丞相，让窦冲迁移屯驻在华阴。郗恢派将军赵睦防守在金墉，带兵驻守在湖城的河南太守杨佺期攻打窦冲并且把他赶走了。

十一月，癸酉日（初十），东晋封黄门郎殷仲堪为都督荆益宁三州诸军事、荆州刺史，镇守在江陵。殷仲堪虽然有好的美誉但是声望还很浅，人们议论纷纷，认为这不公允。殷仲堪到任以后喜欢施行小恩小惠，但大方面的事却不能领导起来。

南郡公桓玄自恃他的才能和门第，总是以英雄豪杰自居，东晋朝廷非常怀疑他的能力，因此不重用他；他在二十三岁的时候才被任命为太子洗马。桓玄曾去拜访琅邪王司马道子，正巧碰上司马道子喝得大醉，他张开眼睛告诉所有的客人：“桓温晚年想要做叛贼，你说是不是呢？”桓玄听了之后非常恐惧，流着汗伏在地上爬不起来；从此自己就更加不能心安了，因此他就常常怨恨司马道子。后来被派遣出去担任义兴太守，心里郁闷不得意地叹息说：“父亲是九州的诸侯，儿子却是五湖的小官！”于是他丢弃官职回到封地，上书为自己申辩，说：“先臣（指桓温）有辅佐王室匡正平乱的功劳，朝廷却把它遗忘了，臣不再计较这些事。但是对于先帝司马昱登上帝位，陛下继承大统，请问按理来说是谁使事情能够如此的呢？”奏书被搁置一旁，没有上报。

桓玄在江陵的时候，殷仲堪十分敬畏他。桓氏连续几代都在荆州做官，桓玄又是一个豪强蛮横的人，所以一般百姓害怕他超过了害怕殷仲堪。桓玄曾经在殷仲堪升堂办公之前戏马，还曾举长矛朝向殷仲堪。殷仲堪的中兵参军彭城人刘迈告诉桓玄：“你骑马射矛的本事很好，足可以杀了他，但是你没有可以杀他的道理。”桓玄不高兴，殷仲堪却怕得脸色都变了。桓玄出去，殷仲堪告诉刘迈：“你真是个狂人，桓玄晚上一定会派人杀你，我怎样才能救你呢？”于是命令刘迈到建康躲避。桓玄派人追杀刘迈，刘迈仅免于一死。

东晋征虏参军豫章人胡藩经过江陵，见到殷仲堪，告诉他：“桓玄常常闷闷不乐于没有好的职位，因为他的志向兴趣与平常人不同，您太过于厚待他，恐怕将来不会有什么好结果！”殷仲堪非常不高兴。胡藩的内弟罗企生担任殷仲堪的功曹，胡藩退下以后告诉罗企生：“殷侯把自己的戈柄让敌人知道了，一定会遭到灭顶之祸。你如果不早一点计划离开，后悔就来不及了！”

庚寅日（二十七日），东晋朝廷册立皇子司马德文为琅邪王，又把琅邪王司马道子封为会稽王。

十二月，后燕国君慕容垂回到中山，把辽西王慕容农任命为都督兖、豫、荆、徐、雍五州诸军事，镇守在邺城。

休官部落的首领权千成占据显亲，自称为秦州牧。

东晋清河人李辽上表请求下令在兖州修孔子庙，指定专门的人提供洒扫的劳役。还要建立学校招收学生、聘请老师，他说："事情好像离我们很远，但实际上这是很紧急的事，就像这个一样。"表上奏但是没有回应。

十八年（癸巳，公元393年）

春季，正月，后燕阳平孝王慕容柔去世。

权千成被前秦逼迫因此向金城王乞伏乾归请求投降，乞伏乾归任命他为东秦州刺史、休官大都统、显亲公。

夏季，四月，庚子日（初九），后燕国君慕容垂加封太子慕容宝为大单于；把安定王库傉官伟封为太尉，把范阳王慕容德封为司徒，把太原王慕容楷封为司空，把陈留王慕容绍封为尚书右仆射。五月，又册立他儿子慕容熙为河间王，慕容朗为渤海王，慕容鉴为博陵王。

前秦右丞相窦冲觉得自己才高八斗，认为自己高人一等，他自己请求封为天水王，前秦国君苻登不答应。六月，窦冲自称为秦王，改年号为元光。

金城王乞伏乾归册立他儿子乞伏炽磐为太子。乞伏炽磐的勇敢果决、明智决断超过他父亲。

秋季，七月，前秦国君苻登在野人堡攻打窦冲，窦冲无法抵抗所以向后秦求救。尹纬向后秦国君姚苌说："太子姚兴仁慈宽厚的美誉远近的人都知道，而他的英明勇略还没有被世人所见识，请求派遣他去攻打前秦王苻登，让他有表现的机会。"后秦国君姚苌听从了他的意见。太子姚兴带领军队攻打胡空堡，因此前秦国君苻登解除对窦冲的包围赶往胡空堡。姚兴于是又趁机侵袭平凉，俘获了很多东西才回去。后秦国君姚苌派姚兴回去镇守长安。

北魏国君拓跋珪由于薛干部落的首领太悉伏不肯送交刘勃勃，八月，派人侵袭太悉伏的城池并屠杀很多人，薛干部落的首领太悉伏逃到前秦。

东晋氐族将帅杨佛嵩背叛投奔后秦，杨佺期、赵睦追击他，九月，丙戌日（九月无此日），在潼关打败杨佛嵩。后秦派遣将军姚崇前去救援杨佛嵩，打败了晋朝军队，赵睦也战死了。

冬季，十月，后秦国君主姚苌病重，回到长安。

后燕国君慕容垂建议攻打西燕，众将都说："现在不可以攻打，因为第一慕容永没有挑衅，第二我军连年出征作战，现在士兵们都很疲累。"范阳王慕容德说："慕容永僭称名位帝号，迷惑百姓的视听，其实他只是我们国家的支属，我们应该先除掉他使民心归一。士兵们虽然疲累，但哪能停止征战呢？"后燕国君慕容垂接着说："我和司徒的意见一样。我虽然已接近老年，但是将囊底的智谋使出来还是足以捉拿慕容永，一定不能再留下这个贼寇作为子孙的拖累。"于是加紧戒备。

十一月，后燕国君慕容垂调出中山的七万名步兵和骑兵，派遣龙骧将军张崇、镇西将军丹杨王慕容瓒从井陉出兵，在晋阳攻打西燕武乡公慕容友，又派遣征东将军平规在沙亭攻打镇东将军段平。西燕君主慕容永派遣尚书令刁云、车骑将军他的弟弟慕容钟率领五万名士兵防守在潞川。十二月，后燕国君慕容垂到达邺城。

己亥日（十二月无此日），后秦国君姚苌将太尉姚旻、仆射尹纬、姚晃、将军姚大目、尚书狄伯支召进宫中，要他们接受辅佐太子处理政事的遗命。后秦国君姚苌告诉太子姚兴："如果有人诋毁这些人，你千万不要听信。你要是能够以礼节接纳大臣，以恩德抚爱兄弟，以仁慈看待老百姓，以诚信对待一般人，这四件事都做到我就不担忧了。"姚晃哭着问捉拿前秦国君苻登的计策，后秦国君姚苌回答说："姚兴的才智足够办到，你何必再问我呢？现在大业快要完成了。"庚子日（十二月无此日），后秦国君姚苌去世。姚兴保密不发布丧闻，任命弟弟姚崇防守在长安，又任命他叔父姚绪镇守在安定，姚硕德镇守在阴密。

有人对姚硕德说："您自己的私人军队最强，您的威信名望也一直很被尊重，现在正当改易君王的时候，您不如暂时到秦州去，在那观望形势，不然您一定会被朝廷疑心。"姚硕德说："太子宽大睿明，又有一般人所没有的心胸度量，所以他一定不会有其他的想法。现在苻登还没有被消灭，如果骨肉亲戚之间互相攻打，这就是在自取灭亡啊，这样的事太子是不会做的，我也只会尽心效命绝不会有其他的作为。”于是他前去晋见姚兴，姚兴对他非常礼遇，并送他回去。姚兴自称为大将军，封狄伯支为司马，尹纬为长史，一起率领军队攻打前秦。

太元十九年（甲午，公元394年）

春季，正月，前秦国君苻登听到后秦国君姚苌已死，高兴地说：“姚兴那个小孩子，我只要轻轻地折一根木杖就可以打败他。”于是诏令大赦，然后留下司徒安成王苻广防守在雍城，太子苻崇防守在胡空堡，自己带领所有的部属向东进军；又派遣使者封金城王乞伏乾归为左丞相、河南王、领秦梁益凉沙五州牧，又加赠九锡。

起初，鲜卑部落的首领秃发思复鞬去世，他的儿子秃发乌孤继位。秃发乌孤是一个身形雄伟，性格勇敢而且还有远大志向的人，他和将领纷陁计划夺取凉州。纷陁建议说：“主公如果一定要取得凉州，就应该先在农事方面努力，再讲求武艺，再尊敬贤明能干的人，再修治政事刑法等，然后才能办得到。”秃发乌孤听从了他的意见。三河王吕光派遣使者封秃发乌孤为领军大将军、河西鲜卑大都统。秃发乌孤和他的群臣商量说：“你们可以接受吗？”群臣都说：“我们的士兵马匹非常多，为什么要附属于别人呢？”只有石真若留没有讲话。秃发乌孤说：“卿害怕吕光吗？”石真若留说：“我们的根基还不稳固，和他们相比力量大小相差太悬殊，如果吕光要置我们于死地，我们又该怎么对付他呢？不如先接受下来让他感到骄傲，然后等待好机会再下手，那就没有不成功的道理了。”于是鲜卑部落的首领秃发乌孤接受三河王吕光的封爵。

二月，前秦国君苻登攻打屠各部落所占领的姚奴、帛蒲两个城堡而且都打了下来。

后燕国君慕容垂留下清河公慕容会镇守在邺城，他发动司、冀、青、兖州的军队，派遣辽西王慕容农从壶关出兵，太原王慕容楷从滏口出兵，后燕国君慕容垂自己从沙庭出兵，去攻打西燕，一路上军队在标示出的地方各自驻营。西燕君主慕容永听到这消息后严整军队，分路抵抗防守，把粮食屯聚在台壁，派遣他侄子征东将军小慕容逸豆归、镇东将军王次多、右将军勒马驹率领一万多人保卫台壁。

夏季，四月，前秦国君苻登从六陌赶往废桥，后秦始平太守姚详据守马嵬堡以死抵抗。太子姚兴派尹纬带兵救援姚详，尹纬据守废桥等待前秦的士兵。前秦士兵缺少水源，得不到水的人有十分之二三，最后那些人都渴死了，因此紧急攻打尹纬。姚兴派狄伯支骑着快马告诉尹纬："不要与苻登这个穷困的贼寇作战，要挫败他的士气。"尹纬说："因为先帝崩逝所以人心纷扰恐惧，如果现在不利用想要振奋的战士们的力量来捉拿敌人，大势就会失去。"于是和前秦作战，把前秦的军队打得大败。当天晚上前秦的军队溃散，前秦国君苻登一个人骑着马逃到雍城，太子苻崇和安成王苻广听说战败的消息都弃城逃走；前秦国君苻登到了以后，没有地方投靠，于是又逃到平凉，收集残遗的部属进入马毛山。

后燕国君慕容垂一个多月都不进兵，把军队驻扎在邺城的西南方。西燕君主慕容永觉得很奇怪，认为可能是太行的路比较宽，怀疑后燕国君慕容垂耍诡诈，于是计划从别的路袭击，便聚集所有的军队，为了堵住太行的路口就让他们都屯驻在轵关，只留下台壁的一支军队。甲戌日（四月二十日），后燕国君慕容垂从滏口出兵带领大军进入天井关。五月，乙酉日（初一），后燕军队到达台壁，西燕君主慕容永派遣堂兄太尉大慕容逸豆归前去救助，但是平规把他打败了，然后小慕容逸豆归又出兵作战，辽西王慕容农又打败了他并且杀死勒马驹、俘虏王次多，最后又包围台壁。西燕君主慕容永召集太行的军队，让他们先回去，自己带领五万名精良的将士誓死抵抗。刁云、慕容钟都非常震惊害怕，于是带领部属投降了后燕，西燕君主慕容永一怒之下把他们的妻子儿女全都杀死。己亥日（十五日），后燕国君慕容垂把军队布置在台壁的南边，又派遣骁骑将军慕容国在山涧下埋伏一千名骑兵。庚子日（十六日），后燕国君慕容垂和西燕君主慕容永会战，后燕国君慕容垂假装败退，于是西燕君主慕容永的军队就从后面追赶，跑了好几里路后，突然慕容国的骑兵从山涧中冲出来，截断他们的后路，各军从四面一起进兵，把他们打得大败并且杀死他们八千多人，西燕君主慕容永逃回长子。丹杨王慕容瓒等人进兵占晋阳的时候，晋阳守将听说西燕君主慕容永战败的消息后，也都弃城逃走，于是丹杨王慕容瓒等人占领了晋阳。

后秦太子姚兴这才发布父王的丧闻，在槐里登上帝位，诏令大赦，改年号为皇初；随后回到安定。然后给后秦国君姚苌定谥号为武昭皇帝，庙号为太祖。

六月，壬子日（六月无此日），晋孝武帝司马曜下令追尊会稽王太妃郑氏为简文宣太后。群臣都议论说宣太后应该配祭元帝司马睿，太子前率徐邈说："宣太后活着的时候就不是先帝的正妃，后代子孙怎么可以为祖先们做主安排妻室呢？"国学明教东莞人臧焘说："现在尊号既然已经确立就是人子之情的申明；另外建立祭庙就是尊敬父庙的意思的彰明；把儿子的谥号系在称呼上，同时也说明了尊贵的原因。这一个举动而合乎三件道理不是很好吗？"于是立宣太后的庙在太庙路的西侧。

后燕国君慕容垂进兵围攻长子。西燕君主慕容永想要逃到后秦，侍中兰英说："从前石虎攻打龙都，太祖慕容皝坚守不离开，最后终于成就大燕国的基础。现在后燕国君慕容垂是七十岁的老头子，已经无法承受住战争的艰苦，他最后一定不会整年驻兵在这里攻打我们；我们只要守住城池使他们疲敝就可以了。"西燕君主慕容永听从了他的意见。

前秦国君苻登派遣自己的儿子汝阴王苻宗到河南王乞伏乾归那里做人质，以此来向他请求救兵，前秦国君苻登加封乞伏乾归为梁王并迎娶他的妹妹为梁王后；乞伏乾归派遣前军将军乞伏益州等人带领一万名骑兵前去救助。秋季，七月，前秦国君苻登带兵出去迎接乞伏乾归的军队，后秦国君姚兴从安定到泾阳和前秦国君苻登在山南交战，最后抓住前秦国君苻登并把他杀死，然后把苻登的部属全都解散，让他们回到家里从事农业，把阴密的三万户人家迁到长安，把前秦国君苻登的妻子李皇后赏赐给姚晃。乞伏益州等人听到这消息就带兵回去了。前秦太子苻崇逃到湟中然后登上帝位，改年号为延初。给前秦国君苻登定谥号为高皇帝，庙号为太宗。

后秦镇远将军强多、安南将军强熙叛变，推举窦冲为君主。后秦国君姚兴亲自带兵讨伐，在军队到达武功的时候，强多的侄子强良国杀死强多投降。窦冲逃到汧川，强熙逃到秦州，汧川的氐人仇高把他抓住送给后秦。

三河王吕光任命他儿子吕覆为都督玉门以西诸军事、西域大都护，镇守在高昌，命令大臣的子弟跟随在他的身边。

八月，己巳日（十六日），晋孝武帝司马曜尊奉皇太妃李氏为皇太后，让她住在崇训宫。

西燕君主慕容永被包围，处境非常困难紧急，于是就派遣他儿子常山公慕容弘等人向东晋雍州刺史郗恢请求救援，同时献给他一个玺印。郗恢上奏说："如果后燕国君慕容垂吞并西燕君主慕容永，给我们带来的祸患就更大了，我们不如让他们两人并存，利用这个机会把他们两人处死。"晋孝武帝司马曜同意使用他说的方法，于是诏命青兖两州刺史王恭、豫州刺史庾楷去救助他们。庾楷是庾亮的孙子。慕容永害怕东晋不出援兵，又派遣他的太子慕容亮到东晋做人质，后燕平规追赶慕容亮追到了高都，在那里把他俘获。西燕君主慕容永又向魏国请求紧急支援，北魏国君拓跋珪派遣陈留公拓跋虔、将军庾岳带领五万名骑兵从东边渡河，屯驻秀容前去救援。拓跋虔是拓跋纥根的儿子。在东晋、魏国的军队都还没有到达的时候，大慕容逸豆归的部将伐勤等人就打开城门接纳了后燕的军队，后燕的军队抓住并杀了西燕君主慕容永，又斩死他的公卿将领刁云、大慕容逸豆归等三十多人，获得西燕君主慕容永所统率的八个郡七万多户以及很多前秦的车辆、服饰、歌伎和珍贵的珠宝。后燕国君慕容垂任命丹杨王慕容瓒做并州刺史，镇守在晋阳；同时任命宜都王慕容凤做雍州刺史，镇守在长子。西燕君主慕容永的尚书仆射昌黎屈遵、尚书阳平王慕容德、秘书监中山人李先、太子詹事渤海人封则、黄门郎太山人胡母亮、中书郎张腾和尚书郎燕郡人公孙表等后燕国君慕容垂根据他们的才干加以任用。

九月，后燕国君慕容垂从长子来到邺城。

冬季，十月，前秦国君苻崇被梁王乞伏乾归驱逐而逃到陇西王杨定那里。杨定留下司马邵强防守在秦州，带领两万大军和前秦国君苻崇一同攻打乞伏乾归，乞伏乾归派遣凉州牧乞伏轲弹、秦州牧乞伏益州和立义将军越质诘归带领三万名骑兵抵抗他们。乞伏益州和杨定在平州（州当作川）交战，但是被打败了，乞伏轲弹、越质诘归也都带兵退了回来，乞伏轲弹的司马翟瑥拔出剑，然后非常生气地说："主上开创基业的时候，可以说是雄壮威武、所向无敌，声名和威望更是震动秦、蜀地区。将军因为是宗室而担任元帅的职务，就应当尽全力为国家效命以帮助国家。现在秦州虽然被打败了，但其他的两支军队都还完好无损，你为什么听到一些不利的风声就退却了呢？将来你又有什么脸去见主上呢！我翟瑥虽然没有什么重要职务和大权，难道我就不可以根据你所做出的事情把将军杀死吗？"乞伏轲弹充满歉意地说："以前我根本不知道大家的心里是怎么想的，如果真能如你所说的，我又怎会害怕呢？"于是乞伏轲弹带领骑兵进军作战，乞伏益州和越质诘归也带领军队紧紧跟上，最后把杨定的军队打得大败并且杀死杨定和前秦国君苻崇，共斩杀一万七千人。乞伏乾归因此完全占有了陇西这个地方。

杨定没有儿子，他叔父杨佛狗的儿子杨盛起先防守在仇池，自称为征西将军、秦州刺史和仇池公，而且给杨定定谥号为武王，他仍然派使者到晋朝称藩属。前秦太子苻宣逃到杨盛的城池，把氐族人、羌族人分为二十部护军各自镇守戍卫，不再设置郡县。

后燕国君慕容垂向东巡守阳平、平原，命令辽西王慕容农渡河和安南将军尹国扩展土地到青州、兖州，慕容农攻打廪丘，同时尹国攻打阳城，廪丘和阳城都被攻占了。东平太守韦简战死沙场，高平、泰山、琅邪各郡的太守都弃城逃跑，慕容农向海边进军，一路上设置了许多地方官员。

柔然部落首领郁久闾曷多汗抛弃他的父亲，然后和郁久闾社仑带领所有的部属向西逃去；魏国长孙肥领命追赶他们，在上郡跋那山追上他们并且杀死了郁久闾曷多汗。郁久闾社仑收集他剩余的部属共几百人，带领他们投奔郁久闾疋候跋，郁久闾疋候跋把他们安置在南边很偏远的地方。郁久闾社仑偷袭郁久闾疋候跋并且把他杀死；郁久闾疋候跋的儿子郁久闾启跋、郁久闾吴颉等人被迫都逃往魏国。郁久闾社仑抢掠五原以西的各部，快速逃过漠北。

十一月，后燕辽西王慕容农在龙水打败东晋的辟闾浑后进入临淄。十二月，后燕国君慕容垂下诏命令慕容农等人回去。

后秦国君姚兴派遣使者和后燕交好，并且送太子姚宝的儿子姚敏到后燕表示想交好的诚意，后燕把姚敏封为河东公。

梁王乞伏乾归自称为秦王，下令大赦。

太元二十年（乙未，公元395年）

春季，正月，后燕国君慕容垂派散骑常侍封则到后秦回访；然后后燕国君慕容垂自己从平原到广川、渤海、长乐一路打猎，回到中山。

西秦王乞伏乾归让太子乞伏炽磐担任尚书令，左长史边芮担任左仆射，右长史秘宜担任右仆射，设置的官吏都是依照魏武帝曹操、晋文帝司马昭时候的制度，但是仍然称自己为大单于、大将军，边芮等人也像以前一样辅佐他。

薛干部落的首领太悉伏从长安逃回九嵕岭北边，上郡以西的鲜卑族人和其他胡人都响应他的号召。

二月，甲寅日（初四），东晋尚书令陆纳去世。

三月，庚辰朔日（初一），发生日食。

东晋皇太子司马德宗住在太子东宫并且让丹杨尹王雅担任少傅。

当时会稽王司马道子不仅专揽朝政大权而且品行不端，对手下的人更是放纵，被他宠幸的赵牙和茹千秋，一个是优伶出身的人，另一个是钱塘捕贼的小吏，他们都因为谄媚、贿赂司马道子得以进用。司马道子任命赵牙为魏郡太守，茹千秋为骠骑谘议参军。赵牙为司马道子建造府第，还在他的府第中给他建造假山、开辟池塘，所耗费用非常巨大。晋孝武帝司马曜曾经莅临他的府第，告诉司马道子："府内有山真的很好；只是府内装饰得太过分。"司马道子没有话可说。等孝武帝司马曜离开了以后，司马道子就告诉赵牙："如果陛下知道这山是人工所建造的，你一定会被处死。"赵牙谄媚地说："只要有您在，谁敢让我赵牙死呢？"组织建造工程更加恣意妄为。茹千秋出卖官爵招揽权势已累聚财货上亿。博平令吴兴闻人奭上书提到这事，孝武帝司马曜就更加讨厌司马道子，只是因为被太后逼迫，所以才不能把他的官职废除。于是孝武帝司马曜就提拔当时有名望以及自己亲近信任的王恭、郗恢、殷仲堪、王珣、王雅等人，让他们担任朝廷内外重要的职务来防范司马道子。司马道子也引进王国宝和王国宝的堂弟琅邪内史王绪成为最亲近的人。因此朝中结党纷起，不再有从前友爱欢乐的氛围；太后常常从中加以调解。中书侍郎徐邈委婉地告诉孝武帝司马曜："汉文帝刘恒是个贤明的君主，尚且对自己处死淮南王刘长有悔恨；世祖（指晋武帝司马炎）很聪明通达也对齐王司马攸有愧歉。兄弟之间事实上应该互相包容。会稽王司马道子虽然有行为放荡、喜欢酣饮作乐的毛病，但您应该要多加宽待以消除大家的议论，这对内是安慰太后的心，对外是为国家考虑。"孝武帝司马曜采纳他的意见，又像从前一样信任司马道子。

起初，在杨定死的时候，天水人姜乳袭击并占据上邽；夏季，四月，西秦君王乞伏乾归派遣乞伏益州率领六千名骑兵讨伐他。左仆射边芮、民部尚书王松寿说："乞伏益州因为屡次获胜而骄傲，现在不可以专门委任他，否则他一定会因为轻视敌人而自己遭到失败。"西秦君王乞伏乾归说："乞伏益州非常勇敢，其他的将军没有人能比得上他，如果我让重要的僚佐辅助他，那他就不会失败了吧！"于是让平北将军韦虔做他的长史，左禁将军务和做他的司马。到了大寒岭以后，乞伏益州不但不设置队伍而且还听任将士游猎纵酒并且下令说："如果有人敢提军事就把他杀死。"韦虔等人的劝谏他一点都不听，姜乳出兵攻击打败了乞伏益州。

北魏国君拓跋珪不仅背叛后燕而且还侵略逼迫靠近边塞的一些部落。五月，甲戌日（五月无此日），后燕国君慕容垂派太子慕容宝、辽西王慕容农和赵王慕容麟率领八万名部属从五原开始攻打魏国，范阳王慕容德和陈留王慕容绍另外带领一万八千名步兵和骑兵为后继部队。散骑常侍高湖劝谏说："魏国和我们燕国世代联姻，当初因为他们的内部有灾难，我们燕国又及时去救他们，对他们的恩德很宽厚而且和他们结交友好也已经很久了。最近这样是因为我们向他们索求良马，他们不给我们，而我们又扣留拓跋珪的弟弟拓跋觚，这是我们自己所犯下的错误，为什么还要出兵攻打他们呢？拓跋珪是一个沉着勇敢又有谋略的人，他又在小的时候经历许多的困苦危难。现在他不仅有精锐的军队而且还有强壮的马匹，他已经很强大了，我们不可以随意攻打他。现在又把这么重大的责任交给皇太子负责，虽然皇太子正值英年、意志果断、气势英锐，但是他一定会因小看魏国而掉以轻心，万一不能够如我们所愿，那必定会损伤威望而且还会败毁我们的大事，希望陛下再三深思。"他的言论十分激烈直切，后燕国君慕容垂很生气，因此免除了高湖的官职。高湖是高泰的儿子。

六月，癸丑日（初五），后燕太原元王慕容楷去世。

西秦君王乞伏乾归迁到西城。

秋季，七月，三河王吕光率领十万大军攻打西秦国，西秦国左辅密贵周、左卫将军莫者羖羝劝西秦君主乞伏乾归向吕光称属国，让他的儿子乞伏敕勃作为人质。在吕光带兵回去后，西秦君主乞伏乾归感到非常后悔，因此杀死了密贵周和莫者羖羝。

魏国张兖听说后燕国的军队快要到达，就告诉北魏国君拓跋珪：“后燕国仍然为滑台、长子的胜利而骄傲，竭尽全国的物资人力来攻打我们，而且有轻视我们的心理，我们应该让自己的形象羸弱无比，让他们感到更加骄傲，这样我们才能获得胜利。”北魏国君拓跋珪听从了他的意见，把部落牲畜全部迁到黄河以西一千多里以外，避开后燕国的军队。后燕国的军队到了五原后，降服魏国其他部族的居民三万多家，收割穄田一百多万斛，在那里设置黑城，然后让士兵到河岸造船作为渡河的工具。北魏国君拓跋珪派右司马许谦向后秦国请求救兵。

秃发乌孤攻击乙弗、折掘等部，把乙弗、折掘等部全都攻破并降服，秃发乌孤建筑廉川堡作为都城。广武人赵振，小的时候就喜欢奇谋异计，他听说秃发乌孤在廉川后，就离弃家人前去跟从他。秃发乌孤很高兴地说：“我得了赵先生，那么谋划的大事就一定能成功了。”三河王吕光封秃发乌孤为广武郡公。秃发乌孤封赵振为自己的左司马。

有一颗长星从须女星出现，终止在哭星的边上。晋孝武帝司马曜心里感到很不舒服，在华林园举起酒杯祷祝说：“长星呀，我敬你一杯酒，从古至今哪里会有能活万岁的天子呢？”

八月，北魏国君拓跋珪在黄河南岸练兵；九月，让军队到达黄河边。后燕国太子慕容宝部署军队正准备渡河，忽然起了一阵暴风把几十条船吹到河的南岸。魏国因此俘获船上的三百多名武装士兵，但是又把他们都释放回去。

慕容宝从中山出发的时候，后燕国君主慕容垂就已经生病了，慕容宝到了五原以后，北魏国君拓跋珪派人在中山的路途拦截，看到后燕的使者把他们全都抓起来。慕容宝等人有几个月没有听到后燕国君慕容垂日常生活的情况，于是北魏国君拓跋珪差遣被抓的使者到河边告诉慕容宝说："你的父亲已经死了，你为什么不早一点回去呢？"慕容宝等人都非常担心害怕，士兵们更是恐惧，因此士兵发生了混乱。

北魏国君拓跋珪派遣东平公拓跋仪带领十万名骑兵屯守在河的北边，陈留公拓跋虔带领五万名骑兵屯守在河的东边，略阳公拓跋遵带领七万名骑兵堵塞后燕国在南边的军队。拓跋遵是拓跋寿鸠的儿子。后秦国君主姚兴派遣杨佛嵩带兵救援魏国。

后燕国的一个方士靳安告诉太子慕容宝说："天时不利后燕国一定会大败，如果赶快撤退就可以免除灾祸。"慕容宝不听他的意见。靳安伤心地告退，悲伤地对别人说："我们这些人尸体将被废弃在草野之间，回不去了。"

后燕国、魏国相持了二十多天，后燕赵王慕容麟的部将慕舆嵩等人以为后燕国君慕容垂确实已死，想要暗中作乱，尊奉慕容麟为君主；不慎事情被泄露出去，慕舆嵩等人因此都被杀死。慕容宝、慕容麟等人互相猜疑。冬季，十月，辛未日（二十五日），后燕军自己烧毁船只，在夜晚偷偷地逃走。当时黄河还没有结冰，慕容宝认为魏国的军队一定不能渡河，所以没有设置伺望敌兵的人。十一月，己卯日（初三），突然吹起暴风，气温骤降，很快河上结了一层厚厚的冰，北魏国君拓跋珪带挑选的两万多名精锐骑兵，留下军需品快速渡河，然后奋起直追后燕部队。

后燕国军队到了参合陂，又突然起了大风，产生的黑气像河堤一样高，从军队的后面压了上来，快要覆盖整个军队。和尚支昙猛告诉慕容宝："暴风突然吹来一定是魏国军队快要到达的征兆，我们应该派遣士兵抵抗。"慕容宝认为离开魏国的军队已经很远了，对他的话笑而不答。支昙猛坚持不断地请求，最后慕容麟生气地说："以殿下的英明神武和众多的军队，足够毫无畏惧地在沙漠行进，胡虏难道是想来找死吗？支昙猛随便乱说惊吓众人的话，应该把他杀死来警示众人！"支昙猛悲愤地哭着说："苻氏拥有一百万的军队却在淮南打了败仗，正是因为仗恃人多而轻视敌人，不相信天理的缘故呀！”司徒慕容德劝慕容宝听从支昙猛的话，于是慕容宝派遣慕容麟带领三万名骑兵留在大军的后面，以防可能突然发生的变化。慕容麟认为支昙猛的话是狂妄之说，所以他不督促骑兵严加防备，而且还放纵骑兵在大军的后面游玩打猎。慕容宝派遣骑兵回去刺探魏国的军队，骑兵才走了十多里就开始解下马鞍睡觉。

魏国的军队早晚都在加急赶路，乙酉日（初九），黄昏，到达参合陂的西边，当时后燕国的军队就在参合陂的东边，扎营在蟠羊山南的水边。北魏国君拓跋珪在晚上部署分配众将，让他们偷袭后燕国的军队，士兵们口里衔着枚（形状似箸），束缚马的口，暗中前进。丙戌日（初十），太阳一出来，魏国军队登上山顶，可以看见下面的后燕国的军营；后燕国的军队准备向东前进回头却看见魏军，士兵们都惊慌失措。北魏国君拓跋珪出兵攻击，后燕国的军队逃到河边，人马因混乱而相互践踏，被践压而死和溺水而死的就有一万多人。略阳公拓跋遵横阻在逃亡的后燕军的前边，后燕国四五万人的军队都一下子放下武器束手就擒，其他残遗逃去的不过是几千人而已，太子慕容宝等也都单独骑着马逃走了。魏国杀死了后燕国右仆射陈留悼王慕容绍，又活捉济阴公尹国、鲁阳王慕容倭奴、桂林王慕容道成等文武官员数千人，缴获的武器粮食也有好几万。慕容道成是慕容垂弟弟的儿子。

北魏国君拓跋珪选择后燕国臣子中有才干的人，代郡太守广川贾闰、贾闰的堂弟骠骑长史昌黎太守贾彝、太史郎晁崇等人被留了下来，其余的打算全部都发给衣服粮食，遣散他们回去，以安抚怀柔中州的人。中部大人王建说：“后燕国的军队很强大，现在他们倾尽国力而来，我们幸运获得大胜，现在不如把他们全部杀死，那么他们的国家就变得空虚，如果要攻取那就比较容易了。再说俘获寇贼又放回去恐怕不好吧！”于是把他们全部活埋。十二月，北魏国君拓跋珪回到云中的盛乐。

后燕国太子慕容宝请求再去攻打魏国来洗雪参合陂失败的耻

辱。司徒慕容德告诉后燕国君主慕容垂："胡虏现在有轻视太子的心理，因为在参合陂的战斗中取得了胜利，现在陛下应该以英明的谋略让他们屈服，不然将来一定会有后患。"后燕国君慕容垂于是让清河公慕容会总录留守台府的事，代替高阳王慕容隆镇守在龙城，担任幽州刺史；让阳城王慕容兰汗代替长乐公慕容盛镇守在蓟城做北中郎将；命令慕容隆、慕容盛一起计划明年大举攻打魏国，同时让他们带领他们的全部精兵回到中山。

这一年，后秦国君主姚兴封他的叔父姚绪为晋王，封弟弟姚崇为齐公，姚显为常山公，封姚硕德为陇西王。

太元二十一年（丙申，公元396年）

春季，正月，后燕国高阳王慕容隆带领龙城的军队进入中山，军容整齐，士气也稍为振作，看起来是一支精锐坚强的队伍。

休官部落的首领权万世率领部属投降西秦国。

后燕国君主慕容垂派遣征东将军平规从冀州出兵。二月，平规凭借博陵、武邑、长乐三郡的军队在鲁口造反，他侄子冀州刺史平喜劝谏他不要这么做，但是他没有听从。平规的弟弟海阳令平翰也在辽西起兵响应平规。后燕国君慕容垂派镇东将军馀嵩攻打平规，馀嵩战败而死。后燕国君慕容垂又亲自带兵攻打平规，大军到了鲁口，平规丢弃部属带领妻子儿女和平喜等数十人渡河逃走，慕容垂又带兵回去。平翰带兵前往龙城，清河公慕容会派遣东阳公慕容根等攻打平翰并且把他打败了，平翰被迫逃到山南。

三月，庚子日（二十六日），后燕国君主慕容垂留下范阳王慕容德防守中山，自己带兵秘密出发，越过青岭，经过天门，道路受阻他们就开凿山口沟通道路，趁魏国不注意的时候，把进攻的矛头直接指向云中。魏国陈留公拓跋虔率领部落三万多户镇守平城；后燕国君慕容垂到了猎岭，让辽西王慕容农、高阳王慕容隆做前锋偷袭拓跋虔。当时，后燕国军队刚打过败仗因此都怕魏国，只有龙城勇敢精锐的军队争先杀敌。拓跋虔平常根本就没有防备，闰三月，乙卯日（十二日），后燕国军队到达平城后，拓跋虔才发觉，仓促率领部属出城迎战，战败而死，后燕国军队收编了他的部属。北魏国君拓跋珪感到非常震惊恐惧想要逃走，各部听到拓跋虔战死的消息也都有叛逆的心理，北魏国君拓跋珪不知该何去何从。

后燕国君慕容垂在经过参合陂的时候看见尸骸堆积得像山一样高，于是替他们设奠祭祀，军士们都伤心恸哭，哭声震动山谷。后燕国君慕容垂羞惭悲愤而吐血，因此旧疾复发只能乘坐马车行进，然后停驻在平城西北三十里的地方。太子慕容宝等人听到这个消息就都带兵回去了。背叛后燕国军队的人跑去告诉魏国说："慕容垂已经死了，他的尸体放在军中的战车上。"北魏国君拓跋珪想要追赶他，但听说平城已经沦陷，于是就带兵回到阴山。

后燕国君慕容垂在平城停留了十天，病情却反而加重，在这里修筑燕昌城然后班师回朝。夏季，四月，癸未日（初十），后燕国君慕容垂死在上谷的沮阳，因为要对后燕国君慕容垂的死保密所以暂时没有发布丧闻。丙申日（二十三日），大军到达中山；戊戌日（二十五日），才发布丧闻，定后燕国君慕容垂谥号为成武皇帝，庙号为世祖。壬寅日（二十九日），太子慕容宝登皇帝位，诏令大赦，改年号为永康。

五月，辛亥日（初九），后燕君王慕容宝任命范阳王慕容德为都督冀、兖、青、徐、荆、豫六州诸军事，车骑大将军，冀州牧，辽西王慕容农为都督并、雍、益、梁、秦、凉六州诸军事，并州牧，分别镇守在邺城和晋阳。又任命安定王库傉官伟为太师，任命夫馀王慕容蔚为太傅。甲寅日（十两日），让高阳王慕容隆担任右仆射，让赵王慕容麟担任尚书左仆射，让宜都王慕容凤担任冀州刺史，让长乐公慕容盛担任司隶校尉。

乙卯日（十三日），东晋任命散骑常侍彭城人刘该担任徐州刺史，镇守在鄄城。

甲子日（二十二日），东晋任命望蔡公谢琰担任尚书左仆射。

起初，后燕国君王慕容垂的先段后生的儿子是慕容令、慕容宝，后段后生的儿子是慕容朗、慕容鉴，其他的妃子所生的是慕容柔、慕容麟、慕容农、慕容隆、慕容熙。慕容宝刚刚做太子的时候有美好的称誉，后来却荒忽懈怠，因此大家对他都很失望。后段后曾经向后燕国君慕容垂说："如果太子遇到的是承平的时代，那么他可以做一个守成的君主；但是现在国家的局面十分艰难，他恐怕不是救济世人的人才。陛下应该选择辽西、高阳两王其中的一个人，把大业交付给他，他们都是陛下贤明的儿子。赵王慕容麟为人不仅奸邪诡诈而且强悍刚愎，将来一定会成为国家的忧患，应该要早一点想办法阻止这种事情发生。"慕容宝因为很会巴结后燕国君慕容垂身边的人，他们都赞美太子慕容宝，所以后燕国君慕容垂才认为慕容宝很贤明。后燕国君慕容垂告诉段氏说："你想要我成为杀了太子申生的晋献公吗？"段氏伤心地哭着告退了，然后告诉范阳王慕容德的妃子也就是她的妹妹说："天下人都知道太子没有才干，我只是为国家而讲话，主上竟然把我当成骊姬，这多么令人难过啊！我看范阳王有超过一般人的才干和气度，太子一定会失掉国家的。如果后燕国的福祚还没有完，那将会是在范阳王的身上延续吧！"慕容宝和慕容麟听到这话都对后段后产生很深的愤恨。

乙丑日（二十三日），后燕国君慕容宝派遣慕容麟告诉段氏说："你常常说主上不能守住大业，现在主上不是守住了吗？你应该为了保全段氏的宗族颜面而早一点自尽！"段氏非常生气地说："你们兄弟都不把逼迫杀害你们的母亲看作难过的事，难道你们还能守住先王的基业吗？我只是忧虑国家不久就要灭亡罢了，又怎会是贪生怕死的人呢！"于是段氏就自杀了。后燕国君慕容宝提议段后因为暗中谋划废除嫡传正统的君主，没有做到母亲皇后应尽的道义，所以不应该为她办理丧事。群臣都同意他的看法。只有中书令眭邃在朝上大声地说："汉朝安思阎后亲自废除顺帝刘保尚且能够在太庙配飨，何况先皇后模糊未明的话还不知道是真是假呢！在任何时候都没有儿子废弃母亲的道理啊！"于是最终又为段氏举行了丧礼。

六月，癸酉日（初一），北魏国君拓跋珪派遣将军王建等人攻打后燕国广宁太守刘亢泥并且把他杀死，然后把他的部落都迁徙到平城。前燕文明帝慕容皝的曾孙上谷太守开封公慕容详丢弃城郡逃走。

丁亥日（十五日），魏国贺太妃去世。

后燕国君主慕容宝检核士族的簿籍，以分辨哪些人的属籍为好，哪些人的属籍为不好，校正每一户的人口数，清除军营相互包庇被一直认为是部曲（部曲在汉代本是军队编制的名称，大将军营有五部，部下有曲。联称泛指某人率领下的军队。以后，部曲地位卑微化。在南北朝前期，主人视部曲为贱口，但并未得到法律上的认可）的户口，让他们全部隶属郡县。因此士族百姓都嗟叹怨恨，开始有叛离的心理。

三河王吕光登上天王位，改国号为大凉，诏令大赦，改年号为龙飞。封他儿子吕绍为太子，封子弟二十人为公侯，封著作郎段业等五人为尚书，让中书令王详担任尚书左仆射，重新设置百官。

后凉王吕光派遣使者授秃发乌孤为征南大将军、益州牧、左贤王。秃发乌孤告诉前来的使者："吕王的几个儿子都是贪婪荒淫的人，三个外甥对百姓更是残暴苛虐，无论远近的人都非常愁苦怨恨他们，我怎么可以违背百姓的心理而接受这不合道义的官爵呢？我应当做帝王应该做的事情。"于是辞谢他的封爵，留下他的鼓钲箫笳等乐器及乐工和旌羽仪仗，然后把使者差遣回去。

平规收拾残余的同党据守在高唐，后燕国君主慕容宝派遣高阳王慕容隆带兵讨伐他。在东方土地居住的百姓，平时就时常想起慕容隆的恩惠，在路上有接连不断的人欢迎等候他们。秋季，七月，慕容隆的军队来到黄河岸边，平规放弃高唐逃走了。慕容隆又派遣建威将军慕容进等人渡河追赶，最终在济北把平规杀死，只有平喜逃到彭城。

东晋王羲之的儿子前中书令王献之的女儿被纳为太子妃。

魏国群臣劝奉北魏国君拓跋珪称帝，于是拓跋珪就开始制作天子的旌旗，改年号为皇始，出入宫殿都要清除道路并且有很多警卫保护车驾。参军事上谷人张恂劝谏北魏国君拓跋珪进兵夺取中原，北魏国君拓跋珪非常赞成他的意见。

后燕国辽西王慕容农带领他手下数万名之多的士兵，辛辛苦苦地来到并州，因为并州平常就缺乏储备而这一年霜又下得很早，所以百姓不能给他们供给粮食，于是慕容农派各部的护军分别监视各胡族的日常生活，因此百姓和胡夷都怨恨他，暗中请来魏军。八月，己亥日（二十八日），北魏国君拓跋珪派遣大量士兵攻打后燕国，步兵和骑兵共有四十多万人，从南面离开马邑然后越过句注，军旗相连有两千多里长。左将军雁门李栗带领五万名骑兵作为前驱部队，剩余的士兵击鼓前进。北魏国君拓跋珪又另外派遣将军封真等人从东边的道路离开军都前去袭击后燕国的幽州。

后燕国幽平两州牧、征北大将军、清河公慕容会的母亲是一个出身卑贱的人，慕容会虽然年龄较长但也是一个雄伟英俊，非常有才气的人，后燕国君主慕容垂很喜爱他。慕容宝去攻打魏国的时候，后燕国君慕容垂对待慕容会像对待太子一样，命令他管理东宫的事务又总领一切朝政。等到后燕国君慕容垂去攻打魏国的时候，他委托交付给慕容会东北的重任，命令慕容会镇守在龙城，都是选拔当时有才能又有声望的人给慕容会做官员及府中的僚佐。后燕国君慕容垂病重，留下遗言命令慕容宝要以慕容会为子嗣，可是慕容宝不喜欢慕容会而是非常喜爱自己的小儿子濮阳公慕容策。长乐公慕容盛和慕容会同年龄，对居他的下位有一些怨恨，于是和赵王慕容麟共同劝谏后燕国君慕容宝册立慕容策为储君，后燕国君慕容宝听从了他们的意见。乙亥日（初四），后燕国君慕容宝册立慕容策为皇太子，册立妃子段氏为皇后，把慕容会、慕容盛的爵位都加封为王。慕容策才十一岁，但是很愚钝软弱，慕容会听到后心里十分愤恨。

九月，章武王慕容宙奉命送后燕国先君慕容垂和成哀段后的灵柩到龙城宣平陵埋葬，后燕国君慕容宝下诏命令慕容宙把高阳王慕容隆的家属和参谋僚佐、私人军队全部迁回中山。慕容会违抗后燕国君慕容宝下的命令，私下留了很多私人军队，不把他们派遣回去。慕容宙年纪长、辈分高，慕容会每件事都要欺凌侮辱他，看见的人都知道他有离叛的心思。

戊午日（十八日），魏国军队到达阳曲，然后又越过西山，最终到达晋阳，派遣骑兵绕城大声喊叫后离开，后燕国辽西王慕容农出兵作战，被打得大败后逃回晋阳，司马慕舆嵩关闭城门拒绝他们入城。慕容农带领妻子儿女，率领数千名骑兵赶快向东逃走，魏国中领将军长孙肥追击他们，追到了潞川，在那里俘获了慕容农的妻子儿女。慕容农虽然受了伤，但是最后还是和三名骑兵一同逃回中山，后燕国慕容农的军队全部覆没。

于是北魏国君拓跋珪取得并州，他在那里开始设置朝廷办事机构，又设置刺史、太守、尚书郎以下的官职，这些官职全部都让读书人担任。士大夫到了军门，无论年龄大小都带进去询问慰劳，使每一个人都能够畅所欲言，稍有才气可用的也都加以提拔录用。己未日（十九日），北魏国君拓跋珪派遣辅国将军奚收入侵掠抢汾川地区，在那里俘获后燕国丹杨王慕容买得和离石护军高秀和。北魏国君拓跋珪封中书侍郎张恂等人为各郡太守，然后召集抚慰离散流亡的人，劝导他们努力耕田种桑。

后燕国君主慕容宝听说魏国军队快要到达，就在东堂和大家共同商议对策。中山尹苻谟说："现在魏国军队不仅众多而且又很强大，从千里之外前来战斗，先前又获得胜利，现在他们一定是气势勇猛强锐，如果我们放纵他们，让他们进入平原，那么我们就无法抵抗了，我们应该把他们阻挡在危险的地方。"中书令眭邃说："魏国有很多骑兵，所以往来速度很快，马上所携带的粮食应该不会超过十天。陛下应该下令聚集各郡县百姓，一千家当成一堡把城沟挖深，再把城垒加高，清除原野而等待他们到达，等他们到达以后没有可以掠夺的东西，不超过六十天他们的粮食就会被吃完，到那时他们自然会退兵。”尚书封懿说：“现在魏国有几十万名士兵，是天下人的强敌。百姓虽然能够建筑城堡但不能够稳固自己，这是在聚集兵力和粮食来帮助他们啊。如果动摇百姓的信心就表示自己很懦弱，我们不如把他们阻挡在关口，进行抵抗作战，这是上上之计。”赵王慕容麟说：“魏国现在趁战争的胜利，威风气势一定正勇猛强锐，他们的锋芒我们现在不能去强硬地抵挡，我们应该要完全地守住中山，等到他们士气衰弱，我们再乘机攻击。”于是后燕国修理城池，聚集粟米来做持久的准备。把军务全部委交慕容麟来掌管，命令辽西王慕容农出兵屯守安喜。

晋孝武帝司马曜不仅喜欢喝酒而且沉迷后宫，能够清醒地治理政事的时候很少，因此朝中大臣也很少有机会能够觐见。张贵人在后宫最受宠幸，事实上她也是一个心肠狠毒的人，所以后宫的人都很怕她。庚申日（二十日），孝武帝司马曜和后宫的人举行酒宴，声伎女乐全都在旁侍候；孝武帝和她开玩笑说：“你年纪大应当被废掉，我希望另外中意年轻漂亮的女人。” 当时张贵人年龄已接近三十岁，张贵人心里非常生气。在当晚趁孝武帝司马曜喝醉睡在清暑殿的时候，张贵人拿酒赏赐宦官们打发他们走开，叫婢女用被子蒙住孝武帝的脸，把孝武帝杀死了，然后用很多钱贿赂左右的侍从，让他们说孝武帝是“因为睡梦中惊悸窒息，突然死亡的”。当时太子司马德宗很懦弱，会稽王司马道子也十分昏庸荒淫，因此也没有再追究细问下去。王国宝夜晚敲打内宫禁门，想要进去寻找孝武帝司马曜遗留的诏书，王恭的弟弟侍中王爽拒绝他说：“陛下刚刚才过世，皇太子还没有到达，如果有人胆敢进去，我一定会把他杀死。”王国宝不得已才停止想要闯进去的想法。辛酉日（二十一日），太子司马德宗登上皇位，发布诏书大赦天下。

癸亥日（二十三日），有官吏上奏：“会稽王司马道子应该加爵位为太傅、扬州牧，赐信物黄钺。”晋安帝司马德宗下诏书命令朝廷内外所有的事，一动一静都要向司马道子咨询。

安帝司马德宗小的时候便不聪明机敏，嘴巴不能讲话，甚至于连自己冷热饿饱都不能分辨，平时吃东西、睡觉、起床自己也都不能做。他的同母弟琅邪王司马德文是一个性情恭敬谨慎的人，替他安排调度一切生活，常常侍奉在他左右，这才使事情顺当。

起初，王国宝依附会稽王司马道子的时候就不守法纪、骄傲放纵，因此屡次被御史中丞褚粲纠举弹劾。王国宝建造了比清暑殿更好的斋舍，孝武帝司马曜因此很厌恶他；王国宝心里害怕，因此便疏离司马道子向孝武帝司马曜献媚，孝武帝又宠幸亲昵他。司马道子非常生气，曾经在内省（官署名）当面用剑投掷王国宝，还责备他的所作所为，并与他断绝以前的友好情谊。等到孝武帝司马曜去世，王国宝和王绪又去事奉司马道子，司马道子更加被迷惑，倚信他们为最亲密的人，他们一同奸邪谄佞朝中忠良，参与管理朝廷政事，声名震动国家内外，都被当时的人所忌恨。

王恭回来参加晋孝武帝司马曜的葬礼，常常面色严正，讲话真切，司马道子非常怕他。王恭退朝后，叹息着说："宫室的建筑虽然是新的，却令人有衰败的哀叹。"王绪让王国宝劝司马道子利用王恭入朝的时候，埋伏军队把他杀死，但是王国宝不答应。司马道子想要安和内外，因此希望消除旧恶，于是向王恭披露心腹之言；可是王恭每次谈到当时朝政的时候，就声色严厉。司马道子知道王恭不可能与自己和平妥协，于是有了图谋杀害他的念头。

有人劝说王恭利用朝见晋安帝司马德宗的机会，动用军队把王国宝杀死，王恭因为豫州刺史庾楷的兵马精壮强盛，他和王国宝结为同党，对他心存顾忌不敢贸然动手。王珣告诉王恭说："王国宝虽然最后一定会成为祸乱，但是，他的罪恶和倒行逆施还没有大白于天下，如果我们现在急着先对他发动进攻，一定会使全国上下大失所望。况且如果你率领强悍的军队，偷偷地在京城里面起事，谁会说你这不是叛乱呢？王国宝如果仍然不思悔过，他的罪孽一定会很快地传遍全国，到了那个时候，我们顺应民心把他除掉，也就不用忧虑不能成功了。”王恭因此才停止除掉王国宝的准备。后来，王恭告诉王珣说：“最近以来，我看你完全像胡广一样。”（意思是说依偎在权奸之间以保王位。）王珣说：“王陵因为在皇帝面前争执而失去自己的官职，陈平因为在一旁谨慎小心，沉默不语最终能够使汉室安定，你只要看结果如何罢了！”

冬季，十月，甲申日（十四日），晋孝武帝司马曜被安葬在隆平陵。王恭准备返回他镇守的地方，在临走的时候，他告诉司马道子：“主上正在守丧，相国身上的任务更加繁重，恐怕即使是像伊尹、周公也都很难做好，希望您亲自料理军政要务，听取接受忠直坦率的不同意见，放弃对淫靡之音的爱好，疏远谄媚奸佞的小人。”王国宝等人更加害怕。

北魏国君拓跋珪派遣冠军将军代人于栗磾、宁朔将军公孙兰率领两万名步兵和骑兵，偷偷地从晋阳向东开辟修复韩信当年修筑使用过的栈道。己酉日（十月无此日），北魏国君拓跋珪率领士兵从井陉赶往中山。李先向北魏投降，北魏国君拓跋珪任命他为征东左长史。

西秦凉州牧乞伏轲弹和秦州牧乞伏益州不和，乞伏轲弹投奔后凉。

北魏国君拓跋珪率领士兵进攻常山，把常山攻了下来，抓获了太守苟延；从常山以东，各地驻守的官吏或者逃跑或者打开城门向北魏投降，除中山、邺城、信都外，所有的郡县都归附北魏。十一月，北魏国君拓跋珪令东平公拓跋仪率领五万名骑兵攻打邺城，冠军将军王建、左将军李栗攻打信都。戊午日（十九日），拓跋珪率领士兵前往中山；己未日（二十日），北魏士兵对中山发起进攻。后燕国高阳王慕容隆防守南城，率领士兵奋力作战，从早晨苦战到中午，杀伤敌兵几千个，北魏的军队这才败退下去。北魏国君拓跋珪告诉众将：“中山城非常坚固，后燕国君慕容宝一定不肯率领士兵出城和我们作战，我们急着去攻打，就会损伤很多士兵，长时间地围困，又要耗费很多粮食，不如先去夺取邺城和信都，得手之后再来想办法对付他。”丁卯日（二十八日），北魏国君拓跋珪率领士兵向南开进。

后燕章武王慕容宙从龙城回京，在返回的途中听说有北魏的军队进犯，就立刻骑着快马进入蓟城，和镇北将军阳城王慕容兰一起据城固守。慕容兰是后燕国君慕容垂的堂弟。北魏的别将石河头率领士兵攻打他们，没有取得胜利，就撤退到渔阳驻扎军队。

北魏国君拓跋珪在鲁口驻扎军队，后燕博陵太守申永逃到河南，高阳太守崔宏逃到了海岛上面避祸。北魏国君拓跋珪平日早就听说崔宏的名声，就派遣骑兵前去追赶寻找，找到崔宏，任命他为黄门侍郎，和给事黄门侍郎张衮共同执掌国家机要大事，制定国家的各种法令制度。博陵令屈遵向北魏投降，北魏国君拓跋珪任命他为中书令，负责收发全国各地来往的公文和法信函，并且负责撰写各种文告。

后燕范阳王慕容德派遣南安王慕容青等人趁夜色的掩护偷袭在邺下北魏的军队，打败了他们，北魏的军队撤退驻扎在新城。慕容青等人请求继续追击北魏的军队，别驾韩𬤇说：“古代的人，先计划好如何用兵，然后才按计划作战。这一次不可以追击魏军的原因有四点：对方远路而来，缺乏根基，在原野上作战对他们有利，这是第一点；敌军孤军深入，已经毫无退路可走，这时继续攻打，恐怕要逼迫他们和我们拼命，这是第二点；敌人的前锋部队虽然已经遭到失败，但是他们的后队仍然很整齐精壮，这是第三点；敌人的士兵人数多，我们的士兵人数少，这是第四点。不应该轻易出动我们自己军队的原因也有三点：我们是在自己的土地上作战，稍有挫折，兵士便易于溃散，这是第一点；如果我们轻易出战但是不能取胜，容易使军心动摇，这是第二点；我们的城池还没有来得及修整加固，一旦敌兵冲来，我们缺少必要的防备和依托，这是第三点。现在魏国的军队里面缺乏物资军粮，我们不如深挖战壕、高筑壁垒，稳住阵脚，安定军心，使他们衰疲，把敌人拖垮。”慕容德听从了他的意见，传召慕容青赶紧回来。慕容青是慕容详的哥哥。

十二月，北魏辽西公贺赖卢率领两万名骑兵会同东平公拓跋仪一起攻打邺城。贺赖卢是贺讷的弟弟。

北魏另有一支部落的首领没根有胆识又很骁勇，北魏国君拓跋珪很讨厌他。没根担心自己会被北魏国君拓跋珪杀死，己丑日（二十日），没根率领几十名亲信士兵向后燕投降。后燕国君慕容宝任命他为镇东大将军，册封他为雁门公。没根向后燕国君慕容宝请求可以率领士兵回击侵袭北魏，但是后燕国君慕容宝不愿意给他调配大量的士兵，仅仅给他调配一百多名骑兵。没根更换了这些人的装束，伪装成北魏的士兵，在夜晚进入北魏的军营，来到中军营帐，北魏国君拓跋珪这时才发觉，只好狼狈不堪地仓皇逃走，没根因为自己率领的士兵人数很少，不能大批杀伤北魏军营的士兵，只是把一些士兵斩杀、俘获，然后就回去了。

杨盛派遣使者到东晋请求归附；晋安帝司马德宗下诏任命杨盛为镇南将军、仇池公。杨盛随即又向晋安帝司马德宗呈上奏章推举苻宣为平北将军。

这一年，越质诘归率领自己的两万户部属背叛西秦，向后秦投降，后秦把他们安置在成纪地区，任命越质诘归为镇西将军、平襄公。

后秦陇西王姚硕德在上邽地区攻打姜乳，姜乳率领自己的部下向姚硕德投降。后秦任命姚硕德为秦州牧，镇守上邽；并且征召姜乳为尚书。强熙、权千成率领三万名士兵包围了上邽，姚硕德打破封锁，把他们击败，强熙逃到仇池，不久又转而跑来投奔东晋。姚硕德向西追击权千成一直追到略阳，权千成向姚硕德投降。

西燕已经灭亡，原来由它所领署的河东太守柳恭等人各自拥有军队固守地盘。后秦君主姚兴派遣晋王姚绪攻打他们，柳恭等人在黄河沿岸设防进行抵抗防守，姚绪没有办法渡过黄河。

起初，永嘉之乱发生的时候，汾阴薛氏家族聚合同族、同党据守黄河险要，保卫家园，不去做刘氏与石氏的臣民。等到前秦苻氏兴起以后，对他们加以礼遇，用厚礼延聘薛强出仕，任命他为镇东将军。这时薛强引导后秦的军队从龙门渡过黄河，于是进入蒲阪地区，柳恭等人都向后秦投降，后秦君主姚兴任命姚绪为并、冀二州牧，镇守蒲阪。

资治通鉴卷第一百九　晋纪三十一

起止丁酉（公元397年），共一年。

【题解】本卷记录了公元397年一年间东晋与各国的大事，正当晋安帝隆安元年。主要记录了北魏国君拓跋珪在攻克后燕国的信都后，出现内乱，后燕国君慕容宝趁势进攻，被拓跋珪反击打败；写了后燕国君慕容宝之子慕容会作乱，杀死慕容隆，重伤慕容农，围攻慕容宝，被慕容宝的部将高云等打败，慕容会逃到中山被守将慕容详杀死，之后慕容详又被慕容麟杀死，慕容麟在中山自立为帝，与北魏国君拓跋珪对抗，最后被拓跋珪击败，拓跋珪占领中山；写了后凉的吕光政权日益衰落，先后被西秦王乞伏乾归与占据金城的秃发乌孤打败，境内郭麐、沮渠蒙逊起兵造反；写了东晋殷仲堪与王恭里应外合，请求杀死王国宝，司马道子为求息事宁人，杀了王国宝、王绪；此外还写了后秦姚兴勤于政事，广纳忠言，善用贤臣等等。

安皇帝甲

隆安元年（丁酉，公元397年）

春季，正月，己亥朔日（初一），晋安帝司马德宗穿戴成年人之衣冠，改年号为隆安。任命左仆射王珣为尚书令；领军将军王国宝为左仆射，兼管官员任免升降，仍然兼任后将军、丹杨尹。会稽王司马道子把东宫太子的士兵全部分配给了王国宝，让他掌管这些士兵。

后燕范阳王慕容德向后秦请求救援，但是后秦不肯出兵，邺城里面的士兵和百姓都感到很惊恐。贺赖卢自恃自己是北魏国君拓跋珪的舅舅，所以不肯听从东平公拓跋仪的调度、指挥，因此，他和拓跋仪产生了矛盾。拓跋仪的司马丁建暗地里和慕容德勾结，在中间挑拨离间，并且把这种情况写成书信用箭射进邺城告诉了慕容德。甲辰日（十六日），刮起大风，卷起尘土，即使在白天也天昏地暗，贺赖卢的军营里面出现火光，丁建告诉慕容仪："贺赖卢焚烧了营地，举行叛变。"拓跋仪相信了他的话，就迅速率领士兵撤退回去了；贺赖卢听说拓跋仪撤退的消息以后，也率领士兵撤退了；这时，丁建率领他的士兵向慕容德投降，并且告诉慕容德，说拓跋仪的军队已经疲惫不堪，可以前去攻击他。于是慕容德派遣桂阳王慕容镇、南安王慕容青率领七千名骑兵追击北魏的军队，把北魏的军队打得大败。

后燕国君慕容宝派遣左卫将军慕舆腾攻打博陵，杀死了北魏的地方官吏。

王建等人攻打信都，一连进攻了六十多天，也没有攻取下来，士兵的伤亡人数很多。庚申日（二十两日），北魏国君拓跋珪亲自率领士兵攻打信都。壬戌日（二十四日）的晚上，后燕宜都王慕容凤跳出城墙，逃到中山。癸亥日（二十五日），信都城向北魏投降。

后凉王吕光因为西秦王乞伏乾归好几次反复不定，就派遣士兵讨伐他。西秦王乞伏乾归的属下请求向东逃到成纪避难，西秦王乞伏乾归说："战争的胜败，全部都在于用兵的巧妙还是笨拙，不在于人数的众多还是寡少。吕光的军队虽然士兵的人数众多但是却缺乏纪律，他的弟弟吕延虽然勇敢但是没有谋略，不值得我们担心害怕。而且他们的精锐士兵全部都由吕延率领，吕延战败，吕光自然而然就会逃跑了。"后凉王吕光在长最驻扎军队，派遣太原公吕纂等人率领三万名步兵和骑兵攻打金城；西秦王乞伏乾归率领两万名士兵前去进行救援，但是他们还没有到达，吕纂等人就已经把金城攻了下来。后凉王吕光又派遣他的部将梁恭等人率领一万多名身穿全副甲胄的士兵直逼阳武下峡，和秦州刺史没弈干一起从东部进攻西秦王乞伏乾归，天水公吕延也率领枹罕的士兵攻打临洮、武始、河关，把这些地方全部都攻了下来。西秦王乞伏乾归派人去欺骗吕延说："乞伏乾归的军队已经溃散，他自己逃到成纪去了。"吕延想要率领轻装的骑兵前去追击，司马耿稚劝谏他说："乞伏乾归的勇武和谋略都超过了一般的人，怎么可能听到一点风声就自行溃败呢？从前，他把王广、杨定都打败了，都是这样先把自己的弱点暴露给敌人，引诱对方急功冒进。我看这次前来传话的人，目光往上看，脸上的表情也闪烁不定，其中一定有诈，我们应该列好战阵，有条不紊地向前推进，使步兵和骑兵互相照应配合，等到各军全部都齐集，然后再去攻击敌人，那就没有不能攻破的道理。”吕延没有听从他的劝阻，率领军队向前挺进，和西秦王乞伏乾归相遇，吕延战败而死。司马耿稚和将军姜显把那些流散的士兵都收集起来，返回枹罕进行驻守。后凉王吕光也率领士兵退回姑臧。

秃发乌孤自称为大都督、大将军、大单于、西平王，下令大赦，改年号为太初。在广武集结训练军队，攻打后凉的金城，并且把金城攻了下来。后凉王吕光派遣将军窦苟前去讨伐，双方在街亭交战，后凉的军队被打得大败。

后燕国君慕容宝听说北魏君主拓跋珪率领士兵攻打信都，就率领军队在深泽驻扎，派遣赵王慕容麟攻打杨城，杀了三百个负责防守的士兵。后燕国君慕容宝把皇宫里面所有收藏的珍珠宝贝和宫女都拿出来作为赏资，招募各郡各封国的强盗匪徒，让他们充军，前去抗击北魏。

二月，己巳朔日（初一），北魏国君拓跋珪率领士兵返回杨城驻扎。叛将没根哥哥的儿子丑提出任并州监军，听说他的叔父向后燕投降，害怕牵连自己被杀，就率领他所管辖的军队回国进行叛乱。北魏国君拓跋珪想要撤回北方，于是就派遣他的国相涉延向后燕求和，并且请求用他的弟弟作为人质。后燕国君慕容宝听说北魏内部发生动乱，就没有答应北魏国君拓跋珪求和的请求，派遣冗从仆射兰真前往北魏军营，责备北魏国君拓跋珪忘恩负义，调动全部步兵十二万人，骑兵三万七千人去曲阳的柏肆驻扎，在滹沱河的北岸立下大营。丁丑日（初九），北魏撤退的军队到达了这里，在滹沱河的南岸扎营。后燕国君慕容宝暗中派遣一支军队在晚上渡过滹沱河，招募一万个勇士偷袭北魏的军营，后燕国君慕容宝把军队部署在军营的北边作为支援。后燕募集来的那些士兵利用风势放火，对北魏的军队发起猛烈的进攻，北魏的军队大乱，北魏国君拓跋珪也从睡梦当中惊醒，惊慌起床，光着双脚抛弃军营逃走；后燕将军乞特真率领一百多名士兵来到北魏国君拓跋珪的营帐，但是只得到北魏国君拓跋珪仓促之间遗失下来的衣服和皮靴。没有多长时间，那些招募来的军队不知道是什么原因就突然一片大乱，互相之间胡砍乱射，北魏国君拓跋珪在营区外远远看到这种情况，于是就击起战鼓，召集那些刚刚溃散的士兵，他左右的侍从和中军将士渐渐地都集合在一起，并且在营区外设置了很多火把，派出骑兵向前冲击后燕兵营。募集的军队被打得大败，逃回了后燕国君慕容宝的大营，后燕国君慕容宝率领军队又一次渡到滹沱河的北岸。戊寅日（初十），北魏整顿好军队渐渐逼近，并且和后燕军队相对峙，后燕军队士气大为低落。后燕国君慕容宝只好率领军队返回中山，北魏军队跟在后面进行追击，后燕军队多次接战均告失败。后燕国君慕容宝十分害怕，丢下大军，自己率领两万名骑兵逃奔回去，这时正好发生了大风雪，冻死的人在原野上横躺竖卧，尸体相互枕藉。后燕国君慕容宝害怕被北魏军队追赶上抓获，命令士兵们把战袍、军仗和数十万件兵器全部都丢弃，甚至连一把小刀也没有带回去，后燕的朝廷臣子、将帅士兵全部都向北魏投降，并且被北魏俘虏的人也很多。

在这之前，张衮曾经告诉北魏君主拓跋珪后燕秘书监崔逞很有才干。北魏国君拓跋珪这次得到崔逞，非常高兴，任命他为尚书，让他掌管三十六曹，把政事委任给他来处理。

北魏军队里面有人从柏肆逃亡回来，说大军已经惨败溃散，甚至也不知道北魏君主拓跋珪的下落。他们途中路过晋阳，晋阳守将封真调集军队攻打并州刺史曲阳侯拓跋素延，拓跋素延出城迎战，杀死了封真。

北魏南安公拓跋顺留在云中进行防守，听说北魏国君拓跋珪下落不明的消息后，打算自己代理国家政事。他的幢将代郡人莫题说："这可是一件大事，千万不可以草率行事，应该谨慎地等待观察事态的进一步发展，不然，为祸不浅。"拓跋顺这才放弃了这个想法。拓跋顺，是代王拓跋什翼犍的孙子。这时，贺兰部落的首领附力眷、纥邻部落的首领匿物尼、纥奚部落的首领叱奴根都闻讯拉起队伍反叛，拓跋顺率领士兵讨伐他们，但是都没有取得成功。北魏国君拓跋珪派遣安远将军庾岳率领一万名骑兵讨伐贺兰等三个部落，把这三个部落都平定了以后，全国百姓这才安定下来。

北魏国君拓跋珪想要安抚新来归附的人，因此对在参合陂那次大批屠杀俘虏的举动深感后悔。拓跋素延因为讨伐叛变的人的时候，诛杀了太多人，于是北魏国君拓跋珪就把他的官职罢免了；任命奚牧为并州刺史。奚牧给后秦君主姚兴写信，以对等之礼称"顿首"，姚兴看了以后感到很生气，把这件事告诉了北魏国君拓跋珪，北魏国君拓跋珪因此杀死了奚牧。

己卯日（十一日）的晚上，后燕尚书郎慕舆皓计划把后燕国君慕容宝杀死，拥立赵王慕容麟；但是没有成功，因此慕舆皓把守卫关卡的士兵杀了以后，砍开城门，逃奔到北魏。慕容麟从此心里万分不安。

三月，后燕任命仪同三司武乡人张崇为司空。

起初，后燕清河王慕容会听说北魏军队大批东向而来，就向后燕国君慕容宝上表请求准许自己亲自率领士兵出征， 来解救国家的危难，后燕国君慕容宝答应了他。慕容会最初根本没有要去拯救国家、离开龙城的意思，只是派遣征南将军库傉官伟、建威将军馀崇率领五千名士兵作为前锋。馀崇是馀嵩的儿子。库傉官伟等人在卢龙停留将近一百天的时间，吃完了粮食，军中的马牛也即将吃尽，慕容会还是没有率领士兵出发。后燕国君慕容宝因此很生气，多次下诏严厉地责备他；慕容会最后迫不得已，只好以整治行装、加强士兵的训练为名义，又停留一个多月。这时，道路不通，库傉官伟打算派遣一支活动灵便的部队继续向前把道路开通，侦察了解北魏军队的强弱虚实，而且又能大肆张扬他们的声势，众将都因为害怕危险，不愿意前去。馀崇奋勇而起说："现在敌人的力量强盛无比，京都（指中山）正在遭受着强敌的逼迫，一个普通人尚且想要牺牲自己的性命来拯救自己的君主和父老，各位深受国家的宠爱和信任，怎么能够再爱惜个人的性命呢？如果国家社稷被推翻了，作为臣子的节操不能够保全，即便是死了，也要留下耻辱。你们几位就安安稳稳地待在这里吧，我馀崇愿意担当先行部队，请求去抵挡敌人。"库傉官伟很高兴，挑选了五百名步兵和骑兵分配给他。馀崇率领士兵前往渔阳，遇到一千多名北魏骑兵。馀崇告诉他的部属："他们的士兵多，我们的士兵少，不主动出击，我们就跑不掉了。"于是击鼓大声叫喊着一直向敌人杀去，馀崇一个人就杀死十几个敌兵。北魏骑兵溃败逃走，馀崇也率领士兵回营，这次出击，杀死了很多敌人，还有一些敌人被生擒，他很详细地说明敌人的内部情况，军心因此稍微振作了一些。慕容会这才正式率领士兵上路，慢慢地向前进军，这个月，他们方才到达蓟城。

北魏军队围攻后燕的都城中山城已经很长时间了，中山城里面的将士们都想要出城与敌人决一死战。征北大将军慕容隆告诉后燕国君慕容宝："北魏国君拓跋珪虽然多次获得一些小的胜利，但是军队在外面驻扎已经有一年的时间，他们来时那种凶恶的气势，已经萎靡丧失，士兵战马也或死或伤损失大半，人心都想要返回，各部落（指贺兰、纥邻、纥奚）都正在背离解散，现在正是我们把他们打败的大好时机啊。再加上我们全城的兵民都在想着奋力一搏，如果利用我们的锐气，趁着他们的衰微，前去攻打，就没有不能够取胜的。如果谨慎持重、犹豫不决，等到军士们的斗志都丧失了，环境又一天比一天更加困窘逼迫，时间一久，事情就会发生变化，到了那时，虽然想利用机会，一定不会再有了。"后燕国君慕容宝认为他说得很正确。可是卫大将军慕容麟每次都阻止他的建议，慕容隆做好出击的准备却被迫停止，前后一共有四次。

后燕国君慕容宝派人向北魏君主拓跋珪请求，想要把他的弟弟拓跋觚护送回去，并且把常山以西的大部分地区都割让给魏国，向北魏讲和。北魏国君拓跋珪答应了，但是事后，后燕国君慕容宝却又后悔。己酉日（十一日），北魏国君拓跋珪到达卢奴，辛亥日（十三日），他再一次包围中山城。后燕有几千名将士都自己主动向后燕国君慕容宝请战说："现在我们坐守这座已经山穷水尽的孤城，终有一天会被困死。我们都愿意出城与敌人决一死战，可是陛下却每一次都制止了下来，这是自取灭亡呀！而且我们遭受包围已经有很长时间了，并没有产生其他突然的变化，只是白白地盼望时间久了贼兵能够自行退去。现在城里城外的形势，强弱的力量相差过于悬殊，他们一定不会自己把军队撤退回去，这已经是很明显的事情，我们应该听从众人的意见，出城和敌人决一胜负。"后燕国君慕容宝答应了。慕容隆退出去后，很快把士兵调配完毕，把所有的参佐都召集过来，告诉他们："皇上的声威不能够振作，寇贼打到我们家门口来侮辱我们，这是我们身为臣子的共同耻辱，为了正义，我们理应把自己的生死置之度外。这次决战，如果我们很幸运地能够把敌人打败，平平安安地凯旋回来，固然很好；但是如果我们不幸失败，起码也让我们的志向节操获得一次舒展的机会。你们这些人里面如果有人能够回到北方，见到我母亲的，请千万代替我向母亲禀告我的这种心情。"于是他披上战甲，骑上战马，到城门等候命令。慕容麟又一次坚决制止了这次军事行动，众人都非常生气怨恨，慕容隆也流着眼泪回去了。

这天晚上，慕容麟率领士兵劫持了左卫将军北地王慕容精，并且派遣他率领内府的卫队去刺杀后燕国君慕容宝。慕容精用义理拒绝了他的要求，慕容麟感到很生气，杀死了慕容精，跑出城去逃奔西山，依靠丁零的残余部落。从此，中山城里的军民的情绪更加震惊动荡。

后燕国君慕容宝不知道慕容麟到哪里去了，总是以为清河王慕容会就在附近驻扎军队，因此担心慕容麟夺走慕容会的军队，抢先赶去占据龙城；于是就召集慕容隆和骠骑大将军慕容农，商议要放弃中山，前去防守龙城。慕容隆说：“先帝慕容垂冒着风雨的侵袭，历经千辛万苦，才完成中兴的大业，但是他去世还不到一年就天下大乱，国土遭受很大的毁坏，怎么能说我们没有辜负先帝慕容垂的嘱托厚望啊？现在外来寇仇的力量正是强盛的时候，可是我们的内部又发生了危难，同胞骨肉之间乖隔离异，反目成仇，老百姓疑虑恐惧，这样子实在是根本不可能抵抗敌人的，向北迁回我们的旧都，也是事情应该如此。但是龙川一带地方狭小，百姓贫苦，如果我们打算以那里作为依凭，进图中原，仍然早晚都盼望取得大的进展和成功，这是一定办不到的。但是如果我们节省开支费用，爱护百姓，鼓励农耕，训练军队，那么几年之间，官府与民间的积蓄一定会充实起来，而赵、魏之间连年战乱，他们的百姓都厌恶寇贼的残暴，一定苦不堪言，厌倦、怨恨之声四起。到了那时，人人都想念我们燕国统治时候的恩德，我们或许有机会回转旗帜恢复自己往日的帝业。即使不能做到如此，那么我们依据山川险要，巩固我们自己的势力，仍然足够我们在那里安闲度日养精蓄锐了。”后燕国君慕容宝说：“你的话十分有道理，我完全听从你的意见。”

辽东人高抚，十分擅长占卜算卦，一向深得慕容隆的信任和宠爱，他私底下告诉慕容隆：“殿下这次向北撤退，最后绝对不可能到达目的地，也不可能看到您的母亲太妃。如果让主上自己单独前往，殿下暗地里留在这里，一定可以建立大的功业。”慕容隆说：“国家遭遇这样空前的大难，主上遭受奔波之苦与耻辱，而且我年迈的母亲又在北方，我能够在死的时候头朝着北方，就没有什么遗憾了。你这说的是什么话呢！”于是他把全部的官吏和僚属都召集过来，询问他们是愿意离开还是留下，只有司马鲁恭、参军成岌愿意跟从北迁，其余的都表示想要留下来，慕容隆全部都听凭他们自己拿主意。

慕容农的部将谷会归劝说慕容农：“中山城里面的人都是北魏国君拓跋珪在参合陂所杀的士兵的父兄子弟，他们眼睛哭出血来，激愤奔走，想要和魏国军队决一死战，却被卫大将军慕容麟所压制。现在听说主上要向北迁移，都说：‘能够得到慕容氏家族里面的一个人然后拥立他，以此来与魏国军队作战，即便是战死了也没有什么遗憾。’大王您最好是留在这里，来满足众人的希望，等到把魏国军队击退，使京畿一带的地区得到安抚宁静，再恭迎皇上的大驾回来，这也不失为一个忠臣呀！”慕容农想要把谷会归杀死，但是又爱惜他的才干，因此就告诉他：“如果一定要那样来期望继续生存，还不如马上死掉算了。”

壬子日（十四日），晚上，后燕国君慕容宝和太子慕容策、辽西王慕容农、高阳王慕容隆、长乐王慕容盛等人率领一万多名骑兵出城去投奔慕容会的军队，河间王慕容熙、渤海王慕容朗、博陵王慕容鉴都还很年幼，没有能够逃出城来，慕容隆又回到城里面去迎护他们，亲自驾车，终于使他们全部逃脱。后燕的将领王沈等人向北魏的士兵投降。乐浪王慕容惠、中书侍郎韩范、员外郎段宏、太史令刘起等人率领工匠、艺伎等三百人逃奔邺城。

中山城里面没有了首领，百姓十分恐慌，东门也没有关闭。北魏国君拓跋珪想要晚上入城，冠军将军王建则一心想要抢劫，于是说担心手下的士兵们偷取府库里面的财物，请求等到第二天天亮的时候再进城，北魏国君拓跋珪这才停止进城。后燕开封公慕容详来不及跟随后燕国君慕容宝北返，于是城里面的士兵和百姓拥立他为君主，关闭城门来抵抗魏国军队；北魏国君拓跋珪出动了他所有的军队发动进攻，但是接连几天都没有把中山城攻取下来。于是北魏国君拓跋珪派人登上攻城用的巢车（兵车高如巢，可以望敌）到城墙下面告诉他们：“后燕国君慕容宝已经抛弃你们自己逃走，你们这些老百姓白白地送死，打算为谁效忠呢？”城里面的百姓都说：“我们这群老百姓没有知识，只是害怕又像参合陂的那些民众一样被活埋，所以在这里权且苟且拖延十天、半个月的生命罢了。”北魏国君拓跋珪气得直视王建，把唾沫吐在了他的脸上，派遣中领将军长孙肥、左将军李栗率领三千名骑兵去追赶后燕国君慕容宝，一直到了范阳，但是没有追赶上，攻破了新城戍，然后回去了。

甲寅日（十六日），晋安帝司马德宗尊奉皇太后李氏为太皇太后。戊午日（二十日），册立皇后王氏。

后燕国君慕容宝逃出中山，和赵王慕容麟在阨城相遇。慕容麟完全没有想到后燕国君慕容宝也会到这里，非常惊慌害怕，于是他率领他的部属逃奔到蒲阴，再次离开屯望都，当地人友好地给他很多补给用品。但是慕容详又派遣军队中途袭击慕容麟，并且俘获了他的妻子、儿女，只有慕容麟逃脱，进入山中。

甲寅日（十六日），后燕国君慕容宝到达蓟城，宫中和他亲近的人，流散的流散，死亡的死亡，几乎快没了，只剩下高阳王慕容隆所带领的几百名骑兵还在担当守卫。清河王慕容会率领骑兵两万人到蓟城南部迎接后燕国君慕容宝，后燕国君慕容宝奇怪慕容会脸色举止表现得不愉快，似乎有怨恨之情，于是暗中告诉了高阳王慕容隆和辽西王慕容农。但是慕容农和慕容隆都说："慕容会年纪还很小，就独自负责一个地方的管辖，习惯了骄傲才如此，哪里还会有别的什么原因呢？臣等人将会用礼数责备他。"后燕国君慕容宝虽然表面上听从了他们的意见，但是最终还是诏令解除慕容会的兵权，并且要把兵权交给慕容隆，慕容隆坚决推辞不要；后燕国君慕容宝只好减少慕容会的兵权，分给了慕容农和慕容隆。还派遣西河公库傉官骥率领三千名士兵去帮助防守中山。

丙辰日（十八日），后燕国君慕容宝把蓟城里的全部府库迁移向北，到达龙城。魏国石河头带领士兵追赶他们，戊午日（二十日），在夏谦泽追上了后燕国君慕容宝。但是后燕国君慕容宝不想和他打仗，清河王慕容会说："臣训练并且教导士兵，所要求的目的就是要杀灭敌人。现在君上的大驾受到凌辱，每个人都迫不及待地想要尽忠效命，而此时敌人竟然敢自己送上门来，众人心里都非常愤怒。《兵法》里讲道：'回去的军队不要阻挡。'还说：'处于危险的境地而后才得以生存。’现在这些情况我们都占有，何必怕什么不能成功呢？如果我们丢弃了这个机会，敌人一定会乘着气势凌辱我军，或许还会产生另外的什么灾变。”后燕国君慕容宝听从他的意见。于是慕容会部署军阵和魏兵作战，慕容农、慕容隆等一些人率领南方来的那些骑兵冲锋，魏国军队大败，他们追赶一百多里路，又杀死数千名敌军。慕容隆带兵又单独追赶几十里才回去，回去后告诉他的旧部下、留台治书阳璆说：“中山城里只积聚了几万名士兵，并不能够施展我的理想和抱负，今天的胜利，也仍然让我怀有遗恨。”因此十分感慨地流下眼泪。

慕容会因为已经打败了魏国军队，变得更加骄傲自满；慕容隆曾屡次责备批评他，但是慕容会只是更加愤恨。慕容会想到因为慕容农、慕容隆都曾经镇守过龙城，身份地位都十分崇高尊贵，名分声望等一直是在自己的上面，恐怕一旦到了龙城，权柄政事的权力就不会再掌握在自己手中，又得知始终没有希望能成为王位继承人，因此图谋篡位作乱。

幽州、平州的士兵都十分怀念慕容会的恩德，不乐意归属于慕容农、慕容隆两王的管制，向后燕国君慕容宝请求说：“清河王的勇敢谋略都超过一般人，我们和清河王发过誓要一起同生共死，希望陛下和皇太子以及诸王留在蓟城的宫里，我们愿意和清河王一起南下解除京师被围困的境地，之后回来迎接大驾。”后燕国君慕容宝身边的人都十分不喜欢慕容会，对后燕国君慕容宝说：“清河王因为不能担任太子之职，神情气色都表现得很不满，而且他的才气、武艺的确都超过一般人，并且善于收揽人心；陛下如果听从他们的请求，臣害怕等解除京师的围困以后，会有像卫辄这样的事发生。”（卫灵公的世子蒯聩出奔，卫灵公就立他的儿子辄成为大王，卫灵公死后，辄成就自立为王，蒯聩返回时，辄成拒绝并且不接纳他。）后燕国君慕容宝于是告诉众人：“慕容会年纪还很小，才干能力都比不上两王（指慕容隆、慕容农），怎么可以担当专门出征讨伐的责任呢？而且我自己正统率着六军，全都依仗慕容会的辅佐，他怎么可能离开我的身边呢？”于是众人都很不高兴地退下了。

左右的人纷纷劝谏后燕国君慕容宝杀了慕容会。侍御史仇尼归听到了这个消息，对慕容会说：“大王您所依恃的是您的父亲，但如今您的父亲已经别有居心；所仰仗的是兵权，而如今兵权也已经失去控制。这样怎么能够容身自处呢？还不如杀了两王，废除太子，大王您自己居于东宫之地，兼职担任将相的大任，以此来匡救国家，这才是上策呀！”慕容会犹豫不决，没有答应。

后燕国君慕容宝告诉慕容农、慕容隆：“看道通（指慕容会）的志趣用意，一定会造反，这个是没有疑问的，所以应该早一点把他除掉。”慕容农和慕容隆都说：“如今敌寇已经侵入我们国内，中原一片混乱，国家的危险境地，就好像堆累的鸡蛋一样。慕容会原来镇守照管以前的都城，现在竟然从那么远的地方赶过来解救国家的危难，他厚重的声威名望，足以震撼周围的国家。现在他叛逆的苗头还没有彰显出来，就急急忙忙地把他杀掉，只是伤害了父子之间的恩情，恐怕也会大大地损害您的名声威望啊。”后燕国君慕容宝说：“慕容会叛逆的心志已经形成，就算现在你们仁慈宽恕他，不忍心提早杀他，恐怕等他一下子叛变，一定会先杀你们，然后再杀害我，到那时候都不要因自负而后悔呀！”慕容会听说后，越加害怕。

夏季，四月，癸酉日（初六），后燕国君慕容宝居住在广都黄榆谷，慕容会派遣他的同党仇尼归、吴提染干率领强壮的士兵二十多人，分两路分别袭击慕容农、慕容隆，在帐下直接杀死慕容隆；慕容农虽然受了重伤，但是抓住了仇尼归，之后逃到了山中。慕容会因为同党仇尼归被抓，事情终于显露爆发出来，于是夜晚拜访后燕国君慕容宝说：“慕容农、慕容隆图谋叛逆，臣已经把他们都除掉了。”后燕国君慕容宝内心想要讨伐慕容会，假装用好话告诉慕容会：“我本来怀疑两王很久了，你刚好把他们都除掉，很好。”

甲戌日（初七），早晨，慕容会设立兵仗严格戒备后，才带领军队上路。慕容会本来想要丢弃慕容隆的尸体，馀崇流着泪坚持请求他留下慕容隆的尸体，他才听从，就装载着跟随军队行动。慕容农从山中出来，自己回到军队里，后燕国君慕容宝责备他说："你怎么可以那么自负呢？"命令部下假装把他抓了起来。后燕国君慕容宝又走了十多里的路程，回头召集群臣一起吃饭并且假装想要商议拟定一下慕容农的罪行。慕容会刚坐下来，后燕国君慕容宝用眼睛示意卫军将军慕舆腾派人杀害慕容会，但是只伤了慕容会的头部，并没有把他杀死。之后慕容会匆忙逃回到自己的军营中，到达军营就下令让军队攻打后燕国君慕容宝。后燕国君慕容宝率领数百名骑兵疾走跑了两百里，到下午的时候已经到了龙城。慕容会派骑兵追赶到石城，没有追上。

乙亥日（初八），慕容会派遣他的同党仇尼归去攻打龙城，没想到后燕国君慕容宝居然提前派兵在夜晚偷偷地袭击他们，最终打败了他们。慕容会派使者请求后燕国君慕容宝杀死左右谄佞的臣子，并且请求立自己做太子；后燕国君慕容宝不答应。于是慕容会收纳了后燕国君慕容宝的全部坐车兵器服装，并且把后宫的女子都分给他的将帅，设置百官，自称为皇太子、领尚书事，以讨伐慕舆腾为名义，带兵向龙城出发，丙子日（初九），把军队停在了龙城下。后燕国君慕容宝出宫到了西门，慕容会骑在马上从远处与后燕国君慕容宝说话，慕容宝责备他。慕容会居然命令士军向后燕国君慕容宝大声叫喊以显耀本军威风，龙城里的将士都十分愤怒。黄昏的时候，后燕国君慕容宝的军队出城作战，大败他们，慕容会的军队死伤一大半，他自己逃回了军营。侍御郎高云晚上率领敢死勇士一百多人，偷袭慕容会的军队，慕容会的部属全部被击败。于是慕容会率领十几名骑兵逃跑回到中山，开封公慕容详把他杀了。后燕国君慕容宝杀死慕容会的母亲和他的三个儿子。

丁丑日（初十），后燕国君慕容宝举行大赦仪式，凡是和慕容会同谋的人，现在都一律免去罪名，并且恢复旧职；论功劳的多少给予奖赏，任命将军、册封侯爵的总共有几百人。辽西王慕容农头骨破裂，都能看见脑髓，后燕国君慕容宝亲自为他包裹伤口，居然救活了他的性命。后燕国君慕容宝任命慕容农为左仆射，不久后，又拜封他为司空，兼领尚书令。馀崇虽然离开又自己回来，后燕国君慕容宝为了嘉奖他的忠心，任命他为中坚将军，让他典掌宿卫。追赠高阳王慕容隆为司徒，谥号为康王。

后燕国君慕容宝任命高云为建威将军，并封他为夕阳公，认养他当作自己的儿子。其实高云原来是高句丽王室分支的后代，后来前燕王慕容皝击败高句丽的军队，他们被迫迁徙到青山，因此后来世世代代都作为燕国的臣子。高云这个人生来品性就十分庄重，很少跟别人讲话，一般人都不了解他的为人和才能，只有中卫将军长乐人冯跋觉得他的志节气度等方面极不一般，乐意和他做好朋友。冯跋的父亲冯和，事奉西燕君主慕容永时担任将军的职务，等到西燕君主慕容永失败以后，他就迁徙到了和龙。

仆射王国宝、建威将军王绪倚仗会稽王司马道子，广泛地敛纳财富货物，穷极了各种各样的奢侈，从来都不知道有节制。他们都十分讨厌王恭、殷仲堪，劝司马道子裁减他们的一些兵权；朝廷内外喧闹扰乱不安定。王恭等人各自整理武器装备，部署军队，上表请求到北方去出征讨伐；司马道子对他们怀有疑心，下诏说因为现在正是盛夏，以防碍农业生产为由，叫他们全部都解除戒备。

王恭派遣使者和殷仲堪商量讨伐王国宝等人的事情。桓玄因为未能当上大官不能施展志向，想要假托殷仲堪等人的兵力作乱，因此他就对殷仲堪说："王国宝那些人平时办事就一直和你作对，就是担心不能快一点消灭除掉你。既然现在他已经掌握大权，并且还和王绪互为内外，他们想要改变的事，没有什么会不称心如意的，孝伯（指王恭）如今居于国舅的地位，他们做事也不一定敢伤害到他。而你是先帝司马曜亲自提拔的，超越常规地独领一方，一般人都知道你虽然头脑清楚，有才干，却不是封疆大吏的人才，他们如果有一天发布诏令征调你在朝廷做中书令，用殷觊做荆州刺史，到时候你怎么来处置这些事呢？"殷仲堪说："我也担忧这个很久了，那你认为该要如何做才好呢？”桓玄说：“王恭为人正直，疾恶如仇，你应该暗中和他约定好，发动晋阳这边的兵力来除掉君上左右的坏人，而且还要东西两面一起发动，我桓玄虽然没有什么才干，但是愿意率领荆、楚的英雄好汉，拿着武器去给你们做先锋，这可是和齐桓公、晋文公一样的功劳呀！”

殷仲堪内心是十分同意他的意见和看法的，因此他决定在外面联络雍州刺史郗恢，在里面和堂哥南蛮校尉殷觊、南郡守宰陈留人江绩商量相关事宜。但是殷觊说：“作为人臣就应当各自守住自己的职责本分，朝廷里的是是非非，哪里是做地方官员的人所能管制得住的？所以晋阳的事情，我可不敢参与其中。”然而殷仲堪还是坚持想要邀请他，殷觊很生气地说：“我如果进兵的话，是不敢和你同一个步调的，我如果退守的话，也不敢和你有什么不同的想法。”（意思就是说我不会参与你的造反，但是同时也不会告发你的阴谋。）江绩也非常坚决地表示自己不可以这么做。殷觊怕江绩惹上灾祸，就坐在座位上劝解他。江绩说：“作为大丈夫何必要到用死来威胁的地步呢？我江仲元如今年龄已经快六十岁了，只是还没有找到死的地方而已！”殷仲堪着实害怕他的坚毅方正不怕死，就用杨佺期代换他作为内应。后来朝廷听说了这件事，于是征调江绩为御史中丞。殷觊声称自己旧病复发，辞去了现在的职位，殷仲堪赶紧去探望慰问，告诉殷觊：“哥哥你的病实在是令人担心啊！”殷觊说：“我的病发作了不过就是会导致自己一个人死了而已，而你的病一旦发作却是会灭族的呀！你还是应当要自己珍爱自己，不要为我操心了！”后来郗恢也不肯跟从他。殷仲堪正在犹犹豫豫不能决定的时候，正巧赶上王恭的使者来到，殷仲堪答应了王恭的约定，王恭非常高兴。甲戌日（初七），王恭便上奏章列举王国宝的各种罪状，并且出兵讨伐他。

起初，晋孝武帝司马曜是很信任王珣的，孝武帝突然驾崩，王珣来不及接受先帝的委托做顾命大臣，便一下子失去了权势，只好沉默不讲话。丁丑日（初十），王恭的奏表到了，朝廷内外都在严密地戒备，司马道子问王珣：“这两个藩国叛逆，您知道吗？”王珣回答说：“历来朝廷里政治的得失，我王珣都没有干预过，如今王恭和殷仲堪的造反，我哪里会知道呢？”王国宝听到后非常惶恐，不知道该怎么办才好，于是派遣几百人戍守在竹林里，可是正赶上那天晚上遇到了大风雨，各自散去回家了。王绪劝王国宝假托相王（指司马道子）的命令把王珣、车胤召唤回来，然后把他们杀死，以消除世人对他们的期望，然后再要挟安帝司马德宗和司马道子出兵讨伐两个藩臣，王国宝同意了王绪的建议。等王珣、车胤到了以后，王国宝刚开始还不敢杀害他们，只好向王珣询问计谋。王珣说："王恭、殷仲堪和你平时并没有积累很深的怨恨，你们所竞争的不过是一些权势利益而已。"王国宝说："你的意思是要把我当成曹爽吗？"（出自典故蒋济游说曹爽释放兵权，结果曹爽刚一释放兵权就被司马懿灭族。）王珣赶紧说："这是什么话呢？你哪里会有和曹爽一样的罪过，就像王恭哪里是宣帝司马懿一样身份的人呢？"王国宝又向车胤询问计策，车胤跟他说："以前桓温围攻寿阳的时候，经过很久才攻了下来。现在朝廷派遣军队，王恭一定会坚守。如果你京口还没有攻下来，这时在长江上游的殷仲堪又突然乘虚而来，你要如何处理这种情况呢？"王国宝听了更加担心害怕，因此上书解除自己现在的职位，到宫门等待朝廷定罪；后来想想又后悔了，又假称司马道子的诏令恢复他自己本来的官位。司马道子为人本来愚昧懦弱，所以想要暂时平息此事，因此把所有的罪过都推卸到王国宝的身上，并派遣骠骑谘议参军谯王司马尚之去收拿王国宝然后交付给廷尉，司马尚之，也就是司马恬的儿子。甲申日（十七日），安帝司马德宗赐王国宝自尽而死，并且在东市斩杀了王绪，派使臣去告诉王恭这些消息，王恭为自己的过错深深地致上歉意，因此赶紧退兵又回到了京口。王国宝的哥哥侍中王恺、骠骑司马王愉一起请求解去自己的职务；司马道子因为王恺、王愉和王国宝并不是同一个母亲，平常关系又不和谐，就都释放，不再追问罪名。戊子日（二十一日），大赦天下。

殷仲堪那时虽然答应了王恭，但心里还是犹豫不定，不敢出兵，后来听说王国宝等人已经死了，就上表告知朝廷，准备出兵，并且派杨佺期屯守在巴陵。司马道子赶紧写信制止他这样做，殷仲堪这才回去。

会稽王司马道子的嫡子司马元显，当年才十六岁，聪明能干，当时担任的是侍中，上书告诉司马道子王恭、殷仲堪最后一定还会成为灾难的隐患，请求司马道子暗中戒备他们的行动。司马道子听后觉得很有道理，任命司马元显作为征虏将军，并且把他自己的卫府和徐州的文武力量都交给司马元显。

北魏国君拓跋珪因为遇到军队的粮食储备不够用的严重问题，于是就命令东平公拓跋仪离开邺城，迁徙到巨鹿去屯守，向杨城租借他们积贮的粮食。慕容详听说后派出步兵六千人，等待好时机乘虚侵袭魏军的各个屯守地点；可是北魏国君拓跋珪都击败了他们，杀死五千人，又活捉七百人，把活捉的人又都放走了。

起初，居住在张掖的卢水匈奴部落的首领沮渠罗仇，是匈奴沮渠王的后代，世世代代都是部落的首领。后凉王吕光让沮渠罗仇担任尚书的职务，并让沮渠罗仇跟随他攻打西秦。等到吕延战败身死之后，沮渠罗仇的弟弟三河太守沮渠麹粥对沮渠罗仇说："如今主上已经到了耄耋之年，十分容易相信小人的谗言，现在军事上遭遇失败，部队里的将领战败而死，正是他猜疑嫉妒智士勇者的时候，我们兄弟两人一定不会被他们容纳。与其死得默默无闻没有人知道，不如我们带领军队进攻西平，离开苕藋，举臂一呼号召大家，凉州这个地方是很容易平定下来的。"沮渠罗仇说："确实像你说的，但是我们家世世代代以忠孝之名在西域远近闻名，如今我是宁可使别人做对不起我等的事情，我也实在是不忍心做对不起别人的事啊。"后来后凉王吕光果然听信奸佞小人的谗言，以征战失败的罪名杀死了沮渠罗仇和他的弟弟沮渠麹粥。沮渠罗仇的侄子叫沮渠蒙逊，是一个雄伟英杰而且十分有谋略的人，阅读过许多经史典籍，他护送沮渠罗仇、沮渠麹粥的尸体回去埋葬；附近的许多部落都是他的同族亲戚，参加他们葬礼的竟然有一万多人。沮渠蒙逊哭着告诉众人："吕王昏庸荒乱，不讲道理，杀死了很多无辜的人。我的祖辈上代，在河西历来以雄健出名，现在我想要和各部落一起洗刷两位长辈的耻辱，恢复祖辈上世的事业，大家觉得怎么样？"大家都说万岁（表示同意），因此结盟起来相约起兵反抗，攻打后凉临松郡，并且把它攻了下来，屯守占据金山。

司徒左长史王廞，也就是王导的孙子，那时候因为母亲去世，住在吴地。王恭讨伐王国宝的时候，任命王廞暂时代理吴国内史，并且教给他如何从东方起兵。王廞叫前任的吴国内史虞啸父等人到吴兴、义兴召募一些小兵小卒，应征的人居然有一万多人。没多久，王国宝死了，于是王恭停止进兵，并命令王廞离职，继续去服丧。王廞因为在起兵的时候，杀死很多和自己意见不合的人，从形势上看根本不可能停止，因此就非常生气，不接受王恭的命令，还让他的儿子王泰带兵反过来去攻打王恭，还写信给会稽王司马道子，一一说出王恭的各种罪过；司马道子把他的信送给王恭。五月，王恭派司马刘牢之带领五千人攻打王泰，并且把他杀了。之后又和王廞在曲阿交战，王廞的军队大败，最后只剩下王廞一个人骑马逃走，下落不明。又抓获虞啸父交给廷尉，因为他的祖父虞潭曾经有过一些功劳（曾经征讨苏峻有功），因此没有处死只是免官，贬为平民。

后燕国库傉官骥进入中山，在这里和开封公慕容详进行交战。结果慕容详杀死了库傉官骥，并且把库傉官氏家族全部灭掉，还杀死中山府尹苻谟，屠杀了苻谟家一族。中山城没有固定的首领，百姓害怕魏国军队在这时突然乘机侵袭，所以全城的男男女女纷纷自觉地结起盟约，人人都为各自而战。

甲辰日（初七），北魏国君拓跋珪最终解除了中山的围困，到河间去取军队所需要的粮谷，监督各郡的义租。甲寅日（十七日），北魏国君拓跋珪任命东平公拓跋仪为骠骑大将军、都督中外诸军事、兖豫雍荆徐扬六州牧、左丞相，封为卫王。

慕容详自认为能够使魏国的军队退却，自己的声威德望等已经重振，于是登上帝位，并且改年号为建始，设置百官。任命新平公可足浑潭为车骑大将军、尚书令，还杀死了北魏国君拓跋珪的弟弟拓跋觚以此来安定民心。

邺城里的官员纷纷劝范阳王慕容德称帝，可是这时正巧有从龙城那里来的人，知道后燕国君慕容宝还活着的消息，因此取消了称帝的计划。

后凉王吕光派太原公吕纂带兵在葱谷攻打沮渠蒙逊，并且把沮渠蒙逊打败，于是沮渠蒙逊逃到了山里。

沮渠蒙逊的堂哥沮渠男成是凉王吕光的将军，听说堂弟沮渠蒙逊起兵反叛，也聚合几千人马屯驻在乐涫。酒泉太守垒澄本来想要征讨沮渠男成，可是没有成功，垒澄战败而死。

后来沮渠男成进攻建康，事先派使者游说建康太守段业说："在吕氏的统治下国家政治衰败，由他掌权的臣子不听从他的命令而是自己擅自发令，行刑查杀也没有一定的标准，导致百姓没有容身的地方。仅仅在一个州的地方，背叛的人就已经络绎不绝，这种失败的形势，已经很清楚地犹如在自己眼前一样，平民百姓受冻挨饿，连个能依靠的地方都没有。府君（汉朝以后称太守为府君）为什么要以自己冠于世人的才华，想安心忠诚于一个将要灭亡的国家呢？沮渠男成等人既然已经号召了大义，现在想要委屈府君领导本州，使百姓的困顿苦难能够得到恢复生机的恩惠，你觉得怎么样呢？"但是段业不听从他的话。相持了大约二十天，外面的救兵还没有到达，建康本郡的高逵、史惠等人纷纷劝段业听从并接受沮渠男成的聘请。段业平时和后凉侍中房晷、仆射王详关系一直不怎么合得来，害怕不听从他们的意见后自己得不到安全保证，因此就答应了下来。沮渠男成等人推举段业为大都督、龙骧大将军、凉州牧、建康公，改年号为神玺。让沮渠男成担任辅国将军，把军事政治的大任委交给他，沮渠蒙逊率领他的部属归降于段业，后来段业任命沮渠蒙逊为镇西将军。后凉王吕光赶紧任命太原公吕纂率领军队去讨伐叛贼段业，但是最终还是没有成功。

六月，西秦王乞伏乾归征调北河州刺史彭奚念担任镇卫将军；把镇西将军屋弘破光任命为河州牧；让定州刺史翟瑥做兴晋太守，镇守枹罕。

秋季，七月，慕容详杀死了可足浑潭。慕容详这个人喜欢喝酒，骄奢淫逸，从来不体谅士兵和百姓的疾苦，施刑屠戮也没有什么节度，所杀的王公以下的人有五百多，于是群臣都有了叛离的心意。城里的人十分饥饿处境困窘，但是慕容详仍然不允许百姓出城采稆（不经过播种而自然生长的禾类）作为食物，饿死的人尸横遍地，全城的人都计划要迎立赵王慕容麟为总大王。有一天慕容详派遣辅国将军张骧率领五千多人到常山督促租粮的运输，慕容麟从丁零部落进入张骧军中，暗中偷袭中山，当时城门没有关闭，慕容麟轻易地抓住了慕容详，并且把他杀了。慕容麟之后称帝王的尊号，听任百姓到四面八方采稆作为食物。百姓能够吃饱以后，主动请求和魏兵作战，但是慕容麟不答应，后来又沦落到穷困受饿的地步。当时北魏国君拓跋珪驻军在鲁口，秘密地派遣长孙肥率领七千名骑兵偷袭中山，进入外城；慕容麟很生气，一直追到了泒水，但是被魏兵打败，回去中山。

八月，丙寅朔日（初一），北魏国君拓跋珪把军队调到常山的九门。军中突然发生了大瘟疫，人和牲畜都死了很多，将士们都想回家。北魏国君拓跋珪询问众将军中瘟疫的情形，他们回答说："活着的人只剩下原来人数的十分之四五。"北魏国君拓跋珪说："这本来就是天意啊，我等又能怎么办呢？如今四方的百姓，都可以成为国家人才，就看我如何来统领驾驭了，何必担心我们没有百姓呢？"群臣不敢再说话。后来北魏国君拓跋珪派遣抚军大将军略阳公拓跋遵偷袭中山，进入它的外城后才返回来。

后燕国任命辽西王慕容农担任都督中外诸军事、大司马、录尚书事。

后凉国散骑常侍、太常西平郭麐，精通天文术数，国人都十分相信并尊重他。正巧赶上荧惑星（火星的别名）守在东井，郭麐告诉仆射王详："在后凉国分界的地方，将会有一场大的兵灾。主上年老多病，太子又昏昧懦弱，太原公吕纂平常就十分凶暴猛悍，如果有一天主上死了，祸乱就一定会发生。我们两个人长久居于朝中并且一直掌管机要的职务，他一定十分痛恨我们，所以我们将来一定会被他所杀害。田胡部落的首领王乞基最强，东苑、西苑两苑的人，大多是他的旧属。我想要和你一起发动一件大事，推选王乞基为君主，之后两苑的百姓，就完全属于我们所有了。攻占城池以后，我们再慢慢商量别的也为时不晚。"王详觉得有道理就听从了他的意见。郭麐在夜晚让两苑的众多百姓烧毁洪范门，并使王详作为内应；不料事情被泄露出去，王详被杀。郭麐因此占据了东苑公开叛变。民间都流传这是圣人发动的军事，所以事情没有不成功的，因此跟随他的人很多。

后凉王吕光征调太原公吕纂，去讨伐郭麐。吕纂准备要回去的时候，众将都劝他说："段业一定偷偷地跟在大军的后面，所以军队应该在晚上秘密行动。"吕纂却说："段业其实并没有伟大的才华，只不过是依靠城池的险要保全自己；如果我们秘密移动军队，在晚上离去，正巧能够长了他的气势罢了。"于是派遣使者去告诉段业："郭麐如今叛乱了，我现在要回都城（指姑臧）；你如果敢决一死战，可以早一点出来作战。"于是带兵大大方方地回去，段业果然不敢出来作战。

吕纂的司马杨统告诉他的堂哥杨桓："郭麐领兵起事，一定不会仅仅是凭空而发的，所以我想要杀了吕纂，推举你作为君主，从西边侵袭吕弘，据守张掖，与此同时向各郡发号施令，这可是千载难逢的好机会呀！"可是杨桓生气地说："我是吕氏的臣子，一直安安稳稳地享受着他的俸禄，如今吕氏发生危险而我不能拯救他就算了，又怎么能再去增加他的危难呢？吕氏如果灭亡了，我就做弘演殉难！"（出自春秋时代典故，卫懿公和狄人在荧泽打仗，后来被狄人所杀，弘演挖出自己的肝来殉葬。）于是杨统一个人到番禾，背叛吕篡归附了郭麐。吕弘就是吕纂的弟弟。

吕纂和西安太守石元良一同攻打郭麐，把他打得大败，所剩军力才刚刚能够进入姑臧。郭麐在东苑俘获了后凉王吕光的八个孙子，被吕纂击败之后，心里非常愤怒怨恨，把这八个孩子全部挂在兵器的尖头，分解他们的肢体，喝他们的血来和士兵们一起联盟起誓，众人都遮住眼睛不忍心看这样的场景。

凉州人张捷、宋生等人共召集了三千名戎人和夏人，在休屠城想要造反。他们和郭麐一同推举后凉后将军杨轨作为盟主。杨轨是略阳的氐人。杨轨的将军程肇劝谏说："你放弃龙头这么好的条件而选择跟随在蛇尾，并不是好的计策啊。"但是杨轨不听，自称为大将军、凉州牧、西平公。

吕纂在城西击败了郭麐的部将王斐，郭麐的兵势慢慢衰弱，于是派遣使者去向秃发乌孤请求救援。九月，秃发乌孤派遣他的弟弟骠骑将军秃发利鹿孤率领骑兵五千名前去救援。

后秦国太后虵氏死后，后秦国君主姚兴哀恸过度，已经不能亲自处理国家的政事。群臣都请求能够依照汉、魏时候的旧俗，安葬以后，就改换成吉服。尚书郎李嵩上书说："凭借孝道来治理天下，是先王认为最为高尚的事，所以应该遵从天子的性情，以光大政道为教训，在安葬之后，穿素色的衣服临朝。"尹纬驳斥他说："李嵩擅自改变常有的礼道，逾越应有的礼度，请交给有司去讨论罪行。"后秦君主姚兴说："李嵩是忠臣仁义的大孝子，他有什么罪呢？大家全都必须听从李嵩的提议。"

鲜卑部落首领薛勃背叛后秦国，后秦国君主姚兴亲自带兵征讨。薛勃战败，逃到了没弈干那里，没弈干把他抓住送回后秦。

后秦国泫氏男、姚买得计划杀死后秦国君主姚兴，由于失败，所以被杀死。

后秦国君主姚兴率兵入侵湖城，由于弘农太守陶仲山、华山太守董迈反抗不力都投降了。于是到达陕城之后，后秦军队继续派兵侵略上洛，把上洛也攻了下来。之后又派姚崇入侵洛阳，由于河南太守夏侯宗率兵坚固防守阵地金墉，致使姚崇攻打没有成功，因此迁徙两万多户流亡的百姓撤回。

武都的氐族人屠飞、啖铁等人占据了方山而背叛后秦国，后秦君主姚兴决定派姚绍等人讨伐他们，最后杀死了屠飞、啖铁。

后秦君主姚兴很认真地治理国家政事，要求采纳好的治国言论，京兆人杜瑾等人因为有政事才能，被显著提拔；天水人姜龛等人因为有讲儒学的才能，受到尊敬的礼遇。给事黄门侍郎古成诜等人因为善写文章，被提拔参加机密的职务。古成诜为人做事刚毅耿直，文雅方正，把风化政教当作自己的责任。京兆韦高非常羡慕阮籍的为人，曾经在为母亲服丧的时候，弹琴喝酒。古成诜听了，悲伤流泪，于是便拿着剑去找韦高，想要杀了他，韦高听到后害怕地逃走了。

中山城里的饥荒闹得很厉害，于是慕容麟率领两万多人出城据守新市。甲子晦日（二十九日），北魏国君拓跋珪准备进兵攻打新市。太史令晁崇对他说："这个日子不吉祥。从前商纣王就是在甲子日亡国，因此称为疾日（不好的日子），是兵家打仗所忌讳的。"北魏国君拓跋珪反驳说："纣王是在甲子日灭亡，那周武王姬发不就是在甲子日兴起的吗？"晁崇无言以对。冬季，十月，丙寅日（初二），慕容麟兵败退守阻隔泒水。甲戌日（初十），北魏国君拓跋珪和慕容麟交战于义台，把慕容麟打得大败，杀死了九千多人，迫使慕容麟和几十名骑兵，骑着马带着妻子儿女进入西山，最后逃奔到邺城。

甲申日（二十日），魏国攻下了中山，后燕国的公卿、尚书、将吏、士卒等投降的一共有两万多人。张骧、李沈起先曾经投降过魏国，后来又逃走了。北魏国君拓跋珪攻入城内后，全都赦免了这些人。获得后燕国的玺绶、图书、府库珍宝等一万多件，并颁发奖赏给群臣和将士们不同等级的职务。追谥他的弟弟拓跋觚为秦愍王。挖出慕容详的坟冢，斩了他的尸体；抓住了杀死拓跋觚的主谋高霸、程同等人，都诛灭五族，并用大刀切割尸体。

丁亥日（二十三日），北魏国君拓跋珪派三万多名骑兵赶到卫王拓跋仪那里，准备攻打邺城。

后秦国长水校尉姚珍逃到西秦之后，西秦王乞伏乾归把自己的女儿嫁给他做妻子。

河南鲜卑族吐秣等十二部大人，都归附到秃发乌孤手下。

后燕国有从中山到龙城的人，说北魏国君拓跋珪已年老衰弱，他们的司徒慕容德正在很严密地防守邺城。正巧此时慕容德的奏表到达了，规劝后燕国君主慕容宝回到南方，后燕国君慕容宝因此大量地选用士卒和战马，准备再次取回中原。于是派鸿胪鲁邃用诏书册封慕容德为丞相、冀州牧，南部各公侯官吏都由慕容德全权任命。十一月，癸丑日（十九日），后燕国大赦境内。十二月，后燕国调动军队，全部聚集完毕，整装待发，并派将军启仑南下视察形势。

乙亥日（十二日），慕容麟到达邺城，被人称为赵王，告诉范阳王慕容德："魏国既然已经攻下中山，必将会乘胜攻打邺城，邺城里虽然储存有粮草，可是毕竟城太大了，很难固守，而且现在人心都很恐慌，肯定不能守得住。还不如向南到滑台，阻隔河水等待魏军来临，等候好的机会，然后再发动军事，这样黄河以北应该就可以收复。"当时鲁阳王慕容和正在镇守滑台，而慕容和是后燕前君主慕容垂弟弟的儿子，也派了使者去迎接慕容德；慕容德便答应了。

资治通鉴卷第一百一十　晋纪三十二

起止戊戌（公元398年），共一年。

【题解】本卷记录了公元398年一年间东晋与各国的大事，正当晋安帝隆安二年。主要记录了拓跋珪即帝位，定国号为魏，建都平城，并建立宗庙、社稷坛，划定疆界，设置路标，统一度量衡，又制订官制，协调音律，制定礼仪，订立律令，还派使者到各地视察，检举不法行为；写了兰汗占据龙城，假意迎后燕主慕容宝北归，慕容宝最终被兰汗杀死，慕容盛发动政变杀了兰汗等人，登上帝位，内部叛乱不断，后燕政权力量极其脆弱；写了东晋将领王恭与殷仲堪、桓玄等出兵讨伐王瑜、司马尚之，刘牢之背叛王恭，致使王恭被杀，之后桓玄和杨佺期、殷仲堪结盟，共同抵抗朝廷，司马道子被迫妥协，殷仲堪仍然担任荆州刺史，杨佺期得到雍州刺史；写了凉州地区的段业击败吕光的部将吕弘，以张掖为都城，建立“北凉”等等。

安皇帝乙

隆安二年（戊戌，公元398年）

春季，正月，后燕国范阳王慕容德，从邺城率领四万多户百姓向南迁徙到滑台。魏国的卫王拓跋仪随后进入邺城，收纳了他的仓库，又追赶慕容德追到黄河，但是没有追赶上。

赵王慕容麟建议慕容德自封尊号，于是慕容德延用他哥哥后燕国君慕容垂的旧例子，仍称为燕王，改后燕永康三年为燕王元年，把原来范阳王府的建制改变为帝王建制，设置文武百官。封赵王慕容麟为司空、兼领尚书令，慕容法为中军将军，慕舆拔为尚书左仆射，丁通为右仆射。因为慕容麟又图谋造反，于是慕容德便把他杀死了。

庚子日（初七），北魏国君拓跋珪从中山向南巡游，到了高邑，寻访到王永的儿子王宪，他很高兴地说："这是王景略（猛）的孙子。"于是便让他做本州的中正，兼领选曹（吏部尚书之职）的事情，并同时掌管门下（侍中、常侍、给事黄门之职）。到了邺城之后，又设置行台一职，封龙骧将军日南公和跋为尚书，让他和左丞贾彝一起率领官吏士兵五千多人镇守邺城。

北魏国君拓跋珪从邺城回到中山之后，准备再次回到北方，于是发动一万多名士兵开通平坦通直的道路，从望都一直开凿恒岭到代郡，全程一共五百多里。由于北魏国君拓跋珪害怕自己一旦离开，山东会发生变乱，于是在中山设置了行台，命令卫王拓跋仪镇守此地；并让抚军大将军略阳公拓跋遵担任尚书左仆射，镇守渤海的合口。

右将军尹国在冀州督导粮租的时候，听说北魏国君拓跋珪将要回到北方，便设计阴谋袭击信都；被安南将军长孙嵩抓住，最后把他杀死了。

后燕国启伦回到龙城后，说中山已经沦陷了。后燕国君主慕容宝命令停兵。辽西王慕容农告诉后燕国君慕容宝："现在迁都才不久，不可以向南征讨，应该利用所集结的军队，去偷袭库莫奚，然后夺取他们的牛马来补充我们军队的物资粮草，另外详细考察敌方力量的虚实，等到明年再行商议具体计划。"后燕国君慕容宝听从了他的意见。己未日（二十六日），军队向北方前进。庚申日（二十七日），渡过了浇洛水，正巧赶上南燕君主慕容德派遣侍郎李延来晋见后燕国君慕容宝，追到这里说："北魏国君拓跋珪已向西至云、代两地，因此整个中原力量十分空虚。"后燕国君慕容宝听到这些话，非常高兴，当天就带领军队回去了。

辛酉日（二十八日），北魏国君拓跋珪从中山出发，迁移山东六州的官吏、百姓、杂夷等十多万人去补充填实代郡的力量。致使博陵、渤海、章武等地成群的盗匪纷纷肆虐兴起，但最后略阳公拓跋遵等人率兵把他们讨平了。

广川太守贺赖卢，性情豪爽，身姿雄健，认为自己屈居在冀州刺史王辅的下位是一种耻辱，于是偷袭王辅，把他杀了，并驱使勒逼防守的士兵，强行掠夺阳平、顿丘各郡，向南渡过黄河，投奔到南燕。南燕君主慕容德让贺赖卢担任并州刺史，并封他为广宁王。

西秦王乞伏乾归派遣乞伏益州攻打后凉国的支阳、鹯武、允吾三城，并全都攻了下来，俘虏了一万多人之后才离去。

后燕国君主慕容宝回到龙城的宫里之后，下诏命令各军停驻下来，不采纳解散的意见，文武将士大都是带着家属跟随御驾。辽西王慕容农、长乐王慕容盛很真切地规劝上谏，认为士兵们已经很疲惫，力量也很衰弱，魏国刚刚得意，此时不可以和他们为敌，我们应该暂时休养军队，等待时机。后燕国君慕容宝准备要听从他们意见的时候，抚军将军慕舆腾反驳说："老百姓可以很快乐地和他们一起享受胜利的成果，却很难和他们一同计划开创新的局面。既然现在军队已经聚集在了一起，天子就应该独断决定，趁机进攻，不应该采纳各种不同的意见，来扰乱整体大的计划。"后燕国君慕容宝因此说："现在我的计策已经决定，如果有人敢来劝谏，我就杀死他。"二月，乙亥日（十三日），后燕国君慕容宝离开皇宫，进驻兵营，留下慕容盛统一掌管留下之后的一切事情。己卯日（十七日），后燕国的军队从龙城出发，由慕舆腾负责前军，司空慕容农负责中军，后燕国君慕容宝负责后军，三人前后相距各有三十里，军营前后连接大约有一百里。

壬午日（二十日），后燕国君慕容宝到达乙连后，长上（九品武官）段速骨、宋赤眉等人利用众人都已害怕征战的心理发动兵乱造反。段速骨等人都曾经是高阳王慕容隆以前的旧部，还曾共同逼迫过慕容隆的儿子高阳王慕容崇当君主，并且还杀死了乐浪威王慕容宙、中牟熙公段谊，以及其他宗室各王。河间王慕容熙由于平时和慕容崇的交情甚好，因而慕容崇很是保护他，所以也只有他幸免于难。后燕国君主慕容宝带领十几名骑兵逃奔到司空慕容农的军营，慕容农刚准备要出去迎接他，却被左右的人死命抱住他的腰并制止他说："你应该稍为等待，不可鲁莽，等事实澄清分明以后才能出去见他们，现在是不可以随便出去的。”于是慕容农拿刀准备要砍杀他们，他们才不得不放手。慕容农于是出去接见后燕国君慕容宝，而后燕国君慕容宝又派使者骑快马去追赶慕舆腾。癸未日（二十一日），后燕国君慕容宝、慕容农带兵回到军营，准备讨伐段速骨等人。但是慕容农军营的士兵早已厌恶征战，都纷纷丢下兵器逃走了，而慕舆腾的军营也已溃败。最后后燕国君慕容宝、慕容农不得不逃回龙城。长乐王慕容盛一听说发生变乱，立马带兵出来迎接他们，所以后燕国君慕容宝、慕容农因此能够幸免于难。

会稽王司马道子一直忌恨王恭、殷仲堪对他的逼迫，觉得谯王司马尚之和他的弟弟司马休之有过人的才干谋略，所以一直把他们当作自己最亲信的人。司马尚之建议司马道子说：“当下各地藩镇力量都非常强大，宰相的权力反倒很微弱，您应该在外地的要职上安置自己最亲信的人，以此作为自己的藩屏护卫。”于是司马道子听从他的意见，让他的司马王愉做江州刺史，掌管都督江州及豫州的四郡军事大权，以此作为自己形势上的接援，他从早到晚地与司马尚之谋划商议，来窥伺四方各地的间隙。

北魏国君拓跋珪到了繁畤宫后，给新迁徙来的百姓田地和耕牛让他们安居乐业。

北魏国君拓跋珪在白登山打猎的时候，看见一只熊带领几个熊子，于是对冠军将军于栗磾说：“听说卿的名气，十分勇敢健壮，那你能和这只熊打斗吗？”于栗磾回答说：“兽类是卑贱的，人类尊贵无比，如果人和兽打斗却不能取胜，那岂不是白白死掉一个壮士吗？”于是便把熊全都赶到北魏国君拓跋珪的面前，并用箭全部射倒，因而俘获了熊，北魏国君拓跋珪回头向他道歉。

秀容川部落的酋长尔朱羽健曾跟随北魏国君拓跋珪攻打晋阳、中山，立下很大的功劳，于是北魏国君拓跋珪任命他为散骑常侍，并在围绕他所住的地方的周围割了三百里作为赐给他的封地。

柔然曾好几次侵犯魏国的边界扰民不安，尚书中兵郎李先请求攻击他们。北魏国君拓跋珪便听从了他的意见，李先带兵将柔然打得大败，获胜而归。

杨轨任命他的司马郭纬为西平相，率领两万多名步兵和骑兵，向北到达郭黁所在的地方。于是秃发乌孤立马派他的弟弟车骑将军秃发傉檀率领一万名骑兵赶去帮助杨轨。杨轨到了姑臧之后，将军营驻扎在城的北边。

后燕国尚书顿丘王兰汗在暗中和段速骨等人共同密谋商量，带兵扎营在龙城的东边。由于城里留下的防守兵力非常之少，于是长乐王慕容盛便迁移靠近龙城的百姓到城里，得到一万多名壮丁，让他们登上城楼防御入侵。而段速骨等人的同谋，却只有一百多人，其余的人都是被他们用政策威胁逼迫的，毫无战斗的心志。三月，甲午日（初二），段速骨等人准备要攻夺龙城，辽西桓烈王慕容农怕自己防守不住，同时又被兰汗引诱，夜晚，便暗中偷出城门到他那里投降，以此希望保全自己。第二天天亮的时候，段速骨等人率兵攻城，城上士兵抵抗非常顽强，段速骨的部下死了一百多人。段速骨于是带领慕容农在城下游行，慕容农素来有忠诚节守的好名声，城里也一直把他当作精神支柱，忽然看见他在城下，无不感到惊奇沮丧，于是都纷纷逃跑溃散。段速骨进入城里之后，放纵自己的士兵肆意杀人抢掠，城里尸横遍野。后燕国君慕容宝、慕容盛和慕舆腾、馀崇、张真、李旱、赵恩等人骑着快马向南逃走。段速骨把慕容农幽禁在殿里。长上阿交罗，是段速骨的主要谋臣，认为高阳王慕容崇年纪较小，体弱无力，便想要改立慕容农。而慕容崇的亲信鬷让、出力犍等人听到了这个消息，丁酉日（初五），立马杀死阿交罗和慕容农。而段速骨又替他们杀死鬷让等人。此时慕容农从前的官吏左卫将军宇文拔逃命跑到了辽西。

庚子日（初八），兰汗偷袭段速骨，他以及他的同党全都被杀。并废掉慕容崇，拥护太子慕容策为皇上，大赦境内，派遣使者迎接后燕国君慕容宝到蓟城。后燕国君慕容宝想要回去，但是长乐王慕容盛等人都对他说："兰汗现在是忠诚还是奸诈，我们都还不知道，你现在一个人骑马前往，万一兰汗有叛逆杀你的心，我们后悔可就来不及了。还不如到南方与范阳王会合，联合他部属的力量攻取冀州；如果不能获得胜利，就收纳南方的部属，然后再慢慢地回到龙城，到那时也还不会太晚。"后燕国君慕容宝于是就听从了他们的建议。

离石胡人部落的首领呼延铁、西河胡人部落首领张崇等人由于不愿意迁徙到代郡，便聚合部属力量背叛魏国，但是北魏国安远将军庾岳将他们讨伐平定了。

北魏国君拓跋珪下诏命令卫王拓跋仪到朝中辅佐自己，让略阳公拓跋遵代理镇守中山，夏季，四月，壬戌日（初一），让征虏将军穆崇为太尉，安南将军长孙嵩担任司徒。

后燕国君主慕容宝从小路经过邺城的时候，邺城的人想请他留下来，但是后燕国君慕容宝没有答应。后燕国君慕容宝向南到达黎阳后，隐匿埋伏在黄河的西边，并派跟随他的中黄门令赵思赶去告诉北地王慕容钟："皇上因为在二月的时候得到了丞相（指慕容德）的奏表，于是便立刻向南征伐，到达乙连后，正巧赶上长上叛乱，因而失去依靠而到了你们这里，你赶快去告诉你们的丞相出来恭奉迎接！"因为慕容钟是南燕君主慕容德的堂弟，是最先劝告慕容德称尊号的，听了赵思说的话后，心里很是不高兴，于是便把他抓了起来，关在监狱里，并上奏告诉南燕君主慕容德。南燕君主慕容德得到消息后便告知群臣："你们因为国家发展大计，劝告我出面代理朝政；而我也因为继任的皇帝远走他乡到别的地方，这里百姓的心灵缺少主心骨，所以暂时想顺从大家的建议从而来维系众人的心理。现在上天已经后悔曾经降祸给后燕国，所以使继任的皇帝能够回来，我准备安排专属天子的车驾去恭奉迎接天子，大家觉得怎么样呢？"黄门侍郎张华回答说："如今天下大乱，不是杰出的人才，根本不能安宁天下拯济百姓。大家都知道继任的皇帝昏庸懦弱，根本不能继承先辈的传统。陛下如果想践行普通人的忠贞节操，舍弃上天交授给你的大业，威权一旦离手，你的生命可就不保啊，那样的话国家还能继续生存强大吗？”慕舆护也说：“继任的皇帝根本不能通达时务，他丢弃自己的国都，这是他自取败亡的命运，他不能承受如此多的苦难，这在我们看来也是很明显的事。从前蒯聩逃走后，卫辄不肯接纳他回去，《春秋》里却认为这是非常对的。以儿子拒绝父亲，尚且是可以的，更何况是以父亲拒绝儿子呢！况且现在赵思说的话，我们还不知道是真是假，请求陛下让我去刺探一下虚实。”南燕君主慕容德感动得流着眼泪派他去了。

慕舆护率领壮士几百人，跟随赵思向北走去，表面上说是迎接保护后燕国君慕容宝，实际上是准备趁机把后燕国君慕容宝杀掉。后燕国君慕容宝派赵思拜访慕容钟，赵思走后，他偶然间听樵夫说南燕君主慕容德早就已经称帝，就害怕地急着向北逃走。慕舆护跟着赵思到了原来后燕国君慕容宝所在的地方后，根本没有看到后燕国君慕容宝的踪迹，他愤怒地抓住赵思回去了。南燕君主慕容德觉得赵思熟习典故，有点才能，便想要留他为自己所用，但赵思毫不领情地说：“狗和马尚且知道怀念主人，我赵思虽然只是一名小小的宦官，但还是乞求希望能够回去皇上（慕容宝）身边服侍。”南燕君主慕容德坚持想挽留他，没想到赵思却生气地说：“当年周朝东迁，晋国、郑国是依靠的力量。殿下你亲为皇上的叔父，地位位居上公，不在群王之中率先替皇上匡复帝业，反而庆幸国家的根基倾覆，做出晋朝赵王司马伦篡晋这样反叛的事，我赵思虽然不能像申包胥那样保全楚国，但是非常仰慕汉代龚君宾不在王莽时代苟且偷生的忠贞义气啊！”于是南燕君主慕容德把他杀了。

后燕国君慕容宝派扶风忠公慕舆腾和长乐王慕容盛在冀州整理军队兵力，慕容盛因为慕舆腾在平时太过残暴横逆，被当地百姓所怨恨，于是便把他杀死以平民愤。走到巨鹿、长乐，又极力游说各路英雄豪杰，使他们都愿意起兵奉迎帮助后燕国君慕容宝。后燕国君慕容宝因为兰汗虔诚地祭祀后燕国的宗庙，觉得他的作为好像很是忠顺，意思像是想回到龙城，不肯留在冀州，于是便向北走。到达建安，住在平民张曹的家。张曹是个很勇武健壮的人，自动请求替后燕国君慕容宝纠合民众壮大势力，慕容盛也劝告后燕国君慕容宝先暂时停驻留下来，仔细留心观察兰汗的情形。后燕国君慕容宝于是便派随从仆射李旱先去探看兰汗，而他自己则停留在石城。此时正巧兰汗派他的左将军苏超前来恭奉迎接后燕国君慕容宝，并极力说明兰汗对后燕国君慕容宝的忠诚。而后燕国君慕容宝也因为兰汗是父王慕容垂的舅舅，又是慕容盛的岳父，所以觉得他一定没有别的用心，于是没有等到李旱回来就启程了。而慕容盛则痛苦流泪坚持劝谏，但后燕国君慕容宝就是不听，把慕容盛留在后面，最后慕容盛和将军张真从小路逃匿。

丁亥日（二十六日），后燕国君慕容宝到达索莫汗陉，此时距离龙城只有四十里，城里的人听到这个消息后都非常高兴。而兰汗此时却是非常惶恐害怕，便想要自己亲自出城请罪，但他的兄弟却一同劝告阻止他。兰汗于是便派弟弟兰加难领着五百名骑兵出城迎接后燕国君慕容宝；又派哥哥兰堤及时关闭城门，禁止携带武器，不许百姓出入龙城。城里的人见状都知道兰汗准备图谋发动政变，可是却也无可奈何。兰加难在索莫汗陉的北面见到后燕国君慕容宝，拜谒的礼仪完毕之后，便跟随后燕国君慕容宝的队伍一同前进。颍阴烈公馀崇见势不妙便向后燕国君慕容宝暗中说话，他说："我看兰加难的形貌脸色，感觉灾祸政变已经很逼近，你应该停留下来三思啊，怎么能一直往前走呢？"但是后燕国君慕容宝没有听从他的意见。走了数里路后，兰加难便面露本色先抓住馀崇，馀崇大声骂他说："你们家侥幸能攀附朝廷的亲戚，蒙受国家的宠幸与殊荣，你们覆灭宗族都不足以报答。而现在你们竟然敢阴谋篡位叛逆，这简直是天地都不能容许的，我预测短时间内你们很快就会被消灭，只是愤恨悲痛到时我不能亲手杀你们啊！"兰加难把他杀了。接着带领后燕国君慕容宝进入龙城的外城，把他也给杀死了。之后兰汗给后燕国君慕容宝追封谥号为灵帝，并残杀献哀太子慕容策和王公卿士一共一百多人，自称为大都督、大将军、大单于、昌黎王，并改年号为青龙。让兰堤为太尉，加难担任车骑将军，封河间王慕容熙为辽东公，像周武王封夏的后嗣于杞、殷的后嗣于宋的情形那样。

长乐王慕容盛听到这个消息之后，急着想要赶去奔丧；但张真极力阻止他。慕容盛说："我现在是因为穷困而归附兰汗，但是兰汗性情愚昧浅陋，一定会体念我和他是亲戚的关系，不忍心杀我，十天或一月的时间，足够我伸展我的豪情壮志了。"因此便前去会见兰汗。兰汗的妻子乙氏以及慕容盛的妃子都痛哭流涕地为慕容盛向兰汗说情，而慕容盛的妃子更是向各个兄弟磕头求情。兰汗于是不忍心杀他，觉得他可怜便把他安置在宫中，让他做侍中、左光禄大夫，待他还是像从前那样亲切。兰堤、兰加难屡次请求想杀死慕容盛，但是兰汗一直不答应。兰堤平时为人做事骄矜凶狠，荒淫无度，事奉兰汗时多半不讲礼貌礼仪，慕容盛便因此趁机离间他们。从此使兰汗兄弟之间逐渐互相猜忌起了疑心。

后凉国太原公吕纂率领军队攻打杨轨，郭黁及时救助杨轨，吕纂战败而回。

段业命沮渠蒙逊攻打西郡时，把太守吕纯抓了回来。因为吕纯是后凉王吕光的侄子，所以晋昌太守王德、敦煌太守赵郡人孟敏都纷纷举郡投降于段业。段业于是封沮渠蒙逊为临池侯，让王德担任酒泉太守，孟敏担任沙州刺史。

六月，丙子日（十六日），北魏国君拓跋珪命令群臣商议决定国号。群臣都说："周朝、秦朝以前，都是从诸侯升到天子的，因此都以他的国名来作为天下的称号。自汉室以来，夺取天下的人都没有一尺土地作为资本和凭借。我们国家百代相承，从代郡的北边开始统一天下的基业，于是如今已拥有四方中夏，所以今天就应该以代作为我们国家的称号。"黄门侍郎崔宏说："从前商朝人不常在他们住的地方，因此都有两个称号，分别是殷和商，代郡虽然曾是旧的邦国，但是现在已接受天命成为新的天子，在成立国家的初年，已经改名为魏。‘魏’这个字，是一个含有美好伟大之意的名称，在战国时代，魏国为大国，所以应该像从前一样称魏国。”北魏国君拓跋珪于是便听从了他的意见。

杨轨自恃人多势众，便想要和后凉王吕光决战，郭麐每次都以天道不利来制止他。后凉国常山公吕弘镇守张掖的时候，段业命令沮渠男成和王德去攻打他；后凉王吕光便派太原公吕纂带兵去迎战。杨轨说：“吕弘有一万名精良的士兵，如果他和后凉王吕光的队伍结合，则姑臧的力量就更强大了，到时就不能取到手了。”于是便和秃发利鹿孤带兵一同迎击吕纂，吕纂和他们作战，把他们打得大败；杨轨不得不逃奔王乞基。而郭麐性情狭隘急躁，并且十分残忍，不被士兵百姓所拥戴，听说杨轨已经失败逃走，便投降西秦。西秦王乞伏乾归让他做建忠将军、散骑常侍。

吕弘丢弃了张掖带兵向东走，段业便把自己的都城迁到张掖，准备去追击吕弘。沮渠蒙逊急忙劝谏他说：“已经回去的军队不要阻止，已经到穷途的敌人不要追赶，这是兵家打仗的大忌。”段业没有听从他的意见，结果大败而回，幸好碰上沮渠蒙逊才免于一死。段业修筑西安城，让他的将领臧莫孩为太守。沮渠蒙逊说：“臧莫孩这个人勇敢却无谋略，知道进取却不知道退守；你这是替他筑坟墓，而不是替他筑城呀！”段业不采纳他的意见，臧莫孩不久就被吕纂打败。

后燕国太原王慕容奇是慕容楷的儿子，也是兰汗的外孙，兰汗也没有杀他，反而让他做了征南将军。慕容奇经常有机会见到长乐王慕容盛，慕容盛暗中让慕容奇逃出去起兵反抗。于是慕容奇在建安起兵，其部属多到数千人，兰汗立马派兰堤去讨伐他。慕容盛却告诉兰汗：“慕容奇只是个小孩子，应该没有能力做这事，难道是有人想假借他的名义，去做内应吗？太尉兰堤平时很骄傲，让人很难信任他，不应该在这时将大军委交给他。”兰汗觉得慕容盛说得有理，便罢除了兰堤的兵力，另外派遣抚军将军仇尼慕带兵去讨伐慕容奇。

因为龙城从夏季开始一直到秋季七月都没有下雨，于是兰汗天天到后燕国各个庙和后燕国君慕容宝的神位前磕头祈祷下雨，把所有的罪过推卸给了兰加难。兰堤和兰加难听了这事之后非常生气，但又怕被他杀死，乙巳日（十五日），兰堤和兰加难决定一同率领军队去偷袭仇尼慕的军队，最终他们把仇尼慕给打败了。兰汗非常害怕，派太子兰穆带兵讨伐兰堤和兰加难。兰穆告诉兰汗："慕容盛是我们的仇敌，一定和慕容奇互为表里，他们内外相应，这是我们的心腹之患，不可以留下来，所以我们应该先把他除掉。"兰汗想要杀慕容盛，就先和他见面，观察他的虚实。慕容盛的妃子知道了这件事，便暗中派人去告诉慕容盛，慕容盛知道兰汗他们的计策之后推说生病不能出去相见，于是兰汗也只能算了，决定先不杀慕容盛。

李旱、卫双、刘忠、张豪、张真，他们这几个人都是慕容盛平时很宽厚对待的人，而兰穆也把他们几个当作最亲信的人一般，李旱、卫双俩人能够自由出入慕容盛的住所，暗中和慕容盛联合偷偷制定谋略。丁未日（十七日），兰穆去攻打兰堤、兰加难等人，最后结果是兰穆把他们打败了。庚戌日（二十日），兰汗设宴宴飨将士，兰汗和兰穆俩人都喝醉了，而慕容盛晚上借口去上厕所，爬过城墙，进入东宫，和李旱等人汇合一同杀死了兰穆。当时外面的军队还没有完全解除戒备，官兵都聚集在兰穆的官舍，听说慕容盛能够安全出来，都高兴地欢叫起来，争相要去攻打兰汗的军队，最终把兰汗杀死了。兰汗的两个儿子鲁公兰和与陈公兰扬，分别派兵屯驻在令支、白狼两地，慕容盛派李旱、张真去袭击他们，并把他们也都杀死了。兰堤、兰加难得知消息后逃走躲藏起来，但最终还是被慕容盛抓到，然后都被慕容盛下令杀了。从此之后内外都很安定，男女老少相互庆贺。同时宇文拔也率领壮士数百人来归附慕容盛，慕容盛便封赏宇文拔为大宗正。

辛亥日（二十一日），慕容盛向太庙祭祀祷告，颁下诏令说："我们是依赖五位先祖的福气，文武百官的力量，使我们的宗庙国家从幽暗中走出来而又再度彰显光明。这一切不只是我以自己微小的身体免除了不共戴天的责任，所有的臣民们也都能够在当今这个世上而无愧了。”因此下令大赦，并改年号为建平。而慕容盛谦虚不敢自称尊号，只是以长乐王的身份代理执行统制管理的职责。各路诸王也都降职拜称为公，让东阳公慕容根做尚书左仆射，卫伦、阳璆、鲁恭、王滕做尚书，悦真做侍中，阳哲做中书监，张通做中领军，其余的文武官员各自恢复以前的职位。并把后燕国君慕容宝的谥号改为惠闵皇帝，庙号为烈宗。

起初，太原王慕容奇在建安起兵的时候，南北各地的人听闻消息也都很高兴地归附他。兰汗派他的侄子兰全去讨伐慕容奇，而慕容奇把兰全打败了，兰全的军队一匹马都没有回去，接着慕容奇进兵驻扎在乙连。慕容盛既然已经杀死了兰汗，于是命令慕容奇停止作战。但慕容奇采用丁零人严生、乌桓人王龙的计谋，不接受慕容盛的命令，甲寅日（二十四日），慕容奇率领士兵三万多人进军到横沟，距离龙城十里。慕容盛下令出兵攻击他，把慕容奇打败了，并抓住慕容奇把他押回城里，慕容盛下令杀死慕容奇的党徒一百多人，然后赐慕容奇自杀，桓王慕容恪的后嗣也因此而断绝。群臣一再上书请求他称帝皇的尊号，慕容盛却一直不给予回应。

北魏国君拓跋珪把都城迁到平城，开始营建宫殿，筑造祖宗庙宇，设立土神和谷神。宗庙一年祭祀五次，分别为春分、秋分、夏至、冬至及腊日。

东晋桓玄上奏请求担任广州刺史，会稽王司马道子忌妒桓玄的才能，不愿意让他继续住在荆州，于是就顺着他的愿望，让他监督巡查交广两州的军事担任广州刺史一职；桓玄接受了命令却不去就任。豫州刺史庾楷因为司马道子割掉他的四个郡交给王愉掌管，向朝廷上奏章说：“江州是重要的地界，而西府向北边境与贼寇戎球相接，所以不应该由王愉分开督导。”朝廷不答应庾楷的请求。庾楷很生气，派他的儿子庾鸿告诉王恭：“司马尚之兄弟这一次又抓住了权力，超过了王国宝，他想要假借朝廷的威势削弱藩镇诸侯的力量，如果我们把以前发生的事情作为警戒的话，这一定会成为祸患的，而且灾难是难以预测的，我们现在应该趁他们的计谋还没有成熟，早一点想办法解决这件事。”王恭同意他的看法，便去告诉了殷仲堪、桓玄两人。殷仲堪、桓玄同意他们的想法，并一致推举王恭担任盟主，约定好时间一同前往京城。

当时朝廷内外都互相猜疑阻遏不断，船只停靠的渡口，士兵巡逻很是严密紧急，殷仲堪用斜绢写成信，把它装在了箭杆里面，和箭镞一同涂上一样颜色的漆，通过庾楷把信送交给了王恭。王恭打开这封信，写在绢角上的文字因为皱折而有些模糊，不再能够辨别到底是不是殷仲堪亲手写的字，王恭怀疑这封信是庾楷伪造的，而且他认为殷仲堪去年已经违背了约定没有来赴约，所以现在一定不会再出动，于是决定先行起兵。司马刘牢之对王恭劝谏说：“将军，您是晋朝的伯舅，而会稽王，他是天子的叔父。并且会稽王又在朝廷上掌管了军政大权，从前为了安抚将军而杀死他所喜爱的王国宝、王绪两人，又把王廞写给他的指控您的书信送给了您，畏惧您的表象已经非常多了。我知道最近上面颁下授予的任命，虽然不是很令人满意，不过也没有太大的过失。上面割让庾楷的四个郡分配给王愉，这件事对将军来说又有什么损失呢！再说以晋阳的军力，怎么可以多次发动战争呢？”王恭不听他的话，依然上奏章请求派兵讨伐王愉和司马尚之兄弟。

司马道子派人告诉庾楷：“从前我和你之间，恩情就像骨肉一样，我们在军帐中喝酒，说像结带一样坚实的话，可以说是很亲了。你现在抛弃以前的交情，结交认识了新的援助你的朋友，所以你忘了王恭从前欺侮过你，给你的耻辱吗？如果你想要屈辱自己而向他称臣的话，让王恭得意洋洋，他一定会把你当成是反复不定的人，又怎么肯对你更加亲信呢？这样的话你的生命尚且不一定能保得住，更何况是荣华富贵呢！”庾楷生气地说：“王恭从前把军队带到京城里去，这使相王非常担心害怕，不知道该怎么办才好，我知道事情很危急之后，便立刻带兵赶到京城，王恭才不敢对京城发兵。去年的事情，我也是在等待了命令后才行动的。我侍奉相王左右，没有对不起相王的地方。而相王在不能抵抗王恭的时候，反而杀死了王国宝和王绪，从那时以来，又有谁还敢再为相王尽心尽力呢？庾楷实在不能够把全家人的性命都交托给别人去屠杀消灭。”当时庾楷已经答应遵循王恭的檄文，正在征调军队。信送回去之后，朝廷十分忧心畏惧他们，所以立即下令内外都加强戒备。

会稽王世子司马元显告诉司马道子：“我们从前不征讨王恭，所以才有了今天的祸难。今天如果我们再放纵他的欲望，那么太宰（指司马道子）的灾祸就要到了。”司马道子不知道自己应该如何做，就把事情完全委托交付给司马元显，自己每天只是尽情地饮用美酒而已。司马元显这个人做人聪明机警，颇晓得一些文章义理，他的志气很大，果敢勇锐，把国家的安危作为自己的责任。归顺投靠他的人，认为司马元显非常神勇威武，有明帝司马绍的风范。

殷仲堪听说王恭发兵了，而自己去年晚了赴约的时间，因此立刻带兵很快地跟着他出发了。殷仲堪平时不习惯带兵，军中的事情全部委托给了南郡守相杨佺期兄弟，他让杨佺期率领水军五千名士兵做前锋，桓玄带兵跟在后面，而殷仲堪自己率领两万名士兵，紧跟他们而去。杨佺期自己认为他的祖先汉朝太尉杨震到他的父亲杨亮，这之间九代人都是以文才品德显赫著名，始终以他的门第感到自豪，认为江左这个地方没有人能够赶得上他。有的人把他比作王珣，杨佺期还非常怨恨那些人。而当时的人们因为他比较晚过江，他结婚的对象又和他的身份不配；再加上杨佺期和他的哥哥杨广、弟弟杨思平、堂弟杨孜敬三人，都是十分粗犷的人，所以会经常受到别人的排挤。杨佺期为了这个经常感到很气愤，想要利用好的时机来满足自己的心愿志向，所以也赞成殷仲堪他们的计谋。

八月，杨佺期、桓玄两人带着军队一下子打到了湓口，王愉此时没有一点戒备，只能仓皇逃跑到临川，桓玄知道王愉逃跑后，立即派侧面的军队去追赶他，最后把他给俘获。

后燕国让河间公慕容熙担任侍中、车骑大将军、中领军、司隶校尉这些官职，让城阳公慕容元做卫将军。慕容元，是后燕国君慕容宝的儿子。又让刘忠担任左将军，让张豪做后将军，并且御赐给他们慕容的姓氏。让李旱担任中常侍和辅国将军，卫双做前将军，张顺做镇西将军和昌黎尹，张真做右将军，而且把他们都封为公爵。

乙亥日（十五日），后燕国步兵校尉马勤等人设计阴谋要造反，结果被杀；这件事情还连累了骠骑将军高阳公慕容崇和慕容崇的弟弟东平公慕容澄，慕容盛赐他们自杀。

东晋宁朔将军邓启方、南阳太守闾丘羡带领两万名士兵去攻打南燕，他们的军队和南燕中军将军慕容法、抚军将军慕容和的军队在管城相遇交战，邓启方等人的军队被慕容法等人的军队打败了，邓启方一个人骑马逃走了。

北魏国君拓跋珪命令官吏们修订规整国都附近地方的范围，明确标注显示出道路的位置，确定出轻重度量的标准；北魏国君拓跋珪还派使者到郡国周围去巡查监视，把不遵守国家法律规定的守宰检举上奏出来，由他亲自考核他的功过，再判定官员官位的升降。

九月，辛卯日（初二），东晋朝廷赏赐会稽王司马道子黄钺，让他的世子司马元显做征讨叛军的都督，另外还派卫将军王珣、右将军谢琰率领军队去讨伐王恭，谯王司马尚之带领士兵去讨伐庾楷。

乙未日（初六），后燕国让东阳公慕容根担任尚书令，张通做左仆射，卫伦做右仆射，慕容豪担任幽州刺史，镇守在肥如。

己亥日（初十），谯王司马尚之在牛渚把庾楷打败了，最后庾楷一个人骑着马逃到桓玄那里。会稽王司马道子任命司马尚之担任豫州刺史，他的弟弟司马恢之担任骠骑司马和丹阳尹，让司马允之担任吴国内史，司马休之担任襄城太守，让他们各自都拥有兵马作为自己的援助。乙巳日（十六日），桓玄在白石打败了朝廷派来的军队。桓玄和杨佺期两人进兵到横江，司马尚之被打败了而撤退逃走，司马恢之所带领的水军也都全军覆没。丙午日（十七日），司马道子进军驻扎在中堂，司马元显驻守石头，己酉日（二十日），王珣防守在北郊，谢琰带兵屯驻在宣阳门严加戒备。

王恭一直凭借着自己的才华傲视欺凌别人，因为已经杀死了王国宝，所以认为自己是十分威风的，没有什么是自己行不通的事，王恭依靠刘牢之，把他作为自己手下的爪牙，却只是用小小的部将的待遇对待他而已，刘牢之对自己的才华很自负，深深地觉得很羞耻，对王恭感到很怨恨。司马元显知道这个消息后，派庐江太守高素去游说刘牢之，让他背叛王恭，并答应他事情成功以后用王恭的名位尊号授予奖励他；又拿出会稽王司马道子的信送给刘牢之，向他说明了好处与坏处。刘牢之告诉他的儿子刘敬宣："王恭从前受过先帝的大恩，现在是皇上的舅父，却不能在兵强马壮的时候拥戴保护王室，多次举兵向京师进军，我不能明白王恭的心意，如果在事情成功的时候，他还能继续处在天子、相王以下的职位吗？我想要奉守尊承国家的神威和旨意，用正当的理由去讨伐叛逆，你认为怎么样呢？"刘敬宣说："朝廷虽然不像周成王姬诵、周康王姬钊在位时期一样美好，却也没有像周幽王姬宫涅、周厉王姬胡在位时那样凶恶；而王恭依仗军队的威势，粗暴地轻蔑王室。父亲与他并没有骨肉之间的亲情，也没有君臣之间的道义，虽然曾经和他一起在朝廷里工作过一段时间，但感情不是太好，意见喜好等都不一样，今天我们去征讨他的话，哪有什么情义可以讲呢？"王恭的参军何澹之知道了刘牢之的计谋之后，立刻去告诉了王恭。

王恭由于知道何澹之平时和刘牢之之间有些矛盾，不太相信他说的话。因此依然准备了酒席来招待刘牢之，并在许多人面前拜他为哥哥，还把精良的军队和坚锐的武器，全部配备给他，让他率领帐下的都督颜延担任前锋。可刘牢之成功到达了竹里之后，下令杀死了颜延然后投降朝廷；并派出他的儿子刘敬宣和他的女婿东莞太守高雅之一起回击王恭。此时王恭刚刚出城来炫耀自己的兵威，而刘敬宣率领骑兵猛然来袭击，让王恭的军队全部都溃逃败退。王恭立即准备要进城，而高雅之已经关闭了城门。最后王恭只能一个人骑着马逃到了曲阿，因为他平时不太习惯骑马，所以腿股都被马摩擦得生出了疮。曲阿人殷确，是王恭以前的部属，他用船载着王恭逃走，准备要让他投奔到桓玄那里去，但他们到了长塘湖之后，被人给告发，结果被抓，然后把他送到了京师，朝廷下令在倪塘把他杀死。王恭在自己快要被行刑的时候，还在整理他的胡须鬓毛，神情自如，还告诉监刑的人："我不擅长信任别人，所以才到今天这个地步；我的内心，哪里是不忠心于国家呢？我只希望在百世以后，还能有人知道有我王恭这个人罢了。"跟随他的子弟党徒们一同被下令处死。东晋朝廷任命刘牢之担任都督兖青冀幽并扬诸州晋陵各地的军事，来代替王恭。

不久，杨佺期和桓玄一起到了石头，殷仲堪到了芜湖。而此时司马元显立即从竹里骑快马回到了京师，派遣丹杨尹王恺等人发动京城里的几万名百姓坚持据守在石头顽强抵抗军队的进攻。杨佺期和桓玄等人向朝廷呈上奏章想要为王恭讨一个公道，并请求诛杀刘牢之。刘牢之率领北府的军队也很快赶到了京师，并驻军在新亭。杨佺期和桓玄看见刘牢之的军队之后，都感到很害怕，他们都变了脸色，决定把军队调回到蔡洲。朝廷里的人不知道西面军队的实力怎样，殷仲堪等人又拥有几万名的士兵，充塞在京城的近郊，此时是内忧和外患同时逼近。

左卫将军桓修是桓冲的儿子，他告诉司马道子："西面的军队可以通过让人游说而让他们解除，而且我知道其中的情形。殷仲堪和桓玄的部下，完全依仗着王恭，而王恭既然已经被杀，那西面的军队就会感到沮丧惶恐。所以现在如果拿着厚重的利益诱惑桓玄和杨佺期两人，那么两人一定心里都很高兴。桓玄能够制伏殷仲堪，而且杨佺期又可以使桓玄反叛擒拿殷仲堪。"司马道子采纳了桓修的意见，让桓玄担任江州刺史。下诏任命郗恢为尚书，让杨佺期代替郗恢监督巡查梁雍秦三州的所有军事，并担任雍州刺史。让桓修担任荆州刺史，代替管理左卫将军府的文武官员下属，又命令刘牢之派一千人护送桓修。下令贬殷仲堪为广州刺史，派殷仲堪的叔父太常殷茂去宣布诏令，并命令殷仲堪马上撤回军队。

张骧的儿子张超召集三千多人据守在南皮，自称乌桓王，抢劫夺取各郡。北魏国君拓跋珪知道后命令庾岳带兵去讨伐他。

杨轨带兵驻扎在廉川，收留容纳汉族和其他民族的百姓，人数多到一万多人。王乞基告诉杨轨："秃发氏的才智很高而且兵力很强，同时他也是我王乞基的主上，我们还不如去归顺于他。"杨轨觉得这个主意不错，所以派遣使者去向西平王秃发乌孤投降。杨轨不久被羌族部落首领梁饥打败，然后他向西逃奔到傉海，带兵偷袭乙弗鲜卑然后据守在那个地方。秃发乌孤告诉群臣："杨轨和王乞基向我归顺，你们不赶快去救援他，以至于使他（指杨轨）被羌人打败，我觉得很惭愧。"平西将军浑屯说："梁饥这个人没有管理军队的大谋略，所以打一仗就能把他抓住。"

梁饥进攻西平，西平人田玄明抓住了太守郭幸，自己代理太守一职，来抵抗梁饥的进攻，并派他的儿子给秃发乌孤做人质希望得到援助。秃发乌孤知道后想要去救助田玄明，群臣因为害怕梁饥的兵力强大，都表示出犹豫的态度。左司马赵振说："杨轨刚刚才战败给梁饥，吕氏正是非常强大的时候，洪池以北的地方，我们不可能有希望得到了，而岭南五郡，我们差不多可以拿到手。大王如果没有开拓疆土的心意，我赵振就不敢说话；但如果大王想要经营管理四方，这个机会我们绝对不能错过。如果让羌人得到西平，汉人和夷人都会受到震动，这不利于我们的利益。"秃发乌孤很高兴地说："我也想要利用这个时机来建立功业，怎么能够坐守在这个穷困的山谷呢？"于是秃发乌孤告诉群臣："梁饥如果得到了西平，占据山河为屏障，我们就无法再制伏他。梁饥这个人虽然骁勇威猛，但是他们的军队号令不整齐统一，所以我们可以很容易地击败他。"于是秃发乌孤下令进兵攻击梁饥，最后把他打得大败。梁饥败退驻守在龙支堡。秃发乌孤继续进攻梁饥的军队，把龙支堡也打了下来，最后梁饥一个人骑着马逃到了浇河，他的军队被俘虏和被杀死的有几万人。秃发乌孤让田玄明担任西平内史。乐都太守田瑶、湟河太守张稠和浇河太守王稚三人都献出郡城投降，岭南的几万个羌族、胡人部落都归附于秃发乌孤。

西秦王乞伏乾归派秦州牧乞伏益州、武卫将军慕兀、冠军将军翟瑥率领骑兵两万名去攻打吐谷浑。

冬季，十月，癸酉日（十四日），后燕国群臣又向慕容盛呈上尊号让他称帝，丙子日（十七日），长乐王慕容盛登上皇位，下令大赦，尊奉皇后段氏为皇太后，太妃丁氏为献庄皇后。起初，兰汗掌管政权的时候，慕容盛跟随后燕国君主慕容宝逃亡在外，兰妃侍候丁后十分尊敬谨慎。等到兰汗被杀之后，慕容盛认为兰妃应当与兰汗一起论罪，所以想要杀了兰妃；丁后因为兰妃曾经有保全他们母子的功劳，坚持向慕容盛争取放过她，最后兰妃才得以免去死罪，但是始终不能够成为皇后。

东晋实行大赦。

殷仲堪得到诏书之后，非常生气，催促桓玄和杨佺期两人赶快向朝廷进兵。而桓玄等人很高兴朝廷的任命，想要接受任命，所以一直犹豫不定。殷仲堪听了这个消息之后，很快从芜湖向南撤退，并派遣使者告诉蔡洲的军士：“你们如果不各自解散回家，我到了江陵以后，就把你们留在江陵的家人全部杀掉。”听到这件事之后杨佺期的部将刘系率领两千人就先回去了。桓玄等人非常害怕，也十分狼狈地向西撤军，马上去追赶殷仲堪，一直到了寻阳才追赶上。殷仲堪在失去职位以后，一直依靠着桓玄等人的援助，而桓玄等人也一直在利用殷仲堪的军队，虽然他们内部自相猜测怀疑，阻碍困难不断，但是他们迫于形势不得不结合起来，于是就互相用自己的子弟作为人质。壬午日（二十三日），殷仲堪和桓玄等人在寻阳缔结盟约。他们都不接受朝廷的任命，再次联名向朝廷呈上奏章为王恭申辩说理，还请求杀死刘牢之和谯王司马尚之两人，并且申诉说明殷仲堪没有犯罪，却被降官贬职。朝廷非常害怕殷仲堪和桓玄他们的势力，内外都受到了惊动。于是又只好罢免桓修，把荆州还给殷仲堪，并下诏特别抚慰晓谕，希望能够得到和解，殷仲堪等人于是接受了这份诏令。御史中丞江绩上奏书弹劾桓修只为自己的利益着想，导致延误了朝廷的计划，然后朝廷下诏免除了桓修的官位。

起初，桓玄在荆州的时候，为人做事非常骄横放纵、肆无忌惮，所以殷仲堪的亲近党徒都劝说殷仲堪把桓玄杀死，可殷仲堪不听他们的劝说。等到桓玄在寻阳的时候，官员们借着他的声威门第，推举他做了盟主，他便更加骄矜倨傲了。杨佺期为人十分骄傲勇悍，桓玄常常因为他出身寒困而抑制他，杨佺期为此非常怨恨桓玄，然后暗中告诉殷仲堪桓玄的为人，认为桓玄最后一定会成为祸患，请求在结盟的高坛上，把他给杀死。殷仲堪妒忌畏惧杨佺期兄弟的勇敢雄健，害怕杀死桓玄之后，不能够再制伏他们兄弟，所以苦苦劝阻杨佺期。因此他们各自都又回到了自己镇守的地方。桓玄也知道了杨佺期的阴谋，暗中有消灭杨佺期的打算，于是派兵屯驻在夏口，推荐任用始安太守济阴人卞范之担任长史，作为主要的谋臣。当时，诏书里唯独不赦免庾楷，所以桓玄让庾楷担任武昌太守。

起初，郗恢替朝廷抵抗西部殷仲堪的部队，桓玄没有能够得到江州，所以他想要夺取郗恢的雍州，然后把广州给郗恢。郗恢听了以后，非常害怕，向众人询问计策，众人都说："如果是杨佺期来的话，谁不会尽力呢？但如果是桓玄来的话，恐怕我们很难和他为敌了。"后来郗恢听说是杨佺期来代替自己，于是和闾丘羡商议阻挡他的军队一起抵抗他。杨佺期听了这个消息后，便传话说是桓玄要到沔地来，让杨佺期担任先锋。郗恢的部属们相信了这个话，听到风声全部都溃散败退，于是郗恢只能向杨佺期请求投降。杨佺期到了郗恢的府里之后，下令杀死闾丘羡，然后把郗恢放回都城。但是当郗恢到了杨口，殷仲堪便暗中派人把他以及他的四个儿子都杀死了，还假托是一群蛮人所杀。

西秦乞伏益州和吐谷浑王视罴在度周川交战，视罴被打败，只好逃到白兰山以求自保，然后视罴派他的儿子宕岂到西秦去做人质，向西秦求和，西秦王乞伏乾归把宗室的女儿嫁给了宕岂做妻子。

后凉国建武将军李鸾用兴城作为礼物向秃发乌孤投降。

十一月，东晋朝廷任命琅邪王司马德文为卫将军、开府仪同三司，让征虏将军司马元显担任中领军，领军将军王雅担任尚书左仆射。

辛亥日（二十三日），北魏国君拓跋珪下诏命令尚书吏部郎邓渊制订官制，协调皇室的音乐，仪曹郎清河人董谧制定礼仪规则，三公郎王德制订律令条文，太史令晁崇考察确定天象，吏部尚书崔宏总管这些事而加以判决裁定，最后再作为永久的制度。邓渊，是邓羌的孙子。

杨轨和王乞基率领数十户百姓亲自归附了西平王秃发乌孤。

十二月，己丑日（初二），北魏国君拓跋珪登上帝位，下令大赦，改年号为天兴。并命令朝野的人都要束发，还要戴上帽子。追加尊奉他的远祖拓跋毛以及以后的二十七个人都为皇帝，追加六世祖拓跋力微的谥号为神元皇帝，庙号为始祖；追加祖父拓跋什翼犍的谥号为昭成皇帝，庙号为高祖；追加父亲拓跋寔的谥号为献明皇帝。魏国的旧习俗中，在孟夏的时候要祭天以及东庙，季夏的时候要率领部下们到阴山却霜，孟秋的时候要在西郊祭天。从这以后，国家才开始依照古代的礼制订定郊庙朝飨的礼乐，但是天子只有在孟夏祭天的时候要亲自参加，其他时候都是由官吏代理执行。北魏国君拓跋珪又采用了崔宏的建议，自称是黄帝的后代，所以以土德称王。把六州二十二郡的守宰、豪杰两千家的人都迁移到了代都，把东至代郡，西至善无，南至阴馆，北至参合陂的地区，都划在京畿的范围以内。除此以外的四方、四维，设置了八部师来对各个地方进行监督管理。

己亥日（十二日），后燕国幽州刺史慕容豪、尚书左仆射张通、昌黎尹张顺因为阴谋造反，被下令处死。

起初，琅邪人孙泰向钱塘人杜子恭学习妖术，一般的士兵、老百姓们都十分信奉他。但王珣不喜欢孙泰的为人，把孙泰给流放到了广州。而王雅将孙泰推荐给晋孝武帝司马曜，说是孙泰很懂得养性的方法，于是晋孝武帝司马曜召令孙泰回来，并多次升他的官直到升到了新安太守。孙泰知道晋朝的福运就快要结束了，因此他利用王恭作乱，以讨伐王恭为名义，纠合了很多士兵和群众，并聚积财货无数，三吴的百姓大多都依从了他。有见识的人都在担忧他会趁机作乱，但由于中领军司马元显和他的交情很好，所以没有真正敢站起来讲话的人。会稽内史谢輶揭发了他的阴谋，己酉日（二十二日），会稽王司马道子教司马元显去诱骗孙泰，最终杀死了他，同时还杀了他的六个儿子。而他的侄子孙恩却趁乱逃到了海上，愚昧的人们还一直以为孙泰像蝉脱壳蜕变了一样没有被杀死，于是在海上一直资助孙恩。孙恩因此聚合了一百多名亡命之徒，还计划复仇。

西平王秃发乌孤改称为武威王。

这一年，归附东晋的杨盛派遣使者请求归附魏国，魏国便任命杨盛为仇池王。

资治通鉴卷第一百一十一　晋纪三十三

起己亥（公元399年），止庚子（公元400年），共二年。

【题解】本卷记录了公元399年、400年共两年间东晋与各国的大事，正当晋安帝隆安三年、四年。主要记录了桓玄杀死殷仲堪、杨佺期，占据荆州、雍州，朝廷任命他为都督八州及扬豫等八郡诸军事；写了孙泰之侄孙恩利用迷信左道，煽动百姓闹事，进而演变成农民大起义，之后朝廷派高雅之、刘牢之等率兵讨伐孙恩；写了魏主拓跋珪设置五经博士，增加国子太学生员，命各郡县搜集书籍；写了南燕慕容德先击败晋将辟闾浑，取得徐州、兖州大片土地，又进攻青州，开始以广固为都城，慕容德即帝位；写了后凉王吕光去世，嫡子吕绍继位，庶子杀嫡子，吕纂即天王位；写了南凉的秃发乌孤病死，他的弟弟秃发利鹿孤继位，迁都西平；写了敦煌地区的效谷县令李暠，被推举为沙州刺史，李暠东征西讨，势力渐强，西凉政权初具规模等等。

安皇帝丙

隆安三年（己亥，公元399年）

春季，正月，辛酉日（初四），东晋实行大赦。

戊辰日（十一日），后燕国昌黎尹留忠阴谋计划想要造反，事情败露后被处死，事情连累到了尚书令东阳公慕舆根和尚书段成，他们都因连坐也被处死；后燕国君慕容盛下令派中卫将军卫双带兵去凡城杀了留忠的弟弟留志。并任命卫将军平原公慕容元为司徒、尚书令。

庚午日（十三日），北魏君主拓跋珪到北方去巡行，临行前分别命令大将军常山王拓跋遵等人带领三支军队从东路向长川进发，镇北将军高凉王乐真等人带领七支军队从西路向牛川进发，而北魏国君拓跋珪自己率领大军从中路自駮髯水出发，去袭击高车部落。

壬午日（二十五日），后燕国右将军张真、城门校尉和翰两人因为阴谋造反的罪名，被处死。

癸未日（二十六日），后燕国实行大赦，并改年号为长乐。后燕国君主慕容盛计划每十天一次亲自判决讼狱，虽然不通过刑罚来让犯人招供，但很多时候都能够得到实情。

武威王秃发乌孤把自己的治所迁移到了乐都，让他弟弟西平公秃发利鹿孤带兵镇守在安夷，让广武公秃发傉檀镇守在西平，让他的叔父秃发素渥镇守在湟河，让秃发若留镇守在浇河，让他的堂弟秃发替引镇守在岭南，让秃发洛回镇守在廉川，最后让他的堂叔秃发吐若留镇守在浩亹。夷、夏各地的才俊豪杰们，也都依其才干授予官位，或者在朝廷里身居显要的职位，或者在地方上管理郡县的事务，都得到了合适的安排。

秃发乌孤告诉群臣："陇右和河西，这本来是只有几个郡的地方，可因为遭受到兵乱，分裂成为十几个国家，其中以吕氏、乞伏氏、段氏他们势力最强，如果现在我们想要攻取他们，我们应该先攻取哪一个呢？"杨统说："乞伏氏本来就是我们的部落，他们终究还是要服从我们的。而段氏只是一介书生而已，没有什么能力能够制造灾患，而且他们和我们的关系一向很友好，所以向他们进攻的话是不合道义的事情。而就吕光来说，他体衰年老，他的儿子还很幼小虚弱，吕纂和吕弘两人虽然很有才干，然而他们内部矛盾不断，相互猜疑畏忌，所以如果我们派遣浩亹和廉川两个郡的兵力乘虚轮流出击，他们一定会疲于奔命，那么不到两年，他们一定会军队疲劳，百姓困苦，那么姑臧就可以得到了。一旦姑臧被我们攻取下来，其他两个敌寇也不必等到我们去攻打，他们就会归顺我们了。"秃发乌孤对杨统说："这个计策很好。"

二月，丁亥朔日（初一），魏国军队将高车的二十多个部落打得大败，获得七万多人，马三十多万匹和牛羊一百四十多万头。卫王拓跋仪另外带领三万名骑兵穿过两千多里的沙漠，击败了高车其他的七个部落，又俘获两万多人，马五万多匹和牛羊两万多头。高车的各部受到了很大的震动。

林邑王范达带兵攻陷了东晋日南和九真两个郡，于是又接着率领军队去侵略交趾，而交趾太守杜瑗把范达给打败了。

庚戌日（二十四日），魏国征虏将军庾岳在渤海打败张超，并把他给杀死。

段业登上了北凉王位，改年号为天玺。还任命沮渠蒙逊为尚书左丞，梁中庸担任尚书右丞。

北魏国君拓跋珪在牛川以南的地方大规模打猎，用高车人在外面做外围，环绕了七百多里地；于是驱赶当地的野兽，向南到达平城，还派了高车百姓建筑了鹿苑，占地方圆几十里。三月，已未日（初三），北魏国君拓跋珪带兵回到平城。

甲子日（初八），北魏国君拓跋珪将尚书分为三十六个部曹和外署，最后一共设置了三百六十个部曹，再命令八部大夫分别负责。而吏部尚书崔宏一人全部监管署理这三十六个部曹，就像尚书令和尚书仆射统典三十六部曹一样。北魏国君拓跋珪还下令设置五经博士，增加国子太学生员一共三千人。

北魏国君拓跋珪问博士李先说：“天下什么东西是最好的，可以有益于人的精神智慧呢？”李先回答说：“我觉得没有什么能比得上书本。”北魏国君拓跋珪说：“世上的书籍一共有多少呢，我们如何才能够去收集呢？”李先回答说：“自有文字以来，文字世世代代都在增加，一直到今天，所以我们没有办法能够算得完。如果君主真心喜欢的话，又何必担心不能够收集起来呢？”北魏国君拓跋珪听从了李先的意见，马上命令各个郡县大量搜集各地的书籍，然后把书全部都送到平城。

起初，前秦国君苻登的弟弟苻广率领三千名部下归依了南燕国君慕容德，南燕国君慕容德任命他为冠军将军，并把他安置在乞活堡。正巧此时火星出现在了东井，于是就有人说前秦国会复兴，而苻广于是自称秦王，带兵去攻击南燕北地王慕容钟，最终苻广把慕容钟打败了。当时，滑台十分孤立微弱，它的土地还不到十个城，士兵数量未超过一万人，在知道慕容钟已经失败了之后，原来归顺于南燕国君慕容德的人大多离开了南燕国君慕容德而去投奔苻广。南燕国君慕容德于是留下鲁阳王慕容和带兵防守在滑台，自已则率领部下讨伐苻广，并把他打败了，然后下令杀了苻广。

后燕国君主慕容宝到达黎阳的时候，鲁阳王慕容和的长史李辨劝谏慕容和，让他去接纳后燕国君慕容宝，可慕容和当时不接受李辨的建议。李辨为此感到很害怕，因此暗中带领晋国军队来到管城，想要利用南燕君主慕容德出城作战的时候而趁机作乱。可后来南燕君主慕容德并没有出战，李辨越来越感到不安。一直等到南燕君主慕容德去讨伐苻广的时候，李辨再次劝谏慕容和造反，可慕容和仍然不答应，李辨因此而杀死了慕容和，用滑台作为礼物投降魏国。魏国行台尚书和跋正在邺城，率领轻快的骑兵立即从邺城前往滑台。和跋到了滑台以后，李辨又后悔了，他关闭城门顽强抵抗防守。和跋只好派尚书郎邓晖向他游说，李辨这才打开城门让和跋的军队进城，和跋下令没收南燕君主慕容德的全部宫女和府库里的财物。南燕君主慕容德知道消息后立即派兵去攻打和跋，而和跋率领部队加以迎击，最终打败了南燕君主慕容德，接着和跋又带兵打败了南燕君主慕容德的将领桂阳王慕容镇，俘获了一千多人。陈郡和颍川的百姓多半都归附了魏国。

南燕右卫将军慕容云杀死了李辨，然后率领将士们的家属共两万多人离开滑台，去奔赴南燕君主慕容德。南燕君主慕容德想要攻打滑台，韩范对他说：“从前魏国是宾客，我们是主人；现在我们是宾客，而魏国是主人。我们军中人人都非常害怕，所以不能再让他们去打仗了，不如趁这个时机先占据一个地方，然后自己建立好基础，再去寻求发展壮大进取的机会。”张华对他说：“彭城是楚国以前的都城，我们可以去攻打它，然后把它占据下来。”而北地王慕容钟等人却一直劝谏南燕君主慕容德去攻打滑台，尚书潘聪对南燕君主慕容德说：“滑台是一个道路四通八达的地方，它的北边有魏国，南边有晋国，西边有秦国，我们如果住在那里肯定没有一天能够得到安宁。而彭城土地广大，人口稀少，地方平坦，没有危险的地势，而且还是晋朝以前的城镇，不容易攻取下来。再说彭城又特别靠近长江、淮河，夏季和秋季降雨很多，将士坐在船上打仗，那是吴地之人所最擅长的，可对我国来说只能是白白送死。青州有两千里肥沃的土地，又有十多万精良兵士的军队，左边有滨海的富饶，右边有山河的保固，而广固城是曹嶷建筑的，地形十分险阻高峻，足可以作为帝王的都城。三齐（指山东）的英才杰士们，想要有一个英明的君主在世上建立功业已经很久了。辟闾浑从前是燕国的臣子，我们现在应该派一个有辩才的人先去游说，然后大军紧跟在后面，如果他不归顺我们，取他的性命就像拾草芥一样容易。我们既已得到了这个地方，然后关闭关口，全国休养锐气，大军等待机会再次出动，这之后都是陛下的关中和河内呀！”南燕君主慕容德听了之后有些犹豫不定。当时有个和尚名叫竺朗，这个人很精于占卜征候，南燕君主慕容德便派遣牙门苏抚去问他应该怎么做，竺朗回答说：“我很恭敬地研究了他们提出的这三种计策，潘尚书的建议，是能够兴建国家的言论。而且今年年初的时候，彗星出现在了奎、娄（鲁、徐州），扫过了虚、危（齐、青州）；彗星是除旧布新的象征，奎、娄是鲁，虚、危是齐。所以我们应该先去攻取兖州，然后再去巡抚琅邪，等到了秋季再向北攻取齐地，这才是真正正确的方法。”苏抚又偷偷询问享国的年限，竺朗用《周易》卜筮，对他说：“燕国在庚戌年的时候衰亡，享年有一纪（十二年），皇位可以传到他的儿子那个时候。”苏抚回去将竺朗的话报告给了南燕君主慕容德，南燕君主慕容德于是决定带领军队向南出发，兖州北边一些偏远的各郡县都投降了他。南燕君主慕容德计划安排守宰去安抚他们，并且严令禁止军士们俘虏抢掠百姓。老百姓们听到之后都非常高兴，决定牵着牛带着酒要去犒劳军士们，在路上慰问军士们的人群连接不断。

丙子日（二十日），北魏君主拓跋珪派遣建义将军庾真和越骑校尉奚斤一起去攻击库狄、宥连和侯莫陈这三个部落，这三个部落被他们两人全部击破，然后庾真和奚斤又带兵追赶到了大峨谷，在谷外安排了将士戍守在那里然后就回去了。

己卯日（二十三日），晋安帝司马德宗下令追尊自己的亲生母亲陈夫人为德皇太后。

夏季，四月，鲜卑人叠掘河内率领五千户百姓向西秦投降。西秦王乞伏乾归任命河内为叠掘都统，把宗室的女儿嫁给他做妻子。

甲午日（初九），后燕实行大赦。

会稽王司马道子的身体有些毛病，而且没有一天是不喝醉酒的。世子司马元显很清楚地知道他在朝廷已经没有声望，于是向朝廷委婉地劝说免除司马道子司徒和扬州刺史的官职。乙未日（初十），朝廷下令让司马元显担任扬州刺史。会稽王司马道子酒醒了以后才知道这件事，感到非常生气，可自己却也没有一点办法。司马元显把庐江太守会稽人张法顺作为自己的主要谋士，并多方面引荐自己的亲戚党羽，树立自己的势力，所以朝中的显贵们都以畏惧的心情对待他。

后燕国散骑常侍馀超和左将军高和等人因为阴谋造反的罪名被处死。

后凉国太子吕绍和太原公吕纂带领军队去攻打北凉，于是北凉王段业只好向武威王秃发乌孤求救，秃发乌孤知道后派骠骑大将军秃发利鹿孤和杨轨去救援北凉。北凉王段业准备迎战，沮渠蒙逊劝谏说："杨轨依仗鲜卑的强大，有想要夺取天下的计划，吕绍和吕纂两人这次带兵来到我们国家，是把军队置于死地，不攻取下我们国家是不会回去的，所以他们一定不可抵挡。而我们现在不作战就如泰山一样安全，作战就像堆积鸡卵一样危险。”北凉王段业听从了沮渠蒙逊的意见，下令安抚军队不出战。最后吕绍和吕纂只能带兵回去了。

六月，秃发乌孤任命秃发利鹿孤为凉州牧，让他镇守在西平，召回车骑大将军秃发傉檀，让他入朝处理国家的军国大事。

会稽王世子司马元显因为觉得自己现在年纪还很轻，所以不愿意立刻就担任司徒的重任；戊子日（初四），朝廷下令让琅邪王司马德文担任司徒。

魏国以前的河间太守卢溥率领他的部下几千户人，决定到渔阳谋生，于是途中占据了几个城郡的土地。秋季，七月，己未日（初五），后燕国君主慕容盛派遣使者委任卢溥为幽州刺史。

辛酉日（初七），后燕国君主慕容盛下诏令说：“法令判例规定，公侯如果犯了罪，能够拿金帛来赎自己犯下的罪，这不能够很好地惩治罪恶，反而给王府带去了很多方便，实在是很没有道理。所以从今天开始，我决定所有的公侯都要在自己建立功劳后才能够为自己赎罪，不可以再通过送金帛来为自己赎罪。”

西秦丞相南川宣公出连乞都去世。

后秦国齐公苻崇和镇东将军杨佛嵩带兵去侵略洛阳，河南太守陇西人辛恭靖带兵围绕城池坚固防守。雍州刺史杨佺期派遣使者向魏国常山王拓跋遵请求援助，北魏君主拓跋珪任命散骑侍郎西河人张济作为拓跋遵的从事中郎去协助杨佺期。杨佺期问张济：“魏国去攻打中山的时候，一共派去了多少名战士呢？”张济说：“当时一共有四十多万人。”杨佺期又说：“那么以魏国的强大，消灭掉小小的羌是没有问题的。而且晋朝和魏国本来就是一家人，现在他们既然已经结为友好的关系，从道义上来说，没有什么可以隐瞒的事了。我们这里兵力很弱，粮食也很少，能救洛阳的方法也只有选择依靠魏国。如果我们能够得到保全，一定会有很丰厚的报答；如果我们不能坚守住，与其让羌人得到，还不如让魏国得到。”张济回去将杨佺期的话报告给北魏国君拓跋珪。八月，北魏国君拓跋珪派遣太尉穆崇带领六万名骑兵前往救助杨佺期。

后燕国辽西太守李朗，担任郡守十年，在郡内威信很高，但他怕后燕国君慕容盛怀疑他，所以后燕国君慕容盛屡次下命令召见他，他都不前往。因为他的家在龙城，不敢太明显地背叛朝廷，所以他暗中召请魏国军队，并答应献上郡城向魏国投降；同时他派遣使者骑快马到达龙城，然后很夸张地宣扬敌人的声势浩大，实力很强。后燕国君慕容盛听说这件事之后，说："这一定是欺诈。"暗中把李朗派遣来的使者抓来用刑强迫询问事实，果然这件事不是真的。然后后燕国君慕容盛下令把李朗的家族全部灭掉，丁酉日（十四日），后燕国君慕容盛派遣辅国将军李旱去讨伐李朗。

起初，魏国奋武将军张衮因为有才有谋，被北魏君主拓跋珪作为亲信委以重任，把他当成最亲信的人。北魏君主拓跋珪问张衮中原的读书人谁比较有名，张衮推荐了卢溥和崔逞，于是北魏君主拓跋珪把他俩都加以任用。

北魏君主拓跋珪带兵围攻中山却很久都没能打下来，而军队的粮食也越来越少，不足以继续支撑下去，于是他向群臣询问应对的计策。崔逞是御史中丞，他回答说："桑葚（桑树的果实）可以暂时作为粮食。飞的鸮鸟吃了桑葚而改变鸣叫的声音，是诗人说的。"北魏君主拓跋珪虽然听从了崔逞的话，允许百姓把桑葚充当地租交纳，但是他认为崔逞的态度十分侮慢，记恨于心。后秦军队进犯襄阳，雍州刺史郗恢写信向魏国常山王拓跋遵说："贤兄像猛虎那样纵横中原。"北魏君主拓跋珪因为郗恢没有按照君臣的礼节来对自己，命令张衮和崔逞给他写回信，一定要贬责他的君主，于是张衮和崔逞称晋帝为贵主。北魏君主拓跋珪知道后很生气地说："我命令你们贬责他，而你们又称他为'贵主'，那这和'贤兄'哪个更尊敬呢？"崔逞投降魏国的时候，因为天下正是非常混乱的时候，他怕自己不再能留下后代，所以让他的妻子张氏和四个儿子留在冀州，而崔逞只和他最小的孩子崔赜来到平城。他所留下来的妻子和小孩于是就逃奔去了南燕。

北魏君主拓跋珪知道之后又拿这件事来责备崔逞，并赐崔逞自杀。卢溥接受了后燕国君主的官位和命令，去侵略抢掠魏国的郡县，杀死了魏国幽州刺史封沓干。北魏君主拓跋珪认为张衮推举的人都不是他心中理想的人才，于是把张衮贬为尚书令史。张衮因为这就一直闭门不出，也不再和他人来往，只是整天地校勘经籍，一年多以后他就死了。

后燕国君主慕容宝战败的时候，中书令、民部尚书封懿向魏国投降。北魏君主拓跋珪让封懿担任给事黄门侍郎，与他一起投降的人也都做了大官。北魏君主拓跋珪向封懿询问后燕国以前的事，封懿回答得很粗疏简单且言语傲慢，所以北魏君主拓跋珪下令把他也废除在家里了。

武威王秃发乌孤喝醉酒后，骑马奔驰，伤了肋骨而死，留下遗言命令大臣们拥立年长的人做君主。于是国人们拥立他的弟弟秃发利鹿孤做君主，秃发利鹿孤登上帝位后下令给秃发乌孤定谥号为武王，庙号为烈祖。秃发利鹿孤下令大赦，并把治所迁到西平。

南燕君主慕容德派遣使者去游说东晋幽州刺史辟闾浑，想要让他归顺南燕，可是他不答应，于是南燕君主慕容德派遣北地王慕容钟率领两万名步兵和骑兵去攻打他。南燕君主慕容德进兵据守在琅邪，徐州和兖州归附的百姓加起来一共有十多万人。南燕君主慕容德从琅邪带兵向北进发，任命南海王慕容法为兖州刺史，让他镇守在梁父。南燕君主慕容德自己带兵去攻打莒城，守将任安丢下城池逃走了。南燕君主慕容德又任命潘聪为徐州刺史，镇守在莒城。当初兰汗起兵作乱的时候，后燕国吏部尚书封孚带兵向南投奔辟闾浑，辟闾浑向朝廷上奏，任命他为渤海太守。而封孚在南燕君主慕容德到达城外的时候，主动出城投降，南燕君主慕容德很高兴地对封孚说："我得到青州不算很高兴，高兴的是我得到了你啊！"于是南燕君主慕容德把许多机要的事情都委交给封孚。北地王慕容钟向青州各郡传达朝廷下达的军书，向他们申明祸福、利害关系。辟闾浑带着八千多户百姓迁移到广固去据守，又派遣司马崔诞在薄荀固防守，平原太守张豁在柳泉带兵防守；崔诞和张豁两人收到军书后，都向南燕君主慕容德投降。辟闾浑知道后感到很害怕，带着他的妻子和儿女逃奔到了魏国。南燕君主慕容德得知辟闾浑逃跑之后立即派射声校尉刘纲去追赶他，刘纲在莒城追上辟闾浑和他的家人，然后把他杀了。辟闾浑的儿子辟闾道秀知道自己的父亲被杀之后，自己跑到南燕君主慕容德那里去，请求要和父亲一起死。南燕君主慕容德对辟闾道秀说："你的父亲虽然不够忠诚，可是作为他的儿子，你很孝顺。"于是南燕君主慕容德被辟闾道秀的孝心感动就特别赦免了他。辟闾浑的参军张瑛要替辟闾浑撰写檄文，但文辞中有很多不谦逊的地方。南燕君主慕容德知道后把张瑛抓了起来，并责备他。张瑛面对南燕君主慕容德的时候神色自然，他慢慢地对南燕君主慕容德说："辟闾浑有我，就好像韩信有蒯通一样。蒯通遇到汉高祖刘邦而获得了生存的机会，而我遇到了陛下却要被处死，与古人相比，我私自觉得自己很不幸罢了！"南燕君主慕容德下令杀死了张瑛。于是，南燕定都在广固。

后燕国的李旱到了建安，后燕国君慕容盛紧急下诏命令他回来，群臣都不知道是因为什么。九月，辛未日（十八日），后燕国君慕容盛又派遣他出征。李朗听说他的家族全部被杀，而自己只拥有两千多户人家自保。等到听说李旱突然回去，认为朝廷内部会有变乱，所以不再加以防备，只留下他的儿子李养在令支防守，而他自己带兵到北平去迎接魏国军队。壬子日（九月无此日），李旱突然带兵去袭击令支，并把令支攻了下来，然后派遣广威将军孟广平去追击李朗，孟广平在无终追上了李朗，然后把他杀了。

后秦君主姚兴因为国内常常出现天灾和异兆，所以下诏令降尊号自称为王，并下诏命令群公、卿士、将牧和守宰也都各自降一等；下令大赦，改年号为弘始。后秦王姚兴体恤慰问孤寡之人与贫苦百姓，他还经常选拔贤明才俊，让有才能的人能够一展所长报效国家，还简化法令，非常公正地审察判决讼案，守令中有良好政绩的，能够得到奖赏，而贪心残暴的人，会被下令处死，周围的地方因为他的规定都十分井然有序。

冬季，十月，甲午日（十一日），后燕国中卫将军卫双因罪被赐死。李旱回来之后，听说卫双已经死了，心里感到非常害怕，于是抛下军队独自逃亡。他逃到板陉之后，又跑回来向后燕国君慕容盛认罪。后燕国君慕容盛恢复了他的爵位，告诉侍中孙勍："李旱作为将军而抛弃自己的军队，他的罪是不能够被赦免的。可是从前先帝遭遇危难的时候，亲生兄弟们之间互相背叛离弃，王公大卿们也都没有坚守忠贞，只有李旱一人以宦官的身份，仍然对先帝忠心勤奋不懈怠，始终如一，所以我是感念他的这份功劳而赦免他呀！"

辛恭靖在洛阳坚守了一百多天，魏国的救兵还没有到达，于是没过多久后秦国的军队就攻下了洛阳，俘获了辛恭靖。被抓后辛恭靖看见后秦王姚兴，不肯向他下跪，并对他说："我不会做羌贼的臣子！"后秦王姚兴只好下令把他给关起来，辛恭靖趁机逃了回去。从淮河和汉水以北的这些地方，许多城池都请求投降，并向后秦送去担保。

北魏君主拓跋珪任命穆崇为豫州刺史，在野王带兵防守。

会稽王的世子司马元显，为人残苛性情刻薄，他如果想要让一个人活命，或者想要杀一个人，全凭自己的心意决定。司马元显还征召东方各郡，解除奴户（有罪没为官奴）成为客户（公卿以下至九品官，及宗室、国宾、先贤之后，及士人子孙占荫而为客户）的人，把他们称为乐属，迁徙安置在京师，来抵充兵役，东土的百姓们都非常不满，日子过得非常清苦。

孙恩利用此时民心骚动造成的混乱，从海岛率领他的党徒攻取了上虞并杀死了上虞县令，接着他又带着部下去进攻会稽。会稽内史王凝之，是王羲之的儿子，王家世代都信奉天师道，于是王凝之不下令派兵出战，也不设置部署加以防备，整天都是在道室里向神像磕头跪拜念咒。官衙请求出兵去讨伐孙恩，王凝之却对他们说："我已经请到了得道的人来帮助我们，我向神明借调了鬼兵守住各个津口要道，每个关口都各有数万人，即使盗贼来了，我们也不需要担忧。”等到孙恩慢慢接近会稽的时候，王凝之才听了部下的话出兵抗敌，而孙恩此时已经到了郡城的下面。甲寅日（十月无此日），孙恩攻陷了会稽，王凝之只好出城逃走了，不过最后他还是被孙恩抓住杀了，他的几个儿子也一样被杀死了。王凝之的妻子谢道蕴，是谢弈的女儿，她在听到敌人来了的时候，举止很是从容自在，她带着刀坐在轿子里命令婢女抬起轿子出门，抽出刀子亲手杀死了几个人之后，才被孙恩他们抓到。吴国内史桓谦、临海太守新秦人王崇和义兴太守魏隐听到孙恩带兵打来之后都弃城逃跑了。会稽的谢鍼、吴郡的陆瑰、吴兴的丘尪、义兴的许允之、临海的周胄和永嘉的张永等人，以及东阳、新安等八郡的百姓，同时起兵反抗，杀死本地官员以响应孙恩。仅仅十天之内，他们的军队就达几十万人。吴兴太守谢邈、永嘉太守司马逸、嘉兴公顾胤、南康公谢明慧、黄门郎谢冲、张琨和中书郎孔道等人都被孙恩的党徒杀死。谢邈和谢冲两人都是谢安的侄子。当时三吴百姓们很长时间生活都很安定，百姓都不熟习打仗，所以当郡县的士兵在听到风声的时候就逃走溃败了。

孙恩带兵据守在会稽，自称征东将军，并逼迫士人做他的僚属，称他的党徒为“长生人”。百姓中有不跟随他的人，就算是婴孩也都一起杀掉，民众被他杀死的人占十分之七八。孙恩还下令把各个县令做成肉酱给他们的妻子吃，妻子不肯吃的，他就下令把她们的肢体分解。孙恩带兵经过的地方，都会去抢夺百姓的财物，烧毁人们的房屋，并焚毁所有的仓库，将树砍倒塞进井里，让百姓们不能够打水使用，他还把百姓驱赶聚集在会稽，有的妇女怀中有婴儿而不能去的，他就下令把婴儿丢入水里，并残忍地对那些婴儿说：“恭喜你早先登上仙堂，我会随后就来的。”孙恩向晋安帝司马德宗上奏会稽王司马道子和世子司马元显的罪状，请求杀死他们。

从晋安帝司马德宗登上帝位以来，朝廷内外都很不安定，叛逆很多，石头以南的地方都被荆州和江州的人所占据，以西的地方都成了豫州专属的地方，京口和长江以北都是刘牢之和广陵守宰高雅之他们两人控制的地盘，而朝廷的政令真正能够到达管理的地方，也只有三吴了。孙恩作乱快速占领各地，八郡都归孙恩所有，京畿内各个县城，也都是盗贼纷纷兴起，孙恩的党徒也有暗中进入到建康的，百姓们的心里都很担忧害怕，时常担心会有偷窃的事发生。因此朝廷下令内外都严加戒备。晋安帝司马德宗加授给司马道子黄钺，任命司马元显兼领中军将军，命令徐州刺史谢琰兼督管理吴兴和义兴的军事，并让他带兵去讨伐孙恩。刘牢之也想发动军队去讨伐孙恩，向朝廷上书之后立即出兵。

西秦任命金城太守辛静担任右丞相。

十二月，甲午日（十两日），后燕国燕郡太守高湖率领三千户百姓向魏国投降。高湖，是高泰的儿子。

丙午日（二十四日），后燕国君慕容盛下诏封赐他的弟弟慕容渊为章武公，慕容虔为博陵公，他的儿子慕容定为辽西公。

丁未日（二十五日），后燕太后段氏去世，谥号为惠德皇后。

谢琰带兵击杀了许允之，迎接魏隐回到了郡城，接着又带兵去攻击丘尪，最后丘尪被谢琰给打败了，谢琰一刻不停又辗转带兵接着和刘牢之一起进攻。谢琰带兵一直向前行进，他带兵所打仗的地方，都获得了胜利。谢琰留在乌程驻扎，派遣司马高素去帮助刘牢之，带兵去逼近浙江一带。朝廷下诏命令刘牢之都督吴郡诸军事。

起初，彭城人刘裕生下来的时候，他的母亲就死了，他的父亲刘翘寄居在京口，当时家里很贫穷，想把他扔掉。同郡人刘怀敬的母亲，是刘裕的姨母。当时刘怀敬的母亲生刘怀敬还不到一年，便来到刘裕的家把刘裕救了下来。刘怀敬的母亲为了能好好地喂养刘裕，断了刘怀敬的奶，而只将奶喂给刘裕。刘裕长大以后，为人勇敢，身体健壮，有着很伟大的志向。但他识字不多，以卖靴子为生，又爱好樗蒲这种赌博游戏，被村里的人看不起。刘牢之攻打孙恩的时候，向上面引荐刘裕为参军事，派遣他带领几十个人去敌营探视军情。在途中遇到了几千名敌人，刘裕立即命令士兵们上前交战，跟随刘裕一起来的人都战死了，而刘裕也跌到了河岸的下面。敌人站在岸上准备下去抓刘裕，刘裕突然奋起，举起长刀仰头砍杀了几个人，这才登上河岸，刘裕在岸上大声呼叫，奋力驱赶敌人，他独自把敌人都给吓跑了，被刘裕杀死打伤的敌人有很多。刘敬宣（刘牢之的儿子）奇怪刘裕为什么这么久还没有回来，决定带兵去寻找他，当他带着将士们赶去的时候看见刘裕一个人赶走了几千人，大家都对刘裕赞叹不已。于是刘敬宣和刘裕带兵继续去攻打敌人，把敌人打得大败，并杀死及俘虏了一千多人。

起初，孙恩起兵的时候听说八郡的人都很响应他，于是告诉他的部属们："天下不会再有战争了，我要和各位一同穿着朝服到建康。"后来听到刘牢之已带兵来到浙江边上，说："我即使把浙江以东的地方给割掉了，仍然可以做越王勾践！"戊申日（二十六日），刘牢之带兵渡过长江，孙恩听到这个消息之后，说："我认为逃走是不值得感到羞耻的。"于是孙恩驱赶着男男女女共二十多万人向东逃走，逃跑的途中孙恩丢弃了很多宝物和妇女孩童，官军们都竞相拾取，孙恩因此才得以摆脱掉追兵，然后他就逃去了海岛。高素在山阴打败了孙恩的军队，并杀死了孙恩的部下吴郡太守陆瑰、吴兴太守丘尪和馀姚令吴兴人沈穆夫。

东方的土地遭受到战乱的破坏，百姓们都很期望官军的到达，后来刘牢之带兵来了之后放纵军士们残暴地抢掠百姓，当地的士兵和百姓们都很失望，于是都相继走了，而郡县城里不再有什么人迹，直到一个多月以后才稍微有回来的人。朝廷担忧孙恩又会再来，所以任命谢琰为会稽太守、都督五郡军事，谢琰接到任命后率领徐州的文武官吏们戍守在东海沿线。

晋安帝司马德宗任命司马元显为录尚书事。当时的人们都说司马道子是东录（司马道子住在东府，录尚书事），司马元显是西录（司马元显住在西府，录尚书事）；西府的门前车骑很多，人来人往，而东府的门前可以张罗捕雀了，十分冷清。司马元显没有一个正派的老师或朋友，他所亲信的人都是一些谄佞阿谀的人，有的人说他是一时的英才杰士，也有的人说他是潇洒风流的名士。因此司马元显变得一天比一天骄傲奢侈。他暗示礼官提议说，由于自己的功德业绩很高，名望很重，而且自己还总领管理着百官，所以他认为百官都应该全部尊敬他。于是公卿以下的所有官吏，看见他都要向他跪拜。当时国家内忧外患，战争发动了好几次，国库已经虚空竭尽，从司徒以下的官员，每天也只有七升的粮食可领，而司马元显此时却不断地在聚敛财富，比帝室还要有钱。

殷仲堪害怕桓玄势力大，会强横傲慢，于是他就和杨佺期结盟，订立婚姻，让杨佺期给自己提供援助。杨佺期屡次想要带兵去攻打桓玄，殷仲堪每次都会去制止他。桓玄害怕自己最后会被殷仲堪和杨佺期联合消灭掉，于是将情况告诉了朝中的掌权者，要求增加扩大他所统领的地域。朝中掌权者也想要使他们之间互相挑衅矛盾不断，让他们的联盟解体，于是同意了桓玄的请求，给他增加兵力，加任桓玄为都督荆州四郡军事，又下令让桓玄的哥哥桓伟代替杨佺期的哥哥杨广担任南蛮校尉。杨佺期知道这件事之后对桓玄十分气愤怨恨，但也很畏惧害怕。杨广不服命令想要抵拒桓伟，殷仲堪不听他的意见，把杨广外派，让他去担任宜都和建平两郡的太守。杨孜敬刚开始是江夏相，桓玄派兵去袭击江夏的时候，把他俘虏了过来，任命他做了自己的谘议参军。

杨佺期部署好军队，建立牙旗，声称自己要去支援洛阳，而实际上他是想要和殷仲堪一同去袭击桓玄。殷仲堪虽然表面上是和杨佺期结盟的，但他的内心里对杨佺期还是有很多猜疑，苦口婆心地劝说杨佺期想要阻止他去；殷仲堪又担心劝说不能阻止杨佺期，又派遣他的堂弟殷通暗中带兵驻扎在北面的边境，来遏止杨佺期。杨佺期因此既不能够自己单独举事，又猜不出来殷仲堪的本意，所以只好解除了兵力。

殷仲堪这个人对任何人都不是十分信任，常常去猜疑别人，而做事也很少能够有决断。谘议参军罗企生告诉他的弟弟罗遵生说："殷侯做人太仁慈，行事不够果断，这样一定会遭受危难的。我承蒙受到知心的礼遇，所以从道义的立场上讲，我不能够轻易离去，而且我一定会为他而死的。"

这一年荆州发生了大水灾，平地上的水都淹到了三丈高，殷仲堪得知灾情之后把所有仓库的存粮都拿出来救济饥饿的灾民们。桓玄在知道这件事之后想要利用他内部空虚之机，带兵前去攻打他，于是立即发动军队，从西边进军。桓玄也声称要去救助洛阳，写信给殷仲堪说："杨佺期接受了国家的恩惠，却背弃了国家，我们应该共同去征讨他的罪行。我现在带兵要进入沔水去讨伐杨佺期，我已把军队停驻在江口。如果我们的意见没有什么不同的地方，我们就可以收捕杨广，然后把他给杀死；如果你不这样做的话，我便率领军队去进攻江陵。"当时，巴陵还有积存的粮食谷物，桓玄知道后立即先派兵去偷袭巴陵，并将粮食弄到手。梁州刺史郭铨当时正好要到他所任职的地方去，路上经过夏口的时候，桓玄欺骗郭铨说朝廷派他做自己的前锋，于是将江夏的部队交授给郭铨，并教他督导各军一起前进，同时桓玄还暗中通知他的哥哥桓伟，让他在朝廷里做内应。桓伟知道桓玄的计划之后十分惊慌，一时不知道该怎么办才好，所以把桓玄的密信送交给殷仲堪看。殷仲堪得知桓玄的阴谋之后立即抓住桓伟，把他作为人质，并命令他写信给桓玄，文辞非常哀苦恳切。桓玄说："殷仲堪这个人做事很不果断，常常怀着患得患失的心理，他会替他的儿女们考虑，所以我的哥哥桓伟暂时一定不会有什么危险！"

殷仲堪派遣殷通率领七千名水军到达西江口，桓玄派遣郭铨和苻宏带兵去攻击他，殷通等人不敌郭铨和苻宏两人，最后只好失败逃走。桓玄在巴陵停顿驻守，吃的是殷仲堪留下的粮食。后来殷仲堪只好又派遣杨广和杨广的侄子杨道护等人去抵抗桓玄，但杨广和他的侄子也都被桓玄给打败了。江陵的百姓知道这个消息之后都非常震惊害怕。

江陵城里的食物非常少，用胡麻作为军士们的食物。桓玄乘胜到达零口，距离江陵城也只有二十里。殷仲堪紧急写信召请杨佺期回来救自己。而杨佺期却说："江陵城里已经没有食物了，我们用什么来抵抗敌人呢？你可以来襄阳找我，我们可以共同防守襄阳。"殷仲堪的本意是想能够保全自己的军队，在境内防守，他不想丢弃州郡逃走，因此他欺骗杨佺期说："我们最近已经去收集粮食了，现在已经有储粮了。"杨佺期相信殷仲堪说的话，随即率领八千名步兵和骑兵，穿着精良的铠甲，闪耀着刺眼的光芒，大军很快就到了江陵。而殷仲堪在杨佺期带着军队来了之后，只是拿一些米饭当作他们军队的饷粮。杨佺期很生气地说："我们今天是一定要失败了！"他没有去见殷仲堪，直接和他的哥哥杨广一同去攻打桓玄。桓玄知道杨佺期来了之后，害怕他太精明，玩手段，所以下令把军队退到了马头。第两天，杨佺期又立刻带兵去急攻郭铨，在几乎就要抓到郭铨的时候，桓玄带着军队到达了，然后杨佺期被桓玄给打败了，战败后的杨佺期只好一个人骑着马逃到了襄阳，而殷仲堪也立即逃奔去了酂城。桓玄派遣将军冯该带兵去追赶杨佺期和杨广，冯该成功地把杨佺期和杨广都给俘获了，然后杀死了他们，并把他们两人的尸首送到建康。杨佺期的弟弟杨思平、堂弟杨尚保和杨孜敬得知杨佺期已经战死的消息后立即逃到蛮族地区。殷仲堪听说杨佺期已经死了，带领几百个人准备逃到长安去，逃到冠军城的时候，冯该带兵追上并把他抓了起来，回到柞溪，逼迫他自杀，并且杀死了殷道护。殷仲堪这个人很信奉天师道，他在向鬼神祷请的时候，从来不吝惜财物，出手非常大方，而他却连一点都舍不得拿出来救济别人。他特别喜欢做一些小恩小惠的事来取悦别人，知道有人生病，他就亲自去给病人按脉诊病开药方。殷仲堪这个人心计很深，他想要得到的东西都会很细密地计算，但是缺少见识和谋略，所以他才会失败。

殷仲堪当初逃走的时候，文武官吏中没有一个人去送他，只有罗企生一个人仍然跟随着他。他们在路上经过罗企生家门的时候，罗企生跟他的弟弟道别，他的弟弟罗遵生对他说："我们用这样的方式分离，怎么可以不握一握手呢？"于是罗企生调转马头把手伸出来与罗遵生握手，罗遵生握手的时候很有力量，所以他用力把罗企生给拉下了马，并对罗企生说："我们家里还有一个年老的母亲，你是准备要到哪里去呢？"罗企生流着眼泪对他的弟弟罗遵生说："今天发生这样的事情，我不可能还有活着的机会，你在家奉养老母亲，不会失去儿子的孝道。我们一家人之中，有忠贞的人，有孝顺的人，我们又有什么好去怨恨的呢？"罗遵生听到罗企生的话后把他的哥哥抱得更紧了，殷仲堪独自在路上等待罗企生，在看见罗企生和他的弟弟紧紧地抱在一起，没有挣脱的希望的时候，自己鞭策坐骑走了。等到桓玄到达荆州的时候，荆州人士没有不去拜访桓玄的，唯独罗企生一人没有去，而是在忙着料理殷仲堪的家事。有人对罗企生说："你如果一直这样做下去的话，要不了多久一定会灾祸临头的！"罗企生回答说："殷侯用国士的礼遇对待我，我因为被弟弟和家人给牵制住了，不能够继续跟随他去共同消灭丑恶的敌人，又还有何脸面向桓玄去请求更好地生存下来呢？"桓玄听到了罗企生说的话之后很生气，可是他对待罗企生一直很好。他先是派人去告诉罗企生："如果你向我道歉的话，我就会放了你，让你好好地生活。"可罗企生却固执地对桓玄说："我是殷荆州的官吏，殷荆州被你打败了，我不能够去救他，又还有什么脸去向你道歉呢？"桓玄于是只好将他收押起来，下令之前又派人问罗企生还有什么话想说。罗企生说："晋文帝司马昭杀了嵇康之后，他的儿子嵇绍却一直还是晋朝的忠臣，我向你乞求饶了我的弟弟罗遵生，让他能够继续奉养我们年老的母亲！"于是桓玄下令杀死了罗企生，而赦免了他的弟弟罗遵生。

后凉王吕光在自己病重的时候，册封他的太子吕绍为天王，而自己号称太上皇，并任命太原公吕纂为太尉，常山公吕弘为司徒。后凉王吕光告诉吕绍："现在我们的国家正处在多灾多难的时候，秃发、乞伏和段业这三个邻国都在暗中窥伺机会想要入侵我们国家，所以在我死了以后，你要让吕纂统率管理六军，让吕弘管理朝廷政事，而你只需要恭顺谨慎地坐在那里，不需要有什么大的作为，把重任都委交给你的两个哥哥，这样你应该就可以功成了。如果我们国家内部相互猜疑忌畏，那么你们兄弟之间的争乱早晚都会发生！”然后后凉王吕光又召见吕纂和吕弘并跟他们两人说：“你们都应该知道永业（吕绍的字）不是能够在乱世里治理好国家的人，而我也只是因为立嫡长子符合常规，所以才能够苟且居于君位。现在我们国家面临着外强的侵略，国内百姓们的心不安宁，如果你们兄弟两人能和协友爱，共同辅佐好永业的话，那么就能够福祚流传万世。而如果我们内部之间相互图谋不轨，各怀心思，那么我们国家的灾祸马上就会到了！”吕纂和吕弘两人哭着对后凉王吕光说：“我们是绝对不敢起叛逆的心造反的。”后凉王吕光听了他们俩说的话之后又抓住吕纂的手对他说：“你的性情是比较粗暴的，我对此深深地感到忧虑。你以后一定要好好辅佐永业，不要随便听信谗言！”这一天，后凉王吕光去世。吕绍将后凉王吕光的死保密起来，不对外发布吕光已死的丧闻。吕纂推开东侧小门，进去恸哭不已，诉尽哀情才出来。吕绍感到很害怕，想把帝位让给他，于是对吕纂说：“哥哥你的功劳很高，而且年纪也是最大的，所以也是最应该承继大统的人。”吕纂听到吕绍的话后说：“陛下是我们国家最长的嫡子，理应按照祖制继承大统，我怎么敢有叛逆的心呢？”吕绍仍然坚持要让位给吕纂，吕纂不答应。

骠骑将军吕超告诉吕绍：“吕纂做将军已经好多年了，他的声威在朝廷内外都有很大的震撼力，而他在参加丧礼的时候，丝毫没有表现出一点哀伤的心情，反而高视阔步，态度还十分傲慢，所以他一定怀有离叛的心意，我们应该早一点想办法把他给除掉。”吕绍听了吕超的建议之后说：“先帝的话还在我的耳际回荡，我怎么能够在先帝尸骨未寒的时候就对自己的亲哥哥下手，想要把他给废除掉呢？我的年龄还很小，在我如此弱小的时候担负了如此重大的责任，正是我要仰赖我的两个哥哥来协助我安宁国家、抵御外敌的时候，即使他们两人怀有叛逆的心，想要对我图谋不轨，我也已经把死亡看成归宿了，我一点也不在乎自己的生死，所以我终究还是不忍心有杀他们的意思。你以后都不要再这样说了！”吕纂在湛露堂见到吕绍的时候，吕超正拿着一把刀侍候在一侧，吕超眼睛一直看着吕纂，用眼睛示意吕绍允许自己把吕纂抓起来，可吕绍却一直不答应。吕超，是后凉王吕光弟弟吕宝的儿子。

吕弘暗中派遣尚书姜纪去找吕纂并对他说：“我们现在的主上十分昏庸懦弱，不能够在这个战乱不断、国家不稳的时候承受更多的危难。而哥哥您的威望一直很高，恩德也一直很显著。所以我们应该为了我们的国家着想，一同支持您登上皇位，我们不能够因为要遵循一些小节而不为国家的将来考虑。”吕纂知道有的大臣支持自己之后，夜晚率领数百名壮士越过北城，去攻打广夏门，吕弘率领东苑的部属，用斧头去斫洪范门。左卫将军齐从防守在融明观，看到来人之后迎面问道：“你们是谁？”众人说：“是太原公。”齐从说：“这时我们的国家刚刚发生了那么重大的变故，而主上也才刚刚登上帝位，太原公半夜带兵不走大路，晚上还要进入禁城，是准备好要犯上作乱吗？”说完之后齐从就抽出配剑直向前行，砍中了吕纂的额头，吕纂左右的人把他捉住。吕纂说：“齐从是一个很忠义的人，不要杀了他！”吕绍派遣虎贲中郎将吕开率领禁兵在端门作战，抵抗吕纂。吕超率领两百名士兵前往协助，而士兵们都知道吕纂平时的为人，也知道他的厉害，所以都很怕吕纂，没有交手就已经溃散了。然后吕纂顺利地从青角门过去，登上了谦光殿。吕绍在城池被攻破的时候登上紫阁自杀，而吕超独自逃奔到广武。

吕纂害怕吕弘兵力过于强大，于是主动要把帝位让给吕弘，吕弘却说：“我只是吕绍的弟弟而已，如果我承继了大统，那么大家的心里一定都不会服顺的，我们违背了先帝的遗命把吕绍给废掉，实在是愧对在黄泉下的先帝！如果我现在又逾越哥哥而登上帝位的话，这怎么会是我的本意呢？”吕纂于是教吕弘出去告诉众人：“先帝临死的时候，下的诏令是让吕纂继承皇位。”群臣听到之后都说：“只要国家社稷有人主持，又有谁敢违抗呢？”吕纂于是即天王位。下令大赦，改年号为咸宁，并给后凉王吕光定谥号为懿武皇帝，庙号是太祖；给吕绍定谥号为隐王。他还任命吕弘为大都督、督中外诸军事、大司马、车骑大将军、司隶校尉、录尚书事，并改封他为番禾郡公。

吕纂对齐从说：“你前日刚见到我的时候用刀来砍我，为什么要对我这么过分呢？”齐从哭着说：“隐王是先帝生前所立下的皇位继承人；陛下继承大统虽然是顺应了天道和人心，但以臣下微小的心志是不能够清楚地了解明白的，我只担心不能够成功地把陛下给杀死，又怎么能说我对你只是太过分了呢？”吕纂赏识他的忠心，所以对他很好。

后凉王吕纂的叔父征东将军吕方带兵在广武镇守，后凉王吕纂派遣使者去告诉吕方：“吕超这个人实在是一个忠臣，他忠义勇敢的精神十分可嘉，但是他这个人又过于顽固，不能够很明白地看清楚国家大体，不懂得权宜变通的道理。而现在我正要依赖他，想要任用他来救助世间的危难，你可以把我的这个意思传达给他。”吕超向后凉王吕纂上奏章说明自己的罪行并向吕纂谢罪，于是后凉王吕纂恢复了他的爵位。

这一年，后燕国君慕容盛下诏任命河间公慕容熙为都督中外诸军事、尚书左仆射，兼中领军。

刘卫辰的儿子刘文陈带着自己的部下向魏国投降，北魏君主拓跋珪把宗室的女儿嫁给刘文陈做妻子，并下令拜他为上将军，赐他姓宿氏。

隆安四年（庚子，公元400年）

春季，正月，壬子朔日（初一），后燕国君慕容盛下令大赦，并自贬号为庶人天王。

北魏材官将军和跋率领军队在辽西侵袭卢溥，戊午日（初七），和跋打败了卢溥，然后成功地抓住了卢溥和他的儿子卢焕，将他们父子两人一起送到了平城车裂。后燕国君慕容盛得知卢溥被北魏国的和跋给抓住之后，立即下令派广威将军孟广平带兵前去营救卢溥，但孟广平没有来得及成功救出卢溥，只杀死了魏国在辽西的守宰，然后就带兵回去了。

乙亥日（二十四日），东晋实行大赦。

西秦王乞伏乾归下令将都城迁移到苑川。

秃发利鹿孤下令大赦，并改年号为建和。

高句丽王高安对待后燕国很傲慢，没有什么礼节；二月，丙申日（十五日），后燕国君慕容盛亲自带领三万名兵士去侵袭高句丽，并让骠骑大将军慕容熙担任前锋，让他先去攻下新城和南苏两城，把后燕国的疆土在边界上又开拓了七百多里，然后迁徙五千多户居民到这里之后就带着军队回去了。慕容熙的英勇在其他各个将军之上，后燕国君慕容盛说："叔父雄风威震，做事果敢勇毅，很有当年世祖慕容垂的风范，只是缺少宏大的谋略罢了！"

起初，北魏君主拓跋珪迎娶了刘头眷的女儿，对她的宠幸在后宫所有人之上，后来刘头眷的女儿生了一个儿子叫拓跋嗣。等到北魏君主拓跋珪率领军队攻下中山的时候，他又俘获了后燕国君慕容宝的小女儿。北魏君主拓跋珪准备册封皇后，便遵照他们民族部落的传统，铸造金人来占卜询问天意，铸造刘氏的金人没有成功，而铸造慕容氏的金人成功了。三月，戊午日（初八），北魏君主拓跋珪下令册封慕容氏为魏国皇后。

桓玄既然攻下荆州、雍州，于是上表请求领管荆、江两州。晋安帝下诏，任命桓玄为都督荆司雍秦梁益宁七州诸军事、荆州刺史，而让中护军桓修担任江州刺史。桓玄再次上奏坚持要求接管江州。于是朝廷提升桓玄都督八州及扬、豫等八郡诸军事，还领管江州刺史。桓玄接到任命之后私自让他的哥哥桓伟担任雍州刺史，朝廷得知之后又不能拿他怎么办。他又任命他的侄子桓振担任淮南太守。

后凉王吕纂由于大司马吕弘功劳太高，地位已经快要超过他，所以十分忌畏他。吕弘也考虑到自己的地位会威胁到后凉王吕纂，害怕他会因此对付自己，所以率领东苑的军队作乱，去攻打后凉王吕纂。后凉王吕纂派遣他的部将焦辨带兵先去攻打吕弘，吕弘的部属不堪一击，很快就被打得溃散逃走了。而后凉王吕纂胜利之后放纵士兵们在城里大肆抢掠，还把东苑的妇女们全部犒赏给了军队的将士们，而吕弘的妻子和女儿也都在里面。后凉王吕纂笑着告诉群臣："我军今天的战绩怎么样啊？"侍中房晷回答他说："老天爷降祸给了凉朝的王室，国家的忧患不断而来。先帝才刚刚崩逝，隐王就立即被废除了；先帝的葬礼刚刚才完毕，大司马就带兵造反；京师里发生了战争，兄弟之间也是兵刃相交。虽然吕弘是因为他自取灭亡，但这也是由于陛下你没有念及兄弟之间的恩情造成的，所以陛下首先应该反省责备一下自己，向国家的老百姓们谢罪。可是你竟然更加去放纵士兵们，在城里大肆抢掠，还囚禁侮辱士人女子，这一切罪过是因吕弘而起，那百姓们又到底有什么罪呢？而且吕弘的妻子还是陛下您的弟媳妇，吕弘的女儿更是陛下您的亲侄女，为什么要让无赖的小人们去侮辱她们，让她们作为婢妾呢？天地间的神明们，又怎么忍心看见这样的事情发生呢？"于是房晷很难过地叹息流泪。后凉王吕纂听了房晷的话之后改变了脸色向他致歉，并叫来吕弘的妻子和女儿，把她们安置在后宫，宽厚地抚恤她们。

吕弘兵败之后准备要去投奔秃发利鹿孤，途中经过广武，他去看望吕方，吕方见到他之后，大哭着对吕弘说："天下是如此宽广，你为什么要跑到我这里来呢？"于是吕方命人把吕弘给抓起来并送到监狱里去了，然后去通知后凉王吕纂，后凉王吕纂知道后就马上派力士康龙杀死了吕弘。

后凉王吕纂册封他的妃子杨氏为皇后，让皇后的父亲杨桓担任尚书左仆射和凉都尹。

辛卯日（三月无此日），后燕国襄平县令段登等人计划造反，被处死。

后凉王吕纂准备要带兵去攻打武威王秃发利鹿孤，他的中书令杨颖劝谏说："秃发利鹿孤的朝廷里大小臣子都很听从他的命令，与其他国家之间也没有发生挑衅争端的事，我们没有理由去攻打他。"后凉王吕纂没有听从杨颖的意见，依然率领军队去攻打武威王秃发利鹿孤，秃发利鹿孤派遣他的弟弟秃发傉檀带兵去抵抗吕纂。夏季，四月，秃发傉檀带领军队在三堆打败了后凉军队，并杀死了两千多人。

起初，陇西人李暠特别喜爱文学，他在外的名声非常好。李暠曾经和郭黁以及他同母异父的弟弟敦煌人宋繇同住在一起，郭黁起来告诉宋繇："你将会是人臣中位置最高的那个，李君最后一定会拥有国家的，当牝马生下了一只白额良马的时候，就是李暠拥有国家的时候了。"孟敏任沙州刺史时，他任命李暠为效谷县令。宋繇在北凉王段业的身边做事，担任中散常侍。孟敏死了之后，敦煌护军冯翊人郭谦和沙州治中敦煌人索仙等人，一致认为李暠为人温良果毅，还有良好的政绩，所以都推举他担任敦煌太守。李暠最初很为难，觉得自己的能力有限，不能够很好地胜任这个职位，这时正巧宋繇从张掖回来，他告诉李暠："段王这个人虽然对你很好，但是他没有长远的谋略，所以他最后一定不能成功。而且哥哥你忘了郭黁曾经说过的话了吗？白色额头的良马，现在也已经生了呀！"李暠听了之后才听从了大家的意见，派遣使者向北凉王段业请求任命，北凉王段业于是就让李暠担任敦煌太守。

右卫将军敦煌人索嗣告诉北凉王段业："李暠这个人不可以让他在敦煌久留。"北凉王段业于是又下令让索嗣代替李暠为敦煌太守，命令他带着五百名骑兵上任。索嗣去敦煌上任的时候，在离敦煌还不到二十里的地方，写书信给李暠，通知李暠带队去迎接自己。李暠接到索嗣的书信后惊慌疑惑，即刻准备要去迎接索嗣。而效谷县令张邈和宋繇立即制止李暠说："我们的段王昏庸懦弱，这正是天下所有英雄豪杰有所作为的时日，将军你据守一国，辛辛苦苦地创建下来的资业，怎么可以就这样轻易地拱揖双手，献给别人呢？索嗣依仗着自己是本郡的人，以为郡城里百姓的人心都会附应他，他绝对没有想到将军会突然去抵抗他，所以我们可以利用他的这个心理一战就把他给俘虏。”李暠听了他们的意见之后觉得很不错，于是就采纳了。他先派宋繇单独去见索嗣，用好听的话引诱他。宋繇回来后对李暠说：“索嗣这个人志气骄傲而兵力却很衰弱，所以我们可以很容易攻取下他。”李暠于是立即派遣张邈、宋繇和他的两个儿子李歆和李让一起带兵去迎击索嗣，不出所料，索嗣被他们给打败了，只好逃回张掖。李暠平时和索嗣之间很不友善，因此就更加怨恨了，所以向北凉王段业上奏章，请求北凉王段业下令杀死索嗣。同样沮渠男成也不是很喜欢索嗣，所以他也上书劝北凉王段业把索嗣给杀了。北凉王段业看完李暠他们的奏章之后就下令杀死了索嗣，并且派遣使者向李暠道歉，升任李暠为镇西将军，都督凉、兴以西诸军事。

吐谷浑可汗视罴去世，他的太子树洛干才九岁，还不能够担当重任，于是视罴的弟弟乌纥堤继承王位，并娶了树洛干的母亲念氏为妻，生下了慕璝、慕延。乌纥堤这个人十分懦弱，而且荒淫无度，根本不能治理国家。所以此时是树洛干的母亲念氏在当权，掌管国家大事，念氏这个人很有胆略和智慧，因此，全国的百姓对她都很敬畏服从。

后燕前将军段玑，是太后段氏的侄子，因为段登的言辞，他也被连累受到处罚。五月，壬子日（初三），他逃亡到辽西。

丙寅日（十七日），东晋卫将军东亭献侯王珣去世。

己巳日（二十日），北魏君主拓跋珪向东到了涿鹿，向西到了马邑，去观看了灅水的源头。

戊寅日（二十九日），后燕国的段玑又从辽西跑回来向后燕国认罪，后燕国君慕容盛赦免了他的罪，并且将他赐号为思悔侯，还让他娶了公主，到宫中任职。

谢琰因为资深望重，镇守在会稽。可谢琰在会稽既不使用怀柔的政策安抚，也不急于强化武力装备。会稽城里所有的将领都劝谏谢琰说："盗贼就近在海水边活动，窥伺我们许久，寻找对他们有利的形势，所以我们应该马上开通一条使他们改过自新的路。"谢琰对将领们的意见不予理会，对他们说："前秦国君苻坚的部下共有百万人之多，在淮南的时候也完全是去送死；而孙恩只能算得上是一个小贼而已，他在战败后好不容易逃亡到海岛上去了，又怎么能够再出来呢？如果他真的再出来的话，那肯定是老天要杀掉他呀！"不久，孙恩果然率领自己的部下入侵浃口，并进入余姚，攻破上虞，成功进兵到了邢浦。谢琰派遣参军刘宣之带兵去迎击孙恩，刘宣之成功地把孙恩给击败了，所以孙恩只好退兵逃走。没有几天，孙恩又带兵去侵略邢浦，官军在作战中失败，于是孙恩乘胜追击带兵继续前进。己卯日（三十日），孙恩又带着军队到达了会稽城外。谢琰这时还没吃上饭，知道孙恩又打来了之后，说："看来我一定要先去灭掉这个贼人再吃饭了。"于是跨上马带兵出城去迎战，可是谢琰的军队很快就被孙恩的人给打败了，谢琰也被帐下都督张猛杀死了。吴兴太守庾桓知道谢琰战败已死之后，害怕郡民们又会去附应孙恩，所以杀死了几千名男女来警示，而孙恩也带兵转去侵略临海。朝廷得知消息之后非常震惊，派遣冠军将军桓不才、辅国将军孙无终和宁朔将军高雅之三人一起带兵去抵抗孙恩。

后秦征西大将军陇西公姚硕德带领五千名士兵去攻打西秦，大军从南安峡进入。西秦王乞伏乾归得知消息之后率领众将士亲自去抵抗，将大军驻扎在陇西。

杨轨和田玄明私底下制定阴谋想要去杀害武威王秃发利鹿孤，被秃发利鹿孤处死。

六月，庚辰朔日（初一），出现日食。

东晋朝廷任命琅邪王师何澄为尚书左仆射。何澄，是何准的儿子。

甲子日（六月无此日），后燕国下令大赦。

后凉王吕纂准备率领军队去袭击北凉，他的臣子姜纪劝谏说："现在正是盛夏，赶上农事正忙，而且我们也应该趁机休息调整兵力。如果我们现在让士兵们远征去岭西，那秃发氏正好趁我们空虚率领军队来偷袭京师，那我们要怎么办呢？"后凉王吕纂没有采纳姜纪的意见，依然按计划率领军队去围攻张掖，并带着大军向西抢掠建康。秃发傉檀听了这消息之后，立刻带领一万名骑兵去偷袭姑臧，后凉王吕纂的弟弟陇西公吕纬凭借北城自身的防御优势来保卫防固。秃发傉檀命令下属在朱明门上设置安排酒肉，并请乐人敲打钟鼓，宴飨将士们，在青阳门炫耀自己的兵力，然后掳掠了八千多户人家才离去。后凉王吕纂在听到秃发傉檀真的带兵来进攻的消息后，又只好带兵回来了。

秋季，七月，壬子日（初四的时候），东晋太皇太后李氏驾崩。

丁卯日（十九日），东晋下令大赦。

西秦王乞伏乾归派遣武卫将军慕兀等人率领军队屯守，后秦国的军队去采伐木柴的道路被切断，后秦王姚兴暗中带兵去救助他们。西秦王乞伏乾归听了这消息之后，就派遣慕兀带领中军两万人驻扎防守在柏杨，镇军将军罗敦率领外军四万人驻兵防守在侯辰谷，而西秦王乞伏乾归自己率领数千名轻快的骑兵迎上前去探听后秦军的情形。正巧此时前方有大风迷雾，西秦王乞伏乾归率领的部队和中军失去了联络，被后秦追赶的骑兵所逼，进入了外军。天亮之后大雾散去，西秦王乞伏乾归的军队和后秦军交战，西秦王乞伏乾归大败，只好逃回苑川，而他的部属三万六千人都投降了后秦国。后秦王姚兴战胜之后，又带领军队向枹罕前进。

西秦王乞伏乾归逃到金城，告诉各位大帅："我这个人没有什么才干，却忝窃名位尊号，已经超过十二年了，现在我战败逃散到了如今这个地步，已经没有什么办法可以再继续和敌人对抗了，所以我想要向西逃到允吾。但如果全国都一起去的话，一定会有很多的危难，所以你们还是继续留在这里，都带着自己的部属们向后秦国投降吧，这样才能保全你们的宗族，不要再继续跟随我去逃亡了。”各位大帅听完西秦王乞伏乾归的话之后，都说：“我们无论是死还是生都愿意继续跟随陛下。”西秦王乞伏乾归对他们说：“我自己现在也将会到别人那里去寄居，如果上天还能够怜悯我，不让我灭亡的话，希望将来能够恢复我们国家以前的基业，到那时我再来和你们相见。而现在即使你们坚持跟随着我一起去死，也是没有任何帮助的。”于是大帅们只好伤心地和西秦王乞伏乾归大哭着告别。西秦王乞伏乾归最后只带领几百名骑兵跑到允吾，向武威王秃发利鹿孤乞求投降。秃发利鹿孤接到西秦王乞伏乾归投降的消息后，派遣广武公秃发傉檀亲自去迎接他，然后把他安置在晋兴，并且用对待上宾的礼节对待他。镇北将军秃发俱延告诉秃发利鹿孤：“乞伏乾归本来就是我们的属国之人，趁乱自己称王，现在他们的形势穷困了来归附听命于我们，他一定不会是真心诚意的，如果有一天他逃走归向了姚氏，那么那时他一定会成为我们的国患，所以我们不如把他迁徙安置在乙弗之间，这样即使他要叛变，我们也可以使他不能够成功逃出去。”秃发利鹿孤听完秃发俱延的话之后说：“他因为穷途末路来归附我，而我如果立即就先怀疑他的诚心，那么以后我又怎么能够继续劝招来归附我们的人呢？”秃发俱延是秃发利鹿孤的弟弟。

后秦国的军队退去以后，南羌部落的首领梁戈等人暗中设宴想要去招请西秦王乞伏乾归，西秦王乞伏乾归准备答应。他的臣子屋引阿洛把这件事告诉了晋兴太守阴畅，阴畅又很快地去告诉了秃发利鹿孤，秃发利鹿孤得知此事之后就马上派遣他的弟弟秃发吐雷率领三千名骑兵在扪天岭驻扎防守。西秦王乞伏乾归害怕被秃发利鹿孤杀掉，于是告诉他的太子乞伏炽磐：“我们父子现在住在这里，一定不能被秃发利鹿孤接受容纳，而现在姚氏的势力正强，所以我准备要去归附他们，但是如果我们全家一起走，一定会被追赶我们的骑兵抓住，所以我想让你兄弟和你母亲继续留在这里做人质，那么秃发利鹿孤一定不会对我起疑心了，等我到了长安，那时他终究也不敢杀害你们了。”于是西秦王乞伏乾归即刻把乞伏炽磐等人送到西平。八月，西秦王乞伏乾归向南逃跑到了枹罕，向后秦国投降。

丁亥日（初九），东晋尚书右仆射王雅去世。

九月，癸丑日（初六），东晋发生地震。

后凉国吕方投降了后秦国，广武的三千多户百姓投奔武威王秃发利鹿孤。

冬季，十一月，高雅之带兵与孙恩的军队在馀姚交战，高雅之战败，逃到了山阴，高雅之军队中战死的有十分之七八。东晋朝廷下诏命令刘牢之都督会稽等五郡，并且率领自己的部下去攻打孙恩。孙恩被迫逃回海上。刘牢之率领军队向东出发驻扎防守在上虞，并且派遣刘裕带兵戍守在句章。吴国内史袁崧命令士兵们建筑沪渎垒来防备孙恩的袭击。袁崧，是袁乔的孙子。

会稽王的世子司马元显上奏请求兼管徐州，朝廷下诏任命司马元显担任开府仪同三司、都督扬豫徐兖青幽冀并荆江司雍梁益交广十六州诸军事，还领管徐州刺史。并且封他的儿子司马彦玮为东海王。

西秦王乞伏乾归成功到达长安之后，后秦王姚兴让他担任都督河南诸军事、河州刺史，还封他为归义侯。

时间长了之后，西秦王乞伏乾归的儿子乞伏炽磐想要逃到西秦王乞伏乾归那里去，半路上被武威王秃发利鹿孤追上抓住。秃发利鹿孤抓回乞伏炽磐之后准备要把他给杀死，而广武公秃发傉檀对武威王秃发利鹿孤说：“乞伏炽磐作为儿子想要回去归附他的父亲，我们不必为了这样的理由而深切责备他，我们应该宽赦他的罪过，这样才能够向世人表示我们的大气度。”秃发利鹿孤觉得秃发傉檀的意见不错，于是就听从他的意见免了乞伏炽磐的死罪。

后秦王姚兴把晋朝将军刘嵩等两百多人遣送回东晋。

北凉晋昌太守唐瑶叛变，给六个郡送去檄文，推举李暠为冠军大将军、沙州刺史、凉公，还兼领敦煌太守。李暠上任之后赦免了境内的罪犯，并改年号为庚子。下令让唐瑶担任征东将军，郭谦担任军谘祭酒，索仙担任左长史，张邈担任右长史，尹建兴担任左司马，张体顺担任右司马。之后李暠又派遣从事中郎宋繇带领军队向东去讨伐凉兴，同时还攻击玉门以西的各城，并且这些地方全都被他们攻下了。

酒泉太守王德也背叛北凉，自称为河州刺史。北凉王段业派遣沮渠蒙逊带兵去讨伐他。王德知道沮渠蒙逊带兵攻来之后就烧焚城池，带领部属们逃奔唐瑶，沮渠蒙逊在沙头追上了王德，把他们打得大败，沮渠蒙逊俘虏了王德的妻子、儿女和部落居民之后才回去。

十二月，戊寅日（初二），有异星出现在天津星旁。会稽王的世子司马元显因为天象变化，被解去了录尚书事的官职，但是又加任了尚书令。吏部尚书车胤因为司马元显平时太过骄傲放肆，将司马元显做的事报告给了会稽王司马道子，请求加以制约。司马元显听说车胤去见会稽王司马道子，可他不知道车胤跟会稽王说了些什么，于是亲自去问司马道子："车武子今天把别人都给屏开了，他到底和您说了些什么事情呢？"司马道子没有回答司马元显的问题。司马元显坚持要问出个究竟，司马道子非常生气地说："你是想要把我给幽禁起来，不准我再和朝里的人说话吗？"司马元显最后只好生着气出来，告诉他的部下："车胤想要离间我们父子之间的关系。"于是司马元显暗中派人去责备车胤。车胤对此感到很害怕，于是就自杀了。

壬辰日（十六日），后燕国君慕容盛设立燕台，统领夷族各个部落。

北魏太史屡次奏报天象变得十分混乱，北魏君主拓跋珪亲自阅览占卜的书籍，书中的意思大多是说王位会发生变动、政体会发生变动的征兆。于是北魏君主拓跋珪下诏劝说、鼓励群臣，向他们解释帝王继承大统，这都是有天命的，寻常人不可以随意妄加干预。北魏君主拓跋珪后来还好几次变易官名，想要以此来压住灾变的发生。

仪曹郎董谧向北魏君主拓跋珪献上了《服饵仙经》，于是北魏君主拓跋珪在朝中设置仙人博士这一职位，还设立了仙坊，在仙坊里煮炼百种药草，并且把整个西山都给封闭了，用西山上的树木供作蒸药的薪火。当药炼成以后，北魏君主拓跋珪命令将药先给被判处死罪的人尝试服用，但是很多服了药的人都死了，他们炼制的药没有灵验，可是北魏君主拓跋珪仍然不放弃，依然相信有这种丹药，继续不停地到处访查、探求。

北魏君主拓跋珪常常认为后燕国君慕容垂把自己的几个儿子分别据守在形势险要的地方，让他们的权力大多分移到了下面的人手里，最后才导致了他的失败灭亡，所以北魏君主拓跋珪深深反对这样做。博士公孙表奉承北魏君主拓跋珪的意旨，向他奏上了《韩非子》一书，劝魏国君拓跋珪要通过法制来统御部下。左将军李粟性情简倨傲慢，对北魏君主拓跋珪常常很随便的样子，一点也不恭敬，还当着北魏君主拓跋珪的面随意地咳痰吐唾沫。北魏君主拓跋珪也对李粟的态度很不满，于是累计他的许多过失，下令把他给杀了，群臣为此震惊害怕。

丁酉日（二十一日），后燕国君慕容盛颁布诏令将献庄后丁氏尊奉为皇太后，并册立辽西公慕容定为皇太子，下令大赦。

这一年，南燕君主慕容德在广固登上帝位，下令大赦，并且改年号为建平。他还把自己的名字改为备德，想要让官吏百姓们以后容易避讳一些。南燕君主慕容德追加前燕君主慕容暐的谥号为幽皇帝。下令让北地王慕容钟担任司徒，让慕舆拔担任司空，让封孚担任左仆射，让慕舆护担任右仆射。并且册封他的妃子段氏为皇后。

资治通鉴卷第一百一十二　晋纪三十四

起辛丑(公元401年),止壬寅(公元402年),共二年。

【题解】本卷记录了公元401年至402年间,即晋安帝司马德宗隆安五年至元兴元年共两年间东晋与各国的大事。主要记录了孙恩抢掠作乱,被官军打败投海自尽,孙恩妹夫卢循继续作乱,桓玄命刘裕把他击败;记录了东晋朝廷讨伐桓玄,桓玄策反刘牢之,入建康,总览大权。桓玄杀司马道子、司马元显父子,夺刘牢之兵权使其起兵反抗,在众叛亲离中自杀;记录了后秦攻后凉,西凉、南凉、北凉称臣;记录了北魏战胜后秦,因柔然侵犯撤军;记录了后凉、北凉内乱,部将夺权;南凉君主死,秃发傉檀即位;记录了南凉、北凉进攻后凉,以及后燕内乱,慕容熙乘机称帝等等。

安皇帝丁

隆安五年(辛丑,公元401年)

春季,正月,武威王利鹿孤想要自己登基称帝,朝廷中的群臣也都劝他称帝。但是安国将军鍮勿仑说:“我们的国家从世代以来,百姓都是披散着头发,穿左襟的衣服,没有什么冠带的装饰,喜欢追随有水草的地方迁徙,没有一个城池和固定的住屋,所以我们才能够在沙漠里雄视一切,与中原地区相互抗衡。如果现在自称帝号的话,是顺应了民心。但是建都城,立城邑之后,我们就很难轻易地躲避敌人侵袭的祸患。而且只要我们的仓库中有积存的物品,就很容易引起敌人窥伺的心理。所以我们不如将晋朝的百姓安置在城里,然后劝导他们努力耕田种桑,让他们来提供我们国家的给养储备。率领本国人学习作战射箭的本领,等到邻国越来越衰弱的时候,我们就可以乘机去攻击他们;如果邻国越来越强,我们也可以很快地躲避他们，这才是最长远的好计策。而且虚名对我们来说也没有什么实用，只是徒然成为世人们的目标所在，那到底有什么用呢？”利鹿孤听完鍮勿仑说的话之后，说：“安国将军说的话非常正确。”因此打消了称帝的念头，并改称为河西王，任命广武公秃檀为都督中外诸军事、凉州牧、录尚书事。

二月，丙子日（初一），孙恩带领着军队离开了浃口去攻打句章，可是久久没能攻取下来。刘牢之接到消息后马上率领着军队去攻打孙恩，孙恩只好带着军队再次逃到海上。

秦王姚兴派遣乞伏乾归带兵回去镇守苑川，并且把乾归以前所有的部属全都分配给他。

凉王吕纂这个人很喜欢喝酒打猎，太常杨颖经常劝谏他说：“陛下顺应了天理接受大命管理这个国家，就应当用正道来守住我们这个国家。现在我们的疆土渐渐减少，一天比一天窘迫，而我们被困守在洪池岭和丹岭两岭之间，陛下不仅没有提高警惕，加强戒备，努力与大臣们一起来发扬先祖的基业，反而沉迷在游乐打猎中，不去管理国家政事，臣私下为此感到担忧，我认为陛下如果一直这样下去的话，我们的国家会很危险的。”凉王吕纂听了杨颖的劝谏后，用非常谦逊的言辞向杨颖道歉，但是他仍然不知悔改。

番禾的太守吕超擅自带兵去攻打鲜卑的首领思盘，于是思盘派他的弟弟乞珍去向凉王吕纂投诉。吕纂知道后立即命令吕超和思盘两人入朝廷觐见。吕超知道思盘向凉王吕纂告状之后，感到非常害怕，等他到了姑臧的时候，赶紧和殿中监杜尚结纳，让他美言。凉王吕纂见到吕超之后，责备他说：“你依恃着你勇武的兄弟，竟都敢欺侮我，看来我必须把你给杀了，天下才能够安定啊！”吕超听了凉王吕纂说的话之后立即磕头谢罪，请求凉王吕纂宽恕他。凉王吕纂本来也只是打算吓一吓吕超，让他收敛一点而已，没有要杀他的意思。误会解除之后，凉王吕纂就带领着吕超、思盘和群臣们一同在内殿里举行酒宴。酒宴期间，吕超的哥哥中领军吕隆几次劝凉王吕纂喝酒，所以吕纂很快就喝醉了。喝醉后的凉王吕纂乘坐着用人力拉的车，带领着吕超等人一起去游览禁中，他们游到了琨华堂东阁，吕纂坐的车子过不去，吕纂就下车亲自把窦川和骆腾手里的剑倚在壁上，然后一起推着车过了琨华堂东阁。吕超拿起剑要去刺杀凉王吕纂，吕纂立即下车去捉吕超，在俩人打斗的过程中吕超把吕纂的胸刺穿了一个洞。窦川和骆腾立即拔出佩剑与吕超格斗，但是窦川和骆腾两人都不敌吕超，皆被吕超杀死了。凉王吕纂的后妃杨氏得知吕纂被刺杀之后，命令禁兵去讨伐吕超。而杜尚制止了禁兵行动，禁兵都丢下武器不敢作战。将军魏益多进入园中，要用剑取下吕纂的头颅，杨氏想要阻止他，便说："他的人都已经死了，就像土石一样不会动，不会再有知觉了，你怎么还忍心再去残害他的形体呢？"魏益多嘴里一边骂着，一边用手上的剑取下了吕纂的头颅，并将他的头颅示众，说："吕纂违背了先帝的命令，先是用阴谋杀死了太子自立为王，接着又荒诞淫乱，残暴苛虐。现在番禾太守吕超顺从人心把他给除掉了，让我们的宗庙能够安定下来，凡是我们国家的士人和老百姓们，一定要一同来表示欢欣庆贺啊！"

吕纂的叔叔巴西公吕佗和他的弟弟陇西公吕纬此时都戍守在北城。有人去告诉吕纬说："吕超等人犯上作乱弑君，你作为吕纂的弟弟，应该立刻主持大义，率领大军去讨伐他。姜纪和焦辨俩人现在都在南城，杨桓和田诚俩人现在也都在东苑，他们几个人都是我们的同党，你何必担心不能成功呢？"吕纬听完之后立即整顿军队，想要和吕佗一起去攻击吕超。吕佗的妻子梁氏却不同意这样做，她制止吕佗说："吕纬和吕超两人都是我们兄弟的儿子，我们为什么要舍弃吕超而选择去帮助吕纬，让自己去做祸患的魁首呢？"吕佗觉得妻子说得很对，于是就告诉吕纬说："吕超举事如今已经成功了，而且他现在还占据了武器兵库，拥有精良的军队，我们现在想要去算计他是很难的。再加上我已经年老了，也不会再有什么大的作为了。"吕超的弟弟吕邈很得吕纬的宠爱，他告诉吕纬说："吕纂那个贼人杀死了自己的兄弟，吕隆和吕超他们都是顺从人心而去讨伐他的，正准备要尊崇拥立明公您啊。现在您是先帝最年长的儿子，就应当成为国家的主人，没有任何人有什么异议的，您又有什么可怀疑的呢？”吕纬相信了他说的话，因此和吕隆、吕超两人缔结了盟约。当吕纬独自一个人骑着马进入都城时，吕超立即下令把他抓起来，并杀了他。吕纬死后，吕超要让位给吕隆，吕隆感到很为难。吕超就对吕隆说：“你现在就好像乘着龙上天了一样，怎么可以就这样中途下来了呢？”于是吕隆就登上了皇位，并且下令大赦，改年号为神鼎。将他的母亲卫氏尊奉为太后，他的妻子杨氏为皇后。吕隆还下令任命吕超为都督中外诸军事，担任辅国大将军，录尚书事，并封赐他为安定公，另外赐吕纂谥号为灵帝。

凉王吕纂死后，他的皇后杨氏准备离开宫门。而吕超害怕她会挟带珍宝出去，便命令士兵去搜索她的物件。杨氏知道后十分生气，说：“你们兄弟两人都是不讲道义的人，相互之间手里都拿着刀屠杀，我如今已经是一个早晚都要死的人了，再要那些珠宝还能有什么用呢？”吕超又逼问杨氏玉玺藏在了哪里，杨氏回答说：“玉玺已经被毁坏了。”杨氏长得很漂亮，吕超看上她了，准备要娶她。吕超告诉杨氏的父亲右仆射杨桓说：“王后现在如果自杀的话，那灾祸一定会延及你的宗族！”杨桓最后只好把吕超的话告诉杨氏，杨氏对他的父亲说：“父亲把女儿卖给氐人来寻求得到荣华富贵，这样的事做了一次已经很过分了，又怎么可以再来一次呢？”于是杨氏自杀了，她死后谥号为穆后。杨桓在杨氏自杀之后就去投奔了河西王利鹿孤，利鹿孤任命他为左司马。

三月，孙恩率领着部下向北往海盐去了，刘裕紧紧地跟随在他的后面抵抗，他在海盐以前的城址上重新筑城。孙恩一连几天都带兵前来攻城，刘裕几次都把他给打败了，还杀死了他的部将姚盛。

城里的军队越来越少了，就快要抵挡不住孙恩的进攻了。于是刘裕只好想别的计策应对，到了晚上，他让士兵们把军旗都藏起来，并在城里藏匿了许多士兵。等到第二天早晨打开城门的时候，只派遣几个身体残弱的人登上城头。贼兵们从远处打听刘裕在哪里，身体孱弱的士兵们说："他已经在昨天晚上逃走了。"贼兵相信了他们说的话，就争相进入城里。于是刘裕和藏匿起来的士兵们奋勇作战，大败贼兵。孙恩经此一战之后知道这座城很难再攻取下来，因此又率领着剩下的军队向沪渎出发了，而刘裕又弃城带兵去追击孙恩。

海盐的县令鲍陋派他的儿子鲍嗣之率领着一千名吴兵，请求做刘裕部队的前锋先去出战。刘裕对鲍嗣之说："贼兵很是聪明，这些吴人不熟悉他们作战的战略，贸然出击一定会吃亏的，如果一上来我们的前锋部队就战败的话，那么一定会使我们的军队士气大降，我军以后的作战就会很快失败了，所以你可以先带着他们在后面作为声援，等时机到了再出战。"鲍嗣之仍然不答应，刘裕便只好让他做了前锋。于是刘裕把更多的军旗和战鼓都潜伏起来。等到前锋部队已经交战了，所有的伏兵才都出来杀敌。刘裕高举军旗，为战士们击鸣战鼓，贼兵听到四周的鼓声以为四面都有军队，因此立即退兵了。鲍嗣之便立刻带兵前去追击贼兵，最后鲍嗣之在这场战役中战死了。鲍嗣之死了之后刘裕一方面继续作战，一方面带领军队往后退，最后刘裕所带领的士兵们都要死伤完了，又回到了他们双方原来作战的地方。刘裕命令身边的人把死人的衣服脱下来，表示自己很悠闲空暇。贼兵看到刘裕他们的行为感到很怀疑，都不敢再轻易逼近。而刘裕此时又趁机大声呼喊再来作战，贼兵们听到之后就害怕地退走了，刘裕这才带着军队回去了。

河西王利鹿孤率领军队去攻打凉国，他和凉王吕隆正面交锋，利鹿孤大败吕隆，把两千多户人家迁移走了，然后就率领军队回去了。

夏季，四月，辛卯日（十七日），北魏朝廷撤销了设置在邺城的行台，根据所统领的六个郡城设置了相州，并且让庾岳担任刺史一职。

乞伏乾归带领着自己的人到达苑川之后，任命边芮为长史，王松寿为司马，并下令将公卿和将帅都降为僚佐、偏将和裨将等小官。

北凉王段业害怕沮渠蒙逊的勇敢和谋略，想要疏远他，而沮渠蒙逊自己也韬光养晦，很会藏匿自己的实力，最后段业决定让门下侍郎马权代替沮渠蒙逊担任张掖太守，马权平时很豪雄隽慧，北凉王段业十分亲信敬重他，所以他常常轻视侮辱沮渠蒙逊。沮渠蒙逊于是就向段业诬谮说："天下没有什么人是再值得忧虑的了，而现在我们只应该担忧马权罢了。"段业听了沮渠蒙逊的话之后，立即下令杀死了马权。

沮渠蒙逊告诉沮渠男成说："北凉王段业这个人没有什么特别的才能，处事也不够果断，不是一个能够在乱世里治理好一个国家的君主，而我们从前所害怕的一些人，只是索嗣和马权而已，但现在他们俩人也都已经死了，所以我想把段业杀掉，然后尊奉哥哥你登上王位，哥哥你觉得我的这个计策怎么样?"沮渠男成听完沮渠蒙逊说的话之后，说："段业本来就只是一个孤身客居在此的外乡人，他因为受到我们家的拥立，依仗着我们兄弟两人，就像是鱼得到了水一样快活。但是他那么信任我，把我当作亲信对待，如果我还对他有算计，心怀不轨的话，这一定会是不祥的事。"沮渠蒙逊被沮渠男成拒绝之后就向段业请求去西安当太守，段业很高兴他能够自己主动到外地去，于是很快就同意了他的请求。

沮渠蒙逊和沮渠男成相约，说要一同到兰门山祭祀，但是沮渠蒙逊却又暗中派司马许成去告诉段业说："沮渠男成想要在他假借休假的日子带兵犯上作乱，您要是不相信的话，就等着看他会不会向您请求去兰门山祭祀，如果他向您请求的话那么臣的话就应验了。"沮渠男成等到了和沮渠蒙逊约定的日子，就去向段业请求想要去兰门山祭祀，段业接到沮渠男成的请求之后，立即想到沮渠蒙逊的话果然应验了。于是段业就立即下令派人去捉拿沮渠男成，把他抓住之后要赐他自杀。沮渠男成被抓之后知道是沮渠蒙逊陷害了自己，于是挣扎着对段业说："沮渠蒙逊开始的时候曾经游说臣，要臣和他一起计谋造反，臣拒绝他之后又因为我们是兄弟的缘故，所以一直把这件事隐藏在自己的心里而没有告发他。但是因为现在朝廷中有臣的存在，他怕那些部属们都不会听从他的指挥，所以就先设计说要约臣一起去兰门山祭祀，然后再反过来诬告臣要谋反，他的意思就是想要借着您的手来铲除掉臣这个威胁。您可以对外假说臣已经被您给处死了，并把臣的罪过都给宣扬出来，那么沮渠蒙逊就一定会带兵造反的，到那时您再让臣率领着军队去讨伐他，这样做的话一定能够成功地除掉这个叛逆的。"但是段业没有相信沮渠男成的话，依然下令把他给杀了。沮渠男成死了之后沮渠蒙逊就假惺惺地哭着告诉众人说："大家都知道沮渠男成这个人对段王非常忠心，可是段王却无缘无故冤枉他要谋反，并把他给杀死了，各位能替他报仇吗？而且当初我们一同拥立段王的时候，是希望他登位之后能够好好安抚众人，治理好国家。但是现在州府里十分纷乱，这已经不再是凭段王自己的能力能够平定的了。"因为沮渠男成平时很得民心，所以众人在听了沮渠蒙逊的话之后，都悲愤哭泣着、相互争着，要为沮渠男成报仇，等沮渠蒙逊带着气愤的众人到达氐池的时候，自动组织而来的士众已经超过一万人了。镇军将军臧莫孩看到大势已去之后，也立即率领着部队向沮渠蒙逊投降了，羌族、胡人也有很多人一起起兵来响应沮渠蒙逊。于是沮渠蒙逊就率领着大军继续向侯坞逼进了。

北凉王段业刚开始的时候怀疑右将军田昂会背叛自己，于是下令派人去把他关了起来。后来沮渠蒙逊叛变后，段业知道自己误会了田昂于是立即召见他，并且向他致歉，还赦免了他，让他和武卫将军梁中庸一起带兵去讨伐沮渠蒙逊。别将王丰孙知道这件事之后告诉段业说："西平许多姓田的人，他们世代中都会有造反的人，田昂表面上看着很恭敬，其实他的内心十分险诈，您不可以完全相信他。"段业回答说："我知道他的为人，也怀疑他很久了，但是在如今这种情况下除了田昂就没有人能够带兵去讨伐沮渠蒙逊了。"田昂率领着军队到了侯坞的时候，就立即率领着五百名骑兵向沮渠蒙逊投降了，于是段业的军队很快就轻易地溃败了，而梁中庸得知消息之后也带着自己的部下去向沮渠蒙逊投降了。

五月，沮渠蒙逊率领着军队到达了张掖，田昂的侄子田承爱把守关的人给杀死了，自己控制了整个张掖，然后开城迎接沮渠蒙逊的大军。北凉王段业身边的人听到沮渠蒙逊带兵杀来了之后都四处逃散了。沮渠蒙逊率领着大军到了之后，段业就告诉沮渠蒙逊说："我原本就是孤独的一个人，因为受到了你们家的推举才坐上了这个王位，现在我只希望你能够放过我，保住我残余的生命，让我回到东边去和我的妻子儿女相见吧。"沮渠蒙逊最终也没有答应段业的请求，还是下令把他给杀了。

段业本来是一个忠厚的长者，读过很多书，根本就没有什么大的权谋和智略，所以他登上王位之后颁布的威严禁令都不能够顺利地推行，群臣们都把持着朝政，独揽大权，而他自己又特别相信卜筮和巫觋，所以才导致了他最后这一失败的结果。

沮渠男成的弟弟富占和将军俱傫看到现在这个局势之后，都率领着五百户人家去向河西王利鹿孤投降了。俱傫，是俱石子的儿子。

孙恩带兵攻陷了沪渎之后，进到城里下令杀死了吴国的内史袁崧，这场战役死了四千人。

凉王吕隆为了树立自己的声威名望，就暗中下令杀了很多豪族里有威望的人，朝廷内外听闻此事之后，都议论纷纷，害怕不能自保。魏安人焦朗派遣使者去告诉秦国陇西公姚硕德说："吕氏一族自从武皇吕光死去以后，他们兄弟内部之间互相攻打，政府的朝纲根本就无法建立，人们只是相互竞争看谁更蛮横暴虐，不管百姓的死活，致使百姓挨饿受冻，死了大半。我们现在正好可以趁着他们在忙着篡位夺权的时候，率领大军去攻打他们，一定易如反掌，所以这个天赐良机我们一定不能失去。"姚硕德将魏安人焦朗的话转告给了秦王姚兴，于是姚兴立即下令率领着六万名步兵和骑兵去攻打凉国，另外还下令让乞伏乾归率领着七千名骑兵在后面紧紧跟随。

六月，甲戌日（初一），孙恩率领着军队乘船渡海，大军很快就到了丹徒。他带出来的士兵一共有十多万人，楼船有一千多艘，这使得到消息的东晋都城建康震惊恐慌。乙亥日（初二），朝廷下令都城内外都加强戒备，百官也都要求住进了尚书省内。冠军将军高素等人带兵防守在石头，辅国将军刘袭为了断绝舟船之间的往来在淮口树立了许多的栅栏，丹阳尹司马恢之率领部下戍守在南岸，冠军将军桓谦等人带领军队守备在白石，左卫将军王嘏等人也率领着军队驻扎防守在中堂，还征调了豫州刺史谯王司马尚之率领着部下来到朝廷卫守京师。

刘牢之本打算从山阴带兵去迎击孙恩，可是他还没来得及赶到，孙恩就已经带着军队过去了，于是刘牢之就只好再让刘裕从海盐带兵前来赶去支援。刘裕带来的兵力还不到一千人，日夜兼程，一路急行，到达丹徒的时候才追赶上孙恩。刘裕带来的部属本来就很少，再加上他们又马不停蹄地跋涉远路，士兵们已经十分疲劳了，而且丹徒的守军看上去也没有什么斗志。孙恩率领着大军在城外击鼓喧叫，他们登上蒜山，看到居民都是肩上背着扁担一类的东西站着。刘裕指挥着他所带领的人向前去攻击，孙恩的军队被打得大败，有的人掉下了山崖，有的人跌入了水里，孙恩自己也被弄得非常狼狈，所以只好下令撤退，带领着剩下的人回到了船上。可是孙恩仍然没有放弃，仰仗自己兵多，不久又整顿好军队直接向京师出发了。后将军元显率领着军队顽强抵抗，但是形势对他十分不利。会稽王道子在这种时候没有任何计谋应对，只是天天去蒋侯庙祈祷神明保佑。最后孙恩的大军越来越逼近了，老百姓都感到很害怕，就在此时谯王尚之率领着一批精锐部队很快赶到了，他直接将大军驻扎防守在积弩堂。因为孙恩乘坐的楼船十分高大，在逆风的情况下不能走得很快，所以他们花了好几天才到达了白石。孙恩本来打算是在京师的各军都很分散的时候，趁他们还来不及防备时加以攻击，但是后来知道尚之已经到达建康了，还听说刘牢之也已经带领军队回来了，所以当他带着自己的部下到达新洲之后，就不敢再继续前进了，最后也只好离开，率领大军又渡海向北到郁洲去了。但是孙恩仍然另外派遣了军队去攻陷广陵，杀死了三千人。宁朔将军高雅之率领军队和孙恩在郁洲开战了，最后高雅之战败被孙恩俘虏了。

桓玄加快制造兵器，加强训练士兵，总是在窥伺着朝廷的动向，寻找机会。他听说孙恩带领着军队逼近京师了，就立即建立牙旗，聚结了很多的士众，然后向朝廷上奏疏请求让自己带兵去讨伐孙恩。元显了解到桓玄的真正目的之后，感到非常害怕。正巧此时孙恩已经退兵了，于是元显立即下诏书给桓玄让他不用带兵前去了，桓玄此时只好解除戒备，解散了士众。

梁中庸等人商量好共同推举沮渠蒙逊担任大都督、大将军、凉州牧和张掖公，沮渠蒙逊上任后下令大赦，改年号为永安。紧接着沮渠蒙逊又让他的堂哥伏奴担任张掖太守，并赐封他为和平侯；他的弟弟沮渠挐担任建忠将军，赐封为都谷侯；还让田昂担任西郡太守，让臧莫孩担任辅国将军，让房晷和梁中庸分别担任左右长史，让张骘和谢正礼分别担任左右司马；还下令将有才能的人提拔重用，文武官吏对沮渠蒙逊很满意，都感到很高兴。

河西王利鹿孤命令群臣们都尽量向自己陈述自己在政治方面的得与失。西曹从事史暠为人耿直，他对河西王利鹿孤说："只要是陛下您下命令派将军们带兵出去征伐的，没有一个将军不是凯旋的。但是您攻取下来每座城之后，都不先去安抚百姓，不以这为首要任务，只是把迁徙百姓作为主要工作。其实所有百姓都只是喜欢安定的生活而已，他们不会喜欢到处搬家的，所以才会有那么多的人想要叛离，同时这就是为什么我们的国家经常杀敌攻城可土地却一直不能增加扩大的原因。"利鹿孤听完史暠的话之后，觉得他说得很有道理。

秋，七月，魏国兖州刺史长孙肥带领着两万名步兵和骑兵向南出发，经过了许昌；向东出发，到达了彭城。这一路中，将军刘该率领着自己的部下向长孙肥投降了。

秦国的陇西公姚硕德率领着自己的军队从金城渡河，直接往广武出发了。河西王利鹿孤得到消息之后，收服了在广武守卫的军队，让他们躲到了城内来避开姚硕德。当秦国的军队到达了姑臧的时候，凉王吕隆就下令派遣辅国大将军吕超和龙骧将军吕邈等人带兵出城去迎战，最后吕超、吕邈等人被姚硕德给打败，活捉了吕邈，并斩杀俘虏数以万计。吕隆得知前方战败后，下令士兵们围绕着城池加强巩固防守。巴西公吕佗知道消息之后，就立即率领着东苑的部属两万五千人向秦国投降了。西凉公李暠、河西王利鹿孤和沮渠蒙逊也都看清局势，各派遣了使者带着奏疏和丰厚的礼品去向秦国求和。

当初，凉国的将军姜纪率领着自己的部下向河西王利鹿孤投降之后，广武公祎檀就经常和他在一起讨论作战策略，对他甚是喜欢、看重。他们俩坐的时候，位子都是靠在一起的；他们出门的时候，也都是同坐一部车；他们每次在一起谈论的时候，也可以从白天一直谈到晚上。河西王利鹿孤知道他们的关系之后告诉祎檀说："姜纪这个人非常有才华，但是就因为他自认为才华高，所以他的欲望也很高，他不可能会安稳地只想待在这里，他一定还要走的，既然如此我们还不如现在就把他给杀了。一旦有一天姜纪要是到了秦国，他一定会成为我们的心腹大患。"祎檀不相信利鹿孤的猜测，回答他说："臣用百姓间的心与他相处，真诚地对待姜纪，所以姜纪一定不会辜负我的。"八月的时候，姜纪就带领着数十名骑兵投奔秦军去了。他告诉陇西公姚硕德说："凉王吕隆现在是独自一人在城池里防守，他根本就没有任何援兵了，只要您率领着大军到达他所在的城池，他一定会向您请求投降的。但是他这时只是在假装向您投降而已，一定不肯就此听从您的命令的。所以只要您给我姜纪三千名步兵和骑兵，再让我和王松匆利用焦朗、华纯的部属去窥伺他，等到他们内部之间出现矛盾的时候，就立即去攻打，那么吕隆就可以很容易地被我们给逮捕了。如果我们不趁着这时解决这个大患的话，依照河西王利鹿孤现在在南方的势力，他的兵力已经越来越强大，国家也越来越富有了，要是再让他攻取下姑臧而据守，那他的威力声势就会更加强盛。到那时连沮渠蒙逊和李暠也再没有办法去抵抗他了，那么他们就一定会选择归附他，这样想的话，他现在就成了国家的大敌了。”姚硕德听完姜纪的计策之后非常高兴，向朝廷上奏让姜纪担任武威太守，并且给他配了两千名军队，让他屯兵据守晏然。

秦王姚兴听说杨桓这个人很贤明，于是下诏令要重用他，利鹿孤知道之后就不敢再留用他了。

东晋朝廷下诏令让刘裕担任下邳太守，并让他带兵到郁洲去讨伐孙恩，刘裕与孙恩屡次作战，孙恩都被刘裕给打败了。于是孙恩的军队就这样衰弱下去了，他只好带着剩下的人又沿着海的南边逃走了，而刘裕此时也紧紧地跟随在他后面，想要乘胜追击。

燕王慕容盛因为他的父亲慕容宝太过于懦弱，没有管理好国家，导致国家亡在他的手中，所以他很讲究用威势治理朝政，刑罚非常严峻。而他自己又特别自大，觉得自己聪敏明察，多方猜疑畏忌，他只要觉得群臣中谁有一点点嫌疑，就会立即下令让人抓捕他，然后杀掉，根本就不会等到真正查出来有可杀的罪行才杀，因此，即便是宗亲和有功勋的旧臣们，也都不能自保。丁亥日（十五日），左将军慕容国和殿上将军秦舆、段赞三人偷偷地谋划率领禁兵去偷袭燕王慕容盛，但是这件事情后来被人给告发了，然后与此事相关的人死了五百多人。壬辰日（二十日）的晚上，前将军段玑和秦舆的儿子秦兴、段赞的儿子段泰他们暗中躲藏在禁中，突然击鼓大声地叫喊。慕容盛听到外面有兵变的声音，就立即率领着身边的侍卫出去迎战，最后贼兵都被打得四处逃散溃败。段玑被人给砍伤了，最后躲藏在了廊下的屋里。一片混乱的时候，忽然有名贼兵从黑暗中跳出，很快地去攻击慕容盛，使慕容盛受到重伤，侍卫们用轿子把慕容盛抬上了前殿，慕容盛重申了宫里的警备防卫，在事情安定了以后就死掉了。

中垒将军慕容拔和冗从仆射郭仲告诉太后丁氏，现在我们的国家正处在多灾多难的时期，所以我们应该选择一个年长的人来当未来的国君。当时众人都对慕容盛的弟弟司徒、尚书令、平原公慕容元很看重，都希望他能继承王位。可是河间公慕容熙平时很得丁氏的宠幸，于是丁氏就表面上下令废掉了太子慕容定，暗中派人去迎接慕容熙入宫。等到第二天早晨，群臣入朝的时候，才知道昨夜已经发生了兵变，于是只好上表劝慕容熙登上皇位。慕容熙说自己不能胜任，要让给慕容元，可慕容元此时哪里还敢接受。癸巳日（二十一日），慕容熙顺利地登上了王位，他还加紧捉捕段玑等人，把他们这些反叛的人的三族都给灭了。甲午日（二十二日），慕容熙又下令大赦。丙申日（二十四日），因为平原公慕容元有犯罪的嫌疑，于是慕容熙就下令赐他自杀了。闰月，辛酉日（十九日），慕容熙下令把慕容盛埋葬在兴平陵，谥号为昭武皇帝，庙号为中宗。在丁氏去送葬还没有回来的时候，中领军慕容提和步军校尉张佛等人暗中结盟，密谋拥立以前的太子慕容定为王。可是事情很快就被人发觉了，慕容熙知道之后把他们抓起来都给杀死了，然后赐慕容定自杀。丙寅日（二十四日），下令大赦，改年号为光始。

秦国的陇西公姚硕德带领着军队围攻了姑臧好几个月，很多东方的人在城里早已经想要叛变了，再加上魏益多又总是在诱惑煽动他们，于是他们就计划要去杀死凉王吕隆和安定公吕超，但是事情最后还是被人给告发了，因为此事被连累而死的人有三百多家。姚硕德于是立即下令安抚接纳当地夷族、汉族的所有居民，还分别给他们设置了守宰。姚硕德下令所有人都要节约粮食，并把能找到的所有粮食都聚集起来，做好了长久的打算。

凉国的群臣向凉王吕隆提建议，想要和秦国结盟和好，可是吕隆没有答应他们的请求。安定公吕超对吕隆说：“您也明白我们现在所处的情况，城里所有储存的粮食和物资都已经竭尽了，现在所有人都只能挨饿，这时即便是张良和陈平能够活过来，也不可能有什么良好的计策。陛下现在应该懂得权宜变通，大丈夫能伸能屈的道理，何必看重那一纸书信和一介使节呢，还不如用谦卑的文辞，让敌人心满意足后退兵。等到敌人退去了以后，您再用德政治理国家，让百姓们安居乐业，这样的话我们的国家就还有希望，福祚就还没有穷尽，那么又何须再担忧旧的基业不能够再恢复呢？这样当我们的天命失去的时候，也可以保全宗族。不然的话，我们落到这个困穷的地步，死守在这里，又能改变什么呢？”吕隆觉得吕超说得很有道理，于是就按照他的意见，九月，派遣使者去向秦国递交降书请求投降。姚硕德向皇上上奏让吕隆担任镇西大将军、凉州刺史，并封为建康公。凉王吕隆为了表示自己投降的决心，就派遣他的子弟和他的文武旧臣慕容筑和杨颖等五十多家人口到长安去做人质。姚硕德的军队严肃整齐，军纪严明，吕隆的人质来了之后，姚硕德的士兵们一点都不去侵犯他们，祭祀他们的先贤，还礼聘他们中的名士，所以在西方生活的百姓都很高兴。

沮渠蒙逊率领着酒泉和凉宁两郡的人叛降于西凉，后来他又听说吕隆投降于秦国，因此感到非常害怕，立即派遣他的弟弟建忠将军沮渠挐和牧府长史张潜到姑臧去见姚硕德，请求姚硕德让他率领自己的部属东迁。姚硕德知道后很高兴，即刻拜张潜为张掖太守、沮渠挐为建康太守。张潜回来劝沮渠蒙逊率领着军队东迁。沮渠挐私下里去跟沮渠蒙逊说：“姑臧还没有完全攻取下来，再加上吕氏还在，姚硕德他们的粮食吃完了就一定会回去的，不可能在这里久留，我们又何必放弃自己的领土，而去受到别人的牵制呢？”臧莫孩对沮渠挐的看法也很赞同。

沮渠蒙逊派遣他的儿子沮渠奚念去河西王利鹿孤那里做人质，但是利鹿孤不接受，他对沮渠蒙逊说：“你的儿子沮渠奚念的年纪太小了，要是做人质的话，就派沮渠挐来。”冬，十月，沮渠蒙逊又派遣使者带着奏疏去给利鹿孤上奏说：“臣前些时候为了表明自己的忠诚，想把自己的儿子沮渠奚念送来给您做人质，这已经表露出臣非常真诚的心意了，可是这么长时间过去了陛下一直没有答复，而现在您又要征派我的弟弟沮渠挐。在臣看来，一个人如果真的有诚心的话，那么儿子不算是没有分量，如果没有一点诚心的话，那么弟弟也不见得就会有多少分量。现在我们国家面临寇贼的祸难还没有平定，所以没有办法立即奉行诏命，希望陛下能够明察。”利鹿孤接到沮渠蒙逊的奏疏之后非常生气，立即下令派遣张松侯俱延和兴城侯文支带领着一万名骑兵去侵袭沮渠蒙逊，等到他们带领军队打到万岁临松的时候，他们成功地抓住了沮渠蒙逊的堂弟鄯善苟子，并俘虏了他的百姓六千多户。沮渠蒙逊的堂叔沮渠孔遮得知消息之后，立即去朝拜河西王利鹿孤，并且答应了利鹿孤让沮渠挐做人质，利鹿孤这才归回他所掳掠的人，并且召令俱延率领军队回去。文支，是利鹿孤的弟弟。

南燕的君主慕容备德在延贤堂设宴宴请群臣，宴席中慕容备德喝得有些酣醉，他告诉群臣说：“朕的功绩可以和古代的什么国君相比了?”青州刺史鞠仲回答说：“陛下您是中兴的圣主，就像少康和光武一样。”慕容备德听到他的话之后看看身边的人，下令赏赐给了鞠仲一千匹帛。鞠仲因为得到的赏赐太多了，于是就向慕容备德辞谢了。慕容备德对鞠仲说：“卿知道去戏弄朕，朕难道不知道戏弄卿吗?卿回答的话根本就不是实话，所以朕也可以用虚言赏赐卿。”韩范向慕容备德进言，说：“天子没有说戏谑的话，今天君主和大臣说的所有的言论，大家都有过失。”慕容备德听了韩范说的话之后非常高兴，下令赏赐了韩范五十匹绢。

南燕王慕容备德的母亲和他的哥哥慕容纳都住在长安，慕容备德派遣平原人杜弘去访问他们。杜弘接到命令后对慕容备德说：“臣到了长安之后，如果还不能知道太后的消息，就要立即向西到张掖去了，我一定誓死尽力完成拜访的事。但是臣的父亲杜雄年纪已经超过六十了，我希望陛下能够给他一份本县的职位，让他能够有一些俸禄来养活自己，也让臣表达自己孝敬的心意。”中书令张华知道杜弘的请求之后说：“杜弘现在还没有出发就想向皇上求取俸禄，这是要挟国君的大罪呀!”南燕王慕容备德对张华说：“杜弘此次出去是为了国君去迎接太后的，他在出发前为自己的父亲向朕求取俸禄，这样忠孝兼备的事，又哪里有什么罪过呢？”于是不久之后，慕容备德就下令任命杜弘的父亲杜雄为平原县令。当杜弘寻访到张掖的时候，被盗匪给杀死了。

十一月，刘裕率领着军队将孙恩追赶到了沪渎和海盐，又一次打败了孙恩，并且俘虏斩杀了一万多人，于是孙恩只好再次带着剩下的人从浃口远逃到海上去了。

十二月，辛亥日（十一日），魏国的君主拓跋珪派遣常山王拓跋遵和定陵公和跋率领着五万名军队在高平偷袭没弈干。

乙卯日（十五日），魏国的虎威将军宿沓干率领着军队出发去讨伐燕国，攻打令支。乙丑日（二十五日），燕国的中领军宇文拔立即率领着自己的部下前往燕国去救助。壬午日（十二月无此日），宿沓干成功地攻取下令支后，立即下令士兵们严加防守。

吕超率领着军队去攻打姜纪，但是很长时间都没有攻取下来，于是吕超就率领着军队改去攻打焦朗。焦朗派他的侄子焦嵩到河西王利鹿孤那里去做人质，希望利鹿孤能够派兵去救助他们。利鹿孤收到请求之后，立即派遣车骑将军祎檀带兵前去救援。但是等到祎檀率领着军队到达的时候，吕超已经退兵了，而焦朗则紧紧关闭城门拒绝祎檀带领军队入城。祎檀感到非常生气，于是准备指挥军队攻打焦朗。镇北将军俱延劝谏他说：“将士们都习惯在自己的故乡，不愿意搬家，这也是人之常情。况且依照焦朗现在的情况，他带兵孤守城池，又非常缺少食物。即使他今年不向我们投降，后年也自然会被情势逼得听服于我们的，所以我们又何必动用武力，牺牲更多的士卒去攻打呢？更何况如果他战败了，那么他一定会想尽办法去附从别的国家。这样一来，我们就是放弃了全州境内的土地和百姓而去资助了邻国的敌人，所以攻打他不是一个好的计策，我们还不如用好话劝谕他。”祎檀听了俱延的话后觉得很有道理，于是就和焦朗讲和结盟，在姑臧炫耀兵力，并且扎营在胡阬。

秃檀知道吕超一定会带兵前来砍拔军营的。于是早早地准备好火把等物等待他们的突袭。果然一到夜晚，吕超就派遣中垒将军王集率领着两千名精良的士兵去砍拔秃檀的军营，秃檀察觉到他们来了之后，慢慢地不惊动他们。等到王集带的人都进到了营垒的里面，立即下令内外埋伏的士兵一起举火，火光把黑夜照得像白天一样。秃檀又即刻下令让士兵们加强攻击，斩杀了王集和他的士兵三百多人。凉王吕隆知道这个消息后非常害怕，就假装通知秃檀，想要和他讲和，并且请求在城苑内缔结盟约。秃檀收到要结盟的消息之后，派遣俱延前去代表商量结盟一事。可是俱延怀疑凉王吕隆设有埋伏，便下令士兵们毁坏城苑然后再进去。一进到城苑，吕超的伏兵便马上开始攻击他，俱延失足从马上掉下来，然后改用步行逃跑。因为凌江将军郭祖奋力作战，顽强抵抗，保护俱延，俱延这才免于遇难。秃檀知道凉王吕隆的阴谋后非常生气，立即下令在显美去攻打昌松太守孟祎。吕隆得知消息后也即刻派遣广武将军荀安国和宁远将军石可率领着五百名骑兵赶去救援。但是荀安国等人害怕秃檀的兵力太强，就逃回来了。

桓玄向朝廷上奏让他的哥哥桓伟担任江州刺史，并且带兵镇守在夏口；让司马刁畅担任辅国将军，并监督管理八郡的军事，带兵镇守在襄阳；同时派遣他的部将皇甫敷和冯该带兵戍守湓口。将沮和漳蛮的两千户人家迁移到江南，还设立了武宁郡。另外招集了流寓的百姓，设立了绥安郡。诏令征调广州的刺史刁逵和豫章的太守郭昶之，桓玄都留下来不派遣。

桓玄自己认为统率管理着晋朝三分之二的土地，所以屡次派人去给自己制造一些符命兆瑞，想要通过这种手段来欺惑大众。同时他还写信给会稽王道子说："敌兵们到了近郊的地方，因为风太大不能继续前进，又因为下雨不能生火，并且他们的食粮已尽，所以才不得不离开，而不是因为他们的力量不足。从前王国宝死了以后，王恭并没有趁此机会向朝廷发起威猛的进攻，也没有趁机进朝统领朝政，由此可见他并没有侮辱您的意思，但是，您却说他不忠。现在位居要职的官员，深孚众望、获得清高名声的有谁呢？怎么能说没有美好的人呢？只是您不能够信任他们罢了！就是这样，一朝一夕地继续下去，最终形成了今天这样的祸患。那些在朝廷中的王公大臣们都害怕给自己招惹祸事，所以不敢随便说话，而玄忝任在远处做官，才有胆量把事实给泄露出来。”元显看了桓玄的这封信之后，非常害怕。

张法顺告诉元显说：“桓玄继承祖先的荣耀，凭借祖先世代的资历声望，平常的时候就很有豪壮的气势，现如今他又收服了殷仲堪和杨佺期，将荆楚的地方也拉到了他的管辖范围之内。而阁下您现在能控制的地方也只剩下三吴了。孙恩率领着自己的军队作乱，东方土地上的百姓死伤很惨，无论是官府还是百姓都穷困枯竭，桓玄一定会抓住这个机会，将他的奸邪凶残完全暴露出来，所以我觉得我们应该为此感到担忧。”元显听完之后，又接着问张法顺说：“那我们现在应该怎么办呢？”张法顺回答说：“桓玄此时才刚刚得到荆州，人心还没有完全归附，所以他现在一定会急于努力地去绥宁安抚百姓，根本没有其他空暇时间来想其他图谋。所以我们如果趁着这时，派遣刘牢之率领将士做前锋，阁下您率领着大军在后面继续跟进，那么桓玄很快就能打败俘虏。”元显觉得张法顺的建议不错，便同意了他的看法。正巧此时武昌太守庾楷知道桓玄与朝廷结怨，他害怕桓玄的事迹败露之后，灾祸会连及自己，所以先暗中派人去向元显示好，想要与他结交。他派人对元显说：“桓玄现在已经完全失去人心了，大家都不愿意再为他卖命，如果朝廷和他打起来，要派遣军队来的话，我愿意做内应帮助你们。”元显听完庾楷的话后，非常高兴，立即下令派遣张法顺到京口去，与刘牢之商量计策。刘牢之听到他们的计划后，觉得很难成功。后来张法顺回来，告诉元显说：“我拿出计策跟刘牢之商量的时候，我看刘牢之的言语和脸色都不是很坚定，所以我猜他一定会叛逆我们。我们不如把他召到京城来杀掉，不然的话，一旦我们实施计划，他一定会来败坏我们的大事。”元显没有听从张法顺的意见。开始大量训练水军，加强兵力，并征调士兵补充军舰，按照计划率领军队去讨伐桓玄。

元兴元年（壬寅，公元402年）

春季，正月，庚午朔日（初一），东晋朝廷下诏令向天下公布桓玄的罪状，并让尚书令元显担任骠骑大将军、征讨大都督，监督管理十八州的所有军事，还御加黄钺。又让镇北将军刘牢之担任前锋都督，前将军谯王司马尚之率领后卫部队。同时大赦天下，将年号改为元兴。在朝廷内外也都加强了戒备，加赠会稽王道子为太傅。

元显想要把所有姓桓的人都杀掉。中护军桓修，是骠骑长史王诞的外甥，而王诞深得元显的宠幸，王诞向元显说桓修等人和桓玄是不一样的，他们的志趣不同，为人也不同，对您非常忠诚。元显这才停止诛杀姓桓的人。王诞，是王导的曾孙。

张法顺告诉元显说："桓谦兄弟在朝廷上充当桓玄的耳目，来刺探我们的消息，所以我们应该把他们给杀掉，这样才能杜绝奸邪的阴谋。而且大事的成功与否，关键就在于前军。可是刘牢之总是反复不定，万一到时候他叛变了，那么我们的灾祸就会马上到来的，战败也会马上到来的。所以我们可以先命令刘牢之去杀死桓谦兄弟来证明他没有叛逆的心，如果他不肯接受命令，就说明他果然心怀不轨，这样我们就可以在祸患没发生前就把他给杀死。"元显说："如果我们现在没有了刘牢之，便没法抵抗桓玄。而且假若我们在一开始发动军事的时候，就将将领给杀死，容易使人心得不到安定。"所以元显一直没有同意张法顺的看法。因为桓氏世代为荆州百姓所归附，桓冲又对他们的先祖留有很多恩惠，再加上桓谦是桓冲的儿子，所以才把桓谦由骠骑司马调任为都督荆益宁梁四州诸军事、荆州刺史，想要以此来结合西方的人心。

丁丑日（初八），燕国的慕容拔率领着军队出发前去攻打魏国令支戍，获得了胜利，而宿沓干最后偷偷逃走了，慕容拔抓住了魏国的辽西太守那颉。凯旋的慕容拔被燕国任为幽州刺史，带兵镇守在令支，并让中坚将军辽西人阳豪担任本郡太守。丁亥日（十八日），让章武公慕容渊担任尚书令，让博陵公慕容虔担任尚书左仆射，让尚书王腾担任右仆射。

戊子日（十九日），魏国的材官将军国和突率兵去攻打黜弗和素古延等各部，最后魏国的材官将军将他们都打败了。当初，魏国的君主拓跋珪派遣北部大人向秦国献了一千匹马，想要与秦国联姻。可是秦王姚兴听说拓跋珪已经立了慕容氏的人为皇后，于是就扣留了贺狄干，并且拒绝了拓跋珪的求婚。没弈干、黜弗和素古延这三个地方，都是秦的属国，而魏国却去攻打他们，因此，秦国和魏国这两个国家就有了很大的矛盾。庚寅日（二十一日），拓跋珪大规模地检阅自己的军队，提高军队战斗力，并且命令并州各郡都聚积粮谷在平阳的乾壁，用来防备秦国的进攻。

柔然的社仑正向秦国示好，想要与他结盟，于是派遣将士去救援黜弗和素古延。辛卯日（二十二日），和突逆击，大败了他们，社仑率领着他的部落远逃到漠北去了，将高车的地方抢夺过来，然后在此居住下来。斛律部统帅倍侯利率领着军队去攻打社仑，社仑将倍侯利打得大败而逃，最后倍侯利只好带着剩下的人逃到了魏国。社仑于是率领着军队又向西北去攻击匈奴的遗种日拔也鸡，并成功地将他们都给打败了，然后吞并了各部。因此，这时的社仑士兵马匹都很强盛，在北方称雄。社仑的领土向西到达了焉耆，往东与朝鲜交接，向南又临接大漠，而他国家旁边的一些小国家也都隶属于他，于是他就自称为豆代可汗。紧接着他开始设立制度，将一千人编制为一个军队，每个军队都有一位将领率领；再细分把每一百人编制为一幢，每幢也都有一位统帅。他还规定在军队每次攻击作战的时候，能够勇敢争先、奋勇向前的人，就赏赐给他虏获的东西；而那些畏惧懦弱、胆小怕事的人，就下令用石头打他的头，直到把他杀死为止。

秃发祎檀率领着军队攻取下了显美，他把孟祎抓住后，对他大加斥责，因为他迟迟不降。孟祎回答说："我接受了吕氏的厚恩，他让我率领军队守卫领土。如果我在您的大军刚刚到达城外的时候，就打开城门率领着部下向您归附投降，那我一定会得罪现在朝廷中当政的人。”秃发祎檀听了孟祎的解释后就命人把他给释放了，并且对他非常礼遇。最后秃发祎檀带着两千多户人家迁移，撤兵回去了，并且让孟祎担任左司马。孟祎却辞谢了秃发祎檀的好意，他对秃发祎檀说：“按照现在的情况吕氏很快就会灭亡了，圣朝一定能够成功取得河右的地方，这件事不论是聪明的人还是愚笨的人都会知道，但是我孟祎替他镇守在城里却不能保全，现在又忝辱显耀的官位，我的心里实在是不能平静。如果明公能多赐我一些恩惠，让我带领部下回到姑臧去接受诛杀，那么我即使是死，也一定会不朽了。”秃发祎檀觉得他说得很好，是个很讲道义的人，于是就放了他让他回去了。

孙恩带着军队在东方的土地上掠夺，战乱四起，导致百姓们都没有饭吃，水路的粮食运输也不能继续下去。桓玄率领着军队将长江的通路给断绝了，官府和百姓们都很缺乏粮食，士兵们最后只好用谷皮和橡实来充饥，填饱肚子。桓玄认为照现在这种情况朝廷一定有很多忧虑的事，根本就没有空再派兵来讨伐自己，所以他可以好好利用这个机会来培养自己的力量，并时刻观察朝廷的动向，等待机会。等到朝廷的大军准备好要出发的时候，桓玄的堂哥太傅长史石生立即暗中写信去通报他。桓玄收到信后大吃一惊，想要将兵力全部聚守在江陵。他的长史卞范之对他说：“明公您的英略威名，远近的人没有不知道的，而元显的年纪还小，还只是乳臭未干，况且刘牢之又已经失去了人心。如果我们把大部队抢先开拔到都城建康的邻近地区，向他指明安危祸福，那么他们瓦解的局势，我们就可以马上看到了，所以我们为什么还要招揽敌人到自己的境内，自取穷困失败呢?”桓玄听了卞范之的意见后，下令让桓伟带兵留守在江陵，然后向朝廷上表传达了军书，将元显的罪状一一罗列出来，并且派兵向东而下。军书送到朝廷之后，元显非常害怕。二月，丙午日(初七)，晋安帝在西池设宴请元显去吃饭，想要借此为他饯行，可是元显下了船之后一直没有出发。

癸丑日(十四日)，魏国的常山王慕容遵等人率领着军队到达了高平，没弈干知道之后就放弃了他的部属，率领着数千名的骑兵和刘勃勃逃奔到秦州去了。魏国的军队追赶他们到瓦亭也没有追赶上，于是只好撤兵回去。慕容遵虏获了没弈干丢弃在城内的全部的府库和积储的粮食，一共有四万多匹马和九万多只杂畜，还下令把他的百姓迁移到代都去，而其余的种族也全都分散了。平阳的太守贰尘又率领着自己的军队去侵略秦国的河东，长安得知这个消息后大受惊动，下令关中各城的城门紧闭，连白天也都紧闭着，此时秦国国内还在加强训练军队，计划着去讨伐魏国。

秦国的君主姚兴册封他的儿子姚泓为太子，还颁布诏令大赦境内。姚泓这个人为人孝顺友爱，对人也非常宽厚和顺，还很喜欢文学，很会谈论歌咏，但是他的性格很懦弱，而且经常生病。姚兴本来就想着要立他为继承人，可是一直因为这个原因而犹豫不决，但是很久之后还是决定立他了。

姑臧这年发生了大饥荒，一斗米竟然价值五千钱，还出现了人吃人的现象，城内饿死的人有十多万。再加上城门白天一直都是关闭着的，所以连出去砍木柴的路途都被断绝了。于是走投无路的百姓自动请求要出城去做胡人的俘虏和奴婢，这样的人每天都有数百人。吕隆非常讨厌他们的沮丧，觉得如果一直这样下去的话一定会动摇大众的心理，所以下令命人将这些人全部给活埋了，尸首堆积成山，盈满了道路。

沮渠蒙逊带兵去攻打姑臧，凉王吕隆知道后派遣使者去向河西王利鹿孤求救。河西王利鹿孤收到求救信之后，马上派遣广武公傉檀率领着一万名骑兵前去救援。但是在傉檀的大军还没有到达姑臧的时候，吕隆就已经击败了沮渠蒙逊的军队。沮渠蒙逊于是就向吕隆请求想要和他结盟，沮渠蒙逊将一万多斛的粮谷留下来送给了吕隆，然后就带着剩下的人回去了。傉檀率领着大军赶到昌松的时候，听说沮渠蒙逊已经退兵了，于是就将凉泽段冢的五百多户人家迁移走了，随后又带着大军回去了。

中散骑常侍张融对河西王利鹿孤说："焦朗他们兄弟两人在魏安据守的时候，就暗中和姚氏有所勾结，好几次都反复不定，如果我们现在不趁着这个机会派兵去攻取他们的话，那以后他们一定会成为朝廷的忧患的。"利鹿孤听了中散骑常侍张融的话之后觉得很有道理，于是立即下令派遣祎檀带兵去讨伐他们。焦朗得知祎檀率领着军队来攻打自己后，自己给自己的背上绑着绳子然后出城投降。祎檀于是就派人把焦朗送到了西平，并且将他的百姓迁徙到乐都去了。

桓玄带领着自己的部下在江陵发生兵变，但是他又怕事情最后不能成功，所以总是在做回西方的打算。等到他率领着军队过了寻阳的时候，一直都没有看见官军，心里就放松下来，感到很高兴，而将士们的士气也振作起来了。

庾楷等人的阴谋被泄露出来之后，桓玄就立即下令派人把他给关起来了。

丁巳日（十八日），东晋朝廷下诏命令派遣齐王司马柔之用驺虞的旗子向荆州和江州宣告，希望能够以此叫他们罢兵，可是桓玄的前锋却把司马柔之给杀死了。司马柔之是司马宗的儿子。

丁卯日（二十八日），桓玄率领着军队到达了姑孰，他派遣他的将领冯该等人先带领着部下去攻打历阳，襄城太守司马休之在城内严加防守。桓玄的军队隔断洞浦，烧毁了豫州的舟舰。豫州的刺史谯王尚之率领着九千名步兵在浦水布阵，并且派遣武都太守杨秋屯守横江，但是杨秋却带着自己的部下向桓玄的军队投降了。谯王尚之的部属们听到这个消息之后都溃散了，他自己也逃到涂中去了，但最后桓玄还是把他捕获了。司马休之带着士兵出城作战，被敌军打败了，然后就弃城独自逃走了。

刘牢之平时就不是很喜欢骠骑大将军元显，他担心现在桓玄被消灭了，那么元显就会更加骄傲恣肆，又害怕自己的功名越来越鼎盛，不能被元显所容纳。而元显现在还自恃有才能且勇武，拥有强兵，想要利用桓玄来除掉当政的人，又时常在窥伺桓玄的漏洞，想要找机会将他消灭，所以刘牢之一直不肯带兵去讨伐桓玄。元显整日整夜都沉迷在饮酒作乐中，晋安帝任命刘牢之为前锋，刘牢之多次去他的家里拜访，但是一直没有见到面，等到晋安帝为元显设宴饯行的时候，刘牢之才在公座上遇见他。

刘牢之将军队驻守在溧洲，他的参军刘裕自动请求要带兵去攻击桓玄，可是刘牢之一直没有答应。桓玄派遣刘牢之的族舅何穆去向刘牢之游说，说："自古以来，能够震惧君主的威势，挟有无法再奖赏的功劳，而最后又能够保全自己性命的人，有谁呢？越国的文种，秦国的白起，汉朝的韩信，他们都是侍奉的明主，替他们打江山拼尽了全力，可是到了成功的时候，仍然面对的是被诛灭的结局，更何况我们现在是给凶险愚笨的人所用呢？如果你今天打了胜仗，就会被下令灭宗，如果打了败仗，就会被下令灭族，你在这样的情况下，还能够安全地回去吗？现在只有赶快改变你的计划，你才可以长久保持富贵呀！过去的人像管仲射中桓公的带钩、寺人披斩重耳的衣袖，他们仍然可以继续做辅佐的臣子，何况桓玄和你没有旧有的怨恨呢？"当时谯王尚之的军队已经失败了，人心越来越惊恐。刘牢之觉得何穆的话说得很有道理，于是就采纳了他的意见和桓玄联络。东海中尉东海人何无忌，是刘牢之的外甥，他和刘裕极力劝谏刘牢之，希望他不要这样做，但是刘牢之不听。他的儿子骠骑从事中郎刘敬宣也劝谏他说："现在我们的国家十分衰弱，内忧外患不断，天下的重任都押在了父亲和桓玄的身上。桓玄凭借他父亲和他叔父的资望，占据了全部的楚地，还割占了晋国三分之二的土地，如果我们现在继续放纵他，使他的力量超过朝廷，让他的威望形成以后，我们恐怕就很难对付他了。而像当年董卓那样的变乱，也将会在今天重演了。"刘牢之听了敬宣的话后很生气地说："我又怎么会不知道这些道理呢？我要是想现在捉拿桓玄根本就是易如反掌，但是我把桓玄给除去了之后呢，你叫我再拿什么来对付骠骑将军元显呢？”三月，乙巳朔日（三月无此日），刘牢之派遣敬宣去代替自己向桓玄请求投降。桓玄暗中想要杀害刘牢之，于是就设宴表面上与敬宣宴乐饮酒，并且拿出有名的书画与他一同观赏，通过这样来安抚他，让他愉悦，消除他的戒心，而敬宣被假象所迷惑，一点也没有发觉出桓玄的阴谋，桓玄的佐吏没有一个不是在下面相视偷笑的。桓玄下令任命敬宣为谘议参军。

元显整理军队准备发兵，可是当他听说桓玄率领着军队已经到了新亭的时候，就丢弃了船只，退守到国子学。辛未日（初三），陈列军队于宣阳门外。军中互相惊恐，一片混乱，有人说桓玄的军队已经到了南桁，于是元显就带领着军队想要退回到宫里。桓玄追上来之后，派人拔出刀子跟在后面大声地叫喊：“都放下武器！”军士和百姓们都四处逃散，溃不成军，而元显则立即骑着马逃到了东府，当时他的身边只有张法顺一个人骑着马跟随。元显去向道子询问应对桓玄的计策，而道子却只能对着他哭泣而已。桓玄派遣他的太傅从事中郎毛泰带兵去捉捕元显，毛泰抓住元显之后将他送到了新亭，把他给绑在了船的前面，然后责备他。元显回答说：“我是被王诞和张法顺他们所误导的。”

壬申日（初四），晋安帝下令恢复了隆安的年号，还派遣侍中在安乐渚设宴慰劳桓玄。桓玄带着自己的部下进入了京师，皇上颁布诏书解除戒备，并且任命桓玄总管百官，都督中外诸军事，还担任丞相一职，录尚书事、扬州牧，领徐荆江三州刺史，假黄钺。桓玄上任后让桓伟担任荆州刺史，让桓谦担任尚书左仆射，还让桓修担任徐州和兖州刺史，让桓石生担任江州刺史，卞范之担任丹杨尹。

当初，桓玄举兵的时候，侍中王谧曾奉诏命去看桓玄，桓玄亲自接待，对他礼遇有加。现在等到桓玄辅政的时候，他让王谧担任中书令。王谧是王导的孙子。新安的太守殷仲文，是殷觊的弟弟，而桓玄的姐姐是殷仲文的妻子。殷仲文在听说桓玄带兵攻下了京师之后，就丢弃自己的城郡去投奔桓玄了，桓玄任命他为谘议参军。刘迈独自一人前去面见桓玄，桓玄对他说："你不怕死吗，现在还敢来见我!"刘迈回答他说："射桓公带钩的管仲、斩重耳衣袖的寺人披，以及现在的我刘迈合而为三。"桓玄听了刘迈说的话之后很高兴，于是就下令任命他为参军。

癸酉日（初五），有司奏说会稽王道子这个人喜欢喝酒，为人又太过于放纵，还不孝顺，应该把他杀死来示众。于是晋安帝就诏令把他给迁移到安成郡去了，还下令杀死了元显及东海王彦璋、谯王尚之、庾楷、张法顺和毛泰等人，并将他们的尸体悬挂在建康的街市上。桓修坚持替王诞向晋安帝求情，结果晋安帝就下令把他长久地流放到岭南去了。

桓玄让刘牢之担任会稽内史。刘牢之说："现在才刚刚开始就这样夺走我的兵权，我们的祸患马上就要到了。"刘敬宣向桓玄请求派自己去说服刘牢之，让刘牢之接受命令。桓玄答应了刘敬宣的请求，派他去说服刘牢之。刘敬宣回来见到刘牢之后，劝刘牢之带兵去侵袭桓玄，刘牢之有些犹疑不定，他只是将士兵转移屯驻班渎，并且私下里对刘裕说："现在我要带着部队向北去归附在广陵的高雅之，打算找准时机举兵匡定国家，你能跟从我去吗?"刘裕回答他说："将军您拥有数万名强劲的士卒，对桓玄不也是听见风声就去投降臣服，现在他刚刚得志，威名又震动天下，朝野的人心都已经归附到他那里去了，您又如何能到得了广陵呢? 我如今要脱下这身戎装，改换回常服，回到京口去。"何无忌对刘裕说："我现在要到哪里去好呢?"刘裕对他说："我看镇北将军（指刘牢之）这次一定不能够免除灾难，所以你可以跟随我一起回京口。桓玄如果能坚守作为一个臣子的节操，那么我会和你一起在他的手下做事；如若不然的话，我要和你一起除掉他。"

刘牢之私下里聚集了很多僚属，并且商议着据守江北然后去讨伐桓玄。他的参军刘袭对他说："一个人最不能做的事情就是造反。

将军几年前背叛了王兖州(王恭)，近日又背叛了司马郎君(元显)，如果现在又要背叛桓公，一个人背叛别人三次，又怎么能够再在这个世上自立呢?”刘袭的话说完之后，就很快地走出去了，而刘牢之身边的很多佐吏也都分散走开了。刘牢之此时感到很害怕，他叫刘敬宣到京口去迎接家人，但是过了期限刘敬宣还没有到达。于是刘牢之就以为自己谋划的事情已经泄露了，连刘敬宣恐怕也已经被桓玄给杀了，所以立刻下令率领自己的部属向北走，等刘牢之到了新洲的时候就自杀身亡了。等刘敬宣赶到约定的地点以后才知道刘牢之已死，还没有来得及哭，就不得不立刻渡江逃奔到广陵去了。将吏们一起殡殓刘牢之，把他的灵柩送回了丹徒。桓玄命令人打开刘牢之的棺木，斩他的尸首，把他的尸体暴露在市上。

朝廷下令大赦天下，并且改年号为大亨。

桓玄退让丞相和荆江徐三州的职位，改授为太尉、都督中外诸军事、扬州牧、领豫州刺史，总管百官。然后任命琅邪王德文为太宰。

司马休之、刘敬宣和高雅之都逃奔到洛阳去了，他们都各自把自己的子弟送给秦国去做人质，希望秦国能够给他们派来救兵。秦王姚兴接到他们的求救后就给了他们符信，让他们在关中招兵，招到了数千人，然后又回去屯驻在彭城之间。

孙恩带着自己的人入侵临海，临海的太守辛景率领着自己的军队把他给打败了，而且孙恩在三吴俘虏的男女，差不多快死完了。孙恩怕被辛景派的追兵给俘获了，便逃到海上后自杀了，他的党徒和妓妾中跟随他一起死的有一百人左右，被称为“水仙”。孙恩剩余的部属有数千人，孙恩死了之后他们又推举孙恩的妹夫卢循担任主帅。卢循是卢谌的曾孙。他的神态风采清秀雅静，为人多才多艺。他小的时候，有一个叫惠远的和尚曾经告诉过他：“你虽然身具风雅儒素，但是却存有不依正道的心志，这该怎么办呢?”太尉桓玄想要管理东方的土地，于是就让卢循担任永嘉太守。卢循虽然接受了桓玄的命令，但是依然为非作歹，行劫施暴。

甲戌日（初六），燕国大赦境内。

河西王秃发利鹿孤重病在床，他遗命把国事交给他的弟弟秃檀处理。当初，秃发思复鞬很喜爱秃檀，非常器重他，曾告诉自己其他的儿子说："秃檀的器量识见，不是你们这些人所能赶得上的。"所以几个哥哥都不传位给自己的儿子而是传给弟弟。利鹿孤在位时，对朝政也只是垂衣拱手，自然无为，军国大事他都委交给了秃檀。在利鹿孤死了之后，秃檀承袭了君位，然后改称为凉王，改年号为弘昌，把都城迁到了乐都，追谥利鹿孤为康王。

夏，四月，太尉桓玄带兵去屯守姑孰，向晋安帝辞掉录尚书事的职位，晋安帝下诏令同意了他的请求，但是一遇到了大的政事还是要向他请示，而小事则由尚书令桓谦和卞范之决定。

从隆安时期以来，朝廷内外的人都非常讨厌兵祸灾乱。当初桓玄初来的时候，罢黜了奸邪谄佞的小人，提拔了很多有才能的人，京师的人都觉得很高兴，并且希望能够一直像这样安定下去。但是后来的桓玄奢侈豪华，纵欲逸乐，朝廷里也没有一定的政令，朋党也在朝廷中相互兴起，欺凌侮辱朝廷，还私下里减损了天子的坐车和供奉给天子的东西，当时晋安帝几乎就要挨饿受冻，因此大家对他感到非常失望。三吴发生了很大的饥荒，户口减少了一半，会稽的人口减少了十分之三四，而临海和永嘉差不多快没有了，有钱的人家穿着丝绸细软的衣服，佩带着金玉，把门紧紧地关起来，然后全家相处在一起饿死了。

乞伏炽磐独自从西平逃回到苑川的时候，南凉王秃檀将他的妻子儿女送回给他了。乞伏乾归派遣乞伏炽磐到秦国去朝见秦王，秦王姚兴任命乞伏炽磐为兴晋太守。

五月，卢循带着自己的部下从临海到了东阳，太尉桓玄派遣抚军中兵参军刘裕带领着军队去攻打他，卢循输给了刘裕，只好逃到永嘉去了。

高句丽派兵去攻打宿军城，燕国平州的刺史慕容归放弃守城逃走了。

秦国的君主姚兴大规模地发动各军，他先派遣义阳公姚平和尚书右仆射狄伯支等人带领着步兵和骑兵四万名去讨伐魏国，姚兴自己则带领着大军跟在他们的后面。姚兴的大军临出发前任命尚书令姚晃去辅佐太子姚泓，在长安防守，没弈干暂时在上邽镇守，广陵公姚钦暂时在洛阳镇守。姚平率领军队去攻打魏国乾壁城六十多天，终于把它攻取了下来。秋季，七月，魏国的君主拓跋珪派遣毗陵王拓跋顺和豫州刺史长孙肥带领着六万名骑兵为前锋，自己带领着大军跟随在后面去攻击他们。

八月，太尉桓玄上书讽示朝廷，因为桓玄自己平定了元显立有功劳，所以封桓玄为豫章公，平定了殷仲堪、杨佺期有功，所以又封桓玄为桂阳公，并且依旧保持他原来受封的南郡公的爵位。桓玄把豫章这个地方封给了他的儿子桓升，将桂阳封给了他的侄子桓俊。

魏国的君主拓跋珪带着自己的部下到了永安，秦国的义阳公姚平派遣骁勇的将军率领着两百名精良的骑兵去探视魏国军队，长孙肥带兵前去迎击他们，最后姚平派的人全部被长孙肥给活捉了。

于是姚平只好退兵逃走，拓跋珪立即带人前去追赶。乙巳日（初九），拓跋珪在柴壁将姚平追到。姚平将全部兵力围城防守，魏国的军队在外围将他们包围起来。秦王姚兴得知这个消息后立即带领着四万七千名士兵前去救助姚平，准备据守天渡运送粮食给姚平。魏国的博士李先对拓跋珪说：“兵法上说：处在高处的时候，容易让敌人围困；而处在低处的时候，容易让敌人囚禁。现在他们秦国同时犯了这两个毛病，所以我们应该趁着秦王姚兴还没有到达的时候，马上派遣一支奇兵先去据守天渡，那么柴壁就可以不战而胜了。”拓跋珪听了李先的建议后，觉得很有道理，于是立即命令增加筑防重重包围，对内防止姚平逃出来，对外抵拒姚兴进入。广武将军安同对拓跋珪建议说：“汾河东边有一个蒙坑，东西有三百多里，路狭不通。姚兴如果要来的话，一定是从汾河的西边直接到达柴壁的，这样一来，敌人的声势就会相互衔接，我们的重重包围虽然很坚固，但是仍然不能够制伏他们。所以我们不如做浮桥，渡过汾河的西边，构筑起围墙来抵抗，等到敌人到达的时候，他们就无从施展自己的智慧能力了。”拓跋珪听从了广武将军安同的意见。姚兴率领着军队赶到蒲阪的时候，因为害怕魏国军队的强大，拖延了很久才下令进兵。甲子日（二十八日），拓跋珪率领着三万名步兵和骑兵在蒙坑的南边埋伏迎击姚兴，杀死一千多人。战败的姚兴只好退走四十多里，而城里坚守的姚平也不敢再出来了。于是拓跋珪将兵力分散四处据守在险要的地方，让秦兵不能再接近柴壁。姚兴逃走后驻守在汾河的西边，他凭借山谷的优势，将其作为堡垒，捆绑柏树从汾河的上游顺流放下去，想要以此来毁掉浮桥，魏国的士兵们用钩子把那些柏树都勾起来，然后拿来做烧饭的木柴。

冬季，十月，姚平的粮食吃完了，箭也射光了。晚上，他率领着所有的部众，从西南面进行突击，想要冲出包围圈。而姚兴将兵力布在汾河的西边，让士兵们举烽火击鼓喧噪作为呼应。姚兴希望姚平能够奋力作战突围脱险，而姚平希望姚兴能够攻打围困的军队来接应自己，只是叫喊相和，不敢逼近包围的魏兵。姚平没有办法出去，计策也已经用完了，于是只好率领着部下跳到水里自杀，众将很多也都跟随着姚平跳到了水里。拓跋珪派遣很会游泳的人下到水里用钩子去捕捉他们，没有一个人逃得掉。最后拓跋珪抓住了狄伯支和越骑校尉唐小方等四十多人，其余部属两万多人都束手被擒了。秦王姚兴眼睁睁看着姚平他们穷途末路，可是凭自己的力量根本就不能去救助他们，于是全军都悲恸大哭，声音震动山谷。最后姚兴只好屡次派遣使者去向魏兵求和，但是拓跋珪一直没有答应，他还趁着胜利即刻带兵去进攻蒲阪，秦国的晋公姚绪在城内坚固防守，不肯出城作战。正巧此时柔然计划要去攻打魏国，所以当拓跋珪听到这个消息后，只好马上带兵回去了。

有人告诉拓跋珪太史令晁崇和他的弟弟黄门侍郎晁懿在暗中召纳秦国的军队，拓跋珪到了晋阳之后，就立即下令赐晁崇和晁懿自杀了。

秦国将河西的豪强大户迁移了一万多家到长安去了。

太尉桓玄杀死了吴兴太守高素、将军竺谦之和竺谦之的堂哥竺朗之、刘袭以及刘袭的弟弟刘季武，这些人都曾是刘牢之北府的旧将。刘袭的哥哥冀州刺史刘轨邀请司马休之、刘敬宣和高雅之等人聚集，一起据守在山阳，想要起兵去攻打桓玄，但是他们最后还是没有成功，一个个都逃走了。将军袁虔之、刘寿、高长庆和郭恭等人也都前往跟随，准备要奔往魏国。等他们一伙人逃到了陈留的南方的时候，他们就分为了两伙：刘轨、司马休之和刘敬宣三人逃奔到南燕去了；而袁虔之、刘寿、高常庆和郭恭四人则逃奔到秦国去了。

魏国的君主拓跋珪当初听说司马休之等人要来归附他，非常高兴。可是后来司马休之等人没有来，于是感到奇怪，命令兖州刺史长孙肥去查访这中间的原因，长孙肥捕获了他们的随从，问他们原因，他们的随从都回答说："魏朝的声威传布远方，因此司马休之等人都想来归附，但是后来他们听说崔逞被杀了，所以就逃到了其他两国。"拓跋珪知道事情的原因之后，深深地感到后悔。从此之后，读书人即使犯了错，大多数是能够得到饶恕和宽容的。

南凉王秃檀率领军队在姑臧攻打吕隆。

燕王慕容熙迎娶了从前的中山尹苻谟的两个女儿，年长的那个叫作娀娥，封为了贵人；年纪小的那个叫作训英，封为了贵嫔，贵嫔特别受到慕容熙的宠幸。丁太后心中的怨恨很深，她和她的侄子尚书丁信密谋想要废除慕容熙，拥立章武公慕容渊为帝。丁太后他们的阴谋最后还是被慕容熙发觉了，慕容熙逼迫丁太后自杀，然后用皇后的礼节将她埋葬了，并且追谥她为献幽皇后。十一月，戊辰日（初三），慕容熙命人杀了慕容渊和丁信。

辛未日（初六），燕王慕容熙率领着军队到北原去打猎，石城令高和与尚方令所掌领的军队在后方趁机作乱，杀死了司隶校尉张显，并进入到宫殿里去抢掠，夺取了府库的兵器，威胁营兵及寺署官吏们，将城门紧闭，登上城楼。慕容熙得知消息之后即刻快马加鞭赶回去。城上的人知道慕容熙杀回来之后都丢下了武器，打开了城门，最后燕王慕容熙将造反的人全都杀死了，只有高和逃走了免于一死。甲戌日(初九)，大赦天下。

魏国君主下令让庾岳担任司空。

十二月，辛亥日(十七日)，魏国君主拓跋珪率领着军队回到了云中。

柔然的可汗社仑听说拓跋珪带兵去攻打秦国了，于是就从参合陂带兵去侵略魏国，当社仑率领着军队到达豺山和善无北边的沼泽的时候，魏国的常山王拓跋遵带领着一万名骑兵去追赶他们，但是没能追赶上，于是只好回去了。

太尉桓玄派遣御史杜林防卫会稽文孝王道子到安成去，杜林奉桓玄的命令，将道子给毒杀了。

沮渠蒙逊设置的西郡太守梁中庸背叛了他，逃奔到西凉去了。沮渠蒙逊听到这个消息之后，笑着说："我对待梁中庸，就像对待自己的骨肉一样，而梁中庸却不相信我，这只是他自己对不起我而已，我何必在乎像他这样的一个人呢？"于是就下令把他的妻子和儿女全都给放走了。

西凉公李暠问梁中庸说："我和索嗣这个人相比怎么样？"梁中庸回答说："这个是不能比较的。"李暠又问他说："如果索嗣的才识和气度能够比得上我，那我怎么可能在千里以外的地方，用长绳子绞杀了他的头颈呢？"梁中庸回答说："一个人的智慧有短有长，一个人的命运也注定了有成功和失败。那么在殿下和索嗣之间，得失的道理，我实在是不知道怎么区分清楚。如果说把身亡作为失败，把计谋得逞作为成功的话，那么，公孙瓒又哪里会比刘虞贤明呢？"李暠听了梁中庸的回答之后默然无言。

袁虔之等人到了长安之后，秦王姚兴接见他们时，问道：“桓玄这个人的才干智略与他的父亲相比怎么样？他最后能够成功吗？”袁虔之回答说：“桓玄趁着晋朝王室中的衰乱，盗据了宰相的地位，他为人猜疑畏忌，安于残忍，刑罚奖赏也很不公平，以臣的观点来说，他实在是远不如他的父亲。桓玄现在已经掌握了朝政大权，看他的趋势是一定会篡位叛逆的，那么他正好可以被别人消灭罢了。”姚兴觉得袁虔之说得很有道理，于是就下令派他担任广州刺史。

这一年，秦王姚兴册封后宫的昭仪张氏为皇后，封他的儿子姚懿、姚弼、姚洸、姚宣、姚谌、姚愔、姚璞、姚质、姚逵、姚裕和姚国都为公，并且派遣使者拜秃发祎檀为车骑将军、广武公，沮渠蒙逊为镇西将军、沙州刺史、西海侯，李暠为安西将军、高昌侯。

秦国的镇远将军赵曜率领着两万人向西屯守在金城，建节将军王松匆率领着骑兵在姑臧协助吕隆一起防守。王松匆带着自已的部下到了魏安的时候，祎檀的弟弟文真带兵去攻打他，并且把王松匆给俘虏了。祎檀知道这件事情之后，非常生气，他下令将王松匆送回到了长安，并且深深地向王松匆陈情谢罪。

资治通鉴卷第一百一十三　晋纪三十五

起癸卯(公元403年),止甲辰(公元404年),共二年。

【题解】本卷记录了公元403年至404年,即晋安帝司马德宗元兴二年至元兴三年共两年间东晋与各国的大事。主要记录了桓玄篡位,刘裕、何无忌、刘毅等人合谋讨伐,拥立刘裕为盟主;记录了桓玄称帝后怯懦无能,朝政凋敝,刘裕攻入建康城后为晋室除贼,桓玄的作为反衬出刘裕的大公无私,英勇无畏;记录了桓玄挟持晋安帝四处逃窜,被冯迁击杀,桓玄太子桓昇在江陵被斩,桓玄余党与官军再起战端;此外还记录了后凉主吕隆向后秦投降;后燕主慕容熙不惜百姓,残暴奢侈;记录了卢循被刘裕打败后攻克广州等等。

安皇帝戊

元兴二年(癸卯,公元403年)

春季,正月,卢循派遣司马徐道覆带兵去侵略东阳。二月,辛丑日(初八),建武将军刘裕率领军队把他给打败了。徐道覆,是卢循的姐夫。

乙卯日(二十二日),晋安帝下令任命太尉桓玄为大将军。

丁巳日(二十四日),桓玄杀死了冀州刺史孙无终。

桓玄向上面上奏表请求让自己率领各军去扫除平定关、洛,后来讽示朝廷下诏令不同意,于是他说:“我是奉了诏令才停止的。”桓玄当初想要整饬行装,于是就下命令先让轻便的船装载被服玩器和书画等,有人问他是什么原因。桓玄回答说:“敌人很凶恶,仗打起来会很危险,万一有什么意外的话,这些轻便的东西会容易运送一些。”大家听到后都笑话他。

夏季,四月,癸巳朔日(初一),日食。

南燕的君主慕容备德在旧官吏赵融从长安回来后，才知道母亲和哥哥已经去世的坏消息，慕容备德大声痛哭，以致吐血，因此得了重病。

司隶校尉慕容达密谋造反，派牙门皇璆带兵去攻打端门，殿中帅侯赤眉将城门打开去响应他。中黄门孙进得知消息之后，扶着慕容备德越过城墙躲在了孙进的家里。段宏等人听说宫中发生了变乱之后，就派遣士兵屯守四个城门。南燕王慕容备德回到宫里之后，杀死了侯赤眉等人，慕容达则逃奔到魏国去了。

南燕王慕容备德对待迁徙的百姓非常好，给他们永远免除了赋役。普通的民众因此经常在暗中冒充迁徙的百姓，有的是一百家合成一户，有的是一千名壮丁，共为一户籍，以此来逃避课税徭役。尚书韩谆向慕容备德请求对他们加以审度核实，慕容备德听从他的意见，然后派遣他到各个郡县去巡视，最后韩谆查得荫庇的户口有五万八千家。

泰山的盗贼王始聚集了数万民众，然后自称是太平皇帝，还署任设置公卿。南燕的桂林王慕容镇带兵前去讨伐他，成功地将王始给擒住了。在王始快要被行刑的时候，问他的父亲和兄弟们现在在哪里。而王始回答说："太上皇现在蒙难流落在外，而我的征东将军和征西将军也已经被乱兵给杀害了。"他的妻子听到他这样说之后，很生气地对他说："你就是因为喜欢乱讲话，才落到了今天这个地步，现在快要死了怎么能还是如此呢?"王始对他的妻子说："皇后你不知道，自古以来怎么会有不灭亡的国家呢！朕现在已经要死了，但是仍然不愿意改君王的称号！"

五月，燕王慕容熙修建龙腾苑，方圆有十多里，动用了两万百姓做苦役。建筑景云山在龙腾苑里面，地基就有五百步宽，山峰的高度也有十七丈。

秋季，七月，戊子日（二十七日），魏国君主拓跋珪带着大部队向北继续巡行，在豺山建造了行宫。

平原太守和跋这个人非常奢侈豪华，很喜欢虚名，拓跋珪非常讨厌他，想要将他杀死，拓跋珪让他的弟弟毗等人和他诀别。和跋对他的弟弟说："灅水北边的土地十分贫瘠，你们可以迁移到灅水的南边，还可以勉强维持生计。"而且让他们背对着自己，说："你们怎么能忍心看着我去死呢？"毗等人明白了和跋话中的意思，于是就假装说自己是使者，逃到秦国去了。拓跋珪知道之后非常生气，于是就下令灭了他们的家族。中垒将军邓渊的堂弟尚书邓晖与和跋的交情很好，有人向拓跋珪诬告说："毗等人能够成功逃亡，其实是邓晖暗中送走的。"拓跋珪怀疑邓渊已经知道了他们的计谋，于是就让邓渊自杀了。

南凉王秃檀和沮渠蒙逊互相出兵去攻打凉王吕隆，吕隆得知这个消息之后，非常担心。秦国的谋臣告诉秦王姚兴说："吕隆凭借先代的资望，在河外专权控制，现在他虽然面临着饥饿的困窘，但是还能够被我们支配，如果将来他富有了，那么最后就不能为我们所有了。凉州的地势险要隔绝，土地十分肥沃，我们不如利用当地的危险将这个地方攻取下来。"姚兴听了谋臣的话之后，就派遣使者征召吕超入朝侍从。吕隆一想姑臧最后根本就没有办法自求生存，于是他利用吕超，去请求向秦国奉迎。姚兴派遣尚书左仆射齐难、镇西将军姚诘、左贤王乞伏乾归和镇远将军赵曜，率领着四万多步兵和骑兵到河西去迎接吕隆，南凉王秃檀将昌松和魏安两戍的兵收回来，以避开他们。八月，齐难等人率领着自己的部下到了姑臧，吕隆坐着素色的车子，白色的马，在路旁去迎接他们。吕隆劝齐难带兵去攻打沮渠蒙逊，沮渠蒙逊得知这个消息之后立即派遣臧莫孩率领军队前去抵抗，打败了他的前军，于是齐难只好和沮渠蒙逊缔结了盟约。而沮渠蒙逊将他的弟弟沮渠挐派遣到了秦国去进贡。齐难让司马王尚代理凉州刺史一职，并且给他配备了三千名士兵，让他在姑臧镇守，还任命了将军阎松为仓松太守，让郭将担任番禾太守，分别让他们戍守在了这两个城里。齐难下令将吕隆的宗族、僚属和一万户百姓都迁徙到长安去了。姚兴任命吕隆为散骑常侍，让吕超担任安定太守一职。而对于其余的文武官吏们，姚兴根据他们自身的才能，都对他们加以提拔叙用了。

当初，郭黁经常说："将来能够代替吕氏的是姓王的人。"所以他在起兵的时候，先是推举了王详，后来又推举了王乞基。而等到吕隆东迁的时候，王尚终于代替了他。最后郭黁跟随乞伏乾归一起向秦国投降了，可是他又认为晋朝会把秦国给灭掉，于是立即逃往晋朝去，但在逃跑的路上被秦人追上，把郭黁杀死了。

沮渠蒙逊的伯父中田护军亲信和临松太守孔笃，他们都非常骄傲恣肆，是百姓最大的忧患。沮渠蒙逊说："把我制定的法律弄混乱的，是我的两位伯父。"于是沮渠蒙逊逼迫他们自杀了。

秦国派遣使者梁构到张掖去见沮渠蒙逊，沮渠蒙逊问秦国的使者说："秃发傉檀是公的身份，而我只能被称为侯，这是什么原因呢？"梁构回答沮渠蒙逊说："秃发傉檀这个人十分凶险狡猾，他的真诚并没有完全表现出来，所以朝廷才会封给他高的爵位，然后用虚的声名来羁绊他。将军您的忠心上澈皓日，应该会进入朝廷辅助帝室的，所以我又怎么可以用不相信的心理来对待您呢？圣朝所封赐给的爵位，一定是会和他的功绩相称的。就比如说尹纬和姚晃，他们两人都是辅佐君命的臣子；齐难和徐洛，他们两人都是一代猛将，而他们的爵位也不过只是个侯伯而已，将军为什么想要处于他们前面呢？从前窦融很诚恳地坚持要退让，不愿意再次处在旧臣的上位，我没有想到将军忽然会有这样一个问题！"沮渠蒙逊又问梁构，说："朝廷为什么不下令马上封了张掖，而是封在了更远的西海泥？"梁构又回答说："张掖这个地方，将军现在已经自己拥有了，之所以建议将军颁授比较远的西海，是想要扩大将军的国土呀！"沮渠蒙逊听了梁构的回答后，非常高兴，于是接受了命令。

荆州刺史桓伟死了，大将军桓玄让桓修去顶替桓伟原来的职位。从事中郎曹靖之对桓玄说："桓谦和桓修兄弟两人专权，在朝廷内外把持朝政，权力声势太重了。”桓玄听了他说的话之后，就立即让南郡的宰臣桓石康担任荆州刺史。桓石康，是桓豁的儿子。

刘裕率领着军队在永嘉将卢循给打败了，卢循战败后被刘裕追赶到晋安，紧接着几次战役又都输给了刘裕，最后卢循只好渡海向南逃走了。

何无忌暗中去看刘裕，并且劝刘裕在山阴起兵去讨伐桓玄。刘裕听了何无忌说的话之后就去与本地的豪杰孔靖商量，孔靖对刘裕说：“山阴这个地方距离都城非常遥远，如果在这里起事的话是很难成功的。而且现在桓玄还没有篡夺帝位，我们不如等到他已经篡了帝位之后，再在京口计谋讨伐他。”刘裕听了孔靖的话之后，觉得很有道理，于是就采纳了他的意见。孔靖，是孔愉的孙子。

九月，魏国的君主拓跋珪率领着自己的部下到达了南平城，规划在灅水的南边建造新都。

侍中殷仲文和散骑常侍卞范之他们两人都劝大将军桓玄早一点接受禅位，并且暗中撰写了九锡文和册命。让桓谦担任侍中、开府、录尚书事，让王谧担任中书监和领司徒，让桓胤担任中书令，并且还加封桓修为抚军大将军。桓胤，是桓冲的孙子。丙子日(十六日)，颁布诏令册令桓玄为相国，总管着百官，封给他十个郡，为楚王，加封九锡，然后楚国又设置了丞相以下的官吏。

桓谦私下里问彭城的内史刘裕说：“楚王的功勋德业都十分崇大，按照朝廷现在的情形，大家都说应该禅位给他，你对此事是怎么认为的呢?”刘裕回答说：“楚王本来就是宣武公桓温的儿子，再加上他的功勋德业为一世之冠，而现在的晋室衰微倾弱，百姓很久以前就想换个君主了，现在这种情况下配合时运禅位给他，又有什么不可以的呢?”桓谦对刘裕的回答感到很高兴，他对刘裕说：“你说可以那就可以了。”

新野人庾仄是殷仲堪的同党，他听说桓伟死了，而桓石康还没有到达后，就在襄阳起兵了，然后率领着自己的军队去偷袭雍州的刺史冯该，并且成功地把他给赶走了。庾仄有七千名部属，他设置了祭坛，祭祀了七庙，说是“想要去讨伐桓玄”，江陵都受到了震动。等到石康到了荆州之后，他发动军队去攻打襄阳，庾仄战败，最后只好逃奔到秦国去了。

高雅之向南燕的君主慕容备德上奏表，请求慕容备德让他带兵去讨伐桓玄。他对慕容备德说：“纵使我这一次不能够清除吴郡和会稽，但是一定可以收复江北的地方。”中书侍郎韩范也向慕容备德上奏疏说：“现在的晋朝处在衰微混乱的时期，江、淮南北的地方，都没有多少户口，而且军队的力量也十分单薄弱小。再加上桓玄此时犯上作乱，他们内部上下根本就不能够同心协力。所以以陛下您的神明英武，如果我们现在派遣一万名步兵和骑兵到达，那么他们必定会土崩瓦解，士兵们也都会逃走而不留下来。等我们取得了这个地方以后，我们就不需要再怕秦国和魏国了。拓展我国的土地，成就千秋的功劳，就在今天了。如果我们失去了这次机会不去进攻的话，等到其他的豪杰们消灭桓玄以后，再修行德政，我们不只是得不到建康了，就连江北也可能没有希望了。”慕容备德对大臣们说：“朕是因为旧的邦国已经被灭掉了，所以想先将中原安定下来。因此平定扫荡了荆州和扬州，而没有下令向南征伐。这应该让诸位大臣公卿研议的。”于是在城西演练军队，步兵有三十七万人，骑兵有五万三千匹马，车辆一万七千部。公卿都认为现在的桓玄刚刚得志，根本就没有什么办法去图谋他，于是止住了这个计划。

冬季，十月，楚王桓玄向晋安帝上奏表请求要回到藩国，还让晋安帝亲自下了手诏坚持挽留他。又欺骗说钱塘临平湖的长草，自动把湖面给拨开了（临平湖草常蓁塞，开则天下太平）；江州降下了甘露，教百官齐集祝贺，作为自己接受天命的符兆；又因为前代都有隐居的名士，而到自己的时候没有，感到很羞愧，于是找到了晋室东迁后在洛阳的隐士安定人皇甫谧的六世孙子皇甫希之，供给他费用，让他隐居在山林里。然后一边征调他做著作郎，一边还让皇甫希之坚持推辞说不能够接受，然后再下诏令旌表礼敬，号称高士。当时的人都说他是“冒充的隐士”。桓玄又想要下令废除掉钱币，用稻谷和丝帛来作通货，还想要恢复肉刑。制度非常混乱，根本就没有统一的意见，还总是在来回反复变更，导致制度都无法实行。桓玄的性情又非常贪婪和鄙吝，如果知道某个人有了好的字或者好的画，又或是好的花园住宅，那么他一定会假借赌博的方式，将它们都据为己有。他特别喜欢珠宝玉石，对这些东西爱不释手。

乙卯日(二十五日)，魏国的君主拓跋珪册封他的儿子拓跋嗣为齐王，还加封了相国的地位；册封拓跋绍为清河王，加封为征南大将军；册封拓跋熙为阳平王；册封拓跋曜为河南王。

丁巳日(二十七日)，魏国的将军伊谓率领着两万名骑兵去侵袭高车的馀种袁纥和乌频。十一月，庚午日(十一日)，伊谓将他们打得大败。

诏令楚王桓玄施行天子的礼乐，册封他的妃子为王后，他的世子为太子。丁丑日(十八日)，卞范之制作禅位的诏令，教临川王司马宝去逼迫晋安帝书写诏令。司马宝是司马晞的曾孙。庚辰日(二十一日)，晋安帝到了厅堂，派遣兼太保、领司徒王谧将玉玺及组绶奉上，然后禅位给了楚王。壬午日(二十三日)，晋安帝出了皇宫，住在了永安宫。癸未日(二十四日)，将太庙司马氏族的历代祖先的牌位迁到了琅邪国，穆章何皇后和琅邪王德文都搬到了司徒府。百官们到姑孰之后，就劝桓玄登位。十二月，庚寅朔日(初一)，桓玄在九井山北边搭建祭坛，壬辰日(初三)，桓玄正式登上了皇上位。册文中有很多地方指责及藐视了晋朝的王室，于是就有人对桓玄加以劝谏，桓玄回答说：“册文中揖让谦逊的话，只可以是对普通的老百姓说说而已，怎么可以用来欺骗帝王呢？这个必须据实陈说。”桓玄登位之后立即下令大赦天下，并且改年号为永始。他将南康的平固县赐给了原来的晋安帝，封他为平固王，并且把何后降级为零陵县君，琅邪王司马德文为石阳县公，武陵王司马遵为彭泽县侯。追加尊奉他的父亲桓温为宣武皇帝，庙号为太祖，南康公主为宣皇后，封他的儿子桓升为豫章王。让会稽内史王愉担任尚书仆射，让王愉的儿子相国左长史王绥担任中书令。王绥是桓氏的外甥。戊戌日（初九），桓玄进入了建康宫，真正登上了皇帝的宝座，而他的坐床却忽然发生了下陷的情况，群臣的脸色都变了。殷仲文对此解释说："大概是圣上您的道德太过深厚，连地都不能够承载得了。"桓玄听了殷仲文说的话之后非常高兴。梁王司马珍之的国臣孔朴帮助司马珍之逃奔去了寿阳。司马珍之是司马晞的曾孙。

戊申日（十九日），燕王慕容熙将燕主慕容垂的宠妃段氏尊奉为皇太后。段氏是慕容熙的亲生母亲。己酉日（二十日），燕王慕容熙又册封苻贵嫔为皇后。下令大赦。

辛亥日（二十二日），桓玄派人把晋安帝迁到了寻阳。

燕国下令让卫尉悦真担任青州的刺史，让他带兵镇守在新城。让光禄大夫卫驹担任并州刺史，带兵镇守在凡城。

癸丑日（二十四日），桓玄将神主接纳到太庙里。桓玄亲自去听讼观看囚徒，不管犯人们犯的是轻罪还是重罪，他们中很多人都获得了原谅，然后被放行了。有人干犯乘舆乞讨饮食者，就经常给予一些周济。他喜欢做这些小恩小惠的事情。

这一年，魏国的君主拓跋珪开始命令官吏们制作冠服，然后根据品秩分等级。可是他的很多法度都是刚刚建立的，都没有稽考古制。

元兴三年（甲辰，公元 404 年）

春季，正月，桓玄册封他的妻子刘氏为皇后，刘氏是刘乔的曾孙女。桓玄因为他的祖父桓彝以上的名位都不显著，于是就没有再追尊立庙。散骑常侍徐广对桓玄说："'尊敬他的父亲则儿子喜悦。'请您依照过去的例子立七庙。"桓玄回答徐广说："根据礼制的规定，太祖的位置面向东，左三昭，右三穆。晋朝立了七庙，但是宣帝不能够在正东向的位置，这样的做法哪里值得我去效法呢？"秘书监卞承之告诉徐广说："如果宗庙的祭祀真的不推及到祖父的话，那么就可以知道楚王的福祚不会太长了。"徐广是徐邈的弟弟。

桓玄自从登基做皇帝以后，心里常常感到不安，不能平定。二月，己丑朔日（初一），这天夜晚，波涛冲入了石头城，被水流冲走然后死去的人有很多，群众都十分惊慌。桓玄听了这个消息之后，心里感到非常害怕，他说："这是奴辈想要作乱了！"

桓玄的本性是非常苛刻琐细的，他喜欢恃功自夸。主事的人上奏的时候，有时有一个字的上下偏旁不合体，又或者是哪一句话不对，他都一定要加以纠正指摘，以此来表现他的聪明。尚书回答诏书时误把"春蒐"两字写成了"春菟"，桓玄就下令从左丞王纳之以下，凡是在这份诏书上盖过章的、签过字的，都被降职免官了。桓玄有时会亲手指派入值的官，有时会自己任用令史，诏令颁布得非常纷乱，主管官吏们应答不暇。而朝廷纪纲不治，公文停顿堆积，都无法知晓。他又非常喜欢游乐打猎，有时候一天要出去好几次。他从东宫搬出来，另外修建了宫室，土木工程一起进行，督促得十分紧迫，朝野里都很骚乱，想要趁此机会作乱的人有很多。

桓玄派遣使者给益州刺史毛璩加官为散骑常侍和左将军。毛璩将桓玄的使者抓住扣留了，他不接受桓玄的任命。毛璩是毛宝的孙子。桓玄颁布诏令让桓希担任梁州刺史，分别命令众将戍守三巴加以防备。毛璩将军书传送给各处，将桓玄的罪状一一陈列出来，派遣巴东的太守柳约之、建平的太守罗述和征虏司马甄季之率领军队去击败桓希等人，然后又率领军队进兵屯守在白帝。

刘裕跟从徐、兖二州的刺史安成王桓修一起入朝，桓玄告诉王谧说："刘裕的风神骨法和一般人是不一样的，是人中的豪杰。"每次桓玄组织游览集会，都会很殷勤地引领接待刘裕，并赠送给他丰厚的赏赐。桓玄的皇后刘氏，很有智慧，非常聪明，能知人，她告诉桓玄说："刘裕走路的时候如龙虎一样行走，他的眼光瞻视，不同于一般的人，我担心他终究不会甘心屈居于人下的，所以我们还不如早一点把他给除掉。”桓玄听了她的话后，对她说：“我现在要平定中原，如果现在除掉刘裕的话，那我就没有可以任用的人了。还是等到关、河平定以后再另外商议吧！”

桓玄让桓弘担任青州刺史，带兵在广陵镇守；让刁逵担任豫州刺史，带兵在历阳镇守。桓弘，是桓修的弟弟；刁逵，是刁彝的儿子。

刘裕和何无忌坐同一条船回到京口，他们暗中计划要复兴晋朝的王室。刘迈的弟弟刘毅的家在京口，他也和何无忌计划要去讨伐桓玄。何无忌说：“桓氏现在的力量十分强大，就凭我们现在这样能有办法吗？”刘毅说：“天下自有强弱的道理，如果失去了正道，即使力量足够强，也会很容易就衰弱的，我只是担心举事的首领难得罢了！”何无忌说：“天下草野之中，不是没有真正的英雄呀！”刘毅说：“在我所遇见的人当中，只有刘下邳（刘裕）最适合成为领袖了。”何无忌听了刘毅的话之后，笑着不回答，他回去将他们的话告诉给了刘裕，于是决定和刘毅商量谋略。

当初，太原王元德和他的弟弟仲德率领着自己的军队替苻氏起兵去攻打燕国的君主慕容垂时，没有成功，于是他们就跑到晋朝来，朝廷接受他们之后，让元德担任弘农的太守。仲德在看见桓玄自称皇帝之后，告诉别人说：“从古以来，因为受命而改朝换代的，不是只有这一个族而已，但是今天起义的人，恐怕将来不能成就什么大事。”

平昌人孟昶担任青州主簿一职，桓弘派遣孟昶到建康去，桓玄见了孟昶之后非常高兴，他告诉刘迈说：“我在普通的读书人中得到了一个尚书郎，你和他在同一个州里，你们以前认识吗？”刘迈平时和孟昶的关系不好，于是就回答桓玄说：“臣在京口的时候，没有听说孟昶有什么特别的才能，只是听说他们父子之间经常会互相赠诗。”桓玄听了刘迈的话之后大笑，也就没再提给孟昶升官的事了。孟昶知道这件事情之后非常气愤。他回到京口后，刘裕告诉孟昶说：“草野之中常常会有英雄崛起，你常听说这样的事吗？”孟昶回答刘裕说：“今天的英雄会有谁呢？就是你自己吧！”

因此，刘裕、刘毅、何无忌、王元德、王仲德、孟昶和刘裕的弟弟刘道规、任城人魏咏之、高平人檀凭之、琅邪人诸葛长民、河内太守陇西人辛扈兴、振威将军东莞人童厚之他们这些人，互相勾结起来，密谋起兵造反。刘道规是桓弘的中兵参军，刘裕派遣刘毅率领自己的部下到江北去和刘道规及孟昶的人会合。他们一起将桓弘给杀死了，然后占据了广陵，在广陵防守。诸葛长民是刁逵的参军，他们暗中派遣诸葛长民去杀死了刁逵，然后派人占据了历阳。元德、扈兴和厚之三人都在建康，所以就派遣他们在城内聚合群众攻打桓玄作为内应，等到约定日期一到，他们就一同发动战事。

孟昶的妻子周氏很有钱，孟昶告诉她说："刘迈在桓公面前诋毁污蔑我，让我的一生沦落，所以我决定做叛贼造反。而我希望你能早一点和我断绝夫妻关系，假如有一天我得到了荣华富贵，那时我再来迎娶你也不晚。"周氏听了丈夫说的话之后，对孟昶说："你的父母都还健在，你想要建立不寻常的谋略，这哪是我一妇人所能劝谏的呢？如果你的事情没有成功，即使我会沦为官奴，我也要在奚官中奉养公婆，从道义上来讲，我没有回娘家的打算。"孟昶听了妻子的话之后，心情很是惆怅，他过了很久才站起来，周氏追上孟昶，叫他坐下来与他说："我看你现在的作为，不是来向我商量的，不过是想要向我要些财物罢了。"因此周氏指着自己怀里抱着的女儿说："咱们的这个女儿如果可以拿去卖钱的话，我也不会吝惜的。"于是周氏把自己所有的钱财都给了孟昶。孟昶的弟弟孟顗的妻子，是周氏的堂妹，周氏欺骗她说："昨天晚上我做了一个梦，梦境反映的极为不祥，门内所有红色的东西都应该全部拿下来作为压鬼的东西。"她的堂妹相信她所编造的话，把所有的红布都给了她，于是周氏就用这些布加紧时间缝制了军士的战袍。

何无忌晚上独自一人在屏风里草拟檄文，他的母亲，是刘牢之的姐姐。她爬上凳子暗中偷看何无忌，哭着对他说："我比不上东海吕明的母亲，这是非常显明的事实。但是你能这样做，我又有什么好怨恨的呢?”何无忌的母亲问和他一起同谋起事的是哪些人。何无忌回答说:“是刘裕。”母亲听了之后特别高兴,于是就说了许多桓玄一定会失败、你的举事一定会成功的道理来劝慰他。

乙卯日(二十七日),刘裕借口要出去打猎,他和何无忌集合了所有手下,加在一起有一百多人。丙辰日(二十八日),天刚亮的时候,京口的城门刚打开,何无忌就穿着传达诏令的衣服,称自己是来传达诏令的使者,站在队伍的前面,徒众跟着他一起进入了城里,然后他们就把桓修立刻斩杀示众了。桓修的司马刁弘得知这个消息之后立即率领着文武僚佐前来赴难,刘裕登上城楼,告诉他们说:“郭江州(郭昶之)已经将天子奉迎到了寻阳,要将天下返归正位,我们都收到了密诏,这次来是要诛灭叛逆的贼党,今天贼党的首领桓玄的头已经悬挂在大航了。各位不都是大晋的臣子吗,那么今天你们都来要做些什么呢?”刁弘等人相信了他说的话,于是就召回徒众退去了。

刘裕问何无忌说:“我们现在急需要招一名府主簿,如何才能够得到呢?”何无忌回答说:“没有比刘道民更适当的人选。”刘道民就是东莞人刘穆之。刘裕说:“我也认识他。”然后就立刻派遣信使去召请他。当时刘穆之听到京口传来了喧闹的声音,他早晨刚起床,走到街头的时候,正巧就碰上了使者。刘穆之看着他没有说话,后来他又回到了屋子里,将布裳撕碎作为戎服,前去和刘裕见面。刘裕对刘穆之说:“我们现在是刚开始发动义举,在这起事之初,事事都非常艰难,急需要一名军吏,你看谁是最适合的人选呢?”刘穆之听了之后,对刘裕说:“贵府现在才刚开始建立,军吏确实是需要很有才干的,而在这紧急时刻,大概没有人能比我更合适的了。”刘裕听了刘穆之说的话之后,笑着对他说:“你能够自己屈就这个职位,那么我的事情就算成功了。”说完之后,刘裕立刻在座上署任他为主簿。

孟昶劝桓弘当天出去打猎,天还没亮的时候,官兵们打开城门让打猎的人出城,孟昶和刘毅、刘道规三人率领着数十名壮士直接进入城里,桓弘正在吃粥,立即把他杀了,于是收拾群众渡过长江。

刘裕派刘毅去杀刁弘。

起先，刘裕派遣同谋的人周安穆到建康报告刘迈，刘迈虽然敷衍答应，但心里非常惶恐不安。周安穆担心他们的事情外泄，于是很快就回去了。桓玄任命刘迈为竟陵太守，刘迈想要急着去赴任，当天晚上，桓玄写信给刘迈说："北府的人心现在怎么样？你最近看见刘裕的时候，他都说了些什么话？"刘迈以为桓玄已经知道了他们的计谋，便在早晨起来以后，马上去向桓玄报告。桓玄听了之后大吃一惊，马上封刘迈为重安侯。但是桓玄后来不满意刘迈不抓住安穆，让他给逃走了，于是就下令杀死刘迈。然后又把王元德、辛扈兴和童厚之等人也都给杀死了。

大家都推举刘裕担任盟主，总管督导徐州的事情，任命孟昶为长史，带兵防守在京口，檀凭之为司马。在彭城应召募集来的人，刘裕都交由郡主簿刘钟统领着。丁巳日（二十九日），刘裕率领着两州百姓一共一千七百人，驻军在竹里，各地传送来军书，都声称益州刺史毛璩已经平定了荆楚，江州刺史郭昶之奉迎了晋安帝回到了寻阳复位，镇北参军王元德等人也一起率领着部属据守在石头，扬武将军诸葛长民已经据守在了历阳。

桓玄移回到上宫去了，并且召令侍官们都居住在尚书省中。桓玄又接着下令加封扬州刺史新野王桓谦为征讨都督，让殷仲文代替桓修担任徐州和兖州刺史。桓谦等人向桓玄请求即刻派兵去攻打刘裕。而桓玄听了他们的请求之后，说："他们的士兵非常猛锐，而且他们已经下定决心，誓死不回。一旦我们出现了什么意外，他们的气焰就会形成，到那时我的大事一定会失败，所以我们不如将大军驻扎在覆舟山等待他们。他们白走了两百里的路，但是一点收获都没有，士兵们的锐气已经严重受到挫折了。当他们忽然看见我们的大军时，一定会非常惊讶的。所以我们现在只要按兵不动，坚守住阵地，不要和他们有交战就好了，当他们想要求战却又不能如愿时，自然就会流散而走，这才是上等的策略。"桓谦等人听了桓玄的分析与做法之后，依然坚持请求要加以攻击，于是桓玄就派遣顿丘太守吴甫之和右卫将军皇甫敷率领着自己的部下相继从建康北往京口去。

桓玄现在一直感到忧心恐惧。有人对他说："刘裕等人只是一群乌合之众而已，力量还是十分微弱的，他们在形势上一定不能够成功的，所以陛下又何必过分担心呢?"桓玄听了之后说："刘裕算是一代雄才了。刘毅的家里没有一点点积存，而他赌博的时候，一输就是百万钱，可见他的为人十分豪爽，根本就不在乎财物，而何无忌这个人又很像他的舅舅刘牢之，这些人聚在一起举大事，又怎么能那么轻易地说他们不会成功呢?"

南凉王秃檀十分害怕秦国的强大，因此去除自己国家的年号，罢免了尚书丞郎官，然后派遣参军关尚去出使秦国。秦王姚兴接见使者时说："车骑将军秃檀贡献了自己的财物，自称是藩属，然而却擅自发动军队去兴造大城，这哪里还有身为臣子的道义呢?"关尚回答姚兴说："王公在自己的领域设置一些险阻来防守自己的国家，这是从先王起就有的制度了。车骑将军秃檀又僻处在一个偏远的藩属，紧邻着强大的敌人，兴造大城是为了加强国家多道关门的防卫，根本就没有想到陛下竟然会因为这而产生猜疑。"姚兴觉得关尚说得很有道理，同意他的看法。接着秃檀又向姚兴请求管理凉州，但是姚兴没有答应他的请求。

起初，袁真杀死朱宪后，朱宪的弟弟朱绰逃到了桓温那里。等到桓温攻下寿阳，朱绰就打开袁真的棺木，对着袁真的尸体鞭戮。桓温对朱绰的行为非常生气，准备要杀朱绰，但是桓冲出来替朱绰讲情请求，桓温才免了朱绰一死。

朱绰侍奉桓冲就像是对待自己的父亲一样，桓冲死了之后，朱绰也因为悲伤过度吐血而死。刘裕率领着军队攻下了京口，他任命朱绰的儿子朱龄石担任建武参军。三月，戊午朔日(初一)，刘裕的军队和吴甫之的军队在江乘相遇。在他们的军队将要作战的时候，朱龄石告诉刘裕说："我世代接受了桓氏深厚的恩惠，所以不想以兵器相对，乞求能够在大军的后面。”刘裕听了朱龄石说的话之后，非常赞许他的义气，于是就同意了他的请求。吴甫之是桓玄的一名勇将，他的士兵们都非常勇锐。刘裕手里拿着一把长刀，大声呼喊着向前冲去，把敌人都给吓跑了，然后他立刻杀死了吴甫之，将军队带到了罗落桥。皇甫敷率领着数千人前去迎战，宁远将军檀凭之战败身死了。刘裕带兵作战越来越凌厉，最后皇甫敷的军队将他们包围了好几重，刘裕倚在大树旁挺身独战。皇甫敷对他说："你想要什么样的死法?”皇甫敷拔起戈戟就准备要去刺杀他，刘裕看着他的动作瞪着眼睛叱骂，皇甫敷惊退而走。刘裕的同伙不一会就赶到了，他们用箭射中皇甫敷的额头，皇甫敷跌倒下去，接着刘裕拿着刀直向前去。皇甫敷对刘裕说："你将来一定会大富大贵的，我把我的子孙托付给你了。”刘裕杀死了皇甫敷，然后按照皇甫敷的遗言很宽厚地抚恤他的孤儿。刘裕让檀凭之所带领的军队去配给参军檀祗。檀祗，是檀凭之的侄子。

桓玄听到自己的两名将领死了之后，非常害怕，他马上召命了许多会方术的人，推算自己的吉凶，以及厌伏的方法。他问群臣说："朕现在就要失败了吗?”吏部郎曹靖之回答桓玄说："现在百姓们怨恨，神灵也都对我们发怒了，臣感到非常害怕。”桓玄疑问着说："百姓或许可能会有所怨恨，可是神灵到底为什么会发怒呢?”有人回答说："晋室的宗庙，先是迁到了琅邪国，然后就又迁到了寻阳，在江滨之间漂流，在大楚的祭祀上，又上推不到祖父，这就是神灵会发怒的原因。”桓玄又问说："那你那个时候为什么不对我加以劝谏呢?”曹靖之回答桓玄说："当时陪乘在君王车上的各个大臣们都认为他们现在身在像尧和舜一样的时代里，臣又怎么敢乱讲话呢?”桓玄听了曹靖之的解释之后，变得沉默不言。他立即派遣桓谦和游击将军何澹之率领着军队在东陵驻扎。侍中、后将军卞范之带领着自己的部下在覆舟山的西边驻扎，一共有两万人。

己未日(初二)，刘裕的军队吃完饭之后，把剩余的粮食全部都丢弃了，然后将军队带到了覆舟山的东方。他先是派遣一些残弱的人登上山，在山顶上张扬旗帜作为疑阵，然后数路并进，遍布山谷。桓玄派出去侦测的部队回来报告说："刘裕的军队充塞四方，不知道到底有多少人。"桓玄听了士兵的报告之后，更加忧心恐惧了，他立即派遣武卫将军庾赜之率领着精良的士兵去补充支援各军。桓谦等人率领的士兵都是北府的人，平常很害怕刘裕，根本就没有什么战斗的意志。刘裕和刘毅等人分为了几支部队，进兵突击桓谦的阵地。而刘裕自己更是身先士卒，奋先作战，将士们也都拼了命地去打仗，都是以一当百，呼喊的声音，惊动天地。当时的东北风吹得很急，于是他们放火焚烧，灯雾火焰，弥漫天空，击鼓叫喊的声音震动了京城，最后桓谦等各军结局都是大败。

桓玄虽然已经派遣军队前去抵抗刘裕了，可是他要逃走的心意早就已经决定了。他先是暗中派遣领军将军殷仲文在石头城准备好了船只，当他听到桓谦等人已经战败的消息之后，立即率领着几千名亲信，说是要去前方作战，然后带领着他的儿子桓升和他的侄子桓浚离开了南掖门。途中桓玄遇到了从前的相国参军胡藩，胡藩扯着马缰想要劝谏桓玄说："您现在羽林军中还有八百名射手，他们都是有恩义的旧人，西人历代都接受了桓氏的恩惠，现在不派他们前往最后一战，一旦放弃了这股力量，您还想要到哪里去呢？"桓玄不回答他的话，只是举起了马鞭朝向青天，他的意思是天意亡我。然后就挥着马鞭骑马而去，继续带领部下向西往石头城去了，和殷仲文等人渡过江向南走去。桓玄一整天都没有吃什么东西，身边的侍卫进奉粗劣的米饭，桓玄根本就吞不下去。桓升抱着他的胸口安抚，桓玄悲伤得不能自已。

刘裕率领着自己的军队进入建康，王仲德知道后马上抱着王元德的儿子王方回出城去迎接刘裕，刘裕在马上抱着王方回看着王仲德，然后两个人一起哭了起来。刘裕追赠王元德为给事中，让王仲德担任中兵参军。刘裕停留在桓谦的旧营，派遣刘钟据守在东府。庚申日(初三),刘裕率领军队在石头城驻扎防守,立留尚书台总管百官,在宣阳门外将桓温的神主焚毁了,然后重新造设了晋朝新的神主,奉送到太庙里去,这之后刘裕立即派遣众将带兵去追赶桓玄。尚书王嘏率领着百官奉迎晋安帝的座车,把桓玄在建康的家族全部都给诛灭了。刘裕派遣臧熹到宫里去,收拾图书、器物,然后封闭府库。其中有很多的金饰和乐器,刘裕问臧熹说:“难道你心里都不想要这些东西吗?”臧熹很严肃地对刘裕说:“皇上现在被幽禁逼迫,沦落到不该到的地方,将军您第一个建立大义,效忠王室,我虽然不够贤明,但是现在实在是没有心情来享受这些。”刘裕听了臧熹说的话之后,笑着对他说:“我只是随便和你开个玩笑。”臧熹,是臧焘的弟弟。

壬戌日(初五),桓玄的司徒王谧和大家商议一起推举刘裕督领扬州,但是刘裕坚决推辞。于是只好任命王谧为侍中、领司徒、扬州刺史、录尚书事,然后王谧又推举刘裕为使持节、都督扬、徐、兖、豫、青、冀、幽、并八州诸军事、徐州刺史,刘毅担任青州刺史,何无忌担任琅邪内史,孟昶担任丹杨尹,刘道规担任义昌太守。

刘裕刚开始带着自己的部下到达建康的时候,有各种各样重要的事情需要处理,然后他将事情都委交给了刘穆之,很多事情都是在很仓促的情况下决定的,但都是非常稳当的。刘裕因此把他当作身边最亲密的人,一切行动都要先向他请教。而刘穆之对待刘裕交代的事情也都竭尽自己的能力,没有任何遗漏和隐藏。当时的晋朝政治非常松散,朝廷里也没有什么纪纲法律,豪门大族经常凌暴放纵,老百姓们的生活十分穷困危迫,再加上司马元显颁布的政令有谬误,桓玄即使想要厘正整理,但因为科条都太繁杂细密了,众人都无法去适应。刘穆之就针对当时的实际情况,根据需要加以改正。刘裕这个人以身作则,他作为百姓的模范,首先用他的威严戒禁内外。百官们都很恭谨地尽忠职守,各司其职,不满十天,旧的风俗马上得到了整改。

起初,诸葛长民率领自己的部下到达豫州时,因为误了约定的时间，不能再贸然发兵了。刁逵抓住诸葛长民之后，就用囚车将他关起来，然后送去给桓玄。等到将诸葛长民送到当利的时候，桓玄就已经战败了。押运囚车的人一同打破了囚车，将诸葛长民给放了出来，然后诸葛长民就回到了历阳。刁逵得知桓玄战败后立即弃城逃走了，但是却被他的部下抓住了，然后他的部下在石头城把刁逵杀害，连同他的子女晚辈，也都不分年长年幼全部给杀死了，只将他最小的弟弟给事中刁骋赦免了。刁逵的旧臣将他的侄子刁雍藏匿起来，最后将他送到洛阳去了，然后秦王姚兴任命他为太子中庶子。刘裕让魏咏之担任豫州刺史，率领自己的部下在历阳镇守，让诸葛长民担任宣城的内史。

起初，在刘裕的声名和地位都很低微，不出名的时候，他是一个轻率狡猾、没有品行的人，士族名流们都不愿意和他交往，只有王谧一人认为他很奇特，觉得他将来一定会显贵的。他告诉刘裕说："你将来一定会成为一代英雄的。"刘裕曾经和刁逵在一起赌博过，刘裕输了无法立刻还钱给刁逵，刁逵就把他绑在了系马的柱子上。王谧看见了这一幕，立即责备训斥刁逵，让刁逵赶快把刘裕放下来，然后还替刘裕还钱给刁逵，从此之后刘裕就深深地痛恨刁逵，而非常感激王谧。

萧方等说："蛟龙潜伏在水里的时候，鱼虾都敢来戏弄它。因此，汉高祖宽赦了雍齿，魏武赦免了梁鹄，您怎么可以把处在平民时期的个人矛盾，成为做了天子之后的衅隙呢？现在您将王谧封公爵，把刁逵的家族都给灭了，酬谢了对自己有恩德的人、报复了那些有仇怨的人，您怎么可以用这样褊狭的角度来解决问题呢！"

尚书左仆射王愉和他的儿子荆州刺史王绥私下里谋划想要去袭击刘裕，他们的事情最终还是被刘裕发现了，于是刘裕下令将王愉全族的人都给杀了。而王绥的弟子慧龙被僧彬藏匿起来了，得以幸免于死。

魏国以中原地区的经济不景气为由，下诏令宣布县里居民不满一百户的，就废除掉。

丁卯日（初十），刘裕率领着自己的军队回去镇守东府。

桓玄带着自己的部下到达寻阳之后，郭昶之给他提供了很多器物用品和兵力。辛未日（十四日），桓玄逼迫晋安帝下命令向西行进，刘毅率领着何无忌和刘道规等众军前去追赶。桓玄将龙骧将军何澹之、前将军郭铨与郭昶之都留下来在一同防守湓口。桓玄在行军的路上亲自撰写了《起居注》，叙述了自己带兵去讨伐刘裕的事情，他自认为自己的经营谋略和所有实行的措施，都是没有任何错误的，最终失败的原因是由于各军都不听从他的命令和指挥造成的。桓玄一直专心沉浸在自己的著作中，根本就没空和他的群属们商量时事。最后《起居注》完成的时候，桓玄宣布给了远近的人知道。

丙戌日（二十九日），刘裕声称自己接到了晋安帝下达的秘密诏示，让武陵王司马遵承制总管百官行事，并且加封他为侍中、大将军，还因此大赦了天下，但是这些政策只对桓玄一族不加宽赦。

刘敬宣和高雅之两人结合了青州的大姓和鲜卑的豪勇统帅们，共同商量谋杀南燕王慕容备德的事，他们还推举了司马休之为谋主。慕容备德让刘轨担任司空，对他非常宠信。于是高雅之就想要邀请刘轨与他们一起共谋这件大事。刘敬宣听了之后，对高雅之说："刘公他已经很衰老了，早就有了安于齐土的心志，所以我们不可以将这个计划告诉他。"但是高雅之没有听从刘敬宣的劝告，把这件事情告诉了刘轨，刘轨听完高雅之的计策后没有答应他。刘敬宣等人的阴谋有一些被泄露了，于是他们决定立即向南逃走。南燕人就将刘轨抓起并把他杀死。然后他们又追上了高雅之，把他也给杀死了。刘敬宣和司马休之两人逃到了淮水和泗水之间的地带，他们听说桓玄的军队已经失败了，于是决定来归附刘裕，刘裕让刘敬宣担任晋陵太守。

南燕的君主慕容备德听说桓玄战败了，于是就命令北地王慕容钟等人带领着军队想要去占取江南，但碰巧此时慕容备德生病了，所以他们不得不停止这个计划。

夏季，四月，己丑日（初二），武陵王司马遵进入到朝廷里，住在了东宫，朝廷内外的人都对他很尊敬。他入朝之后将任免文武百官的命令叫作制书，把普通行政通告叫作令书。还任命司马休之监督荆益梁宁秦雍六州各地的所有军事、领荆州刺史。

庚寅日（初三），桓玄挟持着晋安帝一路跑到了江陵，桓石康接纳了他们。桓玄改换了署置百官，任命卞范之为尚书仆射。桓玄怕自己这次奔溃失败以后，威令就不那么管用了，于是又增加了许多更严厉的刑罚，但是结果却是让大家更为叛离怨恨了。殷仲文去劝谏桓玄，桓玄很生气地对他说："由于现在众将们都不守规律，天时对我们已经很不利了，所以我们才回到了旧有的楚地，在这里设都。但是仍然有许多成群的小人把我扰得不安，导致现在到处都是不同的议论，我此时更应该用威猛的严刑来对此现象加以纠正，不可以施行太宽厚的政治。"荆州和江州各郡的人听说他流离迁移，于是就有人上奏表前来探问他的起居生活，但是桓玄都不予接受，还叫当地的人庆贺迁移新都。

起初，王谧作为桓玄辅佐发令的重要大臣，在桓玄接受禅位的时候，王谧亲手解开了晋安帝的国玺丝带。桓玄失败了之后，大家都说王谧应该被杀，但是刘裕特意保全了他。刘毅曾经利用朝廷聚会的时候，私下里偷偷向王谧询问玺绶在哪里。王谧的内心一直不能够安宁，于是他想办法逃到了曲阿。刘裕得知王谧逃走之后，立即写信告诉了武陵王，然后迎接王谧回来恢复了他的原位。

桓玄哥哥的儿子桓歆带领着氐人的统帅杨秋去入侵历阳，魏咏之率领着诸葛长民、刘敬宣和刘钟几人一起去击败他们，在练固就把杨秋给杀死了。

桓玄派遣武卫将军庾稚祖和江夏太守桓道恭率领着数千人去配合何澹之等人共同在湓口防守。何无忌和刘道规两人带着自己的部下到达了桑落洲，庚戌日（二十三日），何澹之等人又带领着水军前去迎战。

何澹之常常在自己乘坐的船上，插上很多羽毛作为装饰的仪仗和旗帜。何无忌看到之后说：“贼兵的元帅一定不会坐在这艘船上的，这是他们想要欺骗我们罢了，我们应该赶快去攻这艘船。”大家听到何无忌说的话之后都说：“既然知道了何澹之不在这条船上，那么我们得到了这艘船也没有任何的益处。”何无忌说：“现在我们军队的人数不比他们多，打起仗来，不一定能够全部获胜，何澹之既然不住在这艘船上，那么战斗力一定很弱，我们用强劲的兵力去攻打的话，一定能够得手的，等到我们得手了以后，他们的气势就会很沮丧，而我们的气势就会倍增，那时我们再加以逼迫他们，就一定会打败敌人的。”刘道规听了何无忌说的话之后，觉得很有道理，于是就对他说：“你说的办法很好。”然后就马上派兵前去攻打，并且很快就顺利地得到了船。因此他们一一相传呼喊道：“我们已经把何澹之给抓起来了！”何澹之的军队听到这样的消息后，受到了惊扰。而何无忌的军队也相信了事实确实如此，然后就趁着胜利的士气继续去攻打何澹之等人，将他们给打得大败。何无忌等人攻下了湓口，带兵据守在寻阳，然后派遣使者奉送宗庙的神主、石匣回到京师。诏令加封刘裕都督江州诸军事。

桑落的战役中，胡藩所乘坐的船舰被官军烧毁了，胡藩只好全身穿着战甲跳到了水里，在水里潜水走了三十多步，才安全地登上岸。当时江陵的道路已经断绝了，于是他只好回到豫章。刘裕平时听别人说胡藩这个人做人非常忠厚坦直，于是就请他领参领军军事。

桓玄下令将荆州的军队全部集合起来，还不到三十天，已经有两万士兵了，船只、兵器也已经很多了。甲寅日（二十七日），桓玄又带领着各军挟持晋安帝向东行，让苻宏担任梁州刺史，把他作为前锋部队。然后又派遣散骑常侍徐放先走，他告诉刘裕等人说：“如果我最后还能够把军队调回去，并将军队解散，那么我将和各位重新开始，各授给职位任务，使大家不失去职分。”

刘裕让诸葛长民担任都督淮北各地的军事，带兵镇守在山阳；任命刘敬宣为江州刺史。

柔然的可汗社仑的堂弟悦代大那设计阴谋想要将社仑给杀了，但是他的计策没有成功，只好逃奔到魏国去了。

燕王慕容熙下令在龙腾苑兴建逍遥宫，接连而起的房间有数百间，开凿曲光海，现在正是夏天最热的时候，士兵们却不能得到足够的休息，于是有大半的人都因为中暑而死了。

西凉的世子李谭死了。

刘毅、何无忌、刘道规和下邳的太守平昌人孟怀玉几人率领着众人从寻阳向西行，五月，癸酉日（十七日），他们和桓玄在峥嵘洲相遇。刘毅等人的军队不满一万人，而桓玄的战士已有将近几万人了，大家都感到非常害怕，都想再退回到寻阳去。可是刘道规说："不可以这样做！敌人非常多，我军人数少，强弱的形势明显不同，如果我们在这种情况下就畏惧懦弱而不敢前进，那么之后一定会被他们乘机攻击的，我们虽然到得了寻阳，但是哪里又能真正固守呢？桓玄虽然窃有雄豪的声名，但其实他的内心是非常胆怯的。再加上他已经奔逃战败，部属也一定都没有坚固的信心。两军在对阵的时候，决定胜败的关键，就是将帅雄武者能获胜，根本不在于兵多或兵少。"因此他指挥着军队率先前进，刘毅等人最后也只好跟从了。桓玄常常将轻快的小船停泊在队船的旁边，准备失败的时候好方便逃走，所以大家也都没有什么继续战斗的心智了。刘毅等人顺着风势放火，所有精锐部队都奋勇争先，桓玄的军队被他们给打败了。然后把他们的车粮和重的装备都给烧毁了，还利用夜晚逃走。郭铨跑去向刘毅投降。

桓玄的旧将领刘统和冯稚等人聚合党徒四百人去突袭寻阳城。刘毅得知之后即刻派遣建威将军刘怀肃带兵前去讨平他们。刘怀肃是刘怀敬的弟弟。

桓玄挟持着晋安帝乘着一只船向西逃走，他把永安何皇后和王皇后都留在了巴陵。殷仲文当时本来在桓玄的船舰上，但是他请求到别的船上去收集逃散的士卒，于是他借机背叛了桓玄，将两位皇后接走逃奔到夏口去了，最后回到了建康。

己卯日（二十三日），桓玄挟持着晋安帝进入江陵。冯该劝桓玄改变方向，向东下去作战，但是桓玄没有答应，他仍然想要逃奔到汉中去附应桓希，可是当时人心离散，士气低落，号令根本不能够下达。庚辰日（二十四日），半夜，桓玄安排好准备出发，城里已经完全陷入了混乱之中，于是他和亲近的心腹一百多人骑着马出城向西逃走。等到桓玄到达了城门，他身边的人在黑暗中砍杀桓玄，但是没有砍中，徒众之间都在互相杀害，尸体前后横陈着。桓玄只能到达船上，左右的人都分散开了，只有卞范之还在自己的旁边。

辛巳日（二十五日），荆州的别驾王康产将晋安帝接到了南郡的府舍，太守王腾之率领着文武官员作为侍卫时刻保护着。

桓玄准备带领着自己的部下到汉中去。屯骑校尉毛修之，是毛璩弟弟的儿子，他诱骗桓玄进入蜀地，桓玄听从了他的意见，果真进入了蜀地。宁州刺史毛璠，是毛璩的弟弟，他死在了任上。毛璩派他的哥哥的孙子毛祐之和参军费恬率领着数百人护送毛璠的灵柩回到江陵去安葬。壬午日（二十六日），在枚回洲遇见了桓玄。毛祐之和费恬一起迎战桓玄，当时射的箭就像下的雨一样多，桓玄所宠幸的妃子丁仙期和万盖等人用自己的身体去为桓玄遮蔽箭雨，最后她们两人都被箭给射死了。益州督护汉嘉人冯迁拿出刀子，向前要击杀桓玄，桓玄拔下头上的玉簪给他说：“你是什么人，竟然敢杀害天子！”冯迁回答说：“我是杀天子的贼人罢了！”于是他就把桓玄的头给砍下来了，然后又转回去斩杀了桓石康、桓浚和庾赜之，将桓升捉住送到了江陵，最后在市集上把他给杀死了。晋安帝的座车回到江陵之后，他任命毛修之为骁骑将军。甲申日（二十八日），晋安帝下令大赦天下，所有被威胁逼迫或跟从叛逆的人，全都不予追问。戊寅日（二十二日），将神主接奉到了太庙。刘毅等人将桓玄的首级传送上来，在大桁枭首示众。

刘毅等人打了胜仗，以为大事已经平定了，便不再急着往回追赶。接着他们又遇到了大风，船根本无法行进，桓玄死了快十天的时候，众军还是没有到达。当时桓谦藏在了沮中，扬武将军桓振藏在了华容浦，桓玄的旧将领王稚徽戍守在巴陵，他派人报告给桓振说："桓歆已经攻下了京城，冯稚又攻下了寻阳，刘毅各军都在中途战败退走了。"桓振接到信之后非常高兴，他立即聚合了两百名党徒，去侵袭江陵，桓谦也聚集了部属响应他。闰月，己丑日（初三），他们又攻陷了江陵，并且杀死了王康产和王腾之。桓振在行宫里看见了晋安帝，跃马扬戈，直到他的阶前，向他逼问桓升现在在哪里。听说他已经死了，他瞪着眼睛对晋安帝说："臣的家族有什么对不起国家的事情，为什么就这样给全部杀灭了呢？"琅邪王司马德文下坐床告诉他说："这又怎么会是我兄弟的意思呢？"桓振想要杀死晋安帝，但桓谦一直对他苦苦劝止，他这才下马，收敛了自己愤怒的脸色，下拜后就出去了。壬辰日（初六），桓振为桓玄举行了哀礼，设立了灵堂，给他谥号为武悼皇帝。

癸巳日（初七），桓谦等人率领着群臣将玺绶奉上给了晋安帝，并对晋安帝说："主上您效法尧帝的做法，把帝位禅让给桓玄，现在楚王的福祚不能终长，百姓们的心意又归向了晋朝。"晋安帝任命琅邪王司马德文为徐州刺史，桓振为都督八郡诸军事、荆州刺史，桓谦为侍中和卫将军，并且加封江、豫两州刺史，晋安帝左右的侍从，全部都成了桓振的心腹亲信。

桓振年少的时候，行为很不良，桓玄从不把他当作自己的侄子看待。到了这时候，桓振叹息着说："公从前没有早一点任用我，所以现在才会有这样一个失败。如果公还健在的话，我一定当先锋，天下间没有什么是我不能平定的。现在只有我一个人做这件事，那又能有什么归止呢？"于是放纵情欲，沉迷在酒色之中，随便诛杀。桓谦劝桓振带兵东下去作战，自己在江陵防守，可是桓振平时就很看不起桓谦，没有听从他的意见。

刘毅到了巴陵之后，杀死了王稚徽。何无忌和刘道规在马头进兵攻打桓谦，在龙泉攻打桓蔚，把他们都给打败了。桓蔚是桓秘的儿子。

何无忌想要乘胜追击，继续直往江陵，但是刘道规说："兵法上说进退都有时机，不可以随便前进。众桓世代住在西楚，一般的老百姓都愿意为他们尽力。桓振的英勇冠于三军，我们很难和他争锋。所以还不如暂时休息兵力，养足锐气，慢慢再想计策去牵制他，这样就不必去担心不能胜利了。"何无忌没有听从他说的话。桓振在灵溪迎战，冯该派军队与他会合，何无忌等人大败，死了一千多人。退回到寻阳，和刘毅等人上疏请罪。刘裕派遣刘毅节度各军，免除了他的青州刺史职位。桓振让桓蔚担任雍州刺史，带兵在襄阳镇守。

柳约之、罗述和甄季之三人听说桓玄死后，都从白帝进兵到枝江，当他们听说何无忌等人在灵溪打了败仗，就又带着自己的兵退回去了。不久，罗述和甄季之都生病了，柳约之就趁这时去向桓振假装投降，想要用计谋去突袭桓振，但事情最后被泄露了，桓振派人把他给杀死了。柳约之的司马时延祖、涪陵太守文处茂收拾他的余兵，在涪陵坚守。

六月，毛璩派遣将领攻打汉中，杀死了桓希，而毛璩自己也占领了梁州。

秋季，七月的时候，戊申日（二十三日），永安皇后何氏死了。

燕国的苻昭仪生病了，龙城人王荣说自己能够医治好她。昭仪最后还是死了，于是燕王慕容熙就把王荣立在公车门，肢解了他的身体后焚烧掉了。

八月，癸酉日（十九日），将穆章皇后埋葬在了永平陵。

魏国设置了六谒官，是比照着古代的六卿而设的。

九月，刁骋阴谋要造反，失败后被杀死了。刁氏于是开始了亡族。刁氏一向都很有钱，奴仆和门客都非常纵横豪强，独自霸占山泽的利益，据为己有，是京口的祸患。刘裕解散了他的财富，命令百姓自己尽力去取，百姓一整天都没有拿完。当时的州郡发生了饥荒困弊，百姓们凭借那些钱渡过了难关。

乞伏乾归和杨盛在竹岭打起来了，乞伏乾归败给了杨盛。

西凉公李嵩立了他的儿子李歆为世子。

魏国的君主拓跋珪亲临昭阳殿，更换补充了百官，引见了朝臣及文武官员，亲自加以选拔人才，并且完全依照才能授予官职。列爵位为四等：王封给大郡，公封给小郡，侯封给大县，伯封给小县。品第从第一等到第四等，旧臣中有功劳而没有爵位的，就追加封给，比较疏远的宗室和异姓承袭封官的人，都分别降低了爵位。又设置了五等一般的官吏，品第从第五等排到了第九等。百官中如有缺额的，就从这里面补充。他的官名多半不用汉、魏以前有的，而是模仿上古时代的龙官、鸟官，称众官曹的使者叫作凫鸭，取它飞得很快的意思；称负责窥察和掌管斥候的官叫作白鹭，取它伸长颈子向远看的意思；其余的都大类如此。

卢循带兵去侵略南海，攻打番禺。广州刺史濮阳人吴隐之带兵抵抗防守了一百多天。冬季，十月，壬戌日(初九)，卢循又在夜晚偷袭了该城，然后把这座城给攻陷了，下令把府舍和民房都给烧光了，抓住了吴隐之。卢循则自称为平南将军，兼理广州的事情。他把所有的尸骨都聚集在一起烧焚，做了一个共同的坟冢，将他们埋葬在了洲上，有头骨三万多个。又派遣徐道覆去攻打始兴，抓住了始兴的相宰阮腆之。

刘裕担任青州刺史。

刘敬宣在寻阳的时候，聚集粮食，修理船只，一直都很有准备，所以当何无忌等人战败退走的时候，依然能够依赖他而重新得到振作。桓玄的侄子桓亮称为江州刺史，带兵去侵略豫章，刘敬宣把他给打败了。

刘毅、何无忌和刘道规等人又从寻阳向西而行，到了夏口。桓振派遣镇东将军冯该带兵防守在东岸，让扬武将军孟山图据守在鲁山城，辅国将军桓仙客防守在偃月垒，士兵们合计在一起有一万人，水陆两军都互相援助。刘毅带兵去攻打鲁山城，刘道规带兵去攻打偃月垒，何无忌则负责遏止中流的地方，从辰时到午时，鲁山城和偃月垒两城都给攻取下来了，还活捉了孟山图和桓仙客，而冯该则逃到了石城。

辛巳日（二十八日），魏国下令大赦，改年号为天赐，建筑西宫。十一月，魏主拓跋珪进入了西宫，然后命令宗室设置了宗师，八国都设置了大师、小师，州郡也都各设置了教师，用来辨明宗党，品举人才，像魏、晋时候中正的职位。

燕王慕容熙和苻后打猎游乐的时候，向北登上了白鹿山，向东逾过了青岭，南面到达了沧海，然后他们就回来了，而这期间他们的士卒中被虎狼杀害和被冻死的有五千多人。

十二月，刘毅等人带兵去攻下巴陵。刘毅的军队的号令一直都是严厉整饬的，他们所经过的地方百姓们都感到安心喜悦。于是刘裕又让刘毅担任兖州刺史。

桓振任命桓放之为益州刺史，屯守在西陵；文处茂带兵把他给打败了，于是他就逃走回到了江陵。

高句丽派兵去侵略燕国。

戊辰日（十六日），魏国的君主拓跋珪到达了豺山宫。

这一年，晋国的百姓为了逃避灾难，扶老携幼往淮北逃跑的人，在道路上连接不断。

资治通鉴卷第一百一十四　晋纪三十六

起乙巳(公元405年),止戊申(公元408年),共四年。

【题解】本卷记录了公元405年至408年,即晋安帝司马德宗义熙元年至义熙四年共四年间东晋与各国的大事。主要记录了桓氏余党被刘裕讨平,晋安帝返回建康,刘裕掌权;记录了谯纵被拥立为成都王,杀死益州刺史毛璩,刘裕两次派兵,都失败而回;记录了秦王姚兴礼崇鸠摩罗什,后秦佛法大兴;记录了秃发傉檀、姚兴、赫连勃勃之间的交战,秃发氏衰落,赫连勃勃势力强盛;记录了南燕王慕容德死,其侄慕容超继位,出现灭亡之势;记录了后燕王慕容熙先后攻打契丹和高句丽,皆无功而返;记录了慕容熙宠幸皇后苻氏,苻氏死,高云杀慕容熙,建立北燕;记录了魏主拓跋珪大兴宫室,极尽奢华;记录了西凉公李暠以仁爱教导群臣等等。

安皇帝己

义熙元年(乙巳,公元405年)

春季,正月,南阳的太守扶风人鲁宗之起兵去袭击襄阳,桓蔚逃到了江陵。己丑日(初七),刘毅等人又率领着各军到达了马头。桓振挟持着晋安帝出兵屯驻江津,他派遣使者去请求割给他江州和荆州,作为将天子奉送回来的交换条件。可是刘毅等人没有答应他的要求。辛卯日(初九),鲁宗之在柞溪打败了桓振的部将温楷,进兵屯驻在了纪南。桓振留下桓谦和冯该在江陵防守,自己带兵去和鲁宗之作战,最终把鲁宗之打得大败。刘毅等人在豫章口击败了冯该,桓谦最后只好弃城逃走了。刘毅等人进入了江陵,抓住了卞范之等人,把他们都给杀了。桓振回来之后,望见城里起火了,就知道城池已经被攻陷下来了,而他的部属也都逃散了,他自己则逃到涢川去了。

乙未日（十三日），晋安帝下诏命令，把重大的事情都委交给了冠军将军刘毅负责处理。

戊戌日（十六日），晋安帝下令大赦天下，改年号为义熙，只有桓氏一族人没有得到宽恕。由于桓冲当年对晋朝王室忠诚，于是就特别宽宥了他的孙子桓胤。任命鲁宗之为雍州刺史，让毛璩担任征西将军、都督益梁秦凉宁五州诸军事，让毛璩的弟弟毛瑾担任梁州和秦州刺史，让毛瑗担任宁州刺史。刘怀肃带兵在石城追上了冯该，把他给捉住之后就杀死了，而桓谦、桓怡、桓蔚、桓谧、何澹之和温楷几人最后都逃奔到秦国去了。桓怡，是桓弘的弟弟。

燕王慕容熙率领军队去讨伐高句丽。戊申日（二十六日），慕容熙带兵去攻打辽东；城池在快被攻陷的时候，慕容熙命令将士们说："你们不可以先进入城里，等到铲平了城墙之后，朕和皇后要先乘车进入。"但是城里的守军防备得十分严密，慕容熙根本没有办法把它给攻取下来，于是只好带着部下回去了。

秦王姚兴让鸠摩罗什担任了国师，把他像神明一样尊奉着，并且亲自率领着群臣及和尚去听鸠摩罗什讲佛经。姚兴又命令鸠摩罗什将西域的《经》和《论》翻译过来，一共有三百多卷，下令营造大量的塔寺，在那里修行坐禅的僧人常常有千人之多。朝廷中公卿以下的官吏都信奉佛教，因此州郡的百姓受到影响，也都开始事奉佛祖，城中的人十家中就有九家信奉佛教。

乞伏乾归率领军队去攻击吐谷浑大孩，把吐谷浑大孩给打得大败，俘虏了一万多人后回去了。吐谷浑大孩战败后只好拼命逃走，最后死在了胡园。视罴的世子树洛干率领着自己剩余的部属，有几千户人家，一起逃奔到莫何川去了，而他自己也自称为车骑大将军、大单于、吐谷浑王。树洛干减轻了百姓的劳役和赋税，他实行有功必赏、有过必罚的政策，于是吐谷浑逐渐复兴起来，最后沙和湿各戎族也都归附他了。

西凉公李暠自称为大将军、大都督，兼领秦凉两州州牧，他下令大赦，并且改年号为建初，然后派遣舍人黄始和梁兴两人从小路出发，到建康去奉上奏表。

二月，丁巳日(初五)，留台为晋安帝准备座车，要到江陵去迎接晋安帝。而刘毅和刘道规被留下来在夏口带兵防守，何无忌带兵将晋安帝奉迎回东边。

起初，毛璩听说桓振带兵攻陷了江陵，就率领着自己的三万大军顺流东下，准备去讨伐桓振，他的弟弟西夷校尉毛瑾和蜀郡太守毛瑗两人也都从外水出兵，参军巴西人谯纵和侯晖从涪水出兵。蜀人其实不喜欢远征，侯晖到达五城水口的时候，和巴西人阳昧密谋作乱。谯纵这个人一向和气谨慎，蜀人都很敬爱他。于是侯晖和阳昧两人想逼迫谯纵做他们的谋主。谯纵严词拒绝，纵身投江，被别人救了上来，侯晖和阳昧就又命人用武器逼迫谯纵坐上了车子。谯纵又跳到了地上，依然叩头坚持推辞，最后侯晖还是把谯纵给捆在了车上。侯晖带兵回来以后，偷袭了在涪城的毛瑾，并且把他给杀死了，然后推举谯纵担任梁州和秦州刺史。毛璩到了略城后，听说发生了兵变，便马上逃回到成都去了，派遣参军王琼带领着军队去讨伐，但是被谯纵的弟弟谯明子给打败了，这一战死了十分之八九的人。在益州负责分配军营的李腾，将城门打开来接纳谯纵的军队，然后进入城内的谯纵的军队杀死了毛璩和他的弟弟毛瑗，并且灭掉了他们的整个家族。谯纵称自己是成都王，任命他的堂弟谯洪为益州刺史，任命谯明子为巴州刺史，屯守在白帝。蜀发生了大乱，汉中出现了一片空虚的现象，氐王杨盛就派遣他哥哥的儿子平南将军杨抚带兵前去攻占它。

癸亥日(十一日)，魏国的君主拓跋珪带着自己的部下从豺山回来后，就罢除了尚书省的三十六名官曹。

三月，桓振率领着自己的部下从郧城去偷袭江陵，荆州刺史司马休之战败后，奔逃到了襄阳，于是桓振就自称为荆州刺史。建威将军刘怀肃得知消息后，马上从云杜带兵赶去救援，和桓振在沙桥遇上，两军打了起来。刘毅知道这件事情之后，立即派遣广武将军唐兴带兵前去救助刘怀肃，等到唐兴带兵到了阵地之后，他们一起将桓振给杀死了，重新夺回了江陵。

甲午日（十三日），晋安帝率领着部下到达建康。乙未日（十四日），百官到宫殿去请罪，诏令恢复了百官原来的职位。

尚书殷仲文因为朝廷里的音乐不够完备，于是就去告诉刘裕，希望他能够办理。刘裕对殷仲文说："我现在根本没有空去做这件事，而且我也不了解音乐的性能。"殷仲文又说："只要你喜欢它，自然就会懂它了。"刘裕又对他说："正是因为通了就会喜欢它，我怕到时候会荒废了正务，所以就不去学它了。"

庚子日（十九日），晋安帝让琅邪王司马德文担任大司马，武陵王司马遵担任太保，刘裕担任侍中、车骑将军、都督中外诸军事，徐、青两州刺史依然是原来的，刘毅担任左将军，何无忌担任右将军、督领豫州、扬州五郡军事、豫州刺史，刘道规担任辅国将军、督领淮北诸军事、并州刺史，魏咏之担任征虏将军、吴国的内史。刘裕坚持推让不肯接受，对他加封录尚书事，他也不接受，屡次请求要回到属地去。诏令百官去劝勉他，晋安帝也亲自到他的府第上去。刘裕此时感到惶恐害怕，再次前往宫殿去陈情，晋安帝才听从了他的意见，让他回到属地去了。然后又任命魏咏之为荆州刺史，代替了司马休之。

起初，刘毅曾担任过刘敬宣宁朔将军的参军，当时有人赞许刘毅这个人很雄杰。刘敬宣对他们说："一个有不平常才华的人，自然拥有才调和气度，哪里就能说这个人是人中豪杰呢？这个人的性情，外表看上去很宽厚，但是他的内心却很狭忌，总喜欢夸耀自己，当他居于别人的上位，一旦得到了权势后，他也会因为侵凌上位之人而惹来祸患的。"刘毅听到这些话之后非常气愤。等到刘敬宣担任江州刺史时，他推辞没有自己的功劳，不应该在刘毅等人的前面授予如此重任，但是刘裕没有答应。刘毅于是就派人去告诉刘裕说："刘敬宣没有参加我们当初起义的军队。勇猛的将军和有功劳的臣子，才是需要叙功报答的，而像刘敬宣这一类的人，就应该让他在后面。如果使君您没有忘记过去的经验的话（刘裕曾经当刘牢之的参军），那么正好可以让他担任员外常侍，我听说已经任命他为太守了，这个职位对他来说实在是太过优渥了。不久之后又任命他为江州刺史，尤其令人惊骇惋惜啊。”刘敬宣对此更加不能心安，自己上奏表要解去职务，晋安帝最后只好召他回来担任宣城的内史。

夏季，四月，刘裕带兵回来镇守在京口，改授为都督荆、司等十六州诸军事，加领兖州刺史。

卢循派遣使者进入朝廷献贡。当时的朝廷才刚刚平定没多长时间，根本就没有什么空暇再前去征讨。壬申日（二十一日），任命卢循为广州刺史，徐道覆为始兴宰臣。卢循送给刘裕益智粽，刘裕回报给他续命汤。

卢循任命从前的琅邪内史王诞为平南长史。王诞告诉卢循说："我本来就不是军旅出身的，在这里根本没有什么用。我一向受刘镇军（刘裕）的厚爱，如果我能够回到北边去，一定会被蒙受寄予重任的，那么在公私周旋交接之间，我一定会报答您的厚恩的。"卢循觉得王诞说得很对，十分同意他的看法。刘裕写信给卢循，命令他派遣吴隐之回来，卢循没有答应。王诞又告诉卢循说："将军今天将吴公给留下来，无论是从公来说还是从私来说都不是一个好的计策。孙伯符又哪里不愿意留下华子鱼呢？只是一个国家不能够容纳两个国君罢了。"于是卢循就派遣吴隐之和王诞一起回去了。

起初，南燕的君主慕容备德在秦国做官时，担任张掖的太守，他的哥哥慕容纳和他的母亲公孙氏住在张掖。慕容备德跟随秦王苻坚带兵去侵略淮南的时候，把金刀留下来和他的母亲告别。慕容备德和燕王慕容垂在山东起兵的时候，张掖的太守苻昌捉拿了慕容纳和慕容备德的几个儿子，把他们全部都给杀死了。公孙氏因为年老而获得了免罪，慕容纳的妻子段氏正巧怀着身孕，也还没有判决。狱吏呼延平曾经是慕容备德的旧部僚，他将公孙氏和段氏都偷偷给救了出来，逃到了羌人那里。段氏生了一个儿子叫慕容超，慕容超十岁的时候，公孙氏生重病了，在她临死之前，将金刀交给了慕容超，并对他说："你要是能够再回到东方，一定要把这把金刀还给你的叔叔。"公孙氏死后呼延平就又带着慕容超和他的母亲逃奔到凉国去了。等到吕隆投降了秦国的时候，慕容超就跟随着凉州的百姓一起迁徙到长安去了。呼延平死了之后，段氏为慕容超娶了他的女儿为媳妇。

慕容超害怕自己被秦人所羁留，于是就假装疯狂，在街上向人行乞，秦人都瞧不起他，只有东平公姚绍看见他之后觉得很奇怪，然后他就去告诉秦王姚兴说："慕容超的姿貌躯干很奇伟，大概不是真的疯狂，我希望您能稍微给他一点官爵来羁留他。"姚兴听了姚绍说的话之后，就召见了慕容超，姚兴和他讲话的时候，慕容超故意回答错误，或是姚兴问了而不回答。姚兴就告诉姚绍说："俗话说：'外表美艳，内质必然秀慧。'这其实也只是随便乱说的话罢了。"于是就下令放走了慕容超南燕王。

慕容备德听说慕容纳有个遗腹子在秦国，于是立即派遣济阴人吴辩前往秦国去视探。吴辩利用他的同乡宗正谦在长安卖卜，让他去告诉慕容超。慕容超知道消息之后不敢告诉他的母亲和妻子，暗中和宗正谦改名换姓逃回到南燕去了。走到梁父的时候，镇南长史悦寿将这件事告诉了兖州刺史慕容法。慕容法说："从前汉朝有个卖卜的人假托说是卫太子，现在哪里知道这件事是不是也是这一类的呢？"因此对慕容超不甚恭敬，于是慕容超就和慕容法有了矛盾。

慕容备德听说慕容超到了之后，非常欢喜，立即派遣三百名骑兵去迎接他。慕容超到了广固之后，把金刀拿出来献给了慕容备德。慕容备德看到金刀之后十分悲痛地哭泣，几乎完全不能自已。慕容备德封慕容超为北海王，拜侍中、骠骑大将军、司隶校尉、开府，精选当时国家里的贤才，给他当僚属。因为慕容备德没有儿子，所以他想要把慕容超培养为自己的继承人。慕容超在朝廷里能够侍奉慕容备德，使他感到十分欢欣；离开朝廷之后，也能够折节，礼遇下属。

因此，朝廷内外的人都在称誉慕容超，并且归心于他。

五月，桂阳太守章武王司马秀和益州刺史司马轨之谋划造反，事情失败后，他们都被杀死了。司马秀的妻子，是桓振的妹妹，所以桓振自己心疑会连累到他，索性也造反了。

桓玄的余党桓亮和苻宏等人拥有许多寇贼，经常去扰乱相邻的郡县。刘毅、刘道规和檀祗等人分别派遣了兵力去讨伐消灭他们，最后荆、湘、江、豫都给平定了。诏令让刘毅担任都督淮南等五郡军事、豫州刺史，何无忌为都督江东五郡军事、会稽内史。

北青州刺史刘该造反，与魏国勾结，把魏国作为自己的援助。清河、阳平两郡的太守孙全聚合民众附应他。六月，魏国的豫州刺史索度真和将领斛斯兰带兵去入侵徐州，围攻彭城。刘裕得知消息之后立即派遣他的弟弟南彭城内史刘道怜和东海太守孟龙符带兵前去救援，斩杀了刘该和孙全，把魏国的军队打得大败而逃。孟龙符，是孟怀玉的弟弟。

秦国的陇西公姚硕德带兵去攻打仇池，屡次将杨盛的军队给打败了。将军敛俱率领军队去攻打汉中，攻下了成固，将三千多户流亡的百姓迁徙到关中去了。秋季，七月，杨盛主动向秦国请求投降。秦国于是就任命杨盛为都督益宁两州诸军事、征南大将军、益州牧。

刘裕派遣使者去向秦国求和，而且要得到南乡等各郡，秦王姚兴知道之后很快就答应了他。群臣都认为这样做不行，姚兴对他们说："天下所有的善行，都是一样值得赞美的。刘裕以他卑微的身份，能够去讨伐诛灭桓玄，复兴晋朝的宗室。对内他革正政事，对外修卫疆土，我有什么理由要珍惜这几个城郡，而不去成全了他的理想呢?"于是姚兴下令将南乡、顺阳、新野和舞阴等十二郡都割让给了晋朝。

八月，燕国的辽西太守邵颜有罪，逃命做了盗匪。九月，中常侍郭仲带兵去讨伐他，捉住他之后把他给杀死了。

汝水出现了枯竭的现象，南燕的君主慕容备德知道后很不高兴。没过多久，他就生了重病。北海王慕容超得知后就请求为他去祈祷，慕容备德对慕容超说："人主的生命，是长还是短，都是由天意决定的，而不是汝水所能控制的。"慕容超仍然坚持要为慕容备德去请求，但是慕容备德一直没有答应。

戊午日（初九），慕容备德在东阳殿接见了群臣，商议册立慕容超为太子一事。可是忽然发生了地震，百官对此都很惊恐，慕容备德心里也感到不安，最后只好回到内宫去了。当天晚上，慕容备德的病就变得更加严重了，闭着眼睛根本就不能说话了。段后大声地对慕容备德说："今天您召令中书作诏书册立慕容超，这件事还可以吗？"慕容备德慢慢睁开自己的眼睛，然后点头表示同意。于是朝廷就册立了慕容超为皇太子，下令大赦。这之后没过多久慕容备德就死了，当时做了十几个棺材，夜晚的时候分别从四个城门出去，暗中埋葬在山谷里了。

己未日（初十），慕容超登上皇位，下令大赦，改年号为太上。把段后尊奉为皇太后。任命北地王慕容钟都督中外诸军、录尚书事，慕容法担任征南大将军、都督徐兖扬南兖四州诸军事，加封慕容镇开府仪同三司，任命尚书令封孚为太尉，鞠仲为司空，封嵩为尚书左仆射。癸亥日（十四日），将慕容备德假充埋葬在东阳陵，谥号为献武皇帝，庙号世宗。

慕容超将他所亲信的公孙五楼作为自己的心腹。慕容备德以前的大臣北地王慕容钟和段宏等人此时都感到很不安，主动请求要补调外地的职务。慕容超任命慕容钟为青州州牧，段宏为徐州刺史。公孙五楼担任武卫将军，兼领屯骑校尉，在朝内参与政事。封孚劝谏慕容超说："臣听说亲属不能够让他单独在外地，羁旅的人不能够让他一直待在家里。慕容钟是国家宗仰的大臣，为整个社稷所仰赖；段宏在外戚中有最美好的声望，老百姓都对他十分瞻仰。这两个人正是应该参与辅翼百官的，不应该远出镇守在京城以外的地方。现在慕容钟等人出任藩国，公孙五楼在朝内辅佐，臣私下觉得很不安。"慕容超没有听从封孚的意见。慕容钟和段宏知道之后心里都感到很不满，互相说："黄狗的皮，恐怕最后都要拿来补狐皮大衣了。"公孙五楼听了他们的话之后，心里的怨恨很深。

魏咏之死了之后，江陵令罗修阴谋举兵去偷袭江陵，把王慧龙奉为谋主。刘裕以并州刺史刘道规为都督荆宁等六州诸军事、荆州刺史。罗修没有能够如愿举兵，保护着王慧龙逃奔到秦国去了。

乞伏乾归率领军队去攻打仇池，被杨盛给打败了。

西凉公李暠和长史张邈阴谋迁都到酒泉，以此来逼追沮渠蒙逊。任命张体顶为建康太守，带兵在乐涫镇守；任命宋繇为敦煌护军，和他的儿子敦煌太守李让一起镇守在敦煌，于是迁都到酒泉。

李暠下令警诫他的几个儿子，他认为："执政的人应当审慎之后再使用赏罚，不要任凭自己的喜怒来决定，要能够接近忠正的君子，自觉地疏远谗佞的小人，不要让自己身边左右的人玩弄威势和权力。别人的毁谤或赞誉，都应当研究察核它的真假。听讼案判决的时候，也一定要脸色和悦地凭任道理，要时刻谨慎，不要预先被别人给欺骗了，恶声厉色时，也要适当地轻微一点。务必要做到广泛地征求意见，不要刚愎自用。我执政五年了，虽然不能够说是使百姓都安息，但是我还是能够包容他人的缺点的。早晨还是仇敌，晚上就能成为知心的好朋友，大致对于新识旧交都没有对不起的事，所以处事待人方面，都应该保持着公平的态度，要胸怀坦荡，没有偏差，一点儿也不许因私意有所变更。这样做，从眼前的情况来看，好像是不合算，但是从长远的利益来看的话，就绰绰有余了，大抵不会在古人面前觉得惭愧。"

十二月，燕王慕容熙带兵去偷袭契丹。

义熙二年(丙午，公元406年)

春季，正月，甲申日(初八)，魏国的君主拓跋珪带兵前去豺山宫。各州都设置三名刺史，每郡也都设置了三名太守，每县设置了三名令长；刺史、令长各自都到州县，太守虽设置了却没有好好地治理百姓，功臣被封为州刺史的，都征调回到京师，以原有爵禄，归回府第。

益州刺史司马荣期带兵去白帝攻打谯明子，他把谯明子给打败了。

燕王慕容熙到达陉山北边，他因为害怕契丹人多，所以想要回去。苻后没有听从他的意见，戊申日(正月无此日)，慕容熙放弃了笨重的军用物资，用轻便的军队去偷袭高句丽。

南燕君主慕容超猜忌又暴虐的性情，一天比一天严重了，朝廷的政事都由掌权的佞幸去处理了，而他自己则沉迷于田猎。封孚和韩䛒都曾屡次劝谏他，他都不听。慕容超曾经临着栏槛问封孚说：“你觉得朕可以和前代的哪一个国君相比较?”封孚回答他说：“是桀和纣。”慕容超听到之后十分羞愧生气。之后，封孚慢慢地走了出去，脸色一点也没有变。鞠仲就告诉封孚说：“你和天子讲话怎么可以这个样子呢！你应该马上回去向他道歉。”封孚对鞠仲说：“我已经七十岁了，现在只求有死的地方就好了！”最终封孚还是没有去道歉。而慕容超因为封孚在当时很有声望，于是就对他特别优厚宽容。

桓玄作乱的时候，河间王司马昙的儿子国璠和叔璠奔往南燕。二月，甲戌日(二十八日)，国璠等人带兵攻陷了弋阳。

燕国的军队行了三千多里路之后，士兵和战马都非常疲累受冻，一路上死了很多的人和马，而来攻打高句丽的木底城，攻不下来只能回去。夕阳公慕容云被箭给射伤了，但是他又害怕燕王慕容熙的暴虐无道，于是就以生病为理由，辞去了自己的官职。

三月，庚子日(二十五日)，魏国的君主拓跋珪回到了平城。夏季，四月，庚申日(十五日)，拓跋珪又到了豺山宫；甲午日(四月无此日)，再次回到平城。

柔然的社仑带兵去侵略魏国的边境。

五月，燕国的君主慕容宝的儿子博陵公慕容虔和上党公慕容昭，都因为有叛国的嫌疑而被慕容宝给赐死了。

六月，秦国的陇西公姚硕德从上邽入朝，秦王姚兴为此下令大赦。等到姚硕德回去的时候，姚兴把他送到了雍城才回来。姚兴对待晋公姚绪和姚硕德的礼节就好像对待自己的家人一样，车马、衣服和玩好，都是先要奉给两位叔叔，而自己再使用次等的；国家重大的政事，也都要先征求他们的意见，然后再决定如何去做。

秃发傉檀带兵去攻打沮渠蒙逊，沮渠蒙逊围着城坚固防守。秃发傉檀带着军队到了赤泉就回去了，将三千匹马和三万头羊都献给了秦国。秦王姚兴由此认为他非常忠心，于是就任命他为都督河右诸军事、车骑大将军、凉州刺史，镇守姑臧，征调王尚回到长安。凉州人申屠英等，派遣主簿胡威到长安去请求留下王尚，但是姚兴没有答应。胡威看见姚兴之后，流着泪对他说："我们凉州遵奉陛下的教化，已经五年了，土地偏僻遥远，朝廷的威力命令，很难到达我们这里。士民卧薪尝胆，擦拭伤血，共同防守孤城。仰仗陛下您的圣明德业，俯依贤良牧守的仁政，才能够寻求自保，一直到今天。陛下您怎么可以拿我们来和三千匹马、三万头羊来交换呢。轻贱百姓、尊贵畜生，这样恐怕是不可以的吧！如果国家的军队需要马匹，那么只需尚书下一道命令就可以了，我们凉州大约有三千多户百姓，每户送一匹马，早晨下令，晚上就能办妥，这有什么困难的呢？从前汉武帝倾尽天下财力，开拓河西，以堵断匈奴的右臂。现在陛下没有任何原因地放弃了五郡的土地，和忠心善良的华人宗族，以此来增加残暴胡虏的力量，这哪里只是使臣这个州的士民陷于痛苦的生活，恐怕这些是圣明的朝廷的隐忧呀！"姚兴听了他说的话之后，非常后悔，立即派遣西平人车普快骑去阻止王尚，同时又派遣使者去告谕秃发傉檀。正巧秃发傉檀已经率领步兵和骑兵三万人驻军在五涧，车普先把姚兴的谕状告诉了他。秃发傉檀于是马上催促王尚回去；王尚从清阳门出发，秃发傉檀从凉风门进入。

别驾宗敞送王尚回到了长安，秃发傉檀对宗敞说："我虽然得到了凉州的三千多户人家，但其实我心里所想要的，就只有你一个人而已啊，为什么你一定要舍弃我而离开呢？"宗敞对秃发傉檀说："我今天送走了旧君，就是为了向陛下表明我的衷心呀！"秃发傉檀说："我刚刚主管贵州，怀柔远人和安抚近人的策略都是些什么呢？”宗敞说：“凉州的土地虽然凋敝，但却是地势十分重要的地方。殿下现在对百姓施恩安抚，招收贤明有才干的人来建立功名，又怎么会没有收获呢？”于是他就推荐了本州的文人、武士还有盛名的人，一共有十多个人。秃发祢檀对他推荐的人全部嘉勉接纳了。王尚到长安，姚兴叫他担任尚书。

秃发祢檀在宣德堂设宴宴请群臣，抬头仰望叹息说：“古人有句话叫：‘建造房子的人，自己不住，而住在房子里的人，自己不会建造房子。’真是如此啊。”武威人孟祎说：“从张文王开始建造这个堂到现在，已经有一百年了，它经过了十二个君主，只有实践诚信、想要顺应民心的人，才能够长久地住在这里。”秃发祢檀很同意他的看法。

魏国的君主拓跋珪规划营建平城，想要比照邺城、洛阳和长安那样，来修治扩充宫室。因为觉得济阳的太守莫题有精巧的心思，于是就召见了他，和他商量了工程的进度。莫题侍奉拓跋珪的时间一长，态度稍微有些懈怠，拓跋珪很生气，于是就赐他自杀了。莫题，是莫含的孙子。从此，拓跋珪发动了八个部族五百里内的所有男丁去建筑灅南宫，灅南宫的宫门有十多丈高，贯穿了沟池，增广了饲养禽兽的苑圃，并且规划设立外城，有二十里见方，分别设置了市里，三十日就完成了。

秋季，七月，魏国的太尉宜都丁公穆崇死了。

八月，秃发祢檀任命兴城侯文支带兵镇守在姑臧，而他自己回到了乐都。虽然接受了秦国的爵命，但是他的车乘、服制和礼仪，都还是像国君一样。

甲辰日（初一），魏国的君主拓跋珪带兵到了豺山宫，然后又到了石漠。九月，他度过了漠北；癸巳日（二十一日），拓跋珪又向南回到了长州。

刘裕听说谯纵带兵造反了，于是就立即派遣龙骧将军毛修之带领着军队和司马荣期、文处茂、时延祖一起去讨伐。毛修之到达宕渠的时候，司马荣期已经被他的参军杨承祖给杀了，杨承祖自称是巴州刺史，毛修之只好退回到白帝去了。

秃发祎檀向西凉请求与他和好，西凉公李暠答应了他的请求。

沮渠蒙逊带兵去偷袭酒泉，到达了安珍。李暠战败，但守住了城池，沮渠蒙逊就只好带兵回去了。

南燕公孙五楼想要独揽朝廷的权势，于是他就在南燕的君主面前说北地王慕容钟的坏话，请求慕容备德下令把他杀死。南燕的君主慕容备德死的时候，慕容法就没有前去奔丧，慕容超于是就派遣使者前去责备他。慕容法感到很害怕，暗地里和慕容钟及段宏等人密谋造反。慕容超听到这个消息后，马上征调慕容钟。而慕容钟推说自己生病没有去，于是慕容超就下令收捕了他的同党侍中慕容统等人，并且把他们给杀死了。征南司马卜珍控告左仆射封嵩，说他经常和慕容法有来往，所以怀疑他们俩有奸情，于是慕容超收拿了封嵩交给了廷尉。太后知道这件事情之后很害怕，她哭着告诉慕容超说："封嵩好几次都派遣黄门令牟常来告诉我说：'皇上不是太后您亲生的，恐怕到时候事情会发展成永康故事(燕主慕容宝在永康元年逼杀了他的母亲段氏)一样。'我只是一个简单的妇人而已，知识非常浅薄，怕最后被皇上您给杀了，所以就去告诉了慕容法，慕容法为了谋朝篡位，而我又被他给误导了，现在您也应该都知道了，我还有什么话好说的呢?"慕容超于是下令把封嵩给车裂了。而西中郎将封融则逃奔到魏国去了。

慕容超派遣慕容镇带兵前去攻打青州，慕容昱带兵去攻打徐州，右仆射济阳王慕容凝和韩范一起带兵去攻打兖州。慕容昱攻下了莒城，段宏最后只好逃奔到魏国去了。封融和一群盗匪偷袭了石塞城，杀死了镇西大将军馀郁，国内的人听到这个消息之后都非常震惊害怕。济阳王慕容凝想用阴谋杀死韩范，于是就带兵去偷袭广固，韩范知道了这件事之后，就即刻率兵前去攻打济阳王慕容凝，最后慕容凝只好逃奔到梁父去了。韩范最后合并统领了慕容凝的部属，然后去攻打梁父，成功地把梁父给攻取下来。慕容法逃奔到了魏，慕容凝逃到秦国去。慕容镇攻下了青州，慕容钟杀死了他的妻子和儿女，并且挖了地道出去，和高都公慕容始都逃到秦国。秦国任命慕容钟为始平太守，慕容凝为侍中。

南燕的君主慕容超喜欢变更旧的制度，朝野中大多数人对此很不满。又想要恢复肉刑，增加烹煮车裂的刑罚，大家都认为这不合适，这才作罢。

冬季，十月，封孚死了。

尚书议论起义功劳的时候，奏请封刘裕为豫章的郡公，刘毅为南平的郡公，何无忌为安成的郡公，其余的人也都分别有了不同的封赏。

梁州刺史刘稚带兵造反，刘毅派遣部将带兵去讨伐他，最后成功地把他给抓起来了。

庚申日（十八日），魏国的君主拓跋珪率领着自己的部下回到了平城。

乙亥日（十月无此日），颁布诏令让左将军孔安国担任尚书左仆射。

十一月的时候，秃发祎檀迁到了姑臧。

乞伏乾归带着自己的部下到秦国去入朝。

十二月，颁布诏令让何无忌担任都督荆江豫三州八郡军事、江州刺史。

这一年，桓石绥和司马国璠、陈袭聚集了许多人在胡桃山上做起了寇贼，刘毅知道这个消息后立即派遣司马刘怀肃带兵前去讨伐他们，最终把他们给打败了。桓石绥，是桓石生的弟弟。

义熙三年（丁未，公元 407 年）

春季，正月，辛丑朔日（正月无此日），燕国君主下令大赦，并且改年号为建始。

秦王姚兴因为害怕乞伏乾归会逐渐强大起来，而到最后自己难以制伏他，于是就将他留做主客尚书，并且任命他的世子炽磐担任西夷校尉，还命人去时常监视他的部属们。

二月，己酉日（初九），刘裕带着自己的部下到了建康，他坚持要推辞新近任命的官职，想要去见廷尉。诏令顺从了他所坚守的，于是刘裕顺利地回到了丹徒。

魏国的君主拓跋珪分别赐封了他的儿子拓跋修为河间王，拓跋处文为长乐王，拓跋连为广平王，拓跋黎为京兆王。

殷仲文很早以前就有了才干和名望，他认为自己完全有能力担任朝廷的重任，所以心里一直都是郁郁不得意的。特别是他现在出任东阳太守，尤其不高兴。何无忌平时就很仰慕殷仲文的声名。东阳，是何无忌所统治管理的地方，殷仲文曾答应了何无忌会顺道前往拜谒他，何无忌知道后非常高兴，对他十分钦仰和期待。可是殷仲文现在非常失意，神情也十分恍惚，因此他没有到何无忌的任所去。何无忌因此认为殷仲文失约是看不起自己，于是非常生气。正巧此时南燕入侵，何无忌告诉刘裕说："桓胤和殷仲文才是我们的心腹大患，北方的虏敌根本就不值得去忧虑。"闰月，刘裕的府将骆冰计划密谋作乱，但是事情最后还是被发觉了，于是刘裕就下令把他给杀死了。有人说骆冰和殷仲文、桓石松、曹靖之、卞承之、刘延祖这几个人暗中互相勾结，想要密谋拥立桓胤为君主，然后刘裕就派人把他们全部都灭族了。

燕王慕容熙为他的皇后苻氏兴建了承华殿，把土挑到了北门。当时土的价钱和谷的价钱是一样的。宿军的典军杜静载着棺木到宫殿前去极力劝谏慕容熙，但是慕容熙根本就没有听进他的劝谏，反而把他给杀死了。

慕容熙的皇后苻氏曾经在盛热的夏天，想要吃冬天冷冻的鱼，在严寒的冬天想吃生的地黄，而慕容熙为了满足她，下命让官吏一定要取到，取不到的官吏就被慕容熙下令给杀死了。

夏季，四月，癸丑日（四月无此日），苻氏死了，慕容熙哭得很伤心，甚至哭昏过去，过了很久才苏醒过来。他穿着像死了父母一样才穿的斩衰的丧服，每天也只是吃稀饭。他还命令文武百官在宫殿里设置了灵位，要求每个人都要去哭祭，并且还派人去检查，如果发现有人没有流眼泪的话，他就会判那个人的罪，群臣们都含着辣椒才能使自己的眼泪流出来。高阳王的妃子张氏，是慕容熙的嫂子，长得十分漂亮，而且思想也很独特，慕容熙就想要她去殉葬，于是撕毁了她特地缝制的送终的靴子，发现靴子里面有一些旧的坏毛毡，于是就利用这个理由赐她自杀了。右仆射韦璆等人知道这件事情之后，都非常害怕自己会被抓去殉葬，于是每天都去沐浴更衣等待命令。公卿以下，直到士兵百姓，家家户户都要前往建造墓陵，费用花销极其多，把府库的库藏都快给用光了。陵墓的四周长达几里，慕容熙告诉监工造墓的人说："你们要好好地做，朕不久可能就要跟随她去了。"

丁酉日(二十八日)，燕国的太后段氏去除尊号，出去住在外宫。

氐王杨盛任命平北将军苻宣为梁州督护，率领着军队进入了汉中，秦国的梁州别驾吕莹等人起兵响应他。刺史王敏得知这个消息之后，立即带兵前去攻打他们。吕莹等人最后只好向杨盛去请求救援，杨盛知道后立即派遣了军队到达浕口，于是王敏才退兵屯守在武兴。杨盛又向晋朝表示友好，想要与他们通好，于是晋朝就任命杨盛为都督陇右诸军事征西大将军、开府仪同三司，而杨盛就让苻宣暂时行使梁州刺史的权利。

五月，丙戌日(五月无此日)，燕国的尚书郎苻进计划要造反，阴谋被发现之后，立即让燕国君主给抓住了，然后就被杀死了。苻进是苻定的儿子。

魏国的君主拓跋珪率领着自己的部下向北巡行到了濡源。

魏国的常山王拓跋遵犯了罪，魏国的君主下令赐他自杀了。

起初，魏国的君主拓跋珪消灭刘卫辰的时候，他的儿子刘勃勃逃奔到了秦国，秦国的高平公没弈干将自己的女儿嫁给了他。刘勃勃的身材看上去很魁伟，容貌仪态也都很美好，天资聪颖还很有辩才，秦王姚兴见了他之后，觉得他是一个很奇特的人，就和他一起讨论军国大事，对他非常宠幸，都超过了一般有功勋的旧臣。姚兴的弟弟姚邕劝谏姚兴说："您不可以对刘勃勃这个人太亲近。"姚兴听了弟弟的话之后，对他说："刘勃勃是一个有着救世才华的人，我可以和他一起平定天下，为什么要去违逆忌畏他呢?"于是姚兴就任命刘勃勃为安远将军，并且让他帮助没弈干镇守高平，将三城、朔方的杂夷和刘卫辰的三万人部属都配给他了，让他时刻窥伺着魏国的间隙。姚邕坚决谏争，他认为不可以这样。姚兴又问姚邕说："你又怎么知道他的为人呢?"姚邕回答说："刘勃勃这个人事奉君上的时候很怠慢，统御部属的时候也很残酷，他贪心狡猾，做人也很不讲仁德，对待去留问题，都轻率决定，不忠贞。如果对他太过的话，我恐怕他到最后会成为边境的祸患。"姚兴这才停止了他原来的计划。但时间一长，他竟又让刘勃勃担任了安北将军、五原公，并且又配给了他三交的五部鲜卑人和杂虏两万多部落，让他镇守在朔方。

魏国的君主拓跋珪将俘虏的秦国将军唐小方送还给了秦国。秦王姚兴于是又向魏国的君主请求送还贺狄干，并且承诺会赠送一千匹良马去赎回狄伯支。拓跋珪答应了他的请求。

刘勃勃听说秦国和魏国之间又通好了，非常生气。此时密谋背叛秦国的柔然可汗社仑向秦国贡献了八千匹马。当社仑带着大队到达大城的时候，刘勃勃抢走了他的贡物，然后聚集了他的部属三万多人假装在高平川打猎，趁机偷袭杀死了没弈干，同时吞并了他的部属。

刘勃勃称自己是夏后氏的后代，六月，他又自称为大夏天王、大单于，下令大赦，并且改年号为龙升，设置了百官。让他的哥哥右地代为丞相，封为代公；让力俟提担任大将军，封为魏公；让叱干阿利担任御史大夫，封为梁公；让他的弟弟阿利罗引担任司隶校尉；让若门担任尚书令，让叱以鞬担任左仆射，让乙斗担任右仆射。

贺狄干长期被扣押在长安，经常受到幽禁，所以他有时间学习阅读经史，举止都好像是一位儒者一样。等到他回来的时候，魏国的君主拓跋珪看见他的言语、衣服都好像秦人，以为是他羡慕秦人而效法他们，非常生气，于是就下令把他和他的弟弟贺归一起给杀死了。

秦王姚兴颁布诏命任命太子姚泓录尚书事。

秋季，七月，戊戌朔日(初一)，出现了日食的现象。

汝南王司马遵之因为别人的事受到连坐，于是就被杀死了。遵之是司马亮的第五代孙子。

癸亥日(二十六日)，燕王慕容熙将他的皇后苻氏安葬在了徽平陵，运送苻氏的丧车很高大，需要把北门毁坏了才能够成功出去，慕容熙披散着头发，赤脚走在路上，步行跟随了二十多里。甲子日(二十七日)，慕容熙下令大赦。

起初，中卫将军冯跋和他的弟弟侍御郎素弗都得罪了慕容熙，慕容熙就想要杀了他们，最后冯跋逃亡到山泽里去了。慕容熙颁布的赋税和劳役非常多，百姓根本就不能忍受他的要求。冯跋、素弗和他的堂弟万泥商量计策说："我们已经没有什么机会再去自归请罪了，所以还不如利用百姓现在的怨恨，一起举旗发动大事，还可以建立出公侯的事业，即使最后事情没有成功，我们就算死了也没有什么好遗憾的。"于是他们都坐着车，让女人在前面驾车，暗中进入了龙城，躲在了北部司马孙护之的家里。等到慕容熙跟随着大队出城去送葬的时候，冯跋等人就和左卫将军张兴以及苻进的残余同党一起在城内趁此机会作乱。冯跋平时和慕容云私交很好，因此就推举慕容云为君主。慕容云却以生病为理由向冯跋推辞，冯跋于是就对他说："河间王(慕容熙初封为河间王)这个人十分荒淫暴虐，人神对此都很愤怒，现在是天意要我们灭亡他。公是名门高氏的子孙，怎么可以去替别人抚养儿子呢？这么难得的时运你要抛弃吗？"于是扶着慕容云出来。冯跋的弟弟冯乳陈等人，率领着自己的部属去攻打弘光门，他们击鼓叫喊着前进，禁中卫士最后都被吓得四处逃散了。于是他们进入到内宫里去授给徒众铠甲，并把城门紧紧地关闭起来，顽强抵抗防守。中黄门赵洛生将这件事情跑去告诉了慕容熙，慕容熙知道后说："那群鼠窃贼盗又能有些什么作为呢？朕要回去诛灭了他们。"于是慕容熙把皇后的灵柩安置在了南苑，收拾好自己的头发，穿戴上战甲，骑着快马回去奔赴危难。夜晚的时候，慕容熙到达了龙城，他先是带兵去攻打北门，但是没有攻进去，于是就露宿在了城门外。乙丑日（二十八日），慕容云登上了天王的尊位，下令大赦，并且改年号为正始。

慕容熙最后只好退入到龙腾苑，尚方兵褚头爬过了城墙来附从慕容熙，他声称自己的营兵都是同心效顺于慕容熙的，只是在等大军的到达而已。慕容熙听到他说的话以后，惊慌地逃了出去，慕容熙身边的人也都不敢追随他。慕容熙从城沟底下暗中逃走了，过了很久之后，慕容熙身边的人奇怪他为什么还没有回来，于是互相出去寻找他，但只找到了慕容熙的衣服和帽子，根本就没有人知道他到哪里去了。

中领军慕容拔告诉中常侍郭仲说："现在大事即将胜利，皇上却毫无原因地自己先惊慌失措，实在是很奇怪。但是城内的人一定都在企盼等待着我们，等我们到了城内后，一定会马上成功的，所以我们不能再停留了。现在我先赶快到城里去，你暂时留下来在这里等待皇上，等你找到皇上之后就带着皇上赶快来找我；如果皇上还没有回来，我就先拿皇上所用的如意去安抚城里的人，到时候我们再慢慢地迎接皇上也还不太晚。"说完之后他们就分别带领着两千多名壮士登上了北城。将士们听说是慕容熙到了之后，都丢下了武器请求投降。但是过了很久，慕容熙都没有来，而慕容拔的兵力也没有任何后援，众人心里开始猜疑畏惧，于是他们又下了城到龙腾苑去，最后全都溃散逃走了，而慕容拔也被城里的人给杀死了。丙寅日（二十九日），慕容熙穿着便服躲藏在了树林里，有人把他给抓到了，然后就将他送到了慕容云那里，慕容云看到慕容熙之后，先是责备他，然后把他给杀死了，同时也把慕容熙的几个儿子都给杀害了。最后慕容云恢复了他的本姓高氏。

幽州刺史上庸公慕容懿用令支向魏国投降了，魏国的君主让慕容懿担任平州牧，并封他为昌黎王。慕容懿，是慕容评的孙子。

魏国的君主拓跋珪带着自己的部下从濡源向西到达参合陂，然后回到了平城。

秃发祎檀最后又背叛了秦国，他派遣使者去邀约乞伏炽磐，而乞伏炽磐把他的使者给杀死了，然后送到了长安。

南燕君主慕容超的母亲和他的妻子还留在秦国，慕容超派遣御史中丞封恺到秦国去，请求秦国君主能够把她们送回来。秦王姚兴对慕容超的使者说："从前苻氏战败的时候，太乐把所有的歌伎都送到燕国去了，所以燕国现在称为藩属国。只要你将一千名歌伎或吴地的人送来，我才能同意你所请求的事。"使者回来后将姚兴的话转述给了慕容超，于是慕容超就和群臣商议，左仆射段晖说："陛下继承了帝位来守护这个国家，不能因为私人的亲情，就降低了尊号。而且太乐是先代流传下来的音乐，绝对是不可以拿来送人的，我们还不如抢掠吴地的人送给他们呢。"尚书张华说："带兵去侵略抢掠邻国，将战争绵延，就会造成祸灾连连。而且我们既然能够带兵前去抢掠吴地的人，那么他们也能够这样对待我们，这根本就不是一个国家的福分。现在陛下的母亲和妻子都在别人的掌握中，我们怎么可以吝惜这些虚名，而不为了她们卑降屈服呢？再说中书令韩范曾经和秦王一起担任过苻氏的太子舍人，如果我们派他前往的话，一定能够达到我们的心意的。"慕容超听了张华说的话之后，觉得很有道理，于是就按照他的意见，派遣韩范到秦国去聘问，表示愿意自称为藩属，奉上奏表。

慕容凝告诉姚兴说："燕王得到了他的母亲和妻子以后，一定不会再对我们秦国称臣的，所以您应该先让他送歌伎来。"于是姚兴告诉韩范说："朕一定会将燕王的家属送还回去的，但是现在的天气还非常热，等到秋凉的时候我再把燕王的家属送回去吧。"八月，秦国派遣员外散骑常侍韦宗到燕国去聘问。慕容超和群臣们商议要和韦宗见面的礼节，张华对慕容超说："陛下既然已经奉上奏表了，那么现在就应该向北面接受诏命了。"封逞说："我们大燕国经过了七位皇帝的光彩，怎么可以一下子就向一个小子屈节呢？"慕容超最后对大臣们说："我是为了救出太后而屈节的，希望诸君都不要再说了。"于是在北面接受了诏命。

毛修之和汉嘉太守冯迁联合兵力去攻打杨承祖，把他给杀死了。毛修之想要率领军队去讨伐谯纵，益州刺史鲍陋认为这样做是不行的。毛修之上奏表说："人之所以如此重视生命，是因为有生存的道理可以保赖的。臣现在所处的情形地步是，生路已经尽了（他的父亲毛瑾、伯父毛璩，以及全家都已经被蜀人给灭了），而我现在还苟活在人间的原因，就是希望凭借上天的威怒，能够最后亲自诛灭仇敌。现在我虽然屡次都有可以利用的机会，但是鲍陋每次都违背了时日不来赴难。臣即使想要死在寇敌的地方，以死报国，但是救援的部队没能跟上来，我又如何得以成功呢？"刘裕因此向襄城太守刘敬宣上奏表，请求让自己率领五千人去讨伐蜀地，让刘道规担任征蜀都督。

魏国的君主拓跋珪到达豺山宫的时候，候官告诉他："司空庾岳的服饰十分鲜丽，行为举止和言论态度，都是比拟仿效人君所为。"拓跋珪于是就将庾岳给捉拿起来，并且把他给杀死了。

北燕王慕容云任命冯跋为都督中外所有的军事、开府仪同三司、录尚书事，让冯万泥担任尚书令，让冯素弗担任昌黎尹，让冯弘担任征东大将军，让孙护担任尚书左仆射，让张兴担任辅国大将军。冯弘是冯跋的弟弟。

九月，谯纵主动向秦国称藩属了。

秃发傉檀带领着五万多人去讨伐沮渠蒙逊，沮渠蒙逊和他在均石打起来了，沮渠蒙逊将傉檀给打得大败。沮渠蒙逊在日勒进兵攻打西郡的太守杨统，成功地将杨统给降服了。

冬季，十月，秦国的河州刺史彭奚念背叛了秦国，向秃发傉檀投降了，于是秦国只好任命乞伏炽磐暂时代理执行河州刺史一职。

南燕的君主慕容超派遣左仆射张华和给事中守正元带着太乐歌伎一百二十人去贡献给秦国，秦王姚兴收到这份献礼之后，才将慕容超的母亲和他的妻子送还给他，并且还准备了很厚重的礼物送她们回去，慕容超亲自率领着六宫在马耳关迎接他的母亲和妻子。

夏王刘勃勃打败了鲜卑人薛干等三部，降服了一万多人，然后他又带兵去攻打秦国三城以北的各个城戍，斩杀了秦国的将军杨丕和姚石生等人。众将知道后都对他说："陛下想要管理关中，就应该先固定我们国家的根本，使人心都有凭依来维系。高平的山川地势十分险要稳固，土地也十分肥沃，我们可以将都城建在那里。"刘勃勃对他们说："你们只知道一方面，不知道另一方面。我的大业现在才开始建立，士民还不是很多。姚兴也算是一时的英雄，众将都很听从他的命令，所以现在的关中根本就没有谁可以图求。如果我现在专门固守着一个城的话，他一定会以全力来对付我，而我军的数量又不是他的对手，那样我们很快就会被他给灭亡的。还不如继续用骁勇的骑兵快速前进，趁他还没有注意、赶着去救前面的时候，我们去攻击他的后面，在他急着去救后面的时候，我们再去攻击他的前面，让他完全处于奔命之中，这样我就悠闲自在了。那么不到十年的时间，岭北和河东就将会全部属于我了。等到姚兴死了以后，继承他皇位的儿子昏暗懦弱，到时候我们只需要慢慢地去攻取长安，这样所有的事情就都在我的计划中了。"于是他接着带兵去侵略抢掠岭北，岭北的各个城门白天都不敢打开。姚兴叹着气说："我没有用皇儿姚邕的意见，才走到了今天这个地步！"

刘勃勃向秃发祷檀求请希望能够联姻，可是秃发祷檀没有答应。十一月，刘勃勃率领着两万名骑兵去攻击秃发祷檀，等他到了支阳的时候，杀伤了一万多人，驱赶掳掠了两万七千多人和牛马羊数十万只回去了。秃发祷檀率领着众人继续去追赶，焦朗对他说："刘勃勃这个人天生容姿十分雄健，统御军队的时候纪律也非常严整，我们绝对不可以轻视他。我们现在不如带兵从温围向北渡河，往万斛堆走，凭借水势险阻，结扎军营，控制住他的咽喉部位，这会是百战百胜的方法。”秃发袆檀的将领贺连听到这些话之后，非常生气地说：“刘勃勃只是战败的残余，他们只是一群乌鸦聚合在一起而已，我们为什么要逃避他，表现出自己很懦弱的样子给他看呢，我们现在应该赶快去追击他才对！”秃发袆檀听从了贺连的意见。刘勃勃带兵在阳武下的峡谷里，挖凿了许多冰块，埋伏了车辆，将道路给堵塞了，将士兵们都置于死地，让他们人人都为了自己而战，然后带兵去迎击秃发袆檀，最终将秃发袆檀给打得大败，追赶了他八十多里，杀伤有一万人左右，他身边的名臣勇将也都死了六七成。只有秃发袆檀和他的几名骑兵逃奔到南山去了，差一点就被追来的骑兵给抓到了。刘勃勃把他们的尸体积在一起，在上面用土给封住，然后将这个地方称为髑髅台。刘勃勃又在青石原打败了秦国的将领张佛生，俘虏斩杀了五千多人。

秃发袆檀害怕外寇的逼迫，将三百里以内的百姓都迁徙到姑臧去了，国内的百姓很多都骇怕怨恨。屠各成七儿趁此机会作乱，一个晚上就聚集了数千人。殿中都尉张猛在众人面前大声地说：“主上在阳武的失败，是因为仗恃自己的人多，他非常责备自己，忏悔自己的过失，哪里会有损自己的英明呢？而各位却趁这时跟从小人做这些不义的事情！殿中的军队如果现在就到达的话，你们的灾祸就在眼前了！”大家听了他说的话之后，全部都开始逃散。屠各成七儿逃奔到晏然去了，最终还是被追兵给追上，然后把他杀死了。军谘祭酒梁裒和辅国司马边宪等人密谋造反，事情败露之后，都被秃发袆檀下令给杀死了。

魏国的君主拓跋珪率领着自己的部下回到了平城。

十二月，戊子日（二十三日），武冈文恭侯王谧去世了。

这一年，西凉公李暠因为自己上次上奏的奏表没有得到回复，于是就派遣法泉和尚从小道去奉奏表到建康。

义熙四年（戊申，公元408年）

春季，正月，甲辰日（初九），让琅邪王司马德文兼领司徒。

刘毅等人不希望刘裕进入朝廷辅政，建议以中领军谢混担任扬州刺史。于是就有人希望命令刘裕在丹徒兼领扬州，把朝廷里的事情都交付给孟昶。晋安帝派遣尚书右丞皮沈用这两个议案去咨问刘裕，皮沈先是见到了刘裕记室录事参军刘穆之，把朝廷的提议详细地告诉了他。然后刘穆之就假装起来上厕所，暗中去把这个消息告诉了刘裕，说："皮沈的话不可以听。"刘裕见了皮沈之后，先是命令他到外面等着，然后把刘穆之叫来问。刘穆之回答说："晋朝的朝政已经不修很久了，天命也已经转移了。明公复兴王室，功勋是很高的，地位也是很尊贵的，按照今天这样的局势，怎么可以谦卑到做藩属的将领呢？刘毅、孟昶诸公，和明公你们都是平民出身，但都共同建立了大义，在已取得富贵举事的时候，也都是要有上下之分的，当时互相推举，但不都是真心心服的。当他们的力量和您相当，地位也差不太多的时候，终究是要互相吞并、排挤的。所以说，扬州就是可以起到决定性作用的根本所在，绝对不可以假借给别人。从前授给王谧，是出于权宜的计策；如果现在又要授给别人，便会受到别人的牵制。一旦我们失去了权力，就再也没有方法得到了。这样的话将来的危险，实在是无法想象的。现在朝廷里的议论都是这个样子的，我们应该给予答复的，一定要让我担任扬州刺史，我又不好意思措辞，所以我只能说：'神州是治理国家的根本，宰辅同时也是很崇高重要的，这件事既然如此重要，那么就不可以在隔得很远的地方讨论，在方便的时候，暂时进入朝里，再去讨论各种不同的立论。'等公到了京城以后，他们一定不会再敢越过你而改授别人，这是一件非常明白的事了。"刘裕听从了他的意见。于是朝廷征调了刘裕，让他担任侍中、车骑将军、开府仪同三司、扬州刺史、录尚书事，徐、兖两州的刺史依然按照以前的安排。刘裕上表解除了兖州职务，然后任命诸葛长民为青州刺史，让他镇守在丹徒；让刘道怜担任并州刺史，戍守在石头。

庚申日(二十五日),武陵忠敬王司马遵去世了。

魏国的君主拓跋珪驾临豺山宫,随后到了宁川。

南燕的君主慕容超尊奉他的母亲段氏为皇太后,将他的妻子呼延氏册封为皇后。慕容超带着自己的部下在南郊祭祀,有一头野兽像老鼠的模样,红色的,大得却像马一样,来到祭坛的旁边活动。没过一会儿,天空中就吹起了大风,大白天就出现了天地昏暗的情况,仪队的装饰、座车的布帷都被风给吹坏撕裂了。慕容超此时感到非常害怕,他就问太史令成公绥,成公绥回答慕容熙说:"陛下任用了奸邪谗佞的人,杀害了贤良的人,赋税又很繁多,劳役也很繁重,所以才引起这样的。"于是慕容超回去就大赦境内,罢黜了公孙五楼等人,但是过了不久又继续任用他们了。

北燕王慕容云册封自己的妻子李氏为皇后,他的儿子慕容彭城为太子。

三月,庚申日(二十六日),将燕王慕容熙和他的苻后一起埋葬在了徽平陵,给慕容熙谥号为昭文皇帝。

高句丽派遣使者到北燕去聘问,并且叙论宗族,北燕王慕容云派遣侍御史李拔去报聘。

夏季,四月,尚书左仆射孔安国去世了。甲午日(四月无此日),任命吏部尚书孟昶代替他的职位。

北燕的君主下令大赦。

五月,北燕任命尚书令冯万泥为幽州牧和冀州牧,镇守在肥如。中军将军冯乳陈为并州牧,镇守在白狼。抚军大将军冯素弗为司隶校尉,司隶校尉务银提为尚书令。谯纵派遣使者去向秦国称藩,又和卢循暗中勾结。谯纵上表向秦国请求派遣桓谦,想要和他一起带兵去攻击刘裕。秦王姚兴就去询问桓谦,桓谦回答说:"臣的好几世代,在荆和楚一带都有恩德,如果能够利用巴和蜀的资源,顺流东下,士民们一定会聚在一起响应的。"姚兴说:"小水是容不下大鱼的,如果谯纵有才干和能力，那么他自己就能够办事，也就不需要再借助君的辅助了。所以你应该自己多珍重。”于是就派遣他去了。当桓谦带着军队到达成都后，一直虚心接引士人。于是谯纵就开始怀疑他，把他安置在了龙格，并且派人看守着他。桓谦哭着告诉众弟弟说：“姚主的话真的是神验啊！”

秦国君主姚兴认为南凉国秃发檀现处在朝廷内外多难之秋，于是想要利用这个机会攻取下来，他就派遣尚书郎韦宗前往窥视。秃发祎檀和韦宗谈论当代大略的情形的时候，意气纵横。韦宗告退后，他感叹地说：“拥有奇特才能和英伟器识的，不一定就是华夏的人；有聪明智慧和敏锐见识的人，也不一定都是要读书。我到现在才知道九州地域之外，除了儒学《五经》，也还大有人在。”然后他回去告诉姚兴说：“凉州现在虽然衰敝，但是秃发祎檀的权谋诡谲超过了一般常人，所以我们现在还不能对他有图谋。”姚兴说：“刘勃勃率一群乌合之众都能打败他，更何况我调动了天下的兵力都去攻打他呢？”韦宗说：“不是这个样子的。形势时刻都在改变，变化多种多样，看轻人的就很容易失败，而心里有所警惕的人就很难攻下。秃发祎檀之所以会败给刘勃勃，就是因为他掉以轻心。而现在如果我们用大军去进攻他的话，他一定会恐惧，然后努力保全自己。臣私自观察了群臣们的才干和智略，根本就没有人能和秃发祎檀相比较，即使把君王的威德再加上去，也不敢保证最后一定会成功的。”但是姚兴没有听他的意见，毅然决定派遣他的儿子中军将军广平公姚弼、后军将军敛成和镇远将军乞伏乾归各自率领着三万名步兵和骑兵去侵袭秃发祎檀，而左仆射齐难也率领着骑兵两万名去讨伐刘勃勃。吏部尚书尹昭劝谏说：“秃发祎檀是仗恃他的地方险要偏远，所以才敢违抗怠慢的。所以我们不如诏令沮渠蒙逊和李暠去讨伐，让他们彼此困穷破弊，那么就不必麻烦在中原的兵力了。”但是姚兴也没有听从他的建议。

姚兴写信给秃发祎檀说：“现在我派遣齐难去讨伐刘勃勃，恐怕他会逃向西边，所以我就命令姚弼在河西去迎击。”秃发祎檀相信了他说的话，因此没有任何的防备。姚弼带兵从金城渡河，姜纪告诉姚弼说："现在王师声称是去讨伐刘勃勃，秃发袆檀的心里一定非常矛盾，那么他的守备也一定不严密，所以我希望您能给我五千名轻快的骑兵，去掩袭他的城门，这样，山泽的百姓就会都属于我们所有了，而且它现在是孤城也没有援兵，我们可以很容易就把他攻取下来。"但是姚弼依然没有听从他的意见。将军队带到漠口，昌松太守苏霸关闭城门顽强抵抗。姚弼先派人去晓谕他投降，苏霸对他说："你违背了信约盟誓，带兵去攻打友善的国家，我现在只有求死而已，哪里还会再投降呢?"姚弼于是继续派兵去攻打，最终把他给杀死了，然后长驱直往姑臧。秃发袆檀将城围绕坚固进行防守，派出去奇袭的军队去进攻姚弼，把姚弼给打得大败，姚弼只好退守到西苑。城中王钟等人密谋做内应，事情被泄露出去之后，秃发袆檀想要杀死主谋然后宽赦其余的人，前军将军伊力延侯对他说："现在强大的敌寇就在城外，城里奸邪的人又在私下里趁机作乱，哪里还会有比这些更危险的事呢?如果不把他们全部都活埋了，又如何能够再惩治后来犯错的人呢?"秃发袆檀听从了他的意见，杀死了五千多人。命令郡县把牛羊全部都给散放在原野上，敛成放纵士兵去抢掠。秃发袆檀派遣镇北大将军俱延和镇军将军敬归等人带兵前去攻击秦国，秦国的军队大败，杀死了有七千多人。而姚弼依然坚守城垒不出城作战，秃发袆檀再次带兵前去攻打，仍然没有成功。

秋季，七月，姚兴派遣卫大将军常山公姚显率领着两万名骑兵作为各军的后援，到达了高平，听说姚弼战败之后，加快速度前去救助他。姚显派遣很会射箭的孟钦等五人，在凉风门向敌兵挑战，但是箭还没有准备好的时候，秃发袆檀的材官将军宋益等人就已经出来迎战了，然后把他们给杀死了。姚显于是就把所有的罪都归咎于敛成，派遣使者去向秃发袆檀道歉，并且慰问安抚河外，然后就带兵回去了。秃发袆檀派遣使者徐宿到秦国去谢罪。

夏王刘勃勃听说秦国的军队快要到达了，于是就退兵防守在河曲。齐难认为刘勃勃的军队已经远离了，便放纵士兵到处去抢掠。而刘勃勃暗中派遣军队去偷袭他们，俘虏斩杀了七千多人。齐难最后只好带兵退走，刘勃勃将他们追到木城，把他抓到之后，俘虏了他的将士一万三千人。因此岭北的夷和夏都归附了刘勃勃，当时有一万多户，刘勃勃就都设置了守宰去安抚他们。

司马叔璠带兵从蕃城侵略邹山，鲁郡的太守徐邕最后弃城逃走了，车骑长史刘钟把他给打退了。

北燕王慕容云封慕容归为辽东公，让他主管燕国的祭祀。

刘敬宣进入了三峡后，派遣巴东的太守温祚带领着两千人离开了外水，自己则率领着益州刺史鲍陋、辅国将军文处茂和龙骧将军时延祖由垫江转战向前进。谯纵此时向秦国求救，秦王姚兴派遣了平西将军姚赏和南梁州刺史王敏带领着两万名士兵前去援助。刘敬宣的军队到达黄虎，距离成都五百里。谯纵的辅国将军谯道福带领着所有的部属据守在险要的地方顽强抵抗，刘敬宣根本没有办法前进。等到他们的粮食都吃完了，军中也发生了流行病，病死的人超过一半，才不得不带领着军队回去。最后刘敬宣被免官了，削减了三分之一的封地，荆州刺史刘道规也因此从督统的名号贬降为建威将军。九月，刘裕因为刘敬宣战败，请求退位，朝廷下诏令把他降为中军将军，开府如旧。刘毅想要用严法绳治刘敬宣，刘裕保护了他。何无忌告诉刘毅说："你为什么要因为私人间的恩怨伤害天下的公道呢？"刘毅这才停止了对刘敬宣的处罚。

乞伏炽磐认为秦国的政治逐渐衰退，但又害怕秦国的攻击，冬季，十月，他招纳结合了各部两万多人在嵻崀山筑城，然后加以据守。

十一月，秃发傉檀自称为凉王，下令大赦，并且改年号为嘉平，设置了百官。立他的夫人折掘氏为王后，他的世子武台为太子，同时兼录尚书事。左长史赵晁和右长史郭幸分别担任尚书左、右仆射，昌松侯俱延为太尉。

南燕汝水枯竭了，河流也都冻合了，可是渑水却不结冰。南燕的君主慕容超对此很不高兴，他问李宣原因，李宣回答说："渑水不结冰，是因为它围绕着京城，靠近了像日月一样的天子。"慕容超听了他说的话之后非常高兴，赏赐了他上朝穿的礼服一套。

十二月，乞伏炽磐在枹罕带兵去攻打彭奚念，但却被奚念给打得大败而回。

这一年，魏国的君主拓跋珪杀死了高邑公莫题。起初，拓跋窟咄攻打拓跋珪的时候，莫题因为拓跋珪的年纪还小，暗中拿箭送给窟咄说："三岁的小牛怎么能够承受重载呢?"拓跋珪听了之后一直怀恨在心。这时，有人告发莫题的举止非常高傲，比拟于人君，于是拓跋珪派人拿箭给莫题看，告诉他说："你认为三岁的小牛结果如何了?"莫题父子最后相对哭泣，第二天天亮的时候，把他们给收捕杀死了。

资治通鉴卷第一百一十五　晋纪三十七

起己酉(公元409年),止庚戌(公元410年),共二年。

【题解】本卷记录了公元409年至410年,即晋安帝司马德宗义熙五年至义熙六年共两年间东晋与各国的大事。主要记录了南燕主慕容超与东晋交战,大败而亡;记录了卢循北上作乱,刘毅战败,刘裕巧妙应对,稳定了岭外诸郡;桓石绥起兵响应卢循,失败被杀,桓氏家族灭绝;写刘裕大军进驻雷池,在大雷打败卢循、徐道覆;记录了魏主拓跋珪迷信邪说,乱服药物,政治凋敝,被其子拓跋绍杀害,魏太子拓跋嗣杀死拓跋绍,平定内乱;记录了北燕发生政变,燕王高云被杀,大臣冯跋平定叛乱,自立为王;此外还记录了后秦与赫连夏、南凉与北凉之间互有胜负的攻伐等等。

安皇帝庚

义熙五年(己酉,公元409年)

春季,正月,庚寅朔日(初一),南燕的君主慕容超在朝廷里会见群臣,他叹息太乐的不完备,商议抢掠晋朝的百姓来补充乐伎的人数。领军将军韩谆对他说:"先帝当初是因为旧京倾覆,所以退兵到了三齐。而陛下现在没有保养休息士民,窥伺魏国的间隙,恢复先王的事业,却要去侵略抢掠南边的邻国来增加仇敌的力量,这样做可以吗?"慕容超没有听任何人的劝告,对群臣说:"我的计策已经决定了,不与你们多说了。"

辛卯日(初二),下令大赦天下。

庚戌日(二十一日),让刘毅担任卫将军、开府仪同三司。刘毅这个人十分爱才好士,当代名流全部都聚集在了他那里,但是只有扬州主簿吴郡人张邵不前往他那里。有人问他为什么不去,张邵回答说:

“主公是世间著名的人杰，又何必劳驾多问呢！”

秦王姚兴派遣他弟弟平北将军姚冲、征虏将军狄伯支等人率领四万名骑兵，攻击夏王刘勃勃。姚冲到了岭北，密谋回去偷袭长安，狄伯支不附从而止兵不进。于是用鸩酒毒死狄伯支，以免他泄露了机密。

秦王姚兴派遣使者再次去拜谯纵为大都督、相国、蜀王，加赠九锡，接受礼制封拜，所用礼仪全部与君王一样。

二月，南燕的将领慕容兴宗、斛谷提和公孙归等几人率领着骑兵去入侵宿豫，攻取下了宿豫城，抢掠一空，然后就离去了，并且选择了男女两千五百人交付给太乐去教导。公孙归，是公孙五楼的哥哥。当时，公孙五楼是侍中、尚书、领左卫将军，专权总管着朝政，宗族的亲戚都居有显赫的要职，王侯公卿，朝廷内外的大臣们，全部都害怕他。南燕的君主慕容超谈论宿豫的功劳的时候，将斛谷提等人都封为了郡、县公。桂林王慕容镇劝谏他说：“他们这几个人，都是在劳民疲卒，替国家结交更多的仇怨，有什么功劳可封？”慕容超听了他说的话后，非常生气，没有回答他。尚书都令史王俨谄奉公孙五楼，连年屡次得到了升迁，官升到了左丞。国人因此都流传说：“如果想要得封侯爵，一定要事奉公孙五楼。”慕容超又派遣公孙归等人带兵去侵略济南，俘虏了男女一千多人，然后就离去了。从彭城以南，百姓都聚居在堡中以防卫自己。诏令并州刺史刘道怜镇守在淮阴加以防备。

乞伏炽磐在上邽进见秦国的太原公姚懿时，彭奚念乘此空虚前去讨伐。乞伏炽磐听到这个消息后，非常生气，他没有告诉姚懿就先回去了，立即去攻击奚念，把他打得大败，包围了枹罕。乞伏乾归跟从秦王姚兴到达了平凉，乞伏炽磐攻下了枹罕，他派人去告诉乞伏乾归，于是乞伏乾归逃回了苑川。

冯翊人刘厥聚合了数千人，占据了万年趁机作乱，秦国的太子姚泓派遣镇军将军彭白狼率领着东宫的禁卫去讨伐，把他给杀死了，然后赦免了他残余的党徒。众将们都请求将这件事发露布宣告，而且在上疏的时候也多报一些杀死敌人的数量以求得到更多的封赏。但是姚泓没有答应，对他们说："主上委交给我负责后方的事情，我不能够遏止叛逆的寇敌，就应当先责己请罪，怎么还敢骄矜夸诞，自以为有很多的功劳吗？"

秦王姚兴带着自己的部下从平凉到达朝那，听到了姚冲的阴谋（姚冲想要袭击长安），于是就赐姚冲自杀了。

三月，刘裕上表主张去讨伐南燕，朝臣都认为这样做不可以，但是只有左仆射孟昶、车骑司马谢裕和参军臧熹认为这样做一定会成功的，劝刘裕同意。于是刘裕就任命孟昶监中军留府事。谢裕，是谢安哥哥的孙子。

起初，苻氏战败，王猛的孙子镇恶投奔到晋朝去了，晋朝任命他为临澧县令。王镇恶这个人不擅长骑马，而且射箭的技术也很差，但是他很有谋略，做事也很果断，很喜欢谈论军国大事。于是就有人向刘裕推荐了王镇恶，刘裕和他说话后，感觉很高兴，便决定留他住宿。第二天天亮，告诉参佐说："我以前听说将领的家里一般都能出名将，镇恶就是这样的。"于是即刻任命他为中军参军。

恒山发生了山崩。

夏季，四月，乞伏乾归到达了枹罕，留下世子炽磐镇守，集合了他的部属两万人，全部都迁徙到度坚山去了。

大雷震坏了魏国天安殿东面的墙；魏国的君主拓跋珪很不高兴，他命令左校用冲毁坚物的车子，把东面的墙和西面的墙，全部都给撞毁了。当初，拓跋珪服用寒食散，时间一长之后，药性就会发作，他的性情变得十分烦躁不安，还常常发脾气，这种情况一天比一天严重。现在又屡次出现了灾异，占卦的人都说很快就会发生大的变局了。拓跋珪听说之后忧郁愤懑不安，经常几天都不吃东西，或者到了天亮都不敢睡觉，总是在回想自己以前的成败和得失，一个人也不停地自言自语。又总是在怀疑群臣和左右的人都不能信任，常常百官到他的面前奏报事情的时候，他都会追念过去的仇恶，把那些人给杀死了。而其余的人，只要有谁的脸色不一样，有谁的鼻间喘气不调顺，或者是谁走路的步调失去了节度，又或者是谁的言辞有一点点差错，他都会认为是别人怀恨在心而表现在外面的行为，往往会亲手把对方给杀害，被他杀死的人尸体都陈列在天安殿的前面。于是朝廷里人人都在时刻担心自己不能自保，百官都苟且求免，不敢再互相监督摄管，盗贼也公开作案，里巷之间，行人都很稀少。拓跋珪自己也知道这种情况，他说："朕是故意纵容他们的，等待过了灾异的年岁后，我才要加以肃清整治。"当时，群臣们都害怕会惹来祸事，所以多数人不敢与他接近。只有著作郎崔浩恭敬勤奋而不懈怠，有的时候整天不回家。崔浩，是吏部尚书崔宏的儿子。崔宏从不曾忤逆过拓跋珪的旨意，也从不谄媚阿谀他，所以崔宏父子唯独能够不被谴责。

夏王刘勃勃率领着骑兵两万人去攻打秦国，掠夺了平凉的杂胡七千多户，进兵屯驻依力川。

己巳日（十一日），刘裕带兵从建康出发，率领着水军从淮水进入了泗水。五月，他们到了下邳，留下了船舰、重的装备，步行进军到了琅邪，所经过的地方都筑起了城，留下了兵力来防守。有人告诉刘裕说："燕国的人如果阻塞了大岘的险要地方，或是坚壁清野，不肯动兵的话，那么我们的大军若再深入以后，不但没有任何的功绩，而且将会不能够顺利地回来，到那时我们应该怎么办？"刘裕回答说："我已经详加考虑过了，鲜卑人都是很贪心的，不知道要长远地计划，进则贪求俘虏夺获，退则爱惜禾苗，他们认为我们孤军深入，一定不能够支持很久；所以不过是进兵据守在临朐，或是退守在广固，一定不能守住险要、坚壁清野的，我敢向各位保证。"

南燕的君主慕容超听说有晋朝的军队入侵，于是召集群臣开了会。征虏将军公孙五楼说："吴地的军队十分轻快果敢，他们的长处就在于速战，我们不可以和他们正面交锋。应该据守在大岘，让他们无法进来，拖延一些时日，然后沮丧他们的锐气，最后再慢慢地选拔精良的骑兵两千名，顺着海岸一直向南走，去断绝他们的粮道，另外再派遣段晖率领着兖州的士兵，沿着山路向东走，然后我们两军再前后两面攻击，这才是最上等的策略。分别命令各地的守宰依据险要的地方自己保护自己的地方，计算出自己需要的军粮和储备，其余的东西全部都焚毁，禾苗也都割除掉，让敌人没有东西可补充给养，如果他们大军在外，又没有食物的话，一定不能求得作战的目的，大概一个月左右，我们就可以坐在那里控制他们了，这是中等的策略。我们放纵贼兵进入大岘，然后出城去迎战，这是下等的策略。”

慕容超说：“现在岁星是在齐国，用天道来推求，到时候不必作战，我们就自会成功。客主的形势不同，以人事来说的话，他们从老远的地方来，一定都很疲弊，形势上绝对不能久留。我据守在五州的地方，拥有富庶的百姓，钢铁一样勇敢的骑兵也有几万人，麦禾遍野都是，为什么还要割除禾苗、迁徙百姓，自己先削弱了自己的力量呢？所以我们不如放纵敌人，使他们进入大岘，然后再用精良的骑兵去蹂躏他们，何必担忧最后不能够成功呢？”辅国将军广宁王贺赖卢也苦苦劝谏他，但是都没有被他接受，退下来告诉公孙五楼说：“如果我们一定要像这样的话，我们很快就会被灭亡的！”太尉桂林王慕容镇说：“陛下如果一定要以骑兵去占平地的便利的话，那么应该出大岘去迎战，如果打仗没有打赢的话，到时候还可以退回来防守。不应该放纵敌人进入大岘，而自己首先放弃险要的防卫。”慕容超听完之后仍然没有答应。慕容镇出来，告诉韩谆说：“主上既不能去迎战以击退敌人，又不肯迁徙百姓，清除田野，还请敌人进入心腹的地方，反而坐着等待别人的围攻，这极像刘璋。今年国家如果灭亡了，那我一定会死。卿是中华的士族，又将断发文身了。”慕容超听了之后，很是生气，将慕容镇给捉拿起来关进监狱了。于是收莒和梁父两处的戍兵都去修理城隍，选拔士兵战马以做等待。

刘裕经过大岘时，燕国的军队不出门迎战。刘裕举手指着天，高兴之情溢于言表。左右的人都说：“公还没有看见敌人就先高兴起来，这是什么原因呢?”刘裕说：“我们军队已经过了大岘的危险，每个人都有奋勇牺牲的信念；余粮生长在田亩中，我们没有匮乏食物的担忧。敌人已尽在我的掌握之中。”六月，己巳日(十二日)，刘裕到达东莞。慕容超先派公孙五楼、贺赖卢和左将军段晖等带领步兵和骑兵五万余人驻扎在临朐；听说晋兵进入大岘，自己便率领四万名步兵和骑兵前往迎战抗敌，派公孙五楼率领骑兵进兵防守巨蔑水。前锋孟龙符与他作战，公孙五楼被打败了，于是公孙五楼退兵逃走。刘裕以四千乘车辆作为左右的辅翼，车轨相并，缓慢前进，很快便和燕国军队交战于临朐的南边。日过中午，胜败未分。参军胡藩告诉刘裕说：“燕国已经把所有军队力量都派出来作战，如此一来临朐城里留守的人一定非常少，我愿意率领骑兵从小路取下该城，这是韩信曾经用来破赵的方法。”刘裕便派胡藩和谘议参军檀韶、建威将军河内人向弥暗中派军队从燕兵的后面偷兵攻袭，攻打临朐，声称用轻快的军队从海上到达。向弥贯甲先登，于是很快便攻下了临朐。慕容超看到这种情况大吃一惊，立马一个人策马奔出城南，和段晖会合。刘裕于是率军奋力攻击，结果燕国军队大败，杀死段晖等将领十多人，慕容超侥幸脱逃回到广固，并带着他的玉玺、辇和豹尾。刘裕乘胜追逐被打败的敌人，到了广固；丙子日(十九日)，攻下广固的外城。慕容超又收集众人进入内城进行防卫。刘裕也在赶着构筑长围墙防守，围墙高三丈，进城要穿过三道城沟；并安排招抚接纳投降归附的人，选贤举能，华人、夷人都对此感到非常满意。于是利用齐地的粮储，停止了江、淮全部的运粮。

慕容超派尚书郎张纲向秦国乞求军队救援，并赦免桂林王慕容镇，任命他为录尚书、都督中外诸军事，接见他并诚恳地向他道歉，而且向他讨教方针大计。慕容镇说：“老百姓的心理，全都维系在一个人身上。现在有陛下你亲自督导六军却打了败仗回来，群臣中肯定有人存有叛离的心思，士民也都丧失勇气。我听说秦国自己已有内患，恐怕没有空暇精力分派军队救助我们啊。现在流散的士兵回来的，还有几万人，我们应该拿出全部的金银丝帛引诱他们，好让他们愿意为我们拼命一战。如果老天助我，我们一定能打败敌人；如果不能成功，死也值了，比起关闭城门等待死，这样不是更好吗？”司徒乐浪王慕容惠说：“如果不是这样子，那么晋兵就会乘着胜势追击，声势百倍，我们以战败的军队去抵挡他们，不是太难了吗？秦国现在虽然和刘勃勃相持不下，但这根本构不成忧患，而且和我们分别据守中原，形势如同唇齿相依，既然这样，怎么能够不来相救呢？但是，不派出官职重要的大臣去，就不能得到大量的军队救援。尚书令韩范一直受到燕国、秦国的尊重，我觉得应该派他去帮我们求救兵。”慕容超听从了他的意见。

秋季，七月，加封刘裕为北青、冀两州刺史。

南燕尚书略阳人垣尊和他弟弟京兆太守垣苗越过城墙前来投降，刘裕于是便任命他们为行参军。垣尊、垣苗很受慕容超的信任，被当作是最值得亲信的人。

有人告诉刘裕说：“张纲这个人有着精巧的头脑，如果让张纲来帮我们设计攻城的工具，我相信广固一定能够很快被我们攻下来。”正巧这时张纲刚从长安归来，太山太守申宣派人把他给抓住了，送给刘裕。刘裕于是把张纲送到楼车的上面，命令他围着城大声呼喊说：“刘勃勃大败秦国的军队，现在没有军队来救援帮助你们了。”城里的人听到这个消息后都很害怕。江南每次发兵和派使者到广固的时候，刘裕往往都会暗中派兵利用夜晚将其迎接过来，第二天，便张扬大旗鸣鼓，虚张声势，使敌人错误地认为前来救援的援军很多。北方的百姓带着兵器、背着粮食前来归附刘裕的，一天就差不多有一千多人，使围攻城池显得更加急切。张华、封恺等人都被刘裕俘获了。慕容超不得已只好请求割让大岘以南的地方来求和，自称藩臣，但是刘裕没有答应。

秦王姚兴派使者前来告诉刘裕说：“我们和慕容氏是互相邻近的友好国家，目前晋朝攻得很急切，秦国现在已经派出了最坚强的骑兵十万人屯驻洛阳；如果晋朝的军队不回去，那么我将会驱兵长途前进。”刘裕听到这话后立马喊叫秦国的使者，并告诉他说：“告诉你的主上姚兴：我攻下燕国以后，休息兵力三年，将会率兵攻取关、洛；现如今能够自己送上门来，那就请快一点来。”刘穆之听说有秦国的使者前来，立刻骑马进去见刘裕，可是这时秦国的使者已经走了。刘裕便以所说的话告诉刘穆之，刘穆之听后责怪他说：“你平常时候，不管是大事还是小事，一定会先让我参与你的计谋决策，这件事你本应该准备很妥善的措辞，现在为什么这么急促地回答呢？你这样的话不但不能够威服敌人，反而可以激怒他们。如果到时广固还没有如期攻下来，羌敌却忽然到达，那该如何来处理呢！”刘裕笑着对他说：“这是我们打仗人的机密，不是你们文人所能了解的，所以这次我就没有告诉你。谈到打仗作战，最需要的就是快速，他们如果真的能够拨出军队前来救助我们，就一定害怕我们知道，又怎么会预先派遣送信的使者来跟我们提前说这种话呢？这只是自己夸大言辞罢了。晋朝的军队已经很久没有出战。姚兴如果看见我们去攻打齐国，会让他们心里畏惧，到时恐怕自保都没空暇，哪里能救人呢？”

乞伏乾归再次登上秦王的尊位，大赦境内，改年号为更始，公卿以下的人都恢复了他们本来的职位。

慕容氏有一百多家在魏国，计划逃走的时候，魏国君主拓跋珪将他们全都杀死了。

起初，魏国太尉穆崇和卫王拓跋仪设计埋伏甲兵，密谋杀死魏国的君主拓跋珪，但却没能如愿；拓跋珪因为惋惜穆崇和拓跋仪的功劳，便隐秘没有追问。直到拓跋珪有了疾病，杀死了很多大臣之后。拓跋仪自己心里怀疑害怕，出走逃亡却被追到捕获。八月，赐拓跋仪自尽。

封融向刘裕投降。

九月，加封刘裕为太尉；刘裕坚持推辞。

秦王姚兴自己率兵前来攻击夏王刘勃勃，到了贰城，派安远将军姚详等人分别监管运粮。刘勃勃便乘空虚突然率兵前来，姚兴非常害怕，便想骑着快马，前去投奔姚详等人。右仆射韦华说："大驾一有变动，众心就会恐惧骇怕，惊恐不安，肯定还没作战就自己先崩溃，姚详的军营也未必可以到达。"姚兴和刘勃勃对战，秦兵大败，将军姚榆生被刘勃勃擒获了，因为还有左将军姚文崇等人奋力作战，才使刘勃勃退走，姚兴回到长安。刘勃勃又开始攻打秦国的敕奇堡、黄石固、我罗城，这些城都被他顺利地攻取下来，致使七千多户人家迁徙到外城，并让他的丞相右地代他兼领幽州州牧，加以士兵镇守。

起初，姚兴派卫将军姚强率领步兵和骑兵一万人前来追随韩范，并到洛阳与姚绍会合，想合并兵力一起去救南燕，没想到被刘勃勃打败了，追随姚强的军队只好回到长安。韩范叹气感慨说："这是上天要燕国灭亡啊！"南燕尚书张俊从长安回来后便投降到刘裕那里，因此就告诉刘裕说："燕人所凭恃的，只是他们认为韩范一定能得到秦国军队的救助，如果我们现在把韩范抓获并给他们看，燕国一定军心不稳，肯定会投降。"刘裕于是上表想让韩范为散骑常侍，并且亲自写信招降他。长水校尉王蒲劝韩范逃奔到秦国，没想到韩范却说："刘裕虽然出身布衣，却能消灭桓玄，恢复晋室，如今又率领军队讨伐燕国，所到地方的敌人都被他打败，这大概是天意如此啊，不是人力物力所能办到的。燕国已经灭亡，秦国很快也会跟着灭亡，我不可以再受侮辱啊。"于是便投降刘裕了。韩范被刘裕领着绕城行走，城里的人看到后都因此感到沮丧离叛。甚至有人劝燕国君主慕容超诛灭韩范全家。而慕容超却因为韩范的弟弟韩谆忠心不二，因此而宽赦了韩范的家族。

冬季，十月，段宏从魏国逃奔到刘裕那里。

张纲为刘裕制造的攻城的工具，全都非常奇特巧妙；慕容超知道后很是生气，便派人把他母亲悬挂在城墙上，并将其身体肢解。

西秦王乾归立夫人边氏为皇后，世子炽磐为太子，并任命炽磐依旧担任都督中外诸军、录尚书事。让屋引破光担任河州刺史，派兵镇守枹罕；重用南安人焦遗担任太子的太师，一起参与讨论军国的计策。乾归说：“我觉得焦先生不仅仅只是有名的儒者，更是辅佐帝王的人才啊。”并告诉炽磐说：“从今以后你要像事奉我一样去事奉他。”炽磐听到这话后于是在床下跪拜焦遗。焦遗的儿子焦华对他非常孝顺，于是乾归便把自己的女儿嫁给他。他却推辞说：“凡是想娶妻子的人，都肯定想要和她共同来孝顺事奉自己的父母。现在大王把自己尊贵的女儿，下嫁给我这样贫贱的士人，这实在是很不相配啊，臣也害怕她不能够做好一个妇人的职责，这也是我不愿意看到的事。”乾归说：“爱卿的行为，是古人的孝义行为，既然这样，那我的女儿不勉强你了。”于是任命他为尚书民部郎。

北燕王慕容云感觉自己没有什么太大的功德，却拥有尊贵的地位，内心经常感到害怕不安，于是便经常备养勇士作为心腹、爪牙。并让他非常信任宠幸的臣子离班、桃仁专门掌握内宫里所有的禁卫，给他们的赏赐都是以千万来计算的，他们的衣食起居要求和规矩也几乎都和他一样，尽管这样，离班、桃仁的心愿却还都不满足，甚至心中还有许多怨恨遗憾。戊辰日（十三日），慕容云到达东堂，离班、桃仁也都怀着剑拿着通俗的书来拜见，声称有事要奏启。见面后离班抽出剑想要攻击慕容云，慕容云及时以茶几抵挡，然而桃仁却突然从旁边攻击慕容云，最后把慕容云给杀死了。

冯跋登上洪光门观看这次变故，他的帐下督张泰、李桑便告诉冯跋说：“我倒要看看这两个小子的凶势究竟能嚣张到什么地步，现在让我们来替您斩杀了他们！”于是便举剑下去，李桑在西门杀死了离班，张泰也在中庭将桃仁给杀死了。最后大家都推举冯跋为君主，冯跋却说要让给他的范阳公素弗，但是素弗死活不愿意答应。冯跋这才在昌黎登上了天王的尊位，之后便大赦境内，诏令说：“陈氏只是代替姜氏而已，并没有改变齐国的国号，所以也应该叫国号为燕。”因此改年号为太平，封给慕容云谥号为惠懿皇帝。冯跋尊奉他的母亲张氏为太后，并立他的妻子孙氏为王后，儿子冯永也被立为太子，任命范阳公素弗为他的车骑大将军、录尚书事，孙护为尚书令，张兴为他的左仆射，汲郡公弘担任右仆射，广川公万泥担任幽、平两州牧，上谷公乳陈担任并、青两州牧。素弗在年少时，性情就豪放不羁，也曾经向尚书左丞韩业请求过联婚，但是被韩业拒绝了。后来等到素弗做了宰辅的时候，对待韩业却相当宽厚；而且非常喜欢提拔故旧同门，平时为人处事也是非常谦虚恭逊，生活非常勤俭节约，凡事以身作则，他的领导部属，百官都很怕他，议论的人也时常赞美他有宰相的气度。

魏国君主拓跋珪立齐王拓跋嗣为魏国太子；按照魏国以往的习惯，凡是被立继承的子嗣，都要先杀死他的母亲，于是拓跋嗣的母亲刘贵人被赐自尽。拓跋珪下令召见拓跋嗣时教谕他说："汉武帝立太子时杀了钩弋夫人，以防止他的母后干预朝廷政事，导致外戚作乱。现在你将要继承王位，所以我就要向古人学习，这也是为了国家长久安稳的计略。"拓跋嗣性情急躁但是很孝顺，母亲死了他哀伤悲泣不能自已。拓跋珪见到这种情况很生气。拓跋嗣回到住处后，每天都伤心流泪，拓跋珪知道了这件事后，又下令召见他。左右的人都对他说："皇上现在非常生气，你现在进去都不知道会发生什么事，还不如暂时逃避，等皇上的怒气消解了你再进去。"拓跋嗣听后觉得有理，因此便逃匿到外地，只有帷下代人车路头、京兆人王洛儿两人跟随保护他。

起初，拓跋珪到了贺兰部后，看见献明贺太后的妹妹觉得非常美丽，便告诉贺太后，请求娶她为妻。贺太后听后说："不可以。因为过于漂亮，将来一定会有不好的事发生。况且她已经有了丈夫，你绝对不可以强夺。"拓跋珪于是暗中派人杀死她的丈夫，后来顺利地娶了她，并生下儿子清河王拓跋绍。拓跋绍平时为人非常凶狠不讲理，喜欢轻从简仆到街巷里游玩，经常劫掠剥夺行人的衣物当作乐子。拓跋珪知道后很生气，为这事还曾经把他倒挂在井里，快要淹死了才把他放出来。齐王拓跋嗣也曾屡次训诲他，因此拓跋绍和拓跋嗣闹不和。

戊辰日（十三日），拓跋珪责备贺夫人，下令把她囚禁起来，并想把她给杀死，正好太阳这时已经下山，所以就没有处决。于是夫人暗中派人去告诉拓跋绍说："你要怎么样想办法来救我呢？"左右的人也因为拓跋珪为人残忍凶残，心里都很害怕。拓跋绍当时才十六岁，夜晚，他与帐下武士以及宦官宫中的几个人一同谋划，想爬过外面的城墙潜进宫中，结果到了天安殿。左右的人突然呼叫大声说："有贼来了。"拓跋珪突然惊醒过来，想找弓箭刀剑结果都没找到，于是最后被杀死了。

己巳日（十四日），都到了中午，宫门还没打开。于是拓跋绍宣布诏令，集合文武百官站在端门前面，面北而立。拓跋绍透过门缝告诉文武百官说："我不仅有叔父，也还有哥哥，诸位公卿将要附从谁呢？"大家听到这个消息后都很惊愕，吓得都变了脸色，没有一个人敢回答。过了很久，南平公长孙嵩才说："我附从大王。"后来大家才知道拓跋珪已经死了，但是没有人知道是什么原因，当然也没有人敢出声，只有阴平公拓跋烈大声哭着离去。拓跋烈，是拓跋仪的弟弟。当时的朝野已是一片喧扰，大家的心里都怀有不同的想法。肥如侯贺护在安阳城北高举烽火，致使贺兰部的人都去归附他，而其他各部族也都各自集聚。拓跋绍听说现在人心不安定，便拿出大量布帛赏赐王公以下的人，唯独崔宏不肯接受赏赐。

齐王拓跋嗣听说发生这样的变故，从外地立马赶回来了，他白天只能躲藏在深山老林里，晚上就住在王洛儿家。李道是王洛儿的邻居，他暗中奉侍供给拓跋嗣，有很多百姓知道了这件事，高兴地互相走告；拓跋绍听到这个消息后，便收拿李道把他给杀死了。拓跋绍又请人寻找拓跋嗣并想杀死拓跋嗣。猎郎叔孙俊有一个和他的宗室不太亲近的部属拓跋磨浑自己说他知道拓跋嗣的下落，于是拓跋绍便派帐下的两个人和他们一同前往寻找；叔孙俊、拓跋磨浑出来以后，便抓住两名帐下的人去见拓跋嗣，并把这二人杀死了。叔孙俊，是叔孙建的儿子。王洛儿为了寻找拓跋嗣来到平城，与他的大臣联络，夜晚的时候顺便告诉了安远将军安同等人。大家听了之后都同声响应，纷纷争着出去迎接。拓跋嗣到了城西之后，卫士把拓跋绍抓住了并送到他的面前。拓跋嗣杀死拓跋绍和他母亲贺氏后，同时也杀死了拓跋绍帐下士兵。他的宦官、宫中的女子一起做内应的十多人也全都被杀死了；那个最先动手杀害拓跋珪的人，群臣把他杀死了并把他的肉分食了。

壬申日(十七日)，拓跋嗣顺利地登上了皇帝的尊位，于是大赦境内，并把改年号为永兴。刘贵人被追尊为宣穆皇后；以前被罢免返乡的公卿，不能再参与朝政的人，又再次全部被召用。诏令长孙嵩和北新侯安同、山阳侯奚斤、白马侯崔宏、元成侯拓跋屈等八人分别坐在止车门的右边，要求他们共同听理朝政大事，因此当时的人称他们八个人为八公。拓跋屈是拓跋磨浑的父亲。拓跋嗣因为尚书燕凤曾经事奉过什翼犍，因此让他也当上了大官，封懿等人在内宫讨论学术，出了内宫他们就经常一起议论政事。并且任命王洛儿、车路头为散骑常侍，叔孙俊任命为卫将军。拓跋磨浑担任尚书，并把他们分别赐爵位为郡、县公。拓跋嗣问那些旧臣，先帝所亲信的是谁。王洛儿告诉他是李先。拓跋嗣于是召问李先说："爱卿你是以什么样的才能，什么功劳被先帝那样赏识呢?"李先回答说："臣没有什么出色的才能、也没有特别大的功劳，只是因为忠心正直，所以才被先帝所赏识的。"下诏命令李先为安东将军，并让他常在内宫住宿，以备随时回答咨询。

朱提王拓跋悦，是拓跋虔的儿子，因为他犯了罪，所以他自己非常疑忌害怕。闰十一月，丁亥日(十三日)，拓跋悦带着匕首进入内宫，准备作乱。叔孙俊发现他的行为比较怪异，便举手捉拿他，在他的怀中搜索到了匕首，于是便把他给杀死了。

十二月，乙巳日(二十二日)，太白星冒犯虚星、危星。南燕灵台令张光因为劝南燕君主慕容超出城投降，被慕容超亲手杀害。

柔然举兵侵犯魏国。

义熙六年(庚戌,公元 410 年)

春季,正月,甲寅朔日(初一),南燕君主慕容超登上了天门在城上接见文武群臣。乙卯日(初二),慕容超宠爱的妃子魏夫人和他登上城楼,看见晋朝兵力强盛,握住爱妃的手互相悲泣。韩谆对他劝谏说:“陛下现在遭遇困厄的命运,更应当努力奋发自强,壮大我们士民的志气,怎么可以做出这种哭泣软弱小儿女的姿态呢?”慕容超赶紧擦干眼泪向他道歉。尚书令董铣一直劝慕容超投降,慕容超听后非常生气,于是便把他给囚禁起来了。

魏国长孙嵩率领军队讨伐柔然。

魏国君主拓跋嗣认为郡县里的豪富大多都成为老百姓的祸患,因此便用优渥的条件进行全部诏令征调。而当地百姓怀念故园,根本不喜欢迁徙到内地去,于是守宰所属的官员便下令强迫将其遣走,一时间一些无赖少年逃亡聚合,随即各地寇盗纷起。拓跋嗣接见八公商议时说:“朕现在想要替天行道为民除害,可是你们这些守宰却不能绥服安宁百姓,反而使他们造成纷乱。如今犯罪的人如此之多,又不能及时全部诛灭,因此我想要通过举行大赦来安抚百姓,诸位爱卿认为怎么样呢?”这时元城侯拓跋屈便说:“如今百姓逃亡做强盗,主上你不惩罚他们的罪,反而赦免他们,这让人感觉是身在上位的人反而向身在下位的人讨好,以我之见还不如诛灭那些为首作恶的人,而对残余的党徒进行赦免。”崔宏也说:“圣上治理百姓,任务是安抚百姓,而不是一直和百姓比较胜负。赦免他们的罪虽然不是正途,但是也可以算是权宜之计。拓跋屈的想法是先杀首恶的人,然后再施恩赦免他们的余党,既然这杀和赦两件事都不能免除,那还不如来一次大赦就能安定百姓!将他们赦罪以后,若以后还不听从,再去论罪诛杀也还不晚啊。”拓跋嗣觉得有理便听从了他的意见。二月,癸未朔日(初一),遣派将军于栗磾率领骑兵一万人去讨伐那些不听命令的人,所到的地方都被平定了。

南燕贺赖卢、公孙五楼挖出地道以便出兵攻击晋兵，却还是不能把晋兵打退。于是城长久关闭，因为城里有一大半的男女患有两脚软弱的毛病，因而出城投降的人相继不绝。慕容超登城访察的时候，尚书悦寿告诉慕容超说："现在这是上天帮助敌寇作恶啊，战士全都凋敝劳瘁，被穷困在城里独自坚守，外援现在是没有指望了，天时、人事的变化结果现在也是可以知道的。如果历数已经终了，即使是尧、舜也得让位，陛下你现在怎么能不想个变通点儿的计策呢？"慕容超听后叹息着说："天下兴亡是天命。我就是举剑自尽，也绝对不能去投降而苟且偷生啊。"

丁亥日（初五），刘裕率领全部的军力攻打敌方城池。有人对他说："今天看天相是往亡日，不利于我方军事行动啊。"刘裕听后说："如今我军若前往，彼军一定会败亡，你怎么能说是不利呢？"于是率兵从四个方面很是急迫地攻打城池。悦寿打开城门投降，让晋朝的军队进城，慕容超带着数十人左右，骑马越过城墙突出重围而逃走，没想到却被追捕俘虏。刘裕责备他一直固执不肯投降的罪过，而慕容超的神情脸色却是很自在，他一句话也不说，只是默默地把自己的母亲托付刘敬宣照顾而已。

广固长久攻不下来，刘裕很生气，便发怒想要把所有士兵全部活埋，把俘获的妇女赏赐给将士享乐。韩范劝谏他说："如今晋室全都向南迁移，致使中原混乱不安，士兵百姓也没有援助，他们是看谁的力量强，就去依附谁。而且他们全都是士宦的旧族，以及一些先帝的遗民；现在我们率兵前来征伐，却要将他们全部活埋，这样做让别的人如何敢来归附呢？我私下觉得，西北的人以后不会再有盼望我们去拯救他们的希望了。"刘裕听后觉得有理，于是改变脸色向他道歉，但还是杀了三千多王公以下的人，一万多没有入普通民家的人，铲平了城隍，并把慕容超送到建康，然后将其杀死。

◆臣司马光说：晋朝自从他们渡江以来，威势一直不怎么强，但是却戎狄横行，虎吞中原。刘裕起初用朝廷的军队去消灭慕容超，然而他却没有在这时优礼贤俊的才士，去慰藉和安抚被战争所疲惫的士兵和百姓，宣扬孝悌的优良风气，废除残暴秽乱的政治，以使群士闻风向往，以使遗留的百姓信心满满，却更加随意地屠杀生命，以此来满足他自私的愤恨心理；推察他一直以来的作为，实在是连苻坚、姚苌都比不上，难怪他最后不能平荡各国统一中国，完成美好的盛大功业，这是因为只有智慧勇气然而却没有仁义所导致的啊！◆

起初，徐道覆听到消息说刘裕要向北征伐，便劝卢循乘机率兵偷袭建康，卢循死活不愿听从他的意见。于是徐道覆只好亲自到番禺，告诉卢循说："我们住在这五岭以南的地区，难道你以为是理该如此，并且可以把它传给子孙吗？我们正是因为刘裕力量强大，很难跟他为敌才这样的。现在刘裕的大军集结在坚固的城池之下，什么时候回来还说不定，我利用这个机会来告诉这里想回到故乡去的敢于拼命的士兵，现在乘机突击何无忌、刘毅这些人，简直就是易如反掌啊。如果不好好利用这个机会，而是苟且偷生贪求一时的安定，这样朝廷也会一直把你当成他们的心腹疾病；如果等刘裕平定齐国以后，再休息兵力一年，到时用天子的诏书来征调你，而刘裕肯定自己带军驻扎豫章，然后再派众将率领他们最英勇尖锐的军队越过五岭，那时我们纵使再以将军的神武去抵挡，恐怕也不能够抵挡啊。所以对于今天的这个机会，我们是绝对不能失去的。如果我们首先攻下建康，然后再毁掉他的根基，这样即使刘裕回到了南边，到时估计也不可能有什么作为。如果你不同意这个主意，那就应该率领始兴的部属然后直接指向寻阳。"卢循非常不喜欢这个举动，但是又无法改变他的计策，只好听从他的意见。

起初，徐道覆曾派人在南康山上砍伐木材造船，等到了始兴后，将其全都便宜地卖掉，因此当地居民都争着来买，虽然当时造船的木材堆积的特别多，但是别人却都没有疑心，因此，全部装制的船舰仅用十天就全做好了。随后卢循从始兴侵略到长沙，徐道覆一路侵略到南康、庐陵、豫章等地，当时各个守宰全都弃城逃走。徐道覆于是便顺着河流向下，他的士兵、船只器械也越来越多。当时来探问攻打燕国情形的人还没有到达，朝廷就非常着急地征调刘裕。刘裕正在和大臣商议准备留下镇守下邳，经营司、雍这两个地方，正巧这时得到朝廷的诏书，于是便任命韩范担任都督八郡军事、燕郡太守，命封融担任渤海太守，檀韶担任琅邪太守；戊申日(二十六日)，刘裕带兵回去复命。檀韶是檀祗的哥哥。可是后来，刘穆之上告韩范、封融密谋造反，结果他们两人都被杀了。

安成忠肃公何无忌正在从寻阳带兵奋勇抵抗卢循。当时的长史邓潜之劝告他说："现在我们国家的安危，就全都在我们这一次的举动了。如今我听说卢循的兵舰，不仅声势浩大而且数量众多，他现在的势力是在我们上流的地方，我们应该率兵冲毁南塘，然后守住豫章、寻阳两城之后等待，我想他现在一定不敢大意粗心地丢下我们而自己跑到很远的地方去。如今我们应该储蓄力量培养精锐，等到他们的军队疲惫老化的时候再去攻击他们，我觉得这实在是一个万全的计策啊。如果我们现在仅以一场战争就来决定谁胜谁败，到时我们失败了，怕是连后悔都来不及啊。"参军殷阐听后也说："如今卢循所带领的手下部属，全部都是三吴的旧贼，而且现在也都经过百战，还剩下一些勇气，而目前徐道覆所统率的始兴士兵，不仅劲健敏捷而且善于战斗，我们不能随意轻敌啊。我觉得将军你现在应该留守豫章，然后向所属的城池征调军队，等军队到了再合力作战也不迟啊；如果以我们现在仅有的部属轻率地前进，恐怕到时我们一定会后悔不已。"但是何无忌一点也听不进他们的意见。三月，壬申日(二十日)，和徐道覆在豫章相遇，敌兵命令数百位技术高超的弓箭手登上西岸的小山拦射他们。正巧当时西风吹得非常急，而何无忌所乘的小船顺风飘向东岸。于是盗贼就顺着当时的风势用大船舰逼迫他们，最后大军纷纷奔散逃溃。何无忌见此情景说："把我的苏武节拿过来！"他的苏武节拿来之后，便用它来督战。此时很多贼兵都群集过来了，何无忌却毫无屈挠的神情，最后他手里紧紧握着苏武节死了。对于此事朝廷内外的人都感到非常震惊，于是朝廷的人便商议着想要随着天子向北走，去和刘裕会合；后来因为知道贼兵还没有到达才停止。

西秦王乞伏乾归攻打秦国金城郡，金城郡被顺利攻下了。

夏王刘勃勃派尚书胡金纂带兵攻打平凉，秦王姚兴听到这个消息后赶去救平凉，率兵攻击胡金纂并把他给杀死了。刘勃勃随后又派他侄子左将军刘罗率兵攻下定阳，俘获的将士四千多人几乎全部活埋。秦国的将领曹炽、曹云、王肆佛等人每人率领数千户迁徙到内地后，被姚兴安排在湟山和陈仓。刘勃勃随后率兵侵略陇右，并顺利地攻下白崖堡，接着又率兵赶往清水，略阳太守姚寿都听到这个消息后，害怕地放弃城池自己逃走了，然后刘勃勃又将他的一万六千户百姓迁徙到大城。姚兴率兵从安定去追赶敌方军队，一直到了寿渠川还没有追上，只好回去了。

起初，南凉王秃檀命令他手下的左将军枯木等人率兵去讨伐沮渠蒙逊，他们抢掠了临松一千多户人家后就回去了。沮渠蒙逊率兵讨伐南凉到了显美的时候，也迁走几千户人家回去。南凉的太尉俱延奉命带兵去讨伐沮渠蒙逊，结果却是大败而回。这个月，秃檀自己亲自带领五万名骑兵前去讨伐沮渠蒙逊。随后在穷泉作战，秃檀大败，不得已只好一个人骑着马逃了回去。随后沮渠蒙逊乘着胜势带兵前去围攻姑臧，但是姑臧人都将王钟的被杀当作警戒，结果全都惊慌败走，致使夷、夏一万多户全都向沮渠蒙逊投降了。秃檀感到很害怕，于是便派司隶校尉敬归和他儿子佗送给沮渠蒙逊当人质，以此向他求和，沮渠蒙逊觉得这个方法可行于是便答应了；没想到敬归到了胡坑，想逃回去，佗也被追兵给抓住了，沮渠蒙逊的八千多户部属全都迁徙完毕后，他才离去。他的右卫将军折掘奇镇占守石驴山的时候发生了背叛。秃檀不仅害怕沮渠蒙逊对他的逼迫，而且更害怕岭南被奇镇所据守，于是便又带兵迁到乐都，只留下他的大司农成公绪防守姑臧。秃檀这才安心地出了城，魏安人侯谌等集合三千多家闭门作乱，据守南城，还推举焦朗担任他们的大都督、龙骧大将军，而侯谌自称为凉州刺史，并带兵投降了沮渠蒙逊。

刘裕到了下邳之后，用船来装载那些沉重的装备，而他自己却率领最精锐的部队步行回去了。到了山阳之后，听到消息说何无忌已经战败身死，他又担心京城沦陷，便立马收拾战甲以最快的速度前进，然后和数十人顺利到达了淮水，询问一些旅客有关朝廷的消息。旅客告诉他说："现在贼匪还没有到达，刘公如果现在就回去，应该就没有什么忧虑了。"刘裕听到这个消息后非常高兴，准备要率兵渡江。当时风刮得急，大家都觉得此时渡江非常困难。刘裕告诉他们说："假若天意现在要帮助我们国家，那么这风自然而然就会停息；如果不是这样，即使现在我们都翻船淹死，那又有什么可怨恨的呢？"说完就立即命令军队登船，没想到船动了以后，这狂风也就随着停止了。他们顺利地过了江，直到到达了京口后，大家心里这才慢慢地安定下来。夏季，四月，癸未日（初二），刘裕来到了建康。当时因为江州沦陷，所以上表送交印章组绶，但是诏命没有同意。

青州刺史诸葛长民和兖州刺史刘藩以及并州刺史刘道怜都各自率领军队前去保卫建康。刘藩，是刘毅的堂弟，刘毅是兖州刺史。刘毅听到消息说卢循已经率兵进入侵略了，便也准备前去抵抗，但是没想到他的疾病却发作了；等到他病愈以后，将要出发时，刘裕又写信给刘毅告诉他说："我过去曾经多次和卢循等作战，我了解他们变化的一些常态。贼匪最近又获得了一些不正当不光彩的胜利，他们军队的锋锐是我们打仗时不能轻视的。现在我们修船工作即将完毕，是应当和你一同举兵前去，共同讨平的时候了，那些上等的职位，现在都要委任给你们了。"接着又派刘藩快速前往，命令他停止带兵。刘毅知道后非常生气，随即告诉刘藩说："你们过去仅仅因为一时战功，而推举刘裕为首，难道你就真的认为我比不上刘裕吗？"说完生气地把信丢在地上，随后就从姑孰率领水军两万名出发了。

卢循刚开始向北方进犯时，曾经派徐道覆赶往寻阳，然后卢循自己才带兵前来攻打湘水附近的各个郡县。荆州刺史刘道规整理军队准备迎战，没想到在长沙就被打败了。卢循随后又进兵到达了巴陵，正准备收拾军队朝向江陵。这时徐道覆听消息说刘毅快要率兵到达，于是便教人快马加鞭前去向卢循报告说："刘毅目前的军队实力非常强大，如今事情的成败与否，关键就在这次的作战，所以我们就更应该要合力去消灭他这个共同的敌人；如果我们能在这次作战中成功，那小小的江陵就不值得我们忧虑了。"于是卢循当天就从巴陵出发了，前去和徐道覆会合并连合兵力而下。五月，戊午日(初七)，刘毅和卢循在桑落洲交战的时候，结果刘毅的军队大败，数百艘船被丢弃了，一些士兵步行逃走了，其余剩下的部属也全都被卢循给俘虏了，当时打仗所丢弃的辎重多得堆积起来像山那么高。

起初，卢循到寻阳的时候听有消息说刘裕已经回来，当时还不肯相信；如今刘毅已经被击败，才肯相信得到的音讯是真的，这下可把他和他的同党都吓坏了，互相对看，脸都吓得变色了。于是卢循便想要率兵退回寻阳，前去攻打江陵，好好据守荆、江两州，并准备和朝廷势力相抗衡。但是徐道覆却认为他们现在更应该乘着已经取得的胜利直接前进，并且坚持己见和卢循发生争执。卢循又犹豫不决了好几天，才肯勉强听从他的意见。

己未日(初八)，正是大赦天下的时候。刘裕此时正在招募百姓当兵，奖励的政策跟他在京口赴义讨伐桓玄时说的一样。他大力发动百姓齐力治理石头城。而当时评议的人却认为他更应该分派更多的兵力去防守各个渡口和险要的地方，他们觉得这才是最重要的。而刘裕却说："现在贼兵那么多，而我们的军队是那么少，此时如果分出兵力去屯守那些地方，肯定会让人探测出我们内部的虚实；如果那样，万一我们有一个地方失利了，就会连带着沮丧三军的心理。现在我把军队全都聚集在石头，让他们随着各自适当的时机去应对各种突发情况，这样一来既能够让他们无法测知我们兵力的虚实，又能够使我们仅有的军力不被分散。假若士众想要转换地方聚集，那这件事我们就慢慢再商量吧!”

朝廷的人听到消息说刘毅已经战败了，致使人心惶恐不安。而此时北方的军队才回来，结果却是受伤生病的士兵们占多半，建康能作战的士兵当时还不满数千人。此时卢循已经攻下了江、豫两镇，拥有战士十多万人，他的舟、车百里都接连不断，还有那高十二丈的楼船。此时战败逃回来的人都争着说他的军队力量是如何强大。孟昶、诸葛长民等人想接送天子过江，但是刘裕就是不肯听他们的意见。当初，刘毅、何无忌向南征讨的时候，孟昶就曾预测他们一定会失败，结果后来确实如此。现在这时，他又说刘裕肯定不能抵抗卢循，大家都觉得十分可信，但是只有龙骧将军东海人虞丘进在朝廷上公然反对并驳斥孟昶等人，认为事情不会如此。中兵参军王仲德对刘裕说：“明公很有名因而做了宰辅，前不久又建立下奇功，现在的威名已经是震动天地了，如今敌方妖贼利用现在的空虚前来入侵我们，他们既然已经听说你凯旋的消息，如果害怕自然而然会奔逃溃败。这时如果我们只顾自己逃走，我们的情势就会立马变得如同匹夫一样没有威信。你觉得一个匹夫发号施令，我们的士民能够畏服吗？如果我的这个计谋能够被你接纳，即使让我辞职我也愿意。”刘裕听到这话后非常高兴。孟昶一直在坚持不断地向他请求，但是刘裕告诉他说：“如果我现在将重镇的兵力全都倾覆在外面，那么强大的敌寇便会向内来逼迫我们，到时肯定会弄得人心危惧，全都没有了安定的心志；假若现在一下子变动迁移，到时肯定会自取失败的命运，那样的话江北又如何可以到达呢？到时即使能够到达，我觉得也不过是在那儿拖延一些时日罢了。现在我们的士兵虽然非常少，但是还能够帮我拼命一战的。如果到时我们能顺利取得成功，我们君臣会一起感到庆幸；如果到时不幸，厄运一定要到来的话，我将横尸宗庙门前，完成一直以来我想以身献国的心愿，但是我绝对不能自己躲藏在草堆里，为求生存活命苟且贪生。既然我的计策已经决定好了，爱卿你就不要再多说了。”孟昶内心一直非常怨恨他的话不仅没有被采纳，反而被认为一定会失败，因此请求刘裕将他赐死。刘裕听了之后非常生气地说："你打完这一仗，再死也不晚。"孟昶知道刘裕的意思，到最后还是不会采用他的话，于是上表表明自己的意思说："刘裕现在正在向北征讨，众人都不同意他的做法，只有我赞成刘裕这次的行事计策，导致强大的寇贼抓住了这个机会来危害我们的国家，这实在是我的罪过啊。谨请主上赐罪自杀好让我以此谢天下。"他把章表缄封完毕之后，就吃药自杀了。

乙丑日（十四日），卢循到了淮口，致使朝廷内外全都加强戒备。琅邪王司马德文督管宫城各种军事情况，屯兵在中堂皇，而这时刘裕也屯驻在石头，各将士也有他们各自屯守的地点。此时刘裕的儿子刘义隆才只有四岁，刘裕便让谘仪参军刘粹前来辅佐他，率兵镇守在京口。而刘粹，是刘毅同族的弟弟。

刘裕看见有人到水边去探望贼兵，觉得非常奇怪，便派人前去问他的参军张劭，张劭告诉他说："如果现在你不回来，我们百姓想逃奔散走都会觉得来不及，又怎么能够到水边观望呢？所以我觉得我们现在应该不必再担心害怕了。"但是刘裕也告诉将佐说："如果贼兵在新亭直接向我们进兵，那么他们军队的锋锐是我们不能抵挡的，我觉得我们现在应该暂且回避一下，如今胜败的事情谁都不能算得到；如果他们是想迂回停泊在蔡洲，那我们就可能要遭到他们的擒俘了。"

徐道覆请求在新亭到白石这一带焚毁船只，准备分数路前来攻打刘裕。卢循则打算采取万无一失的计策，于是便告诉徐道覆说："如今我们的大军还没有到达，孟昶就已经害怕得闻风自尽；目前就整个大的局势来说，我们占有优势，他们自然而然是撑不了多久就会溃败丧乱。现在，决定胜负也就是一个早上的事，一味凭侥幸在战场投机取利，既不是一定能战胜敌人的办法，又可能会损伤我的士卒，我看我们还不如按兵不动，直接等待他们来向我们投降。"徐道覆知道卢循可能因为疑虑太多而不能够决断，只好叹息地说："我感觉我们最后一定会被卢公的犹豫所耽误，所以事情一定不能成功；如果我能够为英雄卖命奔波的话，我相信平定天下对我来说并不是难事。”

刘裕登上石头城观望卢循军队的时候，看见卢循带兵朝向新亭，刘裕看着他们的左右各方军队，吓得脸色都变了；后来知道他们迂回停泊在蔡洲，心里才高兴起来。于是，他调动各路军队转移集中。刘裕因为害怕卢循突然前来侵犯突轶，便巧用虞丘进的计策，让人砍伐树木在石头、淮口处作木栅，然后大量兵力整修治理越城，构筑成了查浦、药园、廷尉三处堡垒，然后全都派军队在那儿防守。

刘毅战败以后，穿过蛮族和汉族地区，历经艰险，仅仅保住一条活命，他的随从的人都感到非常饥饿疲累，死了大约有十分之七八。丙寅日（十五日），到达了建康，等待朝廷的判罪。还好有刘裕慰勉他，于是便派他都督中外诸军府留事。而刘毅自己请求贬官，后诏令将他降为后将军。

北魏长孙嵩征讨柔然，到了大漠以北才回来，柔然军在牛川追上长孙嵩部队并把他们包围。壬申日（二十一日），魏国君主拓跋嗣带兵向北前去攻击柔然。柔然可汗社仑听了这个消息后，吓得退走了，结果死在逃走的路上；当时他的儿子度拔年纪还特别小，于是他的部属便纷纷拥立社仑的弟弟斛律为蔼若盖可汗。后来拓跋嗣带兵又回到了参合陂。

卢循在秦淮口南岸埋伏有军队，命令一些体弱年老的人乘船朝向白石，然后声称全部所有的军队都要从白石那边步行而上。而此时刘裕留下参军沈林子、徐赤特据守在南岸，以便阻断查浦，并且下令坚持防守不要轻易行动；刘裕则和刘毅、诸葛长民率兵向北出去抵抗。沈林子听到后说：“贼兵这样说，却不一定真这样做，我们应该深深加以防范。”刘裕听到后说：“石头城的地势非常险要，而且在淮口构筑的木栅也是非常牢固，现在留下你在后面防守，我相信足够了。”沈林子，是沈穆夫的儿子。

庚辰日(二十九日)，卢循先是焚烧查浦，接着就进兵到张侯桥。此时徐赤特准备带兵去迎战攻击，沈林子对他说："现在贼兵声称前往白石，却一次次地来向我们挑战，这个情形是我们可以想象的。但是现在我们的力量实在是太小了，根本就不是敌人的对手，既然这样那我们还不如守住险要的地方，然后等待救援大军的到来。"但是徐赤特却死活不听他的建议，依然出兵作战；结果敌兵的伏兵突然出现，致使徐赤特大败，不得已只好一个人坐船逃奔淮北。此时沈林子和将军刘钟正在奋力作战据守林栅，直到朱龄石带兵前去救援的时候，贼兵才败退而走。后来卢循又带领他的精良军队挥师北上，到了丹阳郡这个地方。刘裕带着各个军队快骑回到石头城，杀了徐赤特，解除战甲休养生息了很久，才能够出兵在南塘这个地方布阵。

六月，刘裕被任命为太尉、中书监，并加赠黄钺；刘裕只接受了黄钺，其余的都坚持推辞。庾悦原是任命为车骑中军司马，现在被任命为江州刺史。庾悦，是庾准的儿子。

司马国璠和弟弟叔璠、叔道纷纷投奔到秦国。秦王姚兴问他们说："刘裕不久前才将桓玄诛灭，然后辅佐晋室，为什么你们在这时选择来投奔我呢？"他们回答说："刘裕正在大量地削弱王室的力量，而我们做臣子的宗族有能为自己修身而有所建树的，刘裕就会立刻把他给除掉；如今他正慢慢地成为国家的忧患，比曾经的桓玄还厉害许多。"于是姚兴任命司马国璠担任扬州刺史，而司马叔道被任命为交州刺史。

卢循抢掠侵寇各县之后，实际上并没有获得什么好处，于是告诉徐道覆说："现在我们的军队已经非常疲惫了，我们还不如回到寻阳，然后联合兵力共同攻取荆州，这样一来我们就据有三分之二的天下了，到时候我们慢慢地再和建康争夺抗衡吧！"秋季，七月，庚申日(初十)，卢循率兵从蔡洲向南赶回到寻阳之后，便留下他的同党范崇民带领五千人驻守南陵。甲子日(十四日)，刘裕让广川太守刘钟、辅国将军王仲德、河间内史兰陵人蒯恩、中军谘议参军孟怀玉等人各自率领他们的部属追赶卢循。

乙丑日(十五日)，魏国君主拓跋嗣带兵又回到了平城。

西秦王乾归讨伐越质、屈机等十多部，降服了两万五千多百姓，然后又迁徙到苑川。八月，乾归在苑川建都。

沮渠蒙逊带兵讨伐西凉，在马庙打败了李歆，李歆是西凉的世子，最后俘虏了他的朱元虎将军后才回去。凉公李嵩想用两千两金子、两千斤银子来赎取朱元虎；沮渠蒙逊把朱元虎送回来，和李嵩结成联盟后才回去。

刘裕回到东府之后，花费大半精力来治理他的水军，接着又派建威将军会稽人孙处、振武将军沈田子带兵三千从海路去偷袭番禺。沈田子，是沈林子的哥哥。当时大家都认为："海路很遥远很艰难，他们一定是难以到达的，而且这样做肯定会分散并撤去他们现有的力量，况且这也不是目前的急需。"但是刘裕却坚持已见一点也不听从大家的意见，命令孙处说："我们的大军在十二月的时候，肯定能够打败妖虏，等你到达时，你要最先去倾覆他们住的地方，把他们打败逃走，这样他们就没有地方回去了。"

谯纵派侍中谯良等人前来秦国求见，想让秦国派兵帮助他们攻打晋朝。谯纵当时任命桓谦担任荆州刺史，谯道福担任梁州刺史，然后让他们率领两万余人的部属前去侵略荆州；秦王姚兴也派他的前将军苟林带领着骑兵前去跟他们会合。

自从卢循在江陵挥师东下以后，就一直没有办法得到有关建康的一些消息，当时盗贼群起。荆州刺史刘道规派司马王镇之带领天门太守檀道济彭城人广武将军，到彦之进入建康进行援助。檀道济，是檀祗的弟弟。

王镇之到达寻阳后，没想到被苟林给打败了。卢循知道了这个消息，便任命苟林担任南蛮校尉，并分军队以便配合他，想让他乘着胜势前去攻伐江陵，随即又声称徐道覆已经顺利地攻下了建康城。桓谦此时正在路上招募那些心怀旧恩的人，投靠他的老百姓大约有两万人。桓谦驻守在枝江，苟林驻守在江津，当时正是两个寇敌交相逼迫的时候，此时的江陵士民已经大多怀有叛逆的心理。刘道规于是会合他的将士，鼓舞他们说："如今桓谦就在我们的附近，我听有消息说现在有许多豪杰都有想离开的意思，我刘道规带领随行的士兵，照样能够成事，如果现在有人想要离去，我是肯定不会禁止他们的。"因此他在晚上也将城门打开，直到天亮了也不将城门关闭。大家都非常害怕地服从了，没有一个人敢离去。

后来雍州刺史鲁宗之又率领数千人从襄阳出发前往江陵。有人说鲁宗之的情况还不能预测，于是刘道规只好一个人骑着马前去迎接，这点使鲁宗之对他非常悦服感激。随后刘道规又派鲁宗之在那儿留守，把他当成自己身边最亲信的人之一，之后便自己带领各个军队前去攻打桓谦。但是众将佐都劝告说："这次您到很远的地方去征讨桓谦，我们能否得到胜利现在非常难确定。苟林如今就在江津那里暗中窥伺我们所有的行动，假若他现在前来攻打我们，我觉得鲁宗之的军队未必能够安全地固守城池；万一不幸发生了意外的失误，那我们的大势就没有了。"刘道规对他们说："苟林实在是愚昧懦弱，没什么惊人的计谋，再说我离开的又不是特别远，我想他到时一定不敢带兵前来攻城的。我现在就率兵去取下桓谦，然后再带兵前往他那里，到时候肯定能把他打败，就在他们沉吟犹疑之间，我们就已经能够实现一去一回。到时桓谦战败，苟林肯定也会被吓坏，躲都来不及哪里还有空来！再说凭借鲁宗之的能力在那独立防守，怎么会支持不了几天呢？"于是便率兵前去攻打桓谦，他让水陆两军一同并进。桓谦率领他的大规模船队，加上他精锐的步兵和骑兵，两军在枝江交战。檀道济先带兵前进攻陷敌阵，致使桓谦等大败。桓谦想一个人坐着船逃向苟林，被刘道规追上然后把他给杀死了。回到了涌口的时候，又开始讨伐苟林，结果苟林带兵逃走了，刘道规于是派临淮人谘议参军刘遵带着他的部属前来追击。起初，桓谦到达枝江时，江陵的百姓士兵都曾写信给桓谦，向他说明城里的虚实情况，纷纷想要替他做内应；后来刘道规捡到这些信，没有看并将其全部焚烧，因此大家的心里都感到非常心安。

江州刺史庾悦任命鄱阳太守虞丘进为前锋，曾多次打败敌军卢循的军队，后来进兵据守豫章的时候，他果断断绝了卢循运粮的道路。九月，苟林在巴陵被刘遵杀了。

桓石绥趁着卢循入侵的时机，在洛口起兵，并自封为荆州刺史，征阳县令王天恩也自号为梁州刺史，并带兵侵袭据守在西城。梁州刺史傅韶让他儿子魏兴太守傅弘之带兵前去讨伐桓石绥等人，并将他们都杀死了，桓氏势力从此彻底灭绝了。傅韶，是傅畅的孙子。

西秦王乾归率兵前去攻打秦国略阳、南安、陇西等地方，也都顺利地攻下来了，随即迁徙两万五千户居民到苑川和枹罕。

甲寅日（初五），魏国君主拓跋珪埋葬在盛乐金陵，谥号为宣武，庙号烈祖。

此时刘毅坚持请求带兵前去讨伐卢循，长史王诞便暗中对刘裕说："既然刘毅带兵打仗已经失败过，我觉得就不适宜再让他去立这个功劳。"刘裕觉得有理便听从了他的意见。冬季，十月，刘裕率领宁朔将军檀韶、兖州刺史刘藩、冠军将军刘敬宣等人带兵向南前去攻击卢循，让刘毅监管太尉留府，并将后方的事情全都委交给他。癸巳日（十四日），刘裕率兵从建康出发了。

徐道覆带兵三万前往江陵，不久就到达了破冢。而当时鲁宗之都已经带兵回襄阳，此时想追去召回他已经来不及了，因此江陵人心大为震惊，军心不稳。有人甚至传言说卢循已经带兵攻下了京城，并派徐道覆前来做刺史，但是江、汉的士民却非常感激刘道规当初不计前嫌焚毁书信的恩德，也都不再有叛逆之心了。刘道规又派刘遵作为他的另外一支流动的军队，而自己率兵在豫章口奋勇抵抗徐道覆。前军战败之后，刘遵又从外围开始迎击，取得了胜利，杀死一万多敌人，还有好多跳到水里的，也差不多全被淹死了，此时徐道覆一个人坐着船已经逃回了湓口。起初，刘道规派刘遵去做游击军，众人都认为现在强大的敌人在前，本来担心兵力太少，就不应该再把现在本来就不多的兵力分割，安排在没有用处的地方。等到打败徐道覆之后，全是依靠这支游击军的力量，这时众人心里才对他极其佩服。

鲜卑人仆浑、羌句岂、输报、邓若等带着两万户士民前往西秦投降。

王仲德等人听消息说刘裕他们的大军马上就快到了，于是便在南陵进兵攻打范崇民；此时范崇民的战舰全部都被夹屯在两岸。十一月，刘钟亲自前往察看贼兵，当时正好天有浓雾，被贼兵用钩子钩住了他所在的船。于是一气之下刘钟率领左右的人前往攻击舰户，没想到贼兵立即关闭了舰户奋勇抵抗，刘钟这才心有不甘地慢慢回去，随后就和王仲德一同联合军力攻打范崇民，结果范崇民败走。

癸丑日（初五），益州刺史鲍陋去世了。谯道福带兵攻陷巴东，守将温祚、时延祖被杀死。

卢循有防守广州的军队，所以对海路不是很担忧。庚戌日（十一月无此日），孙处忽然带兵从海上到达，当时正巧有很大的雾，孙处便从四面围攻，当天就非常顺利地将城给攻下来了。孙处小心安抚当地的居民，并杀死了许多卢循的亲党，严格要求军队谨守纪律，并分别让沈田子等人带兵前往攻击岭表各郡。

刘裕驻扎在雷池。卢循扬言不去进攻雷池，而要顺江水直接东下。听到这个消息后刘裕知道他这是想要作战，十二月，己卯日（初一），带兵进攻大雷。庚辰日（初二），卢循、徐道覆等人各自率领数万人塞满江流而下，当时的阵势非常壮观，向前看不见船头、向后看不见船尾的边际。刘裕命令轻快的船舰全部攻击，接着又率领各军合力前去进兵攻击；然后又分派骑兵和步兵屯分别驻扎在西岸，预先准备可以用的引火的用具。刘裕命令弓箭手用强劲的箭射卢循的军队，随即又利用水势和风势使他们感觉非常急迫。而此时卢循的战舰也全都全部停泊在西岸，顿时岸上的军队纷纷都丢火把焚烧，整个江面烟火弥涨天空；结果当然是卢循的军队大败，最后不得已只得逃回寻阳。当他正准备要逃往豫章的时候，被用全力构筑的木栅阻断在了左里，丙申日(十八日)，刘裕的军队到达左里之后，便无法再前进。当时刘裕正在指挥手下的军队准备作战，用力到把手上所拿的指挥竿都挥断了，致使指挥的旗子沉没水中，见到这种情况大家觉得很奇怪，心里也都很害怕。刘裕于是笑着对将士们说："当年我们和桓玄在覆舟打仗作战的时候，我记得我当时手里拿的指挥的旗杆也被折断了，现在又是这样，这就说明贼兵一定会被我们消灭。"说完就立即攻打木栅前进，虽然卢循的军队拼命作战反抗，但是不能阻止前进。结果卢循战败只得一个人坐着船逃走，当时有一万多人，不是被杀死就是跳水淹死的。刘裕接纳那些投降于他的人，并大度地原谅那些被逼迫掳掠的人，并派刘藩、孟怀玉带领轻快的军队前去追赶。卢循收集剩下的一些散亡的士卒，一共还有几千人，然后就直接回到了番禺；徐道覆逃到始兴后想要进行自保。刘裕上奏让建威将军褚裕之代替行使广州刺史职权。褚裕之，是褚裒的曾孙。刘裕带兵回到了建康。刘毅心里十分厌恶刘穆之这个人，每次他都很从容很随意地对刘裕说刘穆之手里的权势太重了，刘裕因此更加相信他并重用他。

燕国的上谷公冯乳陈、广川公冯万泥，仗着自己是宗室，曾经立过很大的功劳，认为理所应当进入朝廷做宰辅。燕王冯跋因为幽、平两个藩镇的责任很重，很久没有征调他们，于是他们两人心中都有了很大的怨恨。这一年，乳陈便暗中派人去告诉万泥说："乳陈有一个很好的计谋，我愿意和叔父一起好好地策划。"于是万泥就和乳陈一同叛变，投奔到了白狼，冯跋便派遣汲郡公冯弘和张兴共同带领步兵和骑兵一共两万人去讨伐他们。冯弘先派遣使者去告诉他们祸与福的道理；万泥的信心被动摇了，想要投降，但是乳陈就是不同意他的想法。张兴告诉冯弘说："贼兵明天就要与我们迎战了，今天晚上一定会派兵来扰乱我们的军营，我们应该要事先有所防备才对。"于是冯弘便暗中命令每个人去准备十束草把，收藏好各自的火种，埋伏兵力等待敌军的袭扰。不出所料，这天晚上，乳陈果然派出了一千多名勇士前来偷袭，冯弘一声令下，所有的火把一下子都点燃起来了，事先埋伏好的军队全部出动加以迎击，被俘虏的、被斩杀的，没有放任何一个活着回去。万泥、乳陈因为害怕被迫出城投降，冯弘命令将他们全部杀死。由于这次功劳，冯跋决定任命范阳公素弗担任大司马一职，改封他为辽西公；让冯弘担任骠骑大将军一职，改封他为中山公。

资治通鉴卷第一百一十六　晋纪三十八

起辛亥(公元411年),止甲寅(公元414年),共四年。

【题解】本卷记录了公元411年至414年,即晋安帝司马德宗义熙七年至义熙十年共四年间东晋与各国的大事。主要记录了刘裕部将破杀徐道覆,卢循逃入交州,战败自杀,内乱平息;记录了刘毅阴谋杀死刘裕,刘毅战败自杀,刘裕占据荆州安民;记录了刘裕派兵西取成都,谯纵城破自杀,西蜀平定;记录了姚弼乘其父姚兴生病图谋作乱,姚兴病好,不作处理;记录了西秦内乱,太子乞伏炽磐继位,多次打败吐谷浑,灭亡南凉;此外还记录了赫连勃勃势力强大,为政残暴,建筑统万城,以及北凉沮渠蒙逊迁都姑臧等等。

安皇帝辛

义熙七年(辛亥,公元411年)

春季,正月,己未日(十二日),刘裕回到建康。

秦国广平公姚弼非常受秦王姚兴的宠幸,被任命为雍州刺史一职,镇守安定。姜纪趁机谄媚趋附姚弼,强烈劝说姚弼拉拢姚兴身边比较有威望的人,向秦王姚兴提出进入朝廷任职的要求。姚兴便征调姚弼进入朝廷担任尚书令、侍中和大将军多个职务。于是姚弼屈节结纳朝廷里的各种人士,取得了很高的名望和声势,势力足以倾轧东宫;全国人都很厌恶他。正巧西北地区突然出现很多叛乱,姚兴想要命令自己信得过的将领前去西北地区镇守边疆,安抚百姓;陇东的太守郭播上奏秦王,请求派姚弼前去镇守西北;但是姚兴不答应,秦王就让太常索稜担任太尉并兼领陇西内史,派他招抚西秦。西秦王乞伏乾归派来使者给秦王送交自己所抢掠的守宰,希望以此谢罪并想请求归降。于是姚兴派鸿胪拜见乾归都督管理西岭北杂胡诸军事、征西大将军、河州牧、单于、河南王，太子炽磐为镇西将军、左贤王、平昌公。

姚兴命令群臣四处搜求并推荐有才能的贤士。右仆射梁喜对他说："臣曾多次接受诏命而没有找到合适的人，应该可以说是世上缺乏人才了吧。"姚兴说："自古以来，每一个帝王的兴起，都是在亲近的人里面挑选丞相，在信得过的武将里挑选将领，随时任用贤能才士，总能取得很好的政治效果。梁喜你自己不明白如何认识选拔人才，怎么可以夸下海口说普天之下没有贤能雅士呢？"群臣听完之后都很赞同姚兴的看法。

秦国的姚详奉命在杏城屯守，被夏王刘勃勃逼迫，向南方的大苏逃跑；刘勃勃派平东将军鹿弈干去追击姚详，将其杀死，并把他的所有部属全部俘虏。刘勃勃带兵向南挺进，攻打安定的时候，在青石北边的平原将尚书杨佛嵩打败，降服他的部下共计四万五千人；又继续向前进军，准备攻打东乡，把东乡攻下来之后，将三千多户百姓强行迁徙到贰城。秦国镇北参军王买德逃奔到夏国，夏王刘勃勃向他询问消灭秦国的对策，王买德说："秦国的宏伟大业虽然已经衰败了，但是各地的藩镇势力仍然很强固，希望夏王暂时积蓄力量，等日后找准时机再将他们一举拿下。"刘勃勃认为王买德说得有道理，于是任命他为军师中郎将。秦王姚兴派卫大将军常山公姚显前去迎接姚详，姚显没有来得及赶上，于是先在杏城屯守，等候姚详的归来。

刘藩亲自率领孟怀玉等多名将领前去追击卢循，追到五岭附近的时候，二月，壬午日（初五），孟怀玉领兵将始兴攻下，并把徐道覆杀死了。

河南王乾归将鲜卑仆浑部三千多户居民迁徙到度坚城，让自己的儿子敕勃担任秦兴的太守，对度坚城进行严密地镇守。

焦朗还在驻兵据守姑臧，沮渠蒙逊率兵攻下了姑臧城，虽然抓住了焦朗但是没有处罚反而宽宥他；并让他的弟弟挐担任秦州刺史，驻兵镇守姑臧。于是随后又带兵讨伐南凉，率兵围攻了乐都，结果攻了三十天都还没攻下；南凉王秃檀最后只好把他的儿子安周送去当人质，这才得以回去。

吐谷浑树洛干带兵前去讨伐南凉，打败了南凉的太子虎台。

南凉王秃檀心中不平又想要前去讨伐沮渠蒙逊，邯川护军孟恺知道后急忙劝谏他说："现在沮渠蒙逊刚刚并吞姑臧，他的凶猛气势正是旺盛的时候，我觉得我们现在不能去攻击他。"但是秃檀没有听从他的意见，坚持己见，带兵由五路一起前进，到了番禾、苕藋这两个地方，率领部下抢劫掠夺了五千多户然后才带兵回去。将军屈右对他说："我们既然已经获得了这么大的利益，那我们现在就应该加快速度赶回去，这样我们就可以早一点脱离这个危险的地方。沮渠蒙逊这个人平时打仗善于用兵，如果现在他的轻快部队突然到达和我们交战，那我们就是腹背受敌，大敌在外面逼迫我们，而那些迁徙的民户则会在内部背叛我们，这对我们来说是非常危险的一条道路。"但是卫尉伊力延反驳说："现在他们是走路，而我们是骑马，他们是绝对赶不上我们的。如果现在我们快速赶回去，那就是对他们表示我们很懦弱，而且还会舍弃这么好的资源财富，我觉得这不是一个好的计策。"此时忽然天色昏暗，大雾弥漫，刮风下雨，正巧沮渠蒙逊带着他的大量的军队到来了，结果当然是秃檀战败逃走。随后沮渠蒙逊又带兵围攻乐都，秃檀只好绕城防守，并再次用他的儿子染干当人质求饶，请求和解，沮渠蒙逊这才放过他回去了。

三月，刘裕接受了太尉、中书监的职务，并让刘穆之担任太尉司马，陈郡殷景仁担任行参军。一次，刘裕问刘穆之说："你觉得孟昶的参佐，谁能够担任呢？"刘穆之于是就向他推举了前建威中兵参军谢晦。谢晦，是谢安的哥哥谢据的曾孙。刘裕便听从了他的建议立即任命谢晦为参军。刘裕曾经亲自讯问过囚犯，当天早晨，刑狱的参军因为生病了，只好让谢晦代替他；当时他是在车子里面看了一遍问讯的笔录，然后一下子就能做出判决。相府中有很多的事，各种讼案堆积得特别高，于是谢晦便陪着讯问，来往辨证，居然都没有一点谬误违逆；刘裕因此觉得他是一个非常奇特的人，当天就签报批准让他担任刑狱贼曹。谢晦这个人风度翩翩，姿态很优美，平时很会说话谈笑，他的学问广博，通达事理，所以刘裕非常欣赏他，也非常喜爱他。

卢循在途中收集一些打仗散亡的士卒到了番禺，于是便带兵围攻番禺，孙处带兵奋勇抵抗防守了二十多天。沈田子也曾告诉刘藩说："番禺城虽然地势非常坚固险要，但它本来就是贼匪的巢穴；如今卢循又带兵加以围攻，这样可能会导致内部的变乱。而且现在孙季高(孙处)的部属，状况是人少力弱，恐怕不能支持很久，如果到时让贼兵又回来据守广州，那样的话凶恶的情形肯定又会振起。"夏季，四月，沈田子带兵前去营救番禺，攻击卢循的军队，并顺利地把卢循打败了，杀了卢循一万多人。结果卢循不得已逃走，沈田子和孙处一同带兵追赶，又在苍梧、郁林、宁浦将卢循打败了。当时正巧孙处生病了，由于不能及时进兵，这才使卢循逃奔到交州。

起初，九真的太守李逊带兵作乱，让交州刺史交趾人杜瑗去讨伐，结果杜瑗被杀死了。杜瑗死后，朝廷又任命他的儿子杜慧度担任交州刺史。可是诏书还没有到达，卢循就已经偷袭并攻下了合浦，随后就直接带兵指向交州；杜慧度率领州府所有的文武官吏聚集在石碕，齐心协力抵抗卢循，最终把卢循给打败了。当时卢循残余的部属大概还有三千多人，于是李逊带着他的余党李脱等人，结合俚獠的五千多人前来附应卢循。庚子日(二十四日)，卢循早晨到达了龙编南边的一个渡口；杜慧度把家里的财物全部都拿出来犒赏他的将士，随后就带着自己的人和卢循交战了，他们丢掷了很多雉尾形状的草把，然后以此来点火焚烧他们的船舰，并让步兵在两岸用箭射他，致使当时卢循的许多船舰都被点燃了，卢循的军队大败，部众彻底溃散。此时，卢循知道自己已经逃不掉被灭亡的命运，于是先用药毒死了自己的妻子，随后又召问自己的妓妾说："你们谁愿意跟从我一起死呢?"但是多半都回答说："雀鼠尚且知道苟且贪生，请原谅我们实在不愿和你一起去送死。”但是也有个别回答说：“既然官人都快要死了，那我们这些做姬妾的又怎么愿意贪生呢？”于是卢循把那些推脱不愿跟他一起死的人全部杀死，然后他自己也投水而死。杜慧度从水里捞出他的尸体，将首级斩下，之后连同他们父子和李脱七个人的首级全部装进盒子，让人送到建康。

起初，刘毅在京口的时候，生活非常贫困，曾和自己的亲友们在东堂练习射箭。当时庾悦担任司徒右长史，后来到这里，夺占了他们平时射箭的地方；大家对他非常害怕都逃避他，唯独刘毅不害怕没有离开。庾悦厨房里的馔食一直都非常丰盛，但是却没有给刘毅的份；于是刘毅便想让庾悦给他一块熏烤的小鹅肉，庾悦听了之后很生气，没有给他，刘毅因此心里对他有怨恨。后来，刘毅请求兼任督都江州，朝廷的诏令同意了。于是他便奏请说：“我觉得江州是属于我们内部的地方，应该以治理百姓为我们的职责，不应该在那里设置军府，这样一来就浪费了百姓的财力，因此，应该罢除军府，然后将其改去镇守豫章；寻阳接连蛮地，所以臣认为可以就在州府拨出一千名士兵去帮助戍守城郡。”于是庾悦都督、将军的官职便被解除了，只能以刺史的身份镇守豫章。后来刘毅又让他的亲信将军赵恢带领一千名士兵前去防守寻阳；与此同时，庾悦府中的三千名文武官员也全部被刘毅纳入自己的府里，之后刘毅又一直不断地对庾悦下达一些非常严苛催逼的命令。这让庾悦心里又气又怕，到了豫章之后，背上疽肿发作而死。

河南王乞伏乾归迁徙羌句岂等部属五千多户到达了叠兰城。让他哥哥的儿子阿柴担任兴国太守，并驻兵加以镇守。五月，又让他的儿子木弈干担任武威太守，驻兵镇守在嵻崀城。

丁卯日(二十二日)，魏国君主拓跋嗣前来朝谒金陵，山阳侯奚斤带兵居留防守。昌黎王慕容伯儿企图阴谋造反；己巳日(二十四日)，奚斤带兵讨伐，最后顺利地连同他的党徒一起收捕斩杀。

秋季，七月，燕王冯跋任命太子冯永统领管制大单于，并设置了四辅。柔然的可汗斛律派遣他的使者前来奉献三千匹马给冯跋，希望能娶冯跋的女儿乐浪公主为妻。冯跋命令群臣就此事商议。

辽西公冯素弗对燕王冯跋说：“我们的前代君主都是把宗室的女儿嫁给夷人做妻，你应该答应他把妃嫔的女子嫁给他，而不应该将乐浪公主降格嫁给他，嫁给一个不同类的人。”冯跋听后说：“我正要在蛮荒地区树立威信，那现在又怎么可以欺骗他呢？”于是便坚持把乐浪公主嫁给斛律为妻。

冯跋一直都在非常努力地治理国家政事，劝勉当地农民要勤劳耕种，尽量减少百姓的劳役，减轻百姓的赋税负担；每次他派遣守宰的时候，肯定要自己亲自接见，询问他们施政的要领，以此来观察他们的办事能力。这让燕人感到非常高兴。

河南王乾归派遣平昌公炽磐和中军将军审虔带兵前来讨伐南凉。审虔，是乾归的儿子。八月，炽磐的军队准备渡河，南凉王袆檀派遣太子虎台在岭南率兵迎战；结果南凉的军队战败了，掳走了当地十多万匹牛马，然后就带着自己的人回去了。

沮渠蒙逊率领轻装骑兵前来偷袭西凉，但是西凉公李暠告诉属下说：“军队有一个不作战但是却能打败敌人的计策，那就是要及时地狠狠地挫掉他们的锐气。沮渠蒙逊刚不久才和我们结为盟友，就立刻不守信用地来偷袭我们，只要我们紧紧地关闭城门，不要出城和他作战，等到他们的锐气已经衰竭的时候，我们再带兵出城去攻击他，到时肯定没有不能成功的。”不久，沮渠蒙逊的军队储存的粮食已经快要吃完准备回去，这时李暠派世子李歆带领七千名骑兵出城迎击，致使沮渠蒙逊军队大败，并俘获了他的将领沮渠百年。

河南王乾归在柏阳堡带着自己的人攻打秦国略阳太守姚龙，顺利地把柏阳堡给攻打下来。冬季，十一月，又带兵前去攻打在水洛城的南平太守王憬，结果也顺利地攻下来了，并迁徙当地三千多户居民到谭郊。他派乞伏审虔带领两万人在谭郊筑城。十二月，西羌彭利发偷袭据有枹罕，并称自己为大将军、河州牧，乾归带着军队来讨伐他，但是没有成功。

这一年，并州刺史刘道怜担任北徐州刺史，改去据守彭城。

义熙八年（壬子，公元 412 年）

春季，正月，河南王乾归又率兵前去讨伐彭利发，到达了奴葵谷。没想到这时彭利发却放弃自己的一些部属向南逃走了，于是乾归派振威将军乞伏公府将他追赶到清水，随即俘虏并把他杀死了，收取了一万三千户的羌人，乞伏审虔被任命为河州刺史，镇守枹罕，然后回去了。

二月，丙子日（初五），吴兴太守孔靖被任命为尚书右仆射。

河南王乾归迁都到了谭郊，命令平昌公炽磐镇守苑川。乾归带兵在赤水攻击吐谷浑阿若干的军队，最后把阿若干降服。

夏季，四月，刘道规因为身体有病，请求解职回京，朝廷准许。刘道规在荆州任职几年，丝毫也没有侵占百姓的利益。最后等到他回去的时候，他的府库、帷幕，都和他刚来时一模一样。他的随从中有两个卫兵把一条草席带上了船，刘道规把他们拉到市井中斩首。

任命后将军、豫州刺史刘毅担任卫将军、都督荆宁秦雍四州诸军事、荆州刺史。刘毅对左卫将军刘敬宣说："我现在一个人承担西方的重任，如今想要委屈你担任南蛮校尉府长史，你有前来辅助我的意思吗？"刘敬宣听后很害怕，把这件事告诉了太尉刘裕，结果刘裕笑着对他说："我一定会让老兄你平安无事的，这件事你就不必太过挂虑了。"

刘毅这个人性情刚愎自用，总是认为自己建立义举的功劳和刘裕相等，一直自我感觉了不起，自恃劳苦功高，虽然平时一些权度事宜他都推给了刘裕，可是自己却从心里不服气；后来等到他当了荆州刺史后，也常常因此心里闷闷不乐。因为刘裕每次都会柔抚顺从他，这让刘毅的行为更加骄傲纵性，甚至曾经还说："恨自己不能生在刘邦、项羽争夺天下的时代，不能像他们那样去争夺中原！"后来等到在桑治战败的时候，知道人情已经几乎都没有了，心里就更加愤恨激怒。刘裕平时不太用心读书，而刘毅却颇能涉猎诗文，因此当时朝廷里有名望的士人几乎多半都归附于他，与尚书仆射谢混和丹杨尹郗僧施这两个人平时的交情非常深厚。僧施，是郗超的侄子。而刘毅在据守上流的地位之后，心中就有暗中图谋刘裕的心意，于是就请求兼督交、广两州的职位，没想到刘裕居然同意了。随后刘毅又奏请任命郗僧施担任南蛮校尉后军司马，毛修之担任南郡太守，刘裕居然也同意了，后来又让刘穆之代替僧施担任丹杨尹。然后刘毅就奏表请求到京口向祖坟辞行，这时刘裕还到倪塘与他相会。宁远将军胡藩看这情形便告诉刘裕说："主公你认为刘卫军（刘毅）会甘心一直居在公的下位吗？"刘裕听后沉默不语，过了很久，才对他说："那现在你认为如何呢？"胡藩告诉他说："如果要你联合百万的军队，你肯定能将城攻下来，让你去作战打仗一定能获得胜利，而刘毅在这方面确实非常佩服你；但是在涉猎诗书杂记方面，吟咏谈论方面，他却认为自己是英雄豪杰；因此那些在朝为官的人以及一些白面书生，现在全都很密集地归附到他那边去了。我觉得他恐怕不会一直甘心在公的下位的，依我看，不如主公你利用今天相会的机会将他收服。"刘裕告诉他说："我和刘毅都是有克敌匡复的功劳的人，现在他的罪过还没有明显地表现出来，我在这时是不可以自相图谋的。"

六月，乞伏公府杀死了河南王乾归，同时将他的十几个儿子给杀死了，然后逃到了大夏进行自保。平昌公炽磐让他的弟弟广武将军智达、扬武将军木弈干带着三千多名骑兵前去讨伐；让他的弟弟昙达担任镇京将军，驻兵镇守在谭郊，骁骑将军娄机带兵镇守在苑川。炽磐带着他的文武官吏和两万多户百姓迁到枹罕这个地方。

秦国的人大多都劝秦王姚兴利用当时一片混乱的机会来攻取炽磐，但是姚兴对他说："如果我乘着别人有丧事的时候带兵去讨伐别人，这是不礼貌的行为。"此时夏王刘勃勃正想要带兵去攻打炽磐，但是他的军师中郎将王买德却劝谏他说："炽磐，现在是和我们有着友好关系的邻邦，如今他遭到丧事灾乱，如果这时我们不但不同情他，反而仗恃着我们人多而去攻伐他们，匹夫尚且都知道这样做羞耻，更何况是一个万乘的国君呢?”刘勃勃听了他的话这才停止。

闰月，庚子日(初一)，南郡烈武公刘道规去世了。

秋季，七月，己巳朔日(初一)，魏国的君主拓跋嗣带着自己的人向东巡视，设置了四厢将领以及十二小将；并任命山阳侯拓跋斤、元城侯拓跋屈暂时代替行使左、右丞相的职权。

乞伏智达等人带兵在大夏这个地方打败了乞伏公府。后来乞伏公府带着自己的人逃到了叠兰城，前来依附他的弟弟阿柴；智达等人率兵攻下了叠兰城，杀死了阿柴父子五人。后来乞伏公府逃奔到嵻嵲南山，结果还是被敌兵追赶俘获了，最后连同他的四个儿子，全部都在谭郊处被处以车裂的刑罚。

八月，乞伏炽磐自称为大将军、河南王，下令大赦，年号改为永康；乾归被葬在枹罕，并封谥号为武元，庙号为高祖。

皇后王氏驾崩。

庚戌日(十二日)，魏国君主拓跋嗣率兵回到了平城。

九月，河南王炽磐任命尚书令武始人翟勍为相国，侍中、太子詹事赵景为御史大夫，罢除了尚书令、仆、尚书六卿、侍中等官职。

癸酉日(初六)，僖皇后被葬在休平陵。

刘毅带着自己的人到达了江陵之后，变换了当地的很多守宰，擅自割取了豫州的文武官员以及江州一万多人的兵力跟随自己。正巧此时刘毅病得非常重，郗僧施等人便非常害怕刘毅一死，他的党羽可能就会有危险，于是就劝刘毅，想要请他让堂弟兖州刺史刘藩作为自己的副手，当时太尉刘裕表面上假装同意了。刘藩带着自己的人从广陵入朝，己卯日(十二日)，刘裕便用诏书来指责刘毅当时的种种罪状，说是他和刘藩以及谢混一起图谋不法的行为，以此为由来收拿刘藩和谢混，并赐他们自尽了。

起初，谢混和刘毅走得非常亲近，因此谢混的堂哥谢澹经常替他担心，后来渐渐地和他疏远了；并告诉他的弟弟谢璞和他的侄子谢瞻说："按照益寿(谢混的小字)的个性，他最后一定会败坏我们的家道。"谢澹，是谢安的孙子。

庚辰日(十三日)，东晋安帝下诏令大赦天下，并任命以前的会稽内史司马休之担任都督荆雍梁秦宁益六州诸军事以及荆州刺史；北徐州刺史刘道怜担任兖青两州刺史，驻兵镇守在京口。并派豫州的刺史诸葛长民兼领太尉留府事。刘裕心里怀疑诸葛长民很难有能力独当大任，于是又加封刘穆之为建武将军，设置了佐吏，并配给他们一定的兵力加以防范敌人。

壬午日(十五日)，刘裕带领着各军从建康出发了，参军王镇恶希望能供给他一百艘船舰作为自己打仗的前驱。丙申日(二十九日)，到达姑孰之后，任命王镇恶担任振武将军，和龙骧将军蒯恩共同率领着一百多条船舰向前进发了。刘裕告诉他说："等你们碰到贼兵的时候，如果你们觉得能攻击的话，你们就攻击；如果觉得不是对手不可以攻击的话，那就尽量烧毁他们的船舰就可以了，然后驻留屯守水边，在那里等着我来。"于是王镇恶便日夜兼程地赶路，不过对外却宣称是刘兖州(刘藩)北上。

冬季，十月，己未日(二十二日)，王镇恶带着自己的军队到达了豫章口，在距离江陵城还有二十里的地方，就命令军队丢弃自己的船舰步行而上。蒯恩带着自己的军队走在前面，王镇恶的人紧跟随在后。当时船上只留有一两个人，停船的岸边竖立有六七面旗子，旗子下方安置有军鼓，然后告诉当时所留下的人说："等你们计算我快要到达城的时候，你们就大声敲鼓，使敌人觉得好像后面有大军快要来到的样子。"随后又分别派人前去烧毁了敌人在江津的一些船舰。王镇恶则直接带着自己的部属向前去偷袭城池，并告诉那些在前面的军士说："如果待会儿有人问的话，你们只要告诉他说刘兖州到了就行了。"而此时渡口的守卫和百姓都对这居然没有一点疑心。在离城还有五六里远时，正好遇到刘毅的主将朱显之，此时他正想离开江津，便问："你们知道刘兖州现在在哪里吗?"军士告诉他说："就在我们军队的后面啊。”结果朱显之到了军队的后面却没有看见刘藩，只是看见几个军士担着一些抵挡敌人射箭的战具，又见到江津的船舰几乎已经都被烧毁了，此时击鼓的声音也是特别壮盛，看到这种情况，立马就知道不是刘藩的军队来了，于是跳上快马，飞奔前去告诉刘毅传令关闭各个城门。而此时王镇恶也骑着快马前进，在门还没有来得及锁上的时候就赶到了，因此军士能够顺利入城。卫军长史谢纯入府去参见刘毅，出来后听见敌兵到来的消息，左右的人都想要带领着车子逃走，结果谢纯骂他们说：“既然我已经是别人的府吏了，想要逃走的话，又能逃到哪里去呢?”此时快骑已经进入了府里。谢纯，是谢安的哥哥谢据的孙子。这时王镇恶正带领着自己的人和城里的士兵战斗，很快就能攻进内城。从早上吃饭到下午三五点钟的时间，城里的人已经差不多都战败逃散了。王镇恶又让人把内城的墙挖个洞穴，然后顺利进入，随即又派人拿着诏书和一些赦免的文书，以及当时刘裕亲自写的信给刘毅看，但是刘毅全都烧毁了，看也不看，接着和司马毛修之等人督促自己的士兵奋力抗战。城里的人还是不怎么相信刘裕会亲自前来，这时看到跟从刘毅从东边来的军士，以及一些台省(指建康)的兵卒，多半与自己是表兄弟的亲戚关系，他们一边战斗一边说话，这才知道刘裕是真的要亲自前来，于是人人都感到惊骇，纷纷逃散。等到晚上，听说前面的士兵几乎全都逃散了，便又杀死刘毅的勇将赵蔡，这时刘毅左右的士兵还关闭东西两边的城阁进行抵抗。王镇恶因为担心在黑暗中会造成自相伤害的情况，于是就带领着军队前去围攻内城，以此撤开南面的攻势。而刘毅因为担心南面可能会有埋伏的军队，于是在半夜的时候，带着左右几乎三百多人，准备打开北面然后突围出去。毛修之告诉谢纯说：“你只要跟随我离去就没事了。”谢纯不听从他的话，结果被人杀死。

刘毅在夜里投宿在牛牧佛寺。起初，桓蔚打仗战败的时候，逃走投靠牛牧寺一个叫昌的寺僧，昌保护他并帮助他隐藏，结果最后刘毅杀死了昌。所以现在这时，这里的寺僧全部都不收留他并拒绝他说："从前我们死去的师傅因为收容桓蔚，被你杀死了，所以现在实在是不敢再收容外面的人啊。"刘毅听后叹气说："这都怪我自己作法自毙啊，没想到竟到了这个地步！"于是，他自己上吊自杀了。第二天，当地的居民发现后前去报告，王镇恶便将他的尸体拖到市中，砍下脑袋，最后连同他的儿子、侄子，也全都被杀死了。刘毅的哥哥刘模也逃奔到襄阳，结果鲁宗之把他给杀害了，然后把尸体送回来了。

起初，刘毅的叔父刘镇之闲住在京口的时候，一直不肯不接受征召，他常常告诉刘毅和刘藩他们说："你们现在的才能器识，绝对能够实现你们做官的心愿，但是我觉得恐怕得势太长时间。我不去接近你们来求取我自己的财富地位，也不愿意和你们一起接受所犯罪过的连累。"因此，每次看见刘毅、刘藩的前导和侍从到了门口的时候，就大声地骂他们。刘毅很敬畏他这个人，所以每次去看他的时候，就在还不到家的数百步远的地方，就把自己周围的仪仗侍卫全部都给屏除了，只和几个穿着普通衣服的人一起进去。等到刘毅死后，太尉刘裕奏请征调刘镇之担任散骑常侍、光禄大夫，但是他仍然坚持推辞不肯上任。

仇池公杨盛背叛了秦国，带兵侵乱祁山；秦王姚兴让建威将军赵琨当他的前锋，立节将军姚伯寿带兵跟在后面，前将军姚恢带兵从鹫峡出发，秦州的刺史姚嵩带兵从羊头峡这个地方出发，右卫将军胡翼度则从汧城出发，带兵前去征讨杨盛。姚兴自己带着人从雍城前往，然后和众将在陇口这个地方会合。

天水的太守王松急忙对姚嵩说："从前先帝如同神明一样的谋略，实在是不可推测，徐洛生凭借自己英勇雄武的才干得以辅佐王命，曾经两次带兵进入了仇池，都是无功而返。但这并不是因为杨盛的智慧勇气能够保全得住的，只是因为地理形势很险要坚固罢了。如今以赵琨的众人力，以及你的英武，和前代相比，实在是不见得能够成功啊。如果你全盘了解了当时形势的发展，那为何不上表让皇上也知道呢？"姚嵩听后不答应他的请求，杨盛带着自己的兵和赵琨相持不下，姚伯寿因为畏惧懦弱，一直不敢前进，而赵琨的兵力比较少，根本就不是杨盛的对手，最后果然被杨盛打败了。后来姚兴杀死姚伯寿，然后回去了。

姚兴任命杨佛嵩为雍州刺史，率领岭北现有的军队前去进攻夏国。军队行走了几天，姚兴告诉群臣说："杨佛嵩每次看见敌人，就奋勇向前，无法克制自己，我常常限制他的军队，不让他的士兵超过五千个人。这一次他所率领的士兵已经太多了，遇到敌人就一定会战败，但是他已经走了很远，我们追也追不上了，应该怎么办才好呢？"

杨佛嵩和夏王刘勃勃交战，果然战败，被刘勃勃所俘虏，把他扼住喉咙掐死了。

后秦国册立后宫的昭仪齐氏为皇后。

北凉沮渠蒙逊把都城迁移到了姑臧。

十一月，己卯日（十三日），东晋太尉刘裕到达了江陵，把郗僧施杀死了。起初，毛修之虽然是刘毅的僚佐属下，但却一向暗自和刘裕结交，所以刘裕特别宽宥了他。朝廷赐给王镇恶汉寿子的爵位。刘裕询问刘毅府的谘议参军申永说："我现在应该怎么做才适合呢？"申永说："消除那些以前的旧怨隔阂，加倍向百姓施加慈惠恩泽，重新严格按照门第的高下来加封官职，公开地擢拔有才能的人，不过就是如此罢了。"刘裕采纳了他的意见，下令放宽租金，减省户税，减轻劳役，放宽刑罚，以礼相聘有名望的人士，荆州的百姓非常拥护他。

东晋的豫州刺史诸葛长民很骄傲放肆，贪婪奢侈，所做的事情大多数都不合法度，成为百姓的一大祸患，他也常常害怕被太尉刘裕查处治罪。等到刘毅被杀后，诸葛长民就告诉自己所亲近的人说："'去年把彭越杀死了，今年又把韩信杀死了。'我的大祸就要到了！"于是他把别人屏退开，询问刘穆之说："大家纷纷传言，都说太尉对我有非常不满的想法，这究竟是什么原因呢？"刘穆之说："刘公逆流而上，远征刘毅，把年老的母亲、年幼的儿子全部都委托给您照顾；如果有一点点的不信任，怎么会这样做呢？"诸葛长民的心里这才稍微安定了一些。

诸葛长民的弟弟辅国大将军诸葛黎民告诉诸葛长民说："刘氏的灭亡，也就是诸葛氏可怕的下场，所以我们应该趁着刘裕还没有回来的机会，抢先动手。"诸葛长民犹豫不定，没有行动，后来叹息着说："贫贱的时候常常想着富贵，富贵了以后又一定会出现危险。现在想要当一个丹徒的普通百姓，又怎么可行呢？"因此给冀州刺史刘敬宣写了一封信说："盘龙（刘毅的小字）贪狠暴戾，专擅恣肆，自取灭亡。现在，怀有叛逆之心的人已经快要全部被剿灭了，天下就要太平了，世上的路途已告晏平，如果有富贵的事情的话，希望我们可以一起享受。"刘敬宣在回复给他的信件里面说："下官我从义熙年间以来，不称职地担任过三个州的刺史、七个郡的太守，常常害怕福分太多就要过去，灾祸就要降在头上，因此只是想要回避太满的好处，所以宁可吃亏受损。您所说的富贵的意思，我实在不敢担当。"而且又派遣使者把信给刘裕送去，刘裕说："阿寿（刘敬宣字万寿，所以刘裕称他为阿寿）还是没有辜负我啊。"

刘穆之担心诸葛长民会制造叛变，就把别人屏退，询问太尉行参军东海人何承天说："刘公这一次的行事能够成功吗？"何承天说："不用担心不能马上把荆州平定，不过另外有一个值得忧虑的事情罢了。刘公过去在左里取得大胜之后回到石头，非常轻松随便就回来了；但是这次回来，却应该加倍审慎。"刘穆之说："不是你，我就不会听到这样的忠告。"

刘裕在江陵，辅国将军王诞向刘裕表示，请求先行东还，刘裕说："诸葛长民自己好像非常担心，你怎么可以这么轻易就立刻离开呢？"王诞说："诸葛长民知道我一直以来蒙受您的垂爱照顾，我现在一个人轻装简从，单身而回，他就一定会觉得没有危险，这样也可以让他的心意稍微安定一下。"刘裕笑着说："你的勇气超过了孟贲、夏育两个人。"于是就听凭他先行回去。

沮渠蒙逊登上了河西王的尊位，下令大赦，把年号更改为玄始，设置的官员，就如同凉王吕光担任三河王时设置的官员一样。

东晋的太尉刘裕计划前去讨伐蜀国，但是在选择元帅的时候，觉得很难找到合适的人选。由于西阳太守朱龄石既有军事干才，又熟悉胜任官吏的职务，就想要任用他。但是大家却都认为朱龄石的资历名望还很轻浅，难以担当重任，刘裕没有听从。十二月，刘裕任命朱龄石为益州刺史，率领宁朔将军臧熹、河间太守蒯恩、下邳太守刘钟等人前去攻打蜀国，并且把自己的大军分出来一半，一共分配给他两万个士兵。臧熹，是刘裕妻子的弟弟，职位也比朱龄石的职位高，但是他也接受朱龄石的统领。

刘裕和朱龄石暗中密谋进攻取胜的办法，说："刘敬宣以前进军到黄虎，没有建立什么功劳就撤退回来了。贼兵认为我们今天应该会从外水出发前往，又要防备我们会出其不意仍然从内水出发前往。这样的话，他们一定要把主要的兵力都用来防守涪城，以封锁内水。如果我们朝向黄虎进军，就正好中了他的计策。现在我们让主要的军队经过外水直接攻取成都，另外派遣一支迷惑敌人的军队进攻内水，这是制伏敌人取得胜利的奇计。"他担心这个计划事先被传扬出去，被贼兵摸清了他们自己的虚实动静，就另外写了一封被密封在盒子里面的信件送给了朱龄石，在装有信件的盒子外面写着："到达了白帝城以后再打开。"各路大军虽然都已经开始行动，但是却不知道为什么要这样安排。

毛修之坚决要求随大军出发，刘裕担心毛修之到了蜀国以后，会把很多人都杀死，而当地人因为和毛修之有宿怨，也有可能会拼死坚守抵抗，就没有答应他的请求。

东晋把荆州的十个郡划分出来，设置为湘州。

晋安帝加授太尉刘裕为太傅、扬州牧。

丁巳日(二十一日)，北魏君主拓跋嗣到北方巡视，到了长城以后就回去了。

义熙九年（癸丑，公元 413 年）

春季，二月，庚戌日（十五日），北魏君主拓跋嗣前往高柳川；甲寅日（十九日），拓跋嗣返回皇宫。

太尉刘裕从江陵东下，返回建康，陆续把军用物资尽快地运送回去，以便于快速前行，在规定抵达的日期以前，常常滞留不能按期进发。诸葛长民和公卿们每天都在新亭等候，每每都错过了日期。乙丑晦日（三十日），刘裕乘坐着轻快的小艇迅速前进，暗中返回了东府。三月，丙寅朔日（初一），凌晨，诸葛长民才得到了这个消息，大吃一惊，急忙前去晋见。刘裕命令武士丁旿在帷幔里面埋伏，然后迎接诸葛长民进入里面，把别人屏退，单独进行谈话，把凡是一生以来谈不透的话，全部都说了出来。诸葛长民听了以后感到很高兴。却不料丁旿从帷幔后面跳了出来，在座位上面把他杀死了，刘裕命令用车子把他的尸体拉到廷尉去判罪。又下令把他的弟弟诸葛黎民捉拿起来，诸葛黎民向来非常骁勇，拒捕格斗，被杀死了。同时，把他的小弟弟大司马参军诸葛幼民、堂弟宁朔将军诸葛秀之都杀死了。

庚午日（初五），后秦国君姚兴派遣使者前往北魏建立友好关系。

东晋的太尉刘裕向晋安帝上表说："大司马桓温由于'百姓没有固定的根基，对国家的治理有很大的危害'。所以哀帝兴宁二年，三月，庚戌日（初一），才颁布'庚戌'诏书，规定按照百姓现在居住的地方，确定流亡居民的籍贯，用来固定百姓的根基，让他们安居乐业。当时百姓的财富逐渐积累，国家的充实富足，实在是因为这个缘故。从那个时候起一直到现在，对这个规定的执行逐渐放松，因此，我请求您能够重新强调以前的这项政策。"于是依据地界，按照百姓现在的住所，来确定他的籍贯，只有徐州、兖州、青州三个州居住在晋陵的百姓，不在这个限制里面；那些寄居在别郡之上的郡县，有很多不是被合并，就是被撤销。

戊寅日（十三日），晋安帝任命刘裕为豫州刺史。刘裕坚决辞让太傅、州牧的职位。

林邑的范胡达侵犯晋朝的九真，杜慧度进行回击并且把范胡达杀死了。

河南王乞伏炽磐派遣镇东将军昙达、平东将军王松寿率领士兵进攻东部休官部落首领权小郎、吕破胡据守的白石川，在白石川把他们打得大败，俘虏了一万多个他们的男女百姓，进军占据了白石城。显亲休官部落首领权小成、吕奴迦等一共两万多户，据守白阬不肯服从，乞伏昙达攻克了白阬，然后把他们都杀死了，陇右的休官部落全都向乞伏炽磐投降了。后秦的太尉索稜用他据守的陇西向乞伏炽磐投降，乞伏炽磐任命索稜为太傅。

夏王刘勃勃下令大赦，把年号更改为凤翔。任命叱干阿利兼领掌管建筑的将作大匠，征集了十几万个岭北的胡人和汉人，在朔方水以北、黑水以南的地方修筑都城。刘勃勃说："我正要统一天下，以君王的地位统辖所有地区，因此，应该给新的都城取名叫统万。"叱干阿利性情乖巧伶俐，但是为人却凶暴残忍。他用蒸过的土修筑城墙，验收的时候如果铁锥能够插入一寸深，他就会把修筑城墙的人杀死，并且把他的尸体和土一起修筑在城墙里面。刘勃勃认为他很忠心，就把修筑新城的事情全部交给了他。凡是兵器制造成功，呈上去给他过目的时候，做工的人当中就一定会有人被杀死：用弓箭射铠甲，如果弓箭不能把铠甲射透就把制造弓箭的工匠杀死，如果弓箭把铠甲射透了就把制造铠甲的工匠杀死。又用铜器熔铸成了一面大鼓，把飞廉、翁仲、铜驼、龙虎这一类东西塑像，都用黄金装饰器物的表面，排列在宫殿的前面。一共有几千名工匠被杀死，因此武器什物等都打磨得非常锋利和精良。

刘勃勃自己认为他的祖先跟从母姓为刘，是不合礼法的事情。鉴于古人用姓氏也没有常规，于是就自己把自己的姓氏更改为赫连氏，意思是指帝王上系于天，是上天的儿子，他的功劳显赫，和上天相连；那些不是直系亲属的旁支后裔，都用铁伐作为自己的姓氏，意思是说他们刚强锐利就像铁一样，都能够去讨伐别人。

夏季，四月，乙卯日(二十一日)，北魏君主拓跋嗣向西巡视，派遣郑兵(一作都兵)将军奚斤、鸿飞将军尉古真、都将闾大肥等人，率领军队在跋那山攻击越勤部。闾大肥是柔然人。

河南王乞伏炽磐派遣安北将军乌地延、冠军将军翟绍在泣勤川攻击吐谷浑的远方部落首领句旁，并且把他们打得大败。

河西王沮渠蒙逊册立他的儿子沮渠政德为世子，加封他为镇卫大将军、录尚书事。

南凉王秃发袢檀攻打河西王沮渠蒙逊，沮渠蒙逊在若厚坞把他打败了，又在若凉再一次把他打败了。因此沮渠蒙逊进军围困秃发檀的都城乐都，经过了二十天，也没有把乐都攻占下来。南凉湟河太守文支献出湟河郡向沮渠蒙逊投降了，沮渠蒙逊任命文支为广武太守。沮渠蒙逊又再一次前去讨伐南凉，秃发傉把太尉俱延交给他作为人质，沮渠蒙逊这才撤军返回。

沮渠蒙逊向西巡视，前往苕藋，沮渠蒙逊派遣冠军将军伏恩率领一万个骑兵，进攻了卑和、乌啼两个部落，把他们全部都打得大败，俘虏了两千多个小部落的百姓以后才回去。

沮渠蒙逊在新台皇宫睡觉，宦官王怀祖突然袭击了沮渠蒙逊，但是却只是把他的脚弄伤了，他的妻子孟氏把王怀祖活捉了以后把他杀死了。沮渠蒙逊的母亲车氏去世了。

五月，乙亥日(十一日)，北魏君主拓跋嗣前往云中的旧日宫殿。丙子日(十二日)，下令大赦，西河的胡人张外等人招集部众，成为了盗匪；乙卯日(五月无此日)，拓跋嗣派遣会稽公长乐人刘絜等人在西河驻扎军队，招降或者讨伐他们。六月，拓跋嗣前往五原。

朱龄石等人到达了白帝，把盒子里面刘裕写的书信打开，书信里面说："大部队全部都从外水进攻成都，臧熹从中水进攻广汉，年老体弱的士兵乘坐在十几艘高大的船舰里面，从内水向黄虎进发。"于是各军都加快速度向目标前进。谯纵果然派遣谯道福率领主要的军队镇守涪城，用来防备从内水进攻的敌人。

朱龄石到达了平模，距离成都还有两百里，谯纵派遣秦州刺史侯晖、尚书仆射谯诜率领一万多个士兵在平模驻扎，在江水的两岸修筑城墙用来抵抗敌兵的进攻。朱龄石告诉刘钟说："现在正是天气炎热的时候，但是贼匪又严整军队坚守在险要的地方进行防守，我们即便攻打他们也不一定能够攻取下来，只是白白地增加士兵的疲劳困顿。我想要暂时停止进攻，养精蓄锐，来等待敌人放松警惕的机会，你觉得怎么样呢？"刘钟说："不能这样做。开始的时候我们扬言大部队从内水进攻，谯道福这才不敢放弃涪城。现在主要的军队突然到达这里，出乎敌人的意料之外，侯晖这些人已经连胆都吓破了。贼兵挡住我们的去路，守住险要的地方的原因，是他们害怕，不敢出来迎战。我们应该趁着他们的惊恐畏惧，把我们所有的精锐士兵都调过去进攻他们，这样我们一定会胜利。把平模攻占了以后，我们自然可以擂动战鼓，勇往直前，成都也就一定不能防守住了。如果我们把进攻缓解下来，相持不下，一直在一个地方进行防守，敌人就一定会了解到我们的虚实。涪城的军队再忽然到来，把兵力合在一起抵抗我们，他们的人心也已经安定，良将也集结过来，这样，我们希望对战又没有办法把敌人引出来，军队的粮食也没有得到供给的机会，那么，我们这两万多个人就要全部被蜀中的小子俘虏了。"朱龄石听从了他的劝告。

诸将因为江北的城垣地势险要，守卫的士兵众多，所以打算先进攻江南的城池，朱龄石说："即使我们现在屠灭了南面的城池，也不足以把北边的城池攻取下来，如果我们把所有精锐的士兵都集中起来去攻取北面的城池，那么南面的城池不用前去挥旗进攻，也会自然解散的。"秋季，七月，朱龄石率领几支军队向北城发动猛烈进攻，把北城攻取了，把侯晖、谯诜都杀死了；又率领军队调转赶往南面的城池进行攻击，南面的城池自动溃败了。朱龄石把船遗留在江中，上岸步行向成都进发；谯纵的将领谯抚之在牛脾驻扎军队，谯小苟驻防打鼻。臧熹向谯抚之发起进攻，就把他杀死了，谯小苟听说了这个消息以后，也全军溃败了。于是谯纵手下的那些军营卫所，一听见东晋的军队到来的消息，便都一个接一个地崩溃瓦解。

戊辰日（初五），谯纵把成都放弃逃走了，尚书令马耽把府库封存起来，等待晋朝的军队。壬申日（初九），朱龄石进入了成都，把谯纵同祖父的亲属都诛杀了，其余的人都安居如常，让他们恢复本来的生产经营。谯纵从成都逃了出来，先去辞别祖先陵墓，他的女儿说："逃走也一定不能够避免死亡，只是取得更多的侮辱而已；同样是死，还不如死在先人的坟墓旁边。"谯纵没有采纳她的意见。谯道福听说平模没有守住，就率领士兵从涪城前往救援，谯纵前去投靠他。谯道福看见谯纵以后，很生气地说："大丈夫有这样伟大的功名事业，却把它丢弃了，你要回到哪里去呢？没有一个人能够不死，你为什么就怕成这个样子呢！"于是把佩剑狠狠地向谯纵掷去，但是只砍中了他的马鞍。谯纵只好离去，自己上吊死了，巴西人王志把他的头颅砍了下来给朱龄石送去。谯道福告诉他的部众们说："蜀国的生存和灭亡，其实是维系在我的身上，不在谯王的身上，现在我还活着，因此，还足以进行一次决战。"大家都表示同意。谯道福把所有的金子、丝帛全部都拿出来分发给手下的人，大家接过东西以后，却全部都逃走了。谯道福无奈之下逃到了獠人的部落里面，巴西人杜瑾把他抓住以后，交给了朱龄石，朱龄石就在军营的门前把他斩首了。朱龄石把马耽流放到了越嶲，马耽告诉他手下的部属说："朱侯没有把我送往京城，是打算杀人灭口，我一定难逃一死。"于是，马耽把自己盥洗干净，沐浴之后，躺在床上，自缢而死。不一会儿，朱龄石的使者就到达了，把他尸体上面的人头砍了下来。晋安帝颁下诏令任命朱龄石升任监督梁、秦州六郡诸军事，赐爵位为丰城县侯。

北魏奚斤等人在跋那山以西的地区把越勤打败了，把当地的两万多户都迁徙到了大宁。

河西的胡人曹龙等人率领两万个部众来到了蒲子，西河的胡人张外向他投降，把曹龙推举为大单于。

丙戌日(二十三日),北魏君主拓跋嗣前往定襄的大洛城。

河南王乞伏炽磐在长柳川进攻吐谷浑的支旁部落,把支旁和他的五千多户部众都俘虏了,然后回去了。

八月,癸卯日(十一日),北魏君主拓跋嗣回到了平城。

曹龙向北魏请求投降,把张外捉住了,然后把他送去了北魏,北魏把张外杀死了。

丁丑日(八月无此日),北魏君主拓跋嗣到达了豺山宫;癸未日(八月无此日),拓跋嗣返回。

九月,晋安帝又颁下诏令任命太尉刘裕为太傅、扬州牧;刘裕坚决推辞。

河南王乞伏炽磐在渴浑川袭击了吐谷浑的属下掘逵部落,并且把那里攻取了,俘虏了两万三千个当地的男女百姓。冬季,十月,掘逵率领他剩余的部众向乞伏炽磐投降了。

吐京胡人和离石胡人的首领出以眷背叛了北魏,北魏君主拓跋嗣命令元城侯拓跋屈督率会稽公刘絜、永安侯魏勤等人率领士兵前去讨伐。丁巳日(二十六日),出以眷率领夏国的军队拦腰阻击刘絜,把他擒获了以后,献给了夏国;魏勤战死。拓跋嗣因为拓跋屈损失了两名将军,就打算把拓跋屈杀死;但是没有多长时间就把他赦免了,并且任命他暂时代理并州刺史。拓跋屈到了并州以后,整日放纵饮酒,荒废政事,拓跋嗣把他前前后后的罪恶积累到一起,用关押囚犯的车子把他押解回京斩首了。

十一月,北魏君主拓跋嗣派遣使者前去请求和后秦国结为姻亲,后秦国君姚兴答应了。

这一年,晋安帝任命敦煌人索邈为梁州刺史,于是苻宣就返回了仇池。起初,索邈在汉川居住,和梁州别驾姜显有矛盾,经过了十五年,索邈反过来镇守汉川;于是姜显就把衣服脱掉,光着身子,表示待罪,前去迎接等候他,索邈见到了姜显以后,脸上没有丝毫不高兴的样子,而且更加宽厚地对待他。索邈告退返回内宅之后,告诉别人说:“我过去在这里居住,很多年都不如意,如果记恨姜显,那么一定还有很多人都感到害怕。只要他能服从命令就可以了,为什么一定要报仇解恨,逞自己一时的快意呢?”全州境内的百姓官员,听说了他这话之后,都非常高兴。

义熙十年(甲寅,公元 414 年)

春季,正月,辛酉日(初一),北魏下令大赦,把年号更改为神瑞。

辛巳日(二十一日),北魏君主拓跋嗣前往繁畤。二月,戊戌日(初九),拓跋嗣返回了平城。

夏王赫连勃勃侵略了北魏河东的蒲子。

庚戌日(二十一日),北魏君主拓跋嗣前往豺山宫。

北魏的并州刺史娄伏连,进攻并且把夏国所设置的吐京护军和他的守卫士兵都杀死了。

东晋的司马休之前在江陵任职,颇能得到江汉一带百姓的民心。他的儿子谯王司马文思留在建康,性情凶恶残暴,喜欢结交江湖侠士;太尉刘裕很讨厌他。三月,掌管刑法的官吏禀奏司马文思擅自把封国的官吏捶打杀死了,晋安帝颁发诏书下令把司马文思手下的差役都杀死了,但是唯独宽赦了司马文思。司马休之向晋安帝呈上奏疏请罪,并且请求晋安帝解除他现在所担任的职务,晋安帝颁下诏令没有允许。刘裕把司马文思抓起来送给了司马休之,命令他自己加以教训惩戒,意思是让司马休之把自己的儿子杀了;司马休之只是向朝廷上表请求废黜司马文思的爵位,同时给刘裕写了一封信陈说谢罪。刘裕因此非常不高兴,任命江州刺史孟怀玉兼任督豫州六郡用来防备他。

夏季,五月,辛酉日(初三),北魏君主拓跋嗣返回了平城。

后秦国的后将军敛成讨伐叛变的羌人,结果却被羌人打败了,他害怕被判罪,于是逃奔到了夏国。

后秦国君姚兴生病了。妖贼首领李弘与氐人部落首领仇常在贰城反叛,姚兴带病坐在车轿上面前去征讨他们,把仇常杀死,把李弘抓住，然后返回。

后秦国的左将军姚文宗受到了太子姚泓的宠信，广平公姚弼很讨厌他，就向后秦国君姚兴诬告姚文宗说过怨恨不满的话；后秦国君姚兴听到以后感到很生气，就命令姚文宗自杀，因此群臣都对姚弼感到害怕，不敢正眼看他。姚弼对姚兴说的话，姚兴没有不听从的；姚弼任命他所亲信的天水人尹冲为给事黄门侍郎，唐盛为治书侍御史，姚兴身边那些掌管重要机密事务的人，都是姚弼的同党。右仆射梁喜、侍中任廉、京兆尹尹昭寻找空闲的机会劝谏姚兴说："父子之间的事情，别人很难插言；但是君臣之间的道义，却不比父子之间的关系疏远，所以我们不能保持沉默，什么话也不说。广平公姚弼，暗地里有夺取嫡长子身份的想法，陛下您对他的宠爱太过分了，又把大权交付给他，培养他的威势。这样，那些倾诈阴险、狡猾无赖的人，就纷纷像车辐那样，集结依附到他那里。路上的人都议论说陛下有废长立幼的想法，这件事是真的吗?"姚兴说："哪里有这样的事情呢?"梁喜等人说："如果没有这样的事情，那么陛下对姚弼的宠爱，却正是在害他；希望您能够把他身边的官吏都除去，减少他的威势和权力，这样做的话，不仅会使姚弼平安，而且也是在保护祖宗祭庙和国家政权的安全啊。"姚兴沉默没有说话。大司农宝(一作窦)温、司徒左长史王弼都秘密地向后秦国君姚兴呈上奏疏，劝谏姚兴册立姚弼为太子，姚兴虽然没有采纳他们的意见，但是也没有责备他们。

后秦国君姚兴的病情严重，姚弼暗中聚集数千名部众，阴谋制造叛乱。姚裕派遣使者把姚弼准备叛逆的情形，告诉给了那些在外地驻守藩镇的诸位哥哥，因此姚懿在蒲阪整合军队，镇东将军、豫州牧姚洸在洛阳整合军队，平西将军姚谌在雍城整合军队，都准备前往长安讨伐姚弼。正巧这时姚兴的病情好转了，召见群臣，征虏将军刘羌就哭着把这件事情告诉了姚兴。梁喜、尹昭请求姚兴把姚弼诛杀，并且说："如果陛下不忍心把姚弼诛杀，也应当把他的权势和官职都剥夺了。"姚兴万不得已，只好把姚弼尚书令的官职罢免，让他以大将军、广平公的身份回到自己的府第赋闲。姚懿等人也都各自停止了军事行动。

后秦国君姚兴的几个儿子姚懿、姚洸、姚谌和姚宣等人都返回了朝廷，让姚裕进宫告诉姚兴，请求父王接见，姚兴说："你们几个人不过就是打算谈论姚弼的事情而已，那么我已经知道了。"姚裕说："如果姚弼的事情有需要谈论的价值，那么陛下也应该仔细听一听；如果姚懿等人说的话是不真实的，就应该用刑罚对他们进行处罚，为什么要凭空猜测并且拒绝和他们谈话呢？"于是姚兴就在谘议堂召见了姚懿等人。姚宣流着眼泪仗义执言，姚兴说："我自己来决定这件事，你们不需要担心。"抚军东曹属姜虬向姚兴呈上奏疏说："广平公姚弼，灾祸已经形成，叛逆的迹象已经明显，就连道路上面的人都知道。从前周文王的教化之所以能够推广，是因为他首先用礼法要求自己的妻子。现在圣明朝廷的变乱，就起源于陛下对儿子的宠爱，虽然我们想要包涵容忍，对他加以遮掩庇护，但是那些叛逆的党徒们却不断地煽动诱惑他，这样下去姚弼想要叛乱的想法怎么能够革除呢！您应该把姚弼身边的那些恶棍凶徒都勒令驱散，以此来断绝灾祸的来源。"姚兴把姜虬的奏表拿给梁喜看，然后对他说："天下的人都拿我的儿子作为动乱的借口，应该要怎么办才好呢？"梁喜说："确实就和姜虬所说的话一样，陛下应该早一点做出裁断。"姚兴沉默没有说话。

唾契汗、乙弗等部落全部都背叛了南凉，南凉国君秃发傉檀打算前去讨伐他们。邯川护军孟恺劝谏秃发傉檀说："现在，我们连续几年遭遇饥荒，南边有乞伏炽磐的威胁，北边又有沮渠蒙逊的逼迫，老百姓的生活都得不到安宁。这次即使通过遥远的征伐取得了胜利，那也必然会留下以后的灾患；不如和乞伏炽磐结为盟友，沟通粮食的贸易，慰藉安抚各族的部落，积足粮食，训练军队，等待时机再采取行动。"但是秃发傉檀没有采纳他的意见，反而告诉太子秃发虎台说："沮渠蒙逊最近才刚刚离去，不会突然再来，值得我们早晚忧虑的，只有乞伏炽磐一个。但是乞伏炽磐的士兵人数少，容易抵抗，你只需要小心守住乐都，我不超过一个月，一定就可以回来了！”于是秃发傉檀率领七千名骑兵前去偷袭乙弗，并且将乙弗打得大败，缴获了四十多万只马牛羊。

河南王乞伏炽磐听到了这个消息以后，打算进攻乐都，群臣都认为不可以。太府主簿焦袭说：“秃发傉檀没有考虑到眼前的忧患，却去贪图远方的好处，我们现在前去讨伐他，把乐都以西的道路断绝，让他没有办法赶回来进行救援，那么秃发虎台独自防守一座穷困的城池，我们坐着就可以把他擒获了。这是上天让他们灭亡的时机，我们一定不能错过。”乞伏炽磐采纳了他的意见，率领步兵和骑兵一共两万人前去偷袭乐都。秃发虎台依靠城防抵抗防守，乞伏炽磐从乐都城的四面发起进攻。

南凉抚军从事中郎尉肃告诉秃发虎台说：“外城很广大，难以防守，殿下不如把本国的百姓聚集起来防守内城，让我尉肃等人率领汉族人在外城坚持抵抗迎战敌人，也许不能取得胜利，但是也还可以保存自己。”秃发虎台说：“乞伏炽磐那个小贼，早晚都要逃走，你何必这样太过深切地忧虑呢？”秃发虎台怀疑汉族人有叛逆的想法，就把汉族人当中有名望的豪族、有勇有谋的人全部都召进内城，软禁在内城里面。孟恺哭着说：“乞伏炽磐利用国内的空虚，入侵欺侮我们，国家的局势比堆在一起的鸡蛋还要危险。我孟恺等人，对上想要报答王家恩德，对下还要照顾妻子儿女，人人都想为国家效忠卖命，可是殿下却对我们存有如此疑心！”秃发虎台说：“我怎么可能不知道你的忠心笃厚呢？我只是害怕万一其余的人发生意外，让你们这些人去安抚他们罢了。”

一天晚上，城防溃败了，乞伏炽磐进入了乐都，派遣平远将军乞伏捷虔率领五千名骑兵迎击秃发傉檀，任命镇南将军乞伏谦屯为都督河右诸军事、凉州刺史，镇守乐都；秃发赴单为西平太守，镇守西平；任命赵恢为广武太守，镇守广武；曜武将军王基为晋兴太守，镇守浩亹；把秃发虎台和他的文武官员、一万多户百姓强行迁徙到枹罕居住。秃发赴单，是秃发乌孤的儿子。

北燕的河间人褚匡向北燕国君冯跋说："陛下在辽、碣这里登上帝位，但是那些仍然在长乐的故旧亲友，却还在家乡向东方仰头，殷切地盼望陛下前去营救，度过一天就像是度过一年那样长，请您能够允许我前去迎接他们。"冯跋说："道路有数千里那么遥远，中间又隔着其他国家，我们要如何把他们接来呢？"褚匡说："章武郡这地方靠着海边，乘船就可以通过，从辽西的临渝穿过，不会太难。"冯跋准许了他的计划，任命褚匡为游击将军、中书侍郎，交给他一笔丰厚的费用派遣他去。褚匡和冯跋的堂哥冯买、堂弟冯睹，从长乐率领了五千多户百姓回到了和龙，契丹部落、库莫奚部落都向北燕投降了。冯跋任命他们的首领为归善王。冯跋的弟弟冯丕为了躲避灾乱，跑到了高句丽，冯跋把他传召回来，任命他为左仆射，册封他为常山公。

柔然可汗郁久闾斛律准备把女儿嫁给北燕王冯跋，郁久闾斛律的侄子郁久闾步鹿真告诉郁久闾斛律说："小女孩远嫁到其他国家，难免忧念想家，最好是能够把大臣树黎等人的女儿作为陪嫁的婢妾。"但是郁久闾斛律没有答应。郁久闾步鹿真出来了以后，就告诉树黎等人说："郁久闾斛律打算让你的女儿作为陪嫁的婢妾，远嫁到其他国家去。"树黎听了以后感到很害怕，就和郁久闾步鹿真商量，派遣勇士在夜里埋伏在郁久闾斛律的毡帐后面，等到郁久闾斛律出来以后就把他抓住，和他的女儿一起送到北燕，于是，树黎拥立郁久闾步鹿真为可汗，而树黎自己则被任命为宰相。

起初，郁久闾社仑把高车部落迁移的时候，高车人叱洛侯担任他的向导，使他得以兼并了几个其他部落，社仑很感激他，把他任命为高车部落的大人。郁久闾步鹿真和郁久闾社仑的儿子郁久闾社拔一起到叱洛侯的家里，把叱洛侯年轻的妻子奸淫了，这位妻子告诉郁久闾步鹿真说："叱洛侯想要拥立郁久闾大檀为君主。"郁久闾大檀是郁久闾社仑的叔父郁久闾仆浑的儿子，率领其他部族在西部的边境镇守，一向很得百姓的拥戴。郁久闾步鹿真回去以后，就发动军队围攻叱洛侯部落，叱洛侯因此自杀了。于是郁久闾步鹿真又率领士兵前去攻击郁久闾大檀，郁久闾大檀迎头痛击，并且把郁久闾步鹿真的部队打得大败，郁久闾步鹿真和郁久闾社拔都被捉住了，把他们都杀死后自立为可汗，称做牟汗纥升盖可汗。

斛律带着自己的人到达和龙，燕王冯跋赐给斛律上谷侯的爵位，并且在辽东设馆，像对待客人一样对待他，娶他的女儿为昭仪。斛律向燕王上奏书，请求燕王能够让他回到自己的国家，冯跋对他说："你现在距离你的国家也有万里远，而且你又没有内部的附应，我如果现在派遣很多军队护送你回去，那就得接连不断地运送粮食，如果军队太少又不足以夺取胜利，你又怎么能成功地回去呢？"斛律听了冯跋的话之后，依然坚持请求要回去，他对冯跋说："我回去不需要您给我派遣很多的军队，我只希望你能够给我派遣三百名骑兵，把我送到敕勒国就好了，到时候那里的人一定会很高兴地出来迎接我的。"冯跋于是就派遣单于前辅万陵率领着三百名骑兵去护送斛律。但是万陵害怕他们要走很长时间的路，于是在他们一行人到达黑山时，他把斛律杀死了，然后自己带着军队回去了。大檀也派遣使者送了三千匹马和一万口羊给燕国。

六月，泰山的太守刘研等人一起率领着七千多家流亡的百姓，河西的胡人酋长刘遮等人也率领着一万多家的部族，都向魏国投降了。

戊申日（二十日），魏国的君主拓跋嗣率领着自己的部下到达了豺山宫；丁亥日（六月无此日），他又带着部下回到了平城。

起初，在乐都溃败的时候，南凉的安西将军樊尼从西平逃出去，跑去向南凉王秃檀报告情况，南凉王秃檀告诉他的部属说："现在炽磐把你们的妻子和儿女都给俘虏了，即使再想退也没有什么地方可以选择回去了，所以你们能不能和我一起利用乙弗的力量，带兵去攻取契汗来赎回自己的妻子和儿女呢？"于是南凉王秃檀带兵向西前进。部属中有很多人都逃回来了，祎檀立即派遣镇北将军段荀带兵前去追赶那些逃跑的人，可是段荀最后也没有回来。因此到最后将士们都逃散了，只有樊尼和中军将军纥勃、后军将军洛肱、散骑侍郎阴利鹿他们三人还没有离去。祎檀说："沮渠蒙逊和炽磐，他们从前都把人质委交给我们，向我们称臣，今天我如果去投靠他们，不有些可耻吗？四海这么广大的地方，就没有一个可以容身的地方，真的是令人很痛心啊！与其大家都聚在一起，最后全部都死亡，还不如现在就分开来，或许到时候还能有存命的。樊尼，你是我大哥的儿子，他是宗族寄予厚望的人。我的部属都在北方，将近有一万户的人口，沮渠蒙逊现在正在招抚怀柔士民，让快要灭亡的国家能够继续生存下去，让快要断绝的民族可以继续延续下去，你还是去那里吧。纥勃、洛肱也和樊尼一起走吧。我的年纪已经很老了，所到的地方都不会被容纳了，我宁愿先去见我的妻子一面，然后再死去！"于是他们几人听完这一番话之后，都去投降炽磐了，唯独只有阴利鹿跟随着他。祎檀对阴利鹿说："现如今我的亲属都逃散了，你为什么还要独自留下来跟随着我呢？"阴利鹿对他说："臣的老母亲在家里，我不是不想回去。但是作为一个臣子，自古以来忠孝的道理，都是很难两全其美的。臣没有什么特殊的才能，也不能够替陛下您泣血去向邻国寻求救兵，所以我又怎么敢随便离开您的左右呢？"祎檀听了阴利鹿说的话之后，叹了口气说："要想真正地了解一个人实在不是一件容易的事啊。大臣们和亲戚们都背弃我而去了，到了今天还能够尽忠义，自始至终完美无缺的，只有卿一人而已！"

祎檀的许多城池都向炽磐投降了，只有尉贤政带兵屯守在浩亹，依然坚持着防守，没有被乞伏炽磐给攻取下来。乞伏炽磐派人去告诉他说："乐都现在都已经溃败了，你的妻子和儿女也都落在我的地方了，你还独自一个人守着这个城，究竟还能再做些什么呢？"尉贤政回答说："我接受了凉王深厚的恩惠，带兵在这里作为国家的藩镇屏障防守。我虽然已经知道乐都沦陷了，我的妻子和儿女也一定都被你们的人给俘虏了。先向你们归降的人接受了奖赏，后顺服的人一定是会被你们给诛杀的。但是我到现在还不知道主上到底是活着还是已经死了，所以我不敢随便归服听命。我的妻子和儿女都只是一些小事情，哪里又值得我动心呢？如果我现在贪求了一时的利益，忘记了主上曾经委托给我的重任，大王又哪里还值得任用我呢？"于是炽磐就亲自派遣虎台拿着自己亲笔写的信给他，贤政又对他说："你是太子，不能够克尽节操，背缚以投降，背弃了自己的父亲，忘记了君上，将万世的基业就这样堕毁了，我贤政是个忠义的人，怎么肯效法你的做法呢？"最后，一直到听说袆檀带着军队到达了左南的时候，他才投降了。

炽磐听说袆檀带着军队到达了，立即派遣使者到郊外去迎接他，并且用对待上宾的礼节来接待他。秋季，七月，炽磐任命袆檀为骠骑大将军，并赐他爵位为左南公。南凉的文武官吏们，也都依照才能各自予以授官叙用了。一年多以后，炽磐派人去毒杀袆檀；左右的人得知这个消息之后都去请求解救他，袆檀对他们说："我的病哪里还需要再去治疗呢？"于是袆檀就死了，最后被谥号为景王。虎台也被炽磐派人给杀了。袆檀的儿子保周、贺，俱延的儿子覆龙，利鹿孤的孙子副周和乌孤的孙子承钵，都逃奔去了河西王沮渠蒙逊那里，很久之后，他们又逃奔去了魏国。魏国的君主任命保周为张掖王，覆龙为酒泉公，贺为西平公，副周为永平公，承钵为昌松公。魏国的君主拓跋嗣非常喜爱贺的才干，他告诉贺说："你的先人本是和我同一源流的，所以就赐你姓源氏。"

八月，戊子日（初一），魏国的君主拓跋嗣派遣马邑侯陋孙去出使秦国。辛丑日（十四日），拓跋嗣又派遣谒者于什门去出使燕国，让悦力延去出使柔然。当于什门带着部下到了和龙的时候，他不肯进去求见，他说："大魏的皇上有诏令要宣读，让你们冯王出来接受诏命，然后我才敢进入城内。"燕王冯跋得知这件事情之后，立即派人去牵引逼迫他进入城内。于什门被逼着进入城内之后，见到冯跋也不跪拜，冯跋就派人去按下他的头颈，于什门对冯王说：“冯王拜受了我们魏国君主的诏命，那么我自然就会以宾主的礼向您致敬，您现在又何必如此逼迫我呢？”冯跋听了之后很生气，将于什门给扣留下来，不肯放他回去。于是于什门非常生气，好几次在大庭广众之下侮辱冯跋。冯跋身边的侍从们请求把他给杀死，可是冯跋对他们说：“于什门也只不过是为自己的主上罢了。”然后冯跋下令派人把于什门给幽禁起来，想要劝他投降，可是于什门却始终不肯向冯跋投降。这样时间一长，于什门来的时候穿的衣服和帽子大多都损坏了，虮虱也都爬满了衣外。冯跋给他送来了衣服和帽子，可是于什门依然不肯接受。

魏国的君主拓跋嗣任命博士王谅为平南参军，然后派他将平南将军、相州刺史尉太真的信拿去给太尉刘裕，互通了音讯。尉太真，是尉古真的弟弟。

九月，丁巳朔日（初一），出现了日食的现象。

冬季，河南王炽磐再一次号称“秦王”，并且设置了百官。

燕国的君主冯跋和夏国联合通好，于是夏王赫连勃勃派遣御史中丞乌洛孤到燕国去参加结盟。

十一月，壬午日（二十七日），魏国的君主拓跋嗣派遣使者到各州去巡行，校核查阅各个郡守县宰所有的财物，只要不是自家所携带的，全部当作赃物记录下来。

西秦王炽磐册封他的妃子秃发氏为皇后。

十二月，丙戌朔日（初一），柔然可汗大檀率领着军队去侵略魏国。丙申日（十一日），魏国的君主拓跋嗣率领着军队向北去攻击他。大檀被拓跋嗣给打败之后逃走，拓跋嗣立即派遣奚斤等人带兵前去追赶，但是他们遇到了大雪，士兵们中被冻死和冻掉了手指的，十人中就有两三人。

河内人司马顺宰自称为晋王，魏国人知道之后就去征讨他，但是最后没有成功。

燕国的辽西公素弗死了，燕王冯跋知道这个消息之后，在他下葬的时候，已经前去吊唁了七次。

这一年，司马国璠兄弟聚集了数百名徒众暗中渡过淮水，夜晚他们进入了广陵城。青州刺史檀祗兼领着广陵的宰臣。国璠的军队直接冲向官署的大厅，檀祗惊觉之后走出来，准备前去抵抗的时候，被箭给射伤退了回去，他告诉身边的人说："贼兵一定会趁着天黑冲进来，想利用我们没有防备的时候来搞一个突然袭击，所以现在只要我们击打五更鼓，他们就会害怕天亮，一定会逃走的。"身边的人按照他说的话去做了，最后国璠的军队果然都逃走了。

魏国的博士祭酒崔浩替魏国的君主拓跋嗣去讲解《易经》和《尚书·洪范》，拓跋嗣于是向崔浩询问天文和术数的一些道理。崔浩的占卦决断，多半都是很灵验的，因此他得到了魏国君主的宠幸，凡是朝廷中军事政治的机密，魏国的君主都会请他参与。

夏王赫连勃勃册封自己的夫人梁氏为王后，让他的儿子赫连璝为太子；封自己的儿子赫连延为阳平公，赫连昌为太原公，赫连伦为酒泉公，赫连定为平原公，赫连满为河南公，赫连安为中山公。

资治通鉴卷第一百一十七　晋纪三十九

起乙卯(公元415年),止丙辰(公元416年),共二年。

【题解】本卷记录了公元415年至416年,即晋安帝司马德宗义熙十一年至义熙十二年共两年间东晋与各国的大事。主要记录了刘裕讨伐荆州刺史司马休之,雍州刺史鲁宗之出兵响应司马休之,荆州军队战败,司马休之、鲁宗之等北投后秦;记录了刘裕留刘穆之掌管朝政,亲自率兵伐秦;记录了东晋给刘裕加官晋爵,刘裕向朝廷讨"九锡",却推辞不受;记录了前秦内乱,太子姚泓继位;记录了夏主赫连勃勃攻秦,先胜后败;此外还记录了北魏平定刘虎部落,征讨燕国北;魏将张蒲与翟猛雀叛乱等等。

安皇帝壬

义熙十一年(乙卯,公元415年)

春季,正月,丙辰日(初二),魏国的君主拓跋嗣带着自己的部下回到了平城。

太尉刘裕将司马休之的次子文宝和侄子文祖都给抓捕了,然后一起赐他们自尽了,并且发动军队去攻打休之。朝廷颁布诏令加赐刘裕黄钺,同时让他兼领荆州刺史。庚午日(十六日),下令大赦天下。

丁丑日(二十三日),朝廷颁布诏令让吏部尚书谢裕担任尚书左仆射。

辛巳日(二十七日),太尉刘裕率领着自己的部下从建康出发。刘裕任命中军将军刘道怜监留府事,让刘穆之兼任右仆射。还吩咐事情无论是大还是小,都由刘穆之决定。又任命高阳的内史刘钟兼领石头戍事,让他带兵屯守在冶亭。司马休之的府司马张裕和南平太守檀范之听说这件事情之后，都逃回到建康去了。张裕，是张邵的哥哥。雍州的刺史鲁宗之怀疑自己可能不会被太尉刘裕所包容，于是就和他的儿子竟陵太守鲁轨一起发兵去响应司马休之。二月，司马休之向朝廷上奏表去状告刘裕的罪状，然后就派兵前去抵抗。

刘裕暗中写信给司马休之的府录事参军南阳人韩延之，想要招抚他，韩延之给刘裕的回信说：“承蒙你亲自率领着军队来征战，直到远到西面荆楚的地方，全境的士人和一般老百姓们，没有一人每天不是在惶恐害怕的。现在辱承你的来信，告诉我谯王的一些旧事，实在是令人叹息啊。司马平西(司马休之)对国家尽忠职守，极为忠贞，待人也非常诚恳。因为你曾有过匡正复兴国家的功劳，所以国家和百姓都非常依赖你，推求德行，委任诚心，每当有重大事情的时候，也都会先去向你请教询问。谯王过去因为一件小事被弹劾，司马休之还曾自己上表请求辞职，何况谯王如果再犯大错，司马休之哪能闭口无言！前一段时间司马休之已经上表奏请撤销了谯王的王位，唯一没有做绝的不过是留下了谯王的一条命罢了。推己及人，把这事交给别人，谁都会这么做的。而你现在却急着发动军队，就像古人说的那样：‘如果想要给别人加些罪过，还怕没有什么说辞吗?’刘裕足下，海内的人谁没有看清你的这个心理，而你现在还要再去欺骗全国仰望的士人吗? 你来信说是：‘要谦虚待人，以此方便和别人相互期许，由来自有。’但是现在你带着军队去攻打别人的国君，然后还用利益来诱惑他，这真的可以说是‘谦虚待人，以便和别人相互期许，由来有自’吗? 刘藩死在了阊阖门，诸葛长民死在了自己身边的人手上。先是用甜蜜的话去诱惑刘毅，然后再用轻快的军队去偷袭他。最后使得坐席上没有一个诚信的人士，在京师以外的地方，也没有了自己相信的诸侯，还自以为自己的计策很不错，这真的是很可耻的呀！贵府的将军佐官和朝廷中贤明有德的人，都是在寄托生命过日子。我这个人实在是很鄙陋浅劣，但是也曾经向有德的君子学过一些道理，像司马休之那样有美德的人，难道就没有能够以性命相托的臣子吗? 我一定不能让自己掉到老虎的口中，这从郗僧施那些人的事迹中比较来看，是非常明显的。假使上天要让这个天下长久地有灾乱，让各家的学术思想一直处于浑浊不明的状态下，那么我将和臧洪一起在九泉之下去游历，你不用再多说些什么了！”刘裕看完了这封信之后，十分叹息，他将这封信拿给他的将佐们看，对他们说：“侍奉别人的人，就应该是这个样子的。”韩延之因为刘裕父亲名翘，字显宗，于是他就更改了他的字为显宗，给他的儿子取名为翘，用来表示坚决不会向刘氏称臣。

琅邪的太守刘朗率领着两千多户的人家去向魏国投降。

庚子日（十六日），河西胡刘云等人率领着数万户的人家去向魏国投降了。

太尉刘裕派遣参军檀道济和朱超石他们两人一起带领着步兵和骑兵从襄阳出发。朱超石，是朱龄石的弟弟。江夏太守刘虔之带领士兵屯守在三连，架立桥梁，聚集了许多的粮食来等待檀道济等人，但是檀道济的军队过了好几天也没有到达。鲁轨带兵去侵袭刘虔之，把他给杀死了。刘裕得知这个消息后，立即派遣他的女婿振威将军东海人徐逵之统领着参军蒯恩、王允之和沈渊子为前锋，从江夏口出发了。徐逵之等人和鲁轨在破冢交战，但是他们战败了，最后徐逵之、王允之和沈渊子也都战死了，只有蒯恩还在按兵不动。鲁轨乘着自己战胜的威力继续派兵去攻打他，但是最终还是不能获胜，只好退走了。沈渊子，是沈林子的哥哥。

刘裕将军队驻扎在马头，他听说徐逵之死了之后，非常生气。三月，壬午日（二十九日），刘裕率领着众将渡江。鲁轨和司马文思带领着司马休之的四万名军队，面对着峭壁边开始布置军阵，刘裕的士兵们没有一人能够攀登上去。最后刘裕自己身披战甲想要攀登上去，众将对他此举都是极力劝谏，但是刘裕根本不听，更加生气。太尉主簿谢晦跑向前去抱住刘裕，刘裕抽出自己的佩剑指着谢晦说：“我要杀了你！”谢晦对刘裕说：“天下可以没有谢晦，但是天下不可以没有主公啊!”建武将军胡藩带领着自己的游击军队在江津，刘裕喊叫胡藩，让他去攀登，胡藩露出疑难的神色。刘裕于是立即命令左右的人将他捉拿起来，要把他给杀死。胡藩回头对刘裕说：“我现在正要带兵去攻击贼兵，根本就不可能接受这个命令!”于是最后用自己的刀头在岸壁上穿了个洞穴，稍微能够容纳下脚趾的深度，然后就按照这个方法攀腾而上。大家看到他这个方法之后，学着他的做法跟随他的人也就慢慢多了起来。他们成功地登岸以后，直接奋勇作战。司马休之的军队根本就不能够抵挡他们的攻势，稍微有些退却。于是刘裕的军队就趁此机会乘势前进，司马休之的兵最后大败，刘裕将江陵给攻取下来。司马休之和司马宗之只好都向北逃走，把鲁轨留下来在石城防守。刘裕命令阆中侯下邳人赵伦之和太尉参军沈林子带兵前去攻打鲁轨，派遣武陵的内史王镇恶率领着水军前去追赶司马休之等人。

有一群几百人的盗匪在夜里去偷袭冶亭，京师得知这个消息后受到了震动。然后派遣刘钟去把他们给讨平了。

秦国的广平公姚弼在秦王姚兴面前说姚宣的坏话，然后在姚宣的司马权丕到达长安后，姚兴责怪他不能够加以辅导，准备把他给杀死。权丕知道之后非常害怕，于是就诬告姚宣的罪过，以求免除自己的罪。姚兴听了他的话后，非常生气，立即派遣使者到杏城去抓捕姚宣，然后把他给关进了牢狱，命令姚弼带领着三万人去镇守秦州。尹昭知道这件事情后，去对姚兴说：“广平公和皇太子一向是不和的，现在掌握着强大的兵力在外面，陛下一旦过世的话，我们的国家一定会有危险的。‘小的事情不能够忍耐，大的谋略也一定会被扰乱的。’陛下现在就是这样啊。”但是姚兴没有听从尹昭的意见。

夏王赫连勃勃带兵去进攻秦国的杏城，成功地将杏城给攻取下来，并且将杏城的守将姚逵给俘虏了，活埋了两万多士兵。秦王姚兴到达北地之后，立即派遣广平公姚弼和辅国将军敛曼嵬一起带兵向新平进发，然后姚兴自己带着部下回到了长安。

河西王沮渠蒙逊带兵去攻打西秦的广武郡，把广武郡给攻取下来。西秦王炽磐立即派遣将军乞伏魋尼寅在浩亹去迎击沮渠蒙逊，沮渠蒙逊把他给打败了，而且还把他给杀死了。炽磐只好又派遣将军折斐等人，率领着一万名骑兵据守在勒姐岭，沮渠蒙逊立即加以迎击，把他们也都给俘虏了。

河西受饥荒影响的胡人互相聚集在上党，他们推举胡人白亚栗斯为单于，并且改年号为建平。让司马顺宰为他们的谋主，去侵略魏国的河内。夏季，四月，魏国的君主拓跋嗣命令公孙表等五名将军率领军队去讨伐他们。

青州和冀州刺史刘敬宣的参军司马道赐，是宗室远房的亲属。在听说太尉刘裕带兵去攻打司马休之之后，司马道赐和同府辟闾道秀、左右小将王猛子密谋杀害刘敬宣，然后据守在广固，来响应司马休之的起兵。乙卯日（初三），刘敬宣召见了辟闾道秀，并且将身边的人都给屏开，想要单独和他谈话，于是刘敬宣左右的人全部都准备离开房门。王猛子退走到后面的时候，立即取出刘敬宣防身的刀子将刘敬宣给杀死了。文武佐吏得知这个消息后，立刻就派兵前去讨伐司马道赐等人，并且把他们都给杀死了。

己卯日（二十七日），魏国的君主拓跋嗣带着自己的部下到北方去巡守。

西秦王炽磐的儿子元基，从长安逃回来之后，炽磐让他担任尚书左仆射。

五月，丁亥日（初五），魏国的君主拓跋嗣率领着自己的部下到达了大宁。

赵伦之和沈林子带兵在石城打败了鲁轨，司马休之和鲁宗之来不及前去营救他，于是就和他一起逃奔到襄阳去。可是鲁宗之的参军李应之将城门紧紧关闭，不肯接纳他们。甲午日（十二日），司马休之、鲁宗之、鲁轨和谯王文思、新蔡王道赐、梁州刺史马敬、南阳太守鲁范他们几人全部都逃奔到秦国去了。鲁宗之平时很得士兵和百姓的爱戴，于是士兵和百姓都争相卫送他出境。王镇恶等人得到消息带兵去追赶，但是到了边境之后，他们就回来了。

起初，司马休之等人去向秦国和魏国求救时，秦国的征虏将军姚成王和司马国璠带兵到南阳去了，魏国的长孙嵩到河东去了，他们听说司马休之等人战败的消息后，就都立即带兵回去了。司马休之到了长安，秦王姚兴任命他为扬州刺史，派遣他去入侵扰乱襄阳。侍御史唐盛告诉姚兴说："根据符谶的文字预示，司马氏应当能够再次得到河、洛的地方。您现在如果派遣司马休之统领军队在外地的话，那就像是把鱼放回到深渊里去一样。所以我们还不如拿很高的爵位，用很厚的礼物，把他留在京师。"姚兴对他说："从前周文王最终能够从羑里释放出来，汉高祖在鸿门宴的时候也没有被杀死，如果这真的是天命所在的地方，那么又有谁能够违抗呢？假如以后真的会像符谶的话一样，我们将他给留下来，那才是真正会成为祸害的。"于是姚兴就派遣司马休之前去。

朝廷颁布诏命加赠太尉刘裕为太傅、扬州牧，并且能够带剑着履上殿，入朝的时候，也不必快步前行，拜谒君上致辞的时候，也不必称呼自己的名字。任命兖州和青州刺史刘道怜为都督荆、湘、益、秦、宁、梁、雍七州诸军事、骠骑将军、荆州刺史。刘道怜这个人为人十分贪婪鄙吝，根本没有什么才能，刘裕让中军长史晋陵太守谢方明担任骠骑长史、南郡相，刘道怜府里的许多事情都必须向谢方明咨询，并且最终的决定取决于谢方明。谢方明，是谢冲的儿子。

益州刺史朱龄石派遣使者去拜访河西王沮渠蒙逊，告诉他朝廷的武力威德。沮渠蒙逊派遣舍人黄迅去拜访朱龄石，而且还上奏表说："我听说车骑将军刘裕想要率领军队去平定中原，我愿意主动请缨去做他的右翼，和他一起赶走残敌。"

夏王赫连勃勃派遣御史中丞乌洛孤去和沮渠蒙逊结盟，沮渠蒙逊派遣他的弟弟湟河太守汉平代表他在夏国去参加盟誓。

西秦王炽磐率领着三万人去偷袭湟河，沮渠汉平自己带兵加以抵抗，然后派遣司马隗仁在夜晚的时候出兵去攻击炽磐，最后成功地将炽磐给打败了。炽磐战败后只好准备带兵回去，但是此时沮渠汉平的长史焦昶和将军段景暗中召纳炽磐，于是炽磐再次率领军队前去攻打，然后焦昶和段景趁着这个时机一起去游说沮渠汉平出城投降。隗仁带领着一百多名壮士据守在南门楼，用了三天都没有把它给攻取下来，而且自己的力量也已经都用尽了，于是最后也被炽磐给俘虏了。炽磐捉住隗仁之后本打算杀了他的，可是散骑常侍武威人段晖劝谏炽磐说："隗仁在面临着这样的危难的时候都不怕死，说明他是一个忠臣，您应该宽恕他，以此来鼓励在您身边侍奉君主的人。"于是炽磐就下令把他给囚禁起来了。炽磐任命左卫将军匹达为湟河太守，让他带兵去攻击乙弗窟乾，降服了乙弗窟乾的三千多户人家，然后带着军队回去了。朝廷颁布诏令任命尚书右仆射出连虔为都督岭北诸军事、凉州刺史；任命凉州的刺史谦屯为镇军大将军、河州牧。隗仁在西秦待了五年，段晖又替他向炽磐讲情，于是炽磐赦免了他，让他回到了姑臧。

戊午日(五月无此日)，魏国的君主拓跋嗣率领着自己的部下经过了濡源，然后又到达了上谷、涿鹿和广宁。秋季，七月，癸未日(初二)，拓跋嗣带着部下回到了平城。

西秦王炽磐任命秦州刺史昙达为尚书令，让光禄勋王松寿担任秦州刺史。

辛亥晦日(三十日)，出现了日食的现象。

八月，甲子日(十三日)，太尉刘裕带着自己的部下回到了建康，刘裕依然坚持推辞了太傅和州牧的职位，而其余的人都接受了诏命。任命豫章公的世子义符为兖州刺史。

丁未日(八月无此日)，谢裕去世了。朝廷任命刘穆之为左仆射。

九月，己亥日(十九日)，朝廷下令大赦天下。

魏国连年都下霜干旱，云和代的百姓多半都饿死了。太史令王亮和苏坦告诉魏国的君主拓跋嗣说："按照谶书上所说的，魏国现在应当将都城建在邺城，这样的话我们的国家才可以得到丰足安乐。”拓跋嗣听了他们的意见之后，就去问群臣，博士祭酒崔浩和特进京兆人周澹对他说：“将都城迁到邺城，虽然可以解救今年的饥荒，但是这不是长久的计策。山东的人民，由于国家居住在辽阔的大漠之上，所以认为国民和牲畜一定无数，因此号称‘牛毛之众’。如果我们现在留下军队防守在旧都（平城），将一部分的家眷向南迁徙，这些人不可能住满几个州的土地，只好与汉人参杂居住在各郡各县，这样，我们人少的情势就会暴露，恐怕四方的国家都会有轻视侮辱我们的心理。而且一旦百姓们不能够适应那里的水土，发生了疾病，死伤的人一定会有很多的。同时，在旧都防守的兵力减少了，屈丐和柔然就会有窥伺我们间隙的心理，假如他们全国的军队都过来进攻，到时候云中和平城一定会有很多危险，而朝廷隔着恒和代千里遥远的险阻，也很难前往赶去救援了，这样我们国家的声名和实力都会受到损毁。我们现在居住在北方，假使山东有什么变化，我们也能派遣轻快的骑兵向南而下，奔跑在莽林丛草之间，谁又能知道到底有多少呢？百姓们望见那些尘土，也就会慑瞑畏服，这才是一个国家之所以能够威服众夏的方法。等到明年春天草长出来，乳汁和乳浆也就能出来了，加上青菜水果，还有秋天的收成，我们的事情一定能够成功的。”拓跋嗣听完之后，又问他说：“我们国家现在的仓库府藏都已经空虚了，已经没有什么办法再等到明年的秋收了。即使我们等到了明年，如果明年秋天又出现饥荒，到时候我们又要怎么办好呢？”他们回答说：“我们现在首先应该将饥贫的人家挑选出来，然后教他们到山东去谋生。如果到了明年秋天依然还是饥荒，到时候我们再另外想办法，但是目前为止我们不可以迁都。”拓跋嗣很高兴地对他们说：“只有你们两人和朕的意思是相同的。”于是拓跋嗣下令选择国人中最贫苦的，让他们到山东的三州去谋生，并且派遣左部尚书代人周几率领着众人镇守在鲁口去安抚聚集他们。拓跋嗣自已也亲自下田耕种，而且他还命令官吏劝勉教导百姓有关种田养桑的事。第二年，魏国大丰收，百姓们也都富裕安乐起来。

夏国的赫连建带兵前去攻打秦国，将平凉太守姚周都给俘虏了，然后继续带兵进入新平。广平公姚弼和他在龙尾堡打起来了，最终把他给擒住了。

秦王姚兴服用的寒食散药性发作了。此时广平公姚弼推说自己生病了，不肯上朝，并且在自己的府第上聚集了士兵。秦王姚兴听到这个消息后，非常生气，立即下令将姚弼的党徒唐盛和孙玄等人给抓起来，并且把他们给杀害了。太子姚泓听说这件事情之后去请求姚兴说："儿臣不贤肖，不能够让兄弟和谐，到了现在这个地步，这都是儿臣自己的罪过。如果儿臣死了可以让国家安定下来，那么儿臣愿意请求陛下赐臣自尽，如果陛下您不忍心杀儿臣的话，那么儿臣乞请退避远离，去藩镇。"姚兴听了姚泓说的话后，内心十分不忍而怜悯他。姚兴立即召见姚赞、梁喜、尹昭和敛曼嵬，和他们一起商谋，将姚弼给囚禁起来，并且准备杀了他，把他的党徒也全部都给治罪了。姚泓流着眼泪去向姚兴坚持请求，于是姚兴就下令将姚弼连同他的党徒一起都给赦免了。姚泓对待姚弼依然还是像从前一样，没有任何愤怒怨恨的脸色。

魏国的太史上奏说："荧惑在匏瓜五星之中，忽然消失不知去向了，依照推占的常法，它应该是到了即将危亡的国家去了，会先用童谣妖言来惊惕，然后再降临灾祸来惩罚。"魏国的君主拓跋嗣即刻召见了十多位名儒，让他们和太史一起研究荧惑所到的地方。崔浩回答说："按照《春秋左氏传》中记载'神降在莘的地方'，所以我们可以利用它到达的那一天去推求知道该物。庚午日的晚上和辛未日的早晨，天上出现了阴云；那么荧惑的消失，应该就是在这两日了。庚和午都以秦国为主，辛为西夷。现在姚兴据守在长安，所以荧惑一定是到秦国去了。"众人听了这个解释后，都生气地说："天上的星星消失了，人间又怎么会知道它到哪里去了呢？"崔浩笑着没有回答众人。八十多天以后，荧惑在东井出现了，逗留徘徊了很久才离去。秦国在这时发生了大旱，昆明池干竭了，儿童歌谣和妖言，也到处而起，国人都感到很不安宁。隔了一年，秦国就灭亡了。大家这时才佩服崔浩的精妙。

冬季，十月，壬子日（初二），秦王姚兴派遣散骑常侍姚敞等人护送他的女儿西平公主到魏国去，魏国的君主拓跋嗣用迎娶皇后的礼仪来迎娶她。但是在铸金人占卜的时候，却显示她不能成为皇后，于是拓跋嗣就封她为夫人，十分宠幸优遇她。

辛酉日（十一日），魏国的君主拓跋嗣带着自己的部下到了沮洳城；癸亥日（十三日），他又带着部下回到了平城。十一月，丁亥日（初八），又率领着军队到达了豺山宫；庚子日（二十一日），他才带着军队回来。

西秦王炽磐派遣襄武侯昙达等人，带领着一万名骑兵在赤水去攻击南羌的弥姐和康薄，把他们都给降服了。然后任命王孟保为略阳太守，让他带兵镇守在赤水。

燕国的尚书令孙护的弟弟伯仁担任昌黎尹，和他弟弟叱支乙拔都非常有才器和勇识，他们跟从燕王冯跋起兵有功劳，于是向燕王请求开府仪同三司，但是燕王没有答应他们的请求，他们心中都很有怨言，然后冯跋就下令把他们都给杀死了。进用孙护开府仪同三司、录尚书事，来安慰他自己的心理，但是孙护的内心却闷闷不乐，冯跋知道后，用毒酒害死了他。辽东的太守务银提认为自己立有功劳，但是却被放出了边郡，心中愤愤不平，于是密谋在外地叛乱，冯跋得知这件事情之后也把他给杀害了。

林邑率领军队去侵略交州，交州守卫的人将他给打败了。

义熙十二年（丙辰，公元 416 年）

春季，正月，甲申日（初六），魏国的君主拓跋嗣率领着军队到达了豺山宫；戊子日（初十），他们回到了平城。

朝廷颁布诏令加赠太尉刘裕为兖州刺史、都督南秦州，一共都督了二十二个州。任命他的世子刘义符为豫州刺史。

秦王姚兴派遣鲁宗之带兵去入侵襄阳，但是在鲁宗之还没有到达襄阳的时候，他就死了，于是他的儿子鲁轨接替了父职带兵去入侵，但是最后鲁轨被雍州刺史赵伦之给打败了。

西秦王炽磐率领军队在溜川去攻打秦国的洮阳公彭利时，沮渠蒙逊带兵去攻打石泉来援救。炽磐带领着军队到了沓中后，就带兵回去了。二月，炽磐派遣襄武侯昙达前去救援石泉，沮渠蒙逊得知消息后也立即带兵回去了。沮渠蒙逊因此和炽磐结盟和亲了。

秦王姚兴率领着军队到达华阴后，令太子姚泓暂时监理国事，住进了西宫。但是姚兴的病非常严重，最后只好回到了长安。黄门侍郎尹冲计划利用姚泓出宫去迎接的时候把他给杀掉。姚兴到了之后，姚泓要出城去迎接，此时姚泓的宫臣劝谏说："现在主上的病非常严重，奸邪的臣子就在身侧，如果殿下您现在出宫的话，向前见不到主上，退后也会有难测的大祸的。"姚泓对他说："作为臣子，听到了君父的病非常沉重，而安稳地待在宫里不出宫去迎接他，这让我如何能够心安呢？"宫臣回答说："保全您的身体来安定我们的国家，这才是最大的孝行啊。"于是姚泓才停止了出宫迎接的计划。尚书姚沙弥告诉尹冲说："太子不打算出宫迎接皇上了，我们应该奉迎皇上的坐舆到广平公的府第，一旦宿卫将士们听到皇上坐舆所在的地方，他们自然都会前来集合，到那时还有谁能去保护太子呢？况且我们因为广平公的缘故，名字已被列为奸逆叛徒了，我们将来如何找到能使自己容身的地方呢？现在我们奉迎皇上的坐舆而能够举发大事，可以依恃着正当的理由，不仅可以解救广平公的灾祸，也可以把我们以前的罪名全部都给雪洗了。"而尹冲以为姚兴的生死现在还不知道，所以想要跟随姚兴一起入宫作乱，就没有听取姚沙弥的意见。

姚兴成功入宫以后，立即任命太子姚泓录领尚书事。让东平公姚绍和右卫将军胡翼度在内宫掌管着兵力，防止控制宫禁的内外。并且派遣殿中上将军敛曼嵬收取姚弼府第中的所有武器，将它们都纳入武库里面。

姚兴的病变得越来越严重，他的妹妹南安长公主去探病的时候，他已经不能回答了。幼子姚耕儿出来以后，立即去告诉他的哥哥南阳公姚愔说："君上已经死了，我们现在要赶快决定计策了。"于是姚愔立即和尹冲率领着部队去攻打端门，敛曼嵬和胡翼度等人也即刻率领士兵将城门紧紧关闭，来抵抗作战。姚愔等人派遣勇士登上了城门，顺着屋子进入城内，到了宫中的马道。姚泓在谘议堂侍候姚兴的疾病，太子右卫率姚和都得知这个消息后，立即率领着东宫的军队，进入宫内，屯守在马道的南边。姚愔等人不能够成功进去，于是他们烧毁了端门，姚兴力撑重病到达了前殿，下令赐姚弼自尽。禁兵看见姚兴之后，都非常高兴，争相进宫要去攻击贼兵，众贼看到这样的情形，都十分惊恐。于是姚和都利用这个时机带领着东宫的军队从后面去主动攻击，姚愔等人大败。姚愔逃到了骊山，他的同党建康公吕隆逃奔到雍城去了，尹冲和他的弟弟尹泓逃奔到晋朝去了。姚兴诏命东平公姚绍和姚赞、梁喜、尹昭、敛曼嵬进入内寝，让他们接受遗命辅佐朝廷的政治。第二天，姚兴就死了。姚泓隐瞒了姚兴的死讯，没有发布丧闻，下令捕捉南阳公姚愔和大将军尹元等人，抓到他们之后，将他们都给杀死了，这才发布了丧闻，登上了皇帝尊位，下令大赦，改年号为永和。姚泓命令齐公姚恢去杀死安定太守吕超。姚恢接到命令之后犹豫了很久，才把吕超给杀掉。于是姚泓就怀疑姚恢有叛逆的心理，姚恢得知之后心里非常害怕，于是就暗中聚集了军队，想要阴谋作乱。姚泓把姚兴葬在了偶陵，谥号为文桓皇帝，庙号为高祖。

起初，姚兴将李闰羌的三千户人家迁徙到了安定。姚兴死了之后，羌人的首领党容叛变了，于是姚泓就派遣抚军将军姚赞带兵前去征讨降服他们，最后把他们的豪富都迁到长安去了，其余的人则遣调回到李闰那里。北地太守毛雍据守在赵氏坞的时候叛变了，东平公姚绍带兵去征讨他，成功地把他给擒俘了。当时姚宣镇守在李闰，他的参军韦宗听说毛雍背叛了，就去告诉姚宣说："主上刚刚登立，声威和德望还没有建立，我们的国家将要面临的危难还是不可预测的，殿下您不能不加以深切地考虑啊。邢望是一个地势很险要的地方，您应该迁去据守在那里，这将来能够成为霸王的资本。”姚宣听了韦宗的意见之后觉得很有道理，于是就率领着三万八千户人，放弃了李闰，向南保守邢望。众羌立即占据李闰叛变了，东平公姚绍带兵前去讨伐他们，把他们都给打败了。姚宣到姚绍那里去请罪，姚绍下令把他给杀死了。

三月，朝廷颁布诏令加赠太尉刘裕中外大都督。刘裕训练军队，准备前去攻打秦国，朝廷又下诏令加赠刘裕兼领司、豫两州刺史，并且任命他的世子刘义符为徐州和兖州刺史。琅邪王德文请求戎车在前面开路，修治礼敬晋朝的皇帝在洛阳的山陵，诏令同意了。

夏季，四月，壬子日（初五），魏国君主下令大赦，改年号为泰常。

西秦的襄武侯昙达等人带兵在上邽去攻打秦国秦州刺史姚艾，把他给打败了，将他的五千多户百姓给迁徙到了枹罕。

五月，癸巳日（十七日），朝廷颁布诏令加赠太尉刘裕兼领北雍州刺史。

六月，丁巳日（十一日），魏国的君主拓跋嗣率领着自己的部下向北巡狩。

并州数万个部族部落背叛了秦国，进入了平阳，他们推举匈奴人曹弘为大单于，在匈奴堡攻打立义将军姚成都。征东将军姚懿带兵从蒲坂去征讨，抓住了曹弘，将他的一万五千个富豪迁徙到雍州去了。

氐王杨盛率领军队去攻打秦国的祁山，攻取下来后，接着进兵逼迫秦州。秦国的后将军姚平带兵前往救援，杨盛只好带兵退回去了，姚平便立即和上邽守将姚嵩带兵前去追赶。夏王赫连勃勃率领着四万骑兵去偷袭上邽，但是在他还没有到达目的地的时候，姚嵩和杨盛就在竹岭打起来了，姚嵩战败身死了。赫连勃勃带兵去攻打上邽，经过了二十天的战争，赫连勃勃将上邽给攻取下来，杀死了秦外刺史姚军都和将士五千多人，并且毁掉了该城。然后又接着进兵去攻打阴密，杀死了秦国的将军姚良子和一万多将士。任命他的儿子赫连昌为雍州刺史，让他带兵镇守在阴密。征北将军姚恢放弃了安定，逃回了长安，安定人胡俨等，率领着五万户人据守在城池投降了夏国。赫连勃勃派遣镇东将军羊苟儿率领着五千名鲜卑人镇守在安定，然后带兵在雍城进攻秦国的镇西将军姚谌，姚谌放弃了自己所镇守的地方，逃奔到长安去了。于是赫连勃勃就据守雍城，进兵掳掠了郿城。秦国的东平公姚绍和征虏将军尹昭等人得知这个消息后，立即带领着五万名步兵和骑兵去攻击赫连勃勃，赫连勃勃只好退走到安定，胡俨将城门紧紧关闭，以此来抵抗敌军，并且杀死了羊苟儿和他所带领的鲜卑人，然后献上了安定，归降了后秦。姚绍带兵在马鞍阪去攻击赫连勃勃，把赫连勃勃打得大败，追击到了朝那，最后还是没有追上，于是就只好回去了。赫连勃勃也回到了杏城。杨盛又派遣他的侄子杨倦带兵前去攻击秦国，当杨倦带着军队到了陈仓的时候，秦国的敛曼嵬把他给打退了。于是夏王赫连勃勃又只好派遣他的侄子赫连提带兵向南去侵略泄阳，秦国的车骑将军姚裕等人率领军队把他给打退了。

凉国的司马索承明向朝廷上书劝凉公李暠派兵去攻打河西王沮渠蒙逊，李暠召见了他，告诉他说："沮渠蒙逊是百姓的祸患，我又怎么会忘记呢？只是以我们现在的势力还不能够除掉他罢了。卿如果有能够擒住他的计策，一定要立即向我说明。如果只是讲大话的话，叫我向东去征讨，这和说'石虎那个小子，就应当在市集里的时候把他给杀死'这句话有什么不同呢？"索承明听了他说的话之后很惭愧畏惧地退了下去。

秋季，七月，魏国君主拓跋嗣带领着部下在牛川举行了一场大规模的田猎，到了殷繁水才回来。戊戌日（二十三日），拓跋嗣又带着自己的部下到达了平城。

八月，丙午日（初一），朝廷下令大赦天下。

宁州呈献了琥珀枕给太尉刘裕，刘裕用琥珀治疗了自己刀箭的创伤，得了琥珀枕之后很高兴，命人将它捣碎以后，分赏给了北征的将士。

刘裕任命世子刘义符担任中军将军，监领太尉留府事。刘穆之担任左仆射，兼领监军、中军两府军司，入朝居住在东府，总管朝廷内外的事。任命太尉左司马东海人徐羡之做刘穆之的副官，左将军朱龄石率领军队守卫内殿，徐州刺史刘怀慎带兵守卫京师，扬州别驾从事史张裕担任扬州留后事。刘怀慎，是刘怀敬的弟弟。

刘穆之对内负责总管朝政，对外负责供应军旅的需求，决断每一件事情都像流水一样快，事情从来没有拥积迟滞的时候。宾客从四面八方涌来，有各种各样的索求和诉告，朝廷内外咨询禀报的文书，也都堆满了台阶和屋子。眼睛观看着辞讼的文字，手里写着回复的表笺和书札，耳朵还要听别人的说话，口中还在酬答应对，这些事情互相之间又都不混淆错乱，全部都处置的十分得当。他又非常喜欢宾客，聊天赏玩嬉笑，整日都不会觉得疲倦。才稍有了一点的空暇时间，就会亲手自己写书，还寻查阅览校定典籍。他的性情十分奢放豪迈，规定饭桌一定要有一丈见方，要摆满许多菜肴，在他早晨起来时，叫厨夫准备十人的食物，从来不曾自己一个人吃饭。他曾经告诉刘裕说："我刘穆之的家里本来就很贫贱，养生多感不足。自从忝蒙接受委任以来，虽然心里经常想着要节约减损，但是早晚所需要的，都是稍微过于丰盛了一些，除此以外，我一点也没有对不起主公的地方。"中军谘议参军张邵告诉刘裕说："人的生命是很危促脆薄的，每个人都一定要有长远的谋虑。刘穆之如果万一有个什么不幸的话，又有谁能够代替他呢？你现在有如此的功业，如果有了不幸的情况，又要如何去处理呢？"刘裕回答说："到时候这自然是要委交给刘穆之和你了。"

丁巳日（十二日），刘裕率领着部下从建康出发，他派遣龙骧将军王镇恶和冠军将军檀道济带领着步兵，从淮、淝朝向许、洛，新野的太守朱超石和宁朔的将军胡藩赶往阳城，振武将军沈田子和建威将军傅弘之赶往武关，建武将军沈林子和彭城的内史刘遵考带领着水军离开了石门，从汴水进入黄河，任命冀州刺史王仲德督领前锋各军，开通巨野，进入了黄河。刘遵考，是刘裕同族的弟弟。刘穆之告诉王镇恶说："主公现在将带兵去讨伐秦国的责任委交给了你，你一定要努力勤勉!"王镇恶回答他说："我如果不能够将关中给攻取下来，就发誓不再渡江了!"

刘裕带着军队走了以后，青州刺史檀祇从广陵就率领着自己的部属到涂中去征讨逃命的贼兵。刘穆之担心檀祇会叛变，于是就商议着要派军前去。当时檀韶担任江州刺史，张邵对刘穆之说："现在檀韶带兵据守在长江中流，檀道济作为军队的最高首领，如果他们之间流露出互相猜疑的心意的话，那么太尉府就必定会陷入危险的境地，所以我们还不如加以欢迎，然后再派遣使者去慰劳一番，观察他们的意向，这样做的话一定不会有祸患的。"刘穆之觉得他的建议很有道理，于是停止了计划。

起初，魏国的君主拓跋嗣派遣公孙表带兵去讨伐白亚栗斯的时候，说："你一定要先和秦国洛阳的守将互相传达消息，让他们先在黄河南岸防守，然后再去攻击他们。"但是在公孙表带着军队还没有到达目的地的时候，胡人就废掉了白亚栗斯，另外拥立了刘虎为率善王。于是公孙表认为胡人内部钩心斗角、毫不团结，结果一定会失败溃散，于是没有先去告诉秦国的将军就带兵前去攻击了。结果公孙表被刘虎打得大败，士兵也死伤了很多。

拓跋嗣和群臣商量说："胡人的背叛已经超过一年了，派兵前去征讨却没有一次能够成功的，现在他们的人数已经很多了，造成的祸患也一天比一天严重。今年盛秋时，我们也不能再出动军队去讨伐他们了，会妨碍到百姓农田的收成，那现在到底要怎么办才好呢?"白马侯崔宏说："虽然现在胡人的人数很多，但是他们没有勇将来领导，最终不能够成为大的祸患。公孙表等各个派去讨伐的军队，不是因为力量不足，只是他们军队的法令不够严整，处置失当，才导致失败的。如果我们能够得到平时就很有威望的将领，让他带领着数百名骑兵去领导公孙表的军队，就没有不能成功的。相州刺史叔孙建以前在并州时，被胡人和魏国人所敬畏威服，其他各将都跟不上他，所以我们可以派他带兵前去。”拓跋嗣听从了崔宏的意见后，立即任命叔孙建为中领军，督导公孙表等人前去讨伐刘虎。九月，戊午日（九月无此日），他们将刘虎打得大败，杀死了一万多人，而刘虎和司马顺宰也都死了，俘虏了十万多人。

太尉刘裕率领着自己的部下到达了彭城，加赠兼领徐州刺史。任命太原王玄谟为从事史。

起初，王廞战败的时候，僧人昙永将他的幼子王华给藏匿起来了，他让王华提着装衣服的包裹跟随着自己，到了渡口时，有巡逻对他们疑心。于是昙永就对着王华大骂着说：“你这个奴才，为什么还不快一点走！”打了王华几十下，因此才能够成功逃脱。最后王华遇到了大赦，这才回到吴地。但是因为王华不知道他的父亲到底是生还是死，于是就一直穿着粗布衣服，吃很粗淡的食物，断绝了交游，不去做官，有十多年。刘裕听说了王华的贤才，想要重用他，因此对外发布了王廞已死的丧闻，让王华穿着丧服。王华服丧完毕之后，刘裕就征调他为徐州主簿。

王镇恶和檀道济率领军队进入了秦国境内，他们所到的地方都获得了胜利。秦国的将军王苟生将漆丘城献了出来，向王镇恶投降。徐州刺史姚掌将项城献了出来，向檀道济投降，其他各个屯驻的守兵听说这个消息之后也都归附了。只有新蔡太守董遵没能攻取下来，檀道济立即带兵前去攻打该城，擒住了董遵，并且把他给杀死了。接着又进兵攻下了许昌，俘获了秦国的颍川太守姚垣和将领杨业。沈林子带着军队从汴水进入了黄河，襄邑人董神虎聚集了一千多人前来向他投降，太尉刘裕任命他为参军。沈林子和董神虎带着军队共同去攻打仓垣，他们成功地把仓垣攻取下来了，秦国的兖州刺史韦华也向他们投降了。但是董神虎擅自带兵回到了襄邑，于是沈林子就派人把他给杀死了。

秦国的东平公姚绍告诉秦国的君主姚泓说："晋国的军队已经过了许昌，安定处在十分孤僻偏远的地方，我们很难救助保卫，所以现在应该立即将当地的镇守和民户都迁徙过来，前来充实京畿，这样我们就可以得到十万名精兵，虽然晋朝和夏国之间在交互侵略着，但是他们现在还不会使国家灭亡。不然的话，等到晋朝派兵去攻打豫州，夏国派兵去攻打安定时，我们该如何是好？现在事情的时机已经来临了，所以我们应该要赶快决定。"左仆射梁喜说："齐公姚恢的声名很威猛，岭北的人都很畏惧他，镇守在那里的士兵也已经和赫连勃勃有着深切的仇恨，按理说他们应该会防守誓死不叛逆的。那么赫连勃勃最后一定无法越过安定，远来侵略京畿的。但是如果没有了安定的话，敌人的军马就一定会到达我们这里的。现在关中的兵力足够用来抵抗晋朝了，我们根本就不需要预先减弱消耗自己的力量。"姚泓听从了他的意见。吏部郎懿横暗中告诉姚泓说："当初姚恢在广平危难的时候，对陛下有忠诚的功劳。但是陛下继承了天子的尊位以后，却没有用特殊的奖赏来报答他的功劳。现在他在外面置身于死地之中，在朝里又不能参与政权，安定人认为自己现在很孤单危险，遭受着强敌的逼迫，想要向南迁居的，十家中就有九家，如果姚恢能够带领着数万名精兵，去击鼓行军朝向京师，那么岂不就成为了国家的祸患吗？所以我们应该立即征调他回到朝廷，先慰抚他的心理。"姚泓说："如果姚恢怀有不满的心意，那么征调他回来正是在招惹灾祸。"又不听从他的意见。

王仲德的水军进入黄河，准备继续逼向滑台。魏国的兖州刺史尉建惧怕怯懦，他得知这个消息后，立即率领着部属放弃了守城，向北渡过了黄河。王仲德带兵进入滑台之后，宣称说："晋朝本来打算拿七万匹布帛给魏国，向魏国借路的，但没有想到的是，魏国的守将放弃守城逃走了。"魏国的君主拓跋嗣听了这话之后，立即派遣叔孙建和公孙表两人率领着军队从河内朝向枋头，带兵渡过了黄河，在城下将尉建给杀死了，并且把他的尸体投入到河里去了。呼喊王仲德带来的军人，问他们入侵的动机。王仲德派遣司马竺和之回答说："刘太尉派遣王征虏带兵从黄河进入到洛水，只是想要清除山陵而已，根本就不敢去侵略魏国。是魏国的守将自己将滑台放弃离去了，王征虏只是想要借用空城让士兵们休息一下，然后就要接着率领军队向西行进了，这对于晋朝和魏国的友好是没有任何伤害的，又何必张扬旗帜击鸣战鼓来夸耀自己的威武呢？"拓跋嗣于是就派遣叔孙建前去询问太尉刘裕。刘裕用很谦逊的言辞向他道歉说："洛阳是晋朝的旧都，但是已经被羌人占据了，晋朝想要修治收复山陵的决心已经很久了。各个桓氏的宗族，司马休之、国璠兄弟和鲁宗之父子，他们这几人都是晋朝的蠹害，而羌人却收纳了他们，因此成为了晋朝现在面临的祸患。现在晋朝派兵将要去讨伐他们，而且他们还想要先向魏国借路，所以他们现在一定不敢做一些不利于魏国的事。"魏国河内镇守的将军于栗这个人很勇武，声名很大，他带领士兵们在黄河上构筑堡垒，用来防备晋国军队的侵略。刘裕写信给他的时候，题款处写的是"黑矟公麾下"。于栗磾这个人喜欢操拿黑色的长矛用来作为自己的标志，所以刘裕才这样称呼他。魏国于是就拜封于栗磾为黑矟将军。

冬季，十月，壬戌日（十八日），魏国的君主拓跋嗣率领着自己的部下到达了豺山宫。

起初，燕国的将军库傉官斌先是向魏国投降了，后来又背叛了魏国要去归附燕国。魏国的君主拓跋嗣得知这一消息后，立即派遣骁骑将军延普带兵渡过濡水去攻击库傉官斌，并且抓住他，把他给杀死了。接着又带兵去进攻燕国的幽州刺史库傉官昌和征北将军库傉官提，把他们全部都给杀害了。

秦国的阳城和荥阳都向晋朝投降了，于是晋朝的军队进到了成皋。秦国的征南将军陈留公姚洸带兵镇守在洛阳，他得知晋军来袭，立即派遣使者去向长安求救。秦国的君主姚泓接到求救的消息之后，也立即派遣越骑校尉阎生率领着三千名骑兵赶去救援，让武卫将军姚益男带领着一万名步兵去帮助防守洛阳，又派遣并州州牧姚懿带兵向南作为声援，去屯守陕津。宁朔将军赵玄告诉姚洸说："现在晋朝的军队入侵的已经更为深切了，人心都也已经惊动了。敌众我寡，力量非常悬殊，如果我们出城作战不能得胜，那么我们的大势就会一去不复返。所以我们现在就应该督领各个戍守的兵力，坚固防守着金墉，决不能轻易出城作战，只要等待西边军队的救援就好了。只要金墉不被敌人攻取下来，晋朝就一定不敢越过我们向西行，我们也就可以不用作战，还可以收取困弊他们的效益。"司马姚禹暗中和檀道济互相通好，主簿阎恢和杨虔他们两人，都是姚禹的同党，共同对赵玄心怀嫉怨，他私下里告诉姚洸说："殿下您凭借自己英明勇武的才略，能够独当一面。但是现在却要绕城凭守来表示自己的虚弱，能不被朝廷责怪吗?"姚洸觉得姚禹说的话很有道理，于是立即派遣赵玄带领着一千多名士兵向南，去防守柏谷坞；让广武将军石无讳带兵向东，去戍守巩城。赵玄哭着告诉姚洸说："赵玄接受了三位皇帝厚重的恩典，现在自己所能操守的也只有一死了。但是您不能够采纳忠心的臣子的言论，反而被那些奸邪的小人所迷误，您以后一定会后悔的。"后来成皋和虎牢两地都来投降，檀道济等人，带领着军队长途前进，石无讳到了石关时，就逃奔回去了。龙骧司马荥阳人毛德祖带领军队与赵玄的军队在柏谷打了起来，最后赵玄的军队大败，赵玄身上也有十几处创伤，他倒在地上大叫。赵玄的司马蹇鉴看见后，立即冒着刀刃的危险，上前去抱住赵玄哭，赵玄对他说："我的创伤已很严重了，你现在应该做的事是赶快逃出去!"蹇鉴说："如果将军都不能够继续生存下去了，那我蹇鉴又还能再逃去哪里呢?"最后蹇鉴和赵玄一起死了。姚禹偷偷爬过了城墙，去投奔檀道济了。甲子日(二十日)，檀道济带领着军队逼向洛阳，丙寅日(二十二日)，姚洸带着自己的部下出城投降。檀道济俘获了四千多名秦人，有人向檀道济提建议把他们全部都给活埋了，然后封土在上面，成为景观。檀道济说：“讨伐犯罪的人，安抚无辜的百姓，今天正是时候！”于是就把那些俘虏全部都给释放回去了。因此夷人和夏人都很喜悦，对檀道济都十分感激，于是向他归附的人非常多。阎生和姚益男带领着军队还没有到达，就听说洛阳已经沦陷了，于是他们就都不敢再前进了。

己丑日（十月无此日），晋安帝颁布诏令派遣兼司空高密王恢之去修治进谒五陵，并且还设置了守卫。太尉刘裕让冠军将军毛修之担任河南和河内两郡的太守，执行司州事，让他带兵戍守在洛阳。

西秦王炽磐派遣秦州刺史王松寿带兵镇守在马头，以逼近秦国的上邽。

十一月，甲戌日（初一），魏国的君主拓跋嗣率领着自己的部下回到了平城。

太尉刘裕派遣左长史王弘回到了建康，并且向朝廷讽示求赐九锡。当时的刘穆之在掌管留任，但是旨令却是从北边而来的，刘穆之因此惭愧忧惧，得了疾病。王弘，是王珣的儿子。十二月，壬申日（二十九日），晋安帝颁布诏令让刘裕担任相国、总领百官、扬州牧，封十郡为宋公，备九锡的大礼，地位在其他各个诸侯之上，他原本统领的征西将军、司、豫、北徐、雍四州刺史依然和原来一样。但是刘裕却推辞没有接受。

西秦王炽磐派遣使者去拜访刘裕，请求让自己带兵去攻击秦国来表现自己效忠的心意。于是刘裕就拜炽磐为平西将军、河南公。

秦国姚懿的司马孙畅去游说姚懿，想让他派人带兵去偷袭长安，先把东平公姚绍给杀死，然后再废掉秦国的君主姚泓，自己取代他。姚懿听了司马畅的意见之后，被他给说动了，于是立即派人去散发粮谷赏赐给河北的夷人和夏人，想要以此来树立自己私人的恩德。左常侍张敞和侍郎左雅劝谏姚懿说：“殿下您因为是舅舅的身份，所以才能够独任一个方面，您的安危和喜哀，都是和国家连成一体的。现在吴地的寇敌已经向内侵略了，我们也已经有四个州都沦陷了，西边的敌人还在不断地侵扰边界，如果连秦州和凉州都倾覆败亡了，那么朝廷的危险，就好像是堆累的鸡卵了。粮谷是一个国家的根本，而殿下没有任何缘故就将粮谷给散发出去，将国家的储粮就这样空损了，那么当我们国家遇到了灾难的时候，又要怎么办呢?”姚懿听了他们的话之后，非常生气，下令把他们给笞打而死了。

姚泓听说这件事情之后，立即下令召见了东平公姚绍，然后暗中和他商谋计策。姚绍对姚泓说：“姚懿这个人性情卑鄙，知识也很浅陋，他总是会听从他人的意见从而转移自己的思想，所以能够想出这个计谋的人，一定会是孙畅。现在我们只要派遣使者去征调孙畅，然后再派遣抚军将军姚赞带兵去据守陕城，再让臣带着部下到潼关去担任诸军节度。如果孙畅能够接获您下的诏令，带着他的军队到这里，臣就立即派遣姚懿率领着河东现在所有的军队共同去抵抗晋国的军队；如果孙畅没有接受您下的诏令，我们也可以将他的罪名宣告天下，然后再派人带兵去讨伐他。”姚泓听了姚绍说的话之后，对他说：“叔父所说的话，真的是安邦定国的大计策啊。”于是姚泓立即下令派遣姚赞和冠军将军司马国璠、建义将军蛇玄带兵屯守在陕津，让武卫将军姚驴带兵屯守在潼关。

姚懿起兵自称为皇帝，并且传达军书给各个州郡，表示自己想要运送匈奴堡的粮谷给在各个州郡镇守的民众。但是宁东将军姚成都拒绝了他的示好，于是姚懿就想办法用卑微的言辞来引诱他，并且把自己的佩刀送给他作为信誓，可是姚成都仍然没有答应。姚懿派遣骁骑将军王国率领着几百名战士去攻打姚成都，姚成都得知之后主动去迎击王国的进攻，并且成功地擒住了他，然后姚成都就立即派遣使者去责备姚懿说：“因为明公您是至亲的关系，所以能够担当国家重大的责任，但是您不仅在国家有危难时不去救助，而且还对国家有非分的愿望。三位神祖在天的英灵，他们愿意保佑明公您吗?我姚成都即将要结合所有的义兵，然后与他们一起前往蒲阪去与明公您相见。”于是他传达军书给各个郡城，向他们晓喻逆顺的道理，并且征求军队，调度粮食好去征讨姚懿。姚懿也发动了各个城池里的兵力，但是几乎没有什么附应他的人，只有临晋的几千户人去附应姚懿而已。姚成都带领着军队渡过了黄河，去攻击临晋的叛军，并且把他们给打败了。镇人安定的郭纯等得知这个消息之后，一起起兵去围攻姚懿。东平公姚绍带领着军队进入了蒲阪，成功地把姚懿给抓住了，然后他又下令杀死了孙畅等人。

这一年，魏国的卫将军安城孝元王叔孙俊死了。魏国的君主拓跋嗣听到这个消息之后十分怜惜，告诉他的妻子桓氏说："你的丈夫在生的时候，你和他一起共享了荣华富贵，那你还能够在他死的时候和他一起共担忧戚吗？"桓氏听完拓跋嗣说的话之后，立即自尽了，然后和她的丈夫一同合葬了。

丁零人翟猛雀驱赶着士吏和百姓，进入到白涧山起兵去作乱。魏国内都大官河内的张蒲和冀州刺史长孙道生率领着军队前去讨伐他。长孙道生是长孙嵩的侄子。长孙道生要带兵去攻打翟猛雀的时候，张蒲对他说："士吏和百姓都不是心甘情愿主动作乱的，他们都是被翟猛雀给逼迫威胁到这个地步的。如果我们现在对他们那些人不加以分别，就将他们一并攻击，即使他们想要改行善事，但又因为无路可走，这样下去他们一定会同心合力起来，一起据守在险要的地方，共同来抵抗政府的军队，那样的话一定不容易马上就平定他们。所以我们不如先派遣使者去劝导他们，只要是不和翟猛雀同谋的人就不会受到连坐的处罚，这样当他们听到这个消息后，一定会很高兴地自动分离拆散的。"长孙道生听了张蒲的意见之后，觉得他说得很有道理，于是就按照他说的开始进行。最后投降的有几千户人家，让他们都恢复了旧的生业。而翟猛雀和他的同党一共一百多人都逃走了，张蒲等人带兵立即前去加以追赶，砍下了翟猛雀的首级。左部尚书周几也带兵去急讨残余的党徒，把他们全部都给诛灭了。

资治通鉴卷第一百一十八　晋纪四十

起丁巳(公元417年),止己未(公元419年),共三年。

【题解】本卷记录了公元417年至419年,即晋安帝司马德宗义熙十三年至晋恭帝司马德文元熙元年共三年间东晋与各国的大事。主要记录了刘裕率军伐秦,攻入长安,秦主姚泓投降,后秦灭亡;记录了刘裕因心腹谋士刘穆死,返回建康,留次子刘义真与大将王镇恶守卫长安;记录了关中诸将相互残杀,赫连勃勃攻取长安,即位称帝;记录了刘裕缢死晋安帝司马德宗,改立司马德文,司马楚之聚众反抗;此外还记录了西凉公李暠死,其子李歆奢侈残暴,不听谏言,以及魏主拓跋嗣围攻北燕,虏获燕国百姓撤军等等。

安皇帝癸

义熙十三年(丁巳,公元417年)

春季,正月,甲戌朔日(初一),出现了日食的现象。

秦国的君主姚泓在前殿召见了百官,因为朝廷内有兄弟相互构难,朝廷外又被晋和夏不停地在逼迫,所以君臣们相互哭泣。征北将军齐公姚恢,率领着在安定所镇守的三万八千户人家,将所有的屋舍都给焚毁了,然后从北雍州往长安去了,并且自己号称为大都督、建义大将军,还给各个州郡都传达了军书,想要消灭掉国君身侧的那些奸邪。扬威将军姜纪率领着众人选择去归附他,建节将军彭完都放弃了阴密,奔回了长安。姚恢到达新支之后,姜纪告诉姚恢说:“现在我们国家那些重要的将军和大兵都在东方,京师里的兵力十分空虚,您只需要赶快带领着轻快的兵力前往去侵袭,这样就一定能成功的。”姚恢没有听取姜纪的意见,而是带领着军队向南去攻打郿城。镇西将军姚谌被姚恢带兵给打败了,长安得知这个消息后,都大为震撼。于是姚泓立刻派遣使者快马去征调东平公姚绍，并且还派遣姚裕和辅国将军胡翼度带兵屯驻在沣西（沣，原作澧，误）。扶风太守姚俊等人都带着自己的部下去向姚恢投降了。东平公姚绍带领着各军向西回来，和姚恢在灵台相对，姚赞将宁朔将军尹雅留下来，让他担任弘农太守，带兵在潼关防守，然后也带兵回来了。姚恢的军队看见各军都从四面八方齐集了，心里都有了些害怕。他的将军齐黄等人看清现在的形势之后，立刻前去向大军投降了。姚恢率领着自己剩下的人逼向姚绍，姚赞带着人从后面去攻击，最后姚恢的军队大败了，把姚恢和他的三个弟弟都给杀死了。姚泓得知之后哭得非常伤心，用大公的礼将他们给埋葬了。

太尉刘裕带领着水军从彭城出发，临走之前将他的儿子彭城公刘义隆留下来，让他带兵镇守在彭城。晋安帝颁布诏令让刘义隆担任监领徐兖青冀四州各军事和徐州刺史。

凉公李暠生了重病，他给长史宋繇留下了遗命，说："我死了以后，世子就像是你的亲生儿子一样了，你一定要好好地教训指导他。"二月，李暠就死了，官僚们尊奉世子李歆为大都督、大将军、凉公、兼领凉州牧。李歆登位后举行了大赦，改年号为嘉兴。然后尊奉他的母亲天水尹氏为太后，任命宋繇录领三府事，给李暠谥号为武昭王，庙号太祖。

西秦的安东将军木弈干率领军队去攻击吐谷浑的树洛干，在尧杆川打败了他的弟弟阿柴带领的军队，俘虏了五千多人，然后就带领着军队回去了。树洛干自己逃到了白兰山自保，但是他因为感到羞惭悲愤，生了很重的病，在他快要死的时候，他告诉阿柴说："我的儿子拾虔还年小体弱，现在我只好把国家大事都交付给你了。"嘱咐完一切后，树洛干就死了，然后阿柴继立，称自己为骠骑将军、沙州刺史。并且给树洛干谥号为武王。阿柴登位后就逐渐对附近的小种族用兵侵略，有的还吞并了，地方有数千里，于是就成为了强国。

河西王沮渠蒙逊派遣他的将军带兵去偷袭乌啼部，把他们给打得大败；接着又带兵去攻击卑和部，并且把他们也都给降服了。

王镇恶率领着士兵到达了渑池之后，立即派遣毛德祖在蠡吾城去偷袭尹雅，并且把他给擒住了。但是尹雅把守卫给杀死了，然后逃走了。于是王镇恶下令带领着士兵直接前进，他很快就抵达了潼关。

檀道济和沈林子带着自己的部下从陕北渡河，攻取了襄邑堡，秦国的河北太守薛帛得知消息之后即刻逃奔到河东去了。接着檀道济等人又在蒲阪去攻打秦国的并州刺史尹昭，但是他们这次没有成功。别的将军带兵去攻打匈奴堡，但是最后被姚成都给打败了。

辛酉日（十九日），荥阳守将傅洪向魏国投降了，并且将虎牢献给了魏国。

秦国的君主姚泓任命东平公姚绍为太宰、大将军、都督中外诸军事，并且使用黄色的斧钺，改封他为鲁公，派遣督武卫将军姚鸾等人率领着五万名步兵和骑兵一起在潼关防守，又派遣别将姚驴带兵去救援蒲阪。

沈林子告诉檀道济说："蒲阪的城池防守得十分坚固，再加上他们的兵力很多，所以我们不能够很快就将它攻取下来，去攻打的话就要死伤很多人，如果他们再严加防守的话，就要拖延很多时日了。王镇恶现在在潼关防守，他的势力很孤单薄弱，所以我们不如趁着这个机会和王镇恶联合力量，与他商量一起去攻取潼关。如果潼关被我们给攻取下来了，那么尹昭不需要再攻打，就会自然溃败了。"檀道济听了他的意见觉得很不错，于是就按照他的建议开始实施。

三月，檀道济和沈林子带着自己的部下到达了潼关。秦国的鲁公姚绍得知消息之后，带兵出城去作战。檀道济和沈林子两人奋勇攻击，把秦兵给打得大败，然后杀死了俘获的一千多人。最后姚绍只好退兵屯守在定城，占据险要的地方来抵抗防守，他告诉众将说："檀道济等人带的兵力本来就不是很多，他们现在孤军深入，不过是想要坚守城壁来等待他们后来的援助。所以我现在只要将兵力分散，去断绝他的粮道，那么我们就可以很容易地把他给擒住了。"于是姚绍就立即派遣姚鸾带领着士兵去屯守大路，断绝檀道济的粮道。

姚鸾派遣尹雅带领着士兵在潼关的南边和晋国的军队交战，最后尹雅被晋兵给俘获了。在晋军准备要把他给杀掉的时候，尹雅对晋军说："其实我尹雅在前日就该死了，很侥幸能够解脱到今天，我是很心甘情愿地死的。夷和夏的种族虽然不同，但是君臣的道义都是一样的。晋国是借着大道义出动了军队，唯独不能够让秦国有守节的臣子吗？"于是晋军就免除了他的罪。

丙子日（初四）的晚上，沈林子带领着勇锐的士兵去偷袭姚鸾的军营，杀死了他几千名士兵。姚绍得知这个消息后，立即又派遣东平公姚赞带兵屯守在河上，想要去将水路给断绝。沈林子对他们加以攻击，最后姚赞只好失败逃走，带着剩下的人回到了定城。薛帛带兵据守在河曲，前来向他投降了。

太尉刘裕带领着水军从淮水和泗水进入了清河，打算沿着黄河向西而上，他先是派遣使者去向魏国借路。而此时秦国的君主姚泓也派遣使者去向魏国请求得到救援。魏国的君主拓跋嗣让群臣一起商谈，都说："潼关这个地方是天然险阻，刘裕用水军很难攻打下来，但是如果让他登上了河岸向北去侵略的话，那么在局势上就会很容易了。刘裕声明自己是去攻打秦国，但是他的心意我们都很难预测。而且秦国和我们国家之间是互通婚姻的关系，所以我们不能不给他们提供救援，我们现在应该立即发动军队去阻断黄河的上流，不要让晋国的士兵能够继续向西前进。"博士祭酒崔浩说："刘裕对秦国已经图谋很久了，现在姚兴已经死了，而他的儿子姚泓继位之后，因为这个人很懦弱愚劣，所以国家内部出现了很多的灾难。刘裕就利用秦国现在处在危难之中的这个机会，带兵加以攻伐，他一定是志在必得的。如果我们现在派兵阻遏在黄河的上流的话，那么刘裕一定会对我们心怀愤恨的，绝对会带兵上岸向北侵伐的，到那时就是我们去代替秦国受到敌人的侵略了。现在柔然正在侵略我们的边界，百姓的粮食又很缺乏，如果我们此时又和刘裕成为了敌人，就必须要发动军队向南，那么北边的敌人就会趁着这时侵略得更深入了；如果我们要去救助北边，那么南边的州郡也会很快就陷入危险之中，所以这不是一个很好的计策。我们还不如将水路借给他们，任凭刘裕率领着军队向西而上，然后我们再派人率领军队屯驻在他的东边，以此来阻塞他。假使到时候刘裕能够取得胜利，那么他就一定会感激我们借路给他；如果他最后不能够获胜，我们也没有失去救援秦国的名义，这是最可取的政策。而且根据南北不同的习俗，假使国家将恒山以南的地方给放弃了，刘裕也一定不能够以吴和越的军队来和我们争夺防守河北的地方，那他又怎么会成为我们的祸患呢？谈到要替一个国家出谋划策，那就是要以一个国家的利益为主，哪里能只顾虑一个女子呢？”议论的人还说：“刘裕带兵向西进入了潼关之后，他就会害怕我们阻断了他的后路，到时候他的前后都有敌人。要是向北行的话，那么到时候姚氏一定不会出关帮助我国的，他势必会虚声在西边而实际在北边。”拓跋嗣听完大家的意见之后，就任命司徒长孙嵩督领山东诸军事，又派遣振威将军娥清和冀州刺史阿薄干，带领着十万名步兵和骑兵屯驻在黄河北岸。

庚辰日(初八)，刘裕带领着军队进入了黄河，他让左将军向弥担任北青州刺史，将他留下来，让他带兵戍守在碻磝。

起初，刘裕任命王镇恶等人时，对他们说：“如果你们能将洛阳攻取下来，那么一定要等到大军到达了才能一起继续前进。”王镇恶等人攻取下洛阳之后，想利用胜利的威势再接再厉，于是就率领着军队直接赶往了潼关，但却很快被秦兵给抵挡住了，不能继续前进。这样时间一长，他们的食物就吃完了，大家的心里都产生了疑惧，有人想要放弃辎重，赶快回去赴应大军。沈林子按住剑生气地对他们说：“相公立志要统一天下，现在许和洛这两个地方已经被我们给平定了，关中右面也即将要平定，事情最后能否成功，关键就在于前锋了。我们现在为什么要沮丧战胜的气势，放弃即将要完成的功绩呢？而且我们的大军还在很远的地方，贼兵的数量也很多，即使你们现在想要回去，可是你们真的能够回去吗？我接受了相公的命令，不顾自己的身家，今天这样的事情，是我自己率军完成任务，我不知道你们几个人又有什么脸面去见相公的旗鼓呢？”王镇恶等人派遣使者快马加鞭去告诉刘裕，请求他派遣援兵送来粮食。刘裕呼喊着使者，把大船北边的窗子给打开了，指着黄河上魏国的军队给他看，对他说：“大军出发前我宣布的命令是不要贸然前进，现在因为你们轻率地深入，造成了岸上现在这种情况，我又还怎么能够派军去呢？”王镇恶于是只好亲自到弘农那里去，用道理把百姓们给说动了，百姓们争相给他们送来了粮粟，这样军队的粮食又充足了。

魏国派了数千名骑兵沿河跟随着刘裕一起向西而行，军士在南岸牵引挽船用的百丈，风特别大，水流也很湍急，因此有人漂流到了北岸，往往就会被魏国人给杀害。刘裕便立即派遣军队前去攻击，但是刘裕的人才登岸魏国的人就逃走了，等他们退回来之后，那些魏国人又来了。夏季，四月，刘裕派遣值班的壮勇白直的队长丁旿，让他率领着执甲仗的七百名军士和百乘车，渡过了北岸，在距离水边一百多步的地方，形成了像月牙的阵势，两端抱住了河道，并且还安置了七名执甲仗的士兵。等所有的事情完毕以后，又派人竖立了一根白色的羽旗。魏国的人不了解刘裕的用意，于是就都不敢有什么举动。刘裕先是命令宁朔将军朱超石带兵戒严，等白色羽旗举起来以后，就让朱超石率领着两千人骑快马前往，随身带了一百副大的弓箭，一车增加了二十人，在车辕上设置了御敌的武器。魏国的人看见他们的营阵已经编立，便立即进兵围攻。长孙嵩率领着三万名骑兵赶去救援，但是由于四面都在攻营血战，弓箭根本就不能制伏。当时朱超石还另外带领了一千多份大锤和长矟，他把矟截成为三四尺长，然后再用锤发射它，这样一支长矛往往就能够贯穿三四个人。魏国的士兵眼看着就不能继续抵挡了，于是一下子都奔散溃败了，战死的人的尸体互相堆积。在军阵斩杀了阿薄干，魏国退兵回到了畔城。朱超石率领着宁朔将军胡藩和宁远将军刘荣祖继续对魏国的军队加以追击，又把他们给打败了，杀死俘获了一千人左右。魏国的君主拓跋嗣听到这个消息之后，此时才怨恨自己当初没有听崔浩的话。

秦国的鲁公姚绍派遣长史姚洽、宁朔将军安鸾、护军姚墨蠡和河东太守唐小方率领着两千人屯守在河北的九原，依阻黄河的险固，想要把檀道济的粮食援助给断绝了。沈林子率领军队对他加以迎击，最终把他给打败了，并且杀死了姚洽、姚墨蠡和唐小方三人，士兵几乎也全部都斩杀俘获了。沈林子于是就向太尉刘裕奏启，说："姚绍这个人的气势已经弥盖关中了，现在他的军队在外面屈败，他们国内又有了危难，恐怕他的凶恶命运先要完尽，否则不能斋戒入庙而受斧钺。"姚绍听说姚洽等人已经战败而死，悲愤恚恨，导致病情发作，口吐鲜血，于是他只好把兵权交给了东平公姚赞，然后就死去了。姚赞代理了姚绍的位置以后，国家的兵力还较旺盛，他带兵去偷袭沈林子，可是沈林子又把他给打败了。

太尉刘裕带领着部下到达了洛阳，他巡视城堡的时候，嘉勉毛修之修护的功劳，赏赐给他衣服玩好，价值两千万。

丁巳日(十六日)，魏国的君主拓跋嗣率领着部下到达了高柳。壬戌日(二十一日)，他们又回到了平城。

河西王沮渠蒙逊颁布诏令大赦境内。他派遣张掖的太守沮渠广宗假装投降去诱引凉公李歆，李歆果然上当，发动军队去附应。于是沮渠蒙逊就带领着三万大军埋伏在蓼泉，但是此时李歆发觉了他们的阴谋，于是就带兵回去了。沮渠蒙逊得知之后，立即带兵加以追赶，于是和李歆在解支涧打了起来，大败他们，杀死了七千多人。沮渠蒙逊守住建康城，设置了戍兵。然后就带着自己的人回去了。

五月，乙未日(二十四日)，齐郡的太守王懿向魏国投降了，他向魏国的君主上奏书说："刘裕现在在洛水，您应该立即发动军队去断绝他的归路，这样的话您可以不必作战就成功了。"魏国的君主拓跋嗣听了他的意见之后，觉得很好。

崔浩在殿前侍讲，拓跋嗣问他说："刘裕带兵去攻伐姚泓，他真的能够成功吗?”崔浩回答说:“他一定能够成功的。”拓跋嗣又问他说:“这是什么原因呢?”崔浩回答说:“从前姚兴这个人就很喜欢追求虚名,很少会讲求实用,他的儿子姚泓也很懦弱,而且还多病,姚泓的兄弟都乖戾争权(指姚弼、姚懿、姚恢都和姚泓争国),刘裕乘着他们此时的危难,带着精良的军队、勇敢的将士去攻打他们,为什么不能够成功呢?”拓跋嗣说:“你认为刘裕的才干和慕容垂的才干相比如何呢?”崔浩回答说:“刘裕胜过慕容垂。慕容垂是凭借着父兄的基础,整顿修复了旧有的基业,国人都归附他,这就好像是夜晚的虫子去接近火光一样,只要稍微加一点依靠的力量,就很容易立下功业。而刘裕这个人是从贫贱中奋发兴起的,他没有凭借尺土的资力,率领军队去讨伐消灭桓玄,将晋朝的王室给复兴了,向北擒伏了慕容超,向南杀死了卢循,只要是他所去的地方,就没有人敢在他的前面抵挡,如果不是他的才干超过了一般人,又怎么能够有这样的成就呢?”拓跋嗣说:“刘裕既然带兵进入了潼关,那么他就不能再随便地前进和后退了,我派遣精良的骑兵去直接攻击彭城和寿春,那此时的刘裕又将怎么办好呢?”崔浩回答说:“现在在我们国家的西方有屈丐,北方有柔然,他们都在时刻窥伺着我们国家的衅隙。陛下您既然不能够亲自统率六军,虽然有着很精良的军队,但是却一直没有看见好的将领。长孙嵩这个人擅长治理国家,但是他的缺点就是不会用兵,他根本就不是刘裕的敌手。与其发动军队远去攻击,根本看不见什么利益,我们还不如暂时安静等待。只要刘裕战胜了秦国回去之后,他一定会篡夺君位的。而关中的华人和戎人交杂错乱,他们的习俗都很强悍。到那时刘裕想要按照荆州和扬州的教化,在函、秦的地方同样实施,这就和脱下了衣服来包火,打开了网罗来捕捉老虎没有什么不同。虽然他留下了兵力在这里防守,但是人情根本就未能融洽,习尚也都不同,这正好可以成为仇敌的资助。我希望陛下您能够按住兵力,息止百姓,来观察他们的变化,那么秦地最后成为我们国家所有,就可以坐着慢慢等待了。”拓跋嗣笑着对他说:“卿考虑的果然审慎严密。”崔浩说：“臣曾经私下里评论过近代的将相臣子：像王猛那样治理国家，是苻坚的管仲；慕容恪辅助年幼的君主，是慕容暐的霍光；刘裕平定了祸乱，是司马德宗的曹操。”拓跋嗣说：“你认为屈丐这个人怎么样？”崔浩说：“屈丐这个人在国家破败、家庭覆灭之后，孤独孑然一个人，他寄居在姚氏的时候，接受他的栽培。但是他不想着要报答姚氏给予的恩情道义，反而利用时机来要挟利益，窃据了一方，与四方的邻国结怨。像他这样撅起自我竖立的小人，虽然能够在短时间里纵肆暴虐，但是最后他一定会被别人给吞食的。”拓跋嗣听了崔浩说的话之后，非常高兴，与他谈话到了半夜，然后赏赐给崔浩三十升青白色的醅酒，水精盐一两，并对他说：“朕品味卿说过的话，就像是在品味这盐和酒一样，所以要和卿一同享用它们的美味。”但是拓跋嗣仍然命令长孙嵩和叔孙建各自选拔了精兵去窥伺刘裕向西经过，从成皋渡河，继续向南去侵略彭和沛；如果他没有很快经过，就立即带兵前去追击他。

魏国的君主拓跋嗣率领着自己的部下向西巡守云中，渡过了河，到大漠去打猎。

魏国设置安排了天地四方六部大人，任命诸公担任。

秋季，七月，太尉刘裕到达了陕地。沈田子和傅弘之带领自己的军队进入了武关，秦国戍守的将军听到消息之后，都丢弃城池逃亡了。于是沈田子等人就进兵屯驻在青泥，秦国的君主姚泓派遣给事黄门侍郎姚和都带兵屯守在峣柳，对他们加以抵抗。

西秦的相国翟勍死了。八月，晋安帝颁布诏书任命尚书令昙达为左丞相，左仆射元基为右丞相，御史大夫麹景为尚书令，侍中翟绍为左仆射。

太尉刘裕率领着自己的军队到达了閿乡。沈田子等人已经准备好要去攻打峣柳，秦国的君主姚泓想要自己亲自带兵去抵抗刘裕的军队，但是他又担心沈田子等人会去偷袭他的后方，因此他想要先带兵去攻击消灭沈田子等人，然后再倾尽全国的力量向东去出兵。于是姚泓就率领着数万步兵和骑兵，突然到达了青泥。沈田子这支部队，本来就是为迷惑敌人布置的疑兵，一共才一千多人。听说是姚泓带兵到达了之后，就想要进兵去攻击他。傅弘之认为敌人太多，我军的人太少，不是他的敌手，于是想要制止他，沈田子对傅弘之说："用兵打仗贵在出奇，不在人数众多上。而且现在我们众寡相差十分悬殊，那么就势必不能够并立，如果他们包围得很坚固，那么我们一定没有什么地方可以逃走。但是如果我们趁着他们才刚刚到达这里，营阵还没有来得及建立的时候，就先派兵去攻打，这样一定可以有功绩的。"于是沈田子就立即率领着自己所领导的军队先进发去攻击，而傅弘之带领着剩下的人跟随在后。秦国的军队将他们包围了好几重。在这样的情况下，沈田子安慰士兵们说："你们都是冒着生命危险，从很远的地方来的，正是在等待着像今天这样的作战机会，生死对决，封侯升官的大业就在这里了！"士兵听了沈田子的话之后，都很奋勇激动，大声击鼓叫喊着，拿起刀剑等短兵器奋勇向前去攻击。最后秦国的军队大败，沈田子他们斩杀了一万多人，俘获了许多车乘和服饰等东西，秦国的君主姚泓也只好逃回到灞上去了。

起初刘裕因为担心沈田子等人的部属太少了，就派遣沈林子带兵从秦岭前往去救助他们，可是当沈林子带着军队到达的时候，秦国的军队已经战败了，于是他们就一起带兵前去追赶，关中很多郡县都暗中送钱给沈田子。

辛丑日（初二），太尉刘裕率领着自己的部下到达了潼关，他任命朱超石为河东太守，派遣他和振武将军徐猗之到河北去会合薛帛，然后一同带兵去攻打蒲阪。秦国的平原公姚璞和姚和都得知这个消息后，立即一同带兵去攻击他们。最后徐猗之战败死了，而朱超石逃回到潼关去了。东平公姚赞派遣司马国璠带领着魏国的军队偷偷地跟随在刘裕的后面。

王镇恶向刘裕请求让自己率领水军从黄河进入渭水，以便能够赶往长安去，刘裕答应了他的请求。秦国的恢武将军姚难从香城带领着士兵向西前进，王镇恶率领军队加以追击。秦国的君主姚泓从灞上带兵回去屯守在石桥作为支援，镇北将军姚强和姚难将兵力联合起来屯守在泾水，一同抵抗王镇恶。王镇恶派遣毛德祖带兵前去攻击，最终把他们给打败了，姚强战死，而姚难逃奔到长安去了。

后秦的东平公姚赞带兵退守在郑城，东晋的太尉刘裕率领着军队逼到了城下。姚泓命令姚丕去守住渭桥，让胡翼度带兵屯驻在石积，让东平公姚赞带兵驻守在灞东。而姚泓自己则带兵驻守在逍遥园。

王镇恶带领着军队沿着渭水向上行驶，乘坐着作战的小战舰，而驾船的人都躲在了舰船的里面，秦国的人看见船舰在水中行进，但是却没有看见驾船的人，都非常惊讶，认为这很神奇。壬戌日(二十三日)，天亮的时候，王镇恶率领着军队到达了渭桥，他命令军士吃完饭以后，都拿着兵器登上岸，而最后登岸的人就要被杀头。于是大家都很快地登上了岸，渭水水流湍急，所以他们上岸之后，船舰都随着水流漂走了，一下子就不知道到哪里去了。当时姚泓带领着的还有几万人。王镇恶告诉其他的士卒说："我们这些人的家都是在江南的，而这里是长安的北门，距离我们的家有万里远，现在我们的船只、衣服和粮食都已经随着水流漂走了。今天我们进攻，战胜可以建功立名；失败，我们的尸骨都回不了家，没有第三条路可走。你们大家共勉吧！"王镇恶说完，就自己身先士卒，率先前进，大家看到后，也都很勇敢地奋勇争先，全力作战。于是在渭桥将姚丕打得大败。姚泓得知消息之后立即带兵前去救援，被姚丕战败的士卒给践踏，还没有作战就已经溃败了。姚谌等人也都战死了，于是姚泓一个人骑着马回到了宫里。王镇恶带着自己的军队从平朔门进入，姚泓和姚裕等数百人就骑马逃到了石桥。东平公姚赞听说姚泓战败了，于是亲自带兵前去，但是部属却全部都溃散逃去了，胡翼度向太尉刘裕投降了。

姚泓准备要出城投降的时候，他十一岁的儿子姚佛念告诉姚泓说："晋人想要放纵他们自己的欲望，即使我们现在投降了，他们也一定不可能会让我们免死的，所以我们还不如自杀算了。”姚泓听了儿子的话之后，感到很失意，但是也没有答应他。最后姚佛念自己登上宫墙，跳下摔死了。癸亥日（二十四日），姚泓带领着妻子和群臣到王镇恶的军营门口去请求投降，王镇恶把他们都交给了官吏。城里有夷人和晋人一共六万多户，王镇恶用国家的恩德对他们加以安抚和慰藉，他的军令十分严谨，所以百姓们都能安居下来。

九月，太尉刘裕率领着自己的部下到达了长安，王镇恶带领着自己的部下在灞上去迎接他。刘裕慰劳他说：“助我完成霸业的人是你呀！”王镇恶再拜辞谢说：“这是明公您的神威和诸位将军的奋力得来的，我王镇恶又有什么功劳呢？”刘裕笑着对他说：“你是想要学习冯异吗？”王镇恶十分贪婪，秦国的府库里非常盈满，王镇恶经常盗取，数量无法计算。而刘裕因为他立的功劳很大，所以一直没有追问他。于是有人向刘裕诬陷王镇恶说：“王镇恶把姚泓等敌国的人给藏起来了，他将来一定会有背叛的心志的。”于是刘裕就派人前去窥看王镇恶，窥看的人回来报告说王镇恶只是挑选收取金银，而丢弃车辆在城墙边，刘裕的心意才算是安定了下来。

刘裕收集了秦国的彝器、浑仪、土圭、记里鼓和指南车，都送到了建康。其他的金玉、丝帛和珍贵的宝物，也全都赏赐给了将士。秦国的平原公姚璞和并州的刺史尹昭将蒲阪献出并且投降了，东平公姚赞率领着宗族里的一百多人去向刘裕投降，而刘裕把他们全部都给杀死了。将姚泓送到了建康，然后在市集上把他给杀害了。

刘裕让薛辩担任平阳太守，派遣他带兵镇守防卫北方的道路。

刘裕建议将都城迁到洛阳，谘议参军王仲德对他说：“不寻常的事情，当然不是寻常的人能做到的，这样做的话一定会产生震骇惊动的。现在军队里的士兵们已经在外征战很长时间了，他们都想要回家去，迁都的计策，不用再加以商议了。”于是刘裕这才停止了计划。

有十多万的羌人向西奔到了陇上，沈林子带兵前去追赶攻击他们，等他追到槐里的时候，俘虏了一万人。

河西王沮渠蒙逊听说太尉刘裕带兵灭掉了秦国，非常生气。门下校郎刘祥进入到内宫里去向他报告事情，沮渠蒙逊看见他之后，对他说："你听说刘裕带兵进入到潼关去了之后，竟然还敢穿得这么漂漂亮亮的？"因此就下令把他给杀死了。

起初，夏王赫连勃勃听说太尉刘裕带兵去攻伐秦国的时候，他就告诉群臣说："姚泓这个人根本就不是刘裕的敌手。而且他的兄弟内部在此时发生了叛乱，他又如何还能再去抵抗别人呢！所以刘裕一定能够将关中攻取下来的。但是刘裕不会在那里久留，他一定会带着军队向南归去的，然后将他的子弟和众将们留下来防守，到时候我取得他们就像是捡拾草芥一样容易了。"于是勃勃下令将马匹喂饱，将兵器磨砺得更锋利，还加强训练士兵，进兵据守在安定，秦国岭北郡县的镇守戍卫都被他给降服了。刘裕派遣使者去送信给勃勃，意思是想要和他相约为兄弟。勃勃看完他的信之后，就派遣中书侍郎皇甫徽写报聘的信，然后还让他暗中诵读熟记，对着刘裕的使者，口授给舍人，并且教他都记录下来。刘裕读了他的文字之后，叹息着说："我还是不如他呀！"

广州的刺史谢欣死了之后，东海人徐道期聚集了众兵去攻陷州城，接着又进兵去攻打始兴，始兴的相臣彭城人刘谦之得知消息之后立即带兵前去讨伐，并且把徐道期给杀死了。然后朝廷就颁布诏令让刘谦之担任广州刺史。

癸酉日（初四），司马休之、司马文思、司马国璠、司马道赐、鲁轨、韩延之、刁雍、王慧龙和桓温的孙子道度、道子、族人桓谧、桓燧、陈郡袁式等人都去向魏国的长孙嵩投降了。秦国镇守在匈奴的将领姚成都和他的弟弟姚和都将郡镇献给了魏国，向魏国投降。魏国的君主拓跋嗣诏令民间，说能够将姚氏的子弟送到平城的人，就会奖赏他。冬季，十月，己酉日（十一日），拓跋嗣下召令让长孙嵩等人带领着军队回去。司马休之不久之前死在了魏国。魏国赏赐司马国璠的爵位为淮南公、赏赐司马道赐的爵位为池阳子、鲁轨的爵位为襄阳公。刁雍向拓跋嗣上奏表请求要到南边偏远的地方去为国效力，拓跋嗣同意了刁雍的请求，让他担任建义将军。刁雍聚集了众兵在河、济之间，扰乱了徐、兖。太尉刘裕派人带兵前去讨伐，但是没有成功。于是刁雍继续进兵屯驻在固山，士众也增加到了两万人。

晋安帝颁布诏令将宋公的爵位进封为王，并且给他增加了封地十郡。但是宋公推辞了没有接受。

西秦王炽磐派遣左丞相昙达等人带兵去攻击秦国的旧将姚艾，姚艾得知这件事情之后立即派遣使者去表示愿意自称藩属，炽磐接受了姚艾的请求，任命姚艾为征东大将军和秦州牧。征召王松寿担任尚书左仆射。

十一月，魏国的叔孙建等人带兵前去讨伐西山的丁零翟蜀洛支等人，然后将他们讨平了。

辛未日（初三），太尉刘裕听说了刘穆之的死讯之后，惊心悲恸，哀伤惋惜了好几天。起初，刘裕想要留在长安，好好地经营谋略西北，可是他军中其他的将领和佐将都因为经历了这么长时间的征役想要回到家乡去，大多都不愿意留下来。正巧这时刘穆之死了，刘裕因为京城没有自己可以寄托的人，于是决定带兵向东回去。

起初朝廷里得知刘穆之死亡的这个消息的时候，都感到十分恐惧，想要发布诏令，让太尉左司马徐羡之暂时代替刘穆之的职位。中军谘议参军张邵说："我现在实在是感到很焦急忧愁，这件事情之后的最终结果必然是委任徐羡之的。但是没有太子擅发命令的道理，我们应该去咨问刘裕。"刘裕想要让王弘去代替刘穆之原来的职位。从事中郎谢晦对他说："休元（王弘的字）这个人非常轻佻易躁，根本就不如徐羡之。"刘裕听了他说的话之后就让徐羡之担任吏部的尚书、建威将军和丹杨尹，代理掌管留任。因此朝廷里过去由刘穆之决定的大事，现在都送到北方，由刘裕亲自决定。

刘裕任命他的次子桂阳公刘义真为都督雍梁秦三州诸军事、安西将军、领有雍和东秦两州的刺史，但是当时刘义真才十二岁。任命太尉谘议参军京兆人王修担任长史，让王镇恶担任司马、兼领冯翊太守。沈田子和毛德祖都是中兵参军，仍然让沈田子兼领始平太守，让毛德祖兼领秦州刺史、天水太守，傅弘之担任雍州的治中从事史。

刚开始的时候，陇上的流亡民户寓居在关中，他们希望凭借刘裕的军威能够恢复本土。但是一直等到东秦州设置好了以后，他们才知道刘裕根本就没有再向西侵略的意思，于是都叹息而失望。

关中人平时都非常敬重王猛，刘裕带着自己的军队攻克长安的时候，王镇恶的功劳是最多的，因此南方人都非常忌恨他。沈田子因为自己在峣柳的胜利，于是就和王镇恶争较功劳赏赐的不公平。在刘裕将要带着军队回去时，沈田子和傅弘之屡次去告诉刘裕说："王镇恶的家在关中，您不能完全地信任他。"刘裕对他们说："我现在将你们一万多人的文武将士和精兵都留下来了，如果他想要做一些不好的事情的话，那么他就是在自取灭亡了，你们不要再多说些什么了。"刘裕私下里告诉沈田子说："钟会不能够达成他变乱的心愿，是因为有卫瓘的原因。俗话说的是：'一只凶猛的野兽，根本就不如成群的狐狸。'你们这十几个人，又何必去畏惧王镇恶呢？"

◆臣司马光说：古人曾经说过："如果你要是怀疑一个人，那么你就就不要任用他；如果你要任用一个人，那么你就不要去怀疑他。"刘裕既然已经把关中委交给了王镇恶，而又在背地里和沈田子说了后面那些话，挑拨他们相斗为乱。实在是很可惜呀！这百年的寇敌（指西晋怀、愍被虏，长安沦陷，占据关中的夷狄仇敌）和千里的土地，是很艰难才得到的，却因一时不慎而丢掉，使西周所建都的丰、鄗（此指关中），又落到了敌人的手中去了。荀子说："兼并是一件很容易的事，但是坚凝就很难了。"这说的真是如此呀！◆

三秦的父老乡亲们听说刘裕将要带着军队回去了，都到军营门口去流泪哭诉说："我们这些遗留下来的百姓，没有得到王者的教化，到现在也已经有一百年之久了，直到现在我们才看见了中国的衣冠，人人都互相道贺。长安那里的十个陵墓都是公家的坟墓，而咸阳的宫殿也都是公家的室宅，假如放弃了这些，我们又要到哪里去呢？”刘裕听了他们说的话之后很感伤，安慰教谕他们说：“我接受了朝廷的命令，不能够随便停留在这里。我非常赞许你们这份怀念宗本的心意，即使我走了，但是现在我也已经任命了我的次子和许多文武贤明有才干的官吏，让他们留在这里共同镇守这个地方，你们要好好地和他们共同相处。”十二月，庚子日（初三），刘裕带着自己的部下从长安出发，他们从洛水进入了黄河，将汴渠开通了，然后他们就回去了。

氐族豪酋徐骇奴和齐元子等人，都拥有三万户的部落在雍城，他们派遣使者去向魏国君主请求表示自己愿意投降。魏国的君主拓跋嗣接到他们的求降之后，立即派遣将军王洛生和河内太守杨声等人率领着军队，向西去附应他们。

闰月，壬申日（初五），魏国的君主拓跋嗣带领着自己的部下到达了大宁长川。

姚泓灭亡后，秦和雍的一千多户人家都推举襄邑令上谷人寇赞担任他们的领袖，向魏国投降了，魏国的君主拓跋嗣任命寇赞为魏郡的太守。时间一长，秦和雍的百姓都流入了魏国、河南、荥阳和河内，流入的人口有一万户左右，于是拓跋嗣给这些百姓设置了南雍州，并且任命寇赞为刺史，还封他为河南公，让他治理洛阳。在雍州设立了郡县来安抚百姓的心情。寇赞这个人很善于招抚怀柔的政策，流亡的百姓中来归附的，是原来的三倍。

夏王赫连勃勃听说太尉刘裕已经带着自己的部下向东回去了，非常高兴，他问王买德说：“朕如果想要成功地取得关中的话，卿认为取得的方法和谋略是什么？”王买德回答说：“关中这个地方形势很优胜，刘裕将他的幼子留在那里，让他带兵防守，而自己则很仓促地赶回去，正是想要急着去完成篡位的事，根本就没有空暇再来关心中原的事务。这是上天要把关中赏赐给我们，我们一定不能够失去这次机会。青泥和上洛是南北的险要重镇，我们应该先派遣游击军队去阻断那里；东面堵塞潼关，以断绝它的水路和陆路；然后再传达军书给三辅，对他们加以威严德化，这样，刘义真就等于掉进了网篓之中，我们很容易就能取得了。”勃勃听完王买德的意见后，就让他的儿子抚军大将军赫连璝都督前锋诸军事，率领着两万人的骑兵朝向长安，前将军赫连昌屯守在潼关，让王买德担任抚军右长史，屯守在青泥，勃勃带领着大军作为后援。

这一年，魏国的都坐大官章安侯封懿死了。

义熙十四年（戊午，公元 418 年）

春季，正月，丁酉朔日（初一），魏国的君主拓跋嗣率领着自己的部下到达了平城，他命令护高车中郎将薛繁率领着高车和丁零向北经略，到了弱水之后，他们就回去了。

辛巳日（正月无此日），晋安帝下令大赦天下。

夏国赫连璝到达渭阳的时候，关中百姓就向他投降了，路上连接不断的都是百姓。龙骧将军沈田子带兵前去抵抗，但是他又害怕夏国的士兵太多了，最后只好退兵屯守在刘回堡，并且派遣使者去回报给王镇恶。王镇恶告诉王修说：“刘公将他十岁的儿子托付给我们，我们一定要共同努力。但是现在沈田子拥有军队却不前进，敌人又如何能够平定呢？”使者回去之后，就把这些话都告诉了沈田子。沈田子和王镇恶两人之间平时就有互相攻击的心意，因此就更加对彼此忿恨畏惧了。不久，王镇恶和沈田子一同离开了长安以北的地方，都带着自己的部下去抵抗夏国的军队，军中一直谣言说：“王镇恶要把南方的人都给杀尽，用数十人去护送刘义真回到南方，然后据守关中造反。”辛亥日（十五日），沈田子将王镇恶请到傅弘之的营中商议事情。沈田子先是请求摒开左右的侍从密谈，然后派遣他同宗的人沈敬仁，在幕中把王镇恶给杀死了，并且还假托说自己是奉了太尉的命令。傅弘之知道这件事情之后就跑去告诉了刘义真，刘义真和王修穿上战甲登上横门去观察变化。没过多久，沈田子就率领数十人前来，说是王镇恶造反了，而王修则立即将沈田子给抓住，责备他擅权杀戮，然后把他给杀死了。让冠军将军毛修之代替王镇恶担任安西司马。

傅弘之先是在池阳与赫连璝大战，将他给打败了，然后又在寡妇渡再次把赫连璝给打败了，斩杀了很多俘虏，最后夏国的军队才退了回去。

壬戌日(二十六日)，太尉刘裕带领自己的部下到达了彭城，解除了戒严令。琅邪王德文先回到了建康。

刘裕听说王镇恶已经死了，就上表说："沈田子这是忽然间发生了病狂，完全改变了他正常的心，残忍地迫害忠良的功臣。"于是上面就追赠了王镇恶为左将军和青州刺史。

晋安帝颁布诏令任命彭城的内史刘遵考为并州的刺史、兼领河东太守，镇守在蒲阪；并且征调荆州的刺史刘道怜为徐、兖两州刺史。

刘裕想让世子刘义符带兵镇守在荆州，让徐州的刺史刘义隆担任司州刺史，带兵镇守在洛阳。中军谘议张邵劝谏说："储君的地位是非常重要的，是一个国家赖以维系的，不应该让他居住在外镇。"于是刘裕又另外让刘义隆为都督荆、益、宁、雍、梁、秦六州诸军事、西中郎将、荆州刺史，任命南郡太守到彦之为南蛮校尉，张邵为司马、兼领南郡相，冠军功曹王昙首为长史，北徐州的从事王华担任西中郎参军。刘义隆的年纪还太小，所以府事都是由张邵决定的。王昙首是王弘的弟弟。刘裕告诉刘义隆说："王昙首这个人为人很沉稳刚毅，而且还很有器识和度量，是一个做宰相的人才，你处理每一件事都要先去谘问他。"

晋安帝颁布诏令任命南郡公刘义庆为豫州的刺史。刘义庆，是刘道怜的儿子。

刘裕解下了自己司州的职务，兼领徐州和冀州的刺史。

秦王炽磐任命乞伏木奕干为沙州的刺史，让他带兵镇守在乐都。

二月，乙弗乌地延率领着两万户去向秦国投降了。

三月，派遣使者去聘问魏国。

夏季，四月，己巳日(初四)，魏国将冀、定和幽三州徒河的人都迁徙到代都去了。

起初，北燕都城和龙四周弥漫着赤气，把太阳都给遮蔽了，一直从寅时到申时，燕国的太史令张穆告诉燕王冯跋，说："这是要发生兵乱的气象啊。现在的魏国正是强盛的时候，而我们擒住他们的使者（于什门），致使两国之间原本通好的使命不相往来，臣私下里觉得十分害怕。"冯跋对他说："我也正在想这件事情。"

五月，魏国的君主拓跋嗣带着自己的部下向东巡守，当他们到达濡源和甘松时，拓跋嗣派遣征东将军长孙道生、安东将军李先和给事黄门侍郎奚观三人率领着精良的两万名骑兵去偷袭燕国，又下命令让骁骑将军延普和幽州的刺史尉诺他们两人从幽州带兵往辽西去，为他们营造声援的气势，拓跋嗣则屯守在突门岭等待他们的消息。长孙道生等人带兵攻下了乙连城后，又立即进兵去攻打和龙，和燕国的单于右辅古泥作战，把他给打败了，杀死了他的将军皇甫轨。燕王冯跋将城池紧紧围住加强防守，魏国的军队去攻打，但是没能攻下来，然后就将他的一万多户百姓给掳掠了，最后带着军队回去了。

六月，太尉刘裕接受晋安帝颁布的相国、宋公和九锡的诏命，赦免了国中犯有特殊死罪以下的罪人，将他的继母兰陵萧氏尊奉为太妃，将太尉军谘祭酒孔靖任命为宋国尚书令，左长史王弘为仆射，领选，从事中郎傅亮、蔡廓都是侍中，谢晦为右卫将军，右长史郑鲜之为奉常，行参军殷景仁为秘书郎，而其余的百官，也都依照晋朝的制度设立安排好了。可是孔靖却推辞了官位没有接受。傅亮，是傅咸的孙子；蔡廓，是蔡谟的曾孙；郑鲜之，是郑浑的玄孙；殷景仁，是殷融的曾孙。殷景仁以前所学的不是从事于属文的事情，而是聪敏有情思意致的；嘴里虽然不谈道义，但是深切通达道理的本体；至于国家的典章、朝廷的礼仪和为旧制作记注的篇牍，他都能撰写逐录，相识的人都知道他有用世的志向。

魏国的天部大人白马文贞公崔宏的病很严重，魏国的君主派遣侍臣去探问他的病情，一个晚上就来回了好几次。等到崔宏死了之后，魏国的君主诏令群臣和附属的国家的大元帅都一起去参加了他的葬礼。

秋季，七月，戊午日(二十四日)，魏国的君主拓跋嗣带领着自己的部下到达了平城。

九月，甲寅日(二十一日)，魏国君主命令各州都征调百姓的税租，一户要征五十石谷子，屯积在定、相和冀三州。

河西王沮渠蒙逊又带兵前去攻伐凉国，凉公李歆准备带兵前去抵抗，左长史张体顺对此一再劝谏，这才停止。于是沮渠蒙逊就割取了他们的秋粮，然后就回去了。

李歆派遣使者来告知承袭爵位。冬季，十月，任命李歆为都督七郡诸军事、镇西大将军、酒泉公。

姚艾带着自己的下属背叛了秦国，向河西王沮渠蒙逊投降了，沮渠蒙逊亲自带着兵去迎接他。姚艾的叔父姚隽告诉众人说："秦王非常宽厚仁爱，很有风雅气度，我们可以安心地留下来去侍奉他，何必再去跟从河西王向西迁居呢?"大家都认为应该是这样的，于是就驱逐了姚艾，推举姚隽为领袖，然后又都归附秦国。秦王炽磐征调姚隽为侍中、中书监，赐他爵位为陇西公，又任命左丞相昙达为都督洮、罕以东诸军事、征东大将军、秦州牧，镇守在南安。

刘义真的年纪还很小，他赏赐东西给身边的人没有节制，王修往往对此加以裁减抑制。所以刘义真左右的人都很抱怨，向刘义真说王修的坏话，有人说："王镇恶当初想要造反，所以沈田子把他给杀了。而王修杀死了沈田子，就是说他也想要谋反。"刘义真相信了他们说的话，派遣左右心腹刘乞等人杀死了王修。

王修死了以后，朝廷中的人心离异骇乱，根本就不能统一人心。刘义真把屯守在蒲阪和渭北用来捍卫魏国和夏国的军队，全部都给调入长安了，关闭城门加以防守。关中的郡县全部都投降夏国了。赫连璝夜晚去偷袭长安，但是没有成功。夏王赫连勃勃就进兵据守在咸阳，最后长安打柴和采薪的路径都被断绝了。

宋公刘裕听到这个消息之后，派遣辅国将军蒯恩到长安去，召令刘义真回到了东方。然后任命相国右司马朱龄石为都督关中诸军事、右将军、雍州刺史，代替镇守在长安。刘裕告诉朱龄石说："等你到了以后，就敕令刘义真穿轻便的装备赶快出发。等他出关以后，就可以慢慢地走了。但是如果关右不能守住，你就可以和刘义真一起回来。"又命令中书侍郎朱超石去慰劳河和洛的地方。

十一月，朱龄石到达长安。刘义真的将士非常贪婪放纵，大肆掳掠，然后向东行，装载了很多宝贵的东西，包括女子，车辆前进得很慢。雍州的别驾韦华逃奔到夏国。赫连璝率领着三万名士兵去追赶刘义真，建威将军傅弘之说："刘公吩咐我们要疾速而行，现在我们带了许多沉重的装备，一天都走不到十里路，敌人追赶的骑兵也马上快要到了，我们如何才能对付呢？我觉得我们现在应该放弃车乘，轻快地行走，才能够免余灾难。"刘义真没有听从他的意见。忽然夏国的军队大量地到达了，傅弘之和蒯恩负责在后面断后，奋力作战了好几天。到了青泥时，晋国的军队大败，傅弘之和蒯恩都被王买德擒获了；司马毛修之和刘义真失去了联系，也被夏国的军队给擒住了。刘义真走在前面，正巧天黑了，于是夏国的军队就没有极力追赶，所以他们才能够免难。左右的人都逃散了，刘义真一个人逃到了草丛里。中兵参军段宏一个人骑着马去寻找，沿途不停地呼叫，刘义真认识他的声音，听到之后就出来会合他，说："你不是段中兵吗？我人现在在这里。你可以走了，如果你要护我而行，那么两个人一定不能都保全的，你可以割下我的头向南行，让我的父亲死了心。"段宏哭着对他说："我要和你死生相共，我不忍心做这样的事情。"于是他就把刘义真背在了背上，骑着一匹马回去了。刘义真告诉段宏说："事情到了现在的地步，实在是因为我没有算策谋略；但是大丈夫没有经过这样的失败，又怎么会知道国事的艰难呢？"

夏王赫连勃勃想要劝傅弘之投降，但是傅弘之一直不肯屈服，于是赫连勃勃脱光了他的衣服，傅弘之对着他叫骂，然后死去了。赫连勃勃把人头堆积起来作为景观，号称髑髅台。长安的百姓都在驱逐朱龄石，朱龄石焚毁了宫殿，奔往潼关。赫连勃勃进入长安后，大肆宴飨将士，举起酒杯告诉王买德说："你从前所说的那些话，仅一年就应验了，可以说是算无失策了。今天能够在这里集会，就要举杯相贺，这些不是你的功劳，又会是谁的功劳呢？"于是就任命王买德为都官尚书，封为河阳侯。

龙骧将军王敬先戍守在曹公垒，朱龄石前往去归顺。朱超石到达蒲阪时，听到了朱龄石所在的地方，于是也前往去依从。赫连昌带兵去攻打王敬先的城垒，阻断了他的水道。将士们都口渴的不能作战，于是很快就被攻陷了，朱龄石对朱超石说："兄弟们都死在了外地，会使年老的双亲如何悲戚呢？你去找条小路逃亡吧，我死在这里也没有什么遗恨了。"朱超石拉着他的哥哥哭着说："又有谁能不死呢？我怎么能忍心今天离开哥哥自己逃走呢！"于是他和王敬先以及右军参军刘钦之都被捉到了长安，赫连勃勃把他们给杀死之后，刘钦之的弟弟刘秀之悲伤地哭泣，整整十年间，都没有欢笑燕乐。刘钦之，是刘穆之堂兄的儿子。

宋公刘裕听说青泥战败后，不知道刘义真的生死，于是约定好日期，准备北伐。侍中谢晦劝谏说："士兵们都已经很疲劳衰敝了，请您等到来年再说吧。"但是刘裕没有答应。郑鲜之上奏表说："如果敌人听说殿下亲自出征的话，一定会全力防守潼关。如果我们直接前往攻打，恐怕没那么容易成功。如果我们把车舆停留在洛阳，就不必劳动圣躬了。敌人现在虽然得志，但是却不敢趁着战胜的时候就越过陕地，这是在畏服你的威武，替将来考虑的缘故啊。如果到了洛阳之后再回来，那么敌人一定会有揣量得失的心理，到那时或许会更加产生边境的灾患。何况我们大军远出的话，后患一定会很多。前几年我们西征的时候，刘钟趁机作恶；去年我们北讨的时候，广州就沦陷了。过去的证验，都是以后的借鉴。现在各州都发生了大水，百姓的食物已经很少了。三吴群起的盗匪已经攻陷了许多的城县，这些都是因为苦于征役的缘故。江南的士人和百姓都是拉长着脖子盼望等待着殿下您的回来，如果现在他们听到你还要北行的话，在不了解计谋的情况下，来回的时间里，我怕后顾的忧虑，就会在身边。如果您担心西方的敌人会成为河和洛的祸患，那就应该和北方的敌人结好。北方的敌人亲和了，河南就会安定了，河南安定了，济水和泗水也就会平静了。”正巧得到段宏的奏启候，知道刘义真能够免难，刘裕这才停止了计划，只是登上了城楼向北遥望，很感慨地流下了眼泪。将刘义真贬为建威将军、司州刺史，任命段宏为宋台黄门郎、兼领太子右卫率。刘裕任命天水的太守毛德祖为河东的太守，代替刘遵考防守在蒲阪。

夏王赫连勃勃在灞上建造祭坛，祭祀天地之后登上了皇位，并且改年号为昌武。

西秦王炽磐率领着自己的部下向东去巡守。十二月，将上邽的五千多户百姓迁徙到了枹罕。

彗星出现在天津星，然后就进入太微星，经过北斗星之后，联结了紫微星，八十几天才完全消灭。魏国的君主拓跋嗣又召见了众儒和术士们，问他们说：“现在四海分裂，你们认为灾异咎征的应验，将会是在哪一个国家呢？朕现在觉得非常害怕。你们这些人都尽量发言，不要对朕有所隐瞒！”于是大家就推选了崔浩作为代表回答拓跋嗣的问题，崔浩对拓跋嗣说：“说到灾异的兴起，大多都是取象于人事的，如果人与人之间没有什么间隙的话，那又有什么好怕的呢？从前王莽在快要篡取汉代的时候，彗星出入的情形就跟现在的情况是一模一样的。而我们的国家君主尊贵，人臣卑下，百姓没有不一样的思想。晋朝的王室现在正在衰微，危险灭亡的时日也不会远了。而此时彗星出现了这样怪异的情况，应该是刘裕快要篡夺的应验吧！”大家对崔浩的话都很认同，都没有不同的意见。

宋公刘裕因为听说了一句谶语：“昌明（晋孝武帝字）以后还有两个皇帝。”于是就立即派遣中书侍郎王韶之和晋安帝左右的人暗中勾结，设计要毒杀安帝而拥立琅邪王德文。德文经常伺候在安帝的左右，无论是吃饭的时候，还是睡觉的时候，一次都没有离开过。王韶之他们窥伺了很久的时间，一直都没有找到合适的机会。正巧碰上德文生病了，需要居住在外面。戊寅日（十七日），王韶之利用这个机会用宽散的衣服在东堂把安帝缢死。王韶之，是王廙的曾孙。安帝死后刘裕就假称安帝留下了遗诏，要德文继承大位，于是朝廷就尊奉德文登上了皇帝的尊位，下令大赦天下。

这一年，河西王沮渠蒙逊自己向朝廷呈上奏表要自称藩属，朝廷只好封拜他为凉州刺史。

尚书右仆射袁湛死了。

恭皇帝

元熙元年（己未，公元 419 年）

春季，正月，壬辰朔日（初一），将年号改为元熙。

晋恭帝司马德文颁布诏令册封琅邪王妃褚氏为皇后；皇后褚氏，是褚裒的曾孙女。

魏国的君主拓跋嗣率领着自己的军队到犊渚去打猎。

甲午日（初三），朝廷颁布诏令征调宋公刘裕入朝，进封爵位为王，但是刘裕却推辞了。

癸卯日（十二日），魏国的君主拓跋嗣率领着自己的部下回到了平城。

庚申日（二十九日），将晋安帝埋葬在了休平陵。

朝廷颁布诏令让刘道怜担任司空，带兵出去镇守在京口。

夏国的将军叱奴侯提率领着两万名的步兵和骑兵在蒲阪进攻毛德祖，毛德祖的军队无法抵抗他的进攻，于是只好带着自己的军队全部都回到彭城去了。二月，宋公刘裕让毛德祖担任荥阳的太守，并且让他带兵在虎牢戍守。

夏国的君主赫连勃勃征调隐士京兆人韦祖思。韦祖思到了夏国以后，对夏国君主过分地恭敬畏惧，赫连勃勃生气地对他说：“我以国士的礼节征调重用你，而你却不以好国君的方式来看待我！你从前从不拜姚兴，现在又为什么要拜我呢？我活着的时候，你尚且不把我当成帝王看；那么我死了以后，你们这些玩弄笔杆的人，又会置我于何地呢？”于是就下令把他杀死了。

群臣上书赫连勃勃请求把长安作为都城，赫连勃勃对群臣说：“朕哪里不知道长安是历代帝王的都城，那儿的土地肥沃富饶，地理也险要巩固！但是现在晋朝处在那么偏远的地方，终究不会成为我们的祸患的。而魏国和我们的习俗很大部分都是相同的，我们两国的土地也相邻接，从统万到魏国的国境，才一百多里路。朕如果迁徙到长安去，那么统万一定会有危险的；如果朕在统万的话，魏国一定不敢渡河过西。你们只是没有见到这一点罢了。”群臣都回答说：“皇上的才智不是我们所能比得上的。”于是赫连勃勃下令在长安设置了南台，任命赫连璝兼领大将军、雍州牧、录南台尚书事。而赫连勃勃自己则回到了统万，并且下令大赦，改年号为真兴。

赫连勃勃这个人性情骄傲暴虐，看待百姓就像是看待草芥一样。他常常站在城上，将弓箭备置在身侧，当他对谁有猜嫌忿恨的时候，他就亲手用弓箭把那个人杀死。群臣中如果有用斜眼看他的，他就把对方的眼睛给挖瞎；如果有随便笑的人，他就派人决裂他的唇；如果有劝谏他的人，他就先割断那人的舌头，然后再把他给杀死。

起初，司马楚之供奉他的父亲司马荣期的丧事回到建康，正巧宋公刘裕诛灭了晋朝宗室中有才能威望的人，而司马楚之的叔父司马宣期和他的哥哥司马贞之都死了，于是司马楚之只好逃亡藏匿在竟陵的蛮夷之中。等到他的堂祖司马休之从江陵逃奔到秦国的时候，司马楚之逃亡到汝和颍之间，他聚合了众人想要伺机报仇。司马楚之虽然年少，但是有英锐的气象，还能够屈身居在贤士下位，所以有部属一万多人，屯据在长社。刘裕派遣刺客沐谦前往行刺司马楚之。沐谦来了之后，司马楚之对待沐谦非常优厚，沐谦想要对司马楚之下手，可是一直没有找到机会。于是夜晚的时候，沐谦声称自己生病，他知道司马楚之一定会来探望自己，他想利用那个时候去刺杀他。司马楚之得知沐谦生病之后，果然亲自前去送汤药探问他的疾病，情意很殷勤笃厚，沐谦被司马楚之的真诚打动，不忍心对他下手，于是就将匕首拿出来放在席下，并把实情都告诉了他，还对他说："将军您深被刘裕所猜忌，希望以后做事不要轻易草率，以求保全您自己。"而沐谦自己也改为事奉司马楚之，做他的防卫。

王镇恶死的时候，沈田子杀死了他的兄弟七个人，只有他的弟弟王康幸免于难，逃到彭城去附应宋公刘裕了。刘裕接受了投奔他的王康，并且任命他为相国行参军。王康向刘裕请求回洛阳去探视自己的母亲。正巧此时长安防守不住，于是王康就集合了关中流亡的百姓，共有一百多人，驱赶率领侨户七百多家，共同保卫金墉城。当时王室宗亲大多半逃亡在河南。有一个叫司马文荣的，率领流亡讨活的人有一千多户，屯守金墉城的南方；还有一个叫司马道恭的，从东垣率领着三千人屯守在城西；司马顺明率领着五千人屯守在陵云台，司马楚之屯守在柏谷坞。魏国的河内镇将于栗磾游动骑兵在芒山上，进攻得非常急切，王康带领众人在城内坚守了六十天。刘裕得知这个消息之后，任命王康为河东太守，并且立即派兵赶去救援，邵平等人最后都败散逃走了。成功击退敌军之后，王康劝导百姓都耕田种桑，百姓们都非常亲近信赖他。

司马顺明、司马道恭和平阳太守薛辩都向魏国投降了，于是魏国任命薛辩为河东太守，让他带兵去抵抗夏国。

夏季，四月，秦国征西将军孔子率领着五千名骑兵在弱水南方讨伐吐谷浑的觅地，并且成功地将他们打得大败，最后觅地只好率领着他的部属六千人向秦国投降了，于是秦国就任命他为弱水护军。

庚辰日（二十一日），魏国的君主拓跋嗣在东庙举行祭祀，来陪祭的有数百个小国。辛巳日（二十二日），拓跋嗣率领着自己的部下向南巡守到了雁门。五月，庚寅朔日（初一），魏国的君主拓跋嗣在㶟水看人打鱼，己亥日（初十），他就带着人回到了平城。

凉公李歆这个人对犯人使用刑法过于严苛，又喜欢治理宫室，他的从事中郎张显上奏疏，认为："凉国的土地现在已经被瓜分为三部分（谓李氏、沮渠、乞伏），但这样的情势一定不能够支持很久。而要兼并的根本方法，就在于努力耕桑。怀柔远方的策略，没有比宽政简刑更好的了。今年以来，阴阳失去了秩序，风雨又不太调和。所以我们应该减少膳食，撤除悬乐，虔敬地修养正道。但是您现在却更为繁重地使用严峻的刑法，还不断地修筑宫室，这样恐怕不能够达到兴隆的目的。从前文王凭借百里的地方兴起，秦二世拥有天下之大却灭亡了，前车的轨迹，得失非常明显。太祖以神圣的英姿，被西夏推举，向左取得了酒泉，向右开通了西域。殿下如果不能够继承太祖遗下的志向，统一凉的国土，那么和踪张轨以及他的子孙相比，在九泉之下又有什么脸面去见先王呢？沮渠蒙逊是胡夷的英杰，他对内修治政事，对外礼遇英明贤能的人，在进攻作战的时候，还自己以身作则，做士卒的好榜样。所以百姓们都非常感念他，也乐意被他任用。臣认为殿下您不但不能够平定殄灭沮渠蒙逊，也害怕沮渠蒙逊是我们国家的重大忧患。"李歆看了张显的奏疏之后，非常不高兴。

主簿氾称上奏疏对李歆劝谏说："上天爱人主就像爱自己的子女一样，非常殷切。所以如果人主的政治不修明，就会降下灾异来作为告诫。如果人主能够改正，虽然会有危险，但是一定能够昌明；而不能够改正，虽然会很安宁，但是最后也一定会灭亡。元年三月癸卯日，敦煌谦德堂地势下陷了；八月，效谷的地面裂开了；二年元月，乌云暗雾四处迷塞；四月，太阳赤红而无光芒，二十天之后才恢复正常；十一月，野狐爬上了南门；今年春天和夏天的时候，连续发生了五次的地震；六月，又有流星落到了建康。臣的学问虽然不能够稽考古籍，年龄却已有五十九岁了，请允许我为殿下大略谈谈我耳朵所听到的、我眼睛所见到的事，不再引证史书记载的事情。在成安初年时，西平发生了地裂，野狐进入了谦光殿的前面。不久，秦国的军队就突然到达，我们的都城防守不住。梁熙当凉州太守的时候，不安抚关心百姓，还专门贪敛财富；建元十九年，姑臧南门崩坏，山石掉落到了闲豫堂；第二年就被吕光给杀死了。段业当初在这里称帝的时候，三年之中，发生了五十多次地震。后来先王在瓜州起兵，沮渠蒙逊在张掖篡位弑君。这些事都是眼前已经发生的事实，殿下都明白知道的。效谷曾是先王逐渐兴起的地方，谦德是先王登上尊位的殿室。如今发生了地基下陷、地面裂开这样的事情，这是大凶的征兆啊。日，是太阳的精英，是中国的象征。但是它表现出赤红而没有光芒，那就是在表示中国将要衰亡了。谚语说：'野兽到了人类家里，主人就将会离去。'如今野狐登上了南门，这也是很大的变异啊。现在蛮夷的势力愈来愈盛，而中国愈来愈衰。我希望殿下能够很快地罢除宫室的劳役，停止游猎的玩乐，延请礼聘英明有贤才的人，真正地爱护照养百姓，以附应天然的灾变，防患于未然。"李歆听了他的劝谏之后仍然置之不理，没有答应他的请求。

秋季，七月，宋公刘裕才接受了晋升爵位的诏命。八月，又下诏命让他改为镇守寿阳，任命度支尚书刘怀慎为督领淮北各地的军事、徐州刺史，镇守在彭城。

辛未日（十三日），魏国的君主拓跋嗣率领着自己的部下向东巡守；甲申日（二十六日），他们一行人回到了平城。

九月，宋王刘裕自己解除了他扬州牧的职务。

秦国的左卫将军匹达等人率领着军队在漒川讨伐彭利和，把他打得大败，最后只有彭利和一个人骑着马逃奔到仇池去了。秦国的军队俘获了彭利和的妻子和他的子女，然后将羌族的三千户豪贵迁移到枹罕去了，漒川的羌人三万多户都安居如故。冬季，十月，下诏命任命尚书右仆射王松寿担任益州刺史，并且让他镇守在漒川。

宋王刘裕因为河南十分萧索凄凉，乙酉日（二十八日），将司州的刺史刘义真迁徙为扬州的刺史，并且派他在石头镇守。萧太妃告诉刘裕说："道怜是你在贫贱时候的兄弟，你应该任用他为扬州牧。"刘裕回答萧太妃说："寄奴（刘裕的小字）对于道怜哪里会有吝惜呢！只是扬州是根本所寄托的地方，事务非常得多，以道怜的能力是不能够办妥的。”太妃又对刘裕说：“道怜现在的年纪已经超过五十岁了，难道还不如你十岁的小孩吗?”刘裕只好回答说：“义真虽然现在是刺史，但是事情不管是大还是小，全部都由我来亲自处理。道怜的年纪大，如果不能够亲自管理他的事务，在观听上是不可以的。”太妃听完刘裕的话后，无话可说。刘道怜这个人性情愚笨又鄙陋，而且还贪欲放纵，所以刘裕才不肯任用他。

十一月，丁亥朔日(初一)，出现了日食的现象。

十二月，癸亥日(初七)，魏国的君主拓跋嗣率领着自己的部下向西巡守到了云中，从君子津向西渡河，然后在薛林山举行了一场大规模的田猎。

辛卯日(十二月无此日)，宋王刘裕加封殊遇的礼仪，并且进封王太妃为太后，进封世子为太子。

资治通鉴卷第一百一十九　宋纪一

起庚申（公元 420 年），止癸亥（公元 423 年），共四年。

【题解】本卷记录了公元 420 年至 423 年，即宋高祖刘裕永初元年至营阳王刘义符景平元年共四年间刘宋与各国的大事。主要记录了晋恭帝司马德文禅让，刘裕称帝，东晋灭亡；刘裕冲击旧门阀制度，提高新贵名望；刘裕杀害晋恭帝，故作悲伤；记录了刘裕宠信谢晦，谢晦兄谢瞻对谢晦不满；记录了刘裕死，其子刘义符继位，大臣间的矛盾尖锐；写了西凉被北凉打败，西凉破灭；记录了魏主拓跋嗣立拓跋焘为太子，乘刘裕死，发兵攻打刘宋，开疆扩土；记录了魏主拓跋嗣死，拓跋焘继位，魏臣崔浩遭罢废，被骗子寇谦之利用；此外还记录了北凉归服刘宋，西秦归附北魏等等。

高祖武皇帝

永初元年（庚申，公元 420 年）六月，改年号为永初。

春季，正月，己亥十四日，北魏皇帝拓跋嗣回到平城宫中。

西秦王乞伏炽磐把他的儿子乞伏暮末立为太子，自己仍然兼任抚军大将军，掌管全国内外的军事，宣布大赦境内，并将年号改为建弘。

东晋宋王（刘裕）想要接受晋恭帝司马德文的禅让，把帝位传给自己，却难以启齿，于是他召集自己的朝臣，聚在一起饮酒欢宴，他在宴会上若无其事地说："当年桓玄篡位，使晋国政权被夺，我首先提倡大义，想要复兴晋朝宗室，在经过南征北伐之后，终于平定了四海天下，可以说是大功告成、业绩显著，于是蒙受宋公恩赐有了九锡之尊。现在我年纪衰老进入暮年，地位却如此地尊崇之极。天下什么事物都忌讳装得太盛太满，这是不可以保证长久安宁的，因此，现在我想要把爵位奉还，回到京师（建康）颐养天年。”臣子们只是一味地对他歌功颂德，但并不理解他说这些话的真正用意。天色已晚，宴会的臣子们都纷纷散去，中书令傅亮直到走出宫门外，方才领悟出刘裕一番话的真正用意，然而他再转回宫中时宫门已经关闭，傅亮便敲门求见，宋王下令开门接见了他。傅亮进宫后只说：“臣应该暂且回到京师。”宋王明白了他的意思，便不再多说别的话，直接说道：“你需要多少人护送你返回？”傅亮回答道：“几十个人就足够了。”说完便马上与宋王刘裕辞别。傅亮出宫时已经是夜半时分，他看到彗星拖着长尾划过天空，拍腿长叹说：“我过去常常不相信天象的征兆，现在才知道这开始应验了。”傅亮来到建康的时候，正值夏天四月份，晋恭帝征召宋王刘裕入京辅政。于是宋王让自己的儿子刘义康留守，指挥监督豫、司、雍、并四州的军事，豫州刺史，坐镇寿阳。刘义康还很年幼，于是任命南阳人相国参军刘湛为长史，帮助处理府、州的日常军政事务。刘湛从幼年的时就有做宰辅的远大志向，常常拿自己跟管仲、诸葛亮相比，他自己广泛涉猎群书、通晓历史，但是却不喜欢写文章，不爱空谈议论。因此宋王特别器重他。

五月，乙酉初二，北魏将宣武帝拓跋珪的谥号改为道武帝。

北魏淮南公司马国璠、池阳子司马道赐一起计谋商量叛变，司马文思揭发了他们。庚戌二十七日，北魏君主拓跋嗣杀了司马国璠和司马道赐，并将司马文思册封为郁林公。司马国璠他们的阴谋牵连到了平城的豪族，全族因此被杀的就有数十人，章安侯封懿的儿子封玄之也连坐当诛。北魏君主想到封玄之是燕朝的旧世族，便想要宽免他的一个儿子。玄之说：“我弟弟的儿子封磨奴自年小时就丧父，还希望您能保全他一命。”于是，北魏君主杀了封玄之的四个儿子，而宽宥了他的侄子磨奴。

六月，壬戌初九，宋王刘裕到达建康，傅亮暗地里委婉指示晋恭帝将帝位禅让给宋王刘裕，并且详细地拟了一份禅位诏书呈给晋恭帝，要他亲手再把这草稿抄下来。恭帝欣然拿起笔，并对左右侍奉的人说："桓玄之乱的时候，我晋司马氏已经丢掉了天下，而后来因为刘公的作为才得以重新延续到现在，已过了将近二十年；今天把帝位传给宋王的事，本来就是我心甘情愿的。"于是把傅亮所拟的草稿抄写在红纸上作为正式诏书。

甲子十一日，晋恭帝司马德文在琅邪府第让位，百官叩首辞别，秘书监徐广悲伤哀恸，痛哭流涕。

丁卯十四日，宋王在京师南郊设受禅坛，登上了帝位。在禅让典礼结束之后，刘裕乘坐皇帝的车驾由石头城进入了建康宫。徐广又悲伤不已，侍中谢晦看了之后对他说："徐公这样未免有点过分了吧！"徐广回答说："你现在是宋朝的辅佐大臣，而我是晋室的遗老，对于我们来说，悲伤与欢乐这两件事，当然是有所不同。"徐广，是徐邈的弟弟。

刘宋武帝刘裕登上太极殿，宣布大赦天下，并将年号改为永初。刘裕颁布新令，凡是犯有批评当政议论名教的罪名，受过舆论抨击的人，都一律去除罪名，让他们改过自新。

◆裴子野论说道：当年虞舜重华接受国家权力，将共工、兜、三苗、鲧四个坏人流放；武王战胜殷纣王，将一些顽固的殷人迁到洛阳。天下坏人的罪恶都是相同的，然而刘裕却将民间批评和议论的那些罪犯也加以赦免，这样做是不对的。◆

刘宋武帝将晋恭帝封为零陵王；对待晋皇室的优待礼遇，全部都效仿晋初司马炎优待魏陈留王曹奂的先例，随后又在旧秣陵县为晋恭帝兴建王宫，命令有冠军将军之称的刘遵考率兵守卫；并把晋恭帝的褚后降为王妃。

刘宋武帝刘裕追尊他的父亲皇考为孝穆皇帝，母亲赵氏为孝穆皇后；又把他的继母王太后萧氏尊封为皇太后。刘裕事奉萧太后向来都很恭敬谨慎，即帝位之后，虽然他年纪已高，但每天清早必去后宫向太后问安，从来没有错过一刻时间。

刘宋武帝刘裕又颁布诏书声称晋王朝时所封的爵位，应该随着改朝换代而同样进行改变。于是他只设始兴公、庐陵公、始安公、长沙公、康乐公五公，但却把五公的爵位由郡公降为县公或者县侯，以奉承王导、谢安、温峤、陶侃、谢玄五族的宗祀香火得以延续，至于当年在义熙时与刘裕共出力同患难抗击过桓玄的人，他们自己的爵位和俸禄仍然保持不变。

庚午十七日，刘宋武帝刘裕让司空刘道怜出任太尉，并封他为长沙王，同时追封已经去世的司徒刘道规为临川王，把刘道规的爵位让他的儿子刘义庆继承。其他的功臣们，像徐羡之等人，也都升官或者晋爵，各有不同。

刘宋武帝刘裕又追封刘穆之为南康郡公，同时将王镇恶封为龙阳县侯。刘裕每次感叹想念刘穆之，就说道："刘穆之如果没有死，肯定能帮助我治理这天下。真可以说是'失去了贤者，是国家的病害'！"又说："刘穆之死了，人们对付我就很容易了。"

刘宋武帝又把皇子桂阳公刘义真封为庐陵王，把彭城公刘义隆封为宜都王，把刘义康封为彭城王。

己卯二十六日，刘宋武帝颁布历法，将《泰始历》改为《永初历》。

北魏君主拓跋嗣前去翳犊山，又到了冯卤池。他听说刘裕接受了禅让即位，便用驿车召见崔浩，对他说："你以前所说的话都应验了，我到现在才相信天道。"

秋季，七月，丁酉十五日，北魏君主拓跋嗣到达五原。

甲辰二十二日，刘宋武帝刘裕下诏，任命西凉公李歆作为领导高昌等七郡各种军务的都督、征西大将军，把他进封为酒泉公；又任命西秦王炽磐为安西大将军。

刘宋交州刺史杜慧度前往攻打林邑，并且一举歼灭林邑军，杀死敌人过半。林邑请求投降，并把他们前前后后所抢劫掠夺的钱财物品全部归还。杜慧度在交州任职期间，处理政务细密严谨，就像处理自己的家事一样，官吏和人民对他都是既畏惧而又爱戴；交州的城门在晚上不用关闭，行人在道路上不捡他人遗失的物品。

己未（七月无此日，怀疑有误），北魏君主到达云中。

北凉河西王蒙逊想要攻打西凉，于是他先率领军队攻打西秦的浩亹；然而一到浩亹后，大军又暗地秘密回师，在川岩驻扎。

西凉公李歆想要乘着蒙逊攻打西秦凉所造成的后方空虚，去袭击张掖；右长史宋繇、左长史张体顺很恳切地对他劝谏，李歆却听不进去。太后尹氏也就是李歆的母亲对李歆说："这是你新建立的国家，领土狭小人民稀少，守护自己的国家都害怕力量不够，哪还有余力去攻打别人！先王去世的时候，一再告诫过你，对于军事打仗要非常小心谨慎，要做好的就是保卫国土，使人民安宁，以等待天时良机。这些话言犹在耳，怎么可以抛到一边呢！蒙逊擅长用兵，这不是你所能敌抗的，并且他几年以来，一直有吞并我们的志向。你的国家虽然小，但足以让你施行善政，培养道德发展人民，冷静地等待时机来对付他。他如果昏庸凶暴，人民就会归服于你；他如果开明善政，你就要事奉于他，怎么可以轻举妄动，靠侥幸去期待讨伐成功呢！在我看来，你如果这样做，不但军队会被消灭，国家也会因此败亡！"李歆仍然不听。宋繇长叹说："到现在这种地步，大势已去了！"

李歆带领步兵骑兵三万人向东出发。蒙逊听闻这个消息高兴地说："李歆已经进入我的圈套，但是如果他听到我调回大军埋伏，必定不敢再继续前进。"于是蒙逊下令在西部广传已攻克浩亹的胜利消息，并且将要再度进攻黄谷。李歆知道以后非常高兴，于是率领大军进入都渎涧中。蒙逊率军向他进攻，在怀城两个军队进行决战，李歆大败。有人劝李歆退回都城保卫酒泉。李歆说："我违背老母的告诫导致失败，如果我不杀了这个胡人，我有什么脸面再见我母亲！"于是李歆又聚集军队在蓼泉与蒙逊的军队作战，最终被蒙逊所杀。李歆的弟弟酒泉太守李翻、新城太守李预、领羽林右监李密、左将军李眺、右将军李亮等人向西逃往敦煌。

蒙逊军队进入酒泉，他禁止士兵侵掠抢夺，士民生活安宁。蒙逊任命宋繇为吏部郎中，委托他掌管官吏的任免；西凉的那些旧臣中有才能和名望的，都用礼遇对待他们并加以任用。蒙逊任命他的儿子牧犍作为酒泉的太守。原来的敦煌太守李恂，是李翻的弟弟，也与李翻等人一起放弃敦煌逃往北山。蒙逊就让敦煌的太守由索嗣的儿子元绪代理。

蒙逊回到都城姑臧，见到西凉太后尹氏，安抚慰问她。尹氏太后说："李氏一族被胡人所灭，这没有什么好说的！"有人对尹氏说："现在你们母子的性命掌握在别人手中，怎么还可以这么傲慢？况且你的国家已经灭亡，儿子也已经死了，你却没有一点忧色，这是为什么呢？"尹氏回答说："存亡与生死，这都是上天的安排，为什么要像凡人一样，像小儿女般悲伤呢？我这个老太婆，现在国破家亡，又怎么会爱惜余生，做别人的臣妾呢？我只希望可以快快地死去，这就是我的万幸了。"蒙逊嘉许尹太后的言行而赦免了她，并且娶她的女儿做他儿子牧犍的妻子。

八月，辛未十九日，刘裕追封妃子臧氏谥号为敬皇后。癸酉日（二十一日），将王太子刘义符封为皇太子。

闰八月，壬午初一，刘裕颁布诏书对东晋历代皇帝的各个陵墓都设士兵守卫。

九月，西秦振武将军王基等人在胡园戍地方袭击河西王蒙逊的军队，俘虏了两千多人返回。

西凉敦煌太守李恂在任期间，有很好的德政；但是北凉任命的新太守索元绪粗暴阴险，嗜杀百姓，失去人心支持。敦煌郡人宋承、张弘暗地里写信给李恂，希望他回来主持政务。冬季，李恂率领数十个骑兵攻入敦煌，元绪向东逃往凉兴。宋承等人推举李恂为冠军将军、凉州刺史，把年号改为永建。北凉河西王蒙逊派遣世子政德进攻敦煌，李恂等人关闭城门，并不出来应战。

十二月，丁亥初七，夏国杏城的羌族酋长狄温子带领三千多户人家向北魏投降。

也是这一年，北魏姚夫人去世，昭哀皇后为追封的谥号。

永初二年(辛酉,公元421年)

春天,正月,辛酉十二日,刘宋武帝刘裕去南郊祭祀,大赦天下。

◆裴子野论道:祭祀天地神灵,是每一年都要例行的祭事;而刘裕却要赦免所有有罪的人,不知道他这是为什么?◆

刘裕把扬州刺史庐陵王刘义真任命为司徒,任命尚书仆射徐羡之为尚书令、扬州刺史,同时中书令傅亮也被任命为尚书仆射。

辛未二十二日,北魏君主拓跋嗣一行人到达公阳。

北凉河西王蒙逊率领军队两万多人向在敦煌的李恂发起了进攻。

西秦王乞伏炽磐派遣征北将军乞伏木弈干、辅国将军乞伏元基对夏国的上邽进攻,部队却因为遇到大雨而班师回朝。

三月,甲子十六日,北魏阳平王拓跋熙去世。

北魏君主拓跋嗣征用代都人民六千人为他兴筑御花园,在东边筑有白登,宫苑周围绵延三十多里。

北凉河西王蒙逊修筑长堤,想要采用水攻的办法来水淹敦煌,被围困的李恂请求投降,蒙逊没有答应。李恂部下的将领宋承等人背叛李恂献出城池向蒙逊投降,李恂无奈自杀。蒙逊命令手下屠城,李恂弟弟的儿子李宝被擒,蒙逊把他送到姑臧关了起来。从此,西域各个国家都来拜见归附北凉。对蒙逊自称臣子,派遣使者上朝进贡。

夏天,四月,己卯朔初一,刘宋武帝刘裕下诏:全国所有不正当的祭祀祠庙,包括蒋子文以下的祠庙全部废除,但是古代圣贤以及因功勋道德而建立的宗祠,可以不被废除。

吐谷浑王慕容阿柴派遣使者来投降西秦,西秦王乞伏炽磐将慕容阿柴任命为征西大将军、开府仪同三司、安州牧、白兰王。

六月,乙酉初八,北魏君主拓跋嗣向北巡视到达蟠羊山。秋天,七月,拓跋嗣又向西巡视到达黄河。

北凉河西王蒙逊派遣部下右卫将军沮渠鄯善、建节将军沮渠苟生率领七千人的部队开始向西秦进攻。西秦王乞伏炽磐派遣征北将军乞伏木弈干等人率领五千步兵骑兵与北凉军队相抵抗，西秦军队在五涧大败鄯善军队，俘虏沮渠苟生，斩首两千士兵回师。

起初，刘宋武帝刘裕交给前琅邪郎中令张伟一罐毒酒，想要他毒死原是晋恭帝的零陵王，张伟叹息着说："让我毒害君主来求得自己活命，还不如让我去死！"于是他在路上喝下为晋恭帝准备的毒药而死去。张伟，是张邵的哥哥。太常褚秀之、侍中褚淡之，两个人都是零陵王王妃的哥哥，零陵王的妻妾中只要有男孩生下，刘裕便让秀之、淡之兄弟俩趁人不注意将孩子加以杀害。司马德文在让出帝位后，深深地害怕自己也不慎遭到毒害，就与褚妃在一个房间里共同居住，吃饭就自己在床前煮来吃，所有在饮食方面所需要的东西，都由褚妃亲自负责，所以刘裕派出的人，一时也不能乘机毒害司马德文。九月，刘宋武帝刘裕派遣褚淡之和他的哥哥右卫将军褚叔度一起前去看望他们的妹妹王妃，王妃因此走出房间在另外一个房间里接见了她的哥哥，这时刘裕手下的士兵便翻墙而入，把毒药给了零陵王司马德文，然而司马德文却不肯喝下，他说："佛教的教义告诉我，自杀而死的人再投胎时就不能转世为人身了。"于是士兵便一拥而上，用被子将司马德文蒙住，使他窒息而死。之后刘宋武帝刘裕率领文武百官在朝堂哀悼了三天。

庚戌初五，北魏君主拓跋嗣回到宫中。

冬季，十月，己亥二十四日，刘宋武帝刘裕下诏，任北凉河西王蒙逊为镇军大将军、开府仪同三司、凉州刺史。

己亥二十四日，北魏君主拓跋嗣前去代都。

十一月，辛亥初七，刘宋武帝把晋恭帝司马德文埋葬于冲平陵，刘裕亲自率领文武百官为司马德文护送灵柩。

十二月，丙申二十二日，北魏君主拓跋嗣去往西部巡视边防，抵达云中。

西秦王乞伏炽磐派遣征西将军乞伏孔子等率领两万骑兵在罗川

向匈奴部落的酋长契汗秃真发起进攻。

北凉河西王蒙逊的下属晋昌太守唐契，占据城池发起叛变，蒙逊派遣他的世子政德对叛军讨伐。唐契就是唐瑶的儿子。

刘宋武帝刘裕当初还是宋公时，谢瞻是宋国的中书侍郎，他的弟弟谢晦是右卫将军。当时谢晦的权力和地位已经很大，他从彭城回到京城的家中迎接家属，所有的宾客都从四面八方聚集在一起，车马和人群堵塞了门庭路口。谢瞻在家中看到这样的情形不禁感到惊奇害怕，他对谢晦说："说起来你的声望官位并不是很大，人们却对你如此奉承！我们家一向都是以淡泊权利为勉的，对于朝政是不愿去干涉，与之交好不过都是些亲朋好友。但你现在的势力却权倾朝野，这怎么会是家门之福呢?"于是，谢瞻把门庭用篱笆隔了起来，说："我不忍心看到这样的场面！"在他返回彭城之后，便向宋公刘裕说："我本出身于清贫的寒门之家，父亲与祖父的官位所在俸禄不过二千石，我弟弟谢晦年方三十，志向平庸，能力也是平凡，但是他却官居高位，受到其他官员尊崇，掌管机要。我想福气荣耀到达极致时，肯定就会发生灾难，应验应该不会太远，所以我希望您可以降低谢晦的官职，好保持我们这衰微的家门。"在这以后谢瞻又多次向刘裕请求。谢晦常常把政治中的机密告诉谢瞻，谢瞻就故意在亲戚好友中互相传知，并且把这当作戏说的笑语，用来中断谢晦的言论。等到刘裕即帝位的时候，谢晦因为辅佐朝政有功，刘裕让他担任更高的职位，责任也更加重要，谢瞻的忧惧也因此更大。这年，谢瞻担任豫章太守，因病不治身亡。在他临终前，留给了谢晦一封遗书，说："我这一生有幸可以保全，还悔恨什么呢！希望你可以自我勉励，为国为家效劳。"

永初三年(壬戌，公元422年)

春天，正月，甲辰朔初一，北魏君主拓跋嗣从云中出发继续去往西部巡视，到达屋窦城。

癸丑初十，刘宋武帝刘裕将徐羡之任命为司空、录尚书事，并且兼任原扬州刺史职务。将江州刺史王弘任命为卫将军、开府仪同三司；中领军谢晦任命为领军将军兼散骑常侍，进入大殿值班、掌管皇宫的安全防卫。徐羡之出身平民，又不会什么学问，但是他的志向和气度很大，在朝廷上身居高位，掌管朝政大权，朝野人士都对他推崇佩服，认为宰相的声望非他莫属。徐羡之平时稳重沉默，喜怒哀乐都不形于色，对下棋非常精通，但是在看别人博弈的时候，又经常好像什么都不懂。因此，当时的人们加倍推崇他。傅亮、蔡廓常说："徐公对万事都通晓，可以很好地调解纠纷。"徐羡之曾经和傅亮、谢晦欢聚宴席，傅亮、谢晦才学广博，善于言谈，徐羡之的风度庄严肃穆，会在适当的时候才发言。奉常官郑鲜之曾经感叹着说："看到徐羡之和傅亮之间的言论，自己就不再是以学问见长了。"

西秦征西将军乞伏孔子等大败匈奴部落酋长契汗秃真的军队，俘获共两万男女，五十多万头牛羊。契汗秃真率领仅剩的骑兵数千人向西逃走，另外一支匈奴部落酋长契汗树奚，率领五千户人家投降了西秦。

二月，丁丑日初四，刘宋武帝刘裕下诏书：将豫州淮水以东土地分割为南豫州，在历阳设置州治，南豫州刺史由彭城王刘义康担任。同时又分割荆州十个郡，设立湘州，在临湘设置州治，湘州刺史由左卫将军张邵担任。

丙戌十三日，北魏君主拓跋嗣回到宫中。

三月，刘宋武帝刘裕病重，太尉长沙王刘道怜、司空徐羡之、尚书仆射傅亮、领军将军谢晦、护军将军檀道济一起到宫中侍奉刘裕治病。大臣们请求向神明祈祷身体早日恢复，刘裕不准，只是派了侍中谢方明前去宗庙，把自己生病的情况向祖先报告。刘裕一向不相信鬼神，在他还未发迹只是一个平民的时候，就有许多祥瑞的昭示，等到后来富贵时，史官针对以前的传闻向他询问，刘裕都拒绝了答复。

檀道济出宫担任镇北将军、南兖州刺史，镇守广陵，并监督全淮南各路军队。

皇太子刘义符经常和一些奸佞小人在一起玩乐，谢晦曾向刘宋武帝说："陛下的年纪已大，万世的基业如何保持应该考虑了，帝位至关重要，不可把它交给才能不济的人。"刘宋武帝问："你认为庐陵王刘义真怎么样？"谢晦答："让我去观察观察吧！"在他出宫之后就去拜访庐陵王刘义真，刘义真热情地款待了他，并想要与他长谈，谢晦含糊其辞，不太愿意回答。他回到宫中向刘宋武帝说："他的品德不及其才能，并非君主的真正人选。"丁未初五，刘裕任刘义真为都督，监督南豫、豫、雍、司、秦、并六州的军务，并兼车骑将军、开府仪同三司、南豫州刺史。从那以后，形成了在大州州牧的管理之上又加都督的定例，管辖多的都督有的甚至多达五十个州，这已经无法详细记载了。

刘宋武帝刘裕的病情稍有好转，己未十七日，下诏大赦天下。

秦雍两州逃难的百姓一路南下到了刘裕所管辖的梁州；庚申十八日，刘宋武帝派遣使者将一万匹绢送往梁州，并把荆州、雍州两地的谷子用水运一并送去救济难民。

起初，刁逵伏法的时候，他的儿子刁弥逃走。辛酉十九日，刁弥率领几十人的队伍攻打京口，太尉留府司马陆仲元迎战抗敌，并斩杀了刁弥。

乙丑二十三日，北魏河南王拓跋曜去世。

夏天，四月，甲戌初二，北魏君主拓跋嗣将皇子拓跋焘封为太平王，封拜相国，并加授大将军；将拓跋丕封为乐平王，拓跋弥封为安定王，拓跋范封为乐安王，拓跋健封为永昌王，拓跋崇封为建宁王，拓跋俊封为新兴王。

乙亥初三，刘宋武帝刘裕颁布诏书，将仇池公杨盛封为武都王。

西秦王乞伏炽磐，将折冲将军乞伏是辰任命为西胡校尉，并在汁罗修建列浑城，加以镇抚。

五月，刘宋武帝病情危重，他召见太子刘义符，告诫他说："檀道济虽然有谋略才干，但是却无野心，不像他的哥哥檀道韶那样，气质上难以驾驭。徐羡之、傅亮，他们两个人当然不会有其他企图。谢晦多次随我一起南征北战，很懂得随机应变，将来大臣中如果有不同心的事情发生，一定是他。”随后，刘裕又亲手写下遗诏，说：“后世如果有幼主继位，朝政上的事情一律委托给宰相，母后不必麻烦临朝听政。”刘裕将这一遗诏共同给了司空徐羡之、中书令傅亮、领军将军谢晦和镇北将军檀道济。癸亥二十一日，刘宋武帝刘裕在西殿去世。刘裕平时的生活很简朴，清心寡欲，生活起居严肃整齐而有规律，他的穿着和住的地方，甚至还要节俭于低微的士人。此外他欢宴游乐的次数很少，嫔妃也不多。他曾经得到后秦高祖姚兴的侄女，对她很宠爱，导致政事荒废；谢晦只是稍微地劝谏，刘裕就立马把她遣送出宫。他的财产全部都是在外府放着，宫中没有一点私藏。岭南曾经进贡过一种筒装细布，一筒就有八丈之长，刘裕嫌布匹过于精美，耗费人力，于是他让有关部门弹劾了岭南太守，把那些进贡的布送回，并亲自规定对岭南禁止以后再织这样的细布。公主出嫁的时候，刘裕所送嫁妆还没有二十万，除此再也没有其他像锦绣绸缎等贵重物品。宫内宫外，都严禁条例，没人敢浪费奢侈。

皇太子刘义符即位，年仅十七岁，下令大赦天下，尊皇太后萧文寿为太皇太后，将太子妃司马氏封为皇后。他的皇后司马茂英就是晋恭帝的女儿海盐公主。

北魏君主拓跋嗣一直服用寒食散，常年药性发作，天上与地上的灾异现象也屡屡出现，因此他深深地感到忧虑。拓跋嗣派宦官暗地里秘密询问白马公崔浩，说：“最近，赵、代两个地区发生多次日食，我的病又多年无法治愈，我害怕我一旦不测，儿子们还都太小，这该如何是好呢？希望你可以为我想想死后的办法！”崔浩回答说：“陛下您现在正值盛年，您的病很快就会痊愈的，如果真是不得已，请听我说几句不合适的话。自从我朝建立以来，一向不注重选立太子，因此永兴年的宫变，国家几乎陷入颠覆。现在我们要做的就是及早建东宫立太子，选贤良的公卿做太子的师傅，您身边左右可靠的大臣作为他的宾客朋友；并让太子参与政务的处理，率领军队攻打敌人，安抚百姓。这样一来，陛下就可以放松身心，不用亲自处理政务，安养天年。百年之后，国家有明确的君主，天下百姓也有所归向，奸邪小人不能再挑起事端，祸害就不会出现了。皇子拓跋焘年将十二岁，头脑聪慧而又性格温和，将长子立为太子，是礼的最高原则，如果偏要等待皇子长大成人再来选立太子，那就很有可能会错乱天伦的次序，废长立幼，从而导致动乱。”北魏君主又向南平公长孙嵩征询意见。长孙嵩回答说：“立长子为储君，顺应上天的意旨，选贤者为太子，则使大家信服；拓跋焘既是长子又有贤能，这是天命的旨意。”北魏君主听取了他们的意见，下诏将太平王拓跋焘立为皇太子，并让他在正殿上临朝听政，作为北魏的副君主。拓跋嗣又任命长孙嵩和山阳公奚斤、北新公安同作为左辅官，座位在东厢，面向西方；任命白马公崔浩和太尉穆观、散骑常侍代郡人丘堆作为右辅官，座位在西厢，面向东方，共同来辅佐皇太子。百官聚集在左右辅之下，由太子听政。拓跋嗣避居于西宫，又不时地隐蔽于一边观察太子处理朝政，听到太子能很好地裁断国事，他非常高兴，向左右身边侍奉的人说：“长孙嵩是德高望重的老臣，经历了四代君主，对国家有功；奚斤善于雄辩，足智多谋，远近驰名；安同对世情通晓，了解民间故事；穆观熟练于政务，能明白我的心意；崔浩见多识广，知识渊博，善于观察天人关系；丘堆虽然没有大的才能，但是一向专心政治。让这样的六个人来辅佐太子，我以后和你们一起巡视四方边境，对反叛的进行讨伐，对顺服的加以安抚，这样就可以称霸天下了。”

公孙嵩本来的姓是“拔拔”，奚斤本来的姓是“达奚”，穆观本来的姓是“丘穆陵”，丘堆本来的姓是“丘敦”。当时，北魏的文武百官，凡是在代郡以北出身的，大多保持复姓，到了孝文帝拓跋宏迁都到洛阳以后，才将复姓改为单姓。旧史书讨厌复姓复杂难记，所以都用后改的单姓来叙述事情，本书也用它。

北魏君主拓跋嗣又因为典东西部刘絜、门下奏事代人古弼、直郎徒河人卢鲁元等人谨慎忠心，勤俭节约，便让他们作为东宫的官属，分别负责掌管机要，宣布政令和报告。皇太子拓跋焘为人聪明，宽宏大量；大臣们有时报告一些疑难问题给拓跋嗣，拓跋嗣说："这个我不了解，让你们的国主来决定吧。"

六月，壬申日初一，刘宋少帝刘义符将尚书仆射傅亮任命为中书监、尚书令，将领军将军谢晦任命为中书令，将侍中谢方明任命为丹杨尹。谢方明治理地方很擅长，凡是他所治理过的地方，对他都有很高的赞誉；他继承前任的工作作风，并不改变原有的政策方针；如有必须要改正的地方，他也是逐渐地转变，让人看不见改变的痕迹。

戊子十七日，长沙景王刘道怜去世。

北魏建义将军刁雍率军攻打青州，青州的州兵打败了他们。于是刁雍将散兵聚在一起，逃走进入大乡山。

秋天，七月，己酉日初八，在初宁陵埋葬了刘宋武帝刘裕，高祖为庙号。

北凉河西王蒙逊派遣前将军沮渠成都率领一万人军队，前往洪池岭南方操兵演练，随后大军在五涧屯驻。九月，西秦王乞伏炽磐派遣征北将军出连虔等，率领六千骑兵向沮渠成都的军队进攻。

起初，北魏君主拓跋嗣听到刘裕攻占长安的消息时，大为震惊恐惧，于是立马派出使者向高祖请和，自此以后，彼此的使者每年来往不断。等到高祖刘裕去世的时候，刘宋的殿中将军沈范正在出使魏国，便向魏主告辞回国，刚到达黄河的时候，拓跋嗣派人前去追赶，将其俘虏，此外拓跋嗣还打算向洛阳、虎牢和滑台发兵。白马公崔浩劝谏说："起初陛下您没有因为刘裕的忽然得势而接纳他派遣的使者和朝贡，刘裕也是对陛下很恭敬。现在他不幸去世，我们趁着丧事立马征讨他们，就算得胜也不算是美好的事。更何况我们国家当下还没有足够的实力可以一举攻下江南，反而会有攻伐丧家的恶名，我认为陛下不该这样做。在我看来，我们应该派遣使者前去吊祭，抚慰遗孤寡妇，体恤他们的不幸，从而让我们仁义的声名传遍天下，这样长江以北的领地不需要攻打就自己臣服了。况且刘裕刚刚去世，他的党羽还没有分离，如果我们的大军到达边境，他们肯定会誓死抵抗，这样我们不一定会成功。还不如稍微等待时机，等他们的权臣相互争斗，变故肯定会发生，然后我们再出兵，不用劳累士兵就可以占领淮北的大片土地。”北魏君主拓跋嗣说：“当初刘裕趁着姚兴的死，一举灭掉后秦；如今我趁着刘裕的死去讨伐刘宋，难道不可以吗？”崔浩说：“这不一样。姚兴刚死，他的儿子们就相互争夺皇位，才让刘裕有机会讨伐成功。而现在的江南没有战乱，所以这是不能相比的。”北魏君主拓跋嗣不听从崔浩的建议，让司空奚斤假节军事，命他加授兵大将军、代理扬州刺史，率领宋兵将军、交州刺史周几和吴兵将军、广州刺史公孙表等一起进攻刘宋。

乙巳日初五，北魏君主拓跋嗣到达南宫，又转向前往广宁。

辛亥十一日，北魏在平城建设外城，周围长达三十二里。

北魏君主拓跋嗣到达乔山，又向东到达幽州；冬季，十月，甲戌日初五，回到宫中。

北魏大军马上就要出发，朝中的公卿大臣聚在太子拓跋焘前商议战略，讨论是先攻打城池还是先将土地占领。奚斤建议先攻打城池，崔浩却反对说：“南方人善于守城，从前苻氏夺取襄阳的时候，一年还无法攻下。如今我们用大军来攻打小城，如果不能立马将城池攻下，一定会有损军力，敌人就可以缓缓地增援，那样便是我军将士疲乏而敌人气势正盛，这个办法是很危险的。不如我们分别派兵去攻占土地，以淮水作为界限，依次在这些地方派遣地方官吏，征收田租，把洛阳、滑台、虎牢等地切断在我们军队的后方，当他们对南方宋军的援救感到绝望的时候，肯定会向东沿着黄河走；就算他们不走，也成为了我们的笼中之物，这样还担心没有什么斩获吗？”吴军将军公孙表仍然坚持请求先攻打城池，拓跋嗣答应了他的请求。

于是，奚斤率领两万步兵骑兵渡过了黄河，在滑台之东安营扎寨。当时，刘宋的司州刺史毛德祖在虎牢镇守，东郡太守王景度便向毛德祖请求紧急援兵，于是，毛德祖派遣司马翟广等率领三千步兵、骑兵前去支援。

起初，司马楚之在陈留地界招买了大量兵马，集结力量。在他听到北魏大军渡过黄河之后，立马派人前去投降。于是，北魏便将司马楚之任命为征南将军、荆州刺史，让他前去骚扰侵略刘宋的北部边界。毛德祖派遣长社县令王法政带领五百个士兵在邵陵驻守，将军刘怜带领骑兵二百人在雍丘驻守，准备迎击魏兵。司马楚之率领部队对刘怜发起攻击，却没有攻克。这时正好刘宋朝廷为守城的士兵送来军用物资，刘怜出去迎接，酸枣县的百姓王玉飞快地报告给魏国大军。丁酉二十八日，北魏尚书滑稽率领士兵向仓垣发起进攻，守城的士兵和官吏全部都弃城逃走，陈留太守冯翊严棱向奚斤请求投降。北魏将王玉任命为陈留太守，给他军队让他镇守仓垣。

奚斤等率领军队攻打滑台城，却久久不能攻破，于是请求增兵，北魏君主拓跋嗣知道后很生气，严厉地责备奚斤。壬辰二十三日，北魏君主拓跋嗣亲自率领五万多人的联军从天关南下，越过恒岭，向奚斤声援。

西秦征北将军出连虔和河西沮渠成都交战，将沮渠成都俘虏。

十一月，北魏皇太子拓跋焘率领士兵在塞上屯驻军队，命令安定王拓跋弥和北新公安同留京守卫。

庚戌十一日，奚斤等军猛攻滑台城，终于将城攻破。刘宋守军东郡太守王景度逃走；景度的部下司马阳瓒被魏军俘虏，因为拒不投降而被杀。北魏君主拓跋嗣将成皋侯苟儿任命为兖州刺史，镇守滑台。

奚斤等军向翟广所驻守的土楼进攻，很快就攻破，接着乘胜逼近虎牢；镇守虎牢的毛德祖连忙迎战，多次打败北魏军队。北魏君主拓跋嗣另外派遣黑矟将军于栗率领三千士兵在河阳屯驻，打算夺取金墉。毛德祖派遣振威将军窦晃等在黄河边布防抵抗。十二月，丙戌十八日，北魏君主拓跋嗣到达冀州，派遣楚兵将军、徐州刺史叔孙建率领军队从平原渡过黄河，准备攻占青、兖州。刘宋豫州刺史刘粹派遣治中高道瑾率领五百步兵骑兵据守项城，徐州刺史王仲德率领士兵在湖陆屯驻。北魏大将军于栗磾渡过黄河，和奚斤集合兵力向窦晃等军进攻，大败窦晃的军队。

北魏君主拓跋嗣派遣中领军代人娥清、期思侯柔然闾大肥率领七千士兵与周几、叔孙建会合南渡黄河，在碻磝驻扎，癸未十五日，刘宋兖州刺史徐琰放弃尹卯城往南逃跑。于是，泰山、高平、金乡等城池全部都落入北魏的手中。北魏将军叔孙建等人向东进攻青州，东晋逃亡的司马爱之、司马季之等原本就在济水东岸聚集兵力，后来都投降了北魏。

戊子二十日，北魏军队逼进虎牢，刘宋青州刺史东莞人竺夔正在东阳城坐镇，马上派人请求救援。己丑二十一日，刘宋下诏，任命南兖州刺史檀道济督察征伐北魏士兵诸军务，与王仲德会合一起前往青州救援。庐陵王刘义真派遣龙骧将军沈叔狸率领三千士兵抵达豫州刺史刘粹的驻地，商量着前去救援。

西秦王乞伏炽磐将秦州牧乞伏昙达召回，任命他为左丞相、兼征东大将军。

营阳王

景平元年（癸亥，公元 423 年）

春季，正月，己亥朔初一，刘宋少帝宣告大赦天下，将年号改为景平。

辛丑初三，刘宋少帝刘义符在南郊祭祀神祖。

北魏于栗磾向金墉进攻，癸卯日初五，宋河南太守王涓之弃城逃跑。北魏君主拓跋嗣将栗磾任命为豫州刺史，镇守洛阳。

北魏国主拓跋嗣向南巡视到北岳恒山，丙辰十八日，到达邺城。

已未二十一日，刘宋下诏，将豫章太守蔡廓任命为吏部尚书，蔡廓对傅亮说："如果将官员任免和升调的权力交给我，我就不再说什么了；如果不是，我将不会接受任命。"傅亮把他说的话转达给录事尚书徐羡之，徐羡之说："将黄门侍郎、散骑常侍、散骑侍郎以下的官员任免全部交给蔡廓处理，不再加入我们的意见，但是这以上的官员，还是应该经过共同商讨来集体决定。"蔡廓说："我不能把我的名字写在徐干木签署过的黄纸尾上。"于是，蔡廓拒绝了吏部尚书的官职。干木，是徐羡之的小名。因为选用官员的文件通常用黄纸写，由录尚书与吏部尚书共同签字才算有效，所以蔡廓才这么说。

沈约对此评论说：蔡廓坚决拒绝吏部尚书的官职，把处事不能全权做主，使自己的心志受到委屈看作是一种耻辱，但他不知道吏部尚书的选拔和录尚书的录用本来就是一体，这两种权力原则上是不能有所偏重的吗？实际上他是因为当时君主昏庸，社会艰难，而不愿意一个人担当选拔人才的责任而已。可见他的见识实在是远大啊！

庚申二十二日，刘宋檀道济的大军在彭城驻扎。

北魏叔孙建向临淄进攻，大军所到的城池，全部都被攻破。刘宋青州刺史竺夔将百姓聚集起来保卫东阳城，凡是不愿意进城的百姓，让他们依据险要的山势，将田地里的庄稼全部割掉，等到北魏军队到来的时候，让他们吃不到粮食。济南太守垣苗率领众人投靠了竺夔。

北魏刁雍抵达邺城拜见北魏君主拓跋嗣，拓跋嗣说："叔孙建等攻进青州地区，百姓们都四处躲避，城池攻打不下，在青州他们都听服于你的威信，现在我派你前去帮助叔孙建攻城。"于是，将刁雍任命为青州刺史，给他安排骑兵，让他再一路召集兵马去攻打青州。北魏军队渡过黄河，向青州进攻的士兵共有六万骑兵，刁雍一路又征兵五千人，他对当地百姓尽力安抚慰劳，所以百姓都提供粮草给北魏军队。

柔然南下入侵北魏的边境。二月，戊辰初一，北魏修筑长城，从赤城向西一直到五原，连绵了两千多里，在长城边上屯驻守兵，用来抵挡柔然。

丁丑初十，刘宋太皇太后萧氏去世。

北凉河西王蒙逊和吐谷浑王慕容阿柴都派遣使者向刘宋朝贡。庚辰十三日，刘宋下诏，将蒙逊任命为都督凉、秦、河、沙四州诸军事、骠骑大将军、凉州牧以及河西王；将慕容阿柴任命为督塞表诸军事、安西将军、沙州刺史以及浇河公。

三月，壬子十五日，刘宋将孝懿皇后埋葬于兴宁陵。

北魏大将军奚斤、公孙表等集合兵力一起进攻虎牢，北魏君主拓跋嗣也从邺城另派兵支持。刘宋司徒刺史毛德祖在虎牢城内开挖地道，深度达到七丈，共分为六道，一直通往北魏大军的包围圈后面；同时他又招募了四百名死士，派参军范道基率领这队人从地道潜出去，袭击敌人的后面，北魏大军受到惊扰，范道基斩杀几百个人头，并将他们攻城的武器烧毁而返回城中。北魏大军虽然暂时溃散，但是立即又集合在一起，攻势更加猛烈。

奚斤从虎牢率领三千步兵骑兵向许昌的颍川太守李元德发起进攻，李元德弃城败退逃走。北魏将颍川人庾龙任命为颍川太守，在许昌据守。

毛德祖带领士兵和北魏公孙表在城外大战，从早上一直持续到傍晚，斩杀北魏士兵好几百人。奚斤正好从许昌得胜返回，便与公孙表集合兵力一起进攻毛德祖，大败毛德祖，斩杀士兵一千多人，毛德祖只好又回城防守。

北魏君主拓跋嗣又派遣一万多士兵，从白沙渡过黄河向南，在濮阳南方屯驻。

刘宋朝廷经过讨论商议一致认为：因为项城距离北魏不远，少数军队根本无法抵御敌军的进攻，于是命令豫州刺史刘粹，将守项城的高道瑾召回，退守寿阳；如果龙骧将军沈叔狸已经开始进攻，也先一并退回。刘粹上奏说道："敌人现在正在集中兵力对虎牢进行进攻，还没有南下，我们如果轻易地撤离项城，那么淮河以西各个地方就会失去屏障，沈叔狸的军队已经在肥口屯驻，我军也不该立马返回。”当时，李元德率领溃散的二百名士兵逃到项城，刘粹命令李元德帮助高道瑾在项城据守，并请求朝廷宽赦他在许昌败走的罪，朝廷在商议后对此表示允许。

乙巳初八，北魏君主前往韩陵山狩猎，然后转到汲郡，又前往枋头。

起初，毛德祖在北方的时候，和公孙表是旧友。公孙表善于权谋策略，毛德祖对此深感忧虑，于是，就用反间的办法，与公孙表往来互通音讯，然后秘密地派人告诉奚斤，说他已经与公孙表同谋了。毛德祖每次给公孙表写的信，都是故意涂改多次。公孙表每次都把信让奚斤看，奚斤看了之后更加怀疑，就将他们的事向拓跋嗣报告。以前，公孙表与太史令王亮曾经同在官署一起工作，公孙表一向看不起王亮，经常侮辱他。于是，王亮趁机向拓跋嗣上奏："公孙表在虎牢东面驻扎军营，这个方向不利于得到有利地形，有意让敌人不能被马上消灭。"北魏君主素来喜爱巫术，以为王亮说的是对的，他又想起以前积累的怨恨，便派人深夜进入公孙表的营帐中，勒死了公孙表。

乙卯十八日，北魏君主拓跋嗣从灵昌津渡过黄河向南，前往东郡、陈留。

北魏叔孙建率领骑兵三万向东阳城逼近，城中的文武官兵加起来才有一千五百多人，竺夔、垣苗用尽全力固守城池，时常出奇兵袭击北魏的军队，击退了北魏的进攻。于是，北魏的步兵、骑兵绕城排列，阵地长达十多里，大规模地制造攻城武器。竺夔命令士兵挖掘的四道壕沟，北魏士兵填满了三道，并用櫝车来撞击城墙。竺夔派遣士兵从地道里攻击，用麻绳捆绑櫝车把车拉翻。北魏又组织长的包围圈，更加猛烈地进攻。历时一长，城墙逐渐崩溃，士兵伤亡惨重，剩下的也是又困又乏，东阳城早晚要被攻陷。这时，刘宋镇北将军檀道济率领军队到达彭城，司州、青州两州同时告急，他所带领的士兵又太少，不能分兵前去支援；因离青州的东阳城比较近，且竺夔的兵力又弱，于是檀道就与徐州刺史王仲德用最快的速度日夜兼程前去援救竺夔。

甲子二十七日，刘宋豫州刺史刘粹命令李元德率兵袭击许昌，斩杀北魏的庾龙。于是李元德留守许昌，做安抚百姓的工作，并把租粮上缴。

北魏君主拓跋嗣到达盟津。黑矟将军于栗磾在冶阪津上建造黄河浮桥。乙丑二十八日，拓跋嗣率领大军北渡黄河，向西到达河内。中将军娥清、宋兵将军周几、期思侯闾大肥，率领军队掠夺土地到达湖陆、高平，当地的百姓聚集在城中用箭射击。娥清等军大怒，于是便接连攻破高平各县，杀了几千家的百姓，擒获一万多人。刘宋兖州刺史郑顺之在湖陆驻守，因自己兵力过少，不敢进攻。

北魏君主拓跋嗣又命令并州刺史伊楼拔前去帮助奚斤进攻虎牢；刘宋守军毛德祖随机应变顽强抵抗，杀了很多魏兵，但他自己的将士也逐渐减少。

夏天，四月，丁卯初一，北魏君主拓跋嗣抵达成皋，将虎牢向黄河引水的通道切断。停留了三天后，拓跋嗣亲自督战，指挥大军攻打虎牢，仍然无法攻下，于是，他转往洛阳观看《熹平石经》，命令使者前去祭祀嵩高。

北魏楚兵将军叔孙建正在向东阳城进攻，将北城的城墙破坏三十余步长；北魏青州刺史刁雍请求从这个地方攻进城池，叔孙建不答应，因此，东阳城仍无法攻下。等到他们听到檀道济率领援军马上就要到达时，刁雍又向叔孙建说："敌人害怕魏军骑兵的突破，将车锁在一起组成方阵。在大岘山南方，道路狭隘，车辆无法并行，我请求带领募集到的五千士兵前往在险要地带据守，攻打宋兵，一定可以将他们打败。"当时天气正热，北魏士兵多得了传染病。叔孙建说："军队中染病的士兵就有一半以上，如果双方对峙下去，士兵就会自己死光，哪里还用再战！现在保存实力，安全撤回才是上计。"己巳初三，刘宋征北将军檀道济在临朐驻守。壬申初六，叔孙建等将军营和兵器烧毁而退回；檀道济率领大军到达东阳，因为粮食已完，无法追击北魏军队。青州刺史竺夔因东阳城已毁坏严重，无法防守，便将军队移到不其城驻守。

叔孙建率军从东阳前往滑台，刘宋大将檀道济派遣王仲德攻向尹卯。檀道济则在湖陆驻守。王仲德还没有到达尹卯，便听说北魏军队已经逃远，于是不再追赶回去与道济会合。北魏的青州刺史刁雍留在尹卯驻守，募集了谯郡、梁郡、彭郡、沛郡等地五千多家百姓，设立二十七个营，统一指挥。

中原蛮族首领梅安带领部下数十名将帅，向北魏进贡。起初，各蛮族本来是在长江、淮河之间的地带居住，后来部落人口不断增加，使蛮族遍布多个地方，东连寿春，西达巴、蜀地区，北又到汝水、颍水等地，都有他们存在。在曹魏的时候，祸患还不大；到了晋朝，蛮族就更加强大起来，而逐渐成为强盗，等到刘曜、石勒侵略中原的时候，各个蛮族就更加无所顾虑，又慢慢地向北迁徙。于是，伊阙以南的地方，全是蛮人遍布山谷。

河西王世子沮渠政德向晋昌的唐契进攻，随即攻破城池。唐契和他的弟弟唐和、外甥李宝一起逃到伊吾，将逃亡的遗民召集起来，有二千多家归附于他们，向柔然汗国称臣；柔然汗国将唐契封为伊吾王。

西秦王乞伏炽磐对他的大臣们说："虽然宋现在占领江南，夏人雄踞关中，这都没什么好赞许的。只有魏主，代代贤明威武，能任用有才干的人，而且谶语说'恒山及代郡以北，一定会有圣人出现'，我将拿出我的国家来事奉魏主。"于是，乞伏炽磐命令尚书郎漠者阿胡等人前去北魏拜见拓跋嗣，朝贡黄金二百斤，并将讨伐夏国的战略呈上。

闰月，丁未十一日，北魏君主拓跋嗣到达河内，登太行山，又抵达高都。

北魏将军叔孙建从滑台往西支援，和奚斤会合，一起集兵攻打虎牢。虎牢已经被围困了二百天，没有一天不是在作战，守城的精锐士兵几乎全部战死，然而北魏的士兵却是越来越多。北魏士兵已经将虎牢的外城摧毁，毛德祖又在里面筑起三道城墙来抵抗进攻，北魏士兵又摧毁了其中的两道。毛德祖只能保住最后一道城墙，与北魏军队日夜对抗，守城的士兵无法睡觉，眼睛都熬出红疮；毛德祖与士兵们以恩德相安慰，将士始终团结一心。当时，檀道济在湖陆驻军，豫州刺史刘粹在项城驻军，龙骧将军沈叔狸在高桥驻军，都害怕北魏军队的强大，不敢前来援救。丁巳二十一日，北魏士兵挖地道，将虎牢里的井水泄掉，井有四十丈深，山势陡峭高峻，守军不能阻止；城中的人马皆缺水口渴疲乏，受伤的士兵已经不能流出鲜血，再加上饥饿和瘟疫，守军已无法坚持，北魏士兵仍然急速地攻城。己未二十三日，虎牢城被攻破，将士想要保护毛德祖出走，毛德祖说："我发誓与此城共存亡，正义使然，我不会让城池沦陷而自己生存！"北魏君主拓跋嗣命令说："一定要生擒毛德祖。"北魏将军、代郡人豆代田将毛德祖抓获献给拓跋嗣。宋军在虎牢城中的将领，也都被魏军抓获，只有参军范道基率领二百人突围成功，向南方逃走。北魏士兵因瘟疫而死的也有十分之二三。

北魏大将军奚斤等彻底将刘宋的司州、兖州、豫州各郡县占领，设立官吏安抚百姓。北魏君主拓跋嗣派遣将军周几在河南镇守，河南人对北魏的统治都很心服。

刘宋司空徐羡之、尚书令傅亮、领军将军谢晦因为战败，丧失国土，上奏请求皇上降罪；皇上下诏不再问罪。

徐羡之哥哥的儿子吴郡太守徐佩之经常对政事干预，和侍中王韶之、程道惠、中书舍人邢安泰、潘盛等人结为党羽。当时谢晦一直有病，无法接见客人。徐佩之等人怀疑谢晦是装病，暗有野心，于是他假借是徐羡之的想法，把这告诉了傅亮，想要傅亮草拟诏书杀了谢晦。傅亮说："我们三人一起接受先皇的遗命，哪里会自相残杀！如果你们一定要做这样的事，我只好退隐，徒步走出宫城侧门！"徐佩之等人才算罢休。

五月，北魏君主拓跋嗣回到平城。

六月，己亥初四，北魏宜都文成王穆观去世。

丙辰二十一日，北魏君主拓跋嗣去北方巡视，到达参合陂。

秋季，七月，刘宋少帝将母亲张夫人封为皇太后。

北魏君主拓跋嗣抵达三会屋侯泉；八月，辛丑初七，又到达马邑，察看灅水源头。

柔然汗国向河西发起进攻，北凉河西王沮渠蒙逊命令世子沮渠政德率领军队迎战。沮渠政德率轻装骑兵进攻，被柔然杀害；沮渠蒙逊又将次子沮渠兴立为世子。

九月，乙亥十一日，北魏君主拓跋嗣返回宫中。将奚斤召回平城，留下士兵在虎牢据守；同时派遣中将军娥清、将军周几在枋头镇守；以司马楚之率领的众人分设汝南、南阳、南顿、新蔡四郡，以扩大豫州的管辖范围。

冬天，十月，癸卯初十，北魏将平城西宫的外墙扩建，周围长达二十里。

起初，南凉景王秃发祎檀被毒死后，北凉河西王沮渠蒙逊派人去引诱南凉太子秃发虎台，答应将番禾、西安二郡借给他，并将军队也借给他，让他讨伐西秦，为父报仇，收复自己的土地。秃发虎台暗地里答应了，却因为事情泄露而中止。西秦王乞伏炽磐的皇后，是秃发虎台的妹妹，所以乞伏炽磐仍像从前一样对待他。但是皇后却暗地里与他哥哥秃发虎台秘密谋划说："西秦本来就是我们的敌人，虽然有了婚姻关系，但也不过是权宜之计罢了。先王去世，不是因为寿终天年；临死前又命令不要救他，这是因为要保全我们子孙啊！作为儿女的，怎么可以用臣妾奴仆对仇敌事奉而不去报仇呢？"于是，他们与武卫将军越质洛城计谋想要杀死乞伏炽磐。皇后的妹妹是乞伏炽磐宠爱的左夫人，知道她的阴谋之后向乞伏炽磐告密，于是，乞伏炽磐将皇后和虎台等人杀死，一共十多人。

十一月，北魏将军周几向许昌进攻，许昌城破，刘宋颍川太守李元德逃跑到项城。戊辰初五，北魏士兵将汝阳包围，刘宋汝阳太守王公度也逃往项城。于是，刘宋豫州刺史刘粹命令他的将领姚耸夫等率领军队支援，据守项城。北魏军队将许昌城夷平，摧毁了钟城的城墙，设立豫州、兖州新的疆界，然后撤回。

己巳初六，北魏君主拓跋嗣去世。壬申初九，太子拓跋焘即位，大赦天下。十二月，庚子初八，北魏将拓跋嗣埋葬在了金陵，将庙号定为太宗。

北魏君主拓跋焘将他的母亲杜贵嫔追尊为密皇后。从司徒长孙嵩以下都将爵位普遍提升。将襄城公卢鲁元任命为中书监，将会稽公刘絜任命为尚书令，让司卫监尉眷、散骑侍郎刘库仁等八人分别掌管东西南北四部。尉眷，是尉古真的侄子。

北魏将河内镇将代人罗结任命为侍中、外都大官，让他掌管三十六个部门的事务。罗结当时已经一百〇七岁了，精力却丝毫不减，拓跋焘觉得他忠厚老实，对他非常尊敬信任，让他兼长秋卿，负责监督管理后宫，可以在寝殿内自由出入，到他一百一十岁的时候，才告老还乡，朝廷每次有大事情的时候，仍然派人骑马快速地向他请教。又过去十年他才去世。

北魏左光禄大夫崔浩善于研究儒家经典，对于典章制度和各机构的功能都很熟悉，于是，所有朝廷的典章礼仪和军事、文书诏令，全部由他掌管。崔浩不喜爱老子、庄子的著作，说："这些都是虚矫不实的学说，不符合人情世故。老聃善于研究礼仪，仲尼将他尊为老师，怎么会写败坏礼法的书来祸乱先王的治世之道呢？"崔浩特别不信佛教，说："我们为什么要去崇拜胡人的神呢？"等到拓跋焘即位的时候，他的左右亲信常常批评崔浩，拓跋焘没有办法，只好让崔浩保留公爵而退休，但是，他知道崔浩的才能，所以朝政上每次有疑问，拓跋焘就召见他，询问他的意见。崔浩的肌肤细致洁白，就像美丽的女人一样，曾经自认为才能可以与张良相比，而且在考辨古制方面更超过张良。他退休回家以后，就开始研究如何培养心性的方法。

起初，嵩山道士寇谦之，即寇赞之的弟弟，修炼张道陵的法术，说自己曾经遇到过老子降世，老子让他继承张道陵的法术，担任天师，并将不饮食和飞腾升空的法术传授给他，以及《科戒》二十卷，命令他来清理整顿道教。后来，又碰见神人李谱文，据说是老子的玄孙。教给他六十余卷《图真经》，命令他对北方太平真君进行辅佐；并传授天宫静轮之法，其中的几篇还是李谱文的手笔。寇谦之将这本书呈现给北魏君主拓跋焘，朝野上下很多人对此怀疑。只有崔浩将寇谦之当作老师来事奉，跟着他学习法术，并上奏拓跋焘对寇谦之赞许，说："我曾经听过圣明的君主接受天命即帝位，必有上天的祥瑞出现，《河图》《洛书》的古文字都是像虫子一样，而不像如今，人与神可以面对，人经过神的示意，文笔可以很瑰丽，辞意深妙，自古以来都无法比拟。所以，哪里能因为常常对世俗顾虑而将神灵的旨意忽略呢？我感到畏惧。"北魏君主拓跋焘听到后很高兴，派遣谒者供奉璧玉、绸缎、牲畜祭祀嵩山，并将寇谦之在山中的弟子迎到平城，将寇谦之崇奉为天师，宣扬法术，遍告天下。于是，在平城东南方向，设立天师道场，修建的祭坛有五层高；朝廷赐给道士一百二十人的衣服饮食，每月道场设置厨房，参与吃饭的有几千人。

◆臣司马光说：老子、庄子的著作，主要是要人们脱离生死，将去与留一样看待，轻视去留。而要成为神仙的人，却是靠着服食药石、修炼身体来求得能够腾飞升天，烧炼草石求得变成金银，这和老庄的思想恰恰相反；所以刘歆写《七略》，将道家归属于《诸子略》，神仙归属于《方技略》。后来又有符水、咒语这样的法术，等到寇谦之把这些合在了一起，一直因循至今，这是极大的错误啊！崔浩不信佛教、不喜爱老子的书，却对寇谦之的话相信，这是什么原因呢？以前臧文仲祭祀爰居鸟，孔子认为其不明智，对于寇谦之，就比祭祀爰居鸟大得多了。"《诗经》三百首，以一句话来说，就是思无邪"。君子对思想与学术的选择，哪能不谨慎？◆

资治通鉴卷第一百二十　宋纪二

起甲子(公元 424 年),止丁卯(公元 427 年),共四年。

【**题解**】本卷记录了公元 424 年至 427 年,即宋文帝刘义隆元嘉元年至元嘉四年共四年间刘宋与北魏等国的大事,主要记录了朝臣废黜并杀害少帝刘义符后,又杀害庐陵王刘义真,拥立宜都王刘义隆进京称帝;记录了宋文帝刘义隆借北伐之名,诛杀徐羡之、傅亮、谢晦;记录了魏主拓跋焘讨伐柔然,柔然向北迁徙;记录了夏主赫连勃勃死,内乱不止,魏主拓跋焘乘机两次攻夏,占据统万城,平定关中;于是秦、雍羌族,北凉王,氐王归服;记录了刘宋的重臣王华、郑鲜之死,交州刺史杜弘文病死广州等等。

太祖文皇帝上之上

元嘉元年(甲子,公元 424 年)

春季,正月,北魏将年号改为始光。

丙寅初四,北魏安定殇王拓跋弥去世。

营阳王刘义符在他的父亲宋武帝刘裕服丧期中失礼,喜爱与左右侍奉的人轻佻亲昵,嬉戏游玩没有节制。特进致仕范泰将一封用皂囊封板的奏章呈上,说:“臣听闻陛下经常在后花园练习武艺,虽然是在宫中敲鼓,声音却传到宫外。在禁宫深院打闹习武,在各个公堂上喧哗,这样做不仅不能使四夷畏服,而且还会让远近各邦产生怪诞的猜疑。陛下即位以来,都将朝政托付给了宰臣,事实上就像殷朝的高宗守孝期间住在丧庐不说话一样有着美德,而您却是更亲近小人,恐怕这不符合治国的好办法和治世的好策略。”营阳王刘义符不听范泰的劝告。范泰就是范宁的儿子。

刘宋南豫州刺史庐陵王刘义真,非常聪明敏锐,喜爱文学,但性情轻浮，与太子左卫率谢灵运、员外常侍颜延之以及慧琳道人等情投意合，交情甚密。刘义真曾说："若有我即位的那一天，就将谢灵运、颜延之任命为宰相，将慧琳道人任命为西豫州都督。"谢灵运，是谢玄的孙子，性格偏激骄傲，对礼法和世俗的约束很不遵守；朝廷只是以文学侍从之臣来对待他，并不认为他可以有实用的才干。但是谢灵运却认为他的才能足以参与机要，因而常对此愤懑不平。颜延之，是颜含的曾孙，喜爱喝酒，放荡不羁。

司空徐羡之等人对刘义真与谢灵运等三人交好非常厌恶，刘义真的旧臣范晏委婉地对刘义真进行规劝，刘义真说："谢灵运空泛而不切实际，颜延之见识浅薄，心胸狭窄。就像魏文帝曹丕所说'古今文人，多不拘小节'，但因为我们三人的性情相投，不能像古人说的互相欣赏而不能有所不说，所以我才和他们交好。"于是，徐羡之以谢灵运、颜延之挑拨是非、毁谤朝廷大臣为理由，将谢灵运贬为永嘉太守，颜延之贬为始安太守。

刘义真抵达历阳后，对朝廷索取供应的要求很多，执政的朝臣常常裁减，不完全听命，刘义真心怀怨恨，常常有愤懑不平的话，又上奏朝廷请求回到首都建康，谘议参军庐江人何尚之多次向他规劝，刘义真不听他的意见。当时，徐羡之等人已经在秘密谋划将皇帝刘义符废黜，而依次需要扶持的是身为次子的刘义真；因刘义真与皇帝刘义符之间早已有矛盾，于是，徐羡之等利用这一点，上书弹劾刘义真的种种罪恶，将刘义真贬为平民，流放到新安郡。前吉阳令堂邑人张约之上书说："庐陵王从小就承蒙先皇帝优厚慈爱的待遇，长大后陛下又对他和睦仁爱，所以他心中存在的话一定会说出来，内心想什么也一定会表现出来。或许在某些地方违背了为臣之道，招致骄傲放纵而带来的过错。但他聪明早熟，确实有卓然超群的才华，所以对他应该加以宽容教养，看到他的优点，宽恕他的缺点，用得当的方式对他加以训诫引导，进退升降都应该缓慢进行。现在朝廷突然将他的爵位剥夺，将他贬到远的郡地。对上来说是对陛下兄弟之情的伤害，对下来说使远近的人感到恐惧失措。臣以为，我们大宋初建国，宗室枝叶并不繁盛，应该广泛树立宗室的屏障，相互之间用正道来和睦关系。人谁能没有错误，可贵的是可以改过自新；刘义真是武皇帝的爱子，是陛下品德美好的弟弟，哪里可以因他一时的过错，而一直遭受放逐丢弃呢！”在奏疏呈上去后，朝廷将张约之任命为梁州府参军，没过多久，就把他杀掉了。

夏天，四月，甲辰十四日，北魏君主拓跋焘东巡，到达大宁。

西秦王乞伏炽磐派遣镇南将军乞伏吉毗等率领步兵骑兵共一万人，向南对白苟、车孚、崔提、旁为四国进行讨伐，四国全部对秦军投降。

刘宋司空徐羡之等因为南兖州刺史檀道济是先朝的大将，朝廷内外都对他的威望信服，而且又掌控大军，于是，便将檀道济和江州刺史王弘征召入朝；五月，二人先后到达京都建康，徐羡之将废立皇帝的谋划告诉了他们。

甲申二十四日，领军将军谢晦因领军将军府的府邸破败，让家人全部搬到别的地方，他自己仍然住在府里，并将将士聚集在府内，又派中书舍人邢安泰、潘盛作为内应。当晚，他邀请檀道济与他同睡，谢晦又惶恐又激动而无法入睡，檀道济却是上床便睡，谢晦不由得敬佩檀道济的镇定。

当时，皇帝刘义符在华林园摆了一排摊位，亲自贩卖，与人讨价还价；又和左右的奸佞小人一起划船作乐。傍晚，刘义符又和左右一起游天渊池，晚上就在龙舟上睡觉。

乙酉二十五日清晨，檀道济在前率兵开路，徐羡之等人率领部队随后，从云龙门进入宫中；邢安泰等已事先告诫过皇家禁卫军，所以一路没有受到阻拦。皇帝刘义符还没有醒，士兵就已经闯入将皇帝的两个侍者杀死，并砍伤了皇帝刘义符的手指，随后将刘义符扶出东阁，收了他的玺印和绶带，文武百官们向其拜辞，士兵将他送回到了原来的太子宫。

侍中程道惠建议徐羡之等将皇帝的弟弟、南豫州刺史刘义恭拥立为皇上。徐羡之等却认为宜都王刘义隆素来有很好的声望，且又出现很多祥瑞之兆，于是，他们就以皇太后张氏的命令，列举皇帝刘义符的各种罪恶，将他废为营阳王，让宜都王刘义隆继承帝位，将死罪以下的人犯全部赦免。又以皇太后的命令，奉上皇帝的玺印，将皇后司马茂英废为营阳王妃，将营阳王刘义符流放到吴郡。派遣檀道济入宫守卫朝廷。营阳王刘义符到达吴郡后，被困在金昌亭。六月，癸丑二十四日，徐羡之等人派遣邢安泰前去杀刘义符。刘义符很有力气，奋战突围逃出昌门，追兵将刘义符用门闩打倒在地并杀死。

◆裴子野评论说：古代君主培养儿子，在儿子会说话的时候，就有老师教他文辞；在会走路的时候，就有老师教他礼节。刘宋朝的皇家教诲，一向与此大不相同，在儿子住在皇宫的时候，就由宫妃婢女照顾，出去在宫外的时候，就依靠左右奴仆。不管太子还是皇子，都有所属的帅和侍来陪侍，然而，担任这两个职位的人，等级都很低贱，对太子和皇子们的行为规范，教育修养，以及善恶的引导，都由他们来影响，结果他们的言辞从不谈论礼义，见识也从不知古今。所以，谨慎的人会把太子和皇子们引向吝啬鄙俗，狂妄粗暴的人则会影响太子和皇子们走向残暴邪恶。虽然太子和皇子们也有师傅，但多是由年老力竭的老臣们担任；虽然也有师友和文学这些官员，但多是由些纨绔子弟担任，都只是些虚位而已，何况，太子和皇子们也不愿意与他们交往学习。那些前去出任州刺史的年轻亲王，都是由长史负实际责任，并由长史推广执行地方政令，另外设置的典签一职，往往放肆霸道，蛮横窃权。所以，皇族本根虽然茂盛，而美好的枝叶善良的人才却少之又少。继位的君主年幼，而奸邪小人却一直不断，虽然极其丑陋的恶类，都是出自上天，但是习惯已成自然，造成这样祸害的源头可是很久远的啊。到了刘宋太宗皇帝，更是没有道义，整个天下都将他丢弃了，这也是因为他亲近小人。唉！那些有国有家的人，要以此为鉴啊！◆

刘宋尚书令傅亮带领行台的文武百官前往江陵用法驾迎接宜都

王刘义隆。随行的祠部尚书蔡廓在到达寻阳时，因患病不能继续行走，傅亮便与他辞别。蔡廓说："现在营阳王刘义符在吴郡，对其的供奉应该十分优厚，万一有所不幸，你们各位就会有弑君的罪名，那时想要活在世上，恐怕很难了！"当时，傅亮已经与徐羡之计划好对营阳王刘义符进行谋害，听了蔡廓的话，便用快信告诉徐羡之，对行动进行阻止，可是已来不及了。徐羡之十分气愤，说："已经跟人商量好的计划，怎么可以改变主意而把恶名推给别人呢？"徐羡之等人又命人杀死了在新安流放的前庐陵王刘义真。

徐羡之认为荆州这个地方非常重要，恐怕宜都王刘义隆抵达京师后，或许会让别人掌管荆州，于是，他以录尚书事、总领朝政的名义，将领军将军谢晦任命为都督代理荆湘雍益宁南北秦等七州诸军事，并兼荆州刺史。想要谢晦成为他在外地的援手，所以，徐羡之将精锐部队和骁勇善战的将领全部都配给了谢晦。

秋季，七月，行台的文武百官抵达江陵，将宫城城门设立在城南，题名"大司马门"。傅亮率领了文武百官到"大司马门"，将奏章与皇帝的玉玺、服装呈上，仪式非常盛大。宜都王刘义隆当时年仅十八岁，发布教令说："我以无才无德之身，承蒙天命授予帝位，实在是惶恐，哪里能够担当如此重任呢！现今应该暂且回京，祭祀祖先陵寝，并向朝中贤臣陈述我的想法，希望大家可以明白我的内心，不要再多说别的。"荆州府州的长史和其他佐史都自称为臣，请求像国都宫城一样，对各门的名称题榜，宜都王刘义隆全部不答应。而且命令荆州、都督府和宜都国各地方的官吏对他们所管辖内已判决的罪人和欠债者施以宽恕。

宜都王刘义隆的将佐和左右亲信听到营阳王刘义符、庐陵王刘义真被杀害，怀疑有问题，劝谏宜都王不要东下前往建康。司马王华说："先帝对天下有大功，让四海诚服，虽然继承者违反法纪，但是皇家的声望仍没有改变。徐羡之是清寒之士，才能中等，傅亮也是平民出身的读书人，他们没有晋宣帝司马懿、王大将军王敦那样明显的野心；徐羡之和傅亮承担了托孤的重任，拥有崇高的名声，一时不敢抛弃原则而背叛。他们只是担心庐陵王刘义真独断不肯宽宥，自己将来无法容身才痛下毒手。如今以殿下的仁慈宽厚，聪明机智，远近都为所知。这次他们破格率领百官前来奉迎你为皇帝，是希望殿下可以感激他们的决策，那种毫无根据的谣言，一定不对。另外，徐羡之、傅亮、谢晦、檀道济、王弘五人，功劳和地位都相同，谁愿意服谁呢？就算有心怀不轨之事，也势必不会成功。被罢黜的营阳王如果还活着，他们害怕将来会有报复，所以才杀害营阳王。如果是贪生怕死的原因，怎么敢一朝之间突然反叛！不过是想将大权掌握在自己手里来巩固地位，使年轻的君主重视自己罢了。殿下尽管乘坐天子的车马前去赴任，以此来不辜负天人对您的希望。”宜都王刘义隆说：“你难道想要当第二个宋昌吗？”长史王昙首、南蛮校尉到彦之等都劝谏刘义隆可以东行。王昙首又以天象与人间的瑞兆一一做了陈述分析。刘义隆才说：“徐羡之等是接受先皇的遗命，不会有什么违背道义的事情。而且朝廷内外充满了功臣旧将，如今的兵力足以将叛逆制伏，这样我还有什么好怀疑担心的呢！”于是，宜都王刘义隆派遣王华总管善后，在荆州留守，又想让到彦之在前面率军做前锋开道。到彦之说：“既然知道他们不会造反，就应该穿着朝服，沿长江顺流而下；万一发生矛盾，我这支军队根本不足以抵抗，却是更要使他们产生误会，这与远近百姓对您的期望不符。”正好雍州刺史褚叔度去世，刘义隆就任命到彦之暂时于襄阳镇守。

甲戌十五日，刘义隆从江陵出发，接见了傅亮，哀恸哭泣，悲伤的情绪使左右侍奉的人都感动。接着他又询问了刘义真和少帝刘义符被废黜和杀害的前后经过，不禁伤心恸哭，一边的侍从都不敢抬头。傅亮一人汗流浃背，紧张得张口结舌无法对答；随后，傅亮就派心腹前去到彦之、王华那里与他们结交建立关系。刘义隆命令其府、州文武官兵加强自卫，严密戒备。建康所派遣的临时文武百官和士兵都不能与他的队伍接近。中兵参军朱容子一直抱着刀在刘义隆所坐船的舱门口守卫，衣不解带地坚持了好几十天。

北魏君主拓跋焘回到宫中。

西秦王乞伏炽磐命令太子乞伏暮末带领征北将军木弈干等和三万步骑兵出貂渠谷，向河西北凉的白草岭和临松郡发起进攻，这几个地方都被秦军攻破，擒获二万多居民后返回。

八月，丙申初八，宜都王刘义隆抵达建康，文武百官都前往新亭迎接叩拜。徐羡之询问傅亮说："宜都王可以和历史上的谁相比呢？"傅亮回答说："是比晋文帝和景帝还有本事的人。"徐羡之说："他一定可以知道我们对他的一片忠心。"傅亮说："不一定。"

丁酉初九，刘义隆拜见了他父亲宋武帝的陵墓初宁陵，回来后留在了中堂，文武百官将玺印呈上，刘义隆三番四次地推让，最后才接受，在中堂继承了帝位。然后他乘坐法驾进宫，前往太极前殿，宣令大赦天下，将年号改为元嘉，朝中文武百官一律官加二等。

戊戌初十，皇帝刘义隆前往太庙祭拜。下诏将刘义真先前庐陵王的封号恢复，并将刘义真的棺柩和他母亲孙修华以及他妻子谢妃迎回建康。

庚子十二日，皇帝刘义隆下诏，命令代理荆州刺史的谢晦真正上任。谢晦在将要赴任的时候，向蔡廓辞别，他屏去旁边的人问："我可以幸免于祸吗？"蔡廓说："你受先帝临终托孤的遗命，将国家的兴衰为己任，并废昏君而改立明君，对于道义来说并不违背，但是，你们将人家的两个哥哥杀害，又在北面称臣，有震慑人主之威，此外，你又占据长江上游的重镇，这样的形势，从古推今，我恐怕你无法幸免。"谢晦这才害怕无法脱身，等到出发以后，谢晦回头看石头城，禁不住高兴地说："现在终于可以脱险了！"

癸卯十五日，皇帝刘义隆下诏，将司空徐羡之提升为司徒，将王弘提升为司空，对傅亮加授开府仪同三司，对谢晦加授卫将军，将檀道济任命为征北将军。

有关部门的官吏上书，说皇帝要依照惯例乘坐法驾前往华林园听取诉讼。皇帝刘义隆下诏说："对于刑政我很不熟悉；还是跟从前一样，让徐羡之、王弘二公来审讯即可。"

皇帝刘义隆又将王昙首、王华任命为侍中，王昙首兼任右卫将军，王华兼任骁骑将军，朱容子任命为右军将军。

甲辰十六日，刘义隆将母亲胡婕妤追尊为章皇后。将弟弟刘义恭封为江夏王，刘义宣封为竟陵王，刘义季封为衡阳王。仍命刘义宣任左将军，在石头镇守。

徐羡之等请求到彦之担任雍州刺史，皇帝刘义隆没有答应；而是征召到彦之到京师，任命为中领军，将京师的军政守卫交给他。于是，到彦之从襄阳城南下前往京师，此时，领军将军谢晦已经到达荆州，害怕到彦之不来看望他。到彦之一到杨口，就从陆上走到江陵拜见谢晦，表达了自己心中真挚的诚意；谢晦也推心置腹，与他加以结交。到彦之将自己的名马、利剑和名刀送给了谢晦，谢晦到此心里才算完全安定下来。

柔然汗国纥升盖可汗郁久闾大檀听到魏太宗拓跋嗣去世的消息，率领骑兵六万人攻打云中地区，对官吏人民杀戮抢夺，并将盛乐宫攻破。北魏君主拓跋焘亲自率领轻装骑兵前去讨伐，他们走了三天两夜，才到达云中地区。纥升盖可汗带领骑兵将北魏君主拓跋焘的军队围困五十多重，骑兵逼近拓跋焘的马头，依次层层相叠，就像铁墙一样，北魏士兵十分恐慌，而拓跋焘却面容镇定自若，这才将士气稳定下来。纥升盖可汗将弟弟的儿子郁久闾於陟斤任命为大将，北魏士兵用箭将他射杀；纥升盖可汗十分畏惧，带领大军逃走。尚书令刘絜向拓跋焘说："郁久闾大檀依靠他兵多将广，必定会再次回来，请等秋天将庄稼收割完后，将大军兵分两路，从东西两面同时并进，讨伐柔然。"北魏君主拓跋焘采纳了他的意见。

九月，丙子十八日，刘宋帝刘义隆将王妃袁氏封为皇后；袁氏袁齐妫是袁耽的曾孙女。

冬天，十月，吐谷浑可汗慕容阿柴去世。慕容阿柴一共有二十个儿子，在病情加重的时候，慕容阿柴在病榻前召见他的子弟辈们，对他们说："先公车骑将军因为维护国家，没有让王位由他儿子继承而是授给了我，我哪里敢私下将王位授给我的儿子慕容纬代而把先王的伟大心志忘记呢？等我去世以后，你们应该奉慕璝为王。"慕容纬代是慕容阿柴的长子；慕璝是慕容阿柴同母异父的弟弟，也是慕容阿柴叔父慕容乌纥提的儿子。

慕容阿柴又让所有的儿子每人拿一支箭出来，抽出其中的一支让他的弟弟慕利延把箭折断，慕容慕利延就把箭折断了。慕容阿柴又让慕容慕利延将剩余的十九支箭合在一起一次折断，慕利延不能折断。于是，慕容阿柴教育大家说："你们明白吗？一支箭容易被折断，一把箭却很难被折断。所以你们兄弟要团结一心，同心合力，这样才可以保卫国家。"说完就去世了。

慕璝同样富有雄韬伟略，他将秦州、凉州等地失业的难民妥善安置，以及氐族、羌族等各民族多达五六百部落，使统治的百姓和国家的实力逐渐强盛。

十二月，北魏君主拓跋焘将安集将军长孙翰、安北将军尉眷派往北上，向柔然汗国进攻，北魏君主拓跋焘亲自率军在柞山驻扎。柔然汗国的部落向北逃去，北魏士兵分几路追击，大获全胜而归。长孙翰，是长孙肥的儿子。

刘宋文帝刘义隆下诏，将营阳王的母亲张氏封为营阳太妃。

林邑王范阳迈，向刘宋日南、九德等郡进攻。

宕昌王梁弥忽，将他的儿子梁弥黄派往平城拜见北魏君主拓跋焘。宕昌，是羌族的一个支族。羌族的所属土地东面与中原相接，西面与西域相连，东西绵延几千里，羌族的各部落设有酋长统领，但各部落之间不互相管辖，分地而居，其中，宕昌部落有最强大的实力，共有部民二万余，其他的各个部族都对宕昌部落十分害怕。

夏国君王想要将太子赫连璝废黜而把他最小的儿子酒泉公赫连伦立为太子。赫连璝知道这个消息以后，率领七万士兵向北对赫连伦进攻，赫连伦率领三万骑兵与之对抗，在高平两队士兵展开大战，赫连伦战败而死。赫连伦的哥哥太原公赫连昌率领一万骑兵袭击赫连璝，将赫连璝斩杀，收服了他的部众八万五千人，回到国都统万。夏国君王十分高兴，将赫连昌立为太子。

夏国君王赫连勃勃狂妄自大，分别给国都的四个宫门命名：东门叫作招魏门，南门叫作朝宋门，西门叫作服凉门，北门叫作平朔门。

元嘉二年（乙丑，公元 425 年）

春季，正月，徐佩之、傅亮向刘宋文帝刘义隆上书，请求将朝政还给宋文帝；接连上书三次，刘宋文帝才同意。丙寅初十，刘宋文帝才开始亲自处理全国朝政。于是，徐羡之又将摄政职位辞退，返回到自己的府第；而徐羡之的弟弟徐佩之、侍中程道惠和吴兴太守王韶之等都向徐羡之建议说这种做法不合适，苦苦劝告徐羡之不要将政务归还；于是，徐羡之又奉诏处理政务。

辛未十五日，刘宋文帝刘义隆抵达建康南郊，祭祀天神，下诏大赦天下。

己卯二十三日，北魏君主拓跋焘回到国都平城。

二月，北燕有女人变成了男人，北燕君王以这件事询问文武大臣们的看法。尚书左丞傅权回答说："西汉末年，有母鸡变成公鸡，就发生了王莽篡位的祸乱。况且如今的是女人变成男人，我想这是有臣子将变成君王的先兆。"

三月，丙寅十一日，北魏君主拓跋焘将他的乳母窦氏尊为保太后。当初拓跋焘的母亲死的时候，拓跋焘尚且年幼，太宗拓跋嗣因窦氏仁慈善良，有美好的品德，命她来抚养拓跋焘，窦氏对拓跋焘照顾有加，甚为疼惜，并且对他的教导也十分得体，拓跋焘对她很感激，所以给她加封尊号，像亲生母亲一样奉养她。

丁巳初二，北魏君主拓跋焘将长孙嵩任命为太尉，长孙翰任命为司徒，奚斤任命为司空。

夏季，四月，西秦王乞伏炽磐命平远将军叱卢犍等前去对临松的河西镇南将军沮渠白蹄袭击，并俘虏了沮渠白蹄，将当地五千多户百姓迁移到枹罕。

北魏君主拓跋焘派遣龙骧将军步堆等人来访问刘宋，两国又恢复了友好关系。

六月，氐族首领武都惠文王杨盛去世。起初，受东晋封号的杨盛听到东晋灭亡的消息时，坚决不改义熙年号，他向世子杨玄说："我年纪已大，应该至死也做东晋的臣子；但你要对刘宋妥善事奉。"到杨盛去世后，杨玄自称头衔都督陇右诸军事、征西大将军、开府仪同三司、秦州刺史、武都王，派遣使者前往刘宋报告丧事，这才开始使用元嘉年号。

秋季，七月，西秦王乞伏炽磐派遣镇南将军吉毗等南下向黑水羌族酋长丘担进攻，将丘担的军队攻破。

八月，夏国武烈帝赫连勃勃去世，在嘉平陵安葬，将庙号封为世祖，太子赫连昌即位，下诏大赦，改年号为承光。

王弘因自己当初并没有参与罢黜少帝，改立文帝的谋划，而不接受司空职位的任命；一直上书推辞了一年，刘宋文帝才准许。乙酉初二，刘宋文帝将王弘任命为车骑大将军、开府仪同三司。

冬季，十月，黑水羌族首领丘担带领他的部队民众向西秦降服，西秦王将丘担任命为归善将军；又任命折冲将军乞伏信帝为平羌校尉，对归降的黑水羌族部落加以镇守。

癸卯二十一日，北魏君主拓跋焘大举进攻柔然汗国，兵分五路同时并进：由司徒长孙翰等在东路，从黑漠出兵；由廷尉卿长孙道生等从白漠、黑漠之间出兵；北魏君主拓跋焘则亲自在中路，长驱直入；由东平公娥清从栗园出兵；由奚斤等从西路尔寒山出兵。各个军队在抵达沙漠南部后，将辎重舍弃，换用轻快骑兵，带上十五天的粮食，深入沙漠进攻，柔然各个部落十分恐慌，全部都向北撤退逃走。

十一月，刘宋文帝将武都惠文王的世子杨玄任命为北秦州刺史并兼武都王。

起初，会稽人孔宁子为刘义隆的镇西谘议参军，等到刘义隆即位后，将宁子任命为步兵校尉，孔宁子和侍中王华一样，都有向往荣华富贵的渴望，对徐羡之、傅亮的独揽政权十分痛恨，于是，他们日夜不断地捏造徐羡之、傅亮的罪状并向刘宋文帝禀告。恰好，谢晦的两个女儿要嫁给彭城王刘义康和新野侯刘义宾，所以，谢晦让他的妻子曹氏和长子谢世休将两个女儿护送到京师建康。刘宋文帝刘义隆想要杀害徐羡之和傅亮，并打算发兵向谢晦讨伐。于是，他声称要讨伐北魏，又要前往兴宁陵拜祭祖母孝懿皇后，整理军事行装，安置在兵舰上。傅亮给谢晦写信说："近来，皇上要向黄河以北讨伐，事情并不到此为止，朝廷内外的官员和人民，感到十分忧虑和恐惧。"又说："朝廷大多官员都向皇上规劝停止北征，皇上会派遣外监万幼宗前往荆州询问你的建议。"当时朝廷的行为不寻常，刘宋文帝想要肃清异己的清洗计划泄露出来。

元嘉三年(丙寅，公元426年)

春季，正月，谢晦的弟弟黄门侍郎谢皭，派人飞驰对谢晦警告，但是谢晦仍以为不至于此，并给谘议参军何承天看了傅亮寄来的信，说："我估摸万幼宗在一两天之内就会抵达。傅亮担心我好惹是非，先送这封信给我。"何承天说："我在外面听闻，都议论向西讨伐我们的事已经确定，万幼宗怎么还会有来这里的道理呢?"谢晦仍认为这个消息是假的，不可相信。他让何承天准备起草答复诏书的奏章，说如果对北魏讨伐，最好应该到明年。江夏内史程道惠收到一封寻阳寄来的信，说："朝廷将有大范围的清洗行动，这事已经确定了。"程道惠让辅国将军府的中兵参军乐同把信封好送给谢晦。谢晦看到之后询问何承天，说："如果真发生这样的事，你说我应该怎么办呢?"何承天说："我一直承蒙将军的特别照顾，您的恩德我常常想要报答。现在已有了变局，哪里敢隐瞒实情呢?但是，明天就要下令实施戒严，采用军法制裁，这是我心中的一些微小看法，恐怕无法言尽。"谢晦担忧地说："你难道是要我自杀吗？"何承天说："我想还不用到这个地步。拿帝王这样威严的身份和全国的兵对一州进行讨伐，力量的差距十分大，而且民心的逆与顺又不相同。所以，逃到边境外以保全性命，这是上策。其次，将您的心腹官兵在义阳屯驻，您亲自率领士兵与敌人在夏口对战；如果战败，就取道从义阳跑出北边的边境，前往北魏投奔，这是中策。"谢晦想了很久才说："荆州是兵家必争的地方，士兵和粮食供给都很容易，不如就决一死战，战败了再逃走也不晚！"于是，谢晦让何承天撰写檄文，又与卫军谘议参军琅邪人颜邵商议如何出兵抗敌，颜邵服毒自杀而死。

谢晦在荆州竖起大旗，宣布对外戒严。他对司马庾登之说："现在我准备亲自出征东下，要委屈你用三千士兵来镇守江陵，以防备刘粹的进攻。"庾登之说："我的父母年纪已大，都在京师建康，我又一向没有直属的部下，所以我私下再三考虑，不能接受您的命令。"谢晦又向各将领和佐臣询问，说："用三千士兵可不可以守城？"南蛮司马周超回答说："不仅能够镇守城池，如有敌人从外面进攻，还能够出击立功。"于是，庾登之说："司马周超必定可以做到，我请求将司马兼南郡太守的官职解下转授给他。"谢晦当时就在座位上将周超任命为司马，兼领南义阳郡太守。将庾登之改任为长史，仍兼任南郡太守一职。庾登之，是庾蕴的孙子。

刘宋文帝刘义隆认为王弘、檀道济两人起初并没有加入废黜刘义真、杀害刘义符的计策中，而王弘的弟弟王昙首又是文帝所亲近信任的人，所以，在事发行动时，刘义隆派人暗地里向王弘通信，而且将檀道济召回，准备派遣他前去讨伐谢晦。王华等刘义隆身边的大臣都认为此举不可以，文帝刘义隆说："檀道济当时只是因为受到胁迫而追随徐羡之等人做事，他本不是第一个提出的人，杀害君王的事，也与他没有关系；我对他安抚并任用，不需要有什么顾虑。"乙丑十五日，檀道济到达建康。

丙寅十六日，刘宋文帝刘义隆下诏，宣告徐羡之、傅亮、谢晦将营阳王刘义符、庐陵王刘义真杀害的罪过，命令有关部门诛杀他们，并说："谢晦在长江上游据守，或许不会即时伏法，我会亲自率领六军前去阻挡。可派中领军到彦之今日起开始出发，征北将军檀道济随后出发为后继，并用符令命令卫军府州和荆州的官员，来寻找时机围捕诛杀谢晦，此外已经命令雍州刺史刘粹等，截断他逃走或者潜伏的道路。只对元凶谢晦一个人定罪，其余人一律不追究罪责。"

这一天，刘宋文帝刘义隆下诏，将徐羡之、傅亮召回宫。徐羡之走到建康城西明门外，谢皭正在当值，便派人飞速地通报傅亮，说："朝廷上有不寻常的举动。"于是，傅亮以嫂嫂患病为借口暂时回家，又派人告知徐羡之，徐羡之立马返回西州，坐着宫廷内部人问讯的车子逃到建康外城，又步行前往新林，在一个陶灶里自杀而死。傅亮坐车逃出建康城门，又乘马向他哥哥傅迪的墓园逃去，屯骑校尉郭泓将其抓获。回到建康城北门广莫门，文帝刘义隆派遣中书舍人将诏书拿给傅亮看，并对他说："因你当初到江陵迎驾的态度十分诚恳，所以你的儿子们宽免不死！"傅亮将诏书读完后说："我本出身平民，承蒙先帝厚爱，接受托孤遗命的大任，废黜庸君，改立明君，这都是为国家兴盛而想。不过要强制将罪名加到我身上，还怕没有什么借口吗?"于是，傅亮被杀，他的妻子和儿子被流放建安；又将徐羡之的两个儿子斩杀，将他哥哥的儿子徐佩之宽宥。诛杀了谢晦的儿子谢世休，将谢皭逮捕。

刘宋文帝将向谢晦进行讨伐，向檀道济询问方法，檀道济回答说："我当年和谢晦一起北伐，可以入关的十条计谋，谢晦提出的就有九条，谢晦才能出众又十分精明老练，很难有人可以与之抗衡。但是他未曾单独率领部队打过胜仗，所以战场上的作战他恐怕不擅长。我对谢晦的才智很了解，而谢晦也知道我的勇敢。现在我奉您的命令向他讨伐，能够在他还未上阵就将他俘虏。"丁卯十七日，文帝刘义隆召见王弘，将他任命为侍中、司徒、录尚书事和扬州刺史，将彭城王刘义康任命为都督荆州、湘州等八州诸军务和荆州刺史。

辅国府中兵乐冏，又派人向谢晦通信，告诉他徐羡之、傅亮、谢皭等已被杀害。于是，谢晦先举行祭礼为徐羡之、傅亮哀悼，又为弟弟谢皭和儿子谢世休等哀悼，然后走出虎帐，亲自率领军队。谢晦以前曾跟从刘宋武帝四面征伐，有丰富的经验，因此指挥军事，发号召令，没有不小心妥当，在几天之间，就有人从四方前来投靠谢晦，因此谢晦很快就得到三万精兵。于是，谢晦上书，对徐羡之、傅亮的忠贞之举进行盛赞，却无故被扣上罪名，蒙冤而死。还说："我们如果想要夺取政权并长久地掌控，不一心为国着想，在起初营阳王被罢黜的时候，皇上您还远在荆州，先帝还有幼子，那么我们完全可以拥戴小皇帝，独自握兵，发布号令，谁敢说个不字！哪里会让朝廷虚位七十多天，逆水而上前往三千里远的江陵，来迎接皇上您的车驾呢？前庐陵王刘义真，在营阳王刘义符在位的时候，就曾积累怨恨，以下犯上，是他自己死于非命而已；至于刘义符，如果不将他废黜，皇上怎么能兴起呢！东汉耿弇不曾将贼人留给君王对付，而我难道有哪里辜负了宋室吗？这都是因为王弘、王昙首、王华等阴险猜忌，进谗言挑拨离间而引发的祸端。现在，我应该出兵，来将皇上您身边的坏人清除。"

西秦王乞伏炽磐又派遣使者前往北魏，请求对夏国出兵。

起初，刘义隆的皇后袁氏生下皇子刘劭时，皇后亲自端详了很久，飞速地派人禀告皇帝刘义隆，说："这孩子形体相貌异常，以后一定会弄得国家破败，所以此儿不能养！"便要把孩子杀了。文帝刘义隆匆忙赶到皇后殿门外，将门帘用手拨开，禁止了皇后，才没有杀了刘劭。因为还在父亲的守孝期中，有违礼教，所以一直保密。闰月，丙戌初六，才将皇子刘劭诞生的消息宣布。

刘宋文帝下诏戒严，宣告大赦天下，各军依次出发，向谢晦讨伐。谢晦将他的弟弟谢遯任命为竟陵内史，带领一万士兵在江陵镇守，自己则亲自率领二万士兵从江陵出发，他的船舰一直从江陵排列到破冢，旗帜飘扬，遮天蔽日，谢晦长叹说："我恨不得这是支保卫皇室的军队。”

谢晦准备派兵前去对湘州刺史张邵袭击，何承天因为张邵的哥哥、益州刺史茂度与谢晦私交和善，就说：“张邵的态度还不明确，我们不能轻易就去进攻他。”谢晦写信劝张邵投降，张邵不愿意跟随谢晦。

二月，戊午初九，刘宋文帝将金紫光禄大夫王敬弘任命为尚书左仆射，将建安太守郑鲜之任命为右仆射。王敬弘，是王廙的曾孙。

庚申十一日，刘宋文帝刘义隆从建康出发。命令王弘与彭城王刘义康在建康镇守，进驻中书下省的工作；侍中殷景仁也负责主管留守京师的事务；文帝刘义隆的姐姐会稽长公主刘兴娣留在皇宫，掌管六宫事务。

谢晦沿长江从江陵东下，何承天没有跟随，在江陵镇守。谢晦到达西江口，而到彦之的军队已经到了彭城洲。庾登之在巴陵留守，胆小害怕，不敢前进，当时正好遇到连绵大雨，整日不停歇，参军刘和之对庾登之说：“现在我们都遇到大雨，征北将军檀道济马上就要来了，东边的军队兵力强大，我们还是应该速战速决。”庾登之仍是胆小怕事，不敢应战，派手下的小兵陈祐做了一个大袋子，里面装满了茅草，挂在帆樯上，说可以用来将敌舰焚毁，但是用火攻必须要等到晴天，用此方法来将作战的时间拖延。谢晦赞同了庾登之的行为，双方停止征战逗留了十五天。谢晦才命令中兵参军孔延秀向驻扎在彭城洲的将军萧欣进攻，并将萧欣的军队打败。接着又攻陷了彭城洲军营垒阵地。各将领都建议撤退，到夏口据守，到彦之不赞同，于是才保守隐圻。谢晦又上书自我辩护，并骄傲地夸赞他的胜利，说：“皇上如果愿意斩杀四凶，将三监的人头悬挂在城墙上，我就停止进攻，掉转军队返回我的任所。”

当时，谢晦和徐羡之、傅亮为了保全自己，设计的谋略是：让谢晦在江陵把守长江上游，檀道济于广陵镇守，这样他们双方都各自拥有强兵，力量足以牵制朝廷；徐羡之、傅亮则身居朝廷要官，掌握实权，这样才能保持长久安定。等到谢晦听闻檀道济将要带兵前来讨伐，不禁感到十分惶恐，不知所措。

檀道济率领大军到达隐圻，就立即和到彦之的军队合并，让军舰靠岸停泊，谢晦一开始看见舰数不多，就毫不在乎，没有即时发动攻击。傍晚，东风起，大风将战舰的船帆吹得满张，战舰溯江而上，连接不断，前后相连，将整个江面堵住；谢晦的士兵情绪沮丧，不再有斗志。戊辰十九日，战舰军队到达至洲尾，军舰成列排着渡过长江，谢晦的军队一下子崩溃，大败。谢晦在夜色掩护下逃出，往巴陵投奔，寻到一艘小船逃回到江陵。

起初，刘宋文帝刘义隆派遣雍州刺史刘粹率领步、骑兵从陆路对江陵袭击，军队到达沙桥的时候，谢晦的部下周超带领一万多人应战，刘粹的军队大败，士兵死伤有一半以上。不久，就传来谢晦兵败的消息。起初，谢晦与刘粹有甚好的私交，并且谢晦任命刘粹的儿子刘旷之担任参军，刘宋文帝怀疑刘粹的态度，王弘说："刘粹是个没有野心的人，一定不会出差错。"等到刘粹接受皇上的命令向谢晦讨伐时，他也没有一点顾忌，这让刘宋文帝对他甚为嘉许。谢晦也并没有因此将刘旷之杀害，而是把他送回到刘粹处。

丙子二十七日，刘宋文帝刘义隆从芜湖东返，回到建康。

谢晦逃回到江陵，并没有什么处置，只是向周超惭愧地道歉而已。当天晚上，周超将他带领的军队抛弃，独自一人坐船来向到彦之请降。谢晦的军队几乎全部散尽，于是，他带着他的弟弟谢遯等共七匹马往北逃走。谢遯肥胖体壮，无法骑马，谢晦常常需要停下来等他，没办法快走。己卯三十日，一行人逃到安陆延头，被守军将领光顺之抓获，把他们用槛车送回到建康。

到彦之的军队抵达马头，谢晦的部下谘议参军何承天前来降服。到彦之于是主管荆州府的政务，将周超任命为参军；等到刘粹将袭击沙桥的事上报时，才将周超抓获。于是，刘宋文帝刘义隆下令将谢晦、谢皭、谢遯以及他们兄弟的儿子斩杀，还有谢晦的同党孔延秀、周超等人也同时被斩杀。谢晦的女儿，即彭城王妃披散着长发，光着脚，与父亲谢晦永别，说："大丈夫应该在沙场上战死，怎么可以如此狼狈在都市上而被斩呢？"庾登之因为没有掌握实权，所以被免官监禁起来；何承天和南蛮行参军、新兴人王玄谟等也都得到赦免。当初谢晦逃走的时候，左右身边的人都将他抛弃，各自逃走，只有延陵盖一个人追随谢晦而没有走，刘宋文帝就任命他为镇军功曹督护。

谢晦起兵的时候，曾经将北魏南蛮校尉王慧龙拉拢为援兵。王慧龙率领一万士兵将思陵戍攻陷，从而包围了项城，听闻谢晦失败的消息，才退兵撤回到北魏。

益州刺史张茂度曾接受刘宋文帝的诏书前去袭击江陵；等到谢晦大败后，张茂度才率领大军抵达白帝城。起初，人们都议论怀疑张茂度对朝廷有二心，刘宋文帝因为张茂度的弟弟张邵节操忠贞，而不追究张茂度的行为，只是派人前去接替他的职位，将他召回京师。

三月，辛巳初二，刘宋文帝刘义隆回到建康，将谢灵运任命为秘书监，将颜延之任命为中书侍郎，并给了他们非常优厚的赏赐和礼遇。

刘宋文帝因为慧琳道人对谈论分析十分擅长，便常常与他讨论国家大事，慧琳道人因此可以参与国家机要，于是，四面八方的宾客们向他家涌去，门庭外常有数十辆车在等候接见，各地赠送的财物也相接而来，仅每天就摆七八桌筵席，座位常常客满。慧琳道人脚穿高木屐，身披貂皮外衣，在府中设置了通呈、书佐两个职位负责传达信息，来处理他与人交际的事务。会稽人孔觊曾经拜见过慧琳道人，正好遇见他接见宾客，两人只是开口寒暄几句，就没有多说话了。孔觊感慨叹息，说："现在穿黑衣的道人都可以做宰相，真是衣冠穿错了地方文人失所啊。"

夏季，五月，乙未十七日，刘宋文帝刘义隆将檀道济任命为征南大将军、开府仪同三司和江州刺史，将到彦之提升为南豫州刺史。又命令散骑常侍袁渝等十六人，分别前往各州郡县，考察地方官员的政绩、寻访民间百姓的疾苦；刘义隆还命令各郡县上书报告自己行政的得失。丙午二十八日，刘宋文帝亲自前往延贤堂听取诉讼，从此以后，每年审讯三次。

左仆射王敬弘，性情淡然，在朝廷内外享有很大的名望；可是在处理案件签署文稿的时候，从来都不事先阅读。曾经，他和刘宋文帝一起参与听取诉讼，刘宋文帝对一件有怀疑的案件提出疑问，敬弘无法回答，刘宋文帝脸色大变，向左右官吏询问，说："你们为什么不把审讯案卷的副本送给仆射看呢？"王敬弘回答说："我已经阅读了审讯案件，但现在还不了解。"刘宋文帝十分不悦，虽仍以礼尊敬他，但不再与他讨论国家事务。

六月，刘宋文帝将右卫将军王华任命为中护军，同时仍然担任侍中。王华以为，司徒王弘是皇上的辅助大臣，而侍中王昙首又是皇上所信任的心腹，地位都与自己相等，因此，王华自以为自己的才能，无法完全施展，常常叹息说："朝中一时有多个宰相，这天下哪里可以治理好呢！"当时，没有固定任职的宰相，只要皇上与谁谈论国事、将机密大事交给谁办，谁就是宰相，因此王华才有如此的话。也有一些人仅担任侍中而不当宰相；但是，尚书令仆、中书监令、侍中、侍郎、给事中等都是当时一些重要的官职。

王华和刘湛、王昙首、殷景仁都同时担任侍中，他们风采卓然，精明有才，荣显一时。刘宋文帝刘义隆曾经在合殿与四人设宴饮酒，共举酒杯，十分愉快，宴会散后，四人出殿，皇上目送了他们很久很久，他叹息着说："这四个人，都是现在的俊杰，一起来听从我的命令，恐怕后世很难出现这样的情况了。"

黄门侍郎谢弘微与王华等人在当时都很得刘宋文帝的看重，他和王华、刘湛、王昙首、殷景仁一起号称"五臣"。谢弘微，是谢琰的侄孙。他素来精明严谨，知道在适宜的时机才说话，他从来不在婢仆前面随便说笑，因此，家中无论尊卑大小，都拿他像神明一样尊敬。他的堂叔谢混对他非常器重，常说："谢弘微这个人与人不同时，对别人不会造成伤害，与人相同时，也不妨害正道，对于他，我无法挑出一点毛病。”

刘宋文帝刘义隆想要对王昙首、王华等人加封，他抚着坐床说：“不是你们兄弟的话，这个座位我今天无法坐上。”所以，他将封诏拿出来给他们看。王昙首坚决推辞说：“最近的事，全部都是靠皇上您的英明果断，才使有罪的人受到应有的惩罚，我们哪里能够因国家的灾祸，而自己得到好处呢？”文帝这才停止了加封。

北魏君主拓跋焘下令，询问朝中的文武百官，说：“如果现在要出兵前去赫连和蠕蠕二国讨伐，我们应该先攻打哪一国呢？”太尉长孙嵩、司徒长孙翰、司空奚斤都说：“赫连氏民族，暂时还无法成为祸患，不如先去讨伐蠕蠕，如果我们追赶得上他们，就能够大有斩获；如果追不上，我们则可以前往阴山来一次打猎，猎取大批禽兽的皮角，以对军事物资充实储备。”太常崔浩说：“蠕蠕是游牧民族，来的时候像飞鸟一样瞬间集聚，散的时候，像野兽一样瞬间逃散。我们如果用大军追赶，肯定追不上，如果用轻骑追赶，力量太小不能将他们制伏。赫连氏的领地不过千里之大，而且政治统治暴虐、刑法残酷，百姓和神明都要将他抛弃，所以应该先前往赫连讨伐。”尚书刘絜、武京侯安原则请求先行前往燕国讨伐。于是，北魏君主拓跋焘从云中视察西下到达五原，并前往阴山打猎，然后向东抵达和兜山；秋季，八月，北魏君主拓跋焘才返回平城。

刘宋文帝刘义隆下诏，派遣殿中将军吉恒前往出使北魏。

燕国太子冯永去世，将次子冯翼立为太子。

西秦王乞伏炽磐向北凉讨伐，率领军队到达廉川，乞伏炽磐命令太子乞伏暮末等带领三万步骑兵前去讨伐西安，久久不能攻破，又转向进攻番禾。北凉河西王沮渠蒙逊率领大军抗敌，并派遣使者前去游说夏国君主，让夏国君主赫连昌乘西秦后方空虚之乱，对西秦的国都枹罕袭击。夏国君主派遣征南大将军呼卢古带领二万骑兵，对苑川发起进攻，派遣车骑大将军韦伐带领三万骑兵，对南安发起进攻。西秦君王乞伏炽磐听到这个消息时，赶紧将军队调回都城。

九月，乞伏炽磐将国内的老弱妇孺和牲畜向浇河和莫河仍寒川集中迁移，命令左丞相乞伏昙达在枹罕据守。夏国的车骑大将军韦伐率领军队将南安攻克，将西秦秦州刺史翟爽和南安太守李亮擒获。

隶属西秦的吐谷浑部落酋长慕容握逵带领属下二万聚落背叛秦国，逃往昂川，向吐谷浑的可汗慕璝归附。

大旱，出现蝗灾。

刘宋左光禄大夫范泰上书，说："女子一生只有三从的大义，没有自作主张的道理。谢晦的妻儿们如今还在尚方作坊里做工，还敬请皇上留意。"于是，刘宋文帝刘义隆下诏，将她们赦免。

北魏君主拓跋焘听到夏国国王赫连勃勃去世，儿子们互相残杀，造成百姓不安的消息后，准备出兵前去讨伐夏国。长孙嵩等人都说："他们如果围绕城池守城，以逸待劳，而柔然汗国的郁久闾大檀听到这个消息后，将会乘机进攻我国，这是十分危险的计划。"崔浩说："当年，火星两次都是守着羽林星和钩己星紧密而行，占卜算卦秦国将要灭亡；今年，金、木、水、火、土五星同时在东方出现，这天象是在昭示向西讨伐会取得胜利，上天的旨意与民心相配合，这良机万不可失。"长孙嵩仍然坚持不能西征，北魏君主拓跋焘大怒，指责长孙嵩为官贪污，命令士兵殴打侮辱他。于是，拓跋焘命令司空奚斤带领四万五千士兵前往夏国的蒲坂袭击，派遣宋兵将军周几带领一万士兵前往陕城袭击，并将河东太守薛谨任命为向导。薛谨，是薛辩的儿子。

北魏君主拓跋焘想要任命中书博士平棘人李顺统领先锋部队指挥作战，他前去询问崔浩的意见，崔浩说："李顺的确很有作战谋略；但是我与他是姻亲，深深了解他为人过于自信，不能将这一要职委任给他。"于是，北魏君主拓跋焘不再任命他。而崔浩与李顺之间也从此有了矛盾。

冬季，十月，丁巳十一日，北魏君主拓跋焘从平城出发。

西秦左丞相乞伏昙达与夏国的征南大将军呼卢古在嵻峎山作战，乞伏昙达大败。十一月，呼卢古和车骑大将军韦伐集合兵力进攻西秦的都城枹罕。西秦王乞伏炽磐迁移到定连，率领士兵据守。呼卢古侵入枹罕南城，西秦镇京将军赵寿生统领三百敢死队，拼力抗敌，浴血奋战，将呼卢古击退。呼卢古和韦伐又集合兵力对据守湟河的沙州刺史出连虔进攻，出连虔派遣后将军乞伏万年，将呼卢古的军队击退。呼卢古又再次进攻西平，将安西将军库洛干擒获，并活埋了五千多士兵，掠夺二万多户百姓，随后率军回朝。

仇池氐族部落酋长杨兴平请求向刘宋归降。刘宋梁州、南秦州二州刺史吉翰，让始平太守庞谘率军占据武兴。氐王杨玄命令他的弟弟杨难当率领士兵前去迎敌，被庞谘打败。

北魏君主拓跋焘抵达君子津，恰好遇见酷寒天气，黄河结冰，戊寅初三，拓跋焘亲自率领二万轻骑兵，渡过黄河，对夏国都城统万袭击。壬午初七，冬至，夏国君王赫连昌正在宴请群臣，北魏大军忽然到达，夏国上下君臣无不恐慌。北魏君主拓跋焘在黑水屯驻，离统万城只有三十多里。夏国君王赫连昌率军出城应战，被魏军大败，又连忙撤回城中。城门还没有来得及关好，北魏禁军内三郎豆代田带领士兵乘胜攻入西宫，将西门纵火烧毁；夏国将所有的宫门关闭，豆代田跳宫墙而逃出。北魏君主拓跋焘将豆代田封为勇武将军。当天夜晚，北魏大军在城北驻扎，癸未初八，北魏大军兵分几路四处掠夺，杀了几万夏国军民，掠夺十多万头牛马。北魏君主拓跋焘向各将领说："统万城估计是不能占据了，来年再与各位前来攻打。"于是，迁走当地一万多家百姓，大胜而回。

夏国的弘农太守曹达听到北魏将军周几将要率军前来攻打，没等大军抵达便独自弃城逃走；北魏大军乘胜追击，长驱直入，一直到长安附近的三辅地区。没想到周几将军在军中去世。夏国蒲坂的守将东平公乙斗听说北魏司空奚斤将要率军前来攻打，便派遣使者前去都城统万告急，请求支援。使者抵达统万城的时候，北魏大军已经将统万城包围，只好回去对赫连乙斗报告说："都城统万城已经被攻陷了。"赫连乙斗十分恐惧，便弃城向西逃往长安，于是，奚斤将蒲坂城占领。夏国君王赫连昌的弟弟赫连助兴先在长安据守，赫连乙斗到来后，便和赫连乙斗一起弃长安城，向西逃到安定。十二月，奚斤率军攻入长安，夏国秦州、雍州两州所属的氐族羌族全部都向奚斤归降。北凉河西王沮渠蒙逊和氐王杨玄听到这个消息的时候，也都派遣使者前往北魏归降。

刘宋前吴郡太守徐佩之聚集同伙一百多人，谋划在明年正月初一朝会的时候在朝上发动叛乱，不料计划泄露，壬戌十七日，徐佩之被逮捕并斩首。

刘宋营阳太妃张氏去世。

西秦征南将军乞伏吉毗在南漒镇守，陇西人辛澹率领三千户部众将乞伏吉毗驱逐，占领了南漒城，乞伏吉毗逃回到都城枹罕，辛澹也向南逃跑到仇池。

北魏在刚刚占领中原的时候，百姓大多都是逃跑、隐藏起来。直到天兴年间，北魏君主拓跋焘下诏，将没有纳户籍的人家彻底清查，命令他们缴纳绢布，于是，各逃户自己申报缴纳绸缎布匹的人家很多，都是直接向朝廷缴纳绢布，不隶属于任何郡县，这使得赋税徭役十分不均匀。这一年，北魏君主拓跋焘开始下令罢除清查的制度，让这些人家隶属于郡县。

元嘉四年（丁卯，公元427年）

春季，正月，辛巳初七，刘宋文帝刘义隆抵达建康南郊，祭祀神明。

乙酉十一日，北魏君主拓跋焘返回到平城。统万城中被强行迁移的百姓很多都死在了途中，可以到达平城的，只有十分之六七。

己亥二十五日，北魏君主拓跋焘前往幽州。夏国君王赫连昌派遣平原公赫连定率领二万士兵前往长安，打算收复长安。拓跋焘得知这个消息后，命令在阴山砍伐树木，大规模制造攻城的器械，计划再一次向夏国进攻。

山地羌族背叛了西秦国。二月，西秦王乞伏炽磐派遣左丞相乞伏昙达前去抚慰武始山地羌族的各个部落，又派遣征南将军乞伏吉毗安抚洮阳羌族的各个部落。羌族部落将乞伏昙达擒获，并将他送给夏国；乞伏吉毗被羌军的进攻击退，大败而回，死亡伤残的士兵马匹多达十之八九。

北魏君主拓跋焘返回到平城。

乙卯十一日，刘宋文帝刘义隆前往丹徒；己巳二十五日，文帝祭拜京陵。起初，刘宋武帝刘裕在显贵之后，命人将他在地位贫贱时所使用的耕田农具全部收藏起来，以传给他的子孙。刘宋文帝到达京口故宫，看到武帝以前用过的农器，不禁深感惭愧。他身边侍奉的人说道："当年大舜在历山亲耕，大禹也亲自治理水土。如果皇上看不到先帝的遗物，哪里会明白先帝的仁德和耕作的困难呢？"

二月，丙子初三，北魏君主拓跋焘派遣高凉王拓跋礼在长安镇守。拓跋礼，是拓跋斤的孙子。又下诏，派遣执金吾桓贷在君子津建筑大桥。

丁丑初四，北魏广平王拓跋连去世。

丁亥十四日，刘宋文帝刘义隆回到京师建康。

戊子十五日，刘宋尚书右仆射郑鲜之去世。

西秦王乞伏炽磐将辅国将军段晖任命为凉州刺史，于乐都镇守；将平西将军麹景任命为沙州刺史，在西平镇守；又将宁朔将军出连辅政任命为梁州刺史，在赤水镇守。

夏季，四月，丁未初四，北魏员外散骑常侍步堆等人前来访问宋国。

庚戌初七，刘宋文帝刘义隆将廷尉王徽之任命为交州刺史，并将前刺史交州杜弘文召回京师。杜弘文正身患重病，接到命令后，亲自备车回京；有人劝他等病略显好转再回去，杜弘文说："我家在边境镇守，已经有祖孙三代了，常常希望可以回到朝廷效力，更何况如今我得到征召呢!”于是,杜弘文抱病出发,却在广州时病重身亡。杜弘文,是杜慧度的儿子。

北魏司空奚斤与夏国平原公赫连定两军对峙于长安。北魏君主拓跋焘想要乘机讨伐夏国的都城统万,于是,他命令选拔精良士兵严格训练,再将他们分给各将领部署,拓跋焘又让司徒长孙翰率领骑兵三万人作为前锋部队,让常山王拓跋素等率领步兵三万人为后继部队,命令南阳王拓跋伏真等率领步兵三万人护送攻城的械具,将军贺多罗率领三千精锐骑兵作为军前斥候。拓跋素,是拓跋遵的儿子。五月,北魏君主拓跋焘从平城出发,命令龙骧将军、代郡人陆俟率领各路大军在大碛镇守,防备柔然汗国乘虚进攻。辛巳初九,拓跋焘率领军队渡过黄河从君子津西上。

壬午初十,刘宋中护军王华去世。

北魏君主拓跋焘到达拔邻山,兴建城垣,留下辎重,然后率领三万轻装骑兵,倍速先行出发。随行的大臣都对他规劝说:“统万城固不可摧,不是一日之间就能够攻破的。现在您轻装前去攻打,估计一时无法攻下,想要撤退的时候没有粮食和军用物资的补给。不如与步兵一起,携带攻城械具进攻统万。”拓跋焘说:“布兵的计策中,攻城是最下策,不到万不得已时,不要攻城。如今,如果我们让步兵携带攻城器械同时前进,他们一定会恐惧并坚守城池。如果我们不能即时将城门攻破,当粮食用尽,士兵疲倦,城外又没有什么可以掠夺的时候,恐怕都无法进退了。所以,不如先用轻装骑兵快速直抵城门下,他们看见我们的步兵没有到,肯定会放松警惕,然后我们再用瘦弱的士兵装作不堪一击的样子,将他们引诱出城作战,这样他们就可以被我们俘虏了。我之所以要这么做,是因为我们士兵离家两千多里,之间又隔着黄河,这就是所谓的‘置之死地而后生’的道理啊!所以,三万轻骑兵的力量去攻城虽然不够,但是用来与他们决战足够了。”于是便按照拓跋焘的命令,大军出发。

六月,癸卯朔初一,出现日食。

北魏君主拓跋焘到达统万城之后，将军队分散埋伏在深谷中，只用少数士兵前往城下进攻。夏国的将领狄子玉向北魏投降，报告拓跋焘说：“夏国君王听到北魏军队将要来到的消息，派遣使者将平原公赫连定召回京师，赫连定说：‘统万城坚不可摧，不容易被攻克，等到我将奚斤抓获再前去统万，内外夹击北魏大军，这样就不会有不成功的道理了。’所以夏国君王赫连昌坚守城池以等待平原公赫连定返回。”拓跋焘听了之后感到十分忧虑，于是，命令士兵撤退以示弱，又派娥清和永昌王拓跋健率领五千骑兵向西抢夺侵略居民。

北魏军队中有因犯罪逃亡而对夏国投降的士兵，报告夏国说，魏军的粮食已经用尽，士兵每天只吃蔬菜，疲劳无力，而辎重还远远在后面，步兵也没有到达，应该乘机快速对他们加以攻击。夏国君王采纳了他的意见，甲辰初二，赫连昌亲自率领步骑兵三万人出城迎战。北魏的司徒长孙翰等都说：“夏国军队的阵势难以打破，我们还是应该先躲避他的锋锐。”北魏君主拓跋焘却说：“我们远道而来，就是想要将敌人引诱出城，唯恐他们不出来。既然现在他们出城了，我们却避开不打，这样只会使敌人士气旺盛，而削弱我们的士气，这不是好办法。”于是，集合军队命令士兵假装逃跑，将夏军引诱前去追击奔跑，使他们力疲。

夏国军队兵分两路，左右包抄追赶，喊声震天，追了有五六里，遇到从东南而来的大风雨，黄沙漫天，遮天蔽日。北魏宦官赵倪对法术通晓，对拓跋焘说：“现在风雨从敌人的方向吹来，以至于我们逆风，而他们顺风，说明上天是不帮助我们的；并且将士们饥渴难耐，还是希望陛下可以暂时收军躲避他们的锋锐，等待以后再来攻打。”太常崔浩对其叱责说：“你这是说的什么话！我们千里而来，已订下制胜的计划，哪里能够在一天当中改变呢？敌人贪图胜利追赶不停，却没有后继的军队，我们应该让隐藏的部队兵分几路，分别出击他们的后方，来一次他们意料不到的袭击，风的作用力要看人如何利用，怎么能永远不变而认定是对我们不利呢？”拓跋焘说：“你说得好极了！”

于是，将骑兵分两队，以成掎角之势牵制敌军。拓跋焘却因为马翻倒而掉下马来，差点被夏兵抓获；拓跋齐用身体来保护拓跋焘阻挡敌人的进攻，决死奋战，才将攻打他们的夏兵击退。北魏君主拓跋焘又跳上马，将夏国尚书斛黎文刺死，又杀夏国骑兵十多人，自己也被流箭射中，却仍奋力杀敌，夏军终于崩溃。拓跋齐，是拓跋翳槐的玄孙。

北魏军队乘胜追逐夏国剩余的士兵，将夏国君王逼到了统万城北，斩杀了赫连昌的弟弟河南公赫连满和哥哥的儿子赫连蒙逊，杀死夏国士兵一万多人。夏国君主赫连昌来不及逃入城中，于是逃到上邽。拓跋焘穿上士兵的衣服前去追赶，并进入了统万城；拓跋齐坚决劝阻，拓跋焘却不听。后来夏国发觉了这件事情，便关闭各个城门，拓跋焘就与拓跋齐等人混进宫中，拿了女人穿的裙子，用它作为绳索，绑在长矛上，利用它拓跋焘爬上城墙逃出，才幸免被擒。到黄昏的时候，夏尚书仆射问至将夏国君王的母亲保护出城，北魏司徒长孙翰率领八千骑兵前去追赶夏王赫连昌，追到高平，因赶上而返回军中。

乙巳初三，北魏君主拓跋焘进入统万城，将夏国的王、公、卿、将、校以及夏国君王赫连昌的太后太妃、皇后嫔妃、姊妹、宫女等数以万计的人俘虏，还抓获了三十多万匹马，数千万头牛羊，国库里的珍宝、车辆、各种精美器物，多得无法计数。拓跋焘按照阶级功劳将它们分赏给自己部下的将士。

起初，夏王赫连勃勃奢侈豪爽，兴建了统万城，城墙高十仞、城墙底部厚达三十步，上部宽十步，宫殿城墙高五仞，坚固得足够用来磨砺刀斧。亭台楼阁、小亭水榭也非常壮丽高大，全部都有图画雕刻，并用绮丽的锦绣装饰，精致奢华，无以复加。北魏君主拓跋焘看见这些，转头向左右侍臣说：“一个小国如此消耗民力兴建奢华的宫殿，哪里不会灭亡呢？”

北魏擒获了夏太史令张渊和徐辩二人，仍然命令他们担任太史令。还擒获了前东晋的大将毛修之和西秦的将军库洛干，拓跋焘将库洛干送回西秦，而毛修之对烹调十分擅长，便任命他为太官令。拓跋焘见到夏国著作郎天水人赵逸所做的一篇文章，过分地称赞夏国君王，他生气地骂道："这家伙是个无道君主，怎么竟敢如此说他！这是谁写的？要快快查出问罪！"崔浩说："文人写文章无论褒或贬，大多是言过其实，不一定就是发自内心，这不足以治罪！"于是，拓跋焘这才停止将赵逸法办。拓跋焘又将夏世祖赫连勃勃的三个女儿纳入后宫作为贵人。

北魏司空奚斤与夏平原公赫连定还一直在长安对峙。北魏君主拓跋焘派遣宗正娥清、太仆丘堆率领五千骑兵前去占领关右一带。赫连定听到都城统万已被攻陷，就率众逃到上邽；奚斤率领士兵追到雍城，无法赶上而班师回朝。娥清、丘堆又集合兵力攻打夏的贰城，贰城被攻克。

北魏君主拓跋焘下诏，命令奚斤等人班师回朝。奚斤向拓跋焘说："现在赫连昌逃往上邽，聚集残部自保，但还不足以拥有巩固地盘的实力，我们应该趁他危急之时攻打他，这样就很容易消灭他，请您给我增加士兵和马匹，让我去将赫连昌平定再回来。"拓跋焘没有答应。经奚斤坚决请求，拓跋焘才答应，派给奚斤一万士兵，又派遣将军刘拔送去三千匹马，并留下娥清、丘堆二人帮助奚斤一起攻打夏国。

辛酉十九日，北魏君主拓跋焘从统万出发，向东回国。临行时拓跋焘将常山王拓跋素任命为征南大将军、假节，让他和执金吾桓贷、莫云一起留下镇守统万。莫云，是莫题的弟弟。

西秦王乞伏炽磐回到都城枹罕。

秋季，七月，己卯初七，北魏君主拓跋焘到达柞岭。当时，柔然汗国入侵云中，听到北魏军队已将统万攻克，才撤退回去。

西秦王乞伏炽磐向文武百官说："我早就知道赫连氏必然不会有大的成就，才冒险归降魏国，现在发生的事果真应验了我当年所说的话。"八月，乞伏炽磐派遣他的叔叔、平远将军乞伏渥头前往平城向北魏拜见进贡。

壬子十一日，北魏君主拓跋焘回到平城，把缴获的战利品分别按照阶级赏赐给留守的百官。

北魏国主拓跋焘为人健硕勇敢，沉着稳重，无论是临城对阵，还是两军交锋，他都可以亲自冒着箭石攻击，他左右的人不断倒下，不管是死是伤，他的神色一直不变，丝毫不畏惧；因此，将士们都非常敬畏他，愿意为他尽力效死。而且他个性节俭，对待穿衣吃饭，够用就已满足。文武百官请求对京师的城墙加固，修缮宫殿的建筑，说："《易经》说：'王公设险，固守国家。'萧何也说：'帝王以天下四海为家，不壮不丽，就无法增加他的威严。'"拓跋焘却说："古人曾经说过：'平定国家只是在于仁德，而不是险要。'赫连屈丐拿蒸过的土筑城，却被我灭掉，这哪里在于城池的坚固不坚固呢？如今天下还不太平，正是需要民力的时候，所以大兴土木，是我不想去做的。萧何说的并不是正确的话。"拓跋焘常常将钱财当作军事和国家的根本，不轻易浪费。至于赏赐，都是赏给战死沙场为国捐躯的有功之家，皇亲贵戚和备受恩宠的亲信大官不会用特权平白无故地得到赏赐。他命令将领征战，都是亲自督导指挥，凡是不听从他旨意的人，大多失败。此外，拓跋焘知人善用，有时会从士兵中选拔将领，只看重他的专长才能，并不在乎他的出身。他观察敏锐，部下没有什么隐情能逃出他的眼睛，他对赏赐不论贫贱，惩罚也不避高官权贵。即使是他最宠爱的人犯罪，也是赏罚分明，决不宽赦。拓跋焘常常说："法律，应是我与天下百姓一起遵守的，哪里敢轻视呢？"但是，拓跋焘的个性残忍，杀人从不犹豫，但是杀人后，又常常后悔。

九月，丁酉二十六日，夏国安定城居民将城池送上，归附于北魏。

氐王杨玄派遣将军苻白作，在赤水包围秦梁州刺史出连辅政并展开进攻。赤水城中粮食断绝，人民将出连辅政擒获，开城门向苻白作投降。出连辅政在被押送的路上，于骆谷逃回西秦。冬季，十月，西秦王乞伏炽磐将骁骑将军吴汉任命为平南将军兼梁州刺史，在南漒镇守。

十一月，北魏君主拓跋焘派军司马公孙轨兼任大鸿胪，持节策，前去拜见杨玄，将他任命为都督荆州、梁州等四州的军务和梁州刺史、南秦王。公孙轨抵达氐王管辖境内的时候，杨玄却不迎接；公孙轨训斥他，并要持节策回朝，杨玄才感到害怕，亲自到郊外迎接公孙轨的到来。拓跋焘认为公孙轨处理得很好，将他提拔为尚书。公孙轨，是公孙表的儿子。

十二月，西秦梁州刺史吴汉受到羌族各部落的进攻，率领两千户百姓返回到都城枹罕。

北魏君主拓跋焘出巡到中山。癸卯初四，返回平城。

资治通鉴卷第一百二十一　宋纪三

起戊辰(公元428年),止庚午(公元430年),共三年。

【题解】本卷记录了公元428年至430年,即宋文帝刘义隆元嘉五年至元嘉七年共三年间刘宋与北魏等国的大事。主要记录了北魏与夏交战,长安一带又被夏人占据;记录了魏主拓跋焘听崔浩之言出兵柔然,柔然西逃,魏军获得大胜;记录了宋文帝刘义隆派兵北伐,北伐失败,损失钱粮无数,国贫民乏,刘宋王朝竟搪塞罪责;记录了魏主拓跋焘用崔浩之谋,长安与关中重归北魏;记录了北凉趁西秦新主继位,两次出兵,都被打败;记录了北燕、武都内乱;记录了王弘辞职归家,刘义康进朝辅政;记录了谢灵运不服不满朝臣弄权,纵情山水,被弹劾免职等等。

太祖文皇帝上之中

元嘉五年(戊辰,公元428年)

春季,正月,辛未初二,北魏京兆王拓跋黎去世。

刘宋荆州刺史、彭城王刘义康,天性聪敏,在荆州,他把职权以内的事务治理得很好。刘宋左光禄大夫范泰对司徒王弘说:"国家大事,责任很大,权力很难长久掌握,你们兄弟是现在最有权势和地位的人,应该深深地让自己谦逊谨慎,时刻做好被贬的准备。彭城王刘义康,是皇上的二弟,最好将他征召回京,共同参与朝廷政务的处理。"王弘听取了他的建议。当时,刘宋境内正遭遇旱灾、传染病流行,王弘就上书自责,请求皇上将自己的职位罢除,刘宋文帝刘义隆没有答应。

西秦商州刺史兼浇河太守姚浚发生背叛,向北凉河西王投降,西秦王乞伏炽磐让尚书焦嵩担任姚浚的职务,并带领三千骑兵前去讨伐姚浚。二月，焦嵩被吐谷浑汗国酋长慕容元绪抓获。

北魏将年号改为神䴥。

北魏平北将军尉眷，对夏国君王赫连昌所在的上邽进攻，赫连昌退回据守平凉。北魏大将军奚斤率领大军前往安定，与丘堆、娥清的军队会师。奚斤军队中的马很多都染上瘟疫病死，士兵又缺粮，所以，只好在城堡中深挖沟壑来防守。奚斤派遣丘堆率领士兵前去向民间征粮和租赋，士兵们都十分凶暴，大肆掠夺，缺乏对敌人的防备，夏国君王赫连昌乘机袭击，丘堆大败，只带着骑兵几百名逃回到安定城。赫连昌又乘胜每天前去城下骚扰掠夺，北魏的军队无法得到粮草，将领们都感到十分忧虑。监军侍御史安颉说："我们受诏是要将敌人消灭，现在反被敌人围困，在这贫瘠的孤城中据守；即使我们不被敌人杀害，也会受到军法处置，不管进退都无法活下去，而诸位王公还安稳地坐在那里，就没有克敌制胜的计谋吗？"奚斤说："现在我们的士兵没有马，用步兵前去攻打骑兵，肯定没有胜的机会，只能等京师的骑兵救援赶来，合力于内外夹击敌人。"安颉说："现在敌人就在城外嚣张示威，而我们的士兵疲惫不堪，再加上粮草已尽，我们现在如果不和敌人展开决战，早晚都会全部死去，哪里可以等到救援的骑兵呢？与其坐在这里等待而死，还不如和敌人决一死战，不是也可以吗？"奚斤又以战马太少为由，推辞不肯决战，安颉说："现在将所有将领的战马集合起来，可以凑得二百匹，请让我招募敢死队前去和敌人奋死一战，即使无法打败敌人，也可以打压他们的士气。而且，赫连昌狂妄而无谋，好斗却轻敌，经常亲自率兵出来攻打，我想士兵们都认识他。如果我们伏兵对他突然袭击，一定可以擒获赫连昌。"奚斤仍然不同意。于是，安颉暗地里与尉眷谋划，挑选精良的骑兵以待时机。不久，赫连昌果真前来攻城，安颉率兵出城迎战。赫连昌亲自到阵前和安颉搏斗，北魏的士兵都认识他，于是集中围攻赫连昌。正好大风吹起，扬起漫天尘沙，遮天蔽日，白天如同夜晚一样阴暗，赫连昌败走；安颉随后紧紧追赶，他的马突然翻倒，坠马落地，于是被魏军擒获。安颉，是安同的儿子。

夏国的大将军兼司徒、平原王赫连定，将残余的数万士兵聚集在一起，逃回平凉，赫连定即皇帝位，下令大赦，将年号改为胜光。

三月，辛巳十三日，赫连昌被押送回平城，北魏君主拓跋焘在西宫为他安排住宿，房间里器物用品都是按照帝王的使用摆放，又将妹妹始平公主嫁给他；将他封为常忠将军，并授予会稽公爵位。拓跋焘将安颉任命为建节将军，封为西平公；将尉眷任命为宁北将军，封为渔阳公。

北魏君主拓跋焘常常叫赫连昌随侍在他身边，与他单独骑马外出打猎，两匹马一起追逐麋鹿，深入深山峻谷当中。赫连昌一向因勇猛而出名，拓跋焘部下的将领都觉得不应该这样冒险。拓跋焘说："天命一向自有定数，有什么可怕的呢？"所以，仍然像当初一样跟赫连昌十分亲近。

奚斤认为自己是一军的主帅，但赫连昌却是被他手下的副将所擒获，因此觉得非常羞愧。于是，他舍弃辎重，只带三天的军粮，向据守平凉的夏国君王赫连定发起进攻。娥清对他建议沿泾水行走，奚斤没有答应，坚持从北路而行以截击赫连定的军队。等到北魏军队走到马髦岭的时候，夏国军队正想要逃跑，正好北魏军队里的一名小军官因犯罪向夏国投降，将北魏军队食物短缺而又少水的情况告诉夏国君王赫连定，于是，赫连定分兵几路引诱奚斤的军队，前后夹击，北魏军队溃败，奚斤、娥清、刘拔等人都被夏国士兵所擒获，也死了六七千士兵。

北魏大将丘堆在安定据守，看管辎重，他听到奚斤兵败的消息后，立马将辎重抛弃，逃往长安，并和高凉王拓跋礼一起逃往蒲坂，夏国军队又重新回到了长安。拓跋焘听闻后大为震怒，命令安颉将丘堆斩杀，并取代丘堆率领军队在蒲坂镇守以抵抗夏国军队。

夏季，四月，夏国君主赫连定派遣使者前往北魏求和，拓跋焘下诏，命令赫连定他们投降。

壬子十五日，北魏君主拓跋焘向西巡视；戊午二十一日，拓跋焘前去河西打猎；下令大赦。

五月，西秦文昭王乞伏炽磐去世，太子乞伏暮末即位，下令大赦，将年号改为永弘。

刘宋平陆令、河南人成粲再次向司徒王弘劝告其辞职，王弘听取了他的建议，一再上书请求辞退官职，刘宋文帝刘义隆不得已，六月，庚戌十四日，将王弘改任为卫将军、开府仪同三司。

甲寅十八日，北魏君主拓跋焘到达长川。

西秦将秦文昭王乞伏炽磐埋葬在武平陵，将庙号定为太祖。西秦王乞伏暮末将右丞相乞伏元基任命为侍中、相国、都督内外各军务、录尚书事，将镇军大将军、河州牧乞伏谦屯任命为骠骑大将军，将安北将军、凉州刺史段晖征召为辅国大将军、御史大夫，将叔父右禁将军乞伏千年任命为镇北将军兼凉州牧，于湟河城镇守，又将征北将军乞伏木弈干任命为尚书令、车骑大将军，将征南将军乞伏吉毗任命为尚书仆射、卫大将军。

北凉河西王沮渠蒙逊在乞伏炽磐丧事期间乘机率领大军向西秦的西平讨伐，西平太守麴承向沮渠蒙逊说："如果殿下可以先将乐都攻克，那么西平就一定会是殿下所有；西平若因此望风请降，实为英明君主所看不起的。"于是，沮渠蒙逊放弃攻打西平，改为向乐都进攻。秦相国乞伏元基带领三千骑兵前往乐都支援，乞伏元基的军队刚进城内，北凉的大军就到达了城外，开始进攻，并将外城攻破，切断了通往内城的水源，城中因饥渴而死的士兵超过一半。东羌部落酋长乞伏乞提原本跟从乞伏元基前来救援乐都，但暗地里却与北凉军队通谋，在城楼上放下绳索，将北凉士兵引入，爬上城的就有一百多人，他们大声喊叫并纵火将城门烧毁；乞伏元基率领左右官兵浴血奋战，才将北凉士兵攻出内城外。

起初，秦文昭王乞伏炽磐身患重病的时候，向太子乞伏暮末说："我死后，你只要保住我们的国土不失就已经很好了。沮渠成都一向是沮渠蒙逊所信任和重用的人，你应该将他送回国。”到了这时，乞伏暮末派遣使者前去拜见沮渠蒙逊，允诺将沮渠成都送回以请求双方可以和解。沮渠蒙逊同意了西秦的提议，命令围城军队撤回，并派使者前去西秦国哀悼文昭王。乞伏暮末用厚重礼物将沮渠成都送回国，并命令将军王伐一路护送。沮渠蒙逊对西秦的行为还有疑虑，于是，派恢武将军沮渠奇珍率领军队在扪天岭设下埋伏，将王伐和他的三百骑兵擒获回国。过了不久，又派遣尚书郎王杼将王伐送回西秦；并送给乞伏暮末一千匹马匹和其他绫罗绸缎。秋季，七月，乞伏暮末派遣记室郎中马艾前往北凉报聘。

北魏君主拓跋焘返回平城宫内。八月，拓跋焘又前往广宁观赏温泉。

柔然汗国纥升盖可汗郁久闾大檀命令他的儿子率领骑兵一万多人对北魏的边界进犯。拓跋焘从广宁返回平城，并率兵前去追赶柔然的军队，无法赶上；九月，拓跋焘回宫。

冬季，十月，甲辰初十，北魏君主拓跋焘前往北方巡视；壬子十八日，又前去牛川打猎。

西秦凉州牧乞伏千年，喜爱酗酒，残暴酷虐，不处理政事，西秦王乞伏暮末派使臣前去责备他，乞伏千年十分担忧，便逃到北凉河西。乞伏暮末将他的叔父、光禄大夫乞伏沃陵任命为凉州牧，在湟河城镇守。

刘宋徐州刺史王仲德派遣两千步、骑兵讨伐北魏的济阳、陈留。

北魏君主拓跋焘回宫。

北魏定州丁零部落酋长鲜于台阳等共两千多家百姓背叛北魏，进入西山，地方上的州郡都无法攻讨他们；闰月，拓跋焘派遣镇南将军叔孙建前去讨伐。

十一月，乙未朔初一，天上出现日食。

北魏君主拓跋焘前往西河，校兵打猎；十二月，甲申二十一日，返回宫中。

北凉河西王沮渠蒙逊再次向西秦进攻，抵达磐夷的时候，西秦相国乞伏元基等率领一万五千骑兵抵抗。沮渠蒙逊率领士兵转向西平进攻，西秦征虏将军出连辅政等率两千骑兵赶去西平救援。

刘宋秘书监谢灵运，自以为他的名望、才能和辈分，都足以有资格参与政务。但是，刘宋文帝刘义隆只重视他的文采，灵运参加侍宴也只是和他谈诗论文而已。王昙首、王华、殷景仁，名望和地位一向都低于谢灵运，却都得到了重用，并委以大任。谢灵运感到十分不平，便常常以生病为借口，不去参加朝会，有时还出城游玩，走了二百里，十多天都可以不回来，既不上书说明情况，也从不请假。刘宋文帝刘义隆不愿意伤害到大臣的心，委婉表示让他自己辞职，于是，谢灵运上表声称自己生病，文帝准许他请假，让他回会稽休养。但他回到会稽后仍旧吃喝玩乐，被法官纠举，罢免了官职。

这一年，师子国王刹利摩诃和天竺迦毗黎王月爱都派遣使者前往刘宋送表书朝贡，那表书上的文辞都像佛教的语言。

北魏镇远将军、平舒侯燕凤去世。

元嘉六年(己巳，公元 429 年)

春季，正月，刘宋扬州刺史王弘上表请求文帝解去他扬州刺史、录尚书事等职，并请求将这两个官职交给彭城王刘义康。刘宋文帝下诏对他褒奖，但是没有答应他的请求。癸丑二十日，刘义隆将刘义康任命为侍中、都督扬、南徐、兖三州诸军事、司徒、录尚书事和南徐州刺史。王弘和刘义康的官署，都设置佐吏来带兵保卫，两个人一起辅佐朝政。王弘身患疾病，并且早就下定决心要将大权辞去，因此每件事都推给刘义康，让他处理；于是，刘义康一个人总管了朝廷内外的事务。

刘宋文帝又将抚军将军、江夏王刘义恭任命为都督荆州、湘州等八州诸军事并兼任荆州刺史，将侍中刘湛任命为南蛮校尉，处理府、州的事务。刘义隆给他弟弟刘义恭送去一封信，告诫他说："天下大事，都很艰难，家事与国事的关系又很重大，虽说我们是要保住现在的天下，但也确实是十分不易。国家的盛衰安危，都凭借我们自己的努力，怎么可以不感到王业艰难而寻求治国之道，从而对自己肩负重担而惶恐不安呢！

“你生性急躁偏激，心里想到什么，就会去做什么，不顾及一切，心里有时就算没想什么，但随着外物的引诱会立马发生改变。这是最容易招来祸害的，应该时刻提醒自己加以克制。卫青对待士大夫施礼有加，同时对小人施以恩惠；西门豹个性刚直暴躁，常常佩戴苇草，董安于性情温和，行事缓慢，常常佩戴弓弦，他们都是为了警告自己，来改正自己的缺点，因此，他们的美名一致被后世颂扬；关羽、张飞却不一样，两个人的个性都十分偏颇，缺点相同，以致遭受杀害。因此，你自己为人处世，要深深体会这些做法，并以此为鉴。

“如果以后朝中发生什么不测，我可以承继的儿子还很幼小，司徒必然要担起周公辅政的责任，你也不能不尽到恭顺辅政的责任。到那个时候，天下的安危，就由你和刘义康二人决定了。

“你一个月个人开支不许超过三十万，如果可以更加节省，那就更好。荆州的官府房舍，我还算熟悉了解，估计还不必改建，来追求新异。至于刑诉案件，大部分要当时断决，很难事先考虑周全，这实在是一件很不容易的事情。到了审讯的时候，要谦虚地听取各方面的意见，谨慎地处理，不要强加自己主观的喜怒之情。平时处事，要选择善者而听从他，自己就会获得美好的声望；切记不可一意孤行，来炫耀自己的独断。

“名位的使用一定要谨慎爱惜，不能对他人随便赏赐。赏赐爵位给亲近的人，更是要再三斟酌考虑。我对于左右侍奉的人，虽然没特别的恩惠，但如果听到有人对我的评论，并不认为他们说的是错的。

假借高贵权势来凌辱别人，别人肯定不会诚服；凭借威严来管辖他人，他人不会满意；这是很容易明白的事情。

“声乐以及嬉笑游玩，都不能太过分；赌博、喝酒、捕鱼、打猎，这一切行为都不应该做。日常需要的物品和衣服饮食，都不能没有节制，对于奇巧的服饰和玩物，也不应该任其滋长。

“还有，你应该常常接见府中的官员。如果见面次数少，则不能和他彼此亲近；不亲近，就无法彻底知道别人的思想；不完全了解他们的思想感情，又怎么去知道社会的具体事情呢？”

夏国酒泉公赫连俊从平凉逃亡到魏国。

丁零部落酋长鲜于台阳等请求向北魏归降，北魏君主拓跋焘赦免了他。

西秦的征虏将军出连辅政还没有率领军队赶到西平救援，北凉河西王沮渠蒙逊已经占领了西平，将太守麹承擒获。

二月，西秦王乞伏暮末将妃子梁氏封为皇后，儿子乞伏万载立为太子。

三月，丁巳二十五日，刘宋文帝将皇子刘劭立为太子；戊午二十六日，下令大赦天下。

辛酉二十九日，刘宋文帝刘义隆将左卫将军殷景仁任命为中领军。刘义隆因母亲章太后很早就去世，而对太后母亲苏氏侍奉得十分恭敬。苏氏去世的时候，刘宋文帝亲自前往恸哭哀吊，并且想要追加封爵，让大臣们商量讨论，殷景仁认为古书上从没有追封外祖母的先例，刘义隆才停止。

起初，西秦尚书、陇西人辛进在文昭王乞伏炽磐身边跟随前去游览陵霄观，用弹丸打飞鸟的时候，误打到西秦王乞伏暮末的母亲，将她的容貌损毁。等到乞伏暮末即位的时候，询问到母亲脸上受伤的原因，母亲便将当时的情形告诉给他。乞伏暮末听后非常生气，将辛进及他的五族亲属共二十七人杀死。

夏季，四月，癸亥初二，刘宋文帝将尚书左仆射王敬弘任命为尚书令，将临川王刘义庆任命为左仆射，将吏部尚书济阳人江夷任命为右仆射。

起初，魏太祖命令尚书邓渊撰写十多卷《国记》，书还没有写完就中断了。于是，拓跋焘任命崔浩和中书侍郎邓颖等人接着编写，称为《国书》，一共三十卷。邓颖，是邓渊的儿子。

北魏君主拓跋焘将对柔然汗国进攻，在南郊举行阅兵大典，先是祭天神，然后调动军队排列战阵。当时，朝廷内外的大臣们都不主张出征打这一仗，拓跋焘的乳娘保太后也一再阻止他的行动，只有太常崔浩支持拓跋焘出征。

尚书令刘絜等人共同将太史令张渊、徐辩推举出来，向拓跋焘分析说："今年是己巳年，恰好是三种阴气相聚的时候。木星突然掩遮月亮，在西方又出现太白星，这说明是不可以出兵进攻的。如果北伐一定会失败，就算取得胜利，也不利于皇上您。"大臣们也一起支持张渊和徐辩的说法，说："张渊、徐辩在年轻的时候，就曾劝谏苻坚不要南征，苻坚不听取他们的建议而失败，他所预言的事情没有一件是不准确的，我们不可违背他说的话。"拓跋焘心里很不高兴，便下诏，让崔浩和张渊、徐辩二人在御前互相辩论。崔浩向张渊、徐辩二人质问，说："阳年代表恩德，阴年代表刑罚，所以在出现日食的时候，要积累恩德，出现月食的时候，要整治刑罚。帝王使用刑罚，从小规模上来看，是在市井朝廷处决犯人，从大规模上说，就是在原野与敌人对战。现在，对有罪的国家进行讨伐，就是用来整治刑罚。我观察天象，近年以来，一直都是月亮掩盖昴星，到现在仍然是这样。占卜表明，三年内将会有帝王大败旄头星的国家。柔然、高车，都是旄头星的部众。希望皇上不要有所怀疑。"张渊、徐辩又说："柔然，是没有用的远荒外的东西，我们就算得到他们的土地，也无法用来耕种生产粮食；我们就算得到他们的百姓，也不能作为臣子来使唤；而且他们的行动急速轻快，出没常常无规律可循，很难攻占并将他们制伏，所以，为什么要如此急迫地动用大队人马前去讨伐呢？"崔浩说："张渊、徐辩二人谈论天文，还算是他们的本职，但是说到民间的事情和形势，就显然不是他们能清楚了解的了。这个观点是汉代以来的老生常谈，用在现在，根本不合时宜。这是什么原因呢？柔然原本就是我国北边的藩属，后来背叛我国离去。现在是要将叛贼的元凶诛杀，将良民收回，让他们仍为我们效力，这并不是没有用处的。世人都相信张渊、徐辩二人的天文历法，可以明确预知成败，那么，我就想要问问：在夏国的统万城还没有被攻克以前，有没有预测出败亡的征兆呢？如果他们二人不知道，那就是对天文并不精通；如果知道却没有说，那这就是对皇上不忠。”当时前夏国君主赫连昌也在，张渊、徐辩二人自以为无法说过他，惭愧得无法回答。拓跋焘听了以后十分高兴。

辩论结束之后，朝中大臣有的责怪崔浩说：“现在南方的敌人刘宋正在等待时机进攻我国，而我们却将其抛诸脑后，前往北方征伐；如果柔然知道我们进攻后远走逃跑，那么我们前面没有收获，而后面却有敌人入侵，这要如何解决呢？”崔浩说：“不会这样的。如果我们现在不先将柔然攻破，那么将无法对付南方来的敌人。南方人自从听闻我国将统万攻占以来，内心一直对我们十分恐惧，所以扬言要发动兵力以保卫淮北地区。在我们将柔然攻破，一去一回的时间内，南方敌人必定不敢向我们进攻。何况，敌人多是步兵，而我们主要是骑兵，他们如果可以北来，那么我们照样也可以南去，他们步兵行动已经很困难的时候，我们还没有疲劳。何况南北的风俗生活习惯大不相同，南方水路交错，而北方是一片平原，水陆作战方法分别都不一样，就算我们把黄河以南的地方送给他们，他们也无法守住。为什么这么说呢？当年，以武帝刘裕的雄才大略，将关中吞并，让他的爱子留下据守，并让精良的将领和士兵留下来辅助，可还是无法守住，导致最后全军覆没，战场上哀号的声音，到现在都没有消失。况且，现在的刘义隆和他文武百官，根本不能和刘裕时相比。但我们的皇上却是英明神武，军队精强，如果他们真的敢来进攻，就好比让马驹、牛犊来和虎狼相斗一样，哪里有什么好担心的！柔然一直因为他们地方距离我国遥远，以为我们的力量无法将他们制伏，便松散了很久，所以，夏天的时候，就会将人民分散，各自前去放牧，到了秋天，便是兵肥马壮，那时，他们就会聚集在一起，离开寒冷，面向温暖的南方，来南下掠夺。现在正是初夏，如果我们出其不意地率兵攻击，他们一定会看到飞扬的尘沙而惊慌逃散。这时，公马护着母马，母马爱着小马，牲畜便会很难控制驱赶，等到无法找到水草，没过几天，他们肯定会聚集在一起，趁着他们疲劳困顿之际，我们一定能够一举将他们消灭，短暂的辛苦将会换来永久的安逸，这样的机会不可失去。以前我担心皇上没有北征的想法，现在皇上的决心已经下定，怎么可以阻止呢?”寇谦之向崔浩询问，说:“我们真的可以将柔然一举攻克吗?”崔浩回答说:“当然能够攻克。只是担心将领们眼光短浅，顾虑太多，无法乘胜深入，导致不能取得全面的胜利。”

以前，刘宋文帝刘义隆曾趁着北魏使者回国，让使者告诉北魏君主拓跋焘，说:“你要尽快将我黄河以南的土地归还给我，否则，我的士兵只能全力攻取了。”拓跋焘当时正在商议对柔然讨伐的事情，听到这番话时，大笑不已，向左右侍奉的人说:“乌龟小丑!他自己都无法自救，哪里还会有什么作为呢?就算他真的前来，我们如果不先将柔然灭掉，就是坐等敌人前来进攻，那样我们就会面临腹背受敌的情况，这不是一个好计谋。所以，我决定立马北征!”

庚寅二十九日，北魏君主拓跋焘从平城率军出发，派遣北平王长孙嵩、广陵公楼伏连在京师留守。拓跋焘向东取道黑山，命令平阳王长孙翰从西取道大娥山，约定在柔然的王庭会师。

五月，壬辰朔初一，出现日食。

王敬弘坚决请求将尚书令的官职辞让，上书请求可以返回家乡会稽。癸巳初二，刘宋文帝将王敬弘任命为侍中、特进、左光禄大夫，允许他回到会稽。

丁未十六日，北魏君主拓跋焘抵达沙漠南边，将辎重留下，亲自率领轻装骑兵和备用战马向柔然进攻，很快就到了栗水。柔然纥升盖可汗郁久闾大檀预先没有防备，放牧的人民和牲畜在原野到处分布，在看到北魏大军到来后，全都惊慌失措，四处逃散，而无法集合兵力。于是，纥升盖可汗纵火将房屋烧毁，向西逃跑，没有人知道他去了哪里。他的弟弟郁久闾匹黎先在东部主持军务，在听到北魏军队入侵的消息后，率领大众想要向他哥哥靠近；刚刚出发就遇到北魏的平阳王长孙翰，长孙翰袭击了他们的军队，将其大败，并杀死部落酋长等几百人。

夏国君王赫连定想要收复统万，于是，他亲率大军向东到达侯尼城，却不敢发动进攻，便又撤回宫中。

北凉河西王沮渠蒙逊向西秦讨伐，西秦王乞伏暮末派遣相国乞伏元基在枹罕留守，自己退到定连城据守。

西秦南安太守翟承伯等背叛国家，他在罕幵谷据守，接应河西王军队的进攻，乞伏暮末率兵将翟承伯的军队击败，并进入治城。

西秦西安太守莫者幼眷在汧川据守，背叛西秦，乞伏暮末率兵前去攻打，反被莫者幼眷打败，于是，乞伏暮末又退回到定连据守。

沮渠蒙逊率领大军到达枹罕并将之包围，命令世子沮渠兴国向定连城进攻。六月，乞伏暮末在治城对沮渠兴国进行反击，并将沮渠兴国擒获，追击撤退的沮渠蒙逊大军，一直到谭郊。

吐谷浑王慕璝派遣他弟弟没利延率领五千骑兵和沮渠蒙逊率领的大军会合，共同讨伐西秦，乞伏暮末派遣辅国大将军段晖等前去阻击敌人，并大败没利延的骑兵和北凉的军队。

柔然纥升盖可汗郁久闾大檀逃走后，他属下的部落也四处逃散，在山谷中躲藏，牛马等牲畜在原野上遍布，没有人照顾收养。北魏君主拓跋焘一直沿着栗水向西前行，到达菟园水，分散大军四处搜寻柔然的残余部落，范围在东西有五千里，南北有三千里，将很多敌人擒获斩杀。高车的各部落趁着北魏军队进攻的机会，对柔然攻打掠夺。因此，柔然各部落前后就有三十多万聚落向北魏投降，北魏大军缴获战马多达一百多万匹，牲畜、篷车在山涧水泽遍布，有几百万之多。

北魏君主拓跋焘沿着弱水岸向西前行，到达涿邪山，将领们担心继续深入会有柔然的军队埋伏，所以规劝拓跋焘停下，不要再向前前进，寇谦之便把崔浩说的那些话对拓跋焘又说了一遍，希望可以乘胜追击，拓跋焘没有准许。秋季，七月，拓跋焘率军东回；抵达黑山的时候，把缴获的战利品按照阶级次序，赏赐给了将士。不久，听柔然投降的人说："可汗原先抱病在床，听到北魏大军讨伐的消息时，不知所措，慌忙将帐篷纵火烧毁，坐着马车，率领数百人逃跑到南山。而放牧的人与牲畜聚集在一起，没有人可以统领，可汗与涿邪山只相距了一百八十里，因为北魏没有派遣追兵，才开始向西逃跑，得以幸免。"此后，又听到凉州的匈奴商人说："如果向前再继续追赶两天，就可以把柔然彻底消灭了。"拓跋焘听后，十分后悔。

柔然纥升盖可汗郁久闾大檀忧愤而死，他的儿子郁久闾吴提继承汗位，封号为敕连可汗。

武都孝昭王杨玄身患重病，准备将王位交给他的弟弟杨难当，杨难当一再坚决辞绝，并请求将杨玄的儿子杨保宗立为君王，而他从旁辅助；最终杨玄答应了这个建议。杨玄去世之后，杨保宗即位。然而，杨难当的妻子姚氏劝杨难当自立为王，于是，杨难当将杨保宗废黜，将自己封为都督雍州、凉州、秦州三州诸军事，征西大将军、开府仪同三司、秦州刺史兼武都王。

北凉河西王沮渠蒙逊派遣使者前往西秦，并送去谷子三十万斛请求可以将世子沮渠兴国赎回，西秦王乞伏暮末没有答应。于是，沮渠蒙逊将沮渠兴国的同母弟弟沮渠菩提立为世子。乞伏暮末将沮渠兴国任命为散骑常侍，并将自己的妹妹平昌公主嫁给他做妻子。

八月，北魏君主拓跋焘抵达沙漠南边，听说高车东部落在巳尼陂屯居，人和牲畜众多，和魏军距离只有一千多里，于是，拓跋焘派遣左仆射安原等率领骑兵一万余人向高车进攻。高车各部落向北魏军队投降的就有数十万聚落，共缴获一百多万头马牛羊。

冬季，十月，北魏君主拓跋焘返回平城。将柔然、高车各部落投降的百姓迁往沙漠南部，在东到濡源，西到五原阴山，绵延三千里的草原上将他们安置，命他们自己耕田放牧，并上缴贡赋；拓跋焘派遣长孙翰、刘絜、安原和侍中代人古弼共同在这里镇守安抚牧民。从这以后，北魏民间的马牛羊和毡皮的价格开始下降。

北魏君主拓跋焘将崔浩加封为侍中、特进、抚军大将军，作为他计谋筹划的赏赐。崔浩对占卜天象十分擅长，常常将生铜铤放置在装有醋的酢器中，晚上夜观天象时，一旦有所发现，便立即用生铜铤将天象的奇异记录在纸上。拓跋焘常常前去崔浩家，向崔浩问询问天象。崔浩有时仓促面见拓跋焘，腰带都来不及束上；崔浩家中都是粗菜淡饭，饭菜往往没有精心调制，拓跋焘必定会举着筷子吃一点，或者站着尝一口再回去。拓跋焘曾领着崔浩前往他的寝殿，语重心长地对崔浩说："你是个才智渊博的人，曾经事奉我的祖父、父亲，忠心耿耿效忠了三代君王，所以我一直将你当作亲信近臣，你应该尽忠对我直言劝谏，不用有什么隐瞒。虽然我有时会十分生气，不听取你的建议，但过后我肯定会对你所说的话深思。"拓跋焘还曾将崔浩指给最近投降的高车酋长们看，说："你们看他瘦小细弱，既无法弯弓射箭，也不能持矛作战，但是，他胸中所含的计谋，远远超过军队的力量。我虽然有征伐的想法，却无法决断，所以，前后所有建立的功劳，都是因为有他指教。"拓跋焘又命令尚书说："所有的军国大事，只要你们无法解决，都应该请教崔浩，然后再付诸行动。"

西秦王乞伏暮末的弟弟乞伏轲殊罗和他父亲文昭王的左夫人秃发氏乱伦通奸，乞伏暮末知道这件事后对他警告禁止。乞伏轲殊罗十分忧虑，便与他的叔父乞伏什寅密谋杀害乞伏暮末，然后带着沮渠兴国前去北凉河西投奔。乞伏轲殊罗让秃发氏前去偷寝殿的钥匙，结果却将钥匙偷错，守门的人将这件事报告给乞伏暮末。于是，乞伏暮末把参与密谋的全部同党抓获斩杀，却将乞伏轲殊罗赦免。又把乞伏什寅抓获，用鞭抽打，乞伏什寅说："我欠你一条命理应去死，但是却不欠你的鞭子！"乞伏暮末十分生气，将他的肚子剖开，把尸体扔到河中。

夏国君王赫连定年少时凶暴残虐，但世祖赫连勃勃却并不知道。这个月，赫连定前去阴槃打猎，他登上苛蓝山，远远对统万城眺望，哀痛不已，他哭着说："如果先帝让我来继承大业，怎么会发生都城被攻破的事呢！"

十一月，己丑朔初一，发现日食，但是没有全部蚀尽，只剩下如钩的一小部分；在白天也可以看见星星，直到下午才出现日全食，使黄河以北的地方全部陷入昏暗。

北魏君主拓跋焘向西巡视，到达柞山。

十二月，北凉河西王沮渠蒙逊、吐谷浑王慕璝派遣使者向刘宋进贡。

这一年，北魏内都大官、中山文懿公李先，青州、冀州二州刺史安同都先后去世。李先享年九十五岁。

西秦地震，原野的草根都被翻出来。

元嘉七年(庚午，公元430年)

春季，正月，癸巳初六，刘宋文帝刘义隆将吐谷浑王慕璝任命为征西将军、沙州刺史兼陇西公。

庚子十三日，北魏君主拓跋焘回宫；壬寅十五日，下令大赦；癸卯十六日，拓跋焘又抵达广宁，观赏温泉。

二月，丁卯初十，北魏国阳平威王长孙翰去世。

戊辰十一日，北魏君主拓跋焘回宫。

刘宋文帝刘义隆自即位以来，一直都有将黄河以南收复的心愿。三月，戊子初二，拓跋焘下诏，选拔五万优良带甲士兵，分配给右将军到彦之，令他与安北将军王仲德、兖州刺史竺灵秀一起乘船率军进入黄河，同时，又派遣骁骑将军段宏率领八千精锐骑兵进攻虎牢，派遣豫州刺史刘德武率领一万士兵随后跟进，派遣后将军、长沙王刘义欣率领三万士兵对征讨的军务进行监督。刘义欣，是刘道怜的儿子。

在派军进攻之前，刘宋文帝刘义隆先派遣殿中将军田奇向北魏出使，对北魏君主拓跋焘说：“黄河以南本来就是我们刘宋的土地，后来却被你们占领，现在，我们要将旧的边界修复，但是，不包括黄河以北的国家。”拓跋焘十分生气，说：“我生下来，头发还没干的时候，就知道黄河以南是我们的领土，这土地哪是你们可以占领的？如果你们一定要前来攻取，现在我们会暂且撤军相避，等到冬天天寒地冻，黄河水结冰的时候，我一定会重新取回。”

甲午初八，刘宋文帝刘义隆将前南广平太守尹冲任命为司州刺史。

长沙王刘义欣率军在彭城镇守，为刘宋各路大军声援。又派遣游击将军胡藩在广陵据守，处理府州的政务。

壬寅十六日，北魏君主拓跋焘将赫连昌封为秦王。

北魏最近归降被强行迁来的敕勒部落有一千多家，他们对于北魏士兵和官员的压榨苦不堪言，哀怨声一片，因此私下里计划等到草木茂盛，牧马肥壮的时候，向沙漠以北的家乡出逃。尚书令刘絜、左仆射安原向北魏君主拓跋焘上书，请求在黄河水没有融化的时候，强行将他们迁到河西，这样，在明年春天河水冰解的时候，他们就无法向北逃跑。拓跋焘却说：“这些人长久的习俗，就是四处游荡放牧，好像那些关在苑囿中的野鹿，如果逼得太急就乱闯，如果对他们宽和些，必定就会平静下来。我自有方法对付他们，所以，不用麻烦将他们迁走。”刘絜等人却多次请求，北魏君主没有办法，只好将牧民分出三万多聚落，向河西迁移，直到向西行到白盐池。敕勒部族的牧民都十分惊慌，说：“他们将我们迁到河西圈起来，是想要将我们杀死啊！”于是，又计划逃奔凉州。刘絜在五原的黄河北岸驻扎，安原在悦拔城屯驻，对他们严密防备。癸卯十七日，敕勒部族的数千人骑马向北逃走，刘絜率军前去追赶；逃跑的人因为没有食物和水，互相枕藉，死在一起。

北魏在南方边境驻守的将领们上表说：“刘宋已经开始戒备，准备向我国侵犯，请求给我们增援三万士兵，在他们还没有进攻的时候，先下手制敌。这样，足以将他们的士气挫败，让他们不敢深入侵犯我国境内。”并且请求将住在黄河以北边境的汉族难民全部杀死，以避免他们可能当作刘宋大军的向导。北魏君主拓跋焘让文武百官们商议讨论，大家全都认为不错。崔浩却说：“不可以这样。南方土地低洼潮湿，进入夏天后，雨水增加，草木十分茂密，地方空气闷热潮湿，这样很容易生病，所以，对军事活动不利。何况他们已经加强严备，城池一定是坚固难攻。我们军队如果在城下驻扎来长久攻城，粮食补给就会供应不暇；如果将军队分散，四处掠夺，力量就会变得分散薄弱，无法抵抗敌人的进攻。所以，我们现在先对他们进攻，是没有什么益处的。他们军队如果真的北来进攻，我们应与他们周旋，等他们疲劳，在秋天天气变得凉爽，马匹肥壮的时候，我们就可以夺取敌人的粮食，慢慢地与他们攻打，这才是万全之计。朝廷的大臣和西北边境的守将们跟从陛下出征讨伐，向西平定夏国的赫连昌，向北又攻破柔然，掳获了很多美女、珍宝以及成群的牛马。在南边驻守的将领们知道后十分羡慕，也希望可以向南进攻，抢夺财物，他们这都是为了自己的利益，却为国家制造困难，所以，千万不能听从他们的建议。”拓跋焘这才停止。

北魏在南边驻守的将领们又向拓跋焘上表，说：“南方敌人已经开始进攻，我们的士兵太少，请求皇上可以选幽州以南的精兵前来增援，帮助戍守城池，并请在漳水边建造舰船，来防止敌人的入侵。”朝廷的文武百官都认为他们的请求应该准许，并派遣司马楚之、鲁轨、韩延之等率领精兵，来引诱刘宋的百姓归降。崔浩却说：“这不是长久之计。司马楚之等人刘宋国人都十分畏惧忌惮，如果他们现在知道我们动员幽州以南的精良士兵，并大规模地制造军舰，又有轻骑作为后继部队配合，必定会认为我国想要对东晋司马氏的政权重新恢复，消灭刘氏；那么，他们一定会害怕被消灭，便发动全国的精锐士兵，齐心协力，用死抵抗，这样，我国在南方边境驻守的将领们肯定就不能抵御他们的进攻。如今文武百官想要用武力声望来将敌人击退，只会加速他们军队对我们的反攻。虚张声势却将招来实际的祸害，说的就是这种做法啊！所以司马楚之这些叛变过来的将领前去进攻，刘宋军队一定会来；不去进攻，他们一定会停，这是情势的必然。而且司马楚之等人都是贪图小利、目光短浅的小人物，对付的只能是一些轻薄无赖的人，根本不会成就大功，只会徒然使国家兵连祸结。从前鲁轨曾劝说姚兴派遣背叛之人前去攻取荆州，结果士兵刚进入东晋境内就溃败瓦解，被南蛮人抓获并出卖为奴隶，所导致的延祸最终牵连到姚兴，使后秦灭亡，这是看得到的事实啊。”拓跋焘对这些话却不放在心上。于是，崔浩又陈述分析天象，认为对南方发起进攻必定会不利，说："今年为庚午年，'害气'在扬州，这是第一；'庚'和'午'，双方又是相克，所以先发起战争的就一定会先受到伤害，这是第二；并且出现日食而白天昏暗，太阳又行经停留在斗宿、牛宿，这是第三；火星在翼宿、轸宿之后隐藏，昭示着天下动乱丧亡，这是第四；金星却没有显示，军事上的活动必然会失败，这是第五；身为一个志向于振兴国家的君王，应该先将百姓的事整治好，其次再充分利用地利，最后观察顺应天时，这样做事才会什么都顺利成功。如今，刘义隆管理的是新建立的国家，百姓和朝廷还没有安定，天灾和异变经常出现，这是天时不和；国家各个地方水道干涸，不利于行船，这是地利不和。人事、天时、地利这三样里没一样是有利的，而刘义隆却要发动进攻，毫无疑问，结果一定会失败。”拓跋焘不能不考虑大多数人的意见，于是下诏，命令冀、定、相三州兴建战舰三千艘，派遣幽州以南的各地守军在黄河边集合防备。

西秦国乞伏什寅的同母胞弟、前将军乞伏白养与镇卫将军乞伏去列，因乞伏什寅的死而怨愤不满，口出怨言，于是，乞伏暮末把他们先后杀掉。

夏季，四月，甲子初八，北魏君主拓跋焘到达云中。

敕勒部落的牧民有一万多聚落再次反抗逃走，拓跋焘命令尚书封铁前去追讨，将他们一举消灭。

六月，己卯二十四日，刘宋文帝将氐王杨难当任命为冠军将军、秦州刺史，加封武都王。

北魏君主拓跋焘派遣平南大将军、丹杨王拓跋大毗在黄河边屯驻，派遣司马楚之作为安南大将军，加封琅邪王，在颍川屯驻以防备刘宋大军的进攻。

吐谷浑王慕璝率领一万八千人前去西秦国所属的定连城袭击，西秦辅国大将军段晖等将他的军队击退。

刘宋右将军到彦之率军从淮水进入泗水，结果天旱水少，一天只能走十里，从四月到秋季七月，才到达须昌。然后，从黄河逆流向西而上。

北魏君主拓跋焘觉得黄河以南四个军事重镇的兵力太少，下令各地将领全部收兵，撤退到黄河以北。戊子初四，北魏驻守碻磝的士兵弃城而去；戊戌十四日，驻守滑台的士兵也撤去。庚子十六日，拓跋焘将大鸿胪阳平公杜超任命为都督冀州、定州、相州三州诸军事、太宰，加封为阳平王，在邺城镇守，统领各地大军。杜超，是拓跋焘乳娘密太后的哥哥。庚戌二十六日，北魏在洛阳、虎牢镇守的士兵也全部弃城撤退。

到彦之将朱修之留下在滑台镇守，司州刺史尹冲在虎牢镇守，建武将军杜骥在金墉镇守。杜骥，是杜预的玄孙。刘宋的各路大军向灵昌津进驻，在黄河南岸成列驻守，一直连续到潼关。司州、兖州全部平定以后，各路大军都十分兴奋，只有安北将军王仲德面色忧虑，说："各路大军不了解北人的真假虚实，一定会中敌人的阴谋。胡人不仅没有足够的仁义道德，而且还十分凶暴狡诈，现在他们全部都弃城北去，肯定是在尽力整顿大军。等到黄河结冰的时候，必定会再次南来，哪里不让人忧虑呢？"

甲寅三十日，林邑王范阳迈派遣使者向刘宋建康进贡，说明自己与刘宋所属的交州有冲突的原因，请求文帝可以宽宥他们。

八月，北魏君主拓跋焘命令冠军将军安颉前往各军督导，向到彦之的军队发起进攻。丙寅十二日，到彦之派遣副将吴兴人姚耸夫渡过黄河北上，向冶坂进攻，和安颉应战；耸夫大败，士兵死伤无数。戊寅二十四日，拓跋焘派遣征西大将军长孙道生和丹杨王拓跋大毗会合，在黄河边屯驻，防止到彦之军队的进攻。

北燕太祖身患重病，将中书监申秀、侍中阳哲召到内殿，嘱托后事。九月，冯跋病重，坐辇车前往金銮殿，让太子冯翼主持国事，统领全国军队，以防止意外事情的发生。

冯跋的妃子宋夫人想让她的儿子冯受居继承帝位，所以她对太子冯翼主持政事十分厌恶，对冯翼说：“皇上的病马上就要好了，你怎么可以这么急着代父亲统治天下呢？”太子冯翼，生性仁慈文弱，听从了宋夫人的话，退位返回东宫，不再主持朝政，每天三次前去殿内看望父王的病情。于是，宋夫人假传圣旨，下令将文武百官隔绝在宫外，不许进宫看望，若是有事，只能派太监传话。太子冯翼和其他几个皇子、文武百官都无法见到太祖皇上，只有中给事胡福一个人可以独自自由出入，专门统领皇宫的守卫。

胡福对宋夫人的谋划十分担忧，于是，就向太祖的弟弟司徒、录尚书事、中山公冯弘报告了宋夫人的异常情况，冯弘便亲自率领数十个壮士全副武装，进入后宫，士卫们没有抵抗就散开了。于是，宋夫人下令将东门关闭，冯弘的家童库斗头敏捷而十分有力，翻墙越门进入后宫，在大殿里，射死了一个宫女。冯跋因为受到惊怕而去世，于是，冯弘乘机在金銮殿即位，并派人在城中的大小街巷布告，说：“上天降下大祸，皇帝受惊去世，太子冯翼不在身边侍候疾病，文武百官也无人前来哀吊，恐怕有人计谋叛逆，危及到国家安全。现在，我以弟弟的身份，暂时即帝位以将国家安定，百官中有进宫朝见的，一律官加两等。”

太子冯翼率领东宫士兵出战，手下的士兵都四处逃去，大败，冯弘命人前去赐死太子冯翼。冯跋有一百多个儿子，冯弘将他们都杀害。对冯跋追谥号文成皇帝，庙号太祖，在长谷陵埋葬。

己丑初六，夏国君主赫连定命令他的弟弟赫连谓以代向北魏的鄜城进攻，北魏平西将军、始平公隗归等率兵反击，斩杀一万多夏国士兵，赫连谓以代出逃。赫连定亲自率领数万士兵在鄜城东与隗归迎战，让他的弟弟、上谷公赫连社干和广阳公度洛孤留下在平凉镇守，并派遣使者前往刘宋求和，请求集合兵力消灭北魏，黄河北部的地区事先分割好，即从恒山以东的土地属于刘宋，以西的土地归属夏国。

北魏君主拓跋焘听闻这个消息后，立马统领军队想要讨伐夏国，文武百官都说："刘宋刘义隆的军队，现在还停留在黄河边上，我们不顾其他而调兵向西讨伐，前面夏国的敌人未必能一举平定，而后面刘义隆的军队就要举兵渡过黄河，乘虚而入，这样我们太行山以东的土地就要被刘宋军队抢走了。"拓跋焘向崔浩询问，崔浩说："刘义隆和赫连定，他们距离遥远却相互拉拢，只不过是虚张声势，相互唱和，想要一起来窥视我国，刘义隆希望赫连定可以先发兵进攻，赫连定却在等待刘义隆先举兵进攻，两个人都不敢先攻打我们的国家；他们就像是捆绑在一起的两只鸡，无法同时起飞，肯定不会成为祸害。我起初以为刘义隆举兵进攻，应当在黄河中游据守，然后再兵分两路北上，东路直至冀州，西路则向邺城进攻，这样，皇上您就需要亲自率兵讨伐，不可慢行。但是现在却不是这样，刘宋在东西设防的士兵长达两千里，不过每一个地方的士兵不过几千而已，军队兵力分散，这样的部署看来只不过是想要在黄河沿岸防守，并没有渡过黄河北伐的意图。对于赫连定，他的政权不稳，就像枯树的残根，很容易倒，一击就垮。我们对赫连定平定以后，就可以东出潼关，向前席卷，那么必会在最南方都产生威慑，长江、淮河以北就可以全部占领。皇上的英明独见，不是我们一般人可以比过的，希望皇上不要怀疑。"甲辰二十一日，北魏君主拓跋焘抵达统万，率领大军向平凉进攻，派遣卫兵将军王斤在蒲坂留守。王斤是王建的儿子。

西秦国从正月开始，就不下雨，一直持续到九月，流亡背叛的百姓很多。

冬季，十月，刘宋文帝将竟陵王刘义宣任命为南徐州刺史，仍在石头城镇守。

戊午初五，文帝设立钱币署，开始四铢钱的铸造。

刘宋右将军到彦之、安北将军王仲德在黄河沿岸部署好防线后，便返回驻守东平。

乙亥二十二日，北魏冠军将军安颉从委粟津率领大军渡过黄河南下，向金墉进攻。金墉城已经很久没有修整，防御工事残破，城中又没有粮食，所以，驻守金墉城的杜骥想要弃城逃走，又担心受到皇上的制裁。起初，宋高祖刘裕消灭后秦的时候，将后秦的皇家钟虡搬运回江南，但是途中有一个大钟掉到洛水中，刘义隆派遣姚耸夫率领一千五百士兵前往打捞。杜骥乘机对他哄骗，说："现在金墉城已经修缮完毕，粮食也已补足，只是缺少士兵防守，如今北魏敌人骑兵大举南下，我们应合力防御敌人的进攻，等到大败敌人之后，再去捞钟也不晚。"姚耸夫听取了他的建议。等到了金墉之后，看到城池无法据守，于是率兵而去，杜骥也趁机放弃城池向南逃走。丙子二十五日，北魏将军安颉攻打洛阳，斩杀刘宋的守城士兵五千多人。杜骥逃回京师建康，他报告刘宋文帝说："我本来是想要以死坚守，可是姚耸夫到达城池后立刻转身就走，让士兵的人心士气溃败，无法挽回。"刘宋文帝刘义隆闻之大怒，立马下令将姚耸夫在寿阳杀死。姚耸夫英勇善战，是其他偏将所赶不上的。

北魏黄河以北的各路大军在七女津集合。到彦之害怕北魏大军会南下渡过黄河进攻，便派遣裨将王蟠龙逆流而上夺取北魏的战船，却被北魏阳平王杜超等杀死。于是，北魏冠军将军安颉、龙骧将军陆俟集合兵力，共同向虎牢进攻。辛巳二十八日，虎牢攻陷；司州刺史尹冲和荥阳太守清河人崔模向北魏军队投降。

西秦王乞伏暮末被河西军事逼迫，所以派遣使臣王恺、乌讷阗前往北魏，请求派兵支援，北魏君主同意将平凉、安定二地封给乞伏暮末。于是，乞伏暮末在城邑纵火焚烧，将带不走的宝物摧毁，然后率领一万五千户百姓，向东前往上邽，他们走到高田谷的时候，给事黄门侍郎郭恒等人商量将沮渠兴国劫走，叛变西秦。结果郭恒的阴谋被发觉，乞伏暮末将他杀死。夏国君主赫连定听到乞伏暮末将率领大军前来进攻，于是出兵抵抗。乞伏暮末只能在南安城固守，西秦的其他地方全部都被吐谷浑攻占。

十一月，乙酉初三，北魏君主拓跋焘到达平凉，夏国上谷公赫连社干等带领士兵在城中固守；拓跋焘派遣赫连昌前去招降，赫连社干等没有答应，于是，拓跋焘又命令安西将军古弼等率领大军直指安定城。夏国君主赫连定从鄜城返回安定，并率领二万步、骑兵向北救援平凉，途中与古弼率领的大军相遇，古弼假装战败撤退，引诱敌人深入；赫连定率军追赶，拓跋焘派遣高车部落前去迎击，夏国军队大败，士兵被斩杀数千人。赫连定逃走，退回鹑觚原据守，布置方阵自保，北魏大军将其包围。

壬辰初十，刘宋文帝刘义隆加封征南大将军檀道济为都督征讨诸军事，率领大军前去讨伐北魏。

甲午十二日，北魏寿光侯叔孙建和汝阴公长孙道生一起率军渡黄河南下。

到彦之听到洛阳、虎牢相继失守，各路大军败逃的消息后，也准备率军撤回，殿中将军垣护之给到彦之写信劝阻，建议他应派遣竺灵秀前去帮助朱修之在滑台固守，而自己亲自率领大军向黄河以北发起进攻，还说："以前，曾经有人连年征战，就算士兵折损，粮食紧缺，仍然奋勇前进，不愿轻易撤退。况且，现在青州粮食丰收，济水漕运通畅，士兵和战马都是壮饱强健，战斗力没有损伤。如果我们白白地放弃滑台，坐看成功的大业被抢走，这不是辜负朝廷托给我们的重任吗？"到彦之没有同意。垣护之，是垣苗的儿子。

到彦之准备将船只烧毁，走陆路撤退，安北将军王仲德说："洛阳沦陷，虎牢被攻克，这是必然的形势。但是，如今敌人与我们的距离还有千里之遥，滑台城又有精锐部队据守，如果仓促将船只抛弃逃跑，士兵们一定会散乱。我们应该乘坐战船前往济水，等到马耳谷口，再做详细的决定。”到彦之本来就有眼病，到这时更加劳累严重，难忍疼痛，而且染上瘟疫的将士很多，因此，到彦之率兵从清水前往济水。向南抵达历城后，将战船烧毁，抛弃盔甲，走陆路直到彭城。兖州刺史竺灵秀也将须昌放弃，向南逃到湖陆，青州、兖州陷入惊慌之中。长沙王刘义欣正在彭城，左右的将领担心北魏大军即将攻来，规劝刘义欣放弃彭城而退回京师建康，刘义欣不答应。

北魏大军开始向济南进攻，济南太守武进人萧承之率领士兵几百人誓死抵抗。北魏大军在城下集合，准备攻城，萧承之传令收兵进城隐藏起来，并将城门大开。他手下的士兵说：“敌人众多而我们弱少，哪里可以如此轻敌呢？”萧承之说：“我们现在是孤立地在敌人后方守城，形势十分危急，如果向敌人示弱，肯定会被杀害，所以只有装作有强大的力量来对待敌人了。”北魏军队看到这种情况，怀疑城内有重兵埋伏，就撤退离去。

北魏军队已经将夏国君主赫连定包围了好几天，并将夏国士兵的水源和粮草的补给切断，使得夏国的人马都十分饥渴。丁酉十五日，赫连定率领士兵从鹑觚原冲下山。北魏武卫将军丘眷率兵前去阻击，夏国军队大败，有一万多人被杀。夏国君主赫连定身受重伤，一个人骑马逃走，途中将逃散的残兵聚集，驱使五万百姓向西退回，以保卫上邽。北魏军队将赫连定的弟弟丹杨公赫连乌视拔、武陵公赫连秃骨以及公侯以下的贵族和大臣一共一百多人擒获。这一天，北魏大军乘胜向安定进攻，夏国的守将东平公赫连乙斗弃城，向长安逃走，又将数千家的夏国百姓驱使，向西逃往上邽。

戊戌十六日，北魏寿光侯叔孙建向据守湖陆的刘宋兖州刺史竺灵秀大军发起进攻，竺灵秀大败，五千多士兵被斩杀。叔孙建在顿城屯驻。

己亥十七日，北魏君主拓跋焘前往安定；庚子十八日，返回平凉，让士兵在平凉城四周挖深沟，将平凉城重重包围起来。拓跋焘对刚刚归附的百姓进行安抚，将秦州、雍州二地人民的七年赋税徭役免去。夏国陇西的守将也投降北魏。

辛丑十九日，北魏冠军将军安颉统领各路军队向滑台城发起进攻。

北凉河西王沮渠蒙逊派遣尚书郎宗舒等人前往北魏纳贡，拓跋焘举行宴会款待使者，宴中拓跋焘拉着崔浩的手，向宗舒等人介绍，说："你们以前听闻的崔公，就是这位！他才华与智慧的美好，是当今之世无人相比的。我的一举一动都询问他的意见，他预计军事上的胜败，就如相合在一起的符信一样，从来没有出过差错。"

北魏君主将叔孙建任命为都督冀州、青州、徐州、济州四州诸军事。

北魏尚书库结率领五千骑兵前去迎接西秦王乞伏暮末。西秦卫将军乞伏吉毗认为西秦族人不应该向北魏投靠而被迁往内地，乞伏暮末同意了乞伏吉毗的话，库结只好率兵返回。

南安各羌族部落的一万多人反叛西秦的统治，一起推举安南将军、督八郡诸军事、广宁太守焦遗作为他们的首领，焦遗没有答应。于是，部落族人将焦遗同族的侄子、长城护军焦亮劫持，推举他作为首领，集合众人向南安进攻。乞伏暮末对氐王杨难当请求援救。杨难当派遣将军苻南率领三千骑兵前去救援西秦。乞伏暮末与三千援兵集合兵力对各羌族部落的进攻进行反击。大败各羌族部落的军队，焦亮逃回广宁，乞伏暮末率兵前往广宁进攻。又亲自以手令命焦遗将焦亮斩杀，十二月，焦遗将焦亮斩杀，并出城向西秦投降，乞伏暮末将焦遗任命为镇国将军。西秦略阳太守弘农人杨显将郡城献出，向夏国投降。

辛酉初九，刘宋将长沙王刘义欣任命为豫州刺史，在寿阳镇守。寿阳的土地荒凉，百姓四处离散，城垣破败，贼人公然抢劫。刘义欣到达寿阳后，针对具体的情形，采取了合适的治理措施，没多久便让境内的百姓安居乐业，路不拾遗，城郭府第修缮坚固，成为强盛的地方屏障。芍陂湖也早就残破不堪，刘义欣命人兴筑堤防，将河水引入湖中，便于溉灌一万多顷的农田，从此之后，旱灾再也没有发生了。

丁卯十五日，夏国的上谷公赫连社干、广阳公赫连度洛孤出平凉城向北魏投降，于是，北魏大军将平凉城占领。

北魏关中侯豆代田，将司空奚斤、娥清等人救出，并呈献给北魏君主拓跋焘，拓跋焘把夏国君主赫连定的皇后赏赐给豆代田，并命令奚斤跪下用膝盖行走，向豆代田敬酒致谢，拓跋焘向奚斤说："是豆代田保全了你的生命啊！"于是，将豆代田封为井陉侯，加授散骑常侍、右卫将军兼内都幢将。

夏国据守长安、临晋、武功等地的将士们都弃城逃走，大片的关中土地全部归北魏所有。北魏君主拓跋焘将巴东公拓跋延普留下在安定城镇守，让镇西将军王斤在长安镇守。壬申二十日，北魏君主向东返回都城，将奚斤任命为宰士，命令他跟随左右伺候酒食。

北魏镇西将军王斤骄横恣意，没有规矩，纵容左右的亲信，来役使调动百姓，百姓实在是无法忍受，有好几千家都向南逃往汉川。拓跋焘调查证实了罪状，将王斤斩杀以治罪。

刘宋右将军到彦之、安北将军王仲德因为作战不当都被撤职，抓获下狱，兖州刺史竺灵秀，因为弃军逃跑，被斩杀。刘宋文帝刘义隆看见殿中将军垣护之写给到彦之反对撤军的信，十分赞许，将他任命为北高平太守。

到彦之率领大军向北讨伐的时候，武器和各种物资都非常充盛，等到大军战败后，全部丢失殆尽，因此，朝廷的粮仓以及兵器库变得空虚。后来，刘义隆和大臣们一起宴会，在座的也有北方投降的人，刘义隆向尚书库部郎顾琛询问说："我们兵器库中还有多少武器可以供士兵使用？"顾琛虚报说："足够十万人作战。"刘义隆问完后觉得很后悔，等听到顾琛的回答，才略觉宽慰，十分高兴。顾琛，是顾和的曾孙。

刘宋彭城王刘义康与王弘共同被任命为录尚书，刘义康心里感到不快，从他的话语中可以听出他想要担任扬州刺史；此外，又因为王弘的弟弟王昙首担任侍中，深得刘义隆的信任，刘义康便更加不悦。王弘以年老多病为缘由，多次向文帝请求辞官，王昙首也主动提出愿意前往吴郡担任太守，文帝没有准许。刘义康向别人说："王弘长久抱病在床，国家难道要躺在床上来治理吗？"于是，王昙首向王弘劝说，将府中文武官员的一半拨给义康管理，刘义隆准许拨给他两千人，刘义康才高兴。

资治通鉴卷第一百二十二　宋纪四

起辛未(公元431年),止乙亥(公元435年),共五年。

【**题解**】本卷记录了公元431年至435年,即宋文帝刘义隆元嘉八年至十二年共五年间刘宋与北魏等国的大事。记录了宋将檀道济"唱筹量沙",稳定军心;记录了宋将朱脩之坚守滑台数月,城破被俘,被魏人钦佩;记录了魏主拓跋焘出兵攻燕,燕王称藩;记录了刘宋益州官员逼反百姓,官军讨伐,变民奔散入山;记录了氐王杨难当突袭梁州,官军讨伐,收复汉中;记录了刘湛刺杀恩人殷景仁,因有宋文帝刘义隆维护失败;记录了夏主赫连定伐秦,使西秦灭亡,后被吐谷浑王慕容慕璝击败俘获,夏政权灭亡;记录了四方归附北魏,魏国势力空前强大;记录了魏主拓跋焘励精图治,崔浩实行门阀制度,得罪众人;记录了刘宋诗臣谢灵运恃才傲物,在广州被弃市;此外还记录了北凉对北魏、刘宋称藩进贡,敦煌谣言预言其亡等等。

太祖文皇帝上之下

元嘉八年(辛未,公元431年)

春季,正月,壬午朔初一,北燕下令大赦,将年号改为大兴。

丙申十五日,刘宋檀道济等率领大军从清水出发,前往被北魏大军围困的滑台救援,北魏叔孙建、长孙道生率领军队抵抗刘宋的军队。丁酉十六日,檀道济抵达寿张,遇见北魏安平公拓跋乙旃眷的军队,于是,檀道济率领宁朔将军王仲德、骁骑将军段宏进攻,大败北魏军队;又转向高梁亭进攻,将北魏济州刺史悉烦库结斩杀。

夏国君王赫连定向西秦将军姚献的军队发起进攻,并将他打败;接着又派遣他的叔父北平公赫连韦伐率领一万士兵向南安进攻。当时,南安城中发生大饥荒,出现人吃人的局面。西秦侍中征虏将军出连辅政、侍中右卫将军乞伏延祚、吏部尚书乞伏跋跋向城外逃去，并向夏国投降；西秦王乞伏暮末穷途末路，于是，他乘车载着空棺木出城，投降夏国，并将沮渠兴国一同押送到上邽。西秦太子司直焦楷，向广宁逃跑，他哭着对他的父亲焦遗说："您一向承蒙国家的恩宠，身居藩镇大臣委以重任，统领一方，如今本朝被灭，您为什么不倡大义来号召率领大家，将敌人消灭呢？"焦遗说："我不是那些爱惜性命而忘掉大义的人，如今主上已经被敌人擒获，如果我们以大军前去追击，只会加快害死主上的性命，还不如在王族中选择有能力的贤者，我们拥护他为王，再前去讨伐敌人，这样或许还会有希望。"于是，焦楷兴建土坛召集大众盟誓，在二十天的时间内，就有一万多人前来归附。恰好，焦遗患病去世，焦楷无法独力起兵承担这件大事，于是，率领大众向河西逃跑。

二月，戊午初七，刘宋文帝刘义隆将尚书右仆射江夷任命为湘州刺史。

刘宋檀道济等率领大军前往济水岸，在二十多天的时间内，和北魏军队先后打了三十多次，檀道济胜仗过半。大军抵达历城，北魏叔孙建等派遣轻骑兵在大军的前后出没，往来进攻，并放火将刘宋大军的粮草烧毁，檀道济的军队因此缺乏粮食，无法率兵前进，所以北魏冠军将军安颉、安南大将军司马楚之等乘机集合兵力向滑台发起进攻，北魏君主拓跋焘又派遣楚兵将军王慧龙前去滑台增援。刘宋朱修之在滑台坚守了几个月，城中的粮食全部吃完，士兵们用烟将老鼠熏出烤着吃掉。辛酉初十，北魏大军将滑台攻破，擒获朱修之和东郡太守申谟以及一万多士兵。申谟，是申钟的曾孙。

癸酉二十二日，北魏君主拓跋焘返回平城，举行盛大宴会，并祭祀宗庙，所有的将帅和文武百官都受到了封赏，士兵们全部免除徭役十年。北魏的南方边境发生严重的洪水，有很多百姓都被饿死。尚书令刘絜向拓跋焘说："不久前刘宋敌人入侵我国，我们曾多次率兵前去抵抗，上天保佑帮助皇上圣明，让我们的军队到处都可以取得胜利。现在，动乱已经得到平息，将士和百官们也都受到了奖赏。而各郡的百姓，虽没有亲自参加战争，但是，他们一直认真于务农养蚕，来支持军队和国家的供应需要，实在是治理国家的根本，更是府库薪饷的重要供应者。如今，从太行山以东，到处洪水成灾，我们应该对这些受灾的百姓加以怜惜，以光大皇上您保护万民的恩德。”拓跋焘听从了他的建议，下令将灾区百姓一年的租赋都免去。

刘宋檀道济军队因为粮草断绝，只能从历城撤退；大军中有一些将士逃跑向北魏投奔，将刘宋军队缺粮的情况据实告诉了北魏军队。于是，北魏大军乘机追赶，刘宋大军人心涣散，马上就要溃败。檀道济在晚上利用夜色的掩护，命令士兵将沙子当作粮食来一斗一斗地量，并高声喊出数字，然后用所剩的为数不多的粮食在沙子上覆盖，用来欺骗北魏士兵。第二天清晨，北魏大军看到这个情形，认为檀道济的军队中还有余粮，就以欺妄之罪将那些投降的士兵斩杀了。当时，檀道济士兵缺少，北魏士兵却有很多，骑兵从四面而来将檀道济的军队包围。檀道济命令士兵们都将甲衣披上，自己则穿着白衣，乘坐着战车率领军队慢慢而出。北魏大军以为檀道济设有伏兵，不敢上前，并稍微撤退，因此，檀道济的军队得以保全，而安全撤退。

刘宋青州刺史萧思话听到檀道济的大军向南撤退的消息后，准备弃城前往险要地带自保，济南太守萧承之一直再三劝阻，萧思话不听从他的劝告。丁丑二十六日，萧思话弃城逃往平昌，参军刘振之正在下邳镇守，听到萧思话弃城逃跑的消息后，也弃下邳城逃走。可是，北魏大军并没有前来进攻，而东阳城的大批物资，被百姓在先前纵火烧毁。萧思话被惩罚治罪，召回京师囚禁。

北燕王冯弘将夫人慕容氏立为王后。

庚戌（有误），北魏安颉率领大军返回平城。北魏君主拓跋焘对朱修之镇守滑台的坚守气节十分赞赏，于是，将他封为侍中，并把宗室的女儿许配给他做妻子。

起初，刘宋文帝刘义隆命令到彦之率军北伐的时候，告诫他说：

"如果北魏大军有所动作，我军应该在他们没有攻到之前，先行渡过黄河；如果北魏大军没有动作，我军就在彭城留守，不要再前进。"等到安颉将刘宋大军抓获，拓跋焘才了解了刘义隆的战略，于是对文武大臣说："你们以前总是说我用崔浩的方法是错误的，所以担心失措一直向我谏劝。经常打胜仗的人，在开始时都认为自己比别人强，等到事情的最后，才明白能力是无法与别人相比的。"

北魏安南大将军司马楚之向拓跋焘上书，认为现在四面都已经平定，请求皇上派遣大军向刘宋讨伐。北魏君主拓跋焘认为士兵接连征战已经疲劳，没有答应。将司马楚之征召回京，任命为散骑常侍，将王慧龙任命为荥阳太守。

王慧龙在荥阳担任郡守的十年时间里，不仅让农业繁荣，军事备战也得到了发展，政绩显著，声名远播，各地有一万多家百姓前来归附。刘宋文帝刘义隆向北魏乘机使用反间计，说："王慧龙自认为自己的功劳显著，而官位却十分低微，因此，准备将刘宋大军引入进攻，然后将司马楚之抓获叛变，投奔刘宋。"拓跋焘听到这些话后，给王慧龙颁赐了一封玺书说："刘义隆对将军的害怕就像见到了老虎一样，我完全知道他想要用计陷害于你，所以，对于那些不可信的谣言，我想你也不要介意！"刘义隆又派遣刺客王玄伯前往暗杀王慧龙，说："如果你将王慧龙的人头砍下，我便封你为食邑二百户的男爵，赏赐丝绢一千匹。"于是，王玄伯假装成投降的人，请求将旁人屏退单独和王慧龙说话；王慧龙对他心存怀疑，便派人搜王玄伯的身，结果在王玄伯的怀中搜出短刀。王玄伯立马叩头请罪，王慧龙说："我们都是为自己的国君行事罢了！"便将王玄伯释放。王慧龙左右的官吏都劝阻说："刘宋人的阴谋一直没有停止，如果不斩杀王玄伯，就无法阻止将来再有这种事情发生。"王慧龙却说："一个人的死生都是由上天决定的，他们怎么可以伤害得了我呢？我用仁义作为屏障来抵挡，没有什么好忧虑的。"于是，王慧龙将王玄伯释放。

夏天，五月，庚寅十一日，北魏君主拓跋焘抵达云中。

六月，乙丑十六日，刘宋下令大赦天下。

夏国君主赫连定将擒获的乞伏暮末以及他的宗族五百人全部斩杀。

夏国君主赫连定担心北魏军队讨伐，便将西秦十多万百姓劫持，从治城渡过黄河，想要向北凉河西王沮渠蒙逊发起进攻，夺取北凉的土地。吐谷浑王慕璝命令益州刺史慕容慕利延、宁州刺史慕容拾虔，率领三万骑兵，在夏国军队渡黄河过了一半的时候，乘机发起进攻，将夏国君主赫连定擒获，班师回朝，沮渠兴国因受重伤死去。慕容拾虔，是慕容树洛干的儿子。

北魏驻守边境的官吏，擒获柔然汗国二十多个巡逻士兵。北魏君主拓跋焘赏赐给他们衣食，并将它们释放送回柔然。柔然人非常感动。闰月，乙未十六日，柔然汗国敕连可汗派遣使者前往北魏访问，北魏君主拓跋焘用厚礼接待了他们。

北魏君主拓跋焘派遣散骑侍郎周绍前往刘宋访问，并且请求联姻；刘宋文帝刘义隆含糊其辞地给以回答。

刘宋荆州刺史、江夏王刘义恭，渐渐长大，想要亲自处理政事，但是长史刘湛常常阻止他，于是，刘义恭和刘湛之间产生了矛盾。刘宋文帝刘义隆心中对刘湛十分看重，命人前去责备刘义恭，并从中对两人的矛盾加以调解。当时，王华、王昙首都已经去世，领军将军殷景仁素来与刘湛的关系友善，便对刘宋文帝报告说，如今人才都已去世，建议文帝将刘湛征召为太子詹事。于是，刘义隆将刘湛任命为太子詹事，加封为给事中，共同处理朝政。又将雍州刺史张邵代替刘湛任命为抚军长史、南蛮校尉。

过了不久，张邵因为以前在雍州刺史的任职期间营私舞弊，贪污钱财，赃款多达二百四十五万，被抓获入狱，按照法律应该判处死刑。左卫将军谢述向皇上上书，陈述说，张邵是先朝时期的功臣，理应得到原谅。刘义隆听取了谢述的建议，亲自下诏，将张邵的官职撤免，并削去他的爵位和封土。谢述对他的儿子谢综说："因为皇上怜惜张邵一向忠诚，所以特别赦免了他的罪行，我所说的只是恰好和皇上的想法一样，皇上同意了而已。这件事如果借机四处张扬，那就是对皇上的恩赐的侵犯，这是肯定不行的。”于是，让谢综在他面前将奏章烧掉。后来，文帝刘义隆对张邵说：“你可以得到赦免，谢述可是出了力量啊。”

秋季，七月，己酉初一，北魏君主拓跋焘抵达河西。

八月，乙酉初七，北凉河西王沮渠蒙逊派遣他的儿子沮渠安周作为人质前往北魏，侍奉拓跋焘。

吐谷浑王慕璝派遣侍郎谢太宁，带上奏章前去出使北魏，表示愿意将夏国君主赫连定送给北魏。己丑十一日，北魏君主拓跋焘将慕璝任命为大将军，封为西秦王。

刘宋左仆射、临川王刘义庆坚持向文帝请求将左仆射的职位辞去；甲辰二十六日，刘义隆将刘义庆任命为中书令，仍兼丹杨尹。

九月，癸丑初六，北魏君主拓跋焘返回宫中。庚申十三日，拓跋焘将太尉长孙嵩加封为柱国大将军，将左光禄大夫崔浩任命为司徒，将征西大将军长孙道生任命为司空。长孙道生生性节俭淡泊，一张用熊皮做成的马鞯，数十年都不换。拓跋焘命令乐工编歌颂群臣的歌，辞有：“足智多谋如崔浩，两袖清风像道生。”

北魏君主拓跋焘想要选派使者前往河西，崔浩将尚书李顺推荐给他，于是，拓跋焘将李顺任命为太常，前往北凉任命河西王沮渠蒙逊为侍中，都督凉州、西域、羌、戎诸军事、太傅，并兼征西大将军、凉州牧和凉王，统治的地区包括武威、张掖、敦煌、酒泉、西海、金城、西平七个城池。册封的诏书说：“北凉河西国的兴衰存亡，与我们北魏的命运密切相关。向北到达穷发，向南到达上庸、岷山，向西到达昆仑山，向东到达河曲的广大地区，都归河西王统治管辖，如果有不听从命令的，河西王准许向他征讨，来在旁辅佐北魏朝廷。”同时，在凉州设置将相、群卿、文武百官，河西王能够代表皇上直接任命官员。还允许竖立天子的专有旌旗，出入时能够戒严道路，全部效仿汉朝初辅佐汉帝的各侯王的制度。

壬申二十五日，北魏君主拓跋焘下诏，说："如今秦、夏二国的敌人已经被我们消灭，我们要停止军事，发展文治，将过去荒废和忽略的工作重新整理，举用那些隐逸的贤者为官。范阳人卢玄、博陵人崔绰、赵郡人李灵、河间人邢颖、渤海人高允、广平人游雅、太原人张伟等，他们都是贤者的后代，才干与谋略在州郡十分突出。《易经》上说：'我有美好的酒器，和你们一起共饮。'像卢玄他们一样有才能的贤者，各地州郡都要按照朝廷的礼节，将他们送回到京师。"因此，将卢玄等以及各地州郡所推荐的几百名贤者征召入京，根据他们的才能，分别加以录用。崔绰因为母亲年纪已大，坚决请求辞退官职，卢玄等人都被任命为中书博士。卢玄，是卢谌的曾孙。李灵，是李顺的堂兄。

卢玄的舅舅就是司徒崔浩，崔浩每次与卢玄交谈，往往叹息着说："看着你，就让我思念古代学术之情更加深厚。"崔浩准备对文武百官的阶级品流进行大整顿，辨别出他们的出身和姓氏的等级。卢玄加以劝阻，说："想要创设一种新制度，改革现行的规章，需要有适宜的时机，现在同意您这项工作的能有几个人呢？您应该三思而后行。"崔浩没有听取他的建议，因此，将朝中的众多大臣都得罪。

起初，北魏昭成帝时开始制定法令："凡是谋反背叛的人要全族诛灭。除反叛外的其他犯有死罪的人，可以用金钱、马匹赎罪。同意杀人者给丧者家属牛马、棺木来赎罪私下调解。对于盗取官家财物的人，要偷一赔五，对于盗窃私人财物的，要偷一赔十。"当时，四部的大人一同在公堂上处理诉讼案件，于是，诉讼者从来没有被羁押，囚禁，拖延审讯的苦处，境内的百姓都十分安宁。等到太祖进入中原以后，认为前代的政律过于细密苛刻，于是，命令三公郎王德对从前的政法重新删订，来制定新的政法，以求简单易懂。太祖晚年身患重病，刑罚泛滥，政法严酷，明元帝拓跋嗣即位以后，和前代的法律制度一样，吏治的规定也十分苛刻。冬季，十月，戊寅初一，拓跋焘命令崔浩对法律重新制定，把五年和四年的有期徒刑废除，并增加一年的有期徒刑。利用巫术蛊惑众人的人，要背着黑羊、抱着狗，投入深潭中。重新设定，对于九品之内的官阶犯罪能够用官职和爵位抵免罪名，女子怀有身孕而要受死刑的，在生产一百天后再施刑。并且规定在朝廷城门的左边设置登闻鼓，让有冤情的人可以前去击鼓申冤。

北魏君主拓跋焘抵达沙漠南。十一月，丙辰初十，北部敕勒部落的酋长库若干，率领部众骑兵几万人，驱赶鹿群几百万头，前往拜见拓跋焘的行宫。拓跋焘举行大规模的狩猎，对随行官员赏赐。十二月，丁丑初一，拓跋焘返回宫中。

这一年，北凉将年号改为义和。

林邑王范阳迈对刘宋的九德发起进攻，交州士兵将他们击退。

元嘉九年(壬申，公元432年)

春季，正月，丙午初一，北魏君主拓跋焘将他的乳母保太后窦氏尊封为皇太后，将贵人赫连氏封为皇后，将皇子拓跋晃立为皇太子；下令大赦天下，将年号改为延和。

北燕王冯弘将慕容皇后生的儿子冯王仁立为太子。

三月，庚戌初六，刘宋将卫将军王弘加封为太保，并加授中书监。丁巳十三日，将征南大将军檀道济进封为司空，并派遣他前去镇守寻阳。

壬申二十八日，吐谷浑王慕把夏国君主赫连定呈献给北魏，拓跋焘下令将他斩杀。慕璝对北魏君主拓跋焘上书说："我将叛逆者赫连定擒获，呈献给陛下，陛下您所给我封的爵位虽然尊崇，但是领土面积却没有加大。车辆的旗帜虽然按照爵位得到了装饰，但是，却没有足够的财物赏赐部下，这些希望您可以了解。"拓跋焘将他的请求交给文武百官们商讨。百官们认为："慕璝的功劳，只是将赫连定擒获而已。塞外的百姓都已经归他管理，但是他却不知满足贪得无厌，他的要求不可以答应。"于是，北魏君主拓跋焘下诏说："西秦王慕璝所攻占的金城、枹罕、陇西等地，我已经答应赏赐给你，这就是分封给你的土地，哪里还有什么必要再加大土地呢？西秦对我们诚心相待，所赏赐的丝绵绢布也是依据使者来往的次数而临时决定增加，不是只赏赐一次以后就没有的。”从此，慕璝派遣使者向北魏的进贡就减少了。

北魏方士祁纤上书皇上，奏请将代郡改为万年，将代尹改作为万年尹，将代令改作万年令。司徒崔浩说：“以前，太祖顺应上天的旨意，来效仿殷商，将代和魏兼称。国家所积累的仁德，可以让国家享年长达万亿年之久，没有必要假借名称来得到益处。祁纤所奏请的，都不是正当的大义，所以应当恢复旧有的称号。”北魏君主拓跋焘同意了他的建议。

夏季，五月，壬申二十九日，刘宋太保、华容文昭公王弘去世。王弘为人聪慧而富有思想，但是却举止轻率，威仪无法让大家信服。他个性偏激狭隘，常常侮辱人，因此，别人常常对他不满。他虽然官居高位，地位尊崇，但是却不私谋财利；等到去世的时候，家中没有多余的家产，文帝刘义隆知道以后，特别赏赐百万钱财、一千斛米给王弘的家属。

北魏君主拓跋焘前往平城南郊练兵，想要向北燕进攻。

刘宋文帝刘义隆派遣使者赵道生前去出使北魏。

六月，戊寅初五，刘宋文帝将司徒、南徐州刺史、彭城王刘义康改任为扬州刺史。

刘宋文帝刘义隆下诏，将青州分出一部分设立冀州，州治在历城。

吐谷浑王慕璝命令司马赵叔出使刘宋进贡，并且呈报抓获赫连定的消息。

庚寅十七日，北魏君主拓跋焘亲自率领大军前往北燕讨伐。将太子拓跋晃任命为录尚书事，当时的拓跋晃只有五岁。又命令左仆射安原、建宁王拓跋崇等在沙漠以南驻守，防御柔然汗国的进攻。

辛卯十八日，北魏君主拓跋焘派遣散骑常侍邓颖出使刘宋访问。

乙未二十二日，刘宋文帝刘义隆将吐谷浑王慕璝任命为都督西秦、河、沙三州诸军事，征西大将军，西秦、河二州刺史，加封晋爵为陇西王，并且命令慕璝将从前擒获的刘宋士兵，共一百五十多人归还刘宋。

刘宋文帝又将北秦州刺史杨难当加封为征西将军。杨难当将他的侄子杨保宗任命为镇南将军，在宕昌镇守；又将他的儿子杨顺任命为秦州刺史，在上邽镇守。杨保宗因为袭击他的叔父杨难当的谋划泄露，所以杨难当将杨保宗囚禁起来。

壬寅二十九日，刘宋文帝刘义隆将江夏王刘义恭任命为都督南兖等六州诸军事、开府仪同三司、南兖州刺史，将临川王刘义庆任命为都督荆、雍等七州诸军事、荆帅刺史，将竟陵王刘义宣任命为中书监，将衡阳王刘义秀任命为南徐州刺史。起初，刘宋高帝刘裕以为，荆州是长江上流的军事重地，土地面积辽阔，物资和军事力量占到了全国的一半，所以，去世前下遗诏，命令他的儿子前去镇守。刘义隆认为刘义庆是宗室中少有的享有美誉的贵族，而且他的父亲烈武王对国家有大功，所以，特别将他任命为荆州刺史。

秋季，七月，已未十七日，北魏君主拓跋焘到达濡水。庚申十八日，拓跋焘派遣安东将军奚斤将幽州和密云境内的丁零百姓一万多人聚集起来，运送攻击的器具，从南路动身，和北魏大军会师于北燕都城和龙城下。拓跋焘到达辽西，北燕王派遣侍御史崔聘，将牛羊佳酒呈上，犒赏北魏士兵。己巳二十七日，拓跋焘到达北燕都城和龙。

庚午二十八日，刘宋文帝刘义隆将领军将军殷景仁任命为尚书仆射，将太子詹事刘湛任命为领军将军。

刘宋益州刺史刘道济是刘粹的弟弟，他宠信长史费谦、别驾张熙等人，聚敛钱财，对处理政事造成了损害，并祸害百姓，他自己设立官方冶炼的部门，禁止百姓私自铸造，用高价出卖铁器，导致商人失业，百姓到处哀怨。

流民许穆之，将姓名改为司马飞龙，说自己是东晋皇室的近亲，前去向氐王杨难当投奔。杨难当利用益州人民的哀怨，将士兵借给司马飞龙，让他率兵前去进犯侵扰益州。司马飞龙又招募了共一千多蜀人，前去进攻巴兴城，将巴兴县令杀死，又将阴平太守驱逐；刘道济命令一支军队前去攻击斩杀司马飞龙的部队。

刘道济想要将五城人帛氐奴、梁显任命为参军督护，长史费谦坚持反对。于是，氐奴等与他的同乡人赵广勾结在一起鼓动县城的百姓，谎称司马飞龙仍在阳泉山中，聚集部众几千人，向广汉进攻。刘道济派遣参军程展，与治中李抗之会合，率领五百士兵进行反攻，结果二人都战败而死。巴西人唐频聚众响应，赵广率兵前去进攻涪城，涪城被攻克。于是，涪陵、江阳、遂宁各地的太守听到消息后，纷纷弃城逃走，然后，益州境内的原住居民和外来侨民都纷纷起兵反叛。

北燕石城太守李崇等十郡，投降了北魏。北魏君主拓跋焘用三万百姓挖掘壕沟，兴筑工事，将和龙城包围，守卫和龙城。李崇，是李绩的儿子。

八月，北燕王派遣士兵数万人出城对北魏的军队迎战，北魏昌黎公丘等将北燕士兵打败，斩杀士兵一万多人。北燕国尚书高绍率领一万多百姓，退回羌胡固据守；辛巳初九，北魏君主拓跋焘亲自率军向高绍的军队进攻，将高绍斩杀。北魏平东将军贺多罗向带方进攻，抚军大将军永昌王拓跋健向建德进攻，骠骑大将军乐平王拓跋丕向冀阳进攻，全部都被攻下。

九月，乙卯十四日，北魏君主拓跋焘率兵向西回国，将营丘、成周、辽东、乐浪、带方、玄菟六郡的三万家百姓强行迁到幽州。

北燕尚书郭渊向北燕王规劝，将女儿献给北魏表示自己的诚意，请求成为北魏的附庸国。北燕王冯弘说："两国之间早已产生嫌隙，并且结怨已深。所以，请求归附就如同灭亡，还不如坚守城池，另行等待转机。"

北魏君主拓跋焘率军围攻和龙的时候，他护驾的士兵大多在战场上杀敌，留在行宫的人数十分少。北魏云中镇将朱修之谋划和来自南方的归附之人联合，袭击杀害拓跋焘，然后前往和龙投奔，再乘船回到刘宋；朱修之将这个计划告诉了降魏的前宋冠军将军毛修之，毛修之拒绝加入，朱修之的谋划只好停止。不久，计划泄露，朱修之逃往北燕。北魏大军多次对北燕国猛烈进攻，于是，北燕王将朱修之遣送回刘宋求救。朱修之经过海道乘船到东莱，然后返回建康，刘宋将他任命为黄门侍郎。

刘宋益州叛逆者赵广率兵向成都进攻，益州太守刘道济绕城防卫。反叛的群众集合了很久，也没有看到司马飞龙，于是准备散去。赵广感到十分恐慌，率领三千人以及迎驾的仪仗前往阳泉寺，谎称是要迎接司马飞龙。到达阳泉寺后，赵广对道人枹罕人程道养说："只要你自称为司马飞龙，就能够享受荣华富贵；要不然你会被砍头！"程道养听后十分惊恐，答应了赵广。于是，赵广将程道养拥举为蜀王、车骑大将军、益梁二州牧，将年号改为泰始，并且设立文武百官。又将程道养的弟弟程道助任命为骠骑将军、长沙王，在涪城镇守；赵广、帛氏奴、梁显以及其他同党张寻、严遐等人，也都成为将军，将程道养拥奉回成都，没过多久，从四面而来的群众就发展到十多万，将成都城四面包围，赵广派人对刘道济说："只要你将费谦、张熙二人交出来，我们一定会离开！"刘道济派遣中兵参军裴方明、任浪之各自率领一千多士兵出城迎战，都大败而归。

冬季，十一月，乙巳初四，北魏君主拓跋焘返回平城。

壬子十一日，刘宋文帝刘义隆将少府中山人甄法崇任命为益州刺史。

起初，北燕王冯弘的嫡妻王氏，生下长乐公冯崇，冯崇是兄弟间年纪最大的，等到北燕王冯弘即位后，将慕容氏封为王后，王氏却没能当王后。接着北燕王冯弘又将冯崇废黜，任命他前去肥如镇守。冯崇的同母弟弟广平公冯朗和乐陵公冯邈相互商量说："如今国家将要灭亡，不论聪明的人还是愚笨的人都已经明白。父王却听信慕容王后的谗言，我们兄弟两个人就要死了。"于是，他们两人一起逃往辽西，向冯崇游说投降北魏，冯崇听取了他们的建议。恰好，北魏君主拓跋焘派遣给事郎王德向冯崇招降。十二月，己丑十九日，冯崇派冯邈前往魏国，打算将辽西献出，投降北魏。燕王冯弘知道以后，派遣将领封羽将冯崇包围在了辽西。

北魏君主拓跋焘征召国内没有任职的知名人士，地方州郡大多用强迫的手段遣送。拓跋焘知道后，下诏说："各地州郡的官员要以礼来传达皇上的旨意，由他们的意愿决定是否去留，不能强行遣送。"

起初，刘宋文帝刘义隆将自己的小儿子刘绍过继给庐陵王刘义真为子，命令江夏王刘义恭将他的儿子刘朗过继给营阳王刘义符为子；庚寅二十日，将刘绍封为庐陵王，将刘朗封为南丰县王。

刘宋成都中兵参军裴方明又率领士兵出城向程道养的营地进攻，大败程营，并纵火将程道养的军用物资烧毁。

叛军将领、江阳人杨孟子率领士兵一千多人在成都城南驻守，宋参军梁俊之在成都南方城楼镇守，梁俊之写信劝杨孟子投降，杨孟子同意后进城去见刘道济，刘道济先暂时将杨孟子任命为主簿，商量好日期，共同向叛军讨伐。赵广知晓了杨孟子的计谋，杨孟子大为恐慌，率领他的士兵向晋原投奔。晋原太守文仲兴与他一起据守城池。赵广派遣帛氏奴向晋原进攻，晋原沦陷，文仲兴、杨孟子都被杀害。裴方明又出城进攻，经过几次战斗，大败叛军；程道养聚集剩余士兵七千人，逃回广汉，赵广另外率领五千多士兵返回涪城。

起初，张熙向刘道济建议将仓库的粮食售出，因此，从九月底叛军开始围城起一直到十二月，所有储存的粮食全部都吃完了。裴方明率领两千士兵出城前去寻找粮食，却被叛军大败，裴方明一个人奋战独自逃回，叛军又聚集在一起将城池包围。裴方明趁着夜色逃到城下，士兵们用绳子将他接回城里，刘道济为裴方明准备饭菜，裴方明痛哭，无法下咽。刘道济说："你现在这样怎么是大丈夫，一点小失败不至于如此沮丧！现在敌人的力量已经微弱，朝廷的援军马上就会到，只要你能活着，哪里值得忧虑呢?”于是，刘道济分出一些左右亲兵配给裴方明统率。敌人在城外四处宣称：“裴方明已经被斩杀!”城中的士兵听说后都大为恐慌。刘道济在晚上派人将一列火把点燃，推出裴方明和大家相见，军心这才安定。刘道济将所有的财物拿出来放在北射堂，命裴方明拿着钱财前去招募新军。当时城中有谣言说刘道济已经死了，所以无人前来应召。梁俊之向刘道济建议说，将他的三十多左右奴仆送出府，并告诉他们说：“我的病已经好多了，你们都可以回去休息了!”奴仆们回去以后，城中的百姓知道了刘道济没有死，情绪逐渐稳定下来，每日来应募的就有一千多人。

起初，东晋的谢混将晋陵公主娶为妻子。谢混去世以后，晋帝司马德文下诏，让晋陵公主和谢家的婚姻关系断绝；于是，晋陵公主将谢混的家业全部托付给谢混的侄子谢弘微。谢混的家一向都是国家的宰相，只是奴仆就多达一千人，谢混只有两个女儿，没有儿子，女儿的年纪只有几岁，谢弘微为谢混他们经营生计，对于一个钱或者一尺帛都详细记账。九年以后，宋高祖刘裕即位，将晋陵公主封号降为东乡君，刘宋高帝同意她再次回到谢家。东乡君进入家门以后，看到粮仓以及房屋，和以前一样，除此以外又开辟土地，家里的田地比以前还要多。她叹息说：“谢混生前一直对这个孩子很看重，可以说是有知人之明；所以，谢混可以说是没有死啊!”亲戚以及旧友们看到这种情形，也不禁感动得哭泣。同一年，东乡君去世。谢氏家族和官府都说，谢家的钱财应归两个女儿，而田地房屋、奴仆则应该归弘微所有。但是弘微却什么都不要，还用自己的钱，将东乡君埋葬。

谢混的大女婿殷叡喜爱赌博，听到弘微不要谢家遗产的消息后，就将他妻子的妹妹和伯母以及两个姑母所应得的钱财都拿来偿还赌债。谢家的人都明白弘微的谦让，所以对此没有任何争执。有的人批评谢弘微说：“谢家的几代财产，全部都成了殷叡一天的赌债，没有比这更不合理的事情了。你看着这种情况却不说话，就如将财物全部都丢弃在江河里还自认为廉洁一样。如果为了取得清廉的名声而使家中生活困难，这也是我们不赞同的行为。”谢弘微说：“和亲戚之间争夺财产，可以说是最卑鄙的事了，现在我家里的人都可以不讲话，我哪里能够再让她们去争呢？至于家产分多分少，也都不会到匮乏的地步，人在死了以后，又怎么去在乎身外之物呢？”

向北凉投奔的秃发保周又从北凉逃往北魏，北魏将秃发保周任命为张掖公。

北魏太常李顺，奉命再次出使前往北凉。北凉王沮渠蒙逊派遣中兵校郎杨定归对李顺说：“我如今年老多病，腰腿不是太灵活，无法弯腰以礼相待；还是等个三五天病情稍微好转一点，再相见吧。”李顺说：“你年老多病的情况，朝廷很早就是知道的；哪里能够因为自己的不方便，就不出来拜见朝廷的钦差大臣呢！”第二天，沮渠蒙逊将李顺请进宫中，沮渠蒙逊靠着椅子坐在那里不动，完全没有起身行礼的样子。李顺态度严厉，大声说：“我没想到你这老家伙竟然无礼到这种样子！如今你不忧虑国家的覆亡，反而敢侮辱天地；你这种样子已经是魂飞魄散了，没有什么必要见你了！”于是，他手握着符节，转身就要走出。北凉王沮渠蒙逊急忙派杨定归将他追回，并劝他说：“太常您既然早已经宽恕我年老多病，并且听说朝廷有特许我不用下拜行礼的命令，所以才敢如此方便。”李顺说：“当年齐桓公荣任九次诸侯的盟主，匡扶天下；周天子赏赐给他祭肉，并允许他不用叩拜，齐桓公仍不敢失臣子对君主的礼节，下拜之后才上台接受祭肉。现在大王您虽然功德很高，但是仍比不上齐桓公；朝廷虽然尊崇你，但是没有下过不拜的诏书，而你却举止傲慢，这怎么会是社稷之福呢？”沮渠蒙逊才起身下拜，接受朝廷的诏命。

使者李顺回到北魏平城，北魏君主拓跋焘向他询问关于北凉的事情。李顺说：“沮渠蒙逊掌控黄河以西，已经三十多年了，其间他经历过很多艰难，大致上可以随机应变，可以将怀柔远方民族平服，并使部下敬畏服从；虽然无法为子孙留下基业，还可以在有生之年掌握大权。但是，礼节是道德的体现，恭敬是修身的基础；沮渠蒙逊没有礼节，没有恭敬，在我认为，他的时间不会长了。”拓跋焘说：“他去世以后下一代即位，什么时候才可以灭北凉？”李顺说：“沮渠蒙逊的几个儿子，我大体上观察，都是平庸之辈。我听说敦煌太守沮渠牧犍，性格豪放，颇为成器，将来可以继承王位的，一定会是他。但是和他的父亲还是无法比较的。这是上天来帮助您建立伟业啊！”拓跋焘说：“我如今正在向东方北燕出兵，还没有时间向西进攻。如果真如你所说的那样，我们吞并北凉也就是数年之后的事，到那时并不算晚。”

起初，罽宾的僧人昙无谶，自称可以驱使鬼神来治百病，并且有秘密的法术可以使女人多子。北凉王沮渠蒙逊对他十分器重，将他称为圣人，并让他的女儿以及儿媳都前往昙无谶那里接受他关于多子的法术。北魏君主拓跋焘知道后，派遣李顺前往北凉召见昙无谶。沮渠蒙逊却不愿意给，并将昙无谶杀害。拓跋焘从这之后十分怨恨北凉。

沮渠蒙逊荒淫无道，暴虐猜疑，大臣和百姓都十分痛苦。

元嘉十年(癸酉，公元433年)

春，正月，乙卯十五日，北魏君主拓跋焘派遣永昌王拓跋健率领各军营前往辽西支援。

已未十九日，刘宋朝廷下令大赦天下。

丙寅二十六日，北魏君主拓跋焘将乐安王拓跋范任命为都督秦、雍等五州诸军事、卫大将军、开府仪同三司、长安镇都大将。拓跋焘因为拓跋范还年轻，于是又选派了德高望重的老臣平西将军崔徽，以及征北大将军、雁门人张黎作为拓跋范的副手，共同在长安镇守。崔徽，是崔宏的弟弟。拓跋范为人谦虚恭谨，对部下也是宽和体恤。崔徽懂得识大体，张黎廉政公平，于是，当地的政令刑罚十分简单，人民的徭役赋税也十分轻，关中地区因此十分安定。

二月，庚午初一，北魏君主拓跋焘将冯崇任命为都督幽平东夷诸军事、车骑大将军，幽、平二州牧，加授辽西王，以及录其国尚书事，将辽西十郡作为他的采邑，并能依据朝廷旧有的制度任命尚书、刺史、征虏以下的官职。

北魏平凉匈奴族休屠部落人征西将军金崖以及羌族人泾州刺史狄子玉，和镇守安定的守将延普争夺权力，金崖和狄子玉二人率兵前去攻打延普，没有攻下，撤退回到胡空谷据守。北魏君主拓跋焘将虎牢镇大将陆俟任命为安定镇大将，向金崖、狄子玉二人进攻，前后将他们擒获。

北魏君主拓跋焘将陆俟征召为散骑常侍，担任怀荒镇大将，还不到一年的时间，北方高车部落各酋长指控陆俟治理苛刻，不知道对属下恩德，请求将前镇将郎孤恢复职务。于是，拓跋焘将陆俟召回，让郎孤前去代替陆俟。陆俟回京以后，向拓跋焘说："用不了一年的时间，郎孤肯定会失败，高车部落一定会叛变。"拓跋焘听了之后十分生气，对他严厉斥责，让他以建业公的名义回家。等到第二年，高车部落各莫弗真地将郎孤杀害而叛变朝廷。拓跋焘感到十分诧异，立马将陆俟召回，向他询问，说："你怎么事先就知道这件事会发生呢?"陆俟说："高车部落的人不知上下尊卑的礼仪，所以我用苛刻的手段对他们统治，用法律对他们制伏和约束，准备慢慢训导他们，让他们明白上下尊卑，懂得约束自己。然而高车的各莫弗对我的作为十分厌恶，指控我没有恩德，而对郎孤的美德称赞。我因罪而被免职，郎孤才可以官复原职回怀荒镇镇守，他常常因他的美誉而十分高兴，便更加想要得到别人对他的赞誉，于是，他专门用宽恕的态度对待高车部落的人。而像高车部落这样没有礼节的人，更容易滋生傲慢，所以不超过一年的时间，就没有了上下尊卑，郎孤无法忍受他们的作为，肯定会再次用刑法来对他们约束。这样一来，众部落必定会心生怨恨，一定会发生祸乱啊。"拓跋焘笑着说："你虽然身材短小，但是思虑却十分长远啊!"当日，便又恢复了陆俟原任的散骑常侍。

壬午十三日，北魏君主拓跋焘抵达河西，派遣兼散骑常侍宋宣前往刘宋访问，并且为太子拓跋晃向刘宋求婚；刘宋文帝敷衍地对他回答。

刘宋益州刺史刘道济去世，梁俊之、裴方明等人秘密地将他的尸体埋葬在书斋后面，并仿照刘道济的笔迹，批答部下的签呈和文书，就是刘道济的母亲和妻子也不知道实情。叛军首领程道养，在毁金桥登上土坛，祭祀神明，裴方明率领三千士兵出城前去攻击他，大败程道养军，于是，程道养退回广汉据守。荆州刺史、临川王刘义庆将巴东太守周籍之任命为督巴西等五郡诸军事，率领两千士兵前去救援成都。

三月，流亡人前东晋皇族司马天助向北魏归降，他自称是东晋会稽世子司马元显的儿子；北魏君主拓跋焘将他任命为青州、徐州二州刺史、东海公。

壬子十三日，北魏君主拓跋焘回宫。

赵广等人率军从广汉到达郫县，扎营驻寨，几百个营地相互连接。周籍之和裴方明集合兵力前去郫县进攻，郫县攻克以后，又率军向广汉的赵广进攻，赵广率领士兵向涪和五城逃走。夏季，四月，戊寅初十，裴方明才将刘道济去世的消息发布。

刘宋文帝刘义隆知道梁、南秦二州刺史甄法护统治不好，造成氐族、羌族两个部落对朝廷不信服，于是，刘宋文帝将正在徒刑中的萧思话征召为梁、南秦二州刺史。甄法护，是甄法崇的哥哥。

北凉王沮渠蒙逊病情加重，朝中贵族和百官共同讨论，以世子沮渠菩提年纪尚小为由，将沮渠菩提的哥哥、敦煌太守沮渠牧犍立为世子，并加封沮渠牧犍为中外都督、大将军、录尚书事。沮渠蒙逊去世以后，谥号为武宣王，将庙号称为太祖。沮渠牧犍即位，下令大赦，将年号改为永和。将自己的儿子沮渠封坛立为世子，并加封为抚军大将军、录尚书事。沮渠牧犍派遣使者前去北魏，请求任命为附庸国。沮渠牧犍聪明好问，温文尔雅，宽和而有气度，所以国人都拥护他为王。

起初，北魏君主拓跋焘命令李顺将沮渠蒙逊的女儿迎娶为夫人，恰好沮渠蒙逊去世，沮渠牧犍声称要按照先王沮渠蒙逊的遗命，派遣左丞宋繇将他的妹妹兴平公主护送到北魏出嫁，拓跋焘将她封为右昭仪。

拓跋焘向李顺说：“你曾经说沮渠蒙逊快死了，如今果真应验。你又说会将沮渠牧犍立为王，也应验了，按照你的推算，距离我攻克凉州的日子，想必也不远了。”于是，赏赐李顺绢一千匹，厩马四匹，加封为安西将军，从此对李顺非常厚重宠爱，不论大小政务都准许他参与商量讨论。

拓跋焘派遣李顺出使北凉，将沮渠牧犍封为都督凉、沙、河三州西域羌戎诸军事、车骑将军、开府仪同三司、凉州刺史，加封为河西王，并将宋繇任命为河西王的右相。沮渠牧犍认为自己没有功劳而接受赏赐，心里不安，便将李顺留下，上书请求，只任命为安西将军或平西将军的一个称号就可以了；拓跋焘下诏，没有答应。

沮渠牧犍将敦煌人刘昞尊奉为国师，亲自前去拜迎，并且命朝中官属以下，都北面向刘昞朝拜，听从他的训导。

五月，己亥初一，北魏君主拓跋焘前往武周山北。

林邑王范阳迈派遣使者出使刘宋进贡，请求担任交州刺史；刘宋文帝下诏，称林邑距离交州太远，没有答应。

刘宋裴方明率领军队向涪城进攻，将张寻、唐频先后击破，并将程道助擒获，斩杀严遐，于是，赵广等四散逃散，叛军从此瓦解。

六月，北魏永昌王拓跋健、左仆射安原率领各军向和龙发起进攻，将军楼教另外率领五千骑兵将凡城包围。北燕守将封羽将凡城呈献并投降北魏，北魏士兵擒获北燕三千多家百姓而回。

辛巳十四日，北魏朝廷征集秦、雍二州士兵共一万人，在长安城内另外建筑一座小城。

秋季，八月，冯崇上书，请求北魏君主拓跋焘同意他回国游说他的父亲北燕王冯弘投降，拓跋焘没有答应。

九月，刘宋益州刺史甄法崇前往成都，将费谦逮捕，随即处死。

叛军首领程道养、张寻率领两千多家百姓逃往郪山，其他余党各自率兵藏匿在山谷中，并时常出来进攻。

戊午二十二日，北魏君主拓跋焘派遣兼大鸿胪崔赜拿着符节前去出使杨难当，将氐王杨难当任命为征南大将军、开府仪同三司，秦、梁二州牧、加封为南秦王。崔赜，是崔逞的儿子。

杨难当因为刘宋新任梁、南二州刺史萧思话还没有到任，原刺史甄法护又即将离职，乘机率领士兵前去梁州袭击，将白马城攻破，并擒获晋昌太守张范，将甄法护参军鲁安期率领的军队打败；随后，杨难当又向葭萌进攻，擒获晋寿太守范延郎。冬季，十一月，丁未十二日，甄法护弃城逃跑，向洋川的西城投奔。于是，杨难当将汉中的广大土地全部占领，并将他的司马赵温任命为梁、秦二州的刺史。

甲寅十九日，北魏君主拓跋焘回宫。

十二月，己巳初五，北魏君主拓跋焘下令大赦。

辛未初七，北魏君主拓跋焘抵达阴山以北。

北魏宁朔将军卢玄前往刘宋访问。

刘宋前秘书监谢灵运，喜爱游玩山水，探险搜奇。随从他一起的有几百人，常常在山中砍树开路；当地百姓大为恐慌，认为是山贼前来抢劫。会稽太守孟顗和谢灵运以前就有矛盾，便上书皇帝，指控谢灵运心有背叛，并且出兵守卫。谢灵运赶赴朝廷，亲自为自己陈情，刘宋文帝刘义隆将他任命为临川内史。

谢灵运在职后，仍然一直游乐自若，郡中的政务全部废弃不管，于是被有关部门纠劾。这一年，司徒刘义康命令使节和江州从事郑望生一同前去逮捕谢灵运；谢灵运却将郑望生擒获，率领军队逃走，还写下诗说："韩国灭亡张良起，秦王称帝仲连耻。"于是朝廷命令军队前去追讨，将谢灵运逮捕，廷尉给宋文帝上书说，谢灵运率军背叛朝廷，应该判死刑，宋文帝看重他的才华，打算只免掉他的官职，不用伏法。彭城王刘义康却坚持反对，认为谢灵运所犯下的罪过不可以宽恕。于是，文帝下诏，对谢灵运降罪一等，放逐到广州。

过了很久以后，有人向宋文帝告发谢灵运让人购买兵器，结交勇士，准备夺取三江口起义背叛朝廷，却没有成功。于是，文帝下诏，将谢灵运在广州处死。

谢灵运自恃才华，骄傲放纵，轻视别人且不注意小节，因此招来祸害。

北魏设置了徐州于外黄，将刁雍任命为徐州刺史。

元嘉十一年(甲戌，公元434年)

春季，正月，戊戌初四，北燕王冯弘派遣使者前往北魏出使，请求讲和交好，拓跋焘没有同意。

杨难当将他攻克汉中的消息报告给北魏君主拓跋焘，并将雍州的七千多家难民迁移到长安。刘宋新任命的梁州、南秦州刺史萧思话前往襄阳，派遣横野司马萧承之作为前锋，想要将失地收回。萧承之一路上招兵买马，聚集了一千多人，在磝头据守。杨难当大肆烧毁掠夺汉中，然后率领士兵离开汉中，向西返回，将赵温留在梁州镇守；又命令他的魏兴太守薛健在黄金山据守。萧思话派遣阴平太守萧坦向铁城戍发起进攻，并将铁城戍占领。

二月，杨难当的部将赵温、薛健和冯翊太守蒲甲子，一起集合兵力向萧坦军营发起进攻，萧坦率领士兵将他们打败，赵温等人率领军队退回西水据守。刘宋临川王刘义庆派遣龙骧将军裴方明率领三千士兵前去支援萧承之，将黄金戍攻克。于是，赵温将州城放弃，撤退回小城防卫，刘宋的薛健、蒲甲子二人则退往桃城据守。萧思话率领士兵随后来到，与萧承之一起集合兵力共同向赵温等发起进攻，并每次都将他们打败。刘宋行参军王灵济，另外率领士兵前往洋川，将南城攻克占领，并将守将赵英擒获。南城城内的粮草缺乏，不能够补给军队所需，于是，王灵济率兵撤回，与萧承之的军队会合。

北魏君主拓跋焘将西海公主嫁给柔然敕连可汗郁久闾吴提，又将敕连可汗郁久闾吴提的妹妹娶为夫人，命令颍川王拓跋提前去送亲和迎接。丁卯初四，敕连可汗郁久闾吴提派遣他的异母哥哥秃鹿傀，将他妹妹和两千匹马护送南下，前往北魏。拓跋焘将他的妹妹册封为左昭仪。拓跋提，是拓跋曜的儿子。

辛卯二十八日，北魏君主拓跋焘回宫；三月，甲寅二十一日，拓跋焘又前往河西。

杨难当派遣他的儿子杨和率领士兵与蒲甲子一起向萧承之发起进攻，双方一直对峙了四十多天，杨难当的军队将萧承之的军队包围了好几十重，两方军队短兵相见，弓箭全部都无法使用。氐王的士兵大都穿着坚硬的铠甲，戈矛都无法刺进去。

萧承之将长矛折断，仅余数尺然后再用大斧击打，这样一矟就能穿透几个敌人。氐王的士兵无法抵挡，便纵火将军营烧毁逃走，在大桃据守。闰月，萧承之率领士兵乘胜追击他们，一直到达南城。氐王士兵大败逃走，斩杀了许多士兵，于是，刘宋将汉中旧土全部收回，在葭萌水留下士兵设置戍所驻守。

起初，桓希战败，氐王杨盛在汉中据守，东晋梁州刺史范元之、傅歆都将魏兴设置为政府，但是所统治的地方只有魏兴、上庸、新城三个郡而已。等到索邈任命为刺史，才将南城作为州政府。到这时，氐王的士兵将南城纵火烧毁，无法修缮恢复，萧思话便决定将州治迁移到南郑。

甲戌十一日，前夏王赫连昌叛变北魏往西逃走；丙子十三日，北魏河西候的边防将领将赫连昌斩杀。不久北魏朝廷下令将他的弟弟们全部诛杀。

己卯十六日，北魏君主拓跋焘回宫。

辛巳十八日，北燕王冯弘派遣尚书高颙向北魏皇帝上书请罪，表示愿意作为北魏藩属，并请求将自己的小女儿呈献给北魏后宫；拓跋焘答应，将北燕王太子冯王仁征召到北魏朝见。

北燕王冯弘将北魏使者于什门送回到平城。于什门在北燕囚禁了二十一年，也从不向北燕人低头，丧失礼节。北魏君主拓跋焘下诏，对于什门进行褒扬，将他和苏武媲美，并将他任命为治书御史，赏赐一千头羊，一千匹锦帛，用策文在宗庙祭告，并告示天下。

戊子二十五日，叛变北魏的匈奴休屠部落酋长金当川率军将北魏所属的阴密包围。夏季，四月，乙未初二，北魏征西大将军、常山王拓跋素率领士兵对金当川反击。丁未十五日，北魏君主拓跋焘抵达黄河以西。壬戌三十日，北魏士兵将金当川擒获，并将他斩杀。

刘宋前任梁州、南秦州刺史甄法护，因弃城逃走，被朝廷逮捕入狱，在狱中自尽。氐王杨难当派遣使节出使刘宋，呈上奏章请罪，刘宋文帝刘义隆下诏书赦免了他。

北凉河西王沮渠牧犍派遣使者携带奏章前去出使刘宋，将他嗣位的消息报告刘宋文帝。戊寅（并无此日），刘宋文帝下诏书，将沮渠牧犍任命为都督凉、秦等四州诸军事、征西大将军、凉州刺史，加封为河西王。

六月，甲辰十三日，北魏君主拓跋焘回宫。

北燕王冯弘不想将太子冯王仁送往北魏充当人质。散骑常侍刘滋劝他说："从前刘禅有重山险要作为屏障，孙皓也有长江的保护，但是最后都被晋所擒获。这是什么原因呢？是因为实力强弱悬殊造成的啊。如今，我国的实力与以前的吴、蜀国二国相比都十分弱小，而北魏的实力却比以前的晋国还要强大，所以，如果我们无法满足他们的要求，就会招致灭亡的祸害，还是希望您将太子尽快送过去，然后再整顿政务，抚慰人民，将离散的百姓聚集起来，赈救穷困潦倒的百姓，鼓励发展农桑，发展农业，减少征收赋役，这样，我们国家应该还能保住。"北燕王冯弘听了之后十分生气，将刘滋斩杀。

辛亥二十日，北魏君主拓跋焘派遣抚军大将军、永昌王拓跋健等前往北燕讨伐，将他们的粮食全部收割，强行将北燕的人民迁移回国。

秋季，七月，壬午二十一日，北魏君主拓跋焘前往美稷，又转向隰城，命令阳平王拓跋它率领各路军队向在西河的山胡部落酋长白龙进攻。拓跋它，是拓跋熙的儿子。

北魏君主拓跋焘对山胡部落轻视，白天只带几十个骑兵登山俯视。白龙让精兵埋伏在周围十多处对他突然袭击，拓跋焘摔下马，差一点被抓获。多亏内和行长代人陈建对他以身相护，大声呼救，并奋勇杀敌，斩杀数个敌人，而自己身上也受伤十多处，才使得拓跋焘幸免于被抓获。

九月，戊子二十八日，北魏士兵攻克山胡部落，将酋长白龙斩杀，并将城池的全部百姓屠杀。冬季，十月，甲午初五，北魏士兵再次攻克在五原据守的白龙党羽，几千人都被斩杀，拓跋焘将他们的妻子女儿都赏赐给了军队中的将士。

十一月，北魏君主拓跋焘回宫。十二月，甲辰十六日，拓跋焘又前往云中。

元嘉十二年(乙亥，公元435年)

春季，正月，己未朔初一，出现日食。

辛酉初三，刘宋文帝下令大赦天下。

辛未十三日，刘宋文帝前往南郊祭祀神明。

北燕常常遭到北魏的袭击，北燕王冯弘派遣使者出使建康刘宋进贡，表示愿意作为藩属。癸酉十五日，刘宋文帝下诏，将北燕王冯弘封为燕王，江南人将北燕称为黄龙国。

甲申二十六日，北魏君主拓跋焘下令大赦，将年号改为太延。

北凉河西有一位老人在敦煌城的东门放了一封信，官府命人寻他，已经找不到了。信上说："凉王三十又七年。"北凉河西王沮渠牧犍向奉常张慎询问这封信的含义，张慎说："以前虢国将要灭亡的时候，神祇曾于莘降临。我想陛下您应该崇尚美德，励精图治，这样应该会有三十年的统治时间；如果陛下沉溺于游猎，荒淫酒色而将政事荒废，我担心在七年以后，会有变故发生。"沮渠牧犍听了之后十分不悦。

二月，丁未二十日，北魏君主拓跋焘回宫。

三月，癸亥初六，北燕王冯弘派遣大将汤烛出使北魏进贡，并借口太子冯王仁有病在身，所以无法将他遣送为人质前往北魏。

刘宋领军将军刘湛和仆射殷景仁二人素来十分友好，刘湛的官职，实际上就是殷景仁举荐的。刘湛任职以后，认为殷景仁的地位职位都比不过自己，而现在殷景仁的官位竟然位居他前面，心里十分不平；刘湛、殷景仁都承蒙文帝的赏识，但是殷景仁却专管内部事务，刘湛担心殷景仁会离间自己和皇上的关系，于是，对他的猜忌逐渐萌生。刘湛明白皇上深信并依赖殷景仁，无法夺得皇上对殷景仁的宠信，当时，司徒刘义康手握朝廷大权，刘湛曾经在刘义康身边担任上佐，所以他尽心地利用旧有关系与刘义康结交，想让他的力量来影响皇上的意图，将殷景仁罢免，自己能独揽政权。

夏天，四月，己巳（疑误），刘宋文帝将殷景仁加封为中书令、中护军，同意他在家里处理政务；将刘湛加封为太子詹事。于是，刘湛更加不平，让刘义康在文帝面前诋毁殷景仁；但是文帝却更加礼重殷景仁。殷景仁叹息着对亲朋旧交说："我将他推荐入朝为官，没想到他做官了就咬人！"于是，殷景仁上书给文帝称病请求辞职，多次上书文帝都不答应，要他安心养病。

刘湛向刘义康建议派人假扮强盗趁着殷景仁外出的时候在外面将他杀害，认为文帝即使事后知道了情况，也可以化解，总不至于因为殷景仁的缘故伤害了与刘义康的手足之情。文帝稍微了解他们的计谋，便将殷景仁的护军府迁往西掖门外，使他靠近皇宫禁院，刘湛的计谋才因此无法得逞。

刘义康的幕僚以及与刘湛相结交的党羽，私下互相规束，谁也没有胆量去殷景仁家。彭城王主簿沛郡人刘敬文的父亲刘成，不知道其中的玄机，前往殷景仁的家，请求担任郡太守。刘敬文听说以后立马前往刘湛处请罪，说："我父亲人老糊涂，跑到殷铁家里求官。都是因为我愚蠢浅疏，对您的栽培之恩有所辜负，我们全家都十分惭愧惶恐，感到无地自容。"当时，只有后将军司马庾炳之一人能够同时在殷景仁和刘湛二人之间交往，而且二人对他都十分喜爱，而庾炳之却私下里秘密向朝廷报告，以表示自己的忠忱。殷景仁因身体抱病，一直卧病在床，无法朝见，文帝就常派遣痍炳之来往于宫内外传递消息，刘湛也不对他怀疑。痍炳之，是痍登之的弟弟。

北燕王冯弘派遣右卫将军孙德前往刘宋，请求派遣军队支援。

五月，庚申初四，北魏君主拓跋焘将宜都公穆寿加封为宜都王，汝阴公长孙道生加封为上党王，宜城公奚斤加封为恒农王，广陵公楼伏连加封为广陵王；并将穆寿加封为征东大将军。穆寿推辞说：“我的祖父穆崇，可以在前朝为朝廷效力立功，使后代蒙荫福祉的原因，是因为梁眷的忠诚。如今，梁眷尚有立功却没有得到录用，而我却历世单独受到朝廷的封赏，心中感到十分惭愧。”拓跋焘听了之后十分高兴，下令寻找梁眷的后人，最终，找到了梁眷的孙子，将他晋爵为郡公。穆寿，是穆观的儿子。

西域龟兹、疏勒、乌孙、悦般、渴槃陁、鄯善、焉耆、车师、粟特九国派遣使者前往北魏进贡。北魏君主拓跋焘认为，虽然自汉朝就与西域互通使者，但是，西域各国都是他们有所求的时候，卑辞恭谨，没有所求的时候，就十分傲慢，不将朝廷约束放在眼里，因为他们明白西域和中原距离太远，中原的士兵无法到达。如今，使者前来朝贡，互相往来只是白白浪费，对我北魏朝廷没有什么好处，因此，我不准备派使者回访。有关负责部门坚决请求，认为“西域的九个国家不辞万里，不怕路途危险，仰慕皇上的仁义前来朝贡，我们不能加以拒绝，那样会压抑将来关系的发展”。于是，拓跋焘派遣使者王恩生等二十多人前去西域各国回访。王恩生等人刚刚渡过沙漠，就被柔然汗国所抓获，王恩生见到敕连可汗郁久闾吴提后，手持北魏符节坚决不屈服。拓跋焘知道这个消息后，对敕连可汗严厉斥责，敕连可汗才将王恩生等人送回，这样北魏居然没有到达西域。

甲戌十八日，北魏君主拓跋焘抵达云中。

六月，甲午初八，北魏君主拓跋焘认为四季风调雨顺，粮食丰收，吉利的征兆不时地出现，于是下令全国聚会饮酒五天，对所有神明祭拜，来报答神明的恩赐。

丙午二十日，高句丽王琏派遣使者向北魏进贡，并且请求告知国家皇帝以及列祖列宗的名号避免犯讳。拓跋焘派遣使者将帝系和祖先的名号抄录给他们；将琏任命为都督辽海诸军事、征东将军、辽东郡公、高句丽王。高琏，是高钊的曾孙。

戊申二十二日，北魏君主拓跋焘派遣骠骑大将军乐平王拓跋丕、镇东大将军徒河屈垣等率领四万骑兵前去讨伐北燕。

刘宋扬州各郡发生大水，己酉二十三日，刘宋朝廷将徐州、豫州、南兖州的谷子运去赈灾。扬州西曹主簿沈亮提出建议说，用谷子酿酒却无法充饥，这就是浪费，请求朝廷下令禁止酿酒；文帝同意了他的建议于是下诏。沈亮，是沈林子的儿子。

秋季，七月，北魏君主拓跋焘前往稒阳打猎。

己卯二十四日，北魏乐平王拓跋丕等率领士兵前往北燕都城和龙。北燕王冯弘拿牛肉美酒犒劳北魏士兵，将甲胄三千献上。北魏镇东大将军屈垣责备北燕王没有将儿子送去做人质，最后掠夺了北燕男女共六千人回国。

八月，丙戌初一，北魏君主拓跋焘前往河西。九月，甲戌二十日，拓跋焘回宫。

北魏左仆射、河间公安原，恃皇帝对他的宠爱而骄纵恣意。有人向朝廷告发安原计划谋反。冬季，十月，癸卯十九日，安原和他全家族都被诛杀。

甲辰二十日，北魏君主拓跋焘前往定州。十一月，乙丑十二日，拓跋焘又抵达冀州；己巳十六日，拓跋焘前往广州打猎；丙子二十三日，拓跋焘前往邺城。

北魏君主拓跋焘数次派兵前去讨伐北燕，北燕国情日益危急，全国上下都感到十分忧惧。太常杨崏又向北燕王劝说，快速将太子送到北魏做人质。北燕王说："我实在是不忍这样。如果国家危急，可暂且先向高丽投靠，以等待时机振兴国家。"杨崏说："北魏拿全国的力量来讨伐一个小国，根本没有不获胜的道理。高丽一向不守信用，虽然从前表示亲近，但最后恐怕还是要发生变化。”燕王冯弘没有听取他的建议，秘密派遣使者尚书阳伊前往高丽请求派兵救援。

刘宋丹杨尹萧摹之向刘宋文帝上书说：“佛教传入中原，已经历经四代，佛像、宝塔、寺庙，有好几千。最近以来，世俗对浮华崇尚，不将真诚作为人生的重要品质，而是更加在奢侈上比赛，木材、竹子、铜、彩缎的浪费没有限制；这样既对神祇没有帮助，又有害于百姓，如果不对此加以禁止，流弊就无法停止。请下令从现在开始如果有要铸铜像或者建造塔寺的，都要事先向朝廷报告，等到准许后才可以去做。”刘宋文帝下诏，按照他的建议执行。萧摹之，是萧思话的叔父。

北魏秦州刺史薛谨对吐没骨部落发起进攻，将吐没骨部落彻底灭掉。

杨难当将被囚禁的侄子杨保宗释放，派遣他前去童亭镇守。